中华人民共和国立法统计

2023年版

全国人大常委会法制工作委员会
立 法 规 划 室 / 编

中国出版集团 | 全国百佳图书
中国民主法制出版社 | 出版单位

图书在版编目(CIP)数据

中华人民共和国立法统计.2023年版/全国人大常委会
法制工作委员会立法规划室编.—北京:中国民主法制出
版社,2024.1

ISBN 978-7-5162-3527-0

Ⅰ.①中… Ⅱ.①全… Ⅲ.①立法—统计资料—中国
—2023 Ⅳ.①D920.0-66

中国国家版本馆 CIP 数据核字(2024)第 017732 号

图书出品人:刘海涛
出 版 统 筹:贾兵伟
图 书 策 划:张　涛
责 任 编 辑:周冠宇　张秋红

书名/中华人民共和国立法统计 2023 年版
作者/全国人大常委会法制工作委员会立法规划室　编

出版·发行/中国民主法制出版社
地址/北京市丰台区右安门外玉林里 7 号(100069)
电话/(010)63055259(总编室)　83910658　63056573(人大系统发行)
传真/(010)63055259
http://www.npcpub.com
E-mail:mzfz@npcpub.com
开本/16 开　710 毫米×1000 毫米
印张/40　**字数/566 千字**
版本/2024 年 1 月第 1 版　　2024 年 1 月第 1 次印刷
印刷/三河市宏图印务有限公司

书号/ISBN 978-7-5162-3527-0
定价/128.00 元

编辑说明

一、为了展现、宣传人民代表大会制度和国家立法工作成果，适应新时代立法、执法、司法、普法工作和法学教学科研的需要，为实务工作者和理论工作者提供准确、便捷的立法统计数据资料，编辑形成本书。

二、本书统计时限起自 1949 年 9 月 21 日中国人民政治协商会议第一届全体会议召开，截至 2023 年 12 月 29 日第十四届全国人大常委会第七次会议闭幕。

三、本书包括以下内容：

（一）第一部分：立法基础数据。这部分共五章。第一章"现行有效法律的目录"，整理了按法律部门分类的现行有效法律目录。第二章"现行有效法律的制定及修改基本情况"，按年度统计排序，列明现行有效法律及历次修改的起草单位、说明人和各审次情况。第三章"建国以来主要立法情况"，按年度统计排序，列明采用立改废释纂定清等立法形式的立法情况。第四章"建国以来法律废止和失效情况"，列明已被废止或者失效的法律名称及有关情况。第五章"立法数量统计"，以表格形式逐届、逐年、逐次会议统计有关立法数量。

（二）第二部分：立法规划及其落实情况。这部分共四章，分别为：第六章"全国人民代表大会常务委员会立法规划"、第七章"全国人民代表大会常务委员会立法规划落实情况"、第八章"全国人民代表大会常务委员会年度立法工作计划"、第九章"全国人民代表大会常务委员会专项立法工作计划"。

（三）第三部分：法律关于应当制定配套规定的条文。这部分共三章，分别为：第十章"法律、有关法律问题的决定规定国务院及其有关部门制定、废止配套规定的条文"，第十一章"法律规定中央军委制定、废止配套规定的条文"，第十二章"法律规定其他中央和国家机关制定配套规定的条文"。

（四）第四部分：法律草案公开征求意见情况。这部分只有一章，为：第十三章"法律草案向社会公布征求意见情况"。

（五）附录。列明全国人大及其常委会关于法律效力问题的决议、决定 5 件，以及全国人大及其常委会批准的我国同外国缔结的条约、协定和我国加入的国际公约。

四、本书的主体内容是法律索引和立法统计信息，查阅法律原文时，应以《全国人民代表大会常务委员会公报》刊载的法律文本为准。

五、立法统计一书最早于 2005 年由原全国人大常委会办公厅秘书二局编辑出版，从 2008 年开始由全国人大常委会法制工作委员会立法规划室编辑出版，且每届更新出版，迄今已有 2005 年版、2008 年版、2013 年版、2018 年版，本书是第五个版本。编辑出版立法统计是一项压茬推进、接续更新的工作，主体内容具有连续性，同时根据国家立法工作的新进展进行增补调整。在此，向之前版本的负责同志和参与编辑的同志致敬。

六、本书修订由全国人大常委会法制工作委员会立法规划室主任杨合庆统筹策划，黄海华、王历磊、张宝平、袁先鹏、刘林、王思丝、刘汉思、林哲思、张潇、母光达等同志承担了具体工作，全书由黄海华统稿、杨合庆审阅定稿。

编　者
2023 年 12 月 30 日

目　录

第一部分
立法基础数据

第一章　现行有效法律的目录

截至 2023 年 12 月 29 日，十四届全国人大常委会第七次会议闭幕，现行有效法律 300 件（包括宪法）。按法律部门分类排列，各法律部门中以法律通过时间为序。

中华人民共和国宪法（1982 年）

中华人民共和国宪法修正案（1988 年）

中华人民共和国宪法修正案（1993 年）

中华人民共和国宪法修正案（1999 年）

中华人民共和国宪法修正案（2004 年）

中华人民共和国宪法修正案（2018 年）

宪法相关法（52 件）

1. 中华人民共和国地方各级人民代表大会和地方各级人民政府组织法（1979 年通过，1982 年修正，1986 年修正，1995 年修正，2004 年修正，2015 年修正，2022 年修正）

2. 中华人民共和国全国人民代表大会和地方各级人民代表大会选举法（1979 年通过，1982 年修正，1986 年修正，1995 年修正，2004 年修正，2010 年修正，2015 年修正，2020 年修正）

3. 中华人民共和国人民法院组织法（1979 年通过，1983 年修正，1986 年修正，2006 年修正，2018 年修订）

4. 中华人民共和国人民检察院组织法（1979 年通过，1983 年修正，1986 年修正，2018 年修订）

5. 中华人民共和国国籍法（1980 年通过）

6. 中华人民共和国全国人民代表大会组织法（1982 年通过，2021 年修正）

7. 中华人民共和国国务院组织法（1982 年通过）

8. 全国人民代表大会常务委员会关于县级以下人民代表大会代表直接选

举的若干规定（1983 年通过）

9. 中华人民共和国民族区域自治法（1984 年通过，2001 年修正）

10. 全国人民代表大会常务委员会关于在沿海港口城市设立海事法院的决定（1984 年通过）

11. 中华人民共和国外交特权与豁免条例（1986 年通过）

12. 中华人民共和国全国人民代表大会常务委员会议事规则（1987 年通过，2009 年修正，2022 年修正）

13. 全国人民代表大会常务委员会关于批准中央军事委员会《关于授予军队离休干部中国人民解放军功勋荣誉章的规定》的决定（1988 年通过）

14. 中华人民共和国全国人民代表大会议事规则（1989 年通过，2021 年修正）

15. 中华人民共和国集会游行示威法（1989 年通过，2009 年修正）

16. 中华人民共和国城市居民委员会组织法（1989 年通过，2018 年修正）

17. 中华人民共和国香港特别行政区基本法（1990 年通过）

18. 中华人民共和国国旗法（1990 年通过，2009 年修正，2020 年修正）

19. 中华人民共和国领事特权与豁免条例（1990 年通过）

20. 中华人民共和国缔结条约程序法（1990 年通过）

21. 中华人民共和国国徽法（1991 年通过，2009 年修正，2020 年修正）

22. 中华人民共和国领海及毗连区法（1992 年通过）

23. 中华人民共和国全国人民代表大会和地方各级人民代表大会代表法（1992 年通过，2009 年修正，2010 年修正，2015 年修正）

24. 中华人民共和国澳门特别行政区基本法（1993 年通过）

25. 中华人民共和国国家赔偿法（1994 年通过，2010 年修正，2012 年修正）

26. 中华人民共和国法官法（1995 年通过，2001 年修正，2017 年修正，2019 年修订）

27. 中华人民共和国检察官法（1995 年通过，2001 年修正，2017 年修正，2019 年修订）

28. 中华人民共和国戒严法（1996 年通过）

29. 中国人民解放军选举全国人民代表大会和县级以上地方各级人民代表大会代表的办法（1981 年通过，1996 年修订，2012 年修正，2021 年修正）

30. 中华人民共和国香港特别行政区驻军法（1996 年通过）

31. 中华人民共和国国防法（1997 年通过，2009 年修正，2020 年修订）

32. 中华人民共和国专属经济区和大陆架法（1998 年通过）

33. 中华人民共和国村民委员会组织法（1998 年通过，2010 年修订，2018 年修正）

34. 中华人民共和国澳门特别行政区驻军法（1999 年通过）

35. 中华人民共和国立法法（2000 年通过，2015 年修正，2023 年修正）

36. 反分裂国家法（2005 年通过）

37. 中华人民共和国外国中央银行财产司法强制措施豁免法（2005 年通过）

38. 中华人民共和国各级人民代表大会常务委员会监督法（2006 年通过）

39. 中华人民共和国国家安全法（2015 年通过）

40. 中华人民共和国国家勋章和国家荣誉称号法（2015 年通过）

41. 中华人民共和国国歌法（2017 年通过）

42. 中华人民共和国监察法（2018 年通过）

43. 中华人民共和国人民陪审员法（2018 年通过）

44. 中华人民共和国英雄烈士保护法（2018 年通过）

45. 中华人民共和国公职人员政务处分法（2020 年通过）

46. 中华人民共和国香港特别行政区维护国家安全法（2020 年通过）

47. 中华人民共和国反外国制裁法（2021 年通过）

48. 中华人民共和国监察官法（2021 年通过）

49. 中华人民共和国陆地国界法（2021 年通过）

50. 中华人民共和国对外关系法（2023 年通过）

51. 中华人民共和国外国国家豁免法（2023 年通过）

52. 中华人民共和国爱国主义教育法（2023 年通过）

民法商法（24 件）

1. 中华人民共和国民法典（2020 年通过）

2. 中华人民共和国商标法（1982 年通过，1993 年修正，2001 年修正，2013 年修正，2019 年修正）

3. 中华人民共和国专利法（1984 年通过，1992 年修正，2000 年修正，2008 年修正，2020 年修正）

4. 中华人民共和国全民所有制工业企业法（1988 年通过，2009 年修正）

5. 中华人民共和国著作权法（1990 年通过，2001 年修正，2010 年修正，

2020 年修正）

6. 中华人民共和国海商法（1992 年通过）

7. 中华人民共和国消费者权益保护法（1993 年通过，2009 年修正，2013 年修正）

8. 中华人民共和国公司法（1993 年通过，1999 年修正，2004 年修正，2005 年修订，2013 年修正，2018 年修正，2023 年修正）

9. 中华人民共和国商业银行法（1995 年通过，2003 年修正，2015 年修正）

10. 中华人民共和国票据法（1995 年通过，2004 年修正）

11. 中华人民共和国保险法（1995 年通过，2002 年修正，2009 年修订，2014 年修正，2015 年修正）

12. 中华人民共和国拍卖法（1996 年通过，2004 年修正，2015 年修正）

13. 中华人民共和国合伙企业法（1997 年通过，2006 年修订）

14. 中华人民共和国证券法（1998 年通过，2004 年修正，2005 年修订，2013 年修正，2014 年修正，2019 年修订）

15. 中华人民共和国个人独资企业法（1999 年通过）

16. 中华人民共和国招标投标法（1999 年通过，2017 年修正）

17. 中华人民共和国信托法（2001 年通过）

18. 中华人民共和国农村土地承包法（2002 年通过，2009 年修正，2018 年修正）

19. 中华人民共和国证券投资基金法（2003 年通过，2012 年修订，2015 年修正）

20. 中华人民共和国电子签名法（2004 年通过，2015 年修正，2019 年修正）

21. 中华人民共和国企业破产法（2006 年通过）

22. 中华人民共和国农民专业合作社法（2006 年通过，2017 年修订）

23. 中华人民共和国涉外民事关系法律适用法（2010 年通过）

24. 中华人民共和国期货和衍生品法（2022 年通过）

行政法（96 件）

1. 中华人民共和国户口登记条例（1958 年通过）

2. 全国人民代表大会常务委员会关于批准《国务院关于安置老弱病残干部的暂行办法》的决议（1978 年通过）

3. 中华人民共和国学位条例（1980 年通过，2004 年修正）

4. 全国人民代表大会常务委员会关于批准《国务院关于老干部离职休养的暂行规定》的决议（1980 年通过）

5. 中华人民共和国海洋环境保护法（1982 年通过，1999 年修订，2013 年修正，2016 年修正，2017 年修正，2023 年修订）

6. 中华人民共和国文物保护法（1982 年通过，1991 年修正，2002 年修订，2007 年修正，2013 年修正，2015 年修正，2017 年修正）

7. 中华人民共和国海上交通安全法（1983 年通过，2016 年修正，2021 年修订）

8. 中华人民共和国水污染防治法（1984 年通过，1996 年修正，2008 年修订，2017 年修正）

9. 中华人民共和国兵役法（1984 年通过，1998 年修正，2009 年修正，2011 年修正，2021 年修订）

10. 中华人民共和国药品管理法（1984 年通过，2001 年修订，2013 年修正，2015 年修正，2019 年修订）

11. 中华人民共和国义务教育法（1986 年通过，2006 年修订，2015 年修正，2018 年修正）

12. 中华人民共和国土地管理法（1986 年通过，1988 年修正，1998 年修订，2004 年修正，2019 年修正）

13. 中华人民共和国国境卫生检疫法（1986 年通过，2007 年修正，2009 年修正，2018 年修正）

14. 中华人民共和国海关法（1987 年通过，2000 年修正，2013 年 6 月、12 月两次修正，2016 年修正，2017 年修正，2021 年修正）

15. 中华人民共和国大气污染防治法（1987 年通过，1995 年修正，2000 年修订，2015 年修订，2018 年修正）

16. 中华人民共和国档案法（1987 年通过，1996 年修正，2016 年修正，2020 年修订）

17. 中国人民解放军军官军衔条例（1988 年通过，1994 年修正）

18. 中华人民共和国保守国家秘密法（1988 年通过，2010 年修订）

19. 中华人民共和国现役军官法（1988 年通过，1994 年修正，2000 年修正）

20. 中华人民共和国野生动物保护法（1988 年通过，2004 年修正，

2009 年修正，2016 年修订，2018 年修正，2022 年修订)

21. 中华人民共和国传染病防治法（1989 年通过，2004 年修订，2013 年修正)

22. 中华人民共和国环境保护法（1989 年通过，2014 年修订)

23. 中华人民共和国军事设施保护法（1990 年通过，2009 年修正，2014 年修正，2021 年修订)

24. 中华人民共和国人民警察警衔条例（1992 年通过，2009 年修正)

25. 中华人民共和国测绘法（1992 年通过，2002 年修订，2017 年修订)

26. 中华人民共和国科学技术进步法（1993 年通过，2007 年修订，2021 年修订)

27. 中华人民共和国教师法（1993 年通过，2009 年修正)

28. 中华人民共和国城市房地产管理法（1994 年通过，2007 年修正，2009 年修正，2019 年修正)

29. 中华人民共和国监狱法（1994 年通过，2012 年修正)

30. 中华人民共和国人民警察法（1995 年通过，2012 年修正)

31. 中华人民共和国教育法（1995 年通过，2009 年修正，2015 年修正，2021 年修正)

32. 中华人民共和国体育法（1995 年通过，2009 年修正，2016 年修正，2022 年修订)

33. 中华人民共和国固体废物污染环境防治法（1995 年通过，2004 年修订，2013 年修正，2015 年修正，2016 年修正，2020 年修订)

34. 中华人民共和国行政处罚法（1996 年通过，2009 年修正，2017 年修正，2021 年修订)

35. 中华人民共和国律师法（1996 年通过，2001 年修正，2007 年修订，2012 年修正，2017 年修正)

36. 中华人民共和国促进科技成果转化法（1996 年通过，2015 年修正)

37. 中华人民共和国职业教育法（1996 年通过，2022 年修订)

38. 中华人民共和国枪支管理法（1996 年通过，2009 年修正，2015 年修正)

39. 中华人民共和国人民防空法（1996 年通过，2009 年修正)

40. 中华人民共和国献血法（1997 年通过)

41. 中华人民共和国防震减灾法（1997 年通过，2008 年修订)

42. 中华人民共和国消防法（1998 年通过，2008 年修订，2019 年修正，2021 年修正）

43. 中华人民共和国高等教育法（1998 年通过，2015 年修正，2018 年修正）

44. 中华人民共和国行政复议法（1999 年通过，2009 年修正，2017 年修正，2023 年修订）

45. 中华人民共和国气象法（1999 年通过，2009 年修正，2014 年修正，2016 年修正）

46. 中华人民共和国国家通用语言文字法（2000 年通过）

47. 中华人民共和国国防教育法（2001 年通过，2018 年修正）

48. 中华人民共和国防沙治沙法（2001 年通过，2018 年修正）

49. 中华人民共和国人口与计划生育法（2001 年通过，2015 年修正，2021 年修正）

50. 中华人民共和国科学技术普及法（2002 年通过）

51. 中华人民共和国环境影响评价法（2002 年通过，2016 年修正，2018 年修正）

52. 中华人民共和国民办教育促进法（2002 年通过，2013 年修正，2016 年修正，2018 年修正）

53. 中华人民共和国海关关衔条例（2003 年通过）

54. 中华人民共和国居民身份证法（2003 年通过，2011 年修正）

55. 中华人民共和国放射性污染防治法（2003 年通过）

56. 中华人民共和国行政许可法（2003 年通过，2019 年修正）

57. 中华人民共和国道路交通安全法（2003 年通过，2007 年修正，2011 年修正，2021 年修正）

58. 中华人民共和国公务员法（2005 年通过，2017 年修正，2018 年修订）

59. 中华人民共和国治安管理处罚法（2005 年通过，2012 年修正）

60. 中华人民共和国公证法（2005 年通过，2015 年修正，2017 年修正）

61. 中华人民共和国护照法（2006 年通过）

62. 中华人民共和国突发事件应对法（2007 年通过）

63. 中华人民共和国城乡规划法（2007 年通过，2015 年修正，2019 年修正）

64. 中华人民共和国禁毒法（2007 年通过）

65. 中华人民共和国食品安全法（2009 年通过，2015 年修订，2018 年修正，2021 年修正）

66. 中华人民共和国人民武装警察法（2009 年通过，2020 年修订）

67. 中华人民共和国驻外外交人员法（2009 年通过）

68. 中华人民共和国海岛保护法（2009 年通过）

69. 中华人民共和国国防动员法（2010 年通过）

70. 中华人民共和国非物质文化遗产法（2011 年通过）

71. 中华人民共和国行政强制法（2011 年通过）

72. 中华人民共和国出境入境管理法（2012 年通过）

73. 中华人民共和国精神卫生法（2012 年通过，2018 年修正）

74. 中华人民共和国反恐怖主义法（2015 年通过，2018 年修正）

75. 中华人民共和国国防交通法（2016 年通过）

76. 中华人民共和国电影产业促进法（2016 年通过）

77. 中华人民共和国中医药法（2016 年通过）

78. 中华人民共和国公共文化服务保障法（2016 年通过）

79. 中华人民共和国国家情报法（2017 年通过，2018 年修正）

80. 中华人民共和国核安全法（2017 年通过）

81. 中华人民共和国公共图书馆法（2017 年通过，2018 年修正）

82. 中华人民共和国土壤污染防治法（2018 年通过）

83. 中华人民共和国消防救援衔条例（2018 年通过）

84. 中华人民共和国疫苗管理法（2019 年通过）

85. 中华人民共和国密码法（2019 年通过）

86. 中华人民共和国基本医疗卫生与健康促进法（2019 年通过）

87. 中华人民共和国社区矫正法（2019 年通过）

88. 中华人民共和国生物安全法（2020 年通过）

89. 中华人民共和国海警法（2021 年通过）

90. 中华人民共和国反食品浪费法（2021 年通过）

91. 中华人民共和国军人地位和权益保障法（2021 年通过）

92. 中华人民共和国医师法（2021 年通过）

93. 中华人民共和国噪声污染防治法（2021 年通过）

94. 全国人民代表大会常务委员会关于中国人民解放军现役士兵衔级制度的决定（2022 年通过）

95. 中华人民共和国预备役人员法（2022 年通过）

96. 中华人民共和国青藏高原生态保护法（2023 年通过）

经济法（84 件）

1. 全国人民代表大会常务委员会关于批准《广东省经济特区条例》的决议（1980 年通过）

2. 中华人民共和国个人所得税法（1980 年通过，1993 年修正，1999 年修正，2005 年修正，2007 年 6 月、12 月两次修正，2011 年修正，2018 年修正）

3. 中华人民共和国统计法（1983 年通过，1996 年修正，2009 年修订）

4. 中华人民共和国森林法（1984 年通过，1998 年修正，2009 年修正，2019 年修订）

5. 中华人民共和国会计法（1985 年通过，1993 年修正，1999 年修订，2017 年修正）

6. 中华人民共和国草原法（1985 年通过，2002 年修订，2009 年修正，2013 年修正，2021 年修正）

7. 中华人民共和国计量法（1985 年通过，2009 年修正，2013 年修正，2015 年修正，2017 年修正，2018 年修正）

8. 中华人民共和国渔业法（1986 年通过，2000 年修正，2004 年修正，2009 年修正，2013 年修正）

9. 中华人民共和国矿产资源法（1986 年通过，1996 年修正，2009 年修正）

10. 中华人民共和国邮政法（1986 年通过，2009 年修订，2012 年修正，2015 年修正）

11. 中华人民共和国水法（1988 年通过，2002 年修订，2009 年修正，2016 年修正）

12. 中华人民共和国标准化法（1988 年通过，2017 年修订）

13. 中华人民共和国进出口商品检验法（1989 年通过，2002 年修正，2013 年修正，2018 年 4 月、12 月两次修正，2021 年修正）

14. 中华人民共和国铁路法（1990 年通过，2009 年修正，2015 年修正）

15. 中华人民共和国烟草专卖法（1991 年通过，2009 年修正，2013 年修正，2015 年修正）

16. 中华人民共和国水土保持法（1991 年通过，2009 年修正，2010 年修订）

17. 中华人民共和国进出境动植物检疫法（1991 年通过，2009 年修正）

18. 中华人民共和国税收征收管理法（1992 年通过，1995 年修正，2001 年修订，2013 年修正，2015 年修正）

19. 中华人民共和国产品质量法（1993 年通过，2000 年修正，2009 年修正，2018 年修正）

20. 中华人民共和国农业技术推广法（1993 年通过，2012 年修正）

21. 中华人民共和国农业法（1993 年通过，2002 年修订，2009 年修正，2012 年修正）

22. 中华人民共和国反不正当竞争法（1993 年通过，2017 年修订，2019 年修正）

23. 中华人民共和国注册会计师法（1993 年通过，2014 年修正）

24. 全国人民代表大会常务委员会关于外商投资企业和外国企业适用增值税、消费税、营业税等税收暂行条例的决定（1993 年通过）

25. 中华人民共和国台湾同胞投资保护法（1994 年通过，2016 年修正，2019 年修正）

26. 中华人民共和国预算法（1994 年通过，2014 年修正，2018 年修正）

27. 中华人民共和国对外贸易法（1994 年通过，2004 年修订，2016 年修正，2022 年修正）

28. 中华人民共和国审计法（1994 年通过，2006 年修正，2021 年修正）

29. 中华人民共和国广告法（1994 年通过，2015 年修订，2018 年修正，2021 年修正）

30. 中华人民共和国中国人民银行法（1995 年通过，2003 年修正）

31. 中华人民共和国民用航空法（1995 年通过，2009 年修正，2015 年修正，2016 年修正，2017 年修正，2018 年修正，2021 年修正）

32. 中华人民共和国电力法（1995 年通过，2009 年修正，2015 年修正，2018 年修正）

33. 中华人民共和国煤炭法（1996 年通过，2009 年修正，2011 年修正，2013 年修正，2016 年修正）

34. 中华人民共和国乡镇企业法（1996 年通过）

35. 中华人民共和国公路法（1997 年通过，1999 年修正，2004 年修正，2009 年修正，2016 年修正，2017 年修正）

36. 中华人民共和国动物防疫法（1997 年通过，2007 年修订，2013 年修

正，2015 年修正，2021 年修订）

37. 中华人民共和国防洪法（1997 年通过，2009 年修正，2015 年修正，2016 年修正）

38. 中华人民共和国节约能源法（1997 年通过，2007 年修订，2016 年修正，2018 年修正）

39. 中华人民共和国建筑法（1997 年通过，2011 年修正，2019 年修正）

40. 中华人民共和国价格法（1997 年通过）

41. 中华人民共和国种子法（2000 年通过，2004 年修正，2013 年修正，2015 年修订，2021 年修正）

42. 中华人民共和国海域使用管理法（2001 年通过）

43. 中华人民共和国政府采购法（2002 年通过，2014 年修正）

44. 中华人民共和国中小企业促进法（2002 年通过，2017 年修订）

45. 中华人民共和国清洁生产促进法（2002 年通过，2012 年修正）

46. 中华人民共和国港口法（2003 年通过，2015 年修正，2017 年修正，2018 年修正）

47. 中华人民共和国银行业监督管理法（2003 年通过，2006 年修正）

48. 中华人民共和国农业机械化促进法（2004 年通过，2018 年修正）

49. 中华人民共和国可再生能源法（2005 年通过，2009 年修正）

50. 中华人民共和国畜牧法（2005 年通过，2015 年修正，2022 年修订）

51. 中华人民共和国农产品质量安全法（2006 年通过，2018 年修正，2022 年修订）

52. 中华人民共和国反洗钱法（2006 年通过）

53. 中华人民共和国企业所得税法（2007 年通过，2017 年修正，2018 年修正）

54. 中华人民共和国反垄断法（2007 年通过，2022 年修正）

55. 中华人民共和国循环经济促进法（2008 年通过，2018 年修正）

56. 中华人民共和国企业国有资产法（2008 年通过）

57. 中华人民共和国石油天然气管道保护法（2010 年通过）

58. 中华人民共和国车船税法（2011 年通过，2019 年修正）

59. 中华人民共和国旅游法（2013 年通过，2016 年修正，2018 年修正）

60. 中华人民共和国航道法（2014 年通过，2016 年修正）

61. 中华人民共和国深海海底区域资源勘探开发法（2016 年通过）

62. 中华人民共和国资产评估法（2016 年通过）

63. 中华人民共和国网络安全法（2016 年通过）

64. 中华人民共和国环境保护税法（2016 年通过，2018 年修正）

65. 中华人民共和国烟叶税法（2017 年通过）

66. 中华人民共和国船舶吨税法（2017 年通过，2018 年修正）

67. 中华人民共和国电子商务法（2018 年通过）

68. 中华人民共和国耕地占用税法（2018 年通过）

69. 中华人民共和国车辆购置税法（2018 年通过）

70. 中华人民共和国外商投资法（2019 年通过）

71. 中华人民共和国资源税法（2019 年通过）

72. 中华人民共和国城市维护建设税法（2020 年通过）

73. 中华人民共和国契税法（2020 年通过）

74. 中华人民共和国出口管制法（2020 年通过）

75. 中华人民共和国长江保护法（2020 年通过）

76. 中华人民共和国乡村振兴促进法（2021 年通过）

77. 中华人民共和国数据安全法（2021 年通过）

78. 中华人民共和国海南自由贸易港法（2021 年通过）

79. 中华人民共和国印花税法（2021 年通过）

80. 中华人民共和国个人信息保护法（2021 年通过）

81. 中华人民共和国湿地保护法（2021 年通过）

82. 中华人民共和国黑土地保护法（2022 年通过）

83. 中华人民共和国黄河保护法（2022 年通过）

84. 中华人民共和国粮食安全保障法（2023 年通过）

社会法（28 件）

1. 全国人民代表大会常务委员会关于批准《国务院关于工人退休、退职的暂行办法》的决议（1978 年通过）

2. 全国人民代表大会常务委员会关于批准《国务院关于职工探亲待遇的规定》的决议（1981 年通过）

3. 中华人民共和国归侨侨眷权益保护法（1990 年通过，2000 年修正，2009 年修正）

4. 中华人民共和国残疾人保障法（1990 年通过，2008 年修订，2018 年修正）

5. 中华人民共和国未成年人保护法（1991 年通过，2006 年修订，2012 年修正，2020 年修订）

6. 中华人民共和国工会法（1992 年通过，2001 年修正，2009 年修正，2021 年修正）

7. 中华人民共和国妇女权益保障法（1992 年通过，2005 年修正，2018 年修正，2022 年修订）

8. 中华人民共和国矿山安全法（1992 年通过，2009 年修正）

9. 中华人民共和国红十字会法（1993 年通过，2009 年修正，2017 年修订）

10. 中华人民共和国劳动法（1994 年通过，2009 年修正，2018 年修正）

11. 中华人民共和国母婴保健法（1994 年通过，2009 年修正，2017 年修正）

12. 中华人民共和国老年人权益保障法（1996 年通过，2009 年修正，2012 年修订，2015 年修正，2018 年修正）

13. 中华人民共和国预防未成年人犯罪法（1999 年通过，2012 年修正，2020 年修订）

14. 中华人民共和国公益事业捐赠法（1999 年通过）

15. 中华人民共和国职业病防治法（2001 年通过，2011 年修正，2016 年修正，2017 年修正，2018 年修正）

16. 中华人民共和国安全生产法（2002 年通过，2009 年修正，2014 年修正，2021 年修正）

17. 中华人民共和国劳动合同法（2007 年通过，2012 年修正）

18. 中华人民共和国就业促进法（2007 年通过，2015 年修正）

19. 中华人民共和国社会保险法（2010 年通过，2018 年修正）

20. 中华人民共和国军人保险法（2012 年通过）

21. 中华人民共和国特种设备安全法（2013 年通过）

22. 中华人民共和国反家庭暴力法（2015 年通过）

23. 中华人民共和国慈善法（2016 年通过，2023 年修正）

24. 中华人民共和国境外非政府组织境内活动管理法（2016 年通过，2017 年修正）

25. 中华人民共和国退役军人保障法（2020 年通过）

26. 中华人民共和国法律援助法（2021 年通过）

27. 中华人民共和国家庭教育促进法（2021 年通过）

28. 中华人民共和国无障碍环境建设法（2023 年通过）

刑法（4 件）

1. 中华人民共和国刑法（1979 年通过，1997 年修订，2009 年修正）

全国人民代表大会常务委员会关于惩治骗购外汇、逃汇和非法买卖外汇犯罪的决定（1998 年）

中华人民共和国刑法修正案（1999 年）

中华人民共和国刑法修正案（二）（2001 年）

中华人民共和国刑法修正案（三）（2001 年）

中华人民共和国刑法修正案（四）（2002 年）

中华人民共和国刑法修正案（五）（2005 年）

中华人民共和国刑法修正案（六）（2006 年）

中华人民共和国刑法修正案（七）（2009 年）

中华人民共和国刑法修正案（八）（2011 年）

中华人民共和国刑法修正案（九）（2015 年）

中华人民共和国刑法修正案（十）（2017 年）

中华人民共和国刑法修正案（十一）（2020 年）

中华人民共和国刑法修正案（十二）（2023 年）

2. 中华人民共和国反间谍法（2014 年通过，2023 年修订）

3. 中华人民共和国反有组织犯罪法（2021 年通过）

4. 中华人民共和国反电信网络诈骗法（2022 年通过）

诉讼与非诉讼程序法（11 件）

1. 中华人民共和国刑事诉讼法（1979 年通过，1996 年修正，2012 年修正，2018 年修正）

2. 全国人民代表大会常务委员会关于对中华人民共和国缔结或者参加的国际条约所规定的罪行行使刑事管辖权的决定（1987 年通过）

3. 中华人民共和国行政诉讼法（1989 年通过，2014 年修正，2017 年修正）

4. 中华人民共和国民事诉讼法（1991 年通过，2007 年修正，2012 年修正，2017 年修正，2021 年修正，2023 年修正）

5. 中华人民共和国仲裁法（1994 年通过，2009 年修正，2017 年修正）

6. 中华人民共和国海事诉讼特别程序法（1999 年通过）

7. 中华人民共和国引渡法（2000 年通过）

8. 中华人民共和国劳动争议调解仲裁法（2007 年通过）

9. 中华人民共和国农村土地承包经营纠纷调解仲裁法（2009 年通过）

10. 中华人民共和国人民调解法（2010 年通过）

11. 中华人民共和国国际刑事司法协助法（2018 年通过）

第二章　现行有效法律的制定及修改基本情况

截至 2023 年 12 月 29 日十四届全国人大常委会第七次会议闭幕，现行有效法律 300 件（包括宪法）。其中，1978 年底以前制定的 3 件，1979 年以来制定的 297 件。

1979 年以来制定的现行有效的 297 件法律中，宪法及 5 个宪法修正案统计为 1 件；刑法、11 个刑法修正案和全国人民代表大会常务委员会关于惩治骗购外汇、逃汇和非法买卖外汇犯罪的决定统计为 1 件；每部法律，无论修改几次，均统计为 1 件。

本章按年度统计通过的现行有效法律的数量，本年度内以法律通过时间排序，并列明该法律草案的起草单位、说明人和各审次情况。同时，将该法律的历次修改依次列出，并列明各修改草案的起草单位、说明人和各审次情况。

一、1979 年以来通过的法律

1979 年（6 件）

1. 中华人民共和国全国人民代表大会和地方各级人民代表大会选举法

起草单位：民政部

说明人：全国人大常委会副委员长彭真

1979 年 6 月五届全国人大常委会第八次会议一审；

1979 年 7 月 1 日五届全国人大二次会议二审通过。

第五届全国人民代表大会第五次会议关于修改《中华人民共和国全国人民代表大会和地方各级人民代表大会选举法》的若干规定的决议

起草单位：全国人大常委会法制委

说明人：全国人大常委会副委员长兼法制委主任习仲勋

1982 年 11 月五届全国人大常委会第二十五次会议一审；

1982 年 12 月 10 日五届全国人大五次会议二审通过。

全国人民代表大会常务委员会关于修改《中华人民共和国全国人民代表大会和地方各级人民代表大会选举法》的决定

起草单位：全国人大常委会法工委

说明人：全国人大常委会秘书长、法工委主任王汉斌

1986 年 12 月 2 日六届全国人大常委会第十八次会议一审通过。

全国人民代表大会常务委员会关于修改《中华人民共和国全国人民代表大会和地方各级人民代表大会选举法》的决定

起草单位：全国人大常委会法工委

说明人：全国人大常委会法工委主任顾昂然

1994 年 12 月八届全国人大常委会第十一次会议一审；

1995 年 2 月 28 日八届全国人大常委会第十二次会议二审通过。

全国人民代表大会常务委员会关于修改《中华人民共和国全国人民代表大会和地方各级人民代表大会选举法》的决定

起草单位：全国人大常委会法工委

说明人：全国人大常委会法工委主任胡康生

2004 年 8 月十届全国人大常委会第十一次会议一审；

2004 年 10 月 27 日十届全国人大常委会第十二次会议二审通过。

全国人民代表大会关于修改《中华人民共和国全国人民代表大会和地方各级人民代表大会选举法》的决定

起草单位：全国人大常委会法工委

说明人：全国人大常委会副委员长王兆国

2009 年 10 月十一届全国人大常委会第十一次会议一审；

2009 年 12 月十一届全国人大常委会第十二次会议二审；

2010 年 3 月 14 日十一届全国人大三次会议三审通过。

全国人民代表大会常务委员会关于修改《中华人民共和国地方各级人民代表大会和地方各级人民政府组织法》、《中华人民共和国全国人民代表大会和地方各级人民代表大会选举法》、《中华人民共和国全国人民代表大会和地方各级人民代表大会代表法》的决定

起草单位：全国人大常委会法工委

说明人：全国人大常委会法工委副主任郑淑娜

2015 年 8 月 29 日十二届全国人大常委会第十六次会议一审通过。

全国人民代表大会常务委员会关于修改《中华人民共和国全国人民代表大会和地方各级人民代表大会选举法》的决定

起草单位：全国人大常委会法工委

说明人：全国人大常委会法工委主任沈春耀

2020 年 10 月 17 日十三届全国人大常委会第二十二次会议一审通过。

2. 中华人民共和国地方各级人民代表大会和地方各级人民政府组织法

起草单位：全国人大常委会法制委

说明人：全国人大常委会副委员长彭真

1979 年 6 月五届全国人大常委会第八次会议一审；

1979 年 7 月 1 日五届全国人大二次会议二审通过。

第五届全国人民代表大会第五次会议关于修改《中华人民共和国地方各级人民代表大会和地方各级人民政府组织法》的若干规定的决议

起草单位：全国人大常委会法制委

说明人：全国人大常委会副委员长兼法制委主任习仲勋

1982 年 11 月五届全国人大常委会第二十五次会议一审；

1982 年 12 月 10 日五届全国人大五次会议二审通过。

全国人民代表大会常务委员会关于修改《中华人民共和国地方各级人民代表大会和地方各级人民政府组织法》的决定

起草单位：全国人大常委会法工委

说明人：全国人大常委会秘书长、法工委主任王汉斌

1986 年 12 月 2 日六届全国人大常委会第十八次会议一审通过。

全国人民代表大会常务委员会关于修改《中华人民共和国地方各级人民代表大会和地方各级人民政府组织法》的决定

起草单位：全国人大常委会法工委

说明人：全国人大常委会法工委主任顾昂然

1994 年 12 月八届全国人大常委会第十一次会议一审；

1995 年 2 月 28 日八届全国人大常委会第十二次会议二审通过。

全国人民代表大会常务委员会关于修改《中华人民共和国地方各级人民代表大会和地方各级人民政府组织法》的决定

起草单位：全国人大常委会法工委

说明人：全国人大常委会法工委主任胡康生

2004 年 8 月十届全国人大常委会第十一次会议一审；

2004 年 10 月 27 日十届全国人大常委会第十二次会议二审通过。

全国人民代表大会常务委员会关于修改《中华人民共和国地方各级人民代表大会和地方各级人民政府组织法》、《中华人民共和国全国人民代表大会和地方各级人民代表大会选举法》、《中华人民共和国全国人民代表大会和地方各级人民代表大会代表法》的决定

起草单位：全国人大常委会法工委

说明人：全国人大常委会法工委副主任郑淑娜

2015 年 8 月 29 日十二届全国人大常委会第十六次会议一审通过。

全国人民代表大会关于修改《中华人民共和国地方各级人民代表大会和地方各级人民政府组织法》的决定

起草单位：全国人大常委会法工委

说明人：全国人大常委会副委员长王晨

2021 年 10 月十三届全国人大常委会第三十一次会议一审；

2021 年 12 月十三届全国人大常委会第三十二次会议二审；

2022 年 3 月 11 日十三届全国人大五次会议三审通过。

3. 中华人民共和国人民法院组织法

起草单位：最高人民法院

说明人：全国人大常委会副委员长彭真

1979 年 6 月五届全国人大常委会第八次会议一审；

1979 年 7 月 1 日五届全国人大二次会议二审通过。

全国人民代表大会常务委员会关于修改《中华人民共和国人民法院组织法》的决定

起草单位：最高人民法院 全国人大常委会法制委

说明人：全国人大常委会秘书长、法制委副主任王汉斌

1983 年 9 月 2 日六届全国人大常委会第二次会议一审通过。

全国人民代表大会常务委员会关于修改《中华人民共和国地方各级人民代表大会和地方各级人民政府组织法》的决定（《中华人民共和国人民法院组织法》根据该决定作了修改）

起草单位：全国人大常委会法工委

说明人：全国人大常委会秘书长、法工委主任王汉斌

1986 年 12 月 2 日六届全国人大常委会第十八次会议一审通过。

全国人民代表大会常务委员会关于修改《中华人民共和国人民法院组织法》的决定

起草单位：最高人民法院

说明人：最高人民法院负责人

2006 年 10 月 31 日十届全国人大常委会第二十四次会议一审通过。

中华人民共和国人民法院组织法（修订）

起草单位：全国人大内司委

说明人：全国人大内司委副主任委员王胜明

2017 年 8 月十二届全国人大常委会第二十九次会议一审；

2018 年 6 月十三届全国人大常委会第三次会议二审；

2018 年 10 月 26 日十三届全国人大常委会第六次会议三审通过。

4. 中华人民共和国人民检察院组织法

起草单位：最高人民检察院

说明人：全国人大常委会副委员长彭真

1979 年 6 月五届全国人大常委会第八次会议一审；

1979 年 7 月 1 日五届全国人大二次会议二审通过。

全国人民代表大会常务委员会关于修改《中华人民共和国人民检察院组织法》的决定

起草单位：最高人民检察院　全国人大常委会法制委

说明人：全国人大常委会秘书长、法制委副主任王汉斌

1983 年 9 月 2 日六届全国人大常委会第二次会议一审通过。

全国人民代表大会常务委员会关于修改《中华人民共和国地方各级人民代表大会和地方各级人民政府组织法》的决定（《中华人民共和国人民检察院组织法》根据该决定作了修改）

起草单位：全国人大常委会法工委

说明人：全国人大常委会秘书长、法工委主任王汉斌

1986 年 12 月 2 日六届全国人大常委会第十八次会议一审通过。

中华人民共和国人民检察院组织法（修订）

起草单位：全国人大内司委

说明人：全国人大内司委副主任委员何晔晖

2017 年 8 月十二届全国人大常委会第二十九次会议一审；

2018 年 6 月十三届全国人大常委会第三次会议二审；

2018 年 10 月 26 日十三届全国人大常委会第六次会议三审通过。

5. 中华人民共和国刑法

起草单位：全国人大常委会法制委

说明人：全国人大常委会副委员长彭真

1979 年 6 月五届全国人大常委会第八次会议一审；

1979 年 7 月 1 日五届全国人大二次会议二审通过。

中华人民共和国刑法（修订）

起草单位：全国人大常委会法工委

说明人：全国人大常委会副委员长王汉斌

1996 年 12 月八届全国人大常委会第二十三次会议一审；

1997 年 2 月八届全国人大常委会第二十四次会议二审；

1997 年 3 月 14 日八届全国人大五次会议三审通过。

全国人民代表大会常务委员会关于修改部分法律的决定（《中华人民共和国刑法》根据该决定作了修改）

起草单位：全国人大法律委　全国人大常委会法工委

说明人：全国人大常委会法工委主任李适时

2009 年 6 月十一届全国人大常委会第九次会议一审；

2009 年 8 月 27 日十一届全国人大常委会第十次会议二审通过。

全国人民代表大会常务委员会关于惩治骗购外汇、逃汇和非法买卖外汇犯罪的决定

起草单位：中国人民银行

说明人：中国人民银行行长戴相龙

1998 年 10 月九届全国人大常委会第五次会议一审；

1998 年 12 月 29 日九届全国人大常委会第六次会议二审通过。

中华人民共和国刑法修正案

起草单位：全国人大法律委

说明人：全国人大法律委副主任委员顾昂然

1999 年 6 月九届全国人大常委会第十次会议一审；

1999 年 10 月九届全国人大常委会第十二次会议二审；

1999 年 12 月 25 日九届全国人大常委会第十三次会议三审通过。

中华人民共和国刑法修正案（二）

起草单位：国务院法制办　国家林业局

说明人：国务院法制办主任杨景宇

2001 年 6 月九届全国人大常委会第二十二次会议一审；

2001 年 8 月 31 日九届全国人大常委会第二十三次会议二审通过。

中华人民共和国刑法修正案（三）

起草单位：全国人大常委会法工委

说明人：全国人大常委会法工委副主任胡康生

2001 年 12 月 29 日九届全国人大常委会第二十五次会议一审通过。

中华人民共和国刑法修正案（四）

起草单位：全国人大常委会法工委

说明人：全国人大常委会法工委副主任胡康生

2002 年 12 月 28 日九届全国人大常委会第三十一次会议一审通过。

中华人民共和国刑法修正案（五）

起草单位：全国人大常委会法工委

说明人：全国人大常委会法工委主任胡康生

2004 年 10 月十届全国人大常委会第十二次会议一审；

2005 年 2 月 28 日十届全国人大常委会第十四次会议二审通过。

中华人民共和国刑法修正案（六）

起草单位：全国人大常委会法工委

说明人：全国人大常委会法工委副主任安建

2005 年 12 月十届全国人大常委会第十九次会议一审；

2006 年 4 月十届全国人大常委会第二十一次会议二审；

2006 年 6 月 29 日十届全国人大常委会第二十二次会议三审通过。

中华人民共和国刑法修正案（七）

起草单位：全国人大常委会法工委

说明人：全国人大常委会法工委主任李适时

2008 年 8 月十一届全国人大常委会第四次会议一审；

2008 年 12 月十一届全国人大常委会第六次会议二审；

2009 年 2 月 28 日十一届全国人大常委会第七次会议三审通过。

中华人民共和国刑法修正案（八）

起草单位：全国人大常委会法工委

说明人：全国人大常委会法工委主任李适时

2010 年 8 月十一届全国人大常委会第十六次会议一审；

2010 年 12 月十一届全国人大常委会第十八次会议二审；

2011 年 2 月 25 日十一届全国人大常委会第十九次会议三审通过。

中华人民共和国刑法修正案（九）

起草单位：全国人大常委会法工委

说明人：全国人大常委会法工委主任李适时

2014 年 10 月十二届全国人大常委会第十一次会议一审；

2015 年 6 月十二届全国人大常委会第十五次会议二审；

2015 年 8 月 29 日十二届全国人大常委会第十六次会议三审通过。

中华人民共和国刑法修正案（十）

起草单位：全国人大常委会法工委

说明人：全国人大常委会法工委副主任王超英

2017 年 11 月 4 日十二届全国人大常委会第三十次会议一审通过。

中华人民共和国刑法修正案（十一）

起草单位：全国人大常委会法工委

说明人：全国人大常委会法工委副主任李宁

2020 年 6 月十三届全国人大常委会第二十次会议一审；

2020 年 10 月十三届全国人大常委会第二十二次会议二审；

2020 年 12 月 26 日十三届全国人大常委会第二十四次会议三审通过。

中华人民共和国刑法修正案（十二）

起草单位：全国人大常委会法工委

说明人：全国人大常委会法工委主任沈春耀

2023 年 7 月十四届全国人大常委会第四次会议一审；

2023 年 12 月 29 日十四届全国人大常委会第七次会议二审通过。

6. 中华人民共和国刑事诉讼法

起草单位：全国人大常委会法制委

说明人：全国人大常委会副委员长彭真

1979 年 6 月五届全国人大常委会第八次会议一审；

1979 年 7 月 1 日五届全国人大二次会议二审通过。

全国人民代表大会关于修改《中华人民共和国刑事诉讼法》的决定

起草单位：全国人大常委会法工委

说明人：全国人大常委会法工委主任顾昂然

1995 年 12 月八届全国人大常委会第十七次会议一审；

1996 年 2 月八届全国人大常委会第十八次会议二审；

1996 年 3 月 17 日八届全国人大四次会议三审通过。

全国人民代表大会关于修改《中华人民共和国刑事诉讼法》的决定

起草单位：全国人大常委会法工委

说明人：全国人大常委会副委员长王兆国

2011 年 8 月十一届全国人大常委会第二十二次会议一审；

2011 年 12 月十一届全国人大常委会第二十四次会议二审；

2012 年 3 月 14 日十一届全国人大五次会议三审通过。

全国人民代表大会常务委员会关于修改《中华人民共和国刑事诉讼法》的决定

起草单位：全国人大常委会法工委

说明人：全国人大常委会法工委主任沈春耀

2018 年 4 月十三届全国人大常委会第二次会议一审；

2018 年 8 月十三届全国人大常委会第五次会议二审；

2018 年 10 月十三届全国人大常委会第六次会议三审通过。

1980 年 （5 件）

1. 中华人民共和国学位条例

起草单位：教育部

说明人：教育部部长蒋南翔

1980 年 2 月 12 日五届全国人大常委会第十三次会议一审通过。

全国人民代表大会常务委员会关于修改《中华人民共和国学位条例》的决定

起草单位：全国人大常委会法工委

说明人：全国人大常委会法工委副主任安建

2004 年 8 月 28 日十届全国人大常委会第十一次会议一审通过。

2. 第五届全国人民代表大会常务委员会关于批准《广东省经济特区条例》的决议

起草单位：广东省人民代表大会

说明人：进出口管理委员会副主任江泽民

1980 年 8 月 26 日五届全国人大常委会第十五次会议一审通过。

3. 中华人民共和国国籍法

起草单位：公安部

说明人：全国人大常委会法制委副主任武新宇

1980 年 2 月五届全国人大常委会第十三次会议一审；

1980 年 8 月五届全国人大常委会第十五次会议二审；

1980 年 9 月 10 日五届全国人大三次会议三审通过。

4. 中华人民共和国个人所得税法

起草单位：全国人大常委会法制委

说明人：全国人大常委会法制委副主任顾明

1980 年 8 月五届全国人大常委会第十五次会议一审；

1980 年 9 月 10 日五届全国人大三次会议二审通过。

全国人民代表大会常务委员会关于修改《中华人民共和国个人所得税法》的决定

起草单位：财政部

说明人：财政部部长刘仲藜

1993 年 8 月八届全国人大常委会第三次会议一审；

1993 年 10 月 31 日八届全国人大常委会第四次会议二审通过。

全国人民代表大会常务委员会关于修改《中华人民共和国个人所得税法》的决定

起草单位：财政部

说明人：财政部部长项怀诚

1999 年 8 月 30 日九届全国人大常委会第十一次会议一审通过。

全国人民代表大会常务委员会关于修改《中华人民共和国个人所得税法》的决定

起草单位：财政部

说明人：财政部部长金人庆

2005 年 8 月十届全国人大常委会第十七次会议一审；

2005 年 10 月 27 日十届全国人大常委会第十八次会议二审通过。

全国人民代表大会常务委员会关于修改《中华人民共和国个人所得税法》的决定

起草单位：财政部

说明人：财政部部长金人庆

2007 年 6 月 29 日十届全国人大常委会第二十八次会议一审通过。

全国人民代表大会常务委员会关于修改《中华人民共和国个人所得税法》的决定

起草单位：财政部　税务总局

说明人：财政部部长谢旭人

2007 年 12 月 29 日十届全国人大常委会第三十一次会议一审通过。

全国人民代表大会常务委员会关于修改《中华人民共和国个人所得税法》的决定

起草单位：财政部

说明人：财政部部长谢旭人

2011 年 4 月十一届全国人大常委会第二十次会议一审；

2011 年 6 月 30 日十一届全国人大常委会第二十一次会议二审通过。

全国人民代表大会常务委员会关于修改《中华人民共和国个人所得税法》的决定

起草单位：财政部

说明人：财政部部长刘昆

2018 年 6 月十三届全国人大常委会第三次会议一审；

2018 年 8 月 31 日十三届全国人大常委会第五次会议二审通过。

5. 全国人民代表大会常务委员会关于批准《国务院关于老干部离职休养的暂行规定》的决议

起草单位：国家人事局

说明人：国家人事局局长焦善民

1980 年 9 月 29 日五届全国人大常委会第十六次会议一审通过。

1981 年（1 件）

全国人民代表大会常务委员会关于批准《国务院关于职工探亲待遇的规定》的决议

起草单位：国家劳动总局　财政部

说明人：国家劳动总局局长康永和

1981 年 3 月 6 日五届全国人大常委会第十七次会议一审通过。

1982 年（6 件）

1. 中华人民共和国海洋环境保护法

起草单位：国务院环境保护领导小组　国家海洋局

说明人：城乡建设环境保护部部长李锡铭

1982 年 8 月 23 日五届全国人大常委会第二十四次会议一审通过。

中华人民共和国海洋环境保护法（修订）

起草单位：全国人大环资委

说明人：全国人大环资委副主任委员张皓若

1999 年 6 月九届全国人大常委会第十次会议一审；

1999 年 8 月九届全国人大常委会第十一次会议二审；

1999 年 10 月九届全国人大常委会第十二次会议三审；

1999 年 12 月 25 日九届全国人大常委会第十三次会议四审通过。

全国人民代表大会常务委员会关于修改《中华人民共和国海洋环境保护法》等七部法律的决定

起草单位：国务院法制办

说明人：国务院法制办主任宋大涵

2013 年 12 月 28 日十二届全国人大常委会第六次会议一审通过。

全国人民代表大会常务委员会关于修改《中华人民共和国海洋环境保护法》的决定

起草单位：国土资源部　国家海洋局

说明人：国土资源部部长姜大明

2016 年 8 月十二届全国人大常委会第二十二次会议一审；

2016 年 11 月 7 日十二届全国人大常委会第二十四次会议二审通过。

全国人民代表大会常务委员会关于修改《中华人民共和国会计法》等十一部法律的决定（《中华人民共和国海洋环境保护法》根据该决定作了修改）

起草单位：国务院法制办

说明人：国务院法制办党组书记、副主任袁曙宏

2017 年 11 月 4 日十二届全国人大常委会第三十次会议一审通过。

中华人民共和国海洋环境保护法（修订）

起草单位：全国人大环资委

说明人：全国人大环资委副主任委员王洪尧

2022 年 12 月十三届全国人大常委会第三十八次会议一审；

2023 年 6 月十四届全国人大常委会第三次会议二审；

2023 年 10 月 24 日十四届全国人大常委会第六次会议三审通过。

2. 中华人民共和国商标法

起草单位：工商行政管理总局

说明人：工商行政管理总局局长任中林

1982 年 8 月 23 日五届全国人大常委会第二十四次会议一审通过。

全国人民代表大会常务委员会关于修改《中华人民共和国商标法》的决定

起草单位：国家工商行政管理局

说明人：国家工商行政管理局局长刘敏学

1992 年 12 月七届全国人大常委会第二十九次会议一审；

1993 年 2 月 22 日七届全国人大常委会第三十次会议二审通过。

全国人民代表大会常务委员会关于修改《中华人民共和国商标法》的决定

起草单位：国家工商行政管理局

说明人：国家工商行政管理局局长王众孚

2000 年 12 月九届全国人大常委会第十九次会议一审；

2001 年 4 月九届全国人大常委会第二十一次会议二审；

2001 年 10 月 27 日九届全国人大常委会第二十四次会议三审通过。

全国人民代表大会常务委员会关于修改《中华人民共和国商标法》的决定

起草单位：国家工商行政管理总局

说明人：国家工商行政管理总局局长周伯华

2012 年 12 月十一届全国人大常委会第三十次会议一审；

2013 年 6 月十二届全国人大常委会第三次会议二审；

2013 年 8 月 30 日十二届全国人大常委会第四次会议三审通过。

全国人民代表大会常务委员会关于修改《中华人民共和国建筑法》等八部法律的决定（《中华人民共和国商标法》根据该决定作了修改）

起草单位：司法部

说明人：司法部负责人

2019 年 4 月 23 日十三届全国人大常委会第十次会议一审通过。

3. 中华人民共和国文物保护法

起草单位：文化部

说明人：文化部部长朱穆之

1982 年 11 月 19 日五届全国人大常委会第二十五次会议一审通过。

全国人民代表大会常务委员会关于修改《中华人民共和国文物保护法》第三十条、第三十一条的决定

起草单位：国家文物局

说明人：国家文物局局长张德勤

1991 年 2 月七届全国人大常委会第十八次会议一审；

1991 年 6 月 29 日七届全国人大常委会第二十次会议二审通过。

中华人民共和国文物保护法（修订）

起草单位：文化部

说明人：文化部部长孙家正

2001 年 10 月九届全国人大常委会第二十四次会议一审；

2001 年 12 月九届全国人大常委会第二十五次会议二审；

2002 年 4 月九届全国人大常委会第二十七次会议三审；

2002 年 10 月 28 日九届全国人大常委会第三十次会议四审通过。

全国人民代表大会常务委员会关于修改《中华人民共和国文物保护法》的决定

起草单位：国务院法制办　国家文物局

说明人：国务院法制办主任曹康泰

2007 年 12 月 29 日十届全国人大常委会第三十一次会议一审通过。

全国人民代表大会常务委员会关于修改《中华人民共和国文物保护法》等十二部法律的决定

起草单位：国务院法制办

说明人：国务院法制办主任宋大涵

2013 年 6 月 29 日十二届全国人大常委会第三次会议一审通过。

全国人民代表大会常务委员会关于修改《中华人民共和国文物保护法》的决定

起草单位：国务院法制办

说明人：国务院法制办主任宋大涵

2015 年 4 月 24 日十二届全国人大常委会第十四次会议一审通过。

全国人民代表大会常务委员会关于修改《中华人民共和国会计法》等十一部法律的决定（《中华人民共和国文物保护法》根据该决定作了修改）

起草单位：国务院法制办

说明人：国务院法制办党组书记、副主任袁曙宏

2017 年 11 月 4 日十二届全国人大常委会第三十次会议一审通过。

4. 中华人民共和国宪法

起草单位：宪法修改委员会

说明人：宪法修改委员会副主任委员彭真

1982 年 5 月 4 日五届全国人大常委会第二十三次会议通过《关于公布〈中华人民共和国宪法修改草案〉全民讨论的决议》；

1982 年 12 月 4 日五届全国人大五次会议通过。

中华人民共和国宪法修正案（1988 年）

1988 年 3 月 12 日六届全国人大常委会第二十五次会议通过《全国人民代表大会常务委员会关于中华人民共和国宪法修正案草案》；

1988 年 4 月 12 日七届全国人大一次会议通过。

中华人民共和国宪法修正案（1993 年）

1993 年 2 月 22 日七届全国人大常委会第三十次会议通过《全国人民代表大会常务委员会关于中华人民共和国宪法修正案草案》；

1993 年 3 月 29 日八届全国人大一次会议通过。

中华人民共和国宪法修正案（1999 年）

起草单位：中央宪法修改小组

说明人：全国人大常委会副委员长田纪云

1999 年 1 月 30 日九届全国人大常委会第七次会议通过《全国人民代表大会常务委员会关于中华人民共和国宪法修正案草案》；

1999 年 3 月 15 日九届全国人大二次会议通过。

中华人民共和国宪法修正案（2004 年）

起草单位：中央宪法修改小组

说明人：全国人大常委会副委员长王兆国

2003 年 12 月 27 日十届全国人大常委会第六次会议通过《全国人民代表大会常务委员会关于提请审议〈中华人民共和国宪法修正案（草案）〉的议案》；

2004 年 3 月 14 日十届全国人大二次会议通过。

中华人民共和国宪法修正案（2018 年）

起草单位：宪法修改小组

说明人：全国人大常委会副委员长兼秘书长王晨

2018 年 1 月 30 日十二届全国人大常委会第三十二次会议通过《全国人民代表大会常务委员会关于提请审议〈中华人民共和国宪法修正案（草案）〉的议案》；

2018 年 3 月 11 日十三届全国人大一次会议通过。

5. 中华人民共和国全国人民代表大会组织法

起草单位：全国人大常委会办公厅　全国人大常委会法制委

说明人：全国人大常委会副委员长兼法制委主任习仲勋

1982 年 11 月五届全国人大常委会第二十五次会议一审；

1982 年 12 月 10 日五届全国人大五次会议二审通过。

全国人民代表大会关于修改《中华人民共和国全国人民代表大会组织法》的决定

起草单位：全国人大常委会法工委

说明人：全国人大常委会副委员长王晨

2020 年 8 月十三届全国人大常委会第二十一次会议一审；

2020 年 12 月十三届全国人大常委会第二十四次会议二审；

2021 年 3 月 11 日十三届全国人大四次会议三审通过。

6. 中华人民共和国国务院组织法

起草单位：国务院

说明人：全国人大常委会副委员长兼法制委主任习仲勋

1982 年 11 月五届全国人大常委会第二十五次会议一审；

1982 年 12 月 10 日五届全国人大五次会议二审通过。

1983 年（3 件）

1. 全国人民代表大会常务委员会关于县级以下人民代表大会代表直接选举的若干规定

起草单位：全国人大常委会法制委　民政部

说明人：全国人大常委会法制委副主任王汉斌

1983 年 3 月 5 日五届全国人大常委会第二十六次会议一审通过。

2. 中华人民共和国海上交通安全法

起草单位：交通部

说明人：交通部副部长钱永昌

1983 年 2 月五届全国人大常委会第二十六次会议一审；

1983 年 9 月 2 日六届全国人大常委会第二次会议二审通过。

全国人民代表大会常务委员会关于修改《中华人民共和国对外贸易法》等十二部法律的决定（《中华人民共和国海上交通安全法》根据该决定作了修改）

起草单位：国务院法制办

说明人：国务院法制办主任宋大涵

2016 年 11 月 7 日十二届全国人大常委会第二十四次会议一审通过。

中华人民共和国海上交通安全法（修订）

起草单位：交通运输部

说明人：交通运输部部长李小鹏

2020 年 12 月十三届全国人大常委会第二十四次会议一审；

2021 年 4 月 29 日十三届全国人大常委会第二十八次会议二审通过。

3. 中华人民共和国统计法

起草单位：国家统计局

说明人：国家统计局局长李成瑞

1983 年 8 月六届全国人大常委会第二次会议一审；

1983 年 12 月 8 日六届全国人大常委会第三次会议二审通过。

全国人民代表大会常务委员会关于修改《中华人民共和国统计法》的决定

起草单位：国家统计局

说明人：国家统计局局长张塞

1995 年 8 月八届全国人大常委会第十五次会议一审；

1996 年 5 月 15 日八届全国人大常委会第十九次会议二审通过。

中华人民共和国统计法（修订）

起草单位：国家统计局

说明人：国家统计局局长马建堂

2008 年 12 月十一届全国人大常委会第六次会议一审；

2009 年 6 月 27 日十一届全国人大常委会第九次会议二审通过。

1984 年（7 件）

1. 中华人民共和国专利法

起草单位：中国专利局

说明人：中国专利局局长黄坤益

1983 年 11 月六届全国人大常委会第三次会议一审；

1984 年 3 月 12 日六届全国人大常委会第四次会议二审通过。

全国人民代表大会常务委员会关于修改《中华人民共和国专利法》的决定

起草单位：国家专利局

说明人：国家专利局局长高卢麟

1992 年 6 月七届全国人大常委会第二十六次会议一审；

1992 年 9 月 4 日七届全国人大常委会第二十七次会议二审通过。

全国人民代表大会常务委员会关于修改《中华人民共和国专利法》的决定

起草单位：国家知识产权局

说明人：国家知识产权局局长姜颖

2000 年 4 月九届全国人大常委会第十五次会议一审；

2000 年 7 月九届全国人大常委会第十六次会议二审；

2000 年 8 月 25 日九届全国人大常委会第十七次会议三审通过。

全国人民代表大会常务委员会关于修改《中华人民共和国专利法》的决定

起草单位：国家知识产权局

说明人：国家知识产权局局长田力普

2008 年 8 月十一届全国人大常委会第四次会议一审；

2008 年 12 月 27 日十一届全国人大常委会第六次会议二审通过。

全国人民代表大会常务委员会关于修改《中华人民共和国专利法》的决定

起草单位：国家知识产权局

说明人：国家知识产权局局长申长雨

2018 年 12 月十三届全国人大常委会第七次会议一审；

2020 年 6 月十三届全国人大常委会第二十次会议二审；

2020 年 10 月 17 日十三届全国人大常委会第二十二次会议三审通过。

2. 中华人民共和国水污染防治法

起草单位：国务院环境保护领导小组

说明人：城乡建设环境保护部部长李锡铭

1984 年 2 月六届全国人大常委会第四次会议一审；

1984 年 5 月 11 日六届全国人大常委会第五次会议二审通过。

全国人民代表大会常务委员会关于修改《中华人民共和国水污染防治法》的决定

起草单位：全国人大环资委

说明人：全国人大环资委副主任委员秦仲达

1995 年 10 月八届全国人大常委会第十六次会议一审；

1996 年 5 月 15 日八届全国人大常委会第十九次会议二审通过。

中华人民共和国水污染防治法（修订）

起草单位：国家环境保护总局

说明人：国家环境保护总局局长周生贤

2007 年 8 月十届全国人大常委会第二十九次会议一审；

2007 年 12 月十届全国人大常委会第三十一次会议二审；

2008 年 2 月 28 日十届全国人大常委会第三十二次会议三审通过。

全国人民代表大会常务委员会关于修改《中华人民共和国水污染防治法》的决定

起草单位：环境保护部

说明人：环境保护部部长陈吉宁

2016 年 12 月十二届全国人大常委会第二十五次会议一审；

2017 年 6 月 27 日十二届全国人大常委会第二十八次会议二审通过。

3. 中华人民共和国民族区域自治法

起草单位：全国人大民委

说明人：全国人大常委会副委员长、全国人大民委主任阿沛·阿旺晋美

1984 年 2 月六届全国人大常委会第四次会议一审；

1984 年 5 月六届全国人大常委会第五次会议二审；

1984 年 5 月 31 日六届全国人大二次会议三审通过。

全国人民代表大会常务委员会关于修改《中华人民共和国民族区域自治法》的决定

起草单位：全国人大民委

说明人：全国人大常委会副委员长铁木尔·达瓦买提

2000 年 10 月九届全国人大常委会第十八次会议一审；

2000 年 12 月九届全国人大常委会第十九次会议二审；

2001 年 2 月 28 日九届全国人大常委会第二十次会议三审通过。

4. 中华人民共和国兵役法

起草单位：中央军委修改兵役法领导小组

说明人：中央军委委员、总参谋长杨得志

1983 年 11 月六届全国人大常委会第三次会议一审；

1984 年 2 月六届全国人大常委会第四次会议二审；

1984 年 5 月 31 日六届全国人大二次会议三审通过。

全国人民代表大会常务委员会关于修改《中华人民共和国兵役法》的决定

起草单位：国防部

说明人：中央军委委员、总参谋长傅全有

1998 年 10 月九届全国人大常委会第五次会议一审；

1998 年 12 月 29 日九届全国人大常委会第六次会议二审通过。

全国人民代表大会常务委员会关于修改部分法律的决定（《中华人民共和国兵役法》根据该决定作了修改）

起草单位：全国人大法律委　全国人大常委会法工委

说明人：全国人大常委会法工委主任李适时

2009 年 6 月十一届全国人大常委会第九次会议一审；

2009 年 8 月 27 日十一届全国人大常委会第十次会议二审通过。

全国人民代表大会常务委员会关于修改《中华人民共和国兵役法》的决定

起草单位：总参谋部

说明人：中国人民解放军副总参谋长孙建国

2011 年 6 月十一届全国人大常委会第二十一次会议一审；

2011 年 10 月 29 日十一届全国人大常委会第二十三次会议二审通过。

中华人民共和国兵役法（修订）

起草单位：中央军委

说明人：中央军委国防动员部部长盛斌

2020 年 12 月十三届全国人大常委会第二十四次会议一审；

2021 年 8 月 20 日十三届全国人大常委会第三十次会议二审通过。

5. 中华人民共和国药品管理法

起草单位：卫生部

说明人：卫生部副部长谭云鹤

1984 年 7 月六届全国人大常委会第六次会议一审；

1984 年 9 月 20 日六届全国人大常委会第七次会议二审通过。

中华人民共和国药品管理法（修订）

起草单位：国家药品监督管理局

说明人：国家药品监督管理局负责人

2000 年 8 月九届全国人大常委会第十七次会议一审；

2000 年 12 月九届全国人大常委会第十九次会议二审；

2001 年 2 月 28 日九届全国人大常委会第二十次会议三审通过。

全国人民代表大会常务委员会关于修改《中华人民共和国海洋环境保护法》等七部法律的决定（《中华人民共和国药品管理法》根据该决定作了修改）

起草单位：国务院法制办

说明人：国务院法制办主任宋大涵

2013 年 12 月 28 日十二届全国人大常委会第六次会议一审通过。

全国人民代表大会常务委员会关于修改《中华人民共和国药品管理法》的决定

起草单位：国务院法制办

说明人：国务院法制办主任宋大涵

2015 年 4 月 24 日十二届全国人大常委会第十四次会议一审通过。

中华人民共和国药品管理法（修订）

起草单位：国家药品监督管理局

说明人：国家药品监督管理局局长焦红

2018 年 10 月十三届全国人大常委会第六次会议一审；

2019 年 4 月十三届全国人大常委会第十次会议二审；

2019 年 8 月 26 日十三届全国人大常委会第十二次会议三审通过。

6. 中华人民共和国森林法

起草单位：林业部

说明人：林业部部长杨钟

1984 年 7 月六届全国人大常委会第六次会议一审；

1984 年 9 月 20 日六届全国人大常委会第七次会议二审通过。

全国人民代表大会常务委员会关于修改《中华人民共和国森林法》的决定

起草单位：林业部

说明人：林业部部长陈耀邦

1997 年 10 月八届全国人大常委会第二十八次会议一审；

1998 年 4 月 29 日九届全国人大常委会第二次会议二审通过。

全国人民代表大会常务委员会关于修改部分法律的决定（《中华人民共和国森林法》根据该决定作了修改）

起草单位：全国人大法律委　全国人大常委会法工委

说明人：全国人大常委会法工委主任李适时

2009 年 6 月十一届全国人大常委会第九次会议一审；

2009 年 8 月 27 日十一届全国人大常委会第十次会议二审通过。

中华人民共和国森林法（修订）

起草单位：全国人大农业农村委

说明人：全国人大农业农村委副主任委员王宪魁

2019 年 6 月十三届全国人大常委会第十一次会议一审；

2019 年 10 月十三届全国人大常委会第十四次会议二审；

2019 年 12 月 28 日十三届全国人大常委会第十五次会议三审通过。

7. 全国人民代表大会常务委员会关于在沿海港口城市设立海事法院的决定

起草单位：最高人民法院

说明人：最高人民法院院长郑天翔

1984 年 11 月 14 日六届全国人大常委会第八次会议一审通过。

1985 年（3 件）

1. 中华人民共和国会计法

起草单位：财政部

说明人：财政部副部长迟海滨

1984 年 9 月六届全国人大常委会第七次会议一审；

1985 年 1 月 21 日六届全国人大常委会第九次会议二审通过。

全国人民代表大会常务委员会关于修改《中华人民共和国会计法》的决定

起草单位：财政部

说明人：财政部部长刘仲藜

1993 年 10 月八届全国人大常委会第四次会议一审；

1993 年 12 月 29 日八届全国人大常委会第五次会议二审通过。

中华人民共和国会计法（修订）

起草单位：财政部

说明人：财政部部长项怀诚

1999 年 6 月九届全国人大常委会第十次会议一审；

1999 年 8 月九届全国人大常委会第十一次会议二审；

1999 年 10 月 31 日九届全国人大常委会第十二次会议三审通过。

全国人民代表大会常务委员会关于修改《中华人民共和国会计法》等十一部法律的决定

起草单位：国务院法制办

说明人：国务院法制办党组书记、副主任袁曙宏

2017 年 11 月 4 日十二届全国人大常委会第三十次会议一审通过。

2. 中华人民共和国草原法

起草单位：农牧渔业部　国家农委

说明人：农牧渔业部部长何康

1984 年 11 月六届全国人大常委会第八次会议一审；

1985 年 6 月 18 日六届全国人大常委会第十一次会议二审通过。

中华人民共和国草原法（修订）

起草单位：农业部　国务院法制办

说明人：农业部部长杜青林

2002 年 8 月九届全国人大常委会第二十九次会议一审；

2002 年 10 月九届全国人大常委会第三十次会议二审；

2002 年 12 月 28 日九届全国人大常委会第三十一次会议三审通过。

全国人民代表大会常务委员会关于修改部分法律的决定（《中华人民共和国草原法》根据该决定作了修改）

起草单位：全国人大法律委　全国人大常委会法工委

说明人：全国人大常委会法工委主任李适时

2009 年 6 月十一届全国人大常委会第九次会议一审；

2009 年 8 月 27 日十一届全国人大常委会第十次会议二审通过。

全国人民代表大会常务委员会关于修改《中华人民共和国文物保护法》等十二部法律的决定（《中华人民共和国草原法》根据该决定作了修改）

起草单位：国务院法制办

说明人：国务院法制办主任宋大涵

2013 年 6 月 29 日十二届全国人大常委会第三次会议一审通过。

全国人民代表大会常务委员会关于修改《中华人民共和国道路交通安全法》等八部法律的决定（《中华人民共和国草原法》根据该决定作了修改）

起草单位：司法部

说明人：司法部部长唐一军

2021 年 4 月 29 日十三届全国人大常委会第二十八次会议一审通过。

3. 中华人民共和国计量法

起草单位：国家计量局

说明人：国家计量局局长白景中

1985 年 6 月六届全国人大常委会第十一次会议一审；

1985 年 9 月 6 日六届全国人大常委会第十二次会议二审通过。

全国人民代表大会常务委员会关于修改部分法律的决定（《中华人民共和国计量法》根据该决定作了修改）

起草单位：全国人大法律委　全国人大常委会法工委

说明人：全国人大常委会法工委主任李适时

2009 年 6 月十一届全国人大常委会第九次会议一审；

2009 年 8 月 27 日十一届全国人大常委会第十次会议二审通过。

全国人民代表大会常务委员会关于修改《中华人民共和国海洋环境保护法》等七部法律的决定（《中华人民共和国计量法》根据该决定作了修改）

起草单位：国务院法制办

说明人：国务院法制办主任宋大涵

2013 年 12 月 28 日十二届全国人大常委会第六次会议一审通过。

全国人民代表大会常务委员会关于修改《中华人民共和国计量法》等五部法律的决定

起草单位：国务院法制办

说明人：国务院法制办主任宋大涵

2015 年 4 月 24 日十二届全国人大常委会第十四次会议一审通过。

全国人民代表大会常务委员会关于修改《中华人民共和国招标投标法》、《中华人民共和国计量法》的决定

起草单位：国务院法制办

说明人：国务院法制办党组书记、副主任袁曙宏

2017 年 12 月 27 日十二届全国人大常委会第三十一次会议一审通过。

全国人民代表大会常务委员会关于修改《中华人民共和国野生动物保护法》等十五部法律的决定（《中华人民共和国计量法》根据该决定作了修改）

起草单位：司法部

说明人：司法部副部长赵大程

2018 年 10 月 26 日十三届全国人大常委会第六次会议一审通过。

1986 年 （7 件）

1. 中华人民共和国渔业法

起草单位：农牧渔业部

说明人：农牧渔业部副部长朱荣

1985 年 11 月六届全国人大常委会第十三次会议一审；

1986 年 1 月 20 日六届全国人大常委会第十四次会议二审通过。

全国人民代表大会常务委员会关于修改《中华人民共和国渔业法》的决定

起草单位：农业部

说明人：农业部部长陈耀邦

2000 年 7 月九届全国人大常委会第十六次会议一审；

2000 年 8 月九届全国人大常委会第十七次会议二审；

2000 年 10 月 31 日九届全国人大常委会第十八次会议三审通过。

全国人民代表大会常务委员会关于修改《中华人民共和国渔业法》的决定

起草单位：全国人大常委会法工委

说明人：全国人大常委会法工委副主任安建

2004 年 8 月 28 日十届全国人大常委会第十一次会议一审通过。

全国人民代表大会常务委员会关于修改部分法律的决定（《中华人民共和国渔业法》根据该决定作了修改）

起草单位：全国人大法律委　全国人大常委会法工委

说明人：全国人大常委会法工委主任李适时

2009 年 6 月十一届全国人大常委会第九次会议一审；

2009 年 8 月 27 日十一届全国人大常委会第十次会议二审通过。

全国人民代表大会常务委员会关于修改《中华人民共和国海洋环境保护法》等七部法律的决定（《中华人民共和国渔业法》根据该决定作了修改）

起草单位：国务院法制办

说明人：国务院法制办主任宋大涵

2013 年 12 月 28 日十二届全国人大常委会第六次会议一审通过。

2. 中华人民共和国矿产资源法

起草单位：地质矿产部

说明人：地质矿产部部长朱训

1986 年 3 月 19 日六届全国人大常委会第十五次会议一审通过。

全国人民代表大会常务委员会关于修改《中华人民共和国矿产资源法》的决定

起草单位：地质矿产部

说明人：地质矿产部部长宋瑞祥

1996 年 6 月八届全国人大常委会第二十次会议一审；

1996 年 8 月 29 日八届全国人大常委会第二十一次会议二审通过。

全国人民代表大会常务委员会关于修改部分法律的决定（《中华人民共和国矿产资源法》根据该决定作了修改）

起草单位：全国人大法律委　全国人大常委会法工委

说明人：全国人大常委会法工委主任李适时

2009 年 6 月十一届全国人大常委会第九次会议一审；

2009 年 8 月 27 日十一届全国人大常委会第十次会议二审通过。

3. 中华人民共和国义务教育法

起草单位：国家教育委员会

说明人：国务院副总理兼国家教育委员会主任李鹏

1986 年 1 月六届全国人大常委会第十四次会议一审；

1986 年 3 月六届全国人大常委会第十五次会议二审；

1986 年 4 月 12 日六届全国人大四次会议三审通过。

中华人民共和国义务教育法（修订）

起草单位：教育部

说明人：教育部部长周济

2006 年 2 月十届全国人大常委会第二十次会议一审；

2006 年 4 月十届全国人大常委会第二十一次会议二审；

2006 年 6 月 29 日十届全国人大常委会第二十二次会议三审通过。

全国人民代表大会常务委员会关于修改《中华人民共和国义务教育法》等五部法律的决定

起草单位：国务院法制办

说明人：国务院法制办主任宋大涵

2015 年 4 月 24 日十二届全国人大常委会第十四次会议一审通过。

全国人民代表大会常务委员会关于修改《中华人民共和国产品质量法》等五部法律的决定（《中华人民共和国义务教育法》根据该决定作了修改）

起草单位：司法部

说明人：司法部负责人

2018 年 12 月 29 日十三届全国人大常委会第七次会议一审通过。

4. 中华人民共和国土地管理法

起草单位：农牧渔业部　国家农委

说明人：农牧渔业部副部长相重扬

1986 年 3 月六届全国人大常委会第十五次会议一审；

1986 年 6 月 25 日六届全国人大常委会第十六次会议二审通过。

全国人民代表大会常务委员会关于修改《中华人民共和国土地管理法》的决定

起草单位：国家土地管理局

说明人：国家土地管理局局长王先进

1988 年 8 月七届全国人大常委会第三次会议一审；

1988 年 12 月 29 日七届全国人大常委会第五次会议二审通过。

中华人民共和国土地管理法（修订）

起草单位：国家土地管理局

说明人：国土资源部负责人

1998 年 4 月九届全国人大常委会第二次会议一审；

1998 年 6 月九届全国人大常委会第三次会议二审；

1998 年 8 月 29 日九届全国人大常委会第四次会议三审通过。

全国人民代表大会常务委员会关于修改《中华人民共和国土地管理法》的决定

起草单位：国土资源部

说明人：国土资源部部长孙文盛

2004 年 8 月 28 日十届全国人大常委会第十一次会议一审通过。

全国人民代表大会常务委员会关于修改《中华人民共和国土地管理法》、《中华人民共和国城市房地产管理法》的决定

起草单位：自然资源部

说明人：自然资源部部长陆昊

2018 年 12 月十三届全国人大常委会第七次会议一审；

2019 年 6 月十三届全国人大常委会第十一次会议二审；

2019 年 8 月 26 日十三届全国人大常委会第十二次会议三审通过。

5. 中华人民共和国外交特权与豁免条例

起草单位：外交部

说明人：外交部副部长钱其琛

1986 年 6 月六届全国人大常委会第十六次会议一审；

1986 年 9 月 5 日六届全国人大常委会第十七次会议二审通过。

6. 中华人民共和国国境卫生检疫法

起草单位：卫生部

说明人：卫生部副部长何界生

1986 年 8 月六届全国人大常委会第十七次会议一审；

1986 年 12 月 2 日六届全国人大常委会第十八次会议二审通过。

全国人民代表大会常务委员会关于修改《中华人民共和国国境卫生检疫法》的决定

起草单位：国务院法制办　国家质检总局

说明人：国务院法制办主任曹康泰

2007 年 12 月 29 日十届全国人大常委会第三十一次会议一审通过。

全国人民代表大会常务委员会关于修改部分法律的决定（《中华人民共和国国境卫生检疫法》根据该决定作了修改）

起草单位：全国人大法律委　全国人大常委会法工委

说明人：全国人大常委会法工委主任李适时

2009 年 6 月十一届全国人大常委会第九次会议一审；

2009 年 8 月 27 日十一届全国人大常委会第十次会议二审通过。

全国人民代表大会常务委员会关于修改《中华人民共和国国境卫生检疫法》等六部法律的决定

起草单位：司法部

说明人：司法部负责人

2018 年 4 月 27 日十三届全国人大常委会第二次会议一审通过。

7. 中华人民共和国邮政法

起草单位：邮电部

说明人：邮电部部长杨泰芳

1986 年 8 月六届全国人大常委会第十七次会议一审；

1986 年 12 月 2 日六届全国人大常委会第十八次会议二审通过。

中华人民共和国邮政法（修订）

起草单位：国务院法制办

说明人：国务院法制办主任曹康泰

2008 年 10 月十一届全国人大常委会第五次会议一审；

2009 年 4 月 24 日十一届全国人大常委会第八次会议二审通过。

全国人民代表大会常务委员会关于修改《中华人民共和国邮政法》的决定

起草单位：国家邮政局

说明人：国家邮政局局长马军胜

2012 年 10 月 26 日十一届全国人大常委会第二十九次会议一审通过。

全国人民代表大会常务委员会关于修改《中华人民共和国义务教育法》等五部法律的决定（《中华人民共和国邮政法》根据该决定作了修改）

起草单位：国务院法制办

说明人：国务院法制办主任宋大涵

2015 年 4 月 24 日十二届全国人大常委会第十四次会议一审通过。

1987 年 （5 件）

1. 中华人民共和国海关法

起草单位：海关总署

说明人：海关总署署长戴杰

1986 年 11 月六届全国人大常委会第十八次会议一审；

1987 年 1 月 22 日六届全国人大常委会第十九次会议二审通过。

全国人民代表大会常务委员会关于修改《中华人民共和国海关法》的决定

起草单位：海关总署　国务院法制办

说明人：海关总署署长钱冠林

1999 年 12 月九届全国人大常委会第十三次会议一审；

2000 年 4 月九届全国人大常委会第十五次会议二审；

2000 年 7 月 8 日九届全国人大常委会第十六次会议三审通过。

全国人民代表大会常务委员会关于修改《中华人民共和国文物保护法》等十二部法律的决定（《中华人民共和国海关法》根据该决定作了修改）

起草单位：国务院法制办

说明人：国务院法制办主任宋大涵

2013 年 6 月 29 日十二届全国人大常委会第三次会议一审通过。

全国人民代表大会常务委员会关于修改《中华人民共和国海洋环境保护法》等七部法律的决定（《中华人民共和国海关法》根据该决定作了修改）

起草单位：国务院法制办

说明人：国务院法制办主任宋大涵

2013 年 12 月 28 日十二届全国人大常委会第六次会议一审通过。

全国人民代表大会常务委员会关于修改《中华人民共和国对外贸易法》等十二部法律的决定（《中华人民共和国海关法》根据该决定作了修改）

起草单位：国务院法制办

说明人：国务院法制办主任宋大涵

2016 年 11 月 7 日十二届全国人大常委会第二十四次会议一审通过。

全国人民代表大会常务委员会关于修改《中华人民共和国会计法》等十一部法律的决定（《中华人民共和国海关法》根据该决定作了修改）

起草单位：国务院法制办

说明人：国务院法制办党组书记、副主任袁曙宏

2017 年 11 月 4 日十二届全国人大常委会第三十次会议一审通过。

全国人民代表大会常务委员会关于修改《中华人民共和国道路交通安全法》等八部法律的决定（《中华人民共和国海关法》根据该决定作了修改）

起草单位：司法部

说明人：司法部部长唐一军

2021 年 4 月 29 日十三届全国人大常委会第二十八次会议一审通过。

2. 全国人民代表大会常务委员会关于对中华人民共和国缔结或者参加的国际条约所规定的罪行行使刑事管辖权的决定

起草单位：国务院法制局

说明人：国务院法制局局长孙琬钟

1987 年 6 月 23 日六届全国人大常委会第二十一次会议一审通过。

3. 中华人民共和国大气污染防治法

起草单位：国务院环境保护领导小组

说明人：城乡建设环境保护部部长叶如棠

1987 年 6 月六届全国人大常委会第二十一次会议一审；

1987 年 9 月 5 日六届全国人大常委会第二十二次会议二审通过。

全国人民代表大会常务委员会关于修改《中华人民共和国大气污染防治法》的决定

起草单位：全国人大环资委

说明人：全国人大环资委副主任委员林宗棠

1994 年 10 月八届全国人大常委会第十次会议一审；

1995 年 8 月 29 日八届全国人大常委会第十五次会议二审通过。

中华人民共和国大气污染防治法（修订）

起草单位：全国人大环资委

说明人：全国人大环资委副主任委员曲格平

1999 年 8 月九届全国人大常委会第十一次会议一审；

1999 年 12 月九届全国人大常委会第十二次会议二审；

2000 年 4 月 29 日九届全国人大常委会第十五次会议三审通过。

中华人民共和国大气污染防治法（修订）

起草单位：环境保护部

说明人：环境保护部部长周生贤

2014 年 12 月十二届全国人大常委会第十二次会议一审；

2015 年 6 月十二届全国人大常委会第十五次会议二审；

2015 年 8 月 29 日十二届全国人大常委会第十六次会议三审通过。

全国人民代表大会常务委员会关于修改《中华人民共和国野生动物保护法》等十五部法律的决定（《中华人民共和国大气污染防治法》根据该决定作了修改）

起草单位：司法部

说明人：司法部副部长赵大程

2018 年 10 月 26 日十三届全国人大常委会第六次会议一审通过。

4. 中华人民共和国档案法

起草单位：国家档案局

说明人：国家档案局局长韩毓虎

1987 年 6 月六届全国人大常委会第二十一次会议一审；

1987 年 9 月 5 日六届全国人大常委会第二十二次会议二审通过。

全国人民代表大会常务委员会关于修改《中华人民共和国档案法》的决定

起草单位：国家档案局

说明人：国家档案局局长王刚

1996 年 5 月八届全国人大常委会第十九次会议一审；

1996 年 7 月 5 日八届全国人大常委会第二十次会议二审通过。

全国人民代表大会常务委员会关于修改《中华人民共和国对外贸易法》等十二部法律的决定（《中华人民共和国档案法》根据该决定作了修改）

起草单位：国务院法制办

说明人：国务院法制办主任宋大涵

2016 年 11 月 7 日十二届全国人大常委会第二十四次会议一审通过。

中华人民共和国档案法（修订）

起草单位：国家档案局

说明人：国家档案局局长李明华

2019 年 10 月十三届全国人大常委会第十四次会议一审；

2020 年 6 月 20 日十三届全国人大常委会第十九次会议二审通过。

5. 中华人民共和国全国人民代表大会常务委员会议事规则

起草单位：全国人大常委会法工委　全国人大常委会办公厅

说明人：全国人大常委会秘书长、法工委主任王汉斌

1987 年 8 月六届全国人大常委会第二十二次会议一审；

1987 年 11 月 24 日六届全国人大常委会第二十三次会议二审通过。

全国人民代表大会常务委员会关于修改《中华人民共和国全国人民代表大会常务委员会议事规则》的决定

起草单位：全国人大常委会法工委

说明人：全国人大常委会法工委副主任李飞

2009 年 4 月 24 日十一届全国人大常委会第八次会议一审通过。

全国人民代表大会常务委员会关于修改《中华人民共和国全国人民代表大会常务委员会议事规则》的决定

起草单位：全国人大常委会法工委

说明人：全国人大常委会法工委副主任武增

2021 年 12 月十三届全国人大常委会第三十二次会议一审；

2022 年 6 月 24 日十三届全国人大常委会第三十五次会议二审通过。

1988 年（7 件）

1. 中华人民共和国水法

起草单位：水利电力部

说明人：水利电力部部长钱正英

1987 年 11 月六届全国人大常委会第二十三次会议一审；

1988 年 1 月 21 日六届全国人大常委会第二十四次会议二审通过。

中华人民共和国水法（修订）

起草单位：水利部

说明人：水利部部长汪恕诚

2001 年 12 月九届全国人大常委会第二十五次会议一审；

2002 年 4 月九届全国人大常委会第二十七次会议二审；

2002 年 6 月九届全国人大常委会第二十八次会议三审；

2002 年 8 月 29 日九届全国人大常委会第二十九次会议四审通过。

全国人民代表大会常务委员会关于修改部分法律的决定（《中华人民共和国水法》根据该决定作了修改）

起草单位：全国人大法律委　全国人大常委会法工委

说明人：全国人大常委会法工委主任李适时

2009 年 6 月十一届全国人大常委会第九次会议一审；

2009 年 8 月 27 日十一届全国人大常委会第十次会议二审通过。

全国人民代表大会常务委员会关于修改《中华人民共和国节约能源法》等六部法律的决定（《中华人民共和国水法》根据该决定作了修改）

起草单位：国家发展和改革委员会

说明人：国家发展和改革委员会副主任张勇

2016 年 7 月 2 日十二届全国人大常委会第二十一次会议一审通过。

2. 中华人民共和国全民所有制工业企业法

起草单位：国家经济委员会

说明人：国家经济委员会主任吕东

1985 年 1 月六届全国人大常委会第九次会议一审；

1986 年 11 月六届全国人大常委会第十八次会议二审；

1987 年 3 月六届全国人大常委会第二十次会议三审；

1988 年 1 月六届全国人大常委会第二十四次会议四审；

1988 年 3 月六届全国人大常委会第二十五次会议五审；

1988 年 4 月 13 日七届全国人大一次会议六审通过。

全国人民代表大会常务委员会关于修改部分法律的决定（《中华人民共和国全民所有制工业企业法》根据该决定作了修改）

起草单位：全国人大法律委 全国人大常委会法工委

说明人：全国人大常委会法工委主任李适时

2009 年 6 月十一届全国人大常委会第九次会议一审；

2009 年 8 月 27 日十一届全国人大常委会第十次会议二审通过。

3. 中国人民解放军军官军衔条例

起草单位：总政治部

说明人：中央军委委员、总政治部主任杨白冰

1988 年 4 月 13 日七届全国人大常委会第一次会议一审；

1988 年 7 月 1 日七届全国人大常委会第二次会议二审通过。

全国人民代表大会常务委员会关于修改《中国人民解放军军官军衔条例》的决定

起草单位：总政治部

说明人：中央军委委员、总政治部主任于永波

1994 年 5 月 12 日八届全国人大常委会第七次会议一审通过。

4. 全国人民代表大会常务委员会关于批准中央军事委员会《关于授予军队离休干部中国人民解放军功勋荣誉章的规定》的决定

起草单位：总政治部

说明人：中央军委委员、总政治部主任杨白冰

1988 年 4 月 13 日七届全国人大常委会第一次会议一审；

1988 年 7 月 1 日七届全国人大常委会第二次会议二审通过。

5. 中华人民共和国保守国家秘密法

起草单位：国家保密工作部门

说明人：国务院副秘书长张文寿

1988 年 1 月六届全国人大常委会第二十四次会议一审；

1988 年 9 月 5 日七届全国人大常委会第三次会议二审通过。

中华人民共和国保守国家秘密法（修订）

起草单位：国家保密局

说明人：国家保密局负责人

2009 年 6 月十一届全国人大常委会第九次会议一审；

2010 年 2 月十一届全国人大常委会第十三次会议二审；

2010 年 4 月 29 日十一届全国人大常委会第十四次会议三审通过。

6. 中华人民共和国野生动物保护法

起草单位：林业部　农业部

说明人：林业部部长高德占

1988 年 8 月七届全国人大常委会第三次会议一审；

1988 年 11 月 8 日七届全国人大常委会第四次会议二审通过。

全国人民代表大会常务委员会关于修改《中华人民共和国野生动物保护法》的决定

起草单位：全国人大常委会法工委

说明人：全国人大常委会法工委副主任安建

2004 年 8 月 28 日十届全国人大常委会第十一次会议一审通过。

全国人民代表大会常务委员会关于修改部分法律的决定（《中华人民共和国野生动物保护法》根据该决定作了修改）

起草单位：全国人大法律委　全国人大常委会法工委

说明人：全国人大常委会法工委主任李适时

2009 年 6 月十一届全国人大常委会第九次会议一审；

2009 年 8 月 27 日十一届全国人大常委会第十次会议二审通过。

中华人民共和国野生动物保护法（修订）

起草单位：全国人大环资委

说明人：全国人大环资委副主任委员王鸿举

2015 年 12 月十二届全国人大常委会第十八次会议一审；

2016 年 4 月十二届全国人大常委会第二十次会议二审；

2016 年 7 月 2 日十二届全国人大常委会第二十一次会议三审通过。

全国人民代表大会常务委员会关于修改《中华人民共和国野生动物保护法》等十五部法律的决定

起草单位：司法部

说明人：司法部副部长赵大程

2018 年 10 月 26 日十三届全国人大常委会第六次会议一审通过。

中华人民共和国野生动物保护法（修订）

起草单位：全国人大环资委

说明人：全国人大环资委主任委员高虎城

2020 年 10 月十三届全国人大常委会第二十二次会议一审；

2022 年 8 月十三届全国人大常委会第三十六次会议二审；

2022 年 12 月 30 日十三届全国人大常委会第三十八次会议三审通过。

7. 中华人民共和国标准化法

起草单位：国家标准局

说明人：国家技术监督局局长徐志坚

1988 年 8 月七届全国人大常委会第三次会议一审；

1988 年 10 月七届全国人大常委会第四次会议二审；

1988 年 12 月 29 日七届全国人大常委会第五次会议三审通过。

中华人民共和国标准化法（修订）

起草单位：国家质检总局

说明人：国家标准化管理委员会主任田世宏

2017 年 4 月十二届全国人大常委会第二十七次会议一审；

2017 年 8 月十二届全国人大常委会第二十九次会议二审；

2017 年 11 月 4 日十二届全国人大常委会第三十次会议三审通过。

1989 年 （7 件）

1. 中华人民共和国传染病防治法

起草单位：卫生部

说明人：卫生部部长陈敏章

1988 年 12 月七届全国人大常委会第五次会议一审；

1989 年 2 月 21 日七届全国人大常委会第六次会议二审通过。

中华人民共和国传染病防治法（修订）

起草单位：卫生部

说明人：卫生部常务副部长高强

2004 年 4 月十届全国人大常委会第八次会议一审；

2004 年 6 月十届全国人大常委会第十次会议二审；

2004 年 8 月 28 日十届全国人大常委会第十一次会议三审通过。

全国人民代表大会常务委员会关于修改《中华人民共和国文物保护法》等十二部法律的决定（《中华人民共和国传染病防治法》根据该决定作了修改）

起草单位：国务院法制办

说明人：国务院法制办主任宋大涵

2013 年 6 月 29 日十二届全国人大常委会第三次会议一审通过。

2. 中华人民共和国进出口商品检验法

起草单位：国家商检局

说明人：国家商检局局长朱震元

1988 年 12 月七届全国人大常委会第五次会议一审；

1989 年 2 月 21 日七届全国人大常委会第六次会议二审通过。

全国人民代表大会常务委员会关于修改《中华人民共和国进出口商品检验法》的决定

起草单位：国家质量监督检验检疫总局　国务院法制办

说明人：国家质量监督检验检疫总局局长李长江

2002 年 2 月九届全国人大常委会第二十六次会议一审；

2002 年 4 月 28 日九届全国人大常委会第二十七次会议二审通过。

全国人民代表大会常务委员会关于修改《中华人民共和国文物保护法》等十二部法律的决定（《中华人民共和国进出口商品检验法》根据该决定作了修改）

起草单位：国务院法制办

说明人：国务院法制办主任宋大涵

2013 年 6 月 29 日十二届全国人大常委会第三次会议一审通过。

全国人民代表大会常务委员会关于修改《中华人民共和国国境卫生检疫法》等六部法律的决定（《中华人民共和国进出口商品检验法》根据该决定作了修改）

起草单位：司法部

说明人：司法部负责人

2018 年 4 月 27 日十三届全国人大常委会第二次会议一审通过。

全国人民代表大会常务委员会关于修改《中华人民共和国产品质量法》等五部法律的决定（《中华人民共和国进出口商品检验法》根据该决定作了修改）

起草单位：司法部

说明人：司法部负责人

2018 年 12 月 29 日十三届全国人大常委会第七次会议一审通过。

全国人民代表大会常务委员会关于修改《中华人民共和国道路交通安全法》等八部法律的决定（《中华人民共和国进出口商品检验法》根据该决定作了修改）

起草单位：司法部

说明人：司法部部长唐一军

2021 年 4 月 29 日十三届全国人大常委会第二十八次会议一审通过。

3. 中华人民共和国全国人民代表大会议事规则

起草单位：全国人大常委会法工委

说明人：全国人大常委会副委员长、法工委主任王汉斌

1989 年 2 月七届全国人大常委会第六次会议一审；

1989 年 4 月 4 日七届全国人大二次会议二审通过。

全国人民代表大会关于修改《中华人民共和国全国人民代表大会议事规则》的决定

起草单位：全国人大常委会法工委

说明人：全国人大常委会副委员长王晨

2020 年 8 月十三届全国人大常委会第二十一次会议一审；

2020 年 12 月十三届全国人大常委会第二十四次会议二审；

2021 年 3 月 11 日十三届全国人大四次会议三审通过。

4. 中华人民共和国行政诉讼法

起草单位：全国人大常委会法工委

说明人：全国人大常委会副委员长、法工委主任王汉斌

1988 年 10 月七届全国人大常委会第四次会议一审；

1989 年 2 月七届全国人大常委会第六次会议二审；

1989 年 4 月 4 日七届全国人大二次会议三审通过。

全国人民代表大会常务委员会关于修改《中华人民共和国行政诉讼法》的决定

起草单位：全国人大常委会法工委

说明人：全国人大常委会法工委副主任信春鹰

2013 年 12 月十二届全国人大常委会第六次会议一审；

2014 年 8 月十二届全国人大常委会第十次会议二审；

2014 年 11 月 1 日十二届全国人大常委会第十一次会议三审通过。

全国人民代表大会常务委员会关于修改《中华人民共和国民事诉讼法》和《中华人民共和国行政诉讼法》的决定

起草单位：最高人民检察院

说明人：最高人民检察院检察长曹建明

2017 年 6 月 27 日十二届全国人大常委会第二十八次会议一审通过。

5. 中华人民共和国集会游行示威法

起草单位：公安部

说明人：国务委员兼公安部部长王芳

1989 年 6 月七届全国人大常委会第八次会议一审；

1989 年 8 月七届全国人大常委会第九次会议二审；

1989 年 10 月 31 日七届全国人大常委会第十次会议三审通过。

全国人民代表大会常务委员会关于修改部分法律的决定（《中华人民共和国集会游行示威法》根据该决定作了修改）

起草单位：全国人大法律委　全国人大常委会法工委

说明人：全国人大常委会法工委主任李适时

2009 年 6 月十一届全国人大常委会第九次会议一审；

2009 年 8 月 27 日十一届全国人大常委会第十次会议二审通过。

6. 中华人民共和国城市居民委员会组织法

起草单位：民政部

说明人：民政部部长崔乃夫

1989 年 8 月七届全国人大常委会第九次会议一审；

1989 年 10 月七届全国人大常委会第十次会议二审；

1989 年 12 月 26 日七届全国人大常委会第十一次会议三审通过。

全国人民代表大会常务委员会关于修改《中华人民共和国村民委员会组织法》《中华人民共和国城市居民委员会组织法》的决定

起草单位：民政部

说明人：民政部部长黄树贤

2018 年 12 月 29 日十三届全国人大常委会第七次会议一审通过。

7. 中华人民共和国环境保护法

起草单位：国家环境保护局

说明人：国家环境保护局局长曲格平

1989 年 10 月七届全国人大常委会第十次会议一审；

1989 年 12 月 26 日七届全国人大常委会第十一次会议二审通过。

中华人民共和国环境保护法（修订）

起草单位：全国人大环资委

说明人：全国人大环资委主任委员汪光焘

2012 年 8 月十一届全国人大常委会第二十八次会议一审；

2013 年 6 月十二届全国人大常委会第三次会议二审；

2013 年 10 月十二届全国人大常委会第五次会议三审；

2014 年 4 月 24 日十二届全国人大常委会第八次会议四审通过。

1990 年（9 件）

1. 中华人民共和国军事设施保护法

起草单位：总参谋部

说明人：中央军委委员、中国人民解放军总参谋长迟浩田

1989 年 12 月七届全国人大常委会第十一次会议一审；

1990 年 2 月 23 日七届全国人大常委会第十二次会议二审通过。

全国人民代表大会常务委员会关于修改部分法律的决定（《中华人民共和国军事设施保护法》根据该决定作了修改）

起草单位：全国人大法律委　全国人大常委会法工委

说明人：全国人大常委会法工委主任李适时

2009 年 6 月十一届全国人大常委会第九次会议一审；

2009 年 8 月 27 日十一届全国人大常委会第十次会议二审通过。

全国人民代表大会常务委员会关于修改《中华人民共和国军事设施保护法》的决定

起草单位：总参谋部

说明人：中国人民解放军副总参谋长戚建国

2013 年 12 月十二届全国人大常委会第六次会议一审；

2014 年 6 月 27 日十二届全国人大常委会第九次会议二审通过。

中华人民共和国军事设施保护法（修订）

起草单位：中央军委

说明人：中央军委国防动员部部长盛斌

2020 年 12 月十三届全国人大常委会第二十四次会议一审；

2021 年 6 月 10 日十三届全国人大常委会第二十九次会议二审通过。

2. 中华人民共和国香港特别行政区基本法

起草单位：香港特别行政区基本法起草委员会

说明人：香港特别行政区基本法起草委员会主任委员姬鹏飞

1989 年 2 月七届全国人大常委会第六次会议一审；

1990 年 2 月七届全国人大常委会第十二次会议二审；

1990 年 4 月 4 日七届全国人大三次会议三审通过。

3. 中华人民共和国国旗法

起草单位：国务院法制局

说明人：国务院法制局局长孙琬钟

1990 年 2 月七届全国人大常委会第十二次会议一审；

1990 年 3 月七届全国人大常委会第十三次会议二审；

1990 年 6 月 28 日七届全国人大常委会第十四次会议三审通过。

全国人民代表大会常务委员会关于修改部分法律的决定（《中华人民共和国国旗法》根据该决定作了修改）

起草单位：全国人大法律委　全国人大常委会法工委

说明人：全国人大常委会法工委主任李适时

2009 年 6 月十一届全国人大常委会第九次会议一审；

2009 年 8 月 27 日十一届全国人大常委会第十次会议二审通过。

全国人民代表大会常务委员会关于修改《中华人民共和国国旗法》的决定

起草单位：全国人大常委会法工委

说明人：全国人大常委会法工委副主任武增

2020 年 8 月十三届全国人大常委会第二十一次会议一审；

2020 年 10 月 17 日十三届全国人大常委会第二十二次会议二审通过。

4. 中华人民共和国著作权法

起草单位：国家版权局

说明人：国家版权局局长宋木文

1989 年 12 月七届全国人大常委会第十一次会议一审；

1990 年 2 月七届全国人大常委会第十二次会议二审；

1990 年 6 月七届全国人大常委会第十四次会议三审；

1990 年 9 月 7 日七届全国人大常委会第十五次会议四审通过。

全国人民代表大会常务委员会关于修改《中华人民共和国著作权法》的决定

起草单位：国家版权局　国务院法制办

说明人：新闻出版署署长兼国家版权局局长于友先

1998 年 12 月九届全国人大常委会第六次会议一审；

2000 年 12 月九届全国人大常委会第十九次会议二审；

2001 年 4 月九届全国人大常委会第二十二次会议三审；

2001 年 10 月 27 日九届全国人大常委会第二十四次会议四审通过。

全国人民代表大会常务委员会关于修改《中华人民共和国著作权法》的决定

起草单位：国家版权局

说明人：国家版权局局长柳斌杰

2010 年 2 月 26 日十一届全国人大常委会第十三次会议一审通过。

全国人民代表大会常务委员会关于修改《中华人民共和国著作权法》的决定

起草单位：司法部

说明人：司法部党组书记、副部长袁曙宏

2020 年 4 月十三届全国人大常委会第十七次会议一审；

2020 年 8 月十三届全国人大常委会第二十一次会议二审；

2020 年 11 月 11 日十三届全国人大常委会第二十三次会议三审通过。

5. 中华人民共和国铁路法

起草单位：铁道部

说明人：铁道部部长李森茂

1990 年 2 月七届全国人大常委会第十二次会议一审；

1990 年 9 月 7 日七届全国人大常委会第十五次会议二审通过。

全国人民代表大会常务委员会关于修改部分法律的决定（《中华人民共和国铁路法》根据该决定作了修改）

起草单位：全国人大法律委　全国人大常委会法工委

说明人：全国人大常委会法工委主任李适时

2009 年 6 月十一届全国人大常委会第九次会议一审；

2009 年 8 月 27 日十一届全国人大常委会第十次会议二审通过。

全国人民代表大会常务委员会关于修改《中华人民共和国义务教育法》等五部法律的决定（《中华人民共和国铁路法》根据该决定作了修改）

起草单位：国务院法制办

说明人：国务院法制办主任宋大涵

2015 年 4 月 24 日十二届全国人大常委会第十四次会议一审通过。

6. 中华人民共和国归侨侨眷权益保护法

起草单位：全国人大华侨委

说明人：全国人大华侨委副主任委员何英

1990 年 6 月七届全国人大常委会第十四次会议一审；

1990 年 9 月 7 日七届全国人大常委会第十五次会议二审通过。

全国人民代表大会常务委员会关于修改《中华人民共和国归侨侨眷权益保护法》的决定

起草单位：全国人大华侨委

说明人：全国人大华侨委主任委员甘子玉

2000 年 8 月九届全国人大常委会第十七次会议一审；

2000 年 10 月 31 日九届全国人大常委会第十八次会议二审通过。

全国人民代表大会常务委员会关于修改部分法律的决定（《中华人民共和国归侨侨眷权益保护法》根据该决定作了修改）

起草单位：全国人大法律委　全国人大常委会法工委

说明人：全国人大常委会法工委主任李适时

2009 年 6 月十一届全国人大常委会第九次会议一审；

2009 年 8 月 27 日十一届全国人大常委会第十次会议二审通过。

7. 中华人民共和国领事特权与豁免条例

起草单位：外交部

说明人：外交部部长钱其琛

1990 年 8 月七届全国人大常委会第十五次会议一审；

1990 年 10 月 30 日七届全国人大常委会第十六次会议二审通过。

8. 中华人民共和国缔结条约程序法

起草单位：外交部

说明人：外交部部长钱其琛

1990 年 8 月七届全国人大常委会第十五次会议一审；

1990 年 12 月 28 日七届全国人大常委会第十七次会议二审通过。

9. 中华人民共和国残疾人保障法

起草单位：民政部　中国残疾人联合会

说明人：民政部部长崔乃夫

1990 年 10 月七届全国人大常委会第十六次会议一审；

1990 年 12 月 28 日七届全国人大常委会第十七次会议二审通过。

中华人民共和国残疾人保障法（修订）

起草单位：民政部

说明人：民政部部长李学举

2008 年 2 月十届全国人大常委会第三十二次会议一审；

2008 年 4 月 24 日十一届全国人大常委会第二次会议二审通过。

全国人民代表大会常务委员会关于修改《中华人民共和国野生动物保护法》等十五部法律的决定（《中华人民共和国残疾人保障法》根据该决定作了修改）

起草单位：司法部

说明人：司法部副部长赵大程

2018 年 10 月 26 日十三届全国人大常委会第六次会议一审通过。

1991 年 （6 件）

1. 中华人民共和国国徽法

起草单位：国务院法制局

说明人：国务院法制局局长孙琬钟

1990 年 12 月七届全国人大常委会第十七次会议一审；

1991 年 3 月 2 日七届全国人大常委会第十八次会议二审通过。

全国人民代表大会常务委员会关于修改部分法律的决定（《中华人民共和国国徽法》根据该决定作了修改）

起草单位：全国人大法律委　全国人大常委会法工委

说明人：全国人大常委会法工委主任李适时

2009 年 6 月十一届全国人大常委会第九次会议一审；

2009 年 8 月 27 日十一届全国人大常委会第十次会议二审通过。

全国人民代表大会常务委员会关于修改《中华人民共和国国徽法》的决定

起草单位：全国人大常委会法工委

说明人：全国人大常委会法工委副主任武增

2020 年 8 月十三届全国人大常委会第二十一次会议一审；

2020 年 10 月 17 日十三届全国人大常委会第二十二次会议二审通过。

2. 中华人民共和国民事诉讼法

起草单位：全国人大常委会法工委　最高人民法院

说明人：全国人大常委会副委员长、全国人大法律委主任委员王汉斌

1990 年 12 月七届全国人大常委会第十七次会议一审；

1991 年 2 月七届全国人大常委会第十八次会议二审；

1991 年 4 月 9 日七届全国人大四次会议三审通过。

全国人民代表大会常务委员会关于修改《中华人民共和国民事诉讼法》的决定

起草单位：全国人大常委会法工委　全国人大内司委　最高人民法院　最高人民检察院

说明人：全国人大常委会法工委副主任王胜明

2007 年 6 月十届全国人大常委会第二十八次会议一审；

2007 年 8 月十届全国人大常委会第二十九次会议二审；

2007 年 10 月 28 日十届全国人大常委会第三十次会议三审通过。

全国人民代表大会常务委员会关于修改《中华人民共和国民事诉讼法》的决定

起草单位：全国人大常委会法工委

说明人：全国人大常委会法工委副主任王胜明

2011 年 10 月十一届全国人大常委会第二十三次会议一审；

2012 年 4 月十一届全国人大常委会第二十六次会议二审；

2012 年 8 月 31 日十一届全国人大常委会第二十八次会议三审通过。

全国人民代表大会常务委员会关于修改《中华人民共和国民事诉讼法》和《中华人民共和国行政诉讼法》的决定

起草单位：最高人民检察院

说明人：最高人民检察院检察长曹建明

2017 年 6 月 27 日十二届全国人大常委会第二十八次会议一审通过。

全国人民代表大会常务委员会关于修改《中华人民共和国民事诉讼法》的决定

起草单位：最高人民法院

说明人：最高人民法院院长周强

2021 年 10 月十三届全国人大常委会第三十一次会议一审；

2021 年 12 月 24 日十三届全国人大常委会第三十二次会议二审通过。

全国人民代表大会常务委员会关于修改《中华人民共和国民事诉讼法》的决定

起草单位：最高人民法院

说明人：最高人民法院院长周强

2022 年 12 月十三届全国人大常委会第三十八次会议一审；

2023 年 9 月 1 日十四届全国人大常委会第五次会议二审通过。

3. 中华人民共和国水土保持法

起草单位：水利部

说明人：水利部部长杨振怀

1991 年 2 月七届全国人大常委会第十八次会议一审；

1991 年 6 月 29 日七届全国人大常委会第二十次会议二审通过。

全国人民代表大会常务委员会关于修改部分法律的决定（《中华人民共和国水土保持法》根据该决定作了修改）

起草单位：全国人大法律委　全国人大常委会法工委

说明人：全国人大常委会法工委主任李适时

2009 年 6 月十一届全国人大常委会第九次会议一审；

2009 年 8 月 27 日十一届全国人大常委会第十次会议二审通过。

中华人民共和国水土保持法（修订）

起草单位：水利部

说明人：水利部副部长周英

2010 年 8 月十一届全国人大常委会第十六次会议一审；

2010 年 12 月 25 日十一届全国人大常委会第十八次会议二审通过。

4. 中华人民共和国烟草专卖法

起草单位：国家烟草专卖局

说明人：国家烟草专卖局局长江明

1990 年 6 月七届全国人大常委会第十四次会议一审；

1991 年 6 月 29 日七届全国人大常委会第二十次会议二审通过。

全国人民代表大会常务委员会关于修改部分法律的决定（《中华人民共和国烟草专卖法》根据该决定作了修改）

起草单位：全国人大法律委　全国人大常委会法工委

说明人：全国人大常委会法工委主任李适时

2009 年 6 月十一届全国人大常委会第九次会议一审；

2009 年 8 月 27 日十一届全国人大常委会第十次会议二审通过。

全国人民代表大会常务委员会关于修改《中华人民共和国海洋环境保护法》等七部法律的决定（《中华人民共和国烟草专卖法》根据该决定作了修改）

起草单位：国务院法制办

说明人：国务院法制办主任宋大涵

2013 年 12 月 28 日十二届全国人大常委会第六次会议一审通过。

全国人民代表大会常务委员会关于修改《中华人民共和国计量法》等五部法律的决定（《中华人民共和国烟草专卖法》根据该决定作了修改）

起草单位：国务院法制办

说明人：国务院法制办主任宋大涵

2015 年 4 月 24 日十二届全国人大常委会第十四次会议一审通过。

5. 中华人民共和国未成年人保护法

起草单位：共青团中央　国家教育委员会

说明人：国务委员兼国家教育委员会主任李铁映

1991 年 6 月七届全国人大常委会第二十次会议一审；

1991 年 9 月 4 日七届全国人大常委会第二十一次会议二审通过。

中华人民共和国未成年人保护法（修订）

起草单位：全国人大内司委

说明人：全国人大内司委副主任委员祝铭山

2006 年 8 月十届全国人大常委会第二十三次会议一审；

2006 年 10 月十届全国人大常委会第二十四次会议二审；

2006 年 12 月 29 日十届全国人大常委会第二十五次会议三审通过。

全国人民代表大会常务委员会关于修改《中华人民共和国未成年人保护法》的决定

起草单位：全国人大常委会法工委

说明人：全国人大常委会法工委主任李适时

2012 年 10 月 26 日十一届全国人大常委会第二十九次会议一审通过。

中华人民共和国未成年人保护法（修订）

起草单位：全国人大社会委

说明人：全国人大社会委主任委员何毅亭

2019 年 10 月十三届全国人大常委会第十四次会议一审；

2020 年 6 月十三届全国人大常委会第二十次会议二审；

2020 年 10 月 17 日十三届全国人大常委会第二十二次会议三审通过。

6. 中华人民共和国进出境动植物检疫法

起草单位：农业部

说明人：农业部部长刘中一

1991 年 8 月七届全国人大常委会第二十一次会议一审；

1991 年 10 月 30 日七届全国人大常委会第二十二次会议二审通过。

全国人民代表大会常务委员会关于修改部分法律的决定（《中华人民共和国进出境动植物检疫法》根据该决定作了修改）

起草单位：全国人大法律委　全国人大常委会法工委

说明人：全国人大常委会法工委主任李适时

2009 年 6 月十一届全国人大常委会第九次会议一审；

2009 年 8 月 27 日十一届全国人大常委会第十次会议二审通过。

1992 年（9 件）

1. 中华人民共和国领海及毗连区法

起草单位：国家海洋局

说明人：国家海洋局局长严宏谟

1991 年 10 月七届全国人大常委会第二十二次会议一审；

1992 年 2 月 25 日七届全国人大常委会第二十四次会议二审通过。

2. 中华人民共和国全国人民代表大会和地方各级人民代表大会代表法

起草单位：全国人大常委会办公厅

说明人：全国人大常委会副秘书长曹志

1991 年 12 月七届全国人大常委会第二十三次会议一审；

1992 年 2 月七届全国人大常委会第二十四次会议二审；

1992 年 4 月 3 日七届全国人大五次会议三审通过。

全国人民代表大会常务委员会关于修改部分法律的决定（《中华人民共和国全国人民代表大会和地方各级人民代表大会代表法》根据该决定作了修改）

起草单位：全国人大法律委　全国人大常委会法工委

说明人：全国人大常委会法工委主任李适时

2009 年 6 月十一届全国人大常委会第九次会议一审；

2009 年 8 月 27 日十一届全国人大常委会第十次会议二审通过。

全国人民代表大会常务委员会关于修改《中华人民共和国全国人民代表大会和地方各级人民代表大会代表法》的决定

起草单位：全国人大常委会法工委

说明人：全国人大常委会法工委主任李适时

2010 年 8 月十一届全国人大常委会第十六次会议一审；

2010 年 10 月 28 日十一届全国人大常委会第十七次会议二审通过。

全国人民代表大会常务委员会关于修改《中华人民共和国地方各级人民代表大会和地方各级人民政府组织法》、《中华人民共和国全国人民代表大会和地方各级人民代表大会选举法》、《中华人民共和国全国人民代表大会和地方各级人民代表大会代表法》的决定

起草单位：全国人大常委会法工委

说明人：全国人大常委会法工委副主任郑淑娜

2015 年 8 月 29 日十二届全国人大常委会第十六次会议一审通过。

3. 中华人民共和国工会法

起草单位：全国人大常委会法工委　全国总工会

说明人：全国人大常委会副委员长、法工委主任王汉斌

1991 年 12 月七届全国人大常委会第二十三次会议一审；

1992 年 2 月七届全国人大常委会第二十四次会议二审；

1992 年 4 月 3 日七届全国人大五次会议三审通过。

全国人民代表大会常务委员会关于修改《中华人民共和国工会法》的决定

起草单位：全国人大常委会法工委　全国总工会

说明人：全国人大常委会法工委副主任张春生

2001 年 8 月九届全国人大常委会第二十三次会议一审；

2001 年 10 月 27 日九届全国人大常委会第二十四次会议二审通过。

全国人民代表大会常务委员会关于修改部分法律的决定（《中华人民共和国工会法》根据该决定作了修改）

起草单位：全国人大法律委　全国人大常委会法工委

说明人：全国人大常委会法工委主任李适时

2009 年 6 月十一届全国人大常委会第九次会议一审；

2009 年 8 月 27 日十一届全国人大常委会第十次会议二审通过。

全国人民代表大会常务委员会关于修改《中华人民共和国工会法》的决定

起草单位：全国人大常委会法工委　全国总工会

说明人：全国人大常委会法工委副主任张勇

2021 年 12 月 24 日十三届全国人大常委会第三十二次会议一审通过。

4. 中华人民共和国妇女权益保障法

起草单位：全国人大内司委

说明人：全国人大内司委副主任委员邹瑜

1991 年 10 月七届全国人大常委会第二十二次会议一审；

1991 年 12 月七届全国人大常委会第二十三次会议二审；

1992 年 4 月 3 日七届全国人大五次会议三审通过。

全国人民代表大会常务委员会关于修改《中华人民共和国妇女权益保障法》的决定

起草单位：中华全国妇女联合会

说明人：国务院法制办主任曹康泰

2005 年 6 月十届全国人大常委会第十六次会议一审；

2005 年 8 月 28 日十届全国人大常委会第十七次会议二审通过。

全国人民代表大会常务委员会关于修改《中华人民共和国野生动物保护法》等十五部法律的决定（《中华人民共和国妇女权益保障法》根据该决定作了修改）

起草单位：司法部

说明人：司法部副部长赵大程

2018 年 10 月 26 日十三届全国人大常委会第六次会议一审通过。

中华人民共和国妇女权益保障法（修订）

起草单位：全国人大社会委

说明人：全国人大社会委主任委员何毅亭

2021 年 12 月十三届全国人大常委会第三十二次会议一审；

2022 年 4 月十三届全国人大常委会第三十四次会议二审；

2022 年 10 月 30 日十三届全国人大常委会第三十七次会议三审通过。

5. 中华人民共和国人民警察警衔条例

起草单位：公安部

说明人：公安部部长陶驷驹

1991 年 12 月七届全国人大常委会第二十三次会议一审；

1992 年 7 月 1 日七届全国人大常委会第二十六次会议二审通过。

全国人民代表大会常务委员会关于修改部分法律的决定（《中华人民共和国人民警察警衔条例》根据该决定作了修改）

起草单位：全国人大法律委　全国人大常委会法工委

说明人：全国人大常委会法工委主任李适时

2009 年 6 月十一届全国人大常委会第九次会议一审；

2009 年 8 月 27 日十一届全国人大常委会第十次会议二审通过。

6. 中华人民共和国税收征收管理法

起草单位：财政部

说明人：国务委员兼财政部部长王丙乾

1992 年 2 月七届全国人大常委会第二十四次会议一审；

1992 年 6 月七届全国人大常委会第二十六次会议二审；

1992 年 9 月 4 日七届全国人大常委会第二十七次会议三审通过。

全国人民代表大会常务委员会关于修改《中华人民共和国税收征收管理法》的决定

起草单位：国家税务总局

说明人：国家税务总局局长刘仲藜

1995 年 2 月 28 日八届全国人大常委会第十二次会议一审通过。

中华人民共和国税收征收管理法（修订）

起草单位：国家税务总局　财政部　国务院法制办

说明人：国家税务总局局长金人庆

2000 年 8 月九届全国人大常委会第十七次会议一审；

2000 年 10 月九届全国人大常委会第十八次会议二审；

2000 年 12 月九届全国人大常委会第十九次会议三审；

2001 年 4 月 28 日九届全国人大常委会第二十一次会议四审通过。

全国人民代表大会常务委员会关于修改《中华人民共和国文物保护法》等十二部法律的决定（《中华人民共和国税收征收管理法》根据该决定作了修改）

起草单位：国务院法制办

说明人：国务院法制办主任宋大涵

2013 年 6 月 29 日十二届全国人大常委会第三次会议一审通过。

全国人民代表大会常务委员会关于修改《中华人民共和国港口法》等七部法律的决定（《中华人民共和国税收征收管理法》根据该决定作了修改）

起草单位：国务院法制办

说明人：国务院法制办主任宋大涵

2015 年 4 月 24 日十二届全国人大常委会第十四次会议一审通过。

7. 中华人民共和国海商法

起草单位：国务院法制局

说明人：国务院法制局局长杨景宇

1992 年 6 月七届全国人大常委会第二十六次会议一审；

1992 年 11 月 7 日七届全国人大常委会第二十八次会议二审通过。

8. 中华人民共和国矿山安全法

起草单位：劳动人事部

说明人：劳动人事部部长阮崇武

1992 年 8 月七届全国人大常委会第二十七次会议一审；

1992 年 11 月 7 日七届全国人大常委会第二十八次会议二审通过。

全国人民代表大会常务委员会关于修改部分法律的决定（《中华人民共和国矿山安全法》根据该决定作了修改）

起草单位：全国人大法律委 全国人大常委会法工委

说明人：全国人大常委会法工委主任李适时

2009 年 6 月十一届全国人大常委会第九次会议一审；

2009 年 8 月 27 日十一届全国人大常委会第十次会议二审通过。

9. 中华人民共和国测绘法

起草单位：国家测绘局

说明人：国家测绘局局长金祥文

1992 年 8 月七届全国人大常委会第二十七次会议一审；

1992 年 12 月 28 日七届全国人大常委会第二十九次会议二审通过。

中华人民共和国测绘法（修订）

起草单位：国土资源部 国家测绘局

说明人：国土资源部负责人

2002 年 6 月九届全国人大常委会第二十八次会议一审；

2002 年 8 月 29 日九届全国人大常委会第二十九次会议二审通过。

中华人民共和国测绘法（修订）

起草单位：国土资源部 测绘地信局

说明人：国土资源部副部长张德霖

2016 年 10 月十二届全国人大常委会第二十四次会议一审；

2017 年 4 月 27 日十二届全国人大常委会第二十七次会议二审通过。

1993 年（12 件）

1. 中华人民共和国产品质量法

起草单位：国家技术监督局

说明人：国家技术监督局局长徐鹏航

1992 年 10 月七届全国人大常委会第二十八次会议一审；

1993 年 2 月 22 日七届全国人大常委会第三十次会议二审通过。

全国人民代表大会常务委员会关于修改《中华人民共和国产品质量法》的决定

起草单位：国家质量技术监督局　国务院法制办

说明人：国家质量技术监督局局长李传卿

1999 年 10 月九届全国人大常委会第十二次会议一审；

2000 年 4 月九届全国人大常委会第十五次会议二审；

2000 年 7 月 8 日九届全国人大常委会第十六次会议三审通过。

全国人民代表大会常务委员会关于修改部分法律的决定（《中华人民共和国产品质量法》根据该决定作了修改）

起草单位：全国人大法律委　全国人大常委会法工委

说明人：全国人大常委会法工委主任李适时

2009 年 6 月十一届全国人大常委会第九次会议一审；

2009 年 8 月 27 日十一届全国人大常委会第十次会议二审通过。

全国人民代表大会常务委员会关于修改《中华人民共和国产品质量法》等五部法律的决定

起草单位：司法部

说明人：司法部负责人

2018 年 12 月 29 日十三届全国人大常委会第七次会议一审通过。

2. 中华人民共和国澳门特别行政区基本法

起草单位：澳门特别行政区基本法起草委员会

说明人：澳门特别行政区基本法起草委员会主任委员姬鹏飞

1992 年 3 月七届全国人大常委会第二十五次会议一审；

1993 年 2 月七届全国人大常委会第三十次会议二审；

1993 年 3 月 31 日八届全国人大一次会议三审通过。

3. 中华人民共和国科学技术进步法

起草单位：国家科学技术委员会

说明人：国务委员兼国家科委主任宋健

1992 年 10 月七届全国人大常委会第二十八次会议一审；

1993 年 7 月 2 日八届全国人大常委会第二次会议二审通过。

中华人民共和国科学技术进步法（修订）

起草单位：科学技术部

说明人：科学技术部部长万钢

2007 年 8 月十届全国人大常委会第二十九次会议一审；

2007 年 12 月 29 日十届全国人大常委会第三十一次会议二审通过。

中华人民共和国科学技术进步法（修订）

起草单位：全国人大教科文卫委

说明人：全国人大教科文卫委主任委员李学勇

2021 年 8 月十三届全国人大常委会第三十次会议一审；

2021 年 12 月 24 日十三届全国人大常委会第三十二次会议二审通过。

4. 中华人民共和国农业法

起草单位：农业部　国家计委

说明人：农业部部长刘中一

1993 年 2 月七届全国人大常委会第三十次会议一审；

1993 年 7 月 2 日八届全国人大常委会第二次会议二审通过。

中华人民共和国农业法（修订）

起草单位：全国人大农业农村委

说明人：全国人大农业农村委主任委员高德占

2002 年 6 月九届全国人大常委会第二十八次会议一审；

2002 年 10 月九届全国人大常委会第三十次会议二审；

2002 年 12 月 28 日九届全国人大常委会第三十一次会议三审通过。

全国人民代表大会常务委员会关于修改部分法律的决定（《中华人民共和国农业法》根据该决定作了修改）

起草单位：全国人大法律委　全国人大常委会法工委

说明人：全国人大常委会法工委主任李适时

2009 年 6 月十一届全国人大常委会第九次会议一审；

2009 年 8 月 27 日十一届全国人大常委会第十次会议二审通过。

全国人民代表大会常务委员会关于修改《中华人民共和国农业法》的决定

起草单位：全国人大农业农村委

说明人：全国人大农业农村委副主任委员刘振伟

2012 年 12 月 28 日十一届全国人大常委会第三十次会议一审通过。

5. 中华人民共和国农业技术推广法

起草单位：农业部

说明人：农业部部长刘中一

1992 年 12 月七届全国人大常委会第二十九次会议一审；

1993 年 7 月 2 日八届全国人大常委会第二次会议二审通过。

全国人民代表大会常务委员会关于修改《中华人民共和国农业技术推广法》的决定

起草单位：全国人大农业农村委

说明人：全国人大农业农村委主任委员王云龙

2012 年 4 月十一届全国人大常委会第二十六次会议一审；

2012 年 8 月 31 日十一届全国人大常委会第二十八次会议二审通过。

6. 中华人民共和国反不正当竞争法

起草单位：国家工商行政管理局

说明人：国家工商行政管理局局长刘敏学

1993 年 6 月八届全国人大常委会第二次会议一审；

1993 年 9 月 2 日八届全国人大常委会第三次会议二审通过。

中华人民共和国反不正当竞争法（修订）

起草单位：国家工商行政管理总局

说明人：国家工商行政管理总局局长张茅

2017 年 2 月十二届全国人大常委会第二十六次会议一审；

2017 年 8 月十二届全国人大常委会第二十九次会议二审；

2017 年 11 月 4 日十二届全国人大常委会第三十次会议三审通过。

全国人民代表大会常务委员会关于修改《中华人民共和国建筑法》等八部法律的决定（《中华人民共和国反不正当竞争法》根据该决定作了修改）

起草单位：司法部

说明人：司法部负责人

2019 年 4 月 23 日十三届全国人大常委会第十次会议一审通过。

7. 中华人民共和国消费者权益保护法

起草单位：国家工商行政管理局

说明人：国家工商行政管理局局长刘敏学

1993 年 8 月八届全国人大常委会第三次会议一审；

1993 年 10 月 31 日八届全国人大常委会第四次会议二审通过。

全国人民代表大会常务委员会关于修改部分法律的决定（《中华人民共和国消费者权益保护法》根据该决定作了修改）

起草单位：全国人大法律委　全国人大常委会法工委

说明人：全国人大常委会法工委主任李适时

2009 年 6 月十一届全国人大常委会第九次会议一审；

2009 年 8 月 27 日十一届全国人大常委会第十次会议二审通过。

全国人民代表大会常务委员会关于修改《中华人民共和国消费者权益保护法》的决定

起草单位：全国人大常委会法工委

说明人：全国人大常委会法工委主任李适时

2013 年 4 月十二届全国人大常委会第二次会议一审；

2013 年 8 月十二届全国人大常委会第四次会议二审；

2013 年 10 月 25 日十二届全国人大常委会第五次会议三审通过。

8. 中华人民共和国教师法

起草单位：国家教育委员会

说明人：国家教育委员会主任朱开轩

1993 年 10 月 31 日八届全国人大常委会第四次会议一审通过。

全国人民代表大会常务委员会关于修改部分法律的决定（《中华人民共和国教师法》根据该决定作了修改）

起草单位：全国人大法律委　全国人大常委会法工委

说明人：全国人大常委会法工委主任李适时

2009 年 6 月十一届全国人大常委会第九次会议一审；

2009 年 8 月 27 日十一届全国人大常委会第十次会议二审通过。

9. 中华人民共和国注册会计师法

起草单位：财政部

说明人：财政部部长刘仲藜

1993 年 8 月八届全国人大常委会第三次会议一审；

1993 年 10 月 31 日八届全国人大常委会第四次会议二审通过。

全国人民代表大会常务委员会关于修改《中华人民共和国保险法》等五部法律的决定（《中华人民共和国注册会计师法》根据该决定作了修改）

起草单位：国务院法制办

说明人：国务院法制办主任宋大涵

2014 年 8 月 31 日十二届全国人大常委会第十次会议一审通过。

10. 中华人民共和国红十字会法

起草单位：中国红十字会总会

说明人：卫生部副部长顾英奇

1993 年 8 月八届全国人大常委会第三次会议一审；

1993 年 10 月 31 日八届全国人大常委会第四次会议二审通过。

全国人民代表大会常务委员会关于修改部分法律的决定（《中华人民共和国红十字会法》根据该决定作了修改）

起草单位：全国人大法律委　全国人大常委会法工委

说明人：全国人大常委会法工委主任李适时

2009 年 6 月十一届全国人大常委会第九次会议一审；

2009 年 8 月 27 日十一届全国人大常委会第十次会议二审通过。

中华人民共和国红十字会法（修订）

起草单位：全国人大教科文卫委

说明人：全国人大教科文卫委副主任委员王陇德

2016 年 6 月十二届全国人大常委会第二十一次会议一审；

2016 年 10 月十二届全国人大常委会第二十四次会议二审；

2017 年 2 月 24 日十二届全国人大常委会第二十六次会议三审通过。

11. 中华人民共和国公司法

起草单位：全国人大常委会法工委

说明人：全国人大常委会法工委副主任卞耀武

1993 年 2 月七届全国人大常委会第三十次会议一审；

1993 年 6 月八届全国人大常委会第二次会议二审；

1993 年 12 月 29 日八届全国人大常委会第五次会议三审通过。

全国人民代表大会常务委员会关于修改《中华人民共和国公司法》的决定

起草单位：国务院法制办

说明人：国务院法制办主任杨景宇

1999 年 12 月 25 日九届全国人大常委会第十三次会议一审通过。

全国人民代表大会常务委员会关于修改《中华人民共和国公司法》的决定

起草单位：全国人大常委会法工委

说明人：全国人大常委会法工委副主任安建

2004 年 8 月 28 日十届全国人大常委会第十一次会议一审通过。

中华人民共和国公司法（修订）

起草单位：国务院法制办

说明人：国务院法制办主任曹康泰

2005 年 2 月十届全国人大常委会第十四次会议一审；

2005 年 8 月十届全国人大常委会第十七次会议二审；

2005 年 10 月 27 日十届全国人大常委会第十八次会议三审通过。

全国人民代表大会常务委员会关于修改《中华人民共和国海洋环境保护法》等七部法律的决定（《中华人民共和国公司法》根据该决定作了修改）

起草单位：国务院法制办

说明人：国务院法制办主任宋大涵

2013 年 12 月 28 日十二届全国人大常委会第六次会议一审通过。

全国人民代表大会常务委员会关于修改《中华人民共和国公司法》的决定

起草单位：中国证监会　司法部

说明人：中国证监会主席刘士余

2018 年 10 月 26 日十三届全国人大常委会第六次会议一审通过。

中华人民共和国公司法（修订）

起草单位：全国人大常委会法工委

说明人：全国人大常委会法工委副主任王瑞贺

2021 年 12 月十三届全国人大常委会第三十二次会议一审；

2022 年 12 月十三届全国人大常委会第三十八次会议二审；

2023 年 8 月十四届全国人大常委会第五次会议三审；

2023 年 12 月 29 日十四届全国人大常委会第七次会议四审通过。

12. 全国人民代表大会常务委员会关于外商投资企业和外国企业适用增值税、消费税、营业税等税收暂行条例的决定

起草单位：财政部

说明人：财政部副部长项怀诚

1993 年 12 月 29 日八届全国人大常委会第五次会议一审通过。

1994 年 （11 件）

1. 中华人民共和国台湾同胞投资保护法

起草单位：对外贸易经济合作部

说明人：对外贸易经济合作部部长吴仪

1993 年 12 月八届全国人大常委会第五次会议一审；

1994 年 3 月 5 日八届全国人大常委会第六次会议二审通过。

全国人民代表大会常务委员会关于修改《中华人民共和国外资企业法》等四部法律的决定（《中华人民共和国台湾同胞投资保护法》根据该决定作了修改）

起草单位：商务部

说明人：商务部部长高虎城

2016 年 9 月 3 日十二届全国人大常委会第二十二次会议一审通过。

全国人民代表大会常务委员会关于修改《中华人民共和国台湾同胞投资保护法》的决定

起草单位：商务部

说明人：商务部部长钟山

2019 年 12 月 28 日十三届全国人大常委会第十五次会议一审通过。

2. 中华人民共和国预算法

起草单位：财政部

说明人：财政部部长刘仲藜

1993 年 10 月八届全国人大常委会第四次会议一审；

1993 年 12 月八届全国人大常委会第五次会议二审；

1994 年 3 月 22 日八届全国人大二次会议三审通过。

全国人民代表大会常务委员会关于修改《中华人民共和国预算法》的决定

起草单位：全国人大常委会预算工委　财政部

说明人：财政部部长谢旭人

2011 年 12 月十一届全国人大常委会第二十四次会议一审；

2012 年 6 月十一届全国人大常委会第二十七次会议二审；

2014 年 4 月十二届全国人大常委会第八次会议三审；

2014 年 8 月 31 日十二届全国人大常委会第十次会议四审通过。

全国人民代表大会常务委员会关于修改《中华人民共和国产品质量法》等五部法律的决定

起草单位：司法部

说明人：司法部负责人

2018 年 12 月 29 日十三届全国人大常委会第七次会议一审通过。

3. 中华人民共和国国家赔偿法

起草单位：全国人大常委会法工委

说明人：全国人大常委会法工委副主任胡康生

1993 年 10 月八届全国人大常委会第四次会议一审；

1994 年 5 月 12 日八届全国人大常委会第七次会议二审通过。

全国人民代表大会常务委员会关于修改《中华人民共和国国家赔偿法》的决定

起草单位：全国人大常委会法工委

说明人：全国人大常委会法工委主任李适时

2008 年 10 月十一届全国人大常委会第五次会议一审；

2009 年 6 月十一届全国人大常委会第九次会议二审；

2009 年 10 月十一届全国人大常委会第十一次会议三审；

2010 年 4 月 29 日十一届全国人大常委会第十四次会议四审通过。

全国人民代表大会常务委员会关于修改《中华人民共和国国家赔偿法》的决定

起草单位：全国人大常委会法工委

说明人：全国人大常委会法工委主任李适时

2012 年 10 月 26 日十一届全国人大常委会第二十九次会议一审通过。

4. 中华人民共和国对外贸易法

起草单位：对外贸易经济合作部

说明人：对外贸易经济合作部部长吴仪

1993 年 12 月八届全国人大常委会第五次会议一审；

1994 年 5 月 12 日八届全国人大常委会第七次会议二审通过。

中华人民共和国对外贸易法（修订）

起草单位：商务部　国务院法制办

说明人：商务部部长吕福源

2003 年 12 月十届全国人大常委会第六次会议一审；

2004 年 2 月十届全国人大常委会第七次会议二审；

2004 年 4 月 6 日十届全国人大常委会第八次会议三审通过。

全国人民代表大会常务委员会关于修改《中华人民共和国对外贸易法》等十二部法律的决定

起草单位：国务院法制办

说明人：国务院法制办主任宋大涵

2016 年 11 月 7 日十二届全国人大常委会第二十四次会议一审通过。

5. 中华人民共和国城市房地产管理法

起草单位：建设部

说明人：建设部副部长叶如棠

1994 年 5 月八届全国人大常委会第七次会议一审；

1994 年 7 月 5 日八届全国人大常委会第八次会议二审通过。

全国人民代表大会常务委员会关于修改《中华人民共和国城市房地产管理法》的决定

起草单位：国务院法制办　建设部

说明人：建设部部长汪光焘

2007 年 8 月 30 日十届全国人大常委会第二十九次会议一审通过。

全国人民代表大会常务委员会关于修改部分法律的决定（《中华人民共和国城市房地产管理法》根据该决定作了修改）

起草单位：全国人大法律委　全国人大常委会法工委

说明人：全国人大常委会法工委主任李适时

2009 年 6 月十一届全国人大常委会第九次会议一审；

2009 年 8 月 27 日十一届全国人大常委会第十次会议二审通过。

全国人民代表大会常务委员会关于修改《中华人民共和国土地管理法》、《中华人民共和国城市房地产管理法》的决定

起草单位：自然资源部

说明人：自然资源部部长陆昊

2018 年 12 月十三届全国人大常委会第七次会议一审；

2019 年 6 月十三届全国人大常委会第十一次会议二审；

2019 年 8 月 26 日十三届全国人大常委会第十二次会议三审通过。

6. 中华人民共和国劳动法

起草单位：国家劳动总局

说明人：劳动部部长李伯勇

1994 年 3 月八届全国人大常委会第六次会议一审；

1994 年 7 月 5 日八届全国人大常委会第八次会议二审通过。

全国人民代表大会常务委员会关于修改部分法律的决定（《中华人民共和国劳动法》根据该决定作了修改）

起草单位：全国人大法律委　全国人大常委会法工委

说明人：全国人大常委会法工委主任李适时

2009 年 6 月十一届全国人大常委会第九次会议一审；

2009 年 8 月 27 日十一届全国人大常委会第十次会议二审通过。

全国人民代表大会常务委员会关于修改《中华人民共和国劳动法》等七部法律的决定

起草单位：司法部

说明人：司法部负责人

2018 年 12 月 29 日十三届全国人大常委会第七次会议一审通过。

7. 中华人民共和国审计法

起草单位：审计署

说明人：审计署审计长郭振乾

1994 年 6 月八届全国人大常委会第八次会议一审；

1994 年 8 月 31 日八届全国人大常委会第九次会议二审通过。

全国人民代表大会常务委员会关于修改《中华人民共和国审计法》的决定

起草单位：审计署

说明人：审计署审计长李金华

2005 年 10 月十届全国人大常委会第十八次会议一审；

2006 年 2 月 28 日十届全国人大常委会第二十次会议二审通过。

全国人民代表大会常务委员会关于修改《中华人民共和国审计法》的决定

起草单位：审计署

说明人：审计署审计长侯凯

2021 年 6 月十三届全国人大常委会第二十九次会议一审；

2021 年 10 月 23 日十三届全国人大常委会第三十一次会议二审通过。

8. 中华人民共和国仲裁法

起草单位：全国人大常委会法工委

说明人：全国人大常委会法工委主任顾昂然

1994 年 6 月八届全国人大常委会第八次会议一审；

1994 年 8 月 31 日八届全国人大常委会第九次会议二审通过。

全国人民代表大会常务委员会关于修改部分法律的决定（《中华人民共和国仲裁法》根据该决定作了修改）

起草单位：全国人大法律委　全国人大常委会法工委

说明人：全国人大常委会法工委主任李适时

2009 年 6 月十一届全国人大常委会第九次会议一审；

2009 年 8 月 27 日十一届全国人大常委会第十次会议二审通过。

全国人民代表大会常务委员会关于修改《中华人民共和国法官法》等八部法律的决定（《中华人民共和国仲裁法》根据该决定作了修改）

起草单位：全国人大内司委

说明人：全国人大内司委副主任委员邓昌友

2017 年 9 月 1 日十二届全国人大常委会第二十九次会议一审通过。

9. 中华人民共和国母婴保健法

起草单位：卫生部

说明人：卫生部部长陈敏章

1993 年 12 月八届全国人大常委会第五次会议一审；

1994 年 10 月 27 日八届全国人大常委会第十次会议二审通过。

全国人民代表大会常务委员会关于修改部分法律的决定（《中华人民共和国母婴保健法》根据该决定作了修改）

起草单位：全国人大法律委　全国人大常委会法工委

说明人：全国人大常委会法工委主任李适时

2009 年 6 月十一届全国人大常委会第九次会议一审；

2009 年 8 月 27 日十一届全国人大常委会第十次会议二审通过。

全国人民代表大会常务委员会关于修改《中华人民共和国会计法》等十一部法律的决定（《中华人民共和国母婴保健法》根据该决定作了修改）

起草单位：国务院法制办

说明人：国务院法制办党组书记、副主任袁曙宏

2017 年 11 月 4 日十二届全国人大常委会第三十次会议一审通过。

10. 中华人民共和国广告法

起草单位：国家工商行政管理局

说明人：国家工商行政管理局局长刘敏学

1994 年 8 月八届全国人大常委会第九次会议一审；

1994 年 10 月 27 日八届全国人大常委会第十次会议二审通过。

中华人民共和国广告法（修订）

起草单位：国家工商行政管理总局

说明人：国家工商行政管理总局局长张茅

2014 年 8 月十二届全国人大常委会第十次会议一审；

2014 年 12 月十二届全国人大常委会第十二次会议二审；

2015 年 4 月 24 日十二届全国人大常委会第十四次会议三审通过。

全国人民代表大会常务委员会关于修改《中华人民共和国野生动物保护法》等十五部法律的决定（《中华人民共和国广告法》根据该决定作了修改）

起草单位：司法部

说明人：司法部副部长赵大程

2018 年 10 月 26 日十三届全国人大常委会第六次会议一审通过。

全国人民代表大会常务委员会关于修改《中华人民共和国道路交通安全法》等八部法律的决定（《中华人民共和国广告法》根据该决定作了修改）

起草单位：司法部

说明人：司法部部长唐一军

2021 年 4 月 29 日十三届全国人大常委会第二十八次会议一审通过。

11. 中华人民共和国监狱法

起草单位：司法部

说明人：司法部部长肖扬

1994 年 10 月八届全国人大常委会第十次会议一审；

1994 年 12 月 29 日八届全国人大常委会第十一次会议二审通过。

全国人民代表大会常务委员会关于修改《中华人民共和国监狱法》的决定

起草单位：全国人大常委会法工委

说明人：全国人大常委会法工委主任李适时

2012 年 10 月 26 日十一届全国人大常委会第二十九次会议一审通过。

1995 年（12 件）

1. 中华人民共和国法官法

起草单位：最高人民法院

说明人：最高人民法院院长任建新

1994 年 5 月八届全国人大常委会第七次会议一审；

1994 年 12 月八届全国人大常委会第十一次会议二审；

1995 年 2 月 28 日八届全国人大常委会第十二次会议三审通过。

全国人民代表大会常务委员会关于修改《中华人民共和国法官法》 的决定

起草单位：最高人民法院

说明人：最高人民法院院长肖扬

2000 年 7 月九届全国人大常委会第十六次会议一审；

2001 年 4 月九届全国人大常委会第二十一次会议二审；

2001 年 6 月 30 日九届全国人大常委会第二十二次会议三审通过。

全国人民代表大会常务委员会关于修改《中华人民共和国法官法》 等八部法律的决定

起草单位：全国人大内司委

说明人：全国人大内司委副主任委员邓昌友

2017 年 9 月 1 日十二届全国人大常委会第二十九次会议一审通过。

中华人民共和国法官法（修订）

起草单位：最高人民法院

说明人：最高人民法院院长周强

2017 年 12 月十二届全国人大常委会第三十一次会议一审；

2018 年 12 月十三届全国人大常委会第七次会议二审；

2019 年 4 月 23 日十三届全国人大常委会第十次会议三审通过。

2. 中华人民共和国检察官法

起草单位：最高人民检察院

说明人：最高人民检察院检察长张思卿

1994 年 5 月八届全国人大常委会第七次会议一审；

1994 年 12 月八届全国人大常委会第十一次会议二审；

1995 年 2 月 28 日八届全国人大常委会第十二次会议三审通过。

全国人民代表大会常务委员会关于修改《中华人民共和国检察官法》 的决定

起草单位：最高人民检察院

说明人：最高人民检察院检察长韩杼滨

2000 年 7 月九届全国人大常委会第十六次会议一审；

2001 年 4 月九届全国人大常委会第二十一次会议二审；

2001 年 6 月 30 日九届全国人大常委会第二十二次会议三审通过。

全国人民代表大会常务委员会关于修改《中华人民共和国法官法》等八部法律的决定（《中华人民共和国检察官法》根据该决定作了修改）

起草单位：全国人大内司委

说明人：全国人大内司委副主任委员邓昌友

2017 年 9 月 1 日十二届全国人大常委会第二十九次会议一审通过。

中华人民共和国检察官法（修订）

起草单位：最高人民检察院

说明人：最高人民检察院检察长曹建明

2017 年 12 月十二届全国人大常委会第三十一次会议一审；

2018 年 12 月十三届全国人大常委会第七次会议二审；

2019 年 4 月 23 日十三届全国人大常委会第十次会议三审通过。

3. 中华人民共和国人民警察法

起草单位：公安部

说明人：公安部部长陶驷驹

1994 年 12 月八届全国人大常委会第十一次会议一审；

1995 年 2 月 28 日八届全国人大常委会第十二次会议二审通过。

全国人民代表大会常务委员会关于修改《中华人民共和国人民警察法》的决定

起草单位：全国人大常委会法工委

说明人：全国人大常委会法工委主任李适时

2012 年 10 月 26 日十一届全国人大常委会第二十九次会议一审通过。

4. 中华人民共和国教育法

起草单位：国家教育委员会

说明人：国家教育委员会主任朱开轩

1994 年 12 月八届全国人大常委会第十一次会议一审；

1995 年 3 月 18 日八届全国人大三次会议二审通过。

全国人民代表大会常务委员会关于修改部分法律的决定（《中华人民共和国教育法》根据该决定作了修改）

起草单位：全国人大法律委　全国人大常委会法工委

说明人：全国人大常委会法工委主任李适时

2009 年 6 月十一届全国人大常委会第九次会议一审；

2009 年 8 月 27 日十一届全国人大常委会第十次会议二审通过。

全国人民代表大会常务委员会关于修改《中华人民共和国教育法》的决定

起草单位：教育部

说明人：教育部部长袁贵仁

2015 年 8 月十二届全国人大常委会第十六次会议一审；

2015 年 12 月 27 日十二届全国人大常委会第十八次会议二审通过。

全国人民代表大会常务委员会关于修改《中华人民共和国教育法》的决定

起草单位：教育部

说明人：教育部副部长田学军

2021 年 1 月十三届全国人大常委会第二十五次会议一审；

2021 年 4 月 29 日十三届全国人大常委会第二十八次会议二审通过。

5. 中华人民共和国中国人民银行法

起草单位：中国人民银行

说明人：中国人民银行副行长周正庆

1994 年 6 月八届全国人大常委会第八次会议一审；

1994 年 8 月八届全国人大常委会第九次会议二审；

1994 年 12 月八届全国人大常委会第十一次会议三审；

1995 年 3 月 18 日八届全国人大三次会议四审通过。

全国人民代表大会常务委员会关于修改《中华人民共和国中国人民银行法》的决定

起草单位：中国人民银行　国务院法制办　中国银监会

说明人：中国人民银行行长周小川

2003 年 8 月十届全国人大常委会第四次会议一审；

2003 年 10 月十届全国人大常委会第五次会议二审；

2003 年 12 月 27 日十届全国人大常委会第六次会议三审通过。

6. 中华人民共和国商业银行法

起草单位：中国人民银行

说明人：中国人民银行副行长周正庆

1994 年 8 月八届全国人大常委会第九次会议一审；

1994 年 12 月八届全国人大常委会第十一次会议二审；

1995 年 5 月 10 日八届全国人大常委会第十三次会议三审通过。

全国人民代表大会常务委员会关于修改《中华人民共和国商业银行法》的决定

起草单位：中国银监会 国务院法制办 中国人民银行

说明人：中国银监会主席刘明康

2003 年 8 月十届全国人大常委会第四次会议一审；

2003 年 10 月十届全国人大常委会第五次会议二审；

2003 年 12 月 27 日十届全国人大常委会第六次会议三审通过。

全国人民代表大会常务委员会关于修改《中华人民共和国商业银行法》的决定

起草单位：中国银监会

说明人：中国银监会主席尚福林

2015 年 8 月 29 日十二届全国人大常委会第十六次会议一审通过。

7. 中华人民共和国票据法

起草单位：中国人民银行

说明人：中国人民银行副行长周正庆

1995 年 2 月八届全国人大常委会第十二次会议一审；

1995 年 5 月 10 日八届全国人大常委会第十三次会议二审通过。

全国人民代表大会常务委员会关于修改《中华人民共和国票据法》的决定

起草单位：全国人大常委会法工委

说明人：全国人大常委会法工委副主任安建

2004 年 8 月 28 日十届全国人大常委会第十一次会议一审通过。

8. 中华人民共和国保险法

起草单位：中国人民银行

说明人：中国人民银行副行长周正庆

1995 年 2 月八届全国人大常委会第十二次会议一审；

1995 年 6 月 30 日八届全国人大常委会第十四次会议二审通过。

全国人民代表大会常务委员会关于修改《中华人民共和国保险法》的决定

起草单位：中国保监会 国务院法制办

说明人：中国保监会主席马永伟

2002 年 6 月九届全国人大常委会第二十八次会议一审；

2002 年 8 月九届全国人大常委会第二十九次会议二审；

2002 年 10 月 28 日九届全国人大常委会第三十次会议三审通过。

中华人民共和国保险法（修订）

起草单位：中国保监会

说明人：中国保监会主席吴定富

2008 年 8 月十一届全国人大常委会第四次会议一审；

2008 年 12 月十一届全国人大常委会第六次会议二审；

2009 年 2 月 28 日十一届全国人大常委会第七次会议三审通过。

全国人民代表大会常务委员会关于修改《中华人民共和国保险法》等五部法律的决定

起草单位：国务院法制办

说明人：国务院法制办主任宋大涵

2014 年 8 月 31 日十二届全国人大常委会第十次会议一审通过。

全国人民代表大会常务委员会关于修改《中华人民共和国计量法》等五部法律的决定（《中华人民共和国保险法》根据该决定作了修改）

起草单位：国务院法制办

说明人：国务院法制办主任宋大涵

2015 年 4 月 24 日十二届全国人大常委会第十四次会议一审通过。

9. 中华人民共和国体育法

起草单位：国家体育运动委员会

说明人：国家体育运动委员会主任伍绍祖

1995 年 6 月八届全国人大常委会第十四次会议一审；

1995 年 8 月 29 日八届全国人大常委会第十五次会议二审通过。

全国人民代表大会常务委员会关于修改部分法律的决定（《中华人民共和国体育法》根据该决定作了修改）

起草单位：全国人大法律委　全国人大常委会法工委

说明人：全国人大常委会法工委主任李适时

2009 年 6 月十一届全国人大常委会第九次会议一审；

2009 年 8 月 27 日十一届全国人大常委会第十次会议二审通过。

全国人民代表大会常务委员会关于修改《中华人民共和国对外贸易法》等十二部法律的决定（《中华人民共和国体育法》根据该决定作了修改）

起草单位：国务院法制办

说明人：国务院法制办主任宋大涵

2016 年 11 月 7 日十二届全国人大常委会第二十四次会议一审通过。

中华人民共和国体育法（修订）

起草单位：全国人大社会委

说明人：全国人大社会委主任委员何毅亭

2021 年 10 月十三届全国人大常委会第三十一次会议一审；

2022 年 4 月十三届全国人大常委会第三十四次会议二审；

2022 年 6 月 24 日十三届全国人大常委会第三十五次会议三审通过。

10. 中华人民共和国固体废物污染环境防治法

起草单位：国家环境保护局

说明人：国家环境保护局局长解振华

1995 年 8 月八届全国人大常委会第十五次会议一审；

1995 年 10 月 30 日八届全国人大常委会第十六次会议二审通过。

中华人民共和国固体废物污染环境防治法（修订）

起草单位：全国人大环资委

说明人：全国人大环资委主任委员毛如柏

2004 年 10 月十届全国人大常委会第十二次会议一审；

2004 年 12 月 29 日十届全国人大常委会第十三次会议二审通过。

全国人民代表大会常务委员会关于修改《中华人民共和国文物保护法》等十二部法律的决定（《中华人民共和国固体废物污染环境防治法》根据该决定作了修改）

起草单位：国务院法制办

说明人：国务院法制办主任宋大涵

2013 年 6 月 29 日十二届全国人大常委会第三次会议一审通过。

全国人民代表大会常务委员会关于修改《中华人民共和国港口法》等七部法律的决定（《中华人民共和国固体废物污染环境防治法》根据该决定作了修改）

起草单位：国务院法制办

说明人：国务院法制办主任宋大涵

2015 年 4 月 24 日十二届全国人大常委会第十四次会议一审通过。

全国人民代表大会常务委员会关于修改《中华人民共和国对外贸易法》等十二部法律的决定（《中华人民共和国固体废物污染环境防治法》根据该决定作了修改）

起草单位：国务院法制办

说明人：国务院法制办主任宋大涵

2016 年 11 月 7 日十二届全国人大常委会第二十四次会议一审通过。

中华人民共和国固体废物污染环境防治法（修订）

起草单位：生态环境部

说明人：生态环境部部长李干杰

2019 年 6 月十三届全国人大常委会第十一次会议一审；

2019 年 12 月十三届全国人大常委会第十五次会议二审；

2020 年 4 月 29 日十三届全国人大常委会第十七次会议三审通过。

11. 中华人民共和国民用航空法

起草单位：中国民用航空总局

说明人：中国民用航空总局局长陈光毅

1995 年 6 月八届全国人大常委会第十四次会议一审；

1995 年 10 月 30 日八届全国人大常委会第十六次会议二审通过。

全国人民代表大会常务委员会关于修改部分法律的决定（《中华人民共和国民用航空法》根据该决定作了修改）

起草单位：全国人大法律委　全国人大常委会法工委

说明人：全国人大常委会法工委主任李适时

2009 年 6 月十一届全国人大常委会第九次会议一审；

2009 年 8 月 27 日十一届全国人大常委会第十次会议二审通过。

全国人民代表大会常务委员会关于修改《中华人民共和国计量法》等五部法律的决定（《中华人民共和国民用航空法》根据该决定作了修改）

起草单位：国务院法制办

说明人：国务院法制办主任宋大涵

2015 年 4 月 24 日十二届全国人大常委会第十四次会议一审通过。

全国人民代表大会常务委员会关于修改《中华人民共和国对外贸易法》等十二部法律的决定（《中华人民共和国民用航空法》根据该决定作了修改）

起草单位：国务院法制办

说明人：国务院法制办主任宋大涵

2016 年 11 月 7 日十二届全国人大常委会第二十四次会议一审通过。

全国人民代表大会常务委员会关于修改《中华人民共和国会计法》等十一部法律的决定（《中华人民共和国民用航空法》根据该决定作了修改）

起草单位：国务院法制办

说明人：国务院法制办党组书记、副主任袁曙宏

2017 年 11 月 4 日十二届全国人大常委会第三十次会议一审通过。

全国人民代表大会常务委员会关于修改《中华人民共和国劳动法》等七部法律的决定（《中华人民共和国民用航空法》根据该决定作了修改）

起草单位：司法部

说明人：司法部负责人

2018 年 12 月 29 日十三届全国人大常委会第七次会议一审通过。

全国人民代表大会常务委员会关于修改《中华人民共和国道路交通安全法》等八部法律的决定（《中华人民共和国民用航空法》根据该决定作了修改）

起草单位：司法部

说明人：司法部部长唐一军

2021 年 4 月 29 日十三届全国人大常委会第二十八次会议一审通过。

12. 中华人民共和国电力法

起草单位：电力工业部

说明人：电力工业部部长史大桢

1995 年 10 月八届全国人大常委会第十六次会议一审；

1995 年 12 月 28 日八届全国人大常委会第十七次会议二审通过。

全国人民代表大会常务委员会关于修改部分法律的决定（《中华人民共和国电力法》根据该决定作了修改）

起草单位：全国人大法律委　全国人大常委会法工委

说明人：全国人大常委会法工委主任李适时

2009 年 6 月十一届全国人大常委会第九次会议一审；

2009 年 8 月 27 日十一届全国人大常委会第十次会议二审通过。

全国人民代表大会常务委员会关于修改《中华人民共和国电力法》等六部法律的决定

起草单位：国务院法制办

说明人：国务院法制办主任宋大涵

2015 年 4 月 24 日十二届全国人大常委会第十四次会议一审通过。

全国人民代表大会常务委员会关于修改《中华人民共和国电力法》等四部法律的决定

起草单位：司法部

说明人：司法部负责人

2018 年 12 月 29 日十三届全国人大常委会第七次会议一审通过。

1996 年（13 件）

1. 中华人民共和国戒严法

起草单位：全国人大常委会法工委　中央军委法制局

说明人：全国人大常委会法工委副主任乔晓阳

1995 年 12 月八届全国人大常委会第十七次会议一审；

1996 年 3 月 1 日八届全国人大常委会第十八次会议二审通过。

2. 中华人民共和国行政处罚法

起草单位：全国人大常委会法工委

说明人：全国人大常委会秘书长曹志

1995 年 10 月八届全国人大常委会第十六次会议一审；

1996 年 2 月八届全国人大常委会第十八次会议二审；

1996 年 3 月 17 日八届全国人大四次会议三审通过。

全国人民代表大会常务委员会关于修改部分法律的决定（《中华人民共和国行政处罚法》根据该决定作了修改）

起草单位：全国人大法律委　全国人大常委会法工委

说明人：全国人大常委会法工委主任李适时

2009 年 6 月十一届全国人大常委会第九次会议一审；

2009 年 8 月 27 日十一届全国人大常委会第十次会议二审通过。

全国人民代表大会常务委员会关于修改《中华人民共和国法官法》等八部法律的决定（《中华人民共和国行政处罚法》根据该决定作了修改）

起草单位：全国人大内司委

说明人：全国人大内司委副主任委员邓昌友

2017 年 9 月 1 日十二届全国人大常委会第二十九次会议一审通过。

中华人民共和国行政处罚法（修订）

起草单位：全国人大常委会法工委

说明人：全国人大常委会法工委副主任许安标

2020 年 6 月十三届全国人大常委会第二十次会议一审；

2020 年 10 月十三届全国人大常委会第二十二次会议二审；

2021 年 1 月 22 日十三届全国人大常委会第二十五次会议三审通过。

3. 中华人民共和国律师法

起草单位：司法部

说明人：司法部部长肖扬

1995 年 10 月八届全国人大常委会第十六次会议一审；

1996 年 5 月 15 日八届全国人大常委会第十八次会议二审通过。

全国人民代表大会常务委员会关于修改《中华人民共和国律师法》的决定

起草单位：司法部

说明人：司法部部长张福森

2001 年 12 月 29 日九届全国人大常委会第二十五次会议一审通过。

中华人民共和国律师法（修订）

起草单位：司法部

说明人：司法部负责人

2007 年 6 月十届全国人大常委会第二十八次会议一审；

2007 年 8 月十届全国人大常委会第二十九次会议二审；

2007 年 10 月 28 日十届全国人大常委会第三十次会议三审通过。

全国人民代表大会常务委员会关于修改《中华人民共和国律师法》的决定

起草单位：全国人大常委会法工委

说明人：全国人大常委会法工委主任李适时

2012 年 10 月 26 日十一届全国人大常委会第二十九次会议一审通过。

全国人民代表大会常务委员会关于修改《中华人民共和国法官法》等八部法律的决定（《中华人民共和国律师法》根据该决定作了修改）

起草单位：全国人大内司委

说明人：全国人大内司委副主任委员邓昌友

2017 年 9 月 1 日十二届全国人大常委会第二十九次会议一审通过。

4. 中华人民共和国职业教育法

起草单位：国家教育委员会

说明人：国家教育委员会主任朱开轩

1995 年 12 月八届全国人大常委会第十七次会议一审；

1996 年 5 月 15 日八届全国人大常委会第十九次会议二审通过。

中华人民共和国职业教育法（修订）

起草单位：教育部

说明人：教育部部长陈宝生

2021 年 6 月十三届全国人大常委会第二十九次会议一审；

2021 年 12 月十三届全国人大常委会第三十二次会议二审；

2022 年 4 月 20 日十三届全国人大常委会第三十四次会议三审通过。

5. 中华人民共和国促进科技成果转化法

起草单位：全国人大教科文卫委

说明人：全国人大教科文卫委副主任委员李绪鄂

1995 年 12 月八届全国人大常委会第十七次会议一审；

1996 年 5 月 15 日八届全国人大常委会第十九次会议二审通过。

全国人民代表大会常务委员会关于修改《中华人民共和国促进科技成果转化法》的决定

起草单位：科学技术部

说明人：科学技术部部长万钢

2015 年 2 月十二届全国人大常委会第十三次会议一审；

2015 年 8 月 29 日十二届全国人大常委会第十六次会议二审通过。

6. 中华人民共和国拍卖法

起草单位：国内贸易部

说明人：国内贸易部部长陈邦柱

1995 年 12 月八届全国人大常委会第十七次会议一审；

1996 年 7 月 5 日八届全国人大常委会第二十次会议二审通过。

全国人民代表大会常务委员会关于修改《中华人民共和国拍卖法》的决定

起草单位：全国人大常委会法工委

说明人：全国人大常委会法工委副主任安建

2004 年 8 月 28 日十届全国人大常委会第十一次会议一审通过。

全国人民代表大会常务委员会关于修改《中华人民共和国电力法》等六部法律的决定（《中华人民共和国拍卖法》根据该决定作了修改）

起草单位：国务院法制办

说明人：国务院法制办主任宋大涵

2015 年 4 月 24 日十二届全国人大常委会第十四次会议一审通过。

7. 中华人民共和国枪支管理法

起草单位：公安部

说明人：公安部部长陶驷驹

1996 年 5 月八届全国人大常委会第十九次会议一审；

1996 年 7 月 5 日八届全国人大常委会第二十次会议二审通过。

全国人民代表大会常务委员会关于修改部分法律的决定（《中华人民共和国枪支管理法》根据该决定作了修改）

起草单位：全国人大法律委 全国人大常委会法工委

说明人：全国人大常委会法工委主任李适时

2009 年 6 月十一届全国人大常委会第九次会议一审；

2009 年 8 月 27 日十一届全国人大常委会第十次会议二审通过。

全国人民代表大会常务委员会关于修改《中华人民共和国港口法》等七部法律的决定（《中华人民共和国枪支管理法》根据该决定作了修改）

起草单位：国务院法制办

说明人：国务院法制办主任宋大涵

2015 年 4 月 24 日十二届全国人大常委会第十四次会议一审通过。

8. 中华人民共和国煤炭法

起草单位：煤炭工业部

说明人：煤炭工业部部长王森浩

1996 年 6 月八届全国人大常委会第二十次会议一审；

1996 年 8 月 29 日八届全国人大常委会第二十一次会议二审通过。

全国人民代表大会常务委员会关于修改部分法律的决定（《中华人民共和国煤炭法》根据该决定作了修改）

起草单位：全国人大法律委 全国人大常委会法工委

说明人：全国人大常委会法工委主任李适时

2009 年 6 月十一届全国人大常委会第九次会议一审；

2009 年 8 月 27 日十一届全国人大常委会第十次会议二审通过。

全国人民代表大会常务委员会关于修改《中华人民共和国煤炭法》的决定

起草单位：全国人大财经委

说明人：全国人大财经委主任委员石秀诗

2011 年 4 月 22 日十一届全国人大常委会第二十次会议一审通过。

全国人民代表大会常务委员会关于修改《中华人民共和国文物保护法》等十二部法律的决定（《中华人民共和国煤炭法》根据该决定作了修改）

起草单位：国务院法制办

说明人：国务院法制办主任宋大涵

2013 年 6 月 29 日十二届全国人大常委会第三次会议一审通过。

全国人民代表大会常务委员会关于修改《中华人民共和国对外贸易法》等十二部法律的决定（《中华人民共和国煤炭法》根据该决定作了修改）

起草单位：国务院法制办

说明人：国务院法制办主任宋大涵

2016 年 11 月 7 日十二届全国人大常委会第二十四次会议一审通过。

9. 中华人民共和国老年人权益保障法

起草单位：全国人大内司委

说明人：全国人大内司委主任委员孟连崑

1996 年 6 月八届全国人大常委会第二十次会议一审；

1996 年 8 月 29 日八届全国人大常委会第二十一次会议二审通过。

全国人民代表大会常务委员会关于修改部分法律的决定（《中华人民共和国老年人权益保障法》根据该决定作了修改）

起草单位：全国人大法律委　全国人大常委会法工委

说明人：全国人大常委会法工委主任李适时

2009 年 6 月十一届全国人大常委会第九次会议一审；

2009 年 8 月 27 日十一届全国人大常委会第十次会议二审通过。

中华人民共和国老年人权益保障法（修订）

起草单位：全国人大内司委

说明人：全国人大内司委副主任委员张学忠

2012 年 6 月十一届全国人大常委会第二十七次会议一审；

2012 年 12 月 28 日十一届全国人大常委会第三十次会议二审通过。

全国人民代表大会常务委员会关于修改《中华人民共和国电力法》等六部法律的决定（《中华人民共和国老年人权益保障法》根据该决定作了修改）

起草单位：国务院法制办

说明人：国务院法制办主任宋大涵

2015 年 4 月 24 日十二届全国人大常委会第十四次会议一审通过。

全国人民代表大会常务委员会关于修改《中华人民共和国劳动法》等七部法律的决定（《中华人民共和国老年人权益保障法》根据该规定作了修改）

起草单位：司法部

说明人：司法部负责人

2018 年 12 月 29 日十三届全国人大常委会第七次会议一审通过。

10. 中国人民解放军选举全国人民代表大会和地方人民代表大会代表的办法

起草单位：总政治部

说明人：总政治部副主任黄玉昆

1981 年 6 月 10 日五届全国人大常委会第十九次会议一审通过。

中国人民解放军选举全国人民代表大会和县级以上地方人民代表大会代表的办法

起草单位：总政治部

说明人：中央军委委员、总政治部主任于永波

1996 年 8 月八届全国人大常委会第二十一次会议一审；

1996 年 10 月 29 日八届全国人大常委会第二十二次会议二审通过《中国人民解放军选举全国人民代表大会和地方人民代表大会代表的办法（修订）》，将名称改为现名。

全国人民代表大会常务委员会关于修改《中国人民解放军选举全国人民代表大会和县级以上地方各级人民代表大会代表的办法》的决定

起草单位：总政治部

说明人：中央军委委员、总政治部主任李继耐

2012 年 6 月 30 日十一届全国人大常委会第二十七次会议一审通过。

全国人民代表大会常务委员会关于修改《中国人民解放军选举全国人民代表大会和县级以上地方各级人民代表大会代表的办法》的决定

起草单位：中央军委

说明人：中央军委委员、中央军委政治工作部主任苗华

2021 年 4 月 29 日十三届全国人大常委会第二十八次会议一审通过。

11. 中华人民共和国人民防空法

起草单位：国家人防委

说明人：中央军委委员、中国人民解放军总参谋长傅全有

1996 年 8 月八届全国人大常委会第二十一次会议一审；

1996 年 10 月 29 日八届全国人大常委会第二十二次会议二审通过。

全国人民代表大会常务委员会关于修改部分法律的决定（《中华人民共和国人民防空法》根据该决定作了修改）

起草单位：全国人大法律委　全国人大常委会法工委

说明人：全国人大常委会法工委主任李适时

2009 年 6 月十一届全国人大常委会第九次会议一审；

2009 年 8 月 27 日十一届全国人大常委会第十次会议二审通过。

12. 中华人民共和国乡镇企业法

起草单位：全国人大财经委

说明人：全国人大财经委主任委员柳随年

1996 年 8 月八届全国人大常委会第二十一次会议一审；

1996 年 10 月 29 日八届全国人大常委会第二十二次会议二审通过。

13. 中华人民共和国香港特别行政区驻军法

起草单位：总参谋部

说明人：中央军委委员、总参谋长傅全有

1996 年 10 月八届全国人大常委会第二十二次会议一审；

1996 年 12 月 30 日八届全国人大常委会第二十三次会议二审通过。

1997 年 （10 件）

1. 中华人民共和国合伙企业法

起草单位：全国人大财经委

说明人：全国人大财经委副主任委员黄毅诚

1996 年 10 月八届全国人大常委会第二十二次会议一审；

1997 年 2 月 23 日八届全国人大常委会第二十四次会议二审通过。

中华人民共和国合伙企业法（修订）

起草单位：全国人大财经委

说明人：全国人大财经委副主任委员严义埙

2006 年 4 月十届全国人大常委会第二十一次会议一审；

2006 年 6 月十届全国人大常委会第二十二次会议二审；

2006 年 8 月 27 日十届全国人大常委会第二十三次会议三审通过。

2. 中华人民共和国国防法

起草单位：国防法起草委员会

说明人：中央军委副主席、国务委员兼国防部长迟浩田

1996 年 5 月八届全国人大常委会第十九次会议一审；

1996 年 12 月八届全国人大常委会第二十三次会议二审；

1997 年 3 月 14 日八届全国人大五次会议三审通过。

全国人民代表大会常务委员会关于修改部分法律的决定（《中华人民共和国国防法》根据该决定作了修改）

起草单位：全国人大法律委　全国人大常委会法工委

说明人：全国人大常委会法工委主任李适时

2009 年 6 月十一届全国人大常委会第九次会议一审；

2009 年 8 月 27 日十一届全国人大常委会第十次会议二审通过。

中华人民共和国国防法（修订）

起草单位：中央军委办公厅、中央军委改革和编制办公室

说明人：中央军委委员、国务委员兼国防部部长魏凤和

2020 年 10 月十三届全国人大常委会第二十二次会议一审；

2020 年 12 月 26 日十三届全国人大常委会第二十四次会议二审通过。

3. 中华人民共和国公路法

起草单位：交通部

说明人：交通部部长黄镇东

1997 年 2 月八届全国人大常委会第二十四次会议一审；

1997 年 7 月 3 日八届全国人大常委会第二十六次会议二审通过。

全国人民代表大会常务委员会关于修改《中华人民共和国公路法》的决定

起草单位：交通部

说明人：交通部部长黄镇东

1998 年 10 月九届全国人大常委会第五次会议一审；

1999 年 4 月九届全国人大常委会第九次会议二审；

1999 年 10 月 31 日九届全国人大常委会第十二次会议三审通过。

全国人民代表大会常务委员会关于修改《中华人民共和国公路法》的决定

起草单位：全国人大常委会法工委

说明人：全国人大常委会法工委副主任安建

2004 年 8 月 28 日十届全国人大常委会第十一次会议一审通过。

全国人民代表大会常务委员会关于修改部分法律的决定（《中华人民共和国公路法》根据该决定作了修改）

起草单位：全国人大法律委　全国人大常委会法工委

说明人：全国人大常委会法工委主任李适时

2009 年 6 月十一届全国人大常委会第九次会议一审；

2009 年 8 月 27 日十一届全国人大常委会第十次会议二审通过。

全国人民代表大会常务委员会关于修改《中华人民共和国对外贸易法》等十二部法律的决定（《中华人民共和国公路法》根据该决定作了修改）

起草单位：国务院法制办

说明人：国务院法制办主任宋大涵

2016 年 11 月 7 日十二届全国人大常委会第二十四次会议一审通过。

全国人民代表大会常务委员会关于修改《中华人民共和国会计法》等十一部法律的决定（《中华人民共和国公路法》根据该决定作了修改）

起草单位：国务院法制办

说明人：国务院法制办党组书记、副主任袁曙宏

2017 年 11 月 4 日十二届全国人大常委会第三十次会议一审通过。

4. 中华人民共和国动物防疫法

起草单位：农业部

说明人：农业部部长刘江

1997 年 2 月八届全国人大常委会第二十四次会议一审；

1997 年 7 月 3 日八届全国人大常委会第二十六次会议二审通过。

中华人民共和国动物防疫法（修订）

起草单位：农业部

说明人：农业部负责人

2007 年 4 月十届全国人大常委会第二十七次会议一审；

2007 年 8 月 30 日十届全国人大常委会第二十九次会议二审通过。

全国人民代表大会常务委员会关于修改《中华人民共和国文物保护法》等十二部法律的决定（《中华人民共和国动物防疫法》根据该决定作了修改）

起草单位：国务院法制办

说明人：国务院法制办主任宋大涵

2013 年 6 月 29 日十二届全国人大常委会第三次会议一审通过。

全国人民代表大会常务委员会关于修改《中华人民共和国电力法》等六部法律的决定（《中华人民共和国动物防疫法》根据该决定作了修改）

起草单位：国务院法制办

说明人：国务院法制办主任宋大涵

2015 年 4 月 24 日十二届全国人大常委会第十四次会议一审通过。

中华人民共和国动物防疫法（修订）

起草单位：全国人大农业农村委

说明人：全国人大农业农村委副主任委员刘振伟

2020 年 4 月十三届全国人大常委会第十七次会议一审；

2020 年 8 月十三届全国人大常委会第二十一次会议二审；

2021 年 1 月 22 日十三届全国人大常委会第二十五次会议三审通过。

5. 中华人民共和国防洪法

起草单位：水利部

说明人：水利部部长钮茂生

1997 年 6 月八届全国人大常委会第二十六次会议一审；

1997 年 8 月 29 日八届全国人大常委会第二十七次会议二审通过。

全国人民代表大会常务委员会关于修改部分法律的决定（《中华人民共和国防洪法》根据该决定作了修改）

起草单位：全国人大法律委　全国人大常委会法工委

说明人：全国人大常委会法工委主任李适时

2009 年 6 月十一届全国人大常委会第九次会议一审；

2009 年 8 月 27 日十一届全国人大常委会第十次会议二审通过。

全国人民代表大会常务委员会关于修改《中华人民共和国港口法》等七部法律的决定（《中华人民共和国防洪法》根据该决定作了修改）

起草单位：国务院法制办

说明人：国务院法制办主任宋大涵

2015 年 4 月 24 日十二届全国人大常委会第十四次会议一审通过。

全国人民代表大会常务委员会关于修改《中华人民共和国节约能源法》等六部法律的决定（《中华人民共和国防洪法》根据该决定作了修改）

起草单位：国家发展和改革委员会

说明人：国家发展和改革委员会副主任张勇

2016 年 7 月 2 日十二届全国人大常委会第二十一次会议一审通过。

6. 中华人民共和国建筑法

起草单位：建设部

说明人：建设部部长侯捷

1996 年 8 月八届全国人大常委会第二十一次会议一审；

1997 年 11 月 1 日八届全国人大常委会第二十八次会议二审通过。

全国人民代表大会常务委员会关于修改《中华人民共和国建筑法》的决定

起草单位：全国人大财经委

说明人：全国人大财经委主任委员石秀诗

2011 年 4 月 22 日十一届全国人大常委会第二十次会议一审通过。

全国人民代表大会常务委员会关于修改《中华人民共和国建筑法》等八部法律的决定

起草单位：司法部

说明人：司法部负责人

2019 年 4 月 23 日十三届全国人大常委会第十次会议一审通过。

7. 中华人民共和国节约能源法

起草单位：国家计委　国家经贸委

说明人：国家计委主任陈锦华

1995 年 5 月八届全国人大常委会第十三次会议一审；

1995 年 6 月八届全国人大常委会第十四次会议二审；

1996 年 6 月八届全国人大常委会第二十次会议三审；

1997 年 11 月 1 日八届全国人大常委会第二十八次会议四审通过。

中华人民共和国节约能源法（修订）

起草单位：全国人大财经委　国家发改委　国务院法制办

说明人：全国人大财经委主任委员傅志寰

2007 年 6 月十届全国人大常委会第二十八次会议一审；

2007 年 10 月 28 日十届全国人大常委会第三十次会议二审通过。

全国人民代表大会常务委员会关于修改《中华人民共和国节约能源法》等六部法律的决定

起草单位：国家发展和改革委员会

说明人：国家发展和改革委员会副主任张勇

2016 年 7 月 2 日十二届全国人大常委会第二十一次会议一审通过。

全国人民代表大会常务委员会关于修改《中华人民共和国野生动物保护法》等十五部法律的决定（《中华人民共和国节约能源法》根据该决定作了修改）

起草单位：司法部

说明人：司法部副部长赵大程

2018 年 10 月 26 日十三届全国人大常委会第六次会议一审通过。

8. 中华人民共和国献血法

起草单位：卫生部

说明人：卫生部部长陈敏章

1996 年 12 月八届全国人大常委会第二十三次会议一审；

1997 年 5 月八届全国人大常委会第二十五次会议二审；

1997 年 12 月 29 日八届全国人大常委会第二十九次会议三审通过。

9. 中华人民共和国防震减灾法

起草单位：国家地震局

说明人：国家地震局局长陈章立

1997 年 8 月八届全国人大常委会第二十七次会议一审；

1997 年 12 月 29 日八届全国人大常委会第二十九次会议二审通过。

中华人民共和国防震减灾法（修订）

起草单位：国家地震局

说明人：国家地震局局长陈建民

2008 年 10 月十一届全国人大常委会第五次会议一审；

2008 年 12 月 27 日十一届全国人大常委会第六次会议二审通过。

10. 中华人民共和国价格法

起草单位：国家计划委员会

说明人：国家计划委员会主任陈锦华

1997 年 8 月八届全国人大常委会第二十七次会议一审；

1997 年 12 月 29 日八届全国人大常委会第二十九次会议二审通过。

1998 年 （5 件）

1. 中华人民共和国消防法

起草单位：公安部

说明人：公安部部长陶驷驹

1997 年 10 月八届全国人大常委会第二十八次会议一审；

1998 年 4 月 29 日九届全国人大常委会第二次会议二审通过。

中华人民共和国消防法（修订）

起草单位：公安部

说明人：公安部副部长刘金国

2008 年 4 月十一届全国人大常委会第二次会议一审；

2008 年 6 月十一届全国人大常委会第三次会议二审；

2008 年 10 月 28 日十一届全国人大常委会第五次会议三审通过。

全国人民代表大会常务委员会关于修改《中华人民共和国建筑法》等八部法律的决定（《中华人民共和国消防法》根据该决定作了修改）

起草单位：司法部

说明人：司法部负责人

2019 年 4 月 23 日十三届全国人大常委会第十次会议一审通过。

2. 中华人民共和国专属经济区和大陆架法

起草单位：外交部

说明人：外交部副部长李肇星

1996 年 12 月八届全国人大常委会第二十三次会议一审；

1998 年 6 月 26 日九届全国人大常委会第三次会议二审通过。

3. 中华人民共和国高等教育法

起草单位：国家教育委员会

说明人：国家教育委员会主任朱开轩

1997 年 6 月八届全国人大常委会第二十六次会议一审；

1997 年 12 月八届全国人大常委会第二十九次会议二审；

1998 年 4 月九届全国人大常委会第二次会议三审；

1998 年 8 月 29 日九届全国人大常委会第四次会议四审通过。

全国人民代表大会常务委员会关于修改《中华人民共和国高等教育法》的决定

起草单位：教育部

说明人：教育部部长袁贵仁

2015 年 8 月十二届全国人大常委会第十六次会议一审；

2015 年 12 月 27 日十二届全国人大常委会第十八次会议二审通过。

全国人民代表大会常务委员会关于修改《中华人民共和国电力法》等四部法律的决定（《中华人民共和国高等教育法》根据该决定作了修改）

起草单位：司法部

说明人：司法部负责人

2018 年 12 月 29 日十三届全国人大常委会第七次会议一审通过。

4. 中华人民共和国村民委员会组织法

起草单位：民政部　国务院法制办

说明人：民政部部长多吉才让

1998 年 6 月九届全国人大常委会第三次会议一审；

1998 年 8 月九届全国人大常委会第四次会议二审；

1998 年 11 月 4 日九届全国人大常委会第五次会议三审通过。

中华人民共和国村民委员会组织法（修订）

起草单位：民政部

说明人：民政部部长李学举

2009 年 12 月十一届全国人大常委会第十二次会议一审；

2010 年 6 月十一届全国人大常委会第十五次会议二审；

2010 年 10 月 28 日十一届全国人大常委会第十七次会议三审通过。

全国人民代表大会常务委员会关于修改《中华人民共和国村民委员会组织法》《中华人民共和国城市居民委员会组织法》的决定

起草单位：民政部

说明人：民政部部长黄树贤

2018 年 12 月 29 日十三届全国人大常委会第七次会议一审通过。

5. 中华人民共和国证券法

起草单位：全国人大财经委

说明人：全国人大财经委主任委员柳随年

1993 年 8 月八届全国人大常委会第三次会议一审；

1993 年 12 月八届全国人大常委会第五次会议二审；

1994 年 6 月八届全国人大常委会第八次会议三审；

1998 年 10 月九届全国人大常委会第五次会议四审；

1998 年 12 月 29 日九届全国人大常委会第六次会议五审通过。

全国人民代表大会常务委员会关于修改《中华人民共和国证券法》的决定

起草单位：全国人大常委会法工委

说明人：全国人大常委会法工委副主任安建

2004 年 8 月 28 日十届全国人大常委会第十一次会议一审通过。

中华人民共和国证券法（修订）

起草单位：全国人大财经委

说明人：全国人大财经委副主任委员周正庆

2005 年 4 月十届全国人大常委会第十五次会议一审;

2005 年 8 月十届全国人大常委会第十七次会议二审;

2005 年 10 月 27 日十届全国人大常委会第十八次会议三审通过。

全国人民代表大会常务委员会关于修改《中华人民共和国文物保护法》等十二部法律的决定（《中华人民共和国证券法》根据该决定作了修改）

起草单位：国务院法制办

说明人：国务院法制办主任宋大涵

2013 年 6 月 29 日十二届全国人大常委会第三次会议一审通过。

全国人民代表大会常务委员会关于修改《中华人民共和国保险法》等五部法律的决定（《中华人民共和国证券法》根据该决定作了修改）

起草单位：国务院法制办

说明人：国务院法制办主任宋大涵

2014 年 8 月 31 日十二届全国人大常委会第十次会议一审通过。

中华人民共和国证券法（修订）

起草单位：全国人大财经委

说明人：全国人大财经委副主任委员吴晓灵

2015 年 4 月十二届全国人大常委会第十四次会议一审;

2017 年 4 月十二届全国人大常委会第二十七次会议二审;

2019 年 4 月十三届全国人大常委会第十次会议三审;

2019 年 12 月 28 日十三届全国人大常委会第十五次会议四审通过。

1999 年（8 件）

1. 中华人民共和国行政复议法

起草单位：国务院法制办

说明人：国务院法制办主任杨景宇

1998 年 10 月九届全国人大常委会第五次会议一审;

1998 年 12 月九届全国人大常委会第六次会议二审;

1999 年 4 月 29 日九届全国人大常委会第九次会议三审通过。

全国人民代表大会常务委员会关于修改部分法律的决定（《中华人民共和国行政复议法》根据该决定作了修改）

起草单位：全国人大法律委　全国人大常委会法工委

说明人：全国人大常委会法工委主任李适时

2009 年 6 月十一届全国人大常委会第九次会议一审；

2009 年 8 月 27 日十一届全国人大常委会第十次会议二审通过。

全国人民代表大会常务委员会关于修改《中华人民共和国法官法》等八部法律的决定（《中华人民共和国行政复议法》根据该决定作了修改）

起草单位：全国人大内司委

说明人：全国人大内司委副主任委员邓昌友

2017 年 9 月 1 日十二届全国人大常委会第二十九次会议一审通过。

中华人民共和国行政复议法（修订）

起草单位：司法部

说明人：司法部部长唐一军

2022 年 10 月十三届全国人大常委会第三十七次会议一审；

2023 年 6 月十四届全国人大常委会第三次会议二审；

2023 年 9 月 1 日十四届全国人大常委会第五次会议三审通过。

2. 中华人民共和国澳门特别行政区驻军法

起草单位：总参谋部

说明人：中央军委委员、总参谋长傅全有

1999 年 4 月九届全国人大常委会第九次会议一审；

1999 年 6 月 28 日九届全国人大常委会第十次会议二审通过。

3. 中华人民共和国公益事业捐赠法

起草单位：全国人大常委会法工委　全国人大华侨委

说明人：全国人大常委会法工委副主任张春生

1999 年 4 月九届全国人大常委会第九次会议一审；

1999 年 6 月 28 日九届全国人大常委会第十次会议二审通过。

4. 中华人民共和国预防未成年人犯罪法

起草单位：全国人大内司委　共青团中央

说明人：全国人大内司委主任委员侯宗宾

1998 年 4 月九届全国人大常委会第二次会议一审；

1999 年 4 月九届全国人大常委会第九次会议二审；

1999 年 6 月 28 日九届全国人大常委会第十次会议三审通过。

全国人民代表大会常务委员会关于修改《中华人民共和国预防未成年人犯罪法》的决定

起草单位：全国人大常委会法工委

说明人：全国人大常委会法工委主任李适时

2012 年 10 月 26 日十一届全国人大常委会第二十九次会议一审通过。

中华人民共和国预防未成年人犯罪法（修订）

起草单位：全国人大社会委

说明人：全国人大社会委主任委员何毅亭

2019 年 10 月十三届全国人大常委会第十四次会议一审；

2020 年 8 月十三届全国人大常委会第二十一次会议二审；

2020 年 12 月 26 日十三届全国人大常委会第二十四次会议三审通过。

5. 中华人民共和国个人独资企业法

起草单位：全国人大财经委

说明人：全国人大财经委副主任委员姚振炎

1999 年 4 月九届全国人大常委会第九次会议一审；

1999 年 6 月九届全国人大常委会第十次会议二审；

1999 年 8 月 30 日九届全国人大常委会第十一次会议三审通过。

6. 中华人民共和国招标投标法

起草单位：国家发展计划委员会

说明人：国家发展计划委员会主任曾培炎

1999 年 4 月九届全国人大常委会第九次会议一审；

1999 年 6 月九届全国人大常委会第十次会议二审；

1999 年 8 月 30 日九届全国人大常委会第十一次会议三审通过。

全国人民代表大会常务委员会关于修改《中华人民共和国招标投标法》、《中华人民共和国计量法》的决定

起草单位：国务院法制办

说明人：国务院法制办党组书记、副主任袁曙宏

2017 年 12 月 27 日十二届全国人大常委会第三十一次会议一审通过。

7. 中华人民共和国气象法

起草单位：中国气象局

说明人：中国气象局局长温克刚

1999 年 6 月九届全国人大常委会第十次会议一审；

1999 年 8 月九届全国人大常委会第十一次会议二审；

1999 年 10 月 31 日九届全国人大常委会第十二次会议三审通过。

全国人民代表大会常务委员会关于修改部分法律的决定（《中华人民共和国气象法》根据该决定作了修改）

起草单位：全国人大法律委　全国人大常委会法工委

说明人：全国人大常委会法工委主任李适时

2009 年 6 月十一届全国人大常委会第九次会议一审；

2009 年 8 月 27 日十一届全国人大常委会第十次会议二审通过。

全国人民代表大会常务委员会关于修改《中华人民共和国保险法》等五部法律的决定（《中华人民共和国气象法》根据该决定作了修改）

起草单位：国务院法制办

说明人：国务院法制办主任宋大涵

2014 年 8 月 31 日十二届全国人大常委会第十次会议一审通过。

全国人民代表大会常务委员会关于修改《中华人民共和国对外贸易法》等十二部法律的决定（《中华人民共和国气象法》根据该决定作了修改）

起草单位：国务院法制办

说明人：国务院法制办主任宋大涵

2016 年 11 月 7 日十二届全国人大常委会第二十四次会议一审通过。

8. 中华人民共和国海事诉讼特别程序法

起草单位：最高人民法院

说明人：最高人民法院副院长李国光

1999 年 8 月九届全国人大常委会第十一次会议一审；

1999 年 10 月九届全国人大常委会第十二次会议二审；

1999 年 12 月 25 日九届全国人大常委会第十三次会议三审通过。

2000 年（5 件）

1. 中华人民共和国立法法

起草单位：全国人大常委会法工委

说明人：全国人大常委会法工委主任顾昂然

1999 年 10 月九届全国人大常委会第十二次会议一审；

1999 年 12 月九届全国人大常委会第十三次会议二审；

2000 年 3 月 15 日九届全国人大三次会议三审通过。

全国人民代表大会关于修改《中华人民共和国立法法》的决定

起草单位：全国人大常委会法工委

说明人：全国人大常委会副委员长李建国

2014年8月十二届全国人大常委会第十次会议一审；

2014年12月十二届全国人大常委会第十二次会议二审；

2015年3月15日十二届全国人大三次会议三审通过。

全国人民代表大会关于修改《中华人民共和国立法法》的决定

起草单位：全国人大常委会法工委

说明人：全国人大常委会副委员长王晨

2022年10月十三届全国人大常委会第三十七次会议一审；

2022年12月十三届全国人大常委会第三十八次会议二审；

2023年3月13日十四届全国人大一次会议三审通过。

2. 中华人民共和国种子法

起草单位：全国人大农业农村委

说明人：全国人大农业农村委主任委员高德占

1999年12月九届全国人大常委会第十三次会议一审；

2000年4月九届全国人大常委会第十五次会议二审；

2000年7月8日九届全国人大常委会第十六次会议三审通过。

全国人民代表大会常务委员会关于修改《中华人民共和国种子法》的决定

起草单位：全国人大常委会法工委

说明人：全国人大常委会法工委副主任安建

2004年8月28日十届全国人大常委会第十一次会议一审通过。

全国人民代表大会常务委员会关于修改《中华人民共和国文物保护法》等十二部法律的决定（《中华人民共和国种子法》根据该决定作了修改）

起草单位：国务院法制办

说明人：国务院法制办主任宋大涵

2013年6月29日十二届全国人大常委会第三次会议一审通过。

中华人民共和国种子法（修订）

起草单位：全国人大农业农村委

说明人：全国人大农业农村委副主任委员刘振伟

2015年4月十二届全国人大常委会第十四次会议一审；

2015年11月4日十二届全国人大常委会第十七次会议二审通过。

全国人民代表大会常务委员会关于修改《中华人民共和国种子法》的决定

起草单位：全国人大农业农村委

说明人：全国人大农业农村委副主任委员刘振伟

2021 年 8 月十三届全国人大常委会第三十次会议一审；

2021 年 12 月 24 日十三届全国人大常委会第三十二次会议二审通过。

3. 中华人民共和国国家通用语言文字法

起草单位：全国人大教科文卫委

说明人：全国人大教科文卫委副主任委员汪家镠

2000 年 7 月九届全国人大常委会第十六次会议一审；

2000 年 8 月九届全国人大常委会第十七次会议二审；

2000 年 10 月 31 日九届全国人大常委会第十八次会议三审通过。

4. 中华人民共和国现役军官法

起草单位：总政治部

说明人：中央军委委员、总政治部主任于永波

2000 年 12 月 28 日九届全国人大常委会第十九次会议一审通过《全国人民代表大会常务委员会关于修改〈中华人民共和国现役军官服役条例〉的决定》，将名称改为现名。

5. 中华人民共和国引渡法

起草单位：全国人大常委会法工委

说明人：全国人大常委会法工委副主任胡康生

2000 年 8 月九届全国人大常委会第十七次会议一审；

2000 年 10 月九届全国人大常委会第十八次会议二审；

2000 年 12 月 28 日九届全国人大常委会第十九次会议三审通过。

2001 年 （6 件）

1. 中华人民共和国信托法

起草单位：全国人大财经委

说明人：全国人大财经委副主任委员张绪武

1996 年 12 月八届全国人大常委会第二十三次会议一审；

2000 年 7 月九届全国人大常委会第十六次会议二审；

2001 年 4 月 28 日九届全国人大常委会第二十一次会议三审通过。

2. 中华人民共和国国防教育法

起草单位：总政治部

说明人：中央军委副主席、国务委员兼国防部长迟浩田

2000 年 12 月九届全国人大常委会第十九次会议一审；

2001 年 4 月 28 日九届全国人大常委会第二十一次会议二审通过。

全国人民代表大会常务委员会关于修改《中华人民共和国国境卫生检疫法》等六部法律的决定（《中华人民共和国国防教育法》根据该决定作了修改）

起草单位：司法部

说明人：司法部负责人

2018 年 4 月 27 日十三届全国人大常委会第二次会议一审通过。

3. 中华人民共和国防沙治沙法

起草单位：全国人大环资委　全国人大农业农村委

说明人：全国人大环资委主任委员曲格平

2001 年 2 月九届全国人大常委会第二十次会议一审；

2001 年 6 月九届全国人大常委会第二十二次会议二审；

2001 年 8 月 31 日九届全国人大常委会第二十三次会议三审通过。

全国人民代表大会常务委员会关于修改《中华人民共和国野生动物保护法》等十五部法律的决定（《中华人民共和国防沙治沙法》根据该决定作了修改）

起草单位：司法部

说明人：司法部副部长赵大程

2018 年 10 月 26 日十三届全国人大常委会第六次会议一审通过。

4. 中华人民共和国海域使用管理法

起草单位：国土资源部　财政部　国家海洋局

说明人：国土资源部负责人

2001 年 6 月九届全国人大常委会第二十二次会议一审；

2001 年 8 月九届全国人大常委会第二十三次会议二审；

2001 年 10 月 27 日九届全国人大常委会第二十四次会议三审通过。

5. 中华人民共和国职业病防治法

起草单位：卫生部　国务院法制办

说明人：卫生部部长张文康

2001 年 6 月九届全国人大常委会第二十二次会议一审；

2001 年 8 月九届全国人大常委会第二十三次会议二审；

2001 年 10 月 27 日九届全国人大常委会第二十四次会议三审通过。

全国人民代表大会常务委员会关于修改《中华人民共和国职业病防治法》的决定

起草单位：卫生部

说明人：卫生部部长陈竺

2011 年 6 月十一届全国人大常委会第二十一次会议一审；

2011 年 10 月十一届全国人大常委会第二十三次会议二审；

2011 年 12 月 31 日十一届全国人大常委会第二十四次会议三审通过。

全国人民代表大会常务委员会关于修改《中华人民共和国节约能源法》等六部法律的决定（《中华人民共和国职业病防治法》根据该决定作了修改）

起草单位：国家发展和改革委员会

说明人：国家发展和改革委员会副主任张勇

2016 年 7 月 2 日十二届全国人大常委会第二十一次会议一审通过。

全国人民代表大会常务委员会关于修改《中华人民共和国会计法》等十一部法律的决定（《中华人民共和国职业病防治法》根据该决定作了修改）

起草单位：国务院法制办

说明人：国务院法制办党组书记、副主任袁曙宏

2017 年 11 月 4 日十二届全国人大常委会第三十次会议一审通过。

全国人民代表大会常务委员会关于修改《中华人民共和国劳动法》等七部法律的决定（《中华人民共和国职业病防治法》根据该决定作了修改）

起草单位：司法部

说明人：司法部负责人

2018 年 12 月 29 日十三届全国人大常委会第七次会议一审通过。

6. 中华人民共和国人口与计划生育法

起草单位：国家计划生育委员会

说明人：国家计划生育委员会主任张维庆

2001 年 4 月九届全国人大常委会第二十一次会议一审；

2001 年 6 月九届全国人大常委会第二十二次会议二审；

2001 年 12 月 29 日九届全国人大常委会第二十五次会议三审通过。

全国人民代表大会常务委员会关于修改《中华人民共和国人口与计划生育法》的决定

起草单位：国家计划生育委员会

说明人：国家卫生和计划生育委员会主任李斌

2015 年 12 月 27 日十二届全国人大常委会第十八次会议一审通过。

全国人民代表大会常务委员会关于修改《中华人民共和国人口与计划生育法》的决定

起草单位：国家卫生健康委员会

说明人：国家卫生健康委员会副主任于学军

2021 年 8 月 20 日十三届全国人大常委会第三十次会议一审通过。

2002 年 （8 件）

1. 中华人民共和国政府采购法

起草单位：全国人大财经委

说明人：全国人大财经委副主任委员姚振炎

2001 年 10 月九届全国人大常委会第二十四次会议一审；

2001 年 12 月九届全国人大常委会第二十五次会议二审；

2002 年 6 月 29 日九届全国人大常委会第二十八次会议三审通过。

全国人民代表大会常务委员会关于修改《中华人民共和国保险法》等五部法律的决定（《中华人民共和国政府采购法》根据该决定作了修改）

起草单位：国务院法制办

说明人：国务院法制办主任宋大涵

2014 年 8 月 31 日十二届全国人大常委会第十次会议一审通过。

2. 中华人民共和国科学技术普及法

起草单位：全国人大教科文卫委

说明人：全国人大教科文卫委副主任委员朱丽兰

2002 年 4 月九届全国人大常委会第二十八次会议一审；

2002 年 6 月 29 日九届全国人大常委会第二十九次会议二审通过。

3. 中华人民共和国清洁生产促进法

起草单位：全国人大环资委

说明人：全国人大环资委副主任委员李蒙

2002 年 4 月九届全国人大常委会第二十七次会议一审；

2002 年 6 月 29 日九届全国人大常委会第二十八次会议二审通过。

全国人民代表大会常务委员会关于修改《中华人民共和国清洁生产促进法》的决定

起草单位：全国人大环资委

说明人：全国人大环资委主任委员汪光焘

2011 年 10 月十一届全国人大常委会第二十三次会议一审；

2012 年 2 月 29 日十一届全国人大常委会第二十五次会议二审通过。

4. 中华人民共和国中小企业促进法

起草单位：全国人大财经委

说明人：全国人大财经委副主任委员曾宪林

2001 年 12 月九届全国人大常委会第二十五次会议一审；

2002 年 4 月九届全国人大常委会第二十七次会议二审；

2002 年 6 月 29 日九届全国人大常委会第二十八次会议三审通过。

中华人民共和国中小企业促进法（修订）

起草单位：全国人大财经委

说明人：全国人大财经委副主任委员乌日图

2016 年 10 月十二届全国人大常委会第二十四次会议一审；

2017 年 6 月十二届全国人大常委会第二十八次会议二审；

2017 年 9 月 1 日十二届全国人大常委会第二十九次会议三审通过。

5. 中华人民共和国安全生产法

起草单位：国家经济贸易委员会

说明人：国家经济贸易委员会主任李荣融

2001 年 12 月九届全国人大常委会第二十五次会议一审；

2002 年 4 月九届全国人大常委会第二十七次会议二审；

2002 年 6 月 29 日九届全国人大常委会第二十八次会议三审通过。

全国人民代表大会常务委员会关于修改部分法律的决定（《中华人民共和国安全生产法》根据该决定作了修改）

起草单位：全国人大法律委　全国人大常委会法工委

说明人：全国人大常委会法工委主任李适时

2009 年 6 月十一届全国人大常委会第九次会议一审；

2009 年 8 月 27 日十一届全国人大常委会第十次会议二审通过。

全国人民代表大会常务委员会关于修改《中华人民共和国安全生产法》的决定

起草单位：国家安全生产监督管理总局

说明人：国家安全生产监督管理总局负责人

2014 年 2 月十二届全国人大常委会第七次会议一审；

2014 年 8 月 31 日十二届全国人大常委会第十次会议二审通过。

全国人民代表大会常务委员会关于修改《中华人民共和国安全生产法》的决定

起草单位：应急管理部

说明人：应急管理部党委书记、副部长黄明

2021 年 1 月十三届全国人大常委会第二十五次会议一审；

2021 年 6 月 10 日十三届全国人大常委会第二十九次会议二审通过。

6. 中华人民共和国农村土地承包法

起草单位：全国人大农业农村委

说明人：全国人大农业农村委副主任委员柳随年

2001 年 6 月九届全国人大常委会第二十二次会议一审；

2002 年 6 月九届全国人大常委会第二十八次会议二审；

2002 年 8 月 29 日九届全国人大常委会第二十九次会议三审通过。

全国人民代表大会常务委员会关于修改部分法律的决定（《中华人民共和国农村土地承包法》根据该决定作了修改)

起草单位：全国人大法律委　全国人大常委会法工委

说明人：全国人大常委会法工委主任李适时

2009 年 6 月十一届全国人大常委会第九次会议一审；

2009 年 8 月 27 日十一届全国人大常委会第十次会议二审通过。

全国人民代表大会常务委员会关于修改《中华人民共和国农村土地承包法》的决定

起草单位：全国人大农业农村委

说明人：全国人大农业农村委副主任委员刘振伟

2017 年 10 月十二届全国人大常委会第三十次会议一审；

2018 年 10 月十三届全国人大常委会第六次会议二审；

2018 年 12 月 29 日十三届全国人大常委会第七次会议三审通过。

7. 中华人民共和国环境影响评价法

起草单位：全国人大环资委

说明人：全国人大环资委副主任委员王涛

2000 年 12 月九届全国人大常委会第十九次会议一审；

2002 年 8 月九届全国人大常委会第二十九次会议二审；

2002 年 10 月 28 日九届全国人大常委会第三十次会议三审通过。

全国人民代表大会常务委员会关于修改《中华人民共和国节约能源法》等六部法律的决定（《中华人民共和国环境影响评价法》根据该决定作了修改）

起草单位：国家发展和改革委员会

说明人：国家发展和改革委员会副主任张勇

2016 年 7 月 2 日十二届全国人大常委会第二十一次会议一审通过。

全国人民代表大会常务委员会关于修改《中华人民共和国劳动法》等七部法律的决定（《中华人民共和国环境影响评价法》根据该决定作了修改）

起草单位：司法部

说明人：司法部负责人

2018 年 12 月 29 日十三届全国人大常委会第七次会议一审通过。

8. 中华人民共和国民办教育促进法

起草单位：全国人大教科文卫委

说明人：全国人大教科文卫委副主任委员汪家镠

2002 年 6 月九届全国人大常委会第二十八次会议一审；

2002 年 8 月九届全国人大常委会第二十九次会议二审；

2002 年 10 月九届全国人大常委会第三十次会议三审；

2002 年 12 月 28 日九届全国人大常委会第三十一次会议四审通过。

全国人民代表大会常务委员会关于修改《中华人民共和国文物保护法》等十二部法律的决定（《中华人民共和国民办教育促进法》根据该决定作了修改）

起草单位：国务院法制办

说明人：国务院法制办主任宋大涵

2013 年 6 月 29 日十二届全国人大常委会第三次会议一审通过。

全国人民代表大会常务委员会关于修改《中华人民共和国民办教育促进法》的决定

起草单位：教育部

说明人：教育部部长袁贵仁

2015 年 8 月十二届全国人大常委会第十六次会议一审；

2015 年 12 月十二届全国人大常委会第十八次会议二审；

2016 年 11 月 7 日十二届全国人大常委会第二十四次会议三审通过。

全国人民代表大会常务委员会关于修改《中华人民共和国劳动法》等七部法律的决定（《中华人民共和国民办教育促进法》根据该决定作了修改）

起草单位：司法部

说明人：司法部负责人

2018 年 12 月 29 日十三届全国人大常委会第七次会议一审通过。

2003 年 （8 件）

1. 中华人民共和国海关关衔条例

起草单位：海关总署

说明人：海关总署署长牟新生

2002 年 12 月九届全国人大常委会第三十一次会议一审；

2003 年 2 月 28 日九届全国人大常委会第三十二次会议二审通过。

2. 中华人民共和国居民身份证法

起草单位：公安部

说明人：公安部部长贾春旺

2002 年 10 月九届全国人大常委会第三十次会议一审；

2002 年 12 月九届全国人大常委会第三十一次会议二审；

2003 年 4 月十届全国人大常委会第二次会议三审；

2003 年 6 月 28 日十届全国人大常委会第三次会议四审通过。

全国人民代表大会常务委员会关于修改《中华人民共和国居民身份证法》的决定

起草单位：公安部

说明人：公安部副部长杨焕宁

2011 年 10 月 29 日十一届全国人大常委会第二十三次会议一审通过。

3. 中华人民共和国放射性污染防治法

起草单位：国家环境保护总局

说明人：国家环境保护总局局长解振华

2002 年 12 月九届全国人大常委会第三十一次会议一审；

2003 年 4 月 2 日十届全国人大常委会第二次会议二审；

2003 年 6 月 28 日十届全国人大常委会第三次会议三审通过。

4. 中华人民共和国港口法

起草单位：交通部

说明人：交通部部长张春贤

2002 年 12 月九届全国人大常委会第三十一次会议一审；

2003 年 4 月十届全国人大常委会第二次会议二审；

2003 年 6 月 28 日十届全国人大常委会第三次会议三审通过。

全国人民代表大会常务委员会关于修改《中华人民共和国港口法》等七部法律的决定

起草单位：国务院法制办

说明人：国务院法制办主任宋大涵

2015 年 4 月 24 日十二届全国人大常委会第十四次会议一审通过。

全国人民代表大会常务委员会关于修改《中华人民共和国会计法》等十一部法律的决定（《中华人民共和国港口法》根据该决定作了修改）

起草单位：国务院法制办

说明人：国务院法制办党组书记、副主任袁曙宏

2017 年 11 月 4 日十二届全国人大常委会第三十次会议一审通过。

全国人民代表大会常务委员会关于修改《中华人民共和国电力法》等四部法律的决定（《中华人民共和国港口法》根据该决定作了修改）

起草单位：司法部

说明人：司法部负责人

2018 年 12 月 29 日十三届全国人大常委会第七次会议一审通过。

5. 中华人民共和国行政许可法

起草单位：国务院法制办

说明人：国务院法制办主任杨景宇

2002 年 8 月九届全国人大常委会第二十九次会议一审；

2002 年 12 月九届全国人大常委会第三十一次会议二审；

2003 年 6 月十届全国人大常委会第三次会议三审；

2003 年 8 月 27 日十届全国人大常委会第四次会议四审通过。

全国人民代表大会常务委员会关于修改《中华人民共和国建筑法》等八部法律的决定（《中华人民共和国行政许可法》根据该决定作了修改）

起草单位：司法部

说明人：司法部负责人

2019 年 4 月 23 日十三届全国人大常委会第十次会议一审通过。

6. 中华人民共和国证券投资基金法

起草单位：全国人大财经委

说明人：全国人大财经委副主任委员厉以宁

2002 年 8 月九届全国人大常委会第二十九次会议一审；

2003 年 6 月十届全国人大常委会第三次会议二审；

2003 年 10 月 28 日十届全国人大常委会第五次会议三审通过。

中华人民共和国证券投资基金法（修订）

起草单位：全国人大财经委

说明人：全国人大财经委副主任委员吴晓灵

2012 年 6 月十一届全国人大常委会第二十七次会议一审；

2012 年 10 月十一届全国人大常委会第二十九次会议二审；

2012 年 12 月 28 日十一届全国人大常委会第三十次会议三审通过。

全国人民代表大会常务委员会关于修改《中华人民共和国港口法》等七部法律的决定（《中华人民共和国证券投资基金法》根据该决定作了修改）

起草单位：国务院法制办

说明人：国务院法制办主任宋大涵

2015 年 4 月 24 日十二届全国人大常委会第十四次会议一审通过。

7. 中华人民共和国道路交通安全法

起草单位：公安部

说明人：公安部部长贾春旺

2001 年 12 月九届全国人大常委会第二十五次会议一审；

2002 年 8 月九届全国人大常委会第二十九次会议二审；

2003 年 6 月十届全国人大常委会第三次会议三审；

2003 年 10 月 28 日十届全国人大常委会第五次会议四审通过。

全国人民代表大会常务委员会关于修改《中华人民共和国道路交通安全法》的决定

起草单位：国务院法制办　公安部

说明人：公安部副部长白景富

2007 年 10 月十届全国人大常委会第三十次会议一审；

2007 年 12 月 29 日十届全国人大常委会第三十一次会议二审通过。

全国人民代表大会常务委员会关于修改《中华人民共和国道路交通安全法》的决定

起草单位：公安部

说明人：公安部副部长杨焕宁

2011 年 4 月 22 日十一届全国人大常委会第二十次会议一审通过。

全国人民代表大会常务委员会关于修改《中华人民共和国道路交通安全法》等八部法律的决定

起草单位：司法部

说明人：司法部部长唐一军

2021 年 4 月 29 日十三届全国人大常委会第二十八次会议一审通过。

8. 中华人民共和国银行业监督管理法

起草单位：中国银监会　国务院法制办　中国人民银行

说明人：中国银监会主席刘明康

2003 年 8 月十届全国人大常委会第四次会议一审；

2003 年 10 月十届全国人大常委会第五次会议二审；

2003 年 12 月 27 日十届全国人大常委会第六次会议三审通过。

全国人民代表大会常务委员会关于修改《中华人民共和国银行业监督管理法》的决定

起草单位：国务院法制办　中国银监会

说明人：中国银监会主席刘明康

2006 年 10 月 31 日十届全国人大常委会第二十四次会议一审通过。

2004 年（2 件）

1. 中华人民共和国农业机械化促进法

起草单位：全国人大农业农村委

说明人：全国人大农业农村委主任委员刘明祖

2004 年 2 月十届全国人大常委会第七次会议一审；

2004 年 6 月 25 日十届全国人大常委会第十次会议二审通过。

全国人民代表大会常务委员会关于修改《中华人民共和国野生动物保护法》等十五部法律的决定（《中华人民共和国农业机械化促进法》根据该决定作了修改）

起草单位：司法部

说明人：司法部副部长赵大程

2018 年 10 月 26 日十三届全国人大常委会第六次会议一审通过。

2. 中华人民共和国电子签名法

起草单位：国务院法制办

说明人：国务院法制办主任曹康泰

2004 年 4 月十届全国人大常委会第八次会议一审；

2004 年 6 月十届全国人大常委会第十次会议二审；

2004 年 8 月 28 日十届全国人大常委会第十一次会议三审通过。

全国人民代表大会常务委员会关于修改《中华人民共和国电力法》等六部法律的决定（《中华人民共和国电子签名法》根据该决定作了修改）

起草单位：国务院法制办

说明人：国务院法制办主任宋大涵

2015 年 4 月 24 日十二届全国人大常委会第十四次会议一审通过。

全国人民代表大会常务委员会关于修改《中华人民共和国建筑法》等八部法律的决定（《中华人民共和国电子签名法》根据该决定作了修改）

起草单位：司法部

说明人：司法部负责人

2019 年 4 月 23 日十三届全国人大常委会第十次会议一审通过。

2005 年 （7 件）

1. 中华人民共和国可再生能源法

起草单位：全国人大环资委

说明人：全国人大环资委主任委员毛如柏

2004 年 12 月十届全国人大常委会第十三次会议一审；

2005 年 2 月 28 日十届全国人大常委会第十四次会议二审通过。

全国人民代表大会常务委员会关于修改《中华人民共和国可再生能源法》的决定

起草单位：全国人大环资委

说明人：全国人大环资委主任委员汪光焘

2009 年 8 月十一届全国人大常委会第十次会议一审；

2009 年 12 月 26 日十一届全国人大常委会第十二次会议二审通过。

2. 反分裂国家法

起草单位：全国人大常委会法工委

说明人：全国人大常委会副委员长王兆国

2004 年 12 月十届全国人大常委会第十三次会议一审；

2005 年 3 月 14 日十届全国人大三次会议二审通过。

3. 中华人民共和国公务员法

起草单位：中组部　人事部

说明人：人事部部长张柏林

2004 年 12 月十届全国人大常委会第十三次会议一审；

2005 年 4 月 27 日十届全国人大常委会第十五次会议二审通过。

全国人民代表大会常务委员会关于修改《中华人民共和国法官法》等八部法律的决定（《中华人民共和国公务员法》根据该决定作了修改）

起草单位：全国人大内司委

说明人：全国人大内司委副主任委员邓昌友

2017 年 9 月 1 日十二届全国人大常委会第二十九次会议一审通过。

中华人民共和国公务员法（修订）

起草单位：全国人大常委会法工委

说明人：全国人大常委会法工委主任沈春耀

2018 年 10 月十三届全国人大常委会第六次会议一审；

2018 年 12 月 29 日十三届全国人大常委会第七次会议二审通过。

4. 中华人民共和国治安管理处罚法

起草单位：公安部

说明人：公安部副部长田期玉

2004 年 10 月十届全国人大常委会第十二次会议一审；

2005 年 6 月十届全国人大常委会第十六次会议二审；

2005 年 8 月 28 日十届全国人大常委会第十七会议三审通过。

全国人民代表大会常务委员会关于修改《中华人民共和国治安管理处罚法》的决定

起草单位：全国人大常委会法工委

说明人：全国人大常委会法工委主任李适时

2012 年 10 月 26 日十一届全国人大常委会第二十九次会议一审通过。

5. 中华人民共和国公证法

起草单位：司法部

说明人：司法部部长张福森

2004 年 12 月十届全国人大常委会第十三次会议一审；

2005 年 6 月十届全国人大常委会第十六次会议二审；

2005 年 8 月 28 日十届全国人大常委会第十七次会议三审通过。

全国人民代表大会常务委员会关于修改《中华人民共和国义务教育法》等五部法律的决定（《中华人民共和国公证法》根据该决定作了修改）

起草单位：国务院法制办

说明人：国务院法制办主任宋大涵

2015 年 4 月 24 日十二届全国人大常委会第十四次会议一审通过。

全国人民代表大会常务委员会关于修改《中华人民共和国法官法》等八部法律的决定（《中华人民共和国公证法》根据该决定作了修改）

起草单位：全国人大内司委

说明人：全国人大内司委副主任委员邓昌友

2017 年 9 月 1 日十二届全国人大常委会第二十九次会议一审通过。

6. 中华人民共和国外国中央银行财产司法强制措施豁免法

起草单位：外交部

说明人：外交部副部长武大伟

2005 年 8 月十届全国人大常委会第十七次会议一审；

2005 年 10 月 25 日十届全国人大常委会第十八次会议二审通过。

7. 中华人民共和国畜牧法

起草单位：全国人大农业农村委

说明人：全国人大农业农村委副主任委员舒惠国

2005 年 8 月十届全国人大常委会第十七次会议一审；

2005 年 12 月 29 日十届全国人大常委会第十九次会议二审通过。

全国人民代表大会常务委员会关于修改《中华人民共和国计量法》等五部法律的决定（《中华人民共和国畜牧法》根据该决定作了修改）

起草单位：国务院法制办

说明人：国务院法制办主任宋大涵

2015 年 4 月 24 日十二届全国人大常委会第十四次会议一审通过。

中华人民共和国畜牧法（修订）

起草单位：全国人大农业农村委

说明人：全国人大农业农村委副主任委员李家洋

2021 年 10 月十三届全国人大常委会第三十一次会议一审；

2022 年 10 月 30 日十三届全国人大常委会第三十七次会议二审通过。

2006 年 （6 件）

1. 中华人民共和国农产品质量安全法

起草单位：农业部

说明人：农业部部长杜青林

2005 年 10 月十届全国人大常委会第十八次会议一审；

2006 年 2 月十届全国人大常委会第二十次会议二审；

2006 年 4 月 29 日十届全国人大常委会第二十一次会议三审通过。

全国人民代表大会常务委员会关于修改《中华人民共和国野生动物保护法》等十五部法律的决定（《中华人民共和国农产品质量安全法》根据该决定作了修改）

起草单位：司法部

说明人：司法部副部长赵大程

2018 年 10 月 26 日十三届全国人大常委会第六次会议一审通过。

中华人民共和国农产品质量安全法（修订）

起草单位：农业农村部

说明人：农业农村部部长唐仁健

2021 年 10 月十三届全国人大常委会第三十一次会议一审；

2022 年 6 月十三届全国人大常委会第三十五次会议二审；

2022 年 9 月 2 日十三届全国人大常委会第三十六次会议三审通过。

2. 中华人民共和国护照法

起草单位：国务院法制办　外交部　公安部

说明人：国务院法制办主任曹康泰

2005 年 12 月十届全国人大常委会第十九次会议一审；

2006 年 4 月 29 日十届全国人大常委会第二十一次会议二审通过。

3. 中华人民共和国各级人民代表大会常务委员会监督法

起草单位：全国人大常委会法工委

说明人：全国人大法律委主任委员王维澄

2002 年 8 月九届全国人大常委会第二十九次会议一审；

2004 年 8 月十届全国人大常委会第十一次会议二审；

2006 年 6 月十届全国人大常委会第二十二次会议三审；

2006 年 8 月 27 日十届全国人大常委会第二十三次会议四审通过。

4. 中华人民共和国企业破产法

起草单位：全国人大财经委

说明人：全国人大财经委副主任委员贾志杰

2004 年 6 月十届全国人大常委会第十次会议一审；

2004 年 10 月十届全国人大常委会第十二次会议二审；

2006 年 8 月 27 日十届全国人大常委会第二十三次会议三审通过。

5. 中华人民共和国农民专业合作社法

起草单位：全国人大农业农村委

说明人：全国人大农业农村委副主任委员李春亭

2006 年 6 月十届全国人大常委会第二十二次会议一审；

2006 年 8 月十届全国人大常委会第二十三次会议二审；

2006 年 10 月 31 日十届全国人大常委会第二十四次会议三审通过。

中华人民共和国农民专业合作社法（修订）

起草单位：全国人大农业农村委

说明人：全国人大农业农村委副主任委员陈光国

2017 年 6 月十二届全国人大常委会第二十八次会议一审；

2017 年 12 月 27 日十二届全国人大常委会第三十一次会议二审通过。

6. 中华人民共和国反洗钱法

起草单位：全国人大常委会预工委

说明人：全国人大常委会预工委副主任冯淑萍

2006 年 4 月十届全国人大常委会第二十一次会议一审；

2006 年 8 月十届全国人大常委会第二十三次会议二审；

2006 年 10 月 31 日十届全国人大常委会第二十四次会议三审通过。

2007 年 （8 件）

1. 中华人民共和国企业所得税法

起草单位：财政部税务总局　国务院法制办

说明人：财政部部长金人庆

2006 年 12 月十届全国人大常委会第二十五次会议一审；

2007 年 3 月 16 日十届全国人大五次会议二审通过。

全国人民代表大会常务委员会关于修改《中华人民共和国企业所得税法》的决定

起草单位：财政部税务总局　国务院法制办

说明人：财政部部长肖捷

2017 年 2 月 24 日十二届全国人大常委会第二十六次会议一审通过。

全国人民代表大会常务委员会关于修改《中华人民共和国电力法》等四部法律的决定（《中华人民共和国企业所得税法》根据该决定作了修改）

起草单位：司法部

说明人：司法部负责人

2018 年 12 月 29 日十三届全国人大常委会第七次会议一审通过。

2. 中华人民共和国劳动合同法

起草单位：劳动和社会保障部

说明人：劳动和社会保障部部长田成平

2005 年 12 月十届全国人大常委会第十九次会议一审；

2006 年 12 月十届全国人大常委会第二十五次会议二审；

2007 年 4 月十届全国人大常委会第二十七次会议三审；

2007 年 6 月 29 日十届全国人大常委会第二十八次会议四审通过。

全国人民代表大会常务委员会关于修改《中华人民共和国劳动合同法》的决定

起草单位：全国人大财经委

说明人：全国人大财经委副主任委员乌日图

2012 年 6 月十一届全国人大常委会第二十七次会议一审；

2012 年 12 月 28 日十一届全国人大常委会第三十次会议二审通过。

3. 中华人民共和国反垄断法

起草单位：商务部　工商总局

说明人：国务院法制办主任曹康泰

2006 年 6 月十届全国人大常委会第二十二次会议一审；

2007 年 6 月十届全国人大常委会第二十八次会议二审；

2007 年 8 月 30 日十届全国人大常委会第二十九次会议三审通过。

全国人民代表大会常务委员会关于修改《中华人民共和国反垄断法》的决定

起草单位：国家市场监督管理总局

说明人：国家市场监督管理总局局长张工

2021 年 10 月十三届全国人大常委会第三十一次会议一审；

2022 年 6 月 24 日十三届全国人大常委会第三十五次会议二审通过。

4. 中华人民共和国突发事件应对法

起草单位：国务院法制办

说明人：国务院法制办主任曹康泰

2006 年 6 月十届全国人大常委会第二十二次会议一审；

2007 年 6 月十届全国人大常委会第二十八次会议二审；

2007 年 8 月 30 日十届全国人大常委会第二十九次会议三审通过。

5. 中华人民共和国就业促进法

起草单位：劳动和社会保障部

说明人：劳动和社会保障部部长田成平

2007 年 2 月十届全国人大常委会第二十六次会议一审；

2007 年 6 月十届全国人大常委会第二十八次会议二审；

2007 年 8 月 30 日十届全国人大常委会第二十九次会议三审通过。

全国人民代表大会常务委员会关于修改《中华人民共和国电力法》等六部法律的决定（《中华人民共和国就业促进法》根据该决定作了修改）

起草单位：国务院法制办

说明人：国务院法制办主任宋大涵

2015 年 4 月 24 日十二届全国人大常委会第十四次会议一审通过。

6. 中华人民共和国城乡规划法

起草单位：建设部

说明人：建设部部长汪光焘

2007 年 4 月十届全国人大常委会第二十七次会议一审；

2007 年 8 月十届全国人大常委会第二十九次会议二审；

2007 年 10 月 28 日十届全国人大常委会第三十次会议三审通过。

全国人民代表大会常务委员会关于修改《中华人民共和国港口法》等七部法律的决定（《中华人民共和国城乡规划法》根据该决定作了修改）

起草单位：国务院法制办

说明人：国务院法制办主任宋大涵

2015 年 4 月 24 日十二届全国人大常委会第十四次会议一审通过。

全国人民代表大会常务委员会关于修改《中华人民共和国建筑法》等八部法律的决定（《中华人民共和国城乡规划法》根据该决定作了修改）

起草单位：司法部

说明人：司法部负责人

2019 年 4 月 23 日十三届全国人大常委会第十次会议一审通过。

7. 中华人民共和国禁毒法

起草单位：公安部

说明人：公安部副部长张新枫

2006 年 8 月十届全国人大常委会第二十三次会议一审；

2007 年 10 月十届全国人大常委会第三十次会议二审；

2007 年 12 月 29 日十届全国人大常委会第三十一次会议三审通过。

8. 中华人民共和国劳动争议调解仲裁法

起草单位：全国人大常委会法工委

说明人：全国人大常委会法工委副主任信春鹰

2007 年 8 月十届全国人大常委会第二十九次会议一审；

2007 年 10 月十届全国人大常委会第三十次会议二审；

2007 年 12 月 29 日十届全国人大常委会第三十一次会议三审通过。

2008 年 （2 件）

1. 中华人民共和国循环经济促进法

起草单位：全国人大环资委

说明人：全国人大环资委副主任委员冯之浚

2007 年 8 月十届全国人大常委会第二十九次会议一审；

2008 年 6 月十一届全国人大常委会第三次会议二审；

2008 年 8 月 29 日十一届全国人大常委会第四次会议三审通过。

全国人民代表大会常务委员会关于修改《中华人民共和国野生动物保护法》等十五部法律的决定（《中华人民共和国循环经济促进法》根据该决定作了修改）

起草单位：司法部

说明人：司法部副部长赵大程

2018 年 10 月 26 日十三届全国人大常委会第六次会议一审通过。

2. 中华人民共和国企业国有资产法

起草单位：全国人大财经委

说明人：全国人大财经委副主任委员石广生

2007 年 12 月十届全国人大常委会第三十一次会议一审；

2008 年 6 月十一届全国人大常委会第三次会议二审；

2008 年 10 月 28 日十一届全国人大常委会第五次会议三审通过。

2009 年 （5 件）

1. 中华人民共和国食品安全法

起草单位：国务院法制办

说明人：国务院法制办主任曹康泰

2007 年 12 月十届全国人大常委会第三十一次会议一审；

2008 年 8 月十一届全国人大常委会第四次会议二审；

2008 年 10 月十一届全国人大常委会第五次会议三审；

2009 年 2 月 28 日十一届全国人大常委会第七次会议四审通过。

中华人民共和国食品安全法（修订）

起草单位：国家食品药品监督管理总局

说明人：国家食品药品监督管理总局局长张勇

2014 年 6 月十二届全国人大常委会第九次会议一审；

2014 年 12 月十二届全国人大常委会第十二次会议二审；

2015 年 4 月 24 日十二届全国人大常委会第十四次会议三审通过。

全国人民代表大会常务委员会关于修改《中华人民共和国产品质量法》等五部法律的决定（《中华人民共和国食品安全法》根据该决定作了修改）

起草单位：司法部

说明人：司法部负责人

2018 年 12 月 29 日十三届全国人大常委会第七次会议一审通过。

全国人民代表大会常务委员会关于修改《中华人民共和国道路交通安全法》等八部法律的决定（《中华人民共和国食品安全法》根据该决定作了修改）

起草单位：司法部

说明人：司法部部长唐一军

2021 年 4 月 29 日十三届全国人大常委会第二十八次会议一审通过。

2. 中华人民共和国农村土地承包经营纠纷调解仲裁法

起草单位：农业部

说明人：农业部负责人

2008 年 12 月十一届全国人大常委会第六次会议一审；

2009 年 4 月十一届全国人大常委会第八次会议二审；

2009 年 6 月 27 日十一届全国人大常委会第九次会议三审通过。

3. 中华人民共和国人民武装警察法

起草单位：中国人民武装警察部队

说明人：中国人民武装警察部队司令员吴双战

2009 年 4 月十一届全国人大常委会第八次会议一审；

2009 年 8 月 27 日十一届全国人大常委会第十次会议二审通过。

中华人民共和国人民武装警察法（修订）

起草单位：中国人民武装警察部队

说明人：中国人民武装警察部队司令员王宁

2019 年 4 月十三届全国人大常委会第十七次会议一审；

2020 年 6 月 20 日十三届全国人大常委会第十九次会议二审通过。

4. 中华人民共和国驻外外交人员法

起草单位：外交部

说明人：外交部副部长王光亚

2009 年 6 月十一届全国人大常委会第九次会议一审；

2009 年 10 月 31 日十一届全国人大常委会第十一次会议二审通过。

5. 中华人民共和国海岛保护法

起草单位：全国人大环资委

说明人：全国人大环资委主任委员汪光焘

2009 年 6 月十一届全国人大常委会第九次会议一审；

2009 年 10 月十一届全国人大常委会第十一次会议二审；

2009 年 12 月 26 日十一届全国人大常委会第十二次会议三审通过。

2010 年 （5 件）

1. 中华人民共和国国防动员法

起草单位：国家国防动员委员会

说明人：国务委员、中央军委委员、国防部部长梁光烈

2009 年 4 月十一届全国人大常委会第八次会议一审；

2009 年 12 月十一届全国人大常委会第十二次会议二审；

2010 年 2 月 26 日十一届全国人大常委会第十三次会议三审通过。

2. 中华人民共和国石油天然气管道保护法

起草单位：国务院法制办

说明人：国务院法制办主任曹康泰

2009 年 10 月十一届全国人大常委会第十一次会议一审；

2010 年 4 月十一届全国人大常委会第十四次会议二审；

2010 年 6 月 25 日十一届全国人大常委会第十五次会议三审通过。

3. 中华人民共和国人民调解法

起草单位：司法部

说明人：司法部负责人

2010 年 6 月十一届全国人大常委会第十五次会议一审；

2010 年 8 月 28 日十一届全国人大常委会第十六次会议二审通过。

4. 中华人民共和国社会保险法

起草单位：劳动和社会保障部

说明人：劳动和社会保障部部长田成平

2007 年 12 月十届全国人大常委会第三十一次会议一审；

2008 年 12 月十一届全国人大常委会第六次会议二审；

2009 年 12 月十一届全国人大常委会第十二次会议三审；

2010 年 10 月 28 日十一届全国人大常委会第十七次会议四审通过。

全国人民代表大会常务委员会关于修改《中华人民共和国社会保险法》的决定

起草单位：司法部

说明人：司法部负责人

2018 年 12 月 29 日十三届全国人大常委会第七次会议一审通过。

5. 中华人民共和国涉外民事关系法律适用法

起草单位：全国人大常委会法工委

说明人：全国人大法律委主任委员胡康生

2002 年 12 月九届全国人大常委会第三十一次会议一审（作为民法草案的一编）；

2010 年 8 月十一届全国人大常委会第十六次会议二审；

2010 年 10 月 28 日十一届全国人大常委会第十七次会议三审通过。

2011 年 （3 件）

1. 中华人民共和国非物质文化遗产法

起草单位：文化部

说明人：文化部部长蔡武

2010 年 8 月十一届全国人大常委会第十六次会议一审；

2010 年 12 月十一届全国人大常委会第十八次会议二审；

2011 年 2 月 25 日十一届全国人大常委会第十九次会议三审通过。

2. 中华人民共和国车船税法

起草单位：财政部 国家税务总局

说明人：国家税务总局局长谢旭人

2010 年 10 月十一届全国人大常委会第十七次会议一审；

2011 年 2 月 25 日十一届全国人大常委会第十九次会议二审通过。

全国人民代表大会常务委员会关于修改《中华人民共和国建筑法》等八部法律的决定（《中华人民共和国车船税法》根据该决定作了修改）

起草单位：司法部

说明人：司法部负责人

2019 年 4 月 23 日十三届全国人大常委会第十次会议一审通过。

3. 中华人民共和国行政强制法

起草单位：全国人大常委会法工委

说明人：全国人大常委会法工委副主任信春鹰

2005 年 12 月十届全国人大常委会第十九次会议一审；

2007 年 10 月十届全国人大常委会第三十次会议二审；

2009 年 8 月十一届全国人大常委会第十次会议三审；

2011 年 4 月十一届全国人大常委会第二十次会议四审；

2011 年 6 月 30 日十一届全国人大常委会第二十一次会议五审通过。

2012 年 （3 件）

1. 中华人民共和国军人保险法

起草单位：总后勤部

说明人：中央军委委员、总后勤部主任廖锡龙

2011 年 12 月十一届全国人大常委会第二十四次会议一审；

2012 年 4 月 27 日十一届全国人大常委会第二十六次会议二审通过。

2. 中华人民共和国出境入境管理法

起草单位：公安部

说明人：公安部副部长杨焕宁

2011 年 12 月十一届全国人大常委会第二十四次会议一审；

2012 年 4 月十一届全国人大常委会第二十六次会议二审；

2012 年 6 月 30 日十一届全国人大常委会第二十七次会议三审通过。

3. 中华人民共和国精神卫生法

起草单位：卫生部

说明人：卫生部部长陈竺

2011 年 10 月十一届全国人大常委会第二十三次会议一审；

2012 年 8 月十一届全国人大常委会第二十八次会议二审；

2012 年 10 月 29 日十一届全国人大常委会第二十九次会议三审通过。

全国人民代表大会常务委员会关于修改《中华人民共和国国境卫生检疫法》等六部法律的决定（《中华人民共和国精神卫生法》根据该决定作了修改）

起草单位：司法部

说明人：司法部负责人

2018 年 4 月 27 日十三届全国人大常委会第二次会议一审通过。

2013 年（2 件）

1. 中华人民共和国旅游法

起草单位：全国人大财经委

说明人：全国人大财经委副主任委员尹中卿

2012 年 8 月十一届全国人大常委会第二十八次会议一审；

2012 年 12 月十一届全国人大常委会第三十次会议二审；

2013 年 4 月 25 日十二届全国人大常委会第二次会议三审通过。

全国人民代表大会常务委员会关于修改《中华人民共和国对外贸易法》等十二部法律的决定（《中华人民共和国旅游法》根据该决定作了修改）

起草单位：国务院法制办

说明人：国务院法制办主任宋大涵

2016 年 11 月 7 日十二届全国人大常委会第二十四次会议一审通过。

全国人民代表大会常务委员会关于修改《中华人民共和国野生动物保护法》等十五部法律的决定（《中华人民共和国旅游法》根据该决定作了修改）

起草单位：司法部

说明人：司法部副部长赵大程

2018 年 10 月 26 日十三届全国人大常委会第六次会议一审通过。

2. 中华人民共和国特种设备安全法

起草单位：全国人大财经委

说明人：全国人大财经委副主任委员闻世震

2012 年 8 月十一届全国人大常委会第二十八次会议一审；

2013 年 4 月十二届全国人大常委会第二次会议二审；

2013 年 6 月 29 日十二届全国人大常委会第三次会议三审通过。

2014 年 （2 件）

1. 中华人民共和国反间谍法

起草单位：国家安全部

说明人：国家安全部部长耿惠昌

2014 年 8 月十二届全国人大常委会第十次会议一审；

2014 年 11 月 1 日十二届全国人大常委会第十一次会议二审通过。

中华人民共和国反间谍法（修订）

起草单位：全国人大监察司法委

说明人：全国人大监察司法委主任委员吴玉良

2022 年 8 月十三届全国人大常委会第三十六次会议一审；

2022 年 12 月十三届全国人大常委会第三十八次会议二审；

2023 年 4 月 26 日十四届全国人大常委会第二次会议三审通过。

2. 中华人民共和国航道法

起草单位：交通运输部

说明人：交通运输部部长杨传堂

2014 年 4 月十二届全国人大常委会第八次会议一审；

2014 年 12 月 28 日十二届全国人大常委会第十二次会议二审通过。

全国人民代表大会常务委员会关于修改《中华人民共和国节约能源法》等六部法律的决定（《中华人民共和国航道法》根据该决定作了修改）

起草单位：国家发展和改革委员会

说明人：国家发展和改革委员会副主任张勇

2016 年 7 月 2 日十二届全国人大常委会第二十一次会议一审通过。

2015 年（4 件）

1. 中华人民共和国国家安全法

起草单位：中央国家安全委员会办公室

说明人：全国人大常委会法工委主任李适时

2014 年 12 月十二届全国人大常委会第十二次会议一审；

2015 年 4 月十二届全国人大常委会第十四次会议二审；

2015 年 7 月 1 日十二届全国人大常委会第十五次会议三审通过。

2. 中华人民共和国反恐怖主义法

起草单位：公安部

说明人：全国人大常委会法工委副主任郎胜

2014 年 10 月十二届全国人大常委会第十一次会议一审；

2015 年 2 月十二届全国人大常委会第十三次会议二审；

2015 年 12 月 27 日十二届全国人大常委会第十八次会议三审通过。

全国人民代表大会常务委员会关于修改《中华人民共和国国境卫生检疫法》等六部法律的决定（《中华人民共和国反恐怖主义法》根据该决定作了修改）

起草单位：司法部

说明人：司法部负责人

2018 年 4 月 27 日十三届全国人大常委会第二次会议一审通过。

3. 中华人民共和国反家庭暴力法

起草单位：国务院妇女儿童工作委员会

说明人：国务院妇女儿童工作委员会副主任宋秀岩

2015 年 8 月十二届全国人大常委会第十六次会议一审；

2015 年 12 月 27 日十二届全国人大常委会第十八次会议二审通过。

4. 中华人民共和国国家勋章和国家荣誉称号法

起草单位：全国人大常委会法工委

说明人：全国人大常委会法工委主任李适时

2015 年 8 月十二届全国人大常委会第十六次会议一审；

2015 年 12 月 27 日十二届全国人大常委会第十八次会议二审通过。

2016 年（10 件）

1. 中华人民共和国深海海底区域资源勘探开发法

起草单位：全国人大环资委

说明人：全国人大环资委主任委员陆浩

2015 年 10 月十二届全国人大常委会第十七次会议一审；

2016 年 2 月 26 日十二届全国人大常委会第十九次会议二审通过。

2. 中华人民共和国慈善法

起草单位：全国人大内司委

说明人：全国人民代表大会常务委员会副委员长李建国

2015 年 10 月十二届全国人大常委会第十七次会议一审；

2015 年 12 月十二届全国人大常委会第十八次会议二审；

2016 年 3 月 16 日十二届全国人大四次会议三审通过。

全国人民代表大会关于修改《中华人民共和国慈善法》的决定

起草单位：全国人大社会建设委员会

说明人：全国人大社会建设委员会主任委员何毅亭

2022 年 12 月十三届全国人大常委会第三十八次会议一审（《中华人民共和国慈善法》（修订草案））；

2023 年 10 月十四届全国人大常委会第六次会议二审（《中华人民共和国慈善法》（修订草案））；

2023 年 12 月 29 日十四届全国人大常委会第七次会议三审通过。

3. 中华人民共和国境外非政府组织境内活动管理法

起草单位：公安部

说明人：公安部副部长杨焕宁

2014 年 12 月十二届全国人大常委会第十二次会议一审；

2015 年 4 月十二届全国人大常委会第十四次会议二审；

2016 年 4 月 28 日十二届全国人大常委会第二十次会议三审通过。

全国人民代表大会常务委员会关于修改《中华人民共和国会计法》等十一部法律的决定（《中华人民共和国境外非政府组织境内活动管理法》根据该决定作了修改）

起草单位：国务院法制办

说明人：国务院法制办党组书记、副主任袁曙宏

2017 年 11 月 4 日十二届全国人大常委会第三十次会议一审通过。

4. 中华人民共和国资产评估法

起草单位：全国人大财经委

说明人：全国人大财经委副主任委员乌日图

2012 年 2 月十一届全国人大常委会第二十五次会议一审；

2013 年 8 月十二届全国人大常委会第四次会议二审；

2015 年 8 月十二届全国人大常委会第十六次会议三审；

2016 年 7 月 2 日十二届全国人大常委会第二十一次会议四审通过。

5. 中华人民共和国国防交通法

起草单位：总后勤部

说明人：中央军委委员、中央军委后勤保障部部长赵克石

2016 年 4 月十二届全国人大常委会第二十次会议一审；

2016 年 9 月 3 日十二届全国人大常委会第二十二次会议二审通过。

6. 中华人民共和国网络安全法

起草单位：全国人大常委会法工委

说明人：全国人大常委会法工委副主任郎胜

2015 年 6 月十二届全国人大常委会第十五次会议一审；

2016 年 6 月十二届全国人大常委会第二十一次会议二审；

2016 年 11 月 7 日十二届全国人大常委会第二十四次会议三审通过。

7. 中华人民共和国电影产业促进法

起草单位：国家新闻出版广电总局

说明人：国家新闻出版广电总局局长蔡赴朝

2015 年 10 月十二届全国人大常委会第十七次会议一审；

2016 年 8 月十二届全国人大常委会第二十二次会议二审；

2016 年 11 月 7 日十二届全国人大常委会第二十四次会议三审通过。

8. 中华人民共和国中医药法

起草单位：国家卫生和计划生育委员会

说明人：国家卫生和计划生育委员会副主任、中医药管理局局长王国强

2015 年 12 月十二届全国人大常委会第十八次会议一审；

2016 年 8 月十二届全国人大常委会第二十二次会议二审；

2016 年 12 月 25 日十二届全国人大常委会第二十五次会议三审通过。

9. 中华人民共和国公共文化服务保障法

起草单位：全国人大教科文卫委

说明人：全国人大教科文卫委主任委员柳斌杰

2016 年 4 月十二届全国人大常委会第二十次会议一审；

2016 年 10 月十二届全国人大常委会第二十四次会议二审；

2016 年 12 月 25 日十二届全国人大常委会第二十五次会议三审通过。

10. 中华人民共和国环境保护税法

起草单位：财政部

说明人：财政部部长楼继伟

2016 年 8 月十二届全国人大常委会第二十二次会议一审；

2016 年 12 月 25 日十二届全国人大常委会第二十五次会议二审通过。

全国人民代表大会常务委员会关于修改《中华人民共和国野生动物保护法》等十五部法律的决定（《中华人民共和国环境保护税法》根据该决定作了修改）

起草单位：司法部

说明人：司法部副部长赵大程

2018 年 10 月 26 日十三届全国人大常委会第六次会议一审通过。

2017 年 （6 件）

1. 中华人民共和国国家情报法

起草单位：国家安全部

说明人：国家安全部部长陈文清

2016 年 12 月十二届全国人大常委会第二十五次会议一审；

2017 年 6 月 27 日十二届全国人大常委会第二十八次会议二审通过。

全国人民代表大会常务委员会关于修改《中华人民共和国国境卫生检疫法》等六部法律的决定（《中华人民共和国国家情报法》根据该决定作了修改）

起草单位：司法部

说明人：司法部负责人

2018 年 4 月 27 日十三届全国人大常委会第二次会议一审通过。

2. 中华人民共和国核安全法

起草单位：全国人大环资委

说明人：全国人大环资委副主任委员张云川

2016 年 10 月十二届全国人大常委会第二十四次会议一审；

2017 年 4 月十二届全国人大常委会第二十七次会议二审；

2017 年 9 月 1 日十二届全国人大常委会第二十九次会议三审通过。

3. 中华人民共和国国歌法

起草单位：全国人大常委会法工委

说明人：全国人大常委会法工委主任沈春耀

2017 年 6 月十二届全国人大常委会第二十八次会议一审；

2017 年 9 月 1 日十二届全国人大常委会第二十九次会议二审通过。

4. 中华人民共和国公共图书馆法

起草单位：文化部

说明人：文化部部长雒树刚

2017 年 6 月十二届全国人大常委会第二十八次会议一审；

2017 年 11 月 4 日十二届全国人大常委会第三十次会议二审通过。

全国人民代表大会常务委员会关于修改《中华人民共和国野生动物保护法》等十五部法律的决定（《中华人民共和国公共图书馆法》根据该决定作了修改）

起草单位：司法部

说明人：司法部副部长赵大程

2018 年 10 月 26 日十三届全国人大常委会第六次会议一审通过。

5. 中华人民共和国烟叶税法

起草单位：财政部

说明人：财政部部长肖捷

2017 年 8 月十二届全国人大常委会第二十九次会议一审；

2017 年 12 月 27 日十二届全国人大常委会第三十一次会议二审通过。

6. 中华人民共和国船舶吨税法

起草单位：财政部

说明人：财政部部长肖捷

2017 年 10 月十二届全国人大常委会第三十次会议一审；

2017 年 12 月 27 日十二届全国人大常委会第三十一次会议二审通过。

全国人民代表大会常务委员会关于修改《中华人民共和国野生动物保护法》等十五部法律的决定（《中华人民共和国船舶吨税法》根据该决定作了修改）

起草单位：司法部

说明人：司法部副部长赵大程

2018 年 10 月 26 日十三届全国人大常委会第六次会议一审通过。

2018 年 （9 件）

1. 中华人民共和国监察法

起草单位：全国人大常委会法工委

说明人：全国人大常委会副委员长李建国

2017 年 6 月十二届全国人大常委会第二十八次会议一审；

2017 年 12 月十二届全国人大常委会第三十一次会议二审；

2018 年 3 月 20 日十三届全国人大一次会议三审通过。

2. 中华人民共和国人民陪审员法

起草单位：最高人民法院

说明人：最高人民法院院长周强

2017 年 12 月十二届全国人大常委会第三十一次会议一审；

2018 年 4 月 27 日十三届全国人大常委会第二次会议二审通过。

3. 中华人民共和国英雄烈士保护法

起草单位：全国人大常委会法工委

说明人：全国人大常委会法工委副主任许安标

2017 年 12 月十二届全国人大常委会第三十一次会议一审；

2018 年 4 月 27 日十三届全国人大常委会第二次会议二审通过。

4. 中华人民共和国电子商务法

起草单位：全国人大财经委

说明人：全国人大财经委副主任委员吕祖善

2016 年 12 月十二届全国人大常委会第二十五次会议一审；

2017 年 10 月十二届全国人大常委会第三十次会议二审；

2018 年 6 月十三届全国人大常委会第三次会议三审；

2018 年 8 月 31 日十三届全国人大常委会第五次会议四审通过。

5. 中华人民共和国土壤污染防治法

起草单位：全国人大环资委

说明人：全国人大环资委副主任委员罗清泉

2017 年 6 月十二届全国人大常委会第二十八次会议一审；

2017 年 12 月十二届全国人大常委会第三十一次会议二审；

2018 年 8 月 31 日十三届全国人大常委会第五次会议三审通过。

6. 中华人民共和国国际刑事司法协助法

起草单位：司法部

说明人：全国人大外事委主任委员傅莹

2017 年 12 月十二届全国人大常委会第三十一次会议一审；

2018 年 10 月 26 日十三届全国人大常委会第六次会议二审通过。

7. 中华人民共和国消防救援衔条例

起草单位：应急管理部

说明人：应急管理部党组书记、副部长黄明

2018 年 8 月十三届全国人大常委会第五次会议一审；

2018 年 10 月 26 日十三届全国人大常委会第六次会议二审通过。

8. 中华人民共和国耕地占用税法

起草单位：财政部

说明人：财政部部长刘昆

2018 年 8 月十三届全国人大常委会第五次会议一审；

2018 年 12 月 29 日十三届全国人大常委会第七次会议二审通过。

9. 中华人民共和国车辆购置税法

起草单位：财政部

说明人：财政部部长刘昆

2018 年 8 月十三届全国人大常委会第五次会议一审；

2018 年 12 月 29 日十三届全国人大常委会第七次会议二审通过。

2019 年 （6 件）

1. 中华人民共和国外商投资法

起草单位：商务部　发展改革委　司法部

说明人：全国人大常委会副委员长王晨

2018 年 12 月十三届全国人大常委会第七次会议一审；

2019 年 1 月十三届全国人大常委会第八次会议二审；

2019 年 3 月 15 日十三届全国人大二次会议三审通过。

2. 中华人民共和国疫苗管理法

起草单位：国家药品监督管理局

说明人：国家药品监督管理局局长焦红

2018 年 12 月十三届全国人大常委会第七次会议一审；

2019 年 4 月十三届全国人大常委会第十次会议二审；

2019 年 6 月 29 日十三届全国人大常委会第十一次会议三审通过。

3. 中华人民共和国资源税法

起草单位：财政部

说明人：财政部部长刘昆

2018 年 12 月十三届全国人大常委会第七次会议一审；

2019 年 8 月 26 日十三届全国人大常委会第十二次会议二审通过。

4. 中华人民共和国密码法

起草单位：国家密码管理局

说明人：国家密码管理局局长李兆宗

2019 年 6 月十三届全国人大常委会第十一次会议一审；

2019 年 10 月 26 日十三届全国人大常委会第十四次会议二审通过。

5. 中华人民共和国基本医疗卫生与健康促进法

起草单位：全国人大教科文卫委

说明人：全国人大教科文卫委主任委员柳斌杰

2017 年 12 月十二届全国人大常委会第三十一次会议一审；

2018 年 10 月十三届全国人大常委会第六次会议二审；

2019 年 6 月十三届全国人大常委会第十一次会议三审；

2019 年 12 月 28 日十三届全国人大常委会第十五次会议四审通过。

6. 中华人民共和国社区矫正法

起草单位：司法部

说明人：司法部负责人

2019 年 6 月十三届全国人大常委会第十一次会议一审；

2019 年 10 月十三届全国人大常委会第十四次会议二审；

2019 年 12 月 28 日十三届全国人大常委会第十五次会议三审通过。

2020 年 （9 件）

1. 中华人民共和国民法典

起草单位：全国人大常委会法工委

说明人：全国人大常委会副委员长王晨

2018 年 8 月十三届全国人大常委会第五次会议一审；

2018 年 12 月十三届全国人大常委会第七次会议分拆审议合同编、侵权责任编草案；

2019 年 4 月十三届全国人大常委会第十次会议分拆审议物权编、人格权编草案；

2019 年 6 月十三届全国人大常委会第十一次会议分拆审议婚姻家庭编、继承编草案；

2019 年 8 月十三届全国人大常委会第十二次会议分拆三审人格权编、侵权责任编草案；

2019 年 10 月十三届全国人大常委会第十四次会议分拆三审婚姻家庭编草案；

2019 年 12 月十三届全国人大常委会第十五次会议审议完整的民法典草案；

2020 年 5 月 28 日十三届全国人大三次会议通过。

2. 中华人民共和国公职人员政务处分法

起草单位：全国人大监察司法委

说明人：全国人大监察司法委主任委员吴玉良

2019 年 8 月十三届全国人大常委会第十二次会议一审；

2020 年 4 月十三届全国人大常委会第十七次会议二审；

2020 年 6 月 20 日十三届全国人大常委会第十九次会议三审通过。

3. 中华人民共和国香港特别行政区维护国家安全法

起草单位：中央港澳工作领导小组工作专班

说明人：全国人大常委会法工委主任沈春耀

2020 年 6 月十三届全国人大常委会第十九次会议一审；

2020 年 6 月 30 日十三届全国人大常委会第二十次会议二审通过。

4. 中华人民共和国城市维护建设税法

起草单位：财政部

说明人：财政部部长刘昆

2019 年 12 月十三届全国人大常委会第十五次会议一审；

2020 年 8 月 11 日十三届全国人大常委会第二十一次会议二审通过。

5. 中华人民共和国契税法

起草单位：财政部

说明人：财政部部长刘昆

2019 年 12 月十三届全国人大常委会第十五次会议一审；

2020 年 8 月 11 日十三届全国人大常委会第二十一次会议二审通过。

6. 中华人民共和国生物安全法

起草单位：全国人大环资委

说明人：全国人大环资委主任委员高虎城

2019 年 10 月十三届全国人大常委会第十四次会议一审；

2020 年 4 月十三届全国人大常委会第十七次会议二审；

2020 年 10 月 17 日十三届全国人大常委会第二十二次会议三审通过。

7. 中华人民共和国出口管制法

起草单位：商务部

说明人：商务部部长钟山

2019 年 12 月十三届全国人大常委会第十五次会议一审；

2020 年 6 月十三届全国人大常委会第二十次会议二审；

2020 年 10 月 17 日十三届全国人大常委会第二十二次会议三审通过。

8. 中华人民共和国退役军人保障法

起草单位：退役军人事务部

说明人：退役军人事务部部长孙绍骋

2019 年 6 月十三届全国人大常委会第十九次会议一审；

2020 年 10 月十三届全国人大常委会第二十二次会议二审；

2020 年 11 月 11 日十三届全国人大常委会第二十三次会议三审通过。

9. 中华人民共和国长江保护法

起草单位：全国人大环资委

说明人：全国人大环资委主任委员高虎城

2019 年 12 月十三届全国人大常委会第十五次会议一审；

2020 年 10 月十三届全国人大常委会第二十二次会议二审；

2020 年 12 月 26 日十三届全国人大常委会第二十四次会议三审通过。

2021 年 （17 件）

1. 中华人民共和国海警法

起草单位：中国人民武装警察部队

说明人：中国人民武装警察部队司令员王宁

2020 年 10 月十三届全国人大常委会第二十二次会议一审；

2020 年 12 月十三届全国人大常委会第二十四次会议二审；

2021 年 1 月 22 日十三届全国人大常委会第二十五次会议三审通过。

2. 中华人民共和国乡村振兴促进法

起草单位：全国人大农业农村委

说明人：全国人大农业农村委主任委员陈锡文

2020 年 6 月十三届全国人大常委会第十九次会议一审；

2020 年 12 月十三届全国人大常委会第二十四次会议二审；

2021 年 4 月 29 日十三届全国人大常委会第二十八次会议三审通过。

3. 中华人民共和国反食品浪费法

起草单位：全国人大常委会法工委

说明人：全国人大常委会法工委副主任许安标

2020 年 12 月十三届全国人大常委会第二十四次会议一审；

2021 年 4 月 29 日十三届全国人大常委会第二十八次会议二审通过。

4. 中华人民共和国数据安全法

起草单位：全国人大常委会法工委

说明人：全国人大常委会法工委副主任刘俊臣

2020 年 6 月十三届全国人大常委会第二十次会议一审；

2021 年 4 月十三届全国人大常委会第二十八次会议二审；

2021 年 6 月 10 日十三届全国人大常委会第二十九次会议三审通过。

5. 中华人民共和国海南自由贸易港法

起草单位：全国人大常委会法工委

说明人：全国人大常委会法工委主任沈春耀

2020 年 12 月十三届全国人大常委会第二十四次会议一审；

2021 年 4 月十三届全国人大常委会第二十八次会议二审；

2021 年 6 月 10 日十三届全国人大常委会第二十九次会议三审通过。

6. 中华人民共和国军人地位和权益保障法

起草单位：中央军委

说明人：中央军委委员、中央军委政治工作部主任苗华

2020 年 12 月十三届全国人大常委会第二十四次会议一审；

2021 年 4 月十三届全国人大常委会第二十八次会议二审；

2021 年 6 月 10 日十三届全国人大常委会第二十九次会议三审通过。

7. 中华人民共和国印花税法

起草单位：财政部

说明人：财政部部长刘昆

2021 年 2 月十三届全国人大常委会第二十六次会议一审；

2021 年 6 月 10 日十三届全国人大常委会第二十九次会议二审通过。

8. 中华人民共和国反外国制裁法

起草单位：全国人大常委会法工委

说明人：全国人大常委会法工委主任沈春耀

2021 年 4 月十三届全国人大常委会第二十八次会议一审；

2021 年 6 月 10 日十三届全国人大常委会第二十九次会议二审通过。

9. 中华人民共和国个人信息保护法

起草单位：全国人大常委会法工委

说明人：全国人大常委会法工委副主任刘俊臣

2020 年 10 月十三届全国人大常委会第二十二次会议一审；

2021 年 4 月十三届全国人大常委会第二十八次会议二审；

2021 年 8 月 20 日十三届全国人大常委会第三十次会议三审通过。

10. 中华人民共和国监察官法

起草单位：全国人大监察司法委

说明人：全国人大监察司法委主任委员吴玉良

2020 年 12 月十三届全国人大常委会第二十四次会议一审；

2021 年 4 月十三届全国人大常委会第二十八次会议二审；

2021 年 8 月 20 日十三届全国人大常委会第三十次会议三审通过。

11. 中华人民共和国法律援助法

起草单位：全国人大监察司法委

说明人：全国人大监察司法委副主任委员张苏军

2021 年 1 月十三届全国人大常委会第二十五次会议一审；

2021 年 6 月十三届全国人大常委会第二十九次会议二审；

2021 年 8 月 20 日十三届全国人大常委会第三十次会议三审通过。

12. 中华人民共和国医师法

起草单位：全国人大教科文卫委

说明人：全国人大教科文卫委副主任委员刘谦

2021 年 1 月十三届全国人大常委会第二十五次会议一审；

2021 年 6 月十三届全国人大常委会第二十九次会议二审；

2021 年 8 月 20 日十三届全国人大常委会第三十次会议三审通过。

13. 中华人民共和国家庭教育促进法

起草单位：全国人大社会委

说明人：全国人大社会委主任委员何毅亭

2021 年 1 月十三届全国人大常委会第二十五次会议一审；

2021 年 8 月十三届全国人大常委会第三十次会议二审；

2021 年 10 月 23 日十三届全国人大常委会第三十一次会议三审通过。

14. 中华人民共和国陆地国界法

起草单位：全国人大外事委

说明人：全国人大外事委主任委员张业遂

2021 年 4 月十三届全国人大常委会第二十八次会议一审；

2021 年 8 月十三届全国人大常委会第三十次会议二审；

2021 年 10 月 23 日十三届全国人大常委会第三十一次会议三审通过。

15. 中华人民共和国反有组织犯罪法

起草单位：全国人大常委会法工委

说明人：全国人大常委会法工委副主任李宁

2020 年 12 月十三届全国人大常委会第二十四次会议一审；

2021 年 8 月十三届全国人大常委会第三十次会议二审；

2021 年 12 月 24 日十三届全国人大常委会第三十二次会议三审通过。

16. 中华人民共和国湿地保护法

起草单位：全国人大环资委

说明人：全国人大环资委主任委员高虎城

2021 年 1 月十三届全国人大常委会第二十五次会议一审；

2021 年 10 月十三届全国人大常委会第三十一次会议二审；

2021 年 12 月 24 日十三届全国人大常委会第三十二次会议三审通过。

17. 中华人民共和国噪声污染防治法

起草单位：全国人大环资委

说明人：全国人大环资委主任委员高虎城

2021 年 8 月十三届全国人大常委会第三十次会议一审；

2021 年 12 月 24 日十三届全国人大常委会第三十二次会议二审通过。

2022 年 （6 件）

1. 全国人民代表大会常务委员会关于中国人民解放军现役士兵衔级制度的决定

起草单位：中央军委

说明人：中央军委委员、中央军委政治工作部主任苗华

2022 年 2 月 28 日十三届全国人大常委会第三十三次会议一审通过。

2. 中华人民共和国期货和衍生品法

起草单位：全国人大财经委

说明人：全国人大财经委主任委员徐绍史

2021 年 4 月十三届全国人大常委会第二十八次会议一审；

2021 年 10 月十三届全国人大常委会第三十一次会议二审；

2022 年 4 月 20 日十三届全国人大常委会第三十四次会议三审通过。

3. 中华人民共和国黑土地保护法

起草单位：全国人大农业农村委

说明人：全国人大农业农村委副主任委员王宪魁

2021 年 12 月十三届全国人大常委会第三十二次会议一审；

2022 年 4 月十三届全国人大常委会第三十四次会议二审；

2022 年 6 月 24 日十三届全国人大常委会第三十五次会议三审通过。

4. 中华人民共和国反电信网络诈骗法

起草单位：全国人大常委会法工委

说明人：全国人大常委会法工委副主任李宁

2021 年 10 月十三届全国人大常委会第三十一次会议一审；

2022 年 6 月十三届全国人大常委会第三十五次会议二审；

2022 年 9 月 2 日十三届全国人大常委会第三十六次会议三审通过。

5. 中华人民共和国黄河保护法

起草单位：水利部

说明人：水利部部长李国英

2021 年 12 月十三届全国人大常委会第三十二次会议一审；

2022 年 6 月十三届全国人大常委会第三十五次会议二审；

2022 年 10 月 30 日十三届全国人大常委会第三十七次会议三审通过。

6. 中华人民共和国预备役人员法

起草单位：中央军委

说明人：中央军委委员、中央军委政治工作部主任苗华

2022 年 10 月十三届全国人大常委会第三十七次会议一审；

2022 年 12 月 30 日十三届全国人大常委会第三十八次会议二审通过。

2023 年 （6 件①）

1. 中华人民共和国青藏高原生态保护法

起草单位：全国人大环资委

说明人：全国人大环资委主任委员高虎城

---

① 该数字统计时间截至 2023 年 12 月。

2022 年 8 月十三届全国人大常委会第三十六次会议一审；

2022 年 12 月十三届全国人大常委会第三十八次会议二审；

2023 年 4 月 26 日十四届全国人大常委会第二次会议三审通过。

2. 中华人民共和国无障碍环境建设法

起草单位：全国人大社会委

说明人：全国人大社会委主任委员何毅亭

2022 年 10 月十三届全国人大常委会第三十七次会议一审；

2023 年 4 月十四届全国人大常委会第二次会议二审；

2023 年 6 月 28 日十四届全国人大常委会第三次会议三审通过。

3. 中华人民共和国对外关系法

起草单位：中央外办　全国人大常委会法工委

说明人：全国人大常委会法工委副主任武增

2022 年 10 月十三届全国人大常委会第三十七次会议一审；

2023 年 6 月 28 日十四届全国人大常委会第三次会议二审通过。

4. 中华人民共和国外国国家豁免法

起草单位：外交部

说明人：外交部副部长马朝旭

2022 年 12 月十三届全国人大常委会第三十八次会议一审；

2023 年 9 月 1 日十四届全国人大常委会第五次会议二审通过。

5. 中华人民共和国爱国主义教育法

起草单位：中央宣传部　全国人大常委会法工委

说明人：全国人大常委会法工委副主任许安标

2023 年 6 月十四届全国人大常委会第三次会议一审；

2023 年 10 月 24 日十四届全国人大常委会第六次会议二审通过。

6. 中华人民共和国粮食安全保障法

起草单位：国家发展改革委　国家粮食和储备局

说明人：司法部部长贺荣

2023 年 6 月十四届全国人大常委会第三次会议一审；

2023 年 10 月十四届全国人大常委会第六次会议二审；

2023 年 12 月 29 日十四届全国人大常委会第七次会议三审通过。

二、1978 年底以前通过的法律

1. 中华人民共和国户口登记条例

1958 年 1 月 9 日全国人民代表大会常务委员会第九十一次会议通过

2. 全国人民代表大会常务委员会关于批准《国务院关于工人退休、退职的暂行办法》的决议

1978 年 5 月 24 日第五届全国人民代表大会常务委员会第二次会议通过

3. 全国人民代表大会常务委员会关于批准《国务院关于安置老弱病残干部的暂行办法》的决议

1978 年 5 月 24 日第五届全国人民代表大会常务委员会第二次会议通过

注：截至 2023 年 12 月十四届全国人大第七次会议，1979 年以来通过的现行有效的 300 件法律中，"法典" 1 件、"条例" 8 件、"决议" 5 件、"决定" 5 件、"议事规则" 2 件、"若干规定" 1 件、"办法" 1 件。

法典（1 件）：

中华人民共和国民法典

条例（8 件）：

1. 中华人民共和国外交特权与豁免条例

2. 中华人民共和国领事特权与豁免条例

3. 中华人民共和国户口登记条例

4. 中华人民共和国学位条例

5. 中国人民解放军军官军衔条例

6. 中华人民共和国人民警察警衔条例

7. 中华人民共和国海关关衔条例

8. 中华人民共和国消防救援衔条例

决议（5 件）：

1. 全国人民代表大会常务委员会关于批准《国务院关于安置老弱病残干部的暂行办法》的决议

2. 全国人民代表大会常务委员会关于批准《国务院关于工人退休、退职的暂行办法》的决议

3. 第五届全国人民代表大会常务委员会关于批准《广东省经济特区条例》的决议

4. 全国人民代表大会常务委员会关于批准《国务院关于老干部离职休养的暂行规定》的决议

5. 全国人民代表大会常务委员会关于批准《国务院关于职工探亲待遇的规定》的决议

决定（5 件）：

1. 全国人民代表大会常务委员会关于在沿海港口城市设立海事法院的决定

2. 全国人民代表大会常务委员会关于对中华人民共和国缔结或者参加的国际条约所规定的罪行行使刑事管辖权的决定

3. 全国人民代表大会常务委员会关于批准中央军事委员会《关于授予军队离休干部中国人民解放军功勋荣誉章的规定》的决定

4. 全国人民代表大会常务委员会关于外商投资企业和外国企业适用增值税、消费税、营业税等税收暂行条例的决定

5. 全国人民代表大会常务委员会关于中国人民解放军现役士兵衔级制度的决定

议事规则（2 件）：

1. 中华人民共和国全国人民代表大会常务委员会议事规则

2. 中华人民共和国全国人民代表大会议事规则

若干规定（1 件）：

全国人民代表大会常务委员会关于县级以下人民代表大会代表直接选举的若干规定

办法（1 件）：

中国人民解放军选举全国人民代表大会和县级以上地方各级人民代表大会代表的办法

第三章　建国以来主要立法情况

本章按年度对建国以来的主要立法情况进行了统计，包括立改废释纂定清等立法形式，并列明名称、通过机关、通过时间等。另外，党的十八大以后，将"有关法律问题的决定"调整为"有关法律问题和重大问题的决定"。

一、1979 年以来的立法情况

1979 年（14 件）

（其中：法律 12 件，有关法律问题的决定 2 件）

法律 12 件：

1. 中华人民共和国森林法（试行）

（1979 年 2 月 23 日第五届全国人民代表大会常务委员会第六次会议通过）

2. 中华人民共和国逮捕拘留条例

（1979 年 2 月 23 日第五届全国人民代表大会常务委员会第六次会议通过）

3. 第五届全国人民代表大会第二次会议关于修正《中华人民共和国宪法》若干规定的决议

（1979 年 7 月 1 日第五届全国人民代表大会第二次会议通过）

4. 中华人民共和国地方各级人民代表大会和地方各级人民政府组织法

（1979 年 7 月 1 日第五届全国人民代表大会第二次会议通过）

5. 中华人民共和国全国人民代表大会和地方各级人民代表大会选举法

（1979 年 7 月 1 日第五届全国人民代表大会第二次会议通过）

6. 中华人民共和国人民法院组织法

（1979 年 7 月 1 日第五届全国人民代表大会第二次会议通过）

7. 中华人民共和国人民检察院组织法

（1979 年 7 月 1 日第五届全国人民代表大会第二次会议通过）

8. 中华人民共和国刑法

（1979 年 7 月 1 日第五届全国人民代表大会第二次会议通过）

9. 中华人民共和国刑事诉讼法

（1979 年 7 月 1 日第五届全国人民代表大会第二次会议通过）

10. 中华人民共和国中外合资经营企业法

（1979 年 7 月 1 日第五届全国人民代表大会第二次会议通过）

11. 中华人民共和国环境保护法（试行）

（1979 年 9 月 13 日第五届全国人民代表大会常务委员会第十一次会议通过）

12. 全国人民代表大会常务委员会关于批准《国务院关于劳动教养的补充规定》的决议

（1979 年 11 月 29 日第五届全国人民代表大会常务委员会第十二次会议通过）

有关法律问题的决定 **2** 件：

13. 全国人民代表大会常务委员会关于省、自治区、直辖市可以在一九七九年设立人民代表大会常务委员会和将革命委员会改为人民政府的决议

（1979 年 9 月 13 日第五届全国人民代表大会常务委员会第十一次会议通过）

14. 全国人民代表大会常务委员会关于中华人民共和国建国以来制定的法律、法令效力问题的决议

（1979 年 11 月 29 日第五届全国人民代表大会常务委员会第十二次会议通过）

1980 年 （13 件）

（其中：法律 9 件，有关法律问题的决定 4 件）

法律 **9** 件：

1. 中华人民共和国学位条例

（1980 年 2 月 12 日第五届全国人民代表大会常务委员会第十三次会议通过）

2. 全国人民代表大会常务委员会关于批准《广东省经济特区条例》的决议

（1980 年 8 月 26 日第五届全国人民代表大会常务委员会第十五次会议通过）

3. 中华人民共和国律师暂行条例

（1980 年 8 月 26 日第五届全国人民代表大会常务委员会第十五次会议通过）

4. 中华人民共和国国籍法

（1980 年 9 月 10 日第五届全国人民代表大会第三次会议通过）

5. 中华人民共和国婚姻法

（1980 年 9 月 10 日第五届全国人民代表大会第三次会议通过）

6. 中华人民共和国个人所得税法

（1980 年 9 月 10 日第五届全国人民代表大会第三次会议通过）

7. 第五届全国人民代表大会第三次会议关于修改《中华人民共和国宪法》第四十五条的决议

（1980 年 9 月 10 日第五届全国人民代表大会第三次会议通过）

8. 中华人民共和国中外合资经营企业所得税法

（1980 年 9 月 10 日第五届全国人民代表大会第三次会议通过）

9. 全国人民代表大会常务委员会关于批准《国务院关于老干部离职休养的暂行规定》的决议

（1980 年 9 月 29 日第五届全国人民代表大会常务委员会第十六次会议通过）

有关法律问题的决定 **4** 件：

10. 全国人民代表大会常务委员会关于刑事诉讼法实施问题的决定

（1980 年 2 月 12 日第五届全国人民代表大会常务委员会第十三次会议通过）

11. 全国人民代表大会常务委员会关于县级直接选举工作问题的决定

（1980 年 2 月 12 日第五届全国人民代表大会常务委员会第十三次会议通过）

12. 全国人民代表大会常务委员会关于实施刑事诉讼法规划问题的决议

（1980 年 4 月 16 日第五届全国人民代表大会常务委员会第十四次会议通过）

13. 第五届全国人民代表大会第三次会议关于修改宪法和成立宪法修改委员会的决议

（1980 年 9 月 10 日第五届全国人民代表大会第三次会议通过）

1981 年 （13 件）

（其中：法律 5 件，有关法律问题的决定 8 件）

法律 **5** 件：

1. 全国人民代表大会常务委员会关于批准《国务院关于职工探亲待遇的规定》的决议

（1981 年 3 月 6 日第五届全国人民代表大会常务委员会第十七次会议通过）

2. 中国人民解放军选举全国人民代表大会和地方各级人民代表大会代表的办法

（1981 年 6 月 10 日第五届全国人民代表大会常务委员会第十九次会议通过）

3. 中华人民共和国惩治军人违反职责罪暂行条例

（1981 年 6 月 10 日第五届全国人民代表大会常务委员会第十九次会议通过）

4. 中华人民共和国经济合同法

（1981 年 12 月 13 日第五届全国人民代表大会第四次会议通过）

5. 中华人民共和国外国企业所得税法

（1981 年 12 月 13 日第五届全国人民代表大会第四次会议通过）

有关法律问题的决定 **8** 件：

6. 全国人民代表大会常务委员会关于处理逃跑或者重新犯罪的劳改犯和劳教人员的决定

（1981 年 6 月 10 日第五届全国人民代表大会常务委员会第十九次会议通过）

7. 全国人民代表大会常务委员会关于死刑案件核准问题的决定

（1981 年 6 月 10 日第五届全国人民代表大会常务委员会第十九次会议通过）

8. 全国人民代表大会常务委员会关于加强法律解释工作的决议

（1981 年 6 月 10 日第五届全国人民代表大会常务委员会第十九次会议通过）

9. 全国人民代表大会常务委员会关于全国县级直接选举工作总结报告的决议

（1981 年 9 月 10 日第五届全国人民代表大会常务委员会第二十次会议通过）

10. 全国人民代表大会常务委员会关于刑事案件办案期限问题的决定

（1981 年 9 月 10 日第五届全国人民代表大会常务委员会第二十次会议通过）

11. 全国人民代表大会常务委员会关于授权广东省、福建省人民代表大会及其常务委员会制定所属经济特区的各项单行经济法规的决议

（1981 年 11 月 26 日第五届全国人民代表大会常务委员会第二十一次会议通过）

12. 第五届全国人民代表大会第四次会议关于开展全民义务植树运动的决议

（1981 年 12 月 13 日第五届全国人民代表大会第四次会议通过）

13. 第五届全国人民代表大会第四次会议关于推迟审议宪法修改草案的决议

（1981 年 12 月 13 日第五届全国人民代表大会第四次会议通过）

1982 年 （21 件）

（其中：宪法 1 件，法律 10 件，有关法律问题的决定 10 件）

宪法 **1** 件：

1. 中华人民共和国宪法

（1982 年 12 月 4 日第五届全国人民代表大会第五次会议通过）

法律 **10** 件：

2. 中华人民共和国民事诉讼法（试行）

（1982 年 3 月 8 日第五届全国人民代表大会常务委员会第二十二次会议通过）

3. 全国人民代表大会常务委员会关于批准《国家建设征用土地条例》的决议

（1982 年 5 月 4 日第五届全国人民代表大会常务委员会第二十三次会议通过）

4. 中华人民共和国海洋环境保护法

（1982 年 8 月 23 日第五届全国人民代表大会常务委员会第二十四次会议通过）

5. 中华人民共和国商标法

（1982 年 8 月 23 日第五届全国人民代表大会常务委员会第二十四次会议通过）

6. 中华人民共和国食品卫生法（试行）

（1982 年 11 月 19 日第五届全国人民代表大会常务委员会第二十五次会议通过）

7. 中华人民共和国文物保护法

（1982 年 11 月 19 日第五届全国人民代表大会常务委员会第二十五次会议通过）

8. 第五届全国人民代表大会第五次会议关于修改《中华人民共和国全国人民代表大会和地方各级人民代表大会选举法》的若干规定的决议

（1982 年 12 月 10 日第五届全国人民代表大会第五次会议通过）

9. 中华人民共和国国务院组织法

（1982 年 12 月 10 日第五届全国人民代表大会第五次会议通过）

10. 中华人民共和国全国人民代表大会组织法

（1982 年 12 月 10 日第五届全国人民代表大会第五次会议通过）

11. 第五届全国人民代表大会第五次会议关于修改《中华人民共和国地方各级人民代表大会和地方各级人民政府组织法》的若干规定的决议

（1982 年 12 月 10 日第五届全国人民代表大会第五次会议通过）

有关法律问题的决定 **10** 件：

12. 全国人民代表大会常务委员会关于国务院机构改革问题的决议

（1982 年 3 月 8 日第五届全国人民代表大会常务委员会第二十二次会议

通过）

13. 全国人民代表大会常务委员会关于宽大释放全部在押的原国民党县团以下党政军特人员的决定

（1982 年 3 月 8 日第五届全国人民代表大会常务委员会第二十二次会议通过）

14. 全国人民代表大会常务委员会关于严惩严重破坏经济的罪犯的决定

（1982 年 3 月 8 日第五届全国人民代表大会常务委员会第二十二次会议通过）

15. 全国人民代表大会常务委员会关于国务院部委机构改革实施方案的决议

（1982 年 5 月 4 日第五届全国人民代表大会常务委员会第二十三次会议通过）

16. 全国人民代表大会常务委员会关于批准国务院直属机构改革实施方案的决议

（1982 年 8 月 23 日第五届全国人民代表大会常务委员会第二十四次会议通过）

17. 全国人民代表大会常务委员会关于批准长江南通港、张家港对外国籍船舶开放的决定

（1982 年 11 月 19 日第五届全国人民代表大会常务委员会第二十五次会议通过）

18. 全国人民代表大会常务委员会关于延长本届人民公社、镇人民代表大会任期的决议

（1982 年 11 月 19 日第五届全国人民代表大会常务委员会第二十五次会议通过）

19. 第五届全国人民代表大会第五次会议关于本届全国人民代表大会常务委员会职权的决议

（1982 年 12 月 4 日第五届全国人民代表大会第五次会议通过）

20. 第五届全国人民代表大会第五次会议关于中华人民共和国国歌的决议

（1982 年 12 月 4 日第五届全国人民代表大会第五次会议通过）

21. 第五届全国人民代表大会第五次会议关于第六届全国人民代表大会代表名额和选举问题的决议

（1982 年 12 月 10 日第五届全国人民代表大会第五次会议通过）

1983 年（16 件）

（其中：法律 6 件，有关法律问题的决定 10 件）

法律 6 件：

1. 全国人民代表大会常务委员会关于县级以下人民代表大会代表直接选举的若干规定

（1983 年 3 月 5 日第五届全国人民代表大会常务委员会第二十六次会议通过）

2. 全国人民代表大会常务委员会关于修改《中华人民共和国人民法院组织法》的决定

（1983 年 9 月 2 日第六届全国人民代表大会常务委员会第二次会议通过）

3. 全国人民代表大会常务委员会关于修改《中华人民共和国人民检察院组织法》的决定

（1983 年 9 月 2 日第六届全国人民代表大会常务委员会第二次会议通过）

4. 全国人民代表大会常务委员会关于修改《中华人民共和国中外合资经营企业所得税法》的决定

（1983 年 9 月 2 日第六届全国人民代表大会常务委员会第二次会议通过）

5. 中华人民共和国海上交通安全法

（1983 年 9 月 2 日第六届全国人民代表大会常务委员会第二次会议通过）

6. 中华人民共和国统计法

（1983 年 12 月 8 日第六届全国人民代表大会常务委员会第三次会议通过）

有关法律问题的决定 10 件：

7. 台湾省出席第六届全国人民代表大会代表协商选举方案

（1983 年 3 月 5 日第五届全国人民代表大会常务委员会第二十六次会议通过）

8. 第六届全国人民代表大会少数民族代表名额分配方案

（1983 年 3 月 5 日第五届全国人民代表大会常务委员会第二十六次会议通过）

9. 全国人民代表大会常务委员会关于由对外经济贸易部行使原外国投资管理委员会的批准权的决定

（1983 年 3 月 5 日第五届全国人民代表大会常务委员会第二十六次会议通过）

10. 全国人民代表大会常务委员会关于地区和市合并后市人民代表大会提前换届问题的决定

（1983 年 5 月 9 日第五届全国人民代表大会常务委员会第二十七次会议通过）

11. 第六届全国人民代表大会第一次会议选举、表决和通过议案办法

（1983 年 6 月 7 日第六届全国人民代表大会第一次会议通过）

12. 全国人民代表大会常务委员会关于国家安全机关行使公安机关的侦查、拘留、预审和执行逮捕的职权的决定

（1983 年 9 月 2 日第六届全国人民代表大会常务委员会第二次会议通过）

13. 全国人民代表大会常务委员会关于严惩严重危害社会治安的犯罪分子的决定

（1983 年 9 月 2 日第六届全国人民代表大会常务委员会第二次会议通过）

14. 全国人民代表大会常务委员会关于迅速审判严重危害社会治安的犯罪分子的程序的决定

（1983 年 9 月 2 日第六届全国人民代表大会常务委员会第二次会议通过）

15. 全国人民代表大会常务委员会关于授权国务院对职工退休退职办法进行部分修改和补充的决定

（1983 年 9 月 2 日第六届全国人民代表大会常务委员会第二次会议通过）

16. 全国人民代表大会常务委员会关于县、乡两级人民代表大会代表选举时间的决定

（1983 年 9 月 2 日第六届全国人民代表大会常务委员会第二次会议通过）

1984 年 （11 件）

（其中：法律 8 件，有关法律问题的决定 3 件）

法律 8 件：

1. 中华人民共和国专利法

（1984 年 3 月 12 日第六届全国人民代表大会常务委员会第四次会议通过）

2. 全国人民代表大会常务委员会关于批准《中华人民共和国消防条例》的决议

（1984 年 5 月 11 日第六届全国人民代表大会常务委员会第五次会议通过）

3. 中华人民共和国水污染防治法

（1984 年 5 月 11 日第六届全国人民代表大会常务委员会第五次会议通过）

4. 中华人民共和国民族区域自治法

（1984 年 5 月 31 日第六届全国人民代表大会第二次会议通过）

5. 中华人民共和国兵役法

（1984 年 5 月 31 日第六届全国人民代表大会第二次会议通过）

6. 中华人民共和国森林法

（1984 年 9 月 20 日第六届全国人民代表大会常务委员会第七次会议通过）

7. 中华人民共和国药品管理法

（1984 年 9 月 20 日第六届全国人民代表大会常务委员会第七次会议通过）

8. 全国人民代表大会常务委员会关于在沿海港口城市设立海事法院的决定

（1984 年 11 月 14 日第六届全国人民代表大会常务委员会第八次会议通过）

有关法律问题的决定 **3** 件：

9. 第六届全国人民代表大会第二次会议关于海南行政区建置的决定

（1984 年 5 月 31 日第六届全国人民代表大会第二次会议通过）

10. 全国人民代表大会常务委员会关于刑事案件办案期限的补充规定

（1984 年 7 月 7 日第六届全国人民代表大会常务委员会第六次会议通过）

11. 全国人民代表大会常务委员会关于授权国务院改革工商税制发布有关税收条例草案试行的决定

（1984 年 9 月 18 日第六届全国人民代表大会常务委员会第七次会议通过）

1985 年 （12 件）

（其中：法律 8 件，有关法律问题的决定 4 件）

法律 **8** 件：

1. 中华人民共和国会计法

（1985 年 1 月 21 日第六届全国人民代表大会常务委员会第九次会议通过）

2. 中华人民共和国涉外经济合同法

（1985 年 3 月 21 日第六届全国人民代表大会常务委员会第十次会议通过）

3. 中华人民共和国继承法

（1985 年 4 月 10 日第六届全国人民代表大会第三次会议通过）

4. 中华人民共和国草原法

（1985 年 6 月 18 日第六届全国人民代表大会常务委员会第十一次会议通过）

5. 中华人民共和国居民身份证条例

（1985 年 9 月 6 日第六届全国人民代表大会常务委员会第十二次会议通过）

6. 中华人民共和国计量法

（1985 年 9 月 6 日第六届全国人民代表大会常务委员会第十二次会议通过）

7. 中华人民共和国公民出境入境管理法

（1985 年 11 月 22 日第六届全国人民代表大会常务委员会第十三次会议通过）

8. 中华人民共和国外国人入境出境管理法

（1985 年 11 月 22 日第六届全国人民代表大会常务委员会第十三次会议通过）

有关法律问题的决定 4 件：

9. 全国人民代表大会常务委员会关于教师节的决定

（1985 年 1 月 21 日第六届全国人民代表大会常务委员会第九次会议通过）

10. 全国人民代表大会关于成立中华人民共和国香港特别行政区基本法起草委员会的决定

（1985 年 4 月 10 日第六届全国人民代表大会第三次会议通过）

11. 全国人民代表大会关于授权国务院在经济体制改革和对外开放方面可以制定暂行的规定或者条例的决定

（1985 年 4 月 10 日第六届全国人民代表大会第三次会议通过）

12. 全国人民代表大会常务委员会关于在公民中基本普及法律常识的决议

（1985 年 11 月 22 日第六届全国人民代表大会常务委员会第十三次会议通过）

1986 年（15 件）

（其中：法律 13 件，有关法律问题的决定 2 件）

法律 13 件：

1. 中华人民共和国渔业法

（1986 年 1 月 20 日第六届全国人民代表大会常务委员会第十四次会议通过）

2. 中华人民共和国矿产资源法

（1986 年 3 月 19 日第六届全国人民代表大会常务委员会第十五次会议通过）

3. 中华人民共和国民法通则

（1986 年 4 月 12 日第六届全国人民代表大会第四次会议通过）

4. 中华人民共和国外资企业法

（1986 年 4 月 12 日第六届全国人民代表大会第四次会议通过）

5. 中华人民共和国义务教育法

（1986 年 4 月 12 日第六届全国人民代表大会第四次会议通过）

6. 中华人民共和国土地管理法

（1986 年 6 月 25 日第六届全国人民代表大会常务委员会第十六次会议通过）

7. 中华人民共和国外交特权与豁免条例

（1986 年 9 月 5 日第六届全国人民代表大会常务委员会第十七次会议通过）

8. 中华人民共和国治安管理处罚条例

（1986 年 9 月 5 日第六届全国人民代表大会常务委员会第十七次会议通过）

9. 中华人民共和国企业破产法（试行）

（1986 年 12 月 2 日第六届全国人民代表大会常务委员会第十八次会议通过）

10. 中华人民共和国邮政法

（1986 年 12 月 2 日第六届全国人民代表大会常务委员会第十八次会议通过）

11. 中华人民共和国国境卫生检疫法

（1986 年 12 月 2 日第六届全国人民代表大会常务委员会第十八次会议通过）

12. 全国人民代表大会常务委员会关于修改《中华人民共和国地方各级人民代表大会和地方各级人民政府组织法》的决定

（1986 年 12 月 2 日第六届全国人民代表大会常务委员会第十八次会议通过）

13. 全国人民代表大会常务委员会关于修改《中华人民共和国全国人民代表大会和地方各级人民代表大会选举法》的决定

（1986 年 12 月 2 日第六届全国人民代表大会常务委员会第十八次会议通过）

有关法律问题的决定 2 件：

14. 全国人民代表大会常务委员会关于批准长江南京港对外国籍船舶开放的决定

（1986 年 1 月 20 日第六届全国人民代表大会常务委员会第十四次会议通过）

15. 全国人民代表大会常务委员会关于县、乡两级人民代表大会代表选举时间的决定

（1986 年 9 月 5 日第六届全国人民代表大会常务委员会第十七次会议通过）

1987 年（13 件）

（其中：法律 7 件，有关法律问题的决定 5 件，

有关法律清理的决定 1 件）

法律 7 件：

1. 中华人民共和国海关法

（1987 年 1 月 22 日第六届全国人民代表大会常务委员会第十九次会议通过）

2. 全国人民代表大会常务委员会关于对中华人民共和国缔结或者参加的国际条约所规定的罪行行使刑事管辖权的决定

（1987 年 6 月 23 日第六届全国人民代表大会常务委员会第二十一次会议通过）

3. 中华人民共和国技术合同法

（1987 年 6 月 23 日第六届全国人民代表大会常务委员会第二十一次会议通过）

4. 中华人民共和国大气污染防治法

（1987 年 9 月 5 日第六届全国人民代表大会常务委员会第二十二次会议通过）

5. 中华人民共和国档案法

（1987 年 9 月 5 日第六届全国人民代表大会常务委员会第二十二次会议通过）

6. 中华人民共和国全国人民代表大会常务委员会议事规则

（1987 年 11 月 24 日第六届全国人民代表大会常务委员会第二十三次会议通过）

7. 中华人民共和国村民委员会组织法（试行）

（1987 年 11 月 24 日第六届全国人民代表大会常务委员会第二十三次会议通过）

有关法律问题的决定 **5** 件：

8. 全国人民代表大会常务委员会关于加强法制教育维护安定团结的决定

（1987 年 1 月 22 日第六届全国人民代表大会常务委员会第十九次会议通过）

9. 全国人民代表大会关于《中华人民共和国村民委员会组织法（草案）》的决定

（1987 年 4 月 11 日第六届全国人民代表大会第五次会议通过）

10. 全国人民代表大会关于第七届全国人民代表大会代表名额和选举问题的决定

（1987 年 4 月 11 日第六届全国人民代表大会第五次会议通过）

11. 全国人民代表大会常务委员会关于第七届全国人民代表大会少数民族代表名额分配方案的决定

（1987 年 9 月 5 日第六届全国人民代表大会常务委员会第二十二次会议通过）

12. 全国人民代表大会常务委员会关于台湾省出席第七届全国人民代表大会代表协商选举方案的决定

（1987 年 9 月 5 日第六届全国人民代表大会常务委员会第二十二次会议通过）

有关法律清理的决定 **1** 件：

13. 全国人民代表大会常务委员会关于批准法制工作委员会关于对 **1978** 年底以前颁布的法律进行清理情况和意见报告的决定

（1987 年 11 月 24 日第六届全国人民代表大会常务委员会第二十三次会议通过）

1988 年（23 件）

（其中：宪法修正案 1 件，法律 10 件，有关法律问题的决定 12 件）

宪法修正案 1 件：

1. 中华人民共和国宪法修正案

（1988 年 4 月 12 日第七届全国人民代表大会第一次会议通过）

法律 10 件：

2. 中华人民共和国水法

（1988 年 1 月 21 日第六届全国人民代表大会常务委员会第二十四次会议通过）

3. 中华人民共和国全民所有制工业企业法

（1988 年 4 月 13 日第七届全国人民代表大会第一次会议通过）

4. 中华人民共和国中外合作经营企业法

（1988 年 4 月 13 日第七届全国人民代表大会第一次会议通过）

5. 全国人民代表大会常务委员会关于批准中央军事委员会《关于授予军队离休干部中国人民解放军功勋荣誉章的规定》的决定

（1988 年 7 月 1 日第七届全国人民代表大会常务委员会第二次会议通过）

6. 中国人民解放军军官军衔条例

（1988 年 7 月 1 日第七届全国人民代表大会常务委员会第二次会议通过）

7. 中国人民解放军现役军官服役条例

（1988 年 9 月 5 日第七届全国人民代表大会常务委员会第三次会议通过）

8. 中华人民共和国保守国家秘密法

（1988 年 9 月 5 日第七届全国人民代表大会常务委员会第三次会议通过）

9. 中华人民共和国野生动物保护法

（1988 年 11 月 8 日第七届全国人民代表大会常务委员会第四次会议通过）

10. 全国人民代表大会常务委员会关于修改《中华人民共和国土地管理法》的决定

（1988 年 12 月 29 日第七届全国人民代表大会常务委员会第五次会议通过）

11. 中华人民共和国标准化法

（1988 年 12 月 29 日第七届全国人民代表大会常务委员会第五次会议通过）

有关法律问题的决定 12 件：

12. 全国人民代表大会常务委员会关于惩治贪污罪贿赂罪的补充规定

（1988 年 1 月 21 日第六届全国人民代表大会常务委员会第二十四次会议通过）

13. 全国人民代表大会常务委员会关于惩治走私罪的补充规定

（1988 年 1 月 21 日第六届全国人民代表大会常务委员会第二十四次会议通过）

14. 第七届全国人民代表大会第一次会议通过议案和第七届全国人民代表大会各专门委员会组成人员人选办法

（1988 年 3 月 25 日第七届全国人民代表大会第一次会议通过）

15. 第七届全国人民代表大会第一次会议选举办法

（1988 年 4 月 2 日第七届全国人民代表大会第一次会议通过）

16. 第七届全国人民代表大会第一次会议关于国务院机构改革方案的决定

（1988 年 4 月 9 日第七届全国人民代表大会第一次会议通过）

17. 全国人民代表大会关于成立中华人民共和国澳门特别行政区基本法起草委员会的决定

（1988 年 4 月 13 日第七届全国人民代表大会第一次会议通过）

18. 全国人民代表大会关于建立海南经济特区的决议

（1988 年 4 月 13 日第七届全国人民代表大会第一次会议通过）

19. 全国人民代表大会关于设立海南省的决定

（1988 年 4 月 13 日第七届全国人民代表大会第一次会议通过）

20. 全国人民代表大会常务委员会关于确认 1955 年至 1965 年期间授予的军官军衔的决定

（1988 年 7 月 1 日第七届全国人民代表大会常务委员会第二次会议通过）

21. 全国人民代表大会常务委员会关于海南省人民代表会议代行海南省人民代表大会职权的决定

（1988 年 7 月 1 日第七届全国人民代表大会常务委员会第二次会议通过）

22. 全国人民代表大会常务委员会关于惩治泄露国家秘密犯罪的补充规定

（1988 年 9 月 5 日第七届全国人民代表大会常务委员会第三次会议通过）

23. 全国人民代表大会常务委员会关于惩治捕杀国家重点保护的珍贵、濒危野生动物犯罪的补充规定

（1988 年 11 月 8 日第七届全国人民代表大会常务委员会第四次会议通过）

1989 年（11 件）

（其中：法律 8 件，有关法律问题的决定 3 件）

法律 8 件：

1. 中华人民共和国传染病防治法

（1989 年 2 月 21 日第七届全国人民代表大会常务委员会第六次会议通过）

2. 中华人民共和国进出口商品检验法

（1989 年 2 月 21 日第七届全国人民代表大会常务委员会第六次会议通过）

3. 中华人民共和国全国人民代表大会议事规则

（1989 年 4 月 4 日第七届全国人民代表大会第二次会议通过）

4. 中华人民共和国行政诉讼法

（1989 年 4 月 4 日第七届全国人民代表大会第二次会议通过）

5. 中华人民共和国集会游行示威法

（1989 年 10 月 31 日第七届全国人民代表大会常务委员会第十次会议通过）

6. 中华人民共和国城市规划法

（1989 年 12 月 26 日第七届全国人民代表大会常务委员会第十一次会议通过）

7. 中华人民共和国城市居民委员会组织法

（1989 年 12 月 26 日第七届全国人民代表大会常务委员会第十一次会议通过）

8. 中华人民共和国环境保护法

（1989 年 12 月 26 日第七届全国人民代表大会常务委员会第十一次会议通过）

有关法律问题的决定 3 件：

9. 全国人民代表大会常务委员会关于海南省出席第七届全国人民代表大会代表团组成的决定

（1989 年 2 月 21 日第七届全国人民代表大会常务委员会第六次会议通过）

10. 全国人民代表大会关于国务院提请审议授权深圳市制定深圳经济特区法规和规章的议案的决定

（1989 年 4 月 4 日第七届全国人民代表大会第二次会议通过）

11. 全国人民代表大会常务委员会关于县、乡两级人民代表大会代表选举时间的决定

（1989 年 9 月 4 日第七届全国人民代表大会常务委员会第九次会议通过）

1990 年 （20 件）

（其中：法律 10 件，有关法律问题的决定 10 件）

法律 10 件：

1. 中华人民共和国军事设施保护法

（1990 年 2 月 23 日第七届全国人民代表大会常务委员会第十二次会议通过）

2. 中华人民共和国香港特别行政区基本法

（1990 年 4 月 4 日第七届全国人民代表大会第三次会议通过）

3. 全国人民代表大会关于修改《中华人民共和国中外合资经营企业法》的决定

（1990 年 4 月 4 日第七届全国人民代表大会第三次会议通过）

4. 中华人民共和国国旗法

（1990 年 6 月 28 日第七届全国人民代表大会常务委员会第十四次会议通过）

5. 中华人民共和国归侨侨眷权益保护法

（1990 年 9 月 7 日第七届全国人民代表大会常务委员会第十五次会议通过）

6. 中华人民共和国铁路法

（1990 年 9 月 7 日第七届全国人民代表大会常务委员会第十五次会议通过）

7. 中华人民共和国著作权法

（1990 年 9 月 7 日第七届全国人民代表大会常务委员会第十五次会议通过）

8. 中华人民共和国领事特权与豁免条例

（1990 年 10 月 30 日第七届全国人民代表大会常务委员会第十六次会议通过）

9. 中华人民共和国残疾人保障法

（1990 年 12 月 28 日第七届全国人民代表大会常务委员会第十七次会议通过）

10. 中华人民共和国缔结条约程序法

（1990 年 12 月 28 日第七届全国人民代表大会常务委员会第十七次会议通过）

有关法律问题的决定 **10** 件：

11. 第七届全国人民代表大会第三次会议选举和决定任免办法

（1990 年 3 月 29 日第七届全国人民代表大会第三次会议通过）

12. 第七届全国人民代表大会第三次会议关于《中华人民共和国香港特别行政区基本法（草案）》的审议程序和表决办法

（1990 年 3 月 29 日第七届全国人民代表大会第三次会议通过）

13. 全国人民代表大会关于香港特别行政区第一届政府和立法会产生办法的决定

（1990 年 4 月 2 日第七届全国人民代表大会第三次会议通过）

14. 全国人民代表大会关于《中华人民共和国香港特别行政区基本法》的决定

（1990 年 4 月 4 日第七届全国人民代表大会第三次会议通过）

15. 全国人民代表大会关于设立香港特别行政区的决定

（1990 年 4 月 4 日第七届全国人民代表大会第三次会议通过）

16. 全国人民代表大会关于批准香港特别行政区基本法起草委员会关于设立全国人民代表大会常务委员会香港特别行政区基本法委员会的建议的决定

（1990 年 4 月 4 日第七届全国人民代表大会第三次会议通过）

17. 全国人民代表大会常务委员会关于《中华人民共和国香港特别行政区基本法》英文本的决定

（1990 年 6 月 28 日第七届全国人民代表大会常务委员会第十四次会议通过）

18. 全国人民代表大会常务委员会关于惩治侮辱中华人民共和国国旗国徽罪的决定

（1990 年 6 月 28 日第七届全国人民代表大会常务委员会第十四次会议通过）

19. 全国人民代表大会常务委员会关于惩治走私、制作、贩卖、传播淫秽物品的犯罪分子的决定

（1990 年 12 月 28 日第七届全国人民代表大会常务委员会第十七次会议通过）

20. 全国人民代表大会常务委员会关于禁毒的决定

（1990 年 12 月 28 日第七届全国人民代表大会常务委员会第十七次会议通过）

1991 年（16 件）

（其中：法律 9 件，有关法律问题的决定 7 件）

法律 9 件：

1. 中华人民共和国国徽法

（1991 年 3 月 2 日第七届全国人民代表大会常务委员会第十八次会议通过）

2. 中华人民共和国外商投资企业和外国企业所得税法

（1991 年 4 月 9 日第七届全国人民代表大会第四次会议通过）

3. 中华人民共和国民事诉讼法

（1991 年 4 月 9 日第七届全国人民代表大会第四次会议通过）

4. 全国人民代表大会常务委员会关于修改《中华人民共和国文物保护法》第三十条第三十一条的决定

（1991 年 6 月 29 日第七届全国人民代表大会常务委员会第二十次会议通过）

5. 中华人民共和国水土保持法

（1991 年 6 月 29 日第七届全国人民代表大会常务委员会第二十次会议通过）

6. 中华人民共和国烟草专卖法

（1991 年 6 月 29 日第七届全国人民代表大会常务委员会第二十次会议通过）

7. 中华人民共和国未成年人保护法

（1991 年 9 月 4 日第七届全国人民代表大会常务委员会第二十一次会议通过）

8. 中华人民共和国进出境动植物检疫法

（1991 年 10 月 30 日第七届全国人民代表大会常务委员会第二十二次会议通过）

9. 中华人民共和国收养法

（1991 年 12 月 29 日第七届全国人民代表大会常务委员会第二十三次会议通过）

有关法律问题的决定 7 件：

10. 全国人民代表大会常务委员会关于加强社会治安综合治理的决定

（1991 年 3 月 2 日第七届全国人民代表大会常务委员会第十八次会议通过）

11. 全国人民代表大会常务委员会关于深入开展法制宣传教育的决议

（1991 年 3 月 2 日第七届全国人民代表大会常务委员会第十八次会议通过）

12. 第七届全国人民代表大会第四次会议选举和决定任命办法

（1991 年 4 月 3 日第七届全国人民代表大会第四次会议通过）

13. 全国人民代表大会常务委员会关于惩治盗掘古文化遗址古墓葬犯罪的补充规定

（1991 年 6 月 29 日第七届全国人民代表大会常务委员会第二十次会议通过）

14. 全国人民代表大会常务委员会关于严禁卖淫嫖娼的决定

（1991 年 9 月 4 日第七届全国人民代表大会常务委员会第二十一次会议

通过）

15. 全国人民代表大会常务委员会关于严惩拐卖、绑架妇女、儿童的犯罪分子的决定

（1991 年 9 月 4 日第七届全国人民代表大会常务委员会第二十一次会议通过）

16. 全国人民代表大会常务委员会关于批准武汉、九江、芜湖港对外国籍船舶开放的决定

（1991 年 10 月 30 日第七届全国人民代表大会常务委员会第二十二次会议通过）

1992 年（17 件）

（其中：法律 10 件，有关法律问题的决定 7 件）

法律 10 件：

1. 中华人民共和国领海及毗连区法

（1992 年 2 月 25 日第七届全国人民代表大会常务委员会第二十四次会议通过）

2. 中华人民共和国妇女权益保障法

（1992 年 4 月 3 日第七届全国人民代表大会第五次会议通过）

3. 中华人民共和国工会法

（1992 年 4 月 3 日第七届全国人民代表大会第五次会议通过）

4. 中华人民共和国全国人民代表大会和地方各级人民代表大会代表法

（1992 年 4 月 3 日第七届全国人民代表大会第五次会议通过）

5. 中华人民共和国人民警察警衔条例

（1992 年 7 月 1 日第七届全国人民代表大会常务委员会第二十六次会议通过）

6. 全国人民代表大会常务委员会关于修改《中华人民共和国专利法》的决定

（1992 年 9 月 4 日第七届全国人民代表大会常务委员会第二十七次会议通过）

7. 中华人民共和国税收征收管理法

（1992 年 9 月 4 日第七届全国人民代表大会常务委员会第二十七次会议通过）

8. 中华人民共和国海商法

（1992 年 11 月 7 日第七届全国人民代表大会常务委员会第二十八次会议通过）

9. 中华人民共和国矿山安全法

（1992 年 11 月 7 日第七届全国人民代表大会常务委员会第二十八次会议通过）

10. 中华人民共和国测绘法

（1992 年 12 月 28 日第七届全国人民代表大会常务委员会第二十九次会议通过）

有关法律问题的决定 **7** 件：

11. 第七届全国人民代表大会第五次会议关于第八届全国人民代表大会代表名额和选举问题的决定

（1992 年 4 月 3 日第七届全国人民代表大会第五次会议通过）

12. 全国人民代表大会常务委员会关于授权深圳市人民代表大会及其常务委员会和深圳市人民政府分别制定法规和规章在深圳经济特区实施的决定

（1992 年 7 月 1 日第七届全国人民代表大会常务委员会第二十六次会议通过）

13. 全国人民代表大会常务委员会关于县、乡两级人民代表大会代表选举时间的决定

（1992 年 7 月 1 日第七届全国人民代表大会常务委员会第二十六次会议通过）

14. 第八届全国人民代表大会少数民族代表名额分配方案

（1992 年 9 月 4 日第七届全国人民代表大会常务委员会第二十七次会议通过）

15. 全国人民代表大会常务委员会关于惩治偷税、抗税犯罪的补充规定

（1992 年 9 月 4 日第七届全国人民代表大会常务委员会第二十七次会议通过）

16. 台湾省出席第八届全国人民代表大会代表协商选举方案

（1992 年 9 月 4 日第七届全国人民代表大会常务委员会第二十七次会议通过）

17. 全国人民代表大会常务委员会关于惩治劫持航空器犯罪分子的决定

（1992 年 12 月 28 日第七届全国人民代表大会常务委员会第二十九次会议通过）

1993 年（34 件）

（其中：宪法修正案 1 件，法律 17 件，有关法律问题的决定 16 件）

宪法修正案 1 件：

1. 中华人民共和国宪法修正案

（1993 年 3 月 29 日第八届全国人民代表大会第一次会议通过）

法律 17 件：

2. 中华人民共和国产品质量法

（1993 年 2 月 22 日第七届全国人民代表大会常务委员会第三十次会议通过）

3. 全国人民代表大会常务委员会关于修改《中华人民共和国商标法》的决定

（1993 年 2 月 22 日第七届全国人民代表大会常务委员会第三十次会议通过）

4. 中华人民共和国国家安全法

（1993 年 2 月 22 日第七届全国人民代表大会常务委员会第三十次会议通过）

5. 中华人民共和国澳门特别行政区基本法

（1993 年 3 月 31 日第八届全国人民代表大会第一次会议通过）

6. 中华人民共和国农业法

（1993 年 7 月 2 日第八届全国人民代表大会常务委员会第二次会议通过）

7. 中华人民共和国农业技术推广法

（1993 年 7 月 2 日第八届全国人民代表大会常务委员会第二次会议通过）

8. 中华人民共和国科学技术进步法

（1993 年 7 月 2 日第八届全国人民代表大会常务委员会第二次会议通过）

9. 全国人民代表大会常务委员会关于修改《中华人民共和国经济合同法》的决定

（1993 年 9 月 2 日第八届全国人民代表大会常务委员会第三次会议通过）

10. 中华人民共和国反不正当竞争法

（1993 年 9 月 2 日第八届全国人民代表大会常务委员会第三次会议通过）

11. 全国人民代表大会常务委员会关于修改《中华人民共和国个人所得税法》的决定

（1993 年 10 月 31 日第八届全国人民代表大会常务委员会第四次会议通过）

12. 中华人民共和国红十字会法

（1993 年 10 月 31 日第八届全国人民代表大会常务委员会第四次会议通过）

13. 中华人民共和国教师法

（1993 年 10 月 31 日第八届全国人民代表大会常务委员会第四次会议通过）

14. 中华人民共和国消费者权益保护法

（1993 年 10 月 31 日第八届全国人民代表大会常务委员会第四次会议通过）

15. 中华人民共和国注册会计师法

（1993 年 10 月 31 日第八届全国人民代表大会常务委员会第四次会议通过）

16. 中华人民共和国公司法

（1993 年 12 月 29 日第八届全国人民代表大会常务委员会第五次会议通过）

17. 全国人民代表大会常务委员会关于修改《中华人民共和国会计法》的决定

（1993 年 12 月 29 日第八届全国人民代表大会常务委员会第五次会议通过）

18. 全国人民代表大会常务委员会关于外商投资企业和外国企业适用增值税、消费税、营业税等税收暂行条例的决定

（1993 年 12 月 29 日第八届全国人民代表大会常务委员会第五次会议通过）

有关法律问题的决定 **16** 件：

19. 全国人民代表大会常务委员会关于惩治假冒注册商标犯罪的补充规定

（1993 年 2 月 22 日第七届全国人民代表大会常务委员会第三十次会议通过）

20. 第八届全国人民代表大会第一次会议通过第八届全国人民代表大会各专门委员会组成人员人选办法

（1993 年 3 月 15 日第八届全国人民代表大会第一次会议通过）

21. 第八届全国人民代表大会第一次会议关于《中华人民共和国澳门特别行政区基本法（草案）》的审议程序和表决办法

（1993 年 3 月 20 日第八届全国人民代表大会第一次会议通过）

22. 第八届全国人民代表大会第一次会议选举和决定任命办法

（1993 年 3 月 20 日第八届全国人民代表大会第一次会议通过）

23. 第八届全国人民代表大会第一次会议关于国务院机构改革方案的决定

（1993 年 3 月 22 日第八届全国人民代表大会第一次会议通过）

24. 全国人民代表大会关于《中华人民共和国澳门特别行政区基本法》的决定

（1993 年 3 月 31 日第八届全国人民代表大会第一次会议通过）

25. 全国人民代表大会关于批准澳门特别行政区基本法起草委员会关于设立全国人民代表大会常务委员会澳门特别行政区基本法委员会的建议的决定

（1993 年 3 月 31 日第八届全国人民代表大会第一次会议通过）

26. 全国人民代表大会关于设立中华人民共和国澳门特别行政区的决定

（1993 年 3 月 31 日第八届全国人民代表大会第一次会议通过）

27. 全国人民代表大会关于授权全国人民代表大会常务委员会设立香港特别行政区筹备委员会的准备工作机构的决定

（1993 年 3 月 31 日第八届全国人民代表大会第一次会议通过）

28. 全国人民代表大会关于澳门特别行政区第一届政府、立法会和司法机关产生办法的决定

（1993 年 3 月 31 日第八届全国人民代表大会第一次会议通过）

29. 全国人民代表大会常务委员会组成人员守则

（1993 年 7 月 2 日第八届全国人民代表大会常务委员会第二次会议通过）

30. 全国人民代表大会常务委员会关于惩治生产、销售伪劣商品犯罪的决定

（1993 年 7 月 2 日第八届全国人民代表大会常务委员会第二次会议通过）

31. 全国人民代表大会常务委员会关于设立全国人民代表大会常务委员会香港特别行政区筹备委员会预备工作委员会的决定

（1993 年 7 月 2 日第八届全国人民代表大会常务委员会第二次会议通过）

32. 全国人民代表大会常务委员会关于《中华人民共和国澳门特别行政区基本法》葡萄牙文本的决定

（1993 年 7 月 2 日第八届全国人民代表大会常务委员会第二次会议通过）

33. 全国人民代表大会常务委员会关于加强对法律实施情况检查监督的若干规定

（1993 年 9 月 2 日第八届全国人民代表大会常务委员会第三次会议通过）

34. 全国人民代表大会常务委员会关于中国人民解放军保卫部门对军队内部发生的刑事案件行使公安机关的侦查、拘留、预审和执行逮捕的职权的决定

（1993 年 12 月 29 日第八届全国人民代表大会常务委员会第五次会议通过）

1994 年（20 件）

（其中：法律 14 件，有关法律问题的决定 6 件）

法律 14 件：

1. 中华人民共和国台湾同胞投资保护法

（1994 年 3 月 5 日第八届全国人民代表大会常务委员会第六次会议通过）

2. 中华人民共和国预算法

（1994 年 3 月 22 日第八届全国人民代表大会第二次会议通过）

3. 全国人民代表大会常务委员会关于修改《中国人民解放军现役军官服役条例》的决定

（1994 年 5 月 12 日第八届全国人民代表大会常务委员会第七次会议通过）

4. 全国人民代表大会常务委员会关于修改《中国人民解放军军官军衔条例》的决定

（1994 年 5 月 12 日第八届全国人民代表大会常务委员会第七次会议通过）

5. 中华人民共和国国家赔偿法

（1994 年 5 月 12 日第八届全国人民代表大会常务委员会第七次会议通过）

6. 全国人民代表大会常务委员会关于修改《中华人民共和国治安管理处罚条例》的决定

（1994 年 5 月 12 日第八届全国人民代表大会常务委员会第七次会议通过）

7. 中华人民共和国对外贸易法

（1994 年 5 月 12 日第八届全国人民代表大会常务委员会第七次会议通过）

8. 中华人民共和国城市房地产管理法

（1994 年 7 月 5 日第八届全国人民代表大会常务委员会第八次会议通过）

9. 中华人民共和国劳动法

（1994 年 7 月 5 日第八届全国人民代表大会常务委员会第八次会议通过）

10. 中华人民共和国审计法

（1994 年 8 月 31 日第八届全国人民代表大会常务委员会第九次会议通过）

11. 中华人民共和国仲裁法

（1994 年 8 月 31 日第八届全国人民代表大会常务委员会第九次会议通过）

12. 中华人民共和国母婴保健法

（1994 年 10 月 27 日第八届全国人民代表大会常务委员会第十次会议通过）

13. 中华人民共和国广告法

（1994 年 10 月 27 日第八届全国人民代表大会常务委员会第十次会议通过）

14. 中华人民共和国监狱法

（1994 年 12 月 29 日第八届全国人民代表大会常务委员会第十一次会议通过）

有关法律问题的决定 6 件：

15. 全国人民代表大会常务委员会关于严惩组织、运送他人偷越国（边）境犯罪的补充规定

（1994 年 3 月 5 日第八届全国人民代表大会常务委员会第六次会议通过）

16. 第八届全国人民代表大会第二次会议选举办法

（1994 年 3 月 15 日第八届全国人民代表大会第二次会议通过）

17. 全国人民代表大会关于将全国人民代表大会环境保护委员会改为全国人民代表大会环境与资源保护委员会的决定

（1994 年 3 月 22 日第八届全国人民代表大会第二次会议通过）

18. 全国人民代表大会关于授权厦门市人民代表大会及其常务委员会和厦门市人民政府分别制定法规和规章在厦门经济特区实施的决定

（1994 年 3 月 22 日第八届全国人民代表大会第二次会议通过）

19. 全国人民代表大会常务委员会关于惩治侵犯著作权的犯罪的决定

（1994 年 7 月 5 日第八届全国人民代表大会常务委员会第八次会议通过）

20. 全国人民代表大会常务委员会关于郑耀棠等 **32** 名全国人民代表大会代表所提议案的决定

（1994 年 8 月 31 日第八届全国人民代表大会常务委员会第九次会议通过）

1995 年（24 件）

（其中：法律 19 件，有关法律问题的决定 5 件）

法律 19 件：

1. 全国人民代表大会常务委员会关于修改《中华人民共和国地方各级人民代表大会和地方各级人民政府组织法》的决定

（1995 年 2 月 28 日第八届全国人民代表大会常务委员会第十二次会议

通过）

2. 全国人民代表大会常务委员会关于修改《中华人民共和国全国人民代表大会和地方各级人民代表大会选举法》的决定

（1995 年 2 月 28 日第八届全国人民代表大会常务委员会第十二次会议通过）

3. 全国人民代表大会常务委员会关于修改《中华人民共和国税收征收管理法》的决定

（1995 年 2 月 28 日第八届全国人民代表大会常务委员会第十二次会议通过）

4. 中华人民共和国法官法

（1995 年 2 月 28 日第八届全国人民代表大会常务委员会第十二次会议通过）

5. 中华人民共和国检察官法

（1995 年 2 月 28 日第八届全国人民代表大会常务委员会第十二次会议通过）

6. 中华人民共和国人民警察法

（1995 年 2 月 28 日第八届全国人民代表大会常务委员会第十二次会议通过）

7. 中华人民共和国教育法

（1995 年 3 月 18 日第八届全国人民代表大会第三次会议通过）

8. 中华人民共和国中国人民银行法

（1995 年 3 月 18 日第八届全国人民代表大会第三次会议通过）

9. 中华人民共和国商业银行法

（1995 年 5 月 10 日第八届全国人民代表大会常务委员会第十三次会议通过）

10. 中华人民共和国票据法

（1995 年 5 月 10 日第八届全国人民代表大会常务委员会第十三次会议通过）

11. 中华人民共和国预备役军官法

（1995 年 5 月 10 日第八届全国人民代表大会常务委员会第十三次会议通过）

12. 中华人民共和国担保法

（1995 年 6 月 30 日第八届全国人民代表大会常务委员会第十四次会议通过）

13. 中华人民共和国保险法

（1995 年 6 月 30 日第八届全国人民代表大会常务委员会第十四次会议通过）

14. 全国人民代表大会常务委员会关于修改《中华人民共和国大气污染防治法》的决定

（1995 年 8 月 29 日第八届全国人民代表大会常务委员会第十五次会议通过）

15. 中华人民共和国体育法

（1995 年 8 月 29 日第八届全国人民代表大会常务委员会第十五次会议通过）

16. 中华人民共和国民用航空法

（1995 年 10 月 30 日第八届全国人民代表大会常务委员会第十六次会议通过）

17. 中华人民共和国食品卫生法

（1995 年 10 月 30 日第八届全国人民代表大会常务委员会第十六次会议通过）

18. 中华人民共和国固体废物污染环境防治法

（1995 年 10 月 30 日第八届全国人民代表大会常务委员会第十六次会议通过）

19. 中华人民共和国电力法

（1995 年 12 月 28 日第八届全国人民代表大会常务委员会第十七次会议通过）

有关法律问题的决定 **5** 件：

20. 全国人民代表大会常务委员会关于惩治违反公司法的犯罪的决定

（1995 年 2 月 28 日第八届全国人民代表大会常务委员会第十二次会议通过）

21. 第八届全国人民代表大会第三次会议选举和决定任命办法

（1995 年 3 月 11 日第八届全国人民代表大会第三次会议通过）

22. 全国人民代表大会常务委员会关于惩治破坏金融秩序犯罪的决定

（1995 年 6 月 30 日第八届全国人民代表大会常务委员会第十四次会议通过）

23. 全国人民代表大会常务委员会关于乡级人民代表大会代表选举时间的决定

（1995 年 6 月 30 日第八届全国人民代表大会常务委员会第十四次会议通过）

24. 全国人民代表大会常务委员会关于惩治虚开、伪造和非法出售增值税专用发票犯罪的决定

（1995 年 10 月 30 日第八届全国人民代表大会常务委员会第十六次会议通过）

1996 年（22 件）

（其中：法律 19 件，法律解释 1 件，有关法律问题的决定 2 件）

法律 19 件：

1. 中华人民共和国戒严法

（1996 年 3 月 1 日第八届全国人民代表大会常务委员会第十八次会议通过）

2. 全国人民代表大会关于修改《中华人民共和国刑事诉讼法》的决定

（1996 年 3 月 17 日第八届全国人民代表大会第四次会议通过）

3. 中华人民共和国行政处罚法

（1996 年 3 月 17 日第八届全国人民代表大会第四次会议通过）

4. 中华人民共和国律师法

（1996 年 5 月 15 日第八届全国人民代表大会常务委员会第十九次会议通过）

5. 中华人民共和国职业教育法

（1996 年 5 月 15 日第八届全国人民代表大会常务委员会第十九次会议通过）

6. 中华人民共和国促进科技成果转化法

（1996 年 5 月 15 日第八届全国人民代表大会常务委员会第十九次会议通过）

7. 全国人民代表大会常务委员会关于修改《中华人民共和国水污染防治法》的决定

（1996 年 5 月 15 日第八届全国人民代表大会常务委员会第十九次会议通过）

8. 全国人民代表大会常务委员会关于修改《中华人民共和国统计法》的决定

（1996 年 5 月 15 日第八届全国人民代表大会常务委员会第十九次会议通过）

9. 全国人民代表大会常务委员会关于修改《中华人民共和国档案法》的决定

（1996 年 7 月 5 日第八届全国人民代表大会常务委员会第二十次会议通过）

10. 中华人民共和国拍卖法

（1996 年 7 月 5 日第八届全国人民代表大会常务委员会第二十次会议通过）

11. 中华人民共和国枪支管理法

（1996 年 7 月 5 日第八届全国人民代表大会常务委员会第二十次会议通过）

12. 全国人民代表大会常务委员会关于修改《中华人民共和国矿产资源法》的决定

（1996 年 8 月 29 日第八届全国人民代表大会常务委员会第二十一次会议通过）

13. 中华人民共和国老年人权益保障法

（1996 年 8 月 29 日第八届全国人民代表大会常务委员会第二十一次会议通过）

14. 中华人民共和国煤炭法

（1996 年 8 月 29 日第八届全国人民代表大会常务委员会第二十一次会议通过）

15. 中国人民解放军选举全国人民代表大会和县级以上地方各级人民代表大会代表的办法（修订）

（1996 年 10 月 29 日第八届全国人民代表大会常务委员会第二十二次会议通过）

16. 中华人民共和国乡镇企业法

（1996 年 10 月 29 日第八届全国人民代表大会常务委员会第二十二次会议通过）

17. 中华人民共和国环境噪声污染防治法

（1996 年 10 月 29 日第八届全国人民代表大会常务委员会第二十二次会议通过）

18. 中华人民共和国人民防空法

（1996 年 10 月 29 日第八届全国人民代表大会常务委员会第二十二次会议通过）

19. 中华人民共和国香港特别行政区驻军法

（1996 年 12 月 30 日第八届全国人民代表大会常务委员会第二十三次会议通过）

法律解释 **1** 件：

20. 全国人民代表大会常务委员会关于《中华人民共和国国籍法》在香港特别行政区实施的几个问题的解释

（1996 年 5 月 15 日第八届全国人民代表大会常务委员会第十九次会议通过）

有关法律问题的决定 **2** 件：

21. 全国人民代表大会关于授权汕头市和珠海市人民代表大会及其常务委员会、人民政府分别制定法规和规章在各自的经济特区实施的决定

（1996 年 3 月 17 日第八届全国人民代表大会第四次会议通过）

22. 全国人民代表大会常务委员会关于继续开展法制宣传教育的决议

（1996 年 5 月 15 日第八届全国人民代表大会常务委员会第十九次会议通过）

1997 年（23 件）

（其中：法律 12 件，有关法律问题的决定 11 件）

法律 **12** 件：

1. 中华人民共和国合伙企业法

（1997 年 2 月 23 日第八届全国人民代表大会常务委员会第二十四次会议通过）

2. 中华人民共和国国防法

（1997 年 3 月 14 日第八届全国人民代表大会第五次会议通过）

3. 中华人民共和国刑法（修订）

（1997 年 3 月 14 日第八届全国人民代表大会第五次会议通过）

4. 中华人民共和国行政监察法

（1997 年 5 月 9 日第八届全国人民代表大会常务委员会第二十五次会议通过）

5. 中华人民共和国动物防疫法

（1997 年 7 月 3 日第八届全国人民代表大会常务委员会第二十六次会议通过）

6. 中华人民共和国公路法

（1997 年 7 月 3 日第八届全国人民代表大会常务委员会第二十六次会议通过）

7. 中华人民共和国防洪法

（1997 年 8 月 29 日第八届全国人民代表大会常务委员会第二十七次会议通过）

8. 中华人民共和国建筑法

（1997 年 11 月 1 日第八届全国人民代表大会常务委员会第二十八次会议通过）

9. 中华人民共和国节约能源法

（1997 年 11 月 1 日第八届全国人民代表大会常务委员会第二十八次会议通过）

10. 中华人民共和国防震减灾法

（1997 年 12 月 29 日第八届全国人民代表大会常务委员会第二十九次会议通过）

11. 中华人民共和国价格法

（1997 年 12 月 29 日第八届全国人民代表大会常务委员会第二十九次会议通过）

12. 中华人民共和国献血法

（1997 年 12 月 29 日第八届全国人民代表大会常务委员会第二十九次会议通过）

有关法律问题的决定 11 件：

13. 全国人民代表大会常务委员会关于根据《中华人民共和国香港特别行政区基本法》第一百六十条处理香港原有法律的决定

（1997 年 2 月 23 日第八届全国人民代表大会常务委员会第二十四次会议通过）

14. 第八届全国人民代表大会第五次会议关于批准设立重庆直辖市的决定

（1997 年 3 月 14 日第八届全国人民代表大会第五次会议通过）

15. 中华人民共和国香港特别行政区选举第九届全国人民代表大会代表的办法

（1997 年 3 月 14 日第八届全国人民代表大会第五次会议通过）

16. 第八届全国人民代表大会第五次会议关于第九届全国人民代表大会代表名额和选举问题的决定

（1997 年 3 月 14 日第八届全国人民代表大会第五次会议通过）

17. 全国人民代表大会常务委员会关于成立重庆市第一届人民代表大会筹备组的决定

（1997 年 5 月 9 日第八届全国人民代表大会常务委员会第二十五次会议通过）

18. 全国人民代表大会常务委员会关于省、自治区、直辖市人民代表大会代表名额的决定

（1997 年 5 月 9 日第八届全国人民代表大会常务委员会第二十五次会议通过）

19. 第九届全国人民代表大会少数民族代表名额分配方案

（1997 年 5 月 9 日第八届全国人民代表大会常务委员会第二十五次会议通过）

20. 台湾省出席第九届全国人民代表大会代表协商选举方案

（1997 年 5 月 9 日第八届全国人民代表大会常务委员会第二十五次会议通过）

21. 全国人民代表大会常务委员会关于批准全国人民代表大会香港特别行政区筹备委员会结束工作的建议的决定

（1997 年 7 月 3 日第八届全国人民代表大会常务委员会第二十六次会议通过）

22. 全国人民代表大会常务委员会关于县级人民代表大会代表选举时间的决定

（1997 年 7 月 3 日第八届全国人民代表大会常务委员会第二十六次会议通过）

23. 全国人民代表大会常务委员会关于《中华人民共和国香港特别行政区基本法》附件三所列全国性法律增减的决定

（1997 年 7 月 3 日第八届全国人民代表大会常务委员会第二十六次会议通过）

1998 年（20 件）

（其中：法律 11 件，法律解释 1 件，有关法律问题的决定 8 件）

法律 11 件：

1. 全国人民代表大会常务委员会关于修改《中华人民共和国森林法》的决定

（1998 年 4 月 29 日第九届全国人民代表大会常务委员会第二次会议通过）

2. 中华人民共和国消防法

（1998 年 4 月 29 日第九届全国人民代表大会常务委员会第二次会议通过）

3. 中华人民共和国专属经济区和大陆架法

（1998 年 6 月 26 日第九届全国人民代表大会常务委员会第三次会议通过）

4. 中华人民共和国执业医师法

（1998 年 6 月 26 日第九届全国人民代表大会常务委员会第三次会议通过）

5. 中华人民共和国高等教育法

（1998 年 8 月 29 日第九届全国人民代表大会常务委员会第四次会议通过）

6. 中华人民共和国土地管理法（修订）

（1998 年 8 月 29 日第九届全国人民代表大会常务委员会第四次会议通过）

7. 全国人民代表大会常务委员会关于修改《中华人民共和国收养法》的决定

（1998 年 11 月 4 日第九届全国人民代表大会常务委员会第五次会议通过）

8. 中华人民共和国村民委员会组织法

（1998 年 11 月 4 日第九届全国人民代表大会常务委员会第五次会议通过）

9. 全国人民代表大会常务委员会关于修改《中华人民共和国兵役法》的决定

（1998 年 12 月 29 日第九届全国人民代表大会常务委员会第六次会议通过）

10. 中华人民共和国证券法

（1998 年 12 月 29 日第九届全国人民代表大会常务委员会第六次会议通过）

11. 全国人民代表大会常务委员会关于惩治骗购外汇、逃汇和非法买卖外汇犯罪的决定

（1998 年 12 月 29 日第九届全国人民代表大会常务委员会第六次会议通过）

法律解释 1 件：

12. 全国人民代表大会常务委员会关于《中华人民共和国国籍法》在澳门特别行政区实施的几个问题的解释

（1998 年 12 月 29 日第九届全国人民代表大会常务委员会第六次会议通过）

有关法律问题的决定 **8** 件：

13. 第九届全国人民代表大会第一次会议关于设立第九届全国人民代表大会专门委员会的决定

（1998 年 3 月 6 日第九届全国人民代表大会第一次会议通过）

14. 第九届全国人民代表大会第一次会议通过第九届全国人民代表大会各专门委员会组成人员人选办法

（1998 年 3 月 6 日第九届全国人民代表大会第一次会议通过）

15. 第九届全国人民代表大会第一次会议关于国务院机构改革方案的决定

（1998 年 3 月 10 日第九届全国人民代表大会第一次会议通过）

16. 第九届全国人民代表大会第一次会议选举和决定任命办法

（1998 年 3 月 10 日第九届全国人民代表大会第一次会议通过）

17. 全国人民代表大会常务委员会关于补选出缺的香港特别行政区第九届全国人民代表大会代表的决定

（1998 年 10 月 27 日第九届全国人民代表大会常务委员会第五次会议通过）

18. 全国人民代表大会常务委员会关于增加《中华人民共和国香港特别行政区基本法》附件三所列全国性法律的决定

（1998 年 11 月 4 日第九届全国人民代表大会常务委员会第五次会议通过）

19. 全国人民代表大会常务委员会关于新疆维吾尔自治区生产建设兵团设置人民法院和人民检察院的决定

（1998 年 12 月 29 日第九届全国人民代表大会常务委员会第六次会议通过）

20. 全国人民代表大会常务委员会关于设立全国人民代表大会常务委员会预算工作委员会的决定

（1998 年 12 月 29 日第九届全国人民代表大会常务委员会第六次会议通过）

1999 年 （24 件）

（其中：宪法修正案 1 件，法律 15 件，
法律解释 1 件，有关法律问题的决定 7 件）

宪法修正案 **1** 件：

1. 中华人民共和国宪法修正案

（1999 年 3 月 15 日第九届全国人民代表大会第二次会议通过）

法律 **15** 件：

2. 中华人民共和国合同法

（1999 年 3 月 15 日第九届全国人民代表大会第二次会议通过）

3. 中华人民共和国行政复议法

（1999 年 4 月 29 日第九届全国人民代表大会常务委员会第九次会议通过）

4. 中华人民共和国澳门特别行政区驻军法

（1999 年 6 月 28 日第九届全国人民代表大会常务委员会第十次会议通过）

5. 中华人民共和国公益事业捐赠法

（1999 年 6 月 28 日第九届全国人民代表大会常务委员会第十次会议通过）

6. 中华人民共和国预防未成年人犯罪法

（1999 年 6 月 28 日第九届全国人民代表大会常务委员会第十次会议通过）

7. 全国人民代表大会常务委员会关于修改《中华人民共和国个人所得税法》的决定

（1999 年 8 月 30 日第九届全国人民代表大会常务委员会第十一次会议通过）

8. 中华人民共和国个人独资企业法

（1999 年 8 月 30 日第九届全国人民代表大会常务委员会第十一次会议通过）

9. 中华人民共和国招标投标法

（1999 年 8 月 30 日第九届全国人民代表大会常务委员会第十一次会议通过）

10. 中华人民共和国气象法

（1999 年 10 月 31 日第九届全国人民代表大会常务委员会第十二次会议通过）

11. 中华人民共和国会计法（修订）

（1999 年 10 月 31 日第九届全国人民代表大会常务委员会第十二次会议通过）

12. 全国人民代表大会常务委员会关于修改《中华人民共和国公路法》的决定

（1999 年 10 月 31 日第九届全国人民代表大会常务委员会第十二次会议通过）

13. 全国人民代表大会常务委员会关于修改《中华人民共和国公司法》的决定

（1999 年 12 月 25 日第九届全国人民代表大会常务委员会第十三次会议通过）

14. 中华人民共和国海事诉讼特别程序法

（1999 年 12 月 25 日第九届全国人民代表大会常务委员会第十三次会议通过）

15. 中华人民共和国海洋环境保护法（修订）

（1999 年 12 月 25 日第九届全国人民代表大会常务委员会第十三次会议通过）

16. 中华人民共和国刑法修正案

（1999 年 12 月 25 日第九届全国人民代表大会常务委员会第十三次会议通过）

法律解释 **1** 件：

17. 全国人民代表大会常务委员会关于《中华人民共和国香港特别行政区基本法》第二十二条第四款和第二十四条第二款第（三）项的解释

（1999 年 6 月 26 日第九届全国人民代表大会常务委员会第十次会议通过）

有关法律问题的决定 **7** 件：

18. 全国人民代表大会常务委员会关于香港特别行政区第九届全国人民代表大会代表辞去代表职务的办法的决定

（1999 年 1 月 30 日第九届全国人民代表大会常务委员会第七次会议通过）

19. 中华人民共和国澳门特别行政区第九届全国人民代表大会代表的产生办法

（1999 年 3 月 15 日第九届全国人民代表大会第二次会议通过）

20. 全国人民代表大会常务委员会关于取缔邪教组织、防范和惩治邪教活动的决定

（1999 年 10 月 30 日第九届全国人民代表大会常务委员会第十二次会议通过）

21. 全国人民代表大会常务委员会关于根据《中华人民共和国澳门特别行政区基本法》第一百四十五条处理澳门原有法律的决定

（1999 年 10 月 31 日第九届全国人民代表大会常务委员会第十二次会议通过）

22. 全国人民代表大会常务委员会关于增加《中华人民共和国澳门特别行政区基本法》附件三所列全国性法律的决定

（1999 年 12 月 20 日第九届全国人民代表大会常务委员会第十三次会议通过）

23. 全国人民代表大会常务委员会关于加强中央预算审查监督的决定

（1999 年 12 月 25 日第九届全国人民代表大会常务委员会第十三次会议通过）

24. 全国人民代表大会常务委员会关于批准《全国人民代表大会澳门特别行政区筹备委员会工作情况的报告》和全国人民代表大会澳门特别行政区筹备委员会结束工作的建议的决定

（1999 年 12 月 25 日第九届全国人民代表大会常务委员会第十三次会议通过）

2000 年（16 件）

（其中：法律 13 件，法律解释 1 件，有关法律问题的决定 2 件）

法律 13 件：

1. 中华人民共和国立法法

（2000 年 3 月 15 日第九届全国人民代表大会第三次会议通过）

2. 中华人民共和国大气污染防治法（修订）

（2000 年 4 月 29 日第九届全国人民代表大会常务委员会第十五次会议通过）

3. 全国人民代表大会常务委员会关于修改《中华人民共和国产品质量法》的决定

（2000 年 7 月 8 日第九届全国人民代表大会常务委员会第十六次会议通过）

4. 全国人民代表大会常务委员会关于修改《中华人民共和国海关法》的决定

（2000 年 7 月 8 日第九届全国人民代表大会常务委员会第十六次会议通过）

5. 中华人民共和国种子法

（2000 年 7 月 8 日第九届全国人民代表大会常务委员会第十六次会议通过）

6. 全国人民代表大会常务委员会关于修改《中华人民共和国专利法》的决定

（2000 年 8 月 25 日第九届全国人民代表大会常务委员会第十七次会议通过）

7. 全国人民代表大会常务委员会关于修改《中华人民共和国归侨侨眷权益保护法》的决定

（2000 年 10 月 31 日第九届全国人民代表大会常务委员会第十八次会议

通过）

8. 全国人民代表大会常务委员会关于修改《中华人民共和国外资企业法》的决定

（2000 年 10 月 31 日第九届全国人民代表大会常务委员会第十八次会议通过）

9. 全国人民代表大会常务委员会关于修改《中华人民共和国渔业法》的决定

（2000 年 10 月 31 日第九届全国人民代表大会常务委员会第十八次会议通过）

10. 全国人民代表大会常务委员会关于修改《中华人民共和国中外合作经营企业法》的决定

（2000 年 10 月 31 日第九届全国人民代表大会常务委员会第十八次会议通过）

11. 中华人民共和国国家通用语言文字法

（2000 年 10 月 31 日第九届全国人民代表大会常务委员会第十八次会议通过）

12. 中华人民共和国现役军官法

（2000 年 12 月 28 日第九届全国人民代表大会常务委员会第十九次会议通过《全国人民代表大会常务委员会关于修改〈中国人民解放军现役军官服役条例〉的决定》，将原条例改为现名）

13. 中华人民共和国引渡法

（2000 年 12 月 28 日第九届全国人民代表大会常务委员会第十九次会议通过）

法律解释 **1** 件：

14. 全国人民代表大会常务委员会关于《中华人民共和国刑法》第九十三条第二款的解释

（2000 年 4 月 29 日第九届全国人民代表大会常务委员会第十五次会议通过）

有关法律问题的决定 **2** 件：

15. 全国人民代表大会常务委员会关于加强经济工作监督的决定

（2000 年 3 月 1 日第九届全国人民代表大会常务委员会第十四次会议通过）

16. 全国人民代表大会常务委员会关于维护互联网安全的决定

（2000 年 12 月 28 日第九届全国人民代表大会常务委员会第十九次会议通过）

2001 年（25 件）

（其中：法律 19 件，法律解释 1 件，有关法律问题的决定 5 件）

法律 19 件：

1. 全国人民代表大会常务委员会关于修改《中华人民共和国民族区域自治法》的决定

（2001 年 2 月 28 日第九届全国人民代表大会常务委员会第二十次会议通过）

2. 中华人民共和国药品管理法（修订）

（2001 年 2 月 28 日第九届全国人民代表大会常务委员会第二十次会议通过）

3. 全国人民代表大会关于修改《中华人民共和国中外合资经营企业法》的决定

（2001 年 3 月 15 日第九届全国人民代表大会第四次会议通过）

4. 中华人民共和国信托法

（2001 年 4 月 28 日第九届全国人民代表大会常务委员会第二十一次会议通过）

5. 全国人民代表大会常务委员会关于修改《中华人民共和国婚姻法》的决定

（2001 年 4 月 28 日第九届全国人民代表大会常务委员会第二十一次会议通过）

6. 中华人民共和国税收征收管理法（修订）

（2001 年 4 月 28 日第九届全国人民代表大会常务委员会第二十一次会议通过）

7. 中华人民共和国国防教育法

（2001 年 4 月 28 日第九届全国人民代表大会常务委员会第二十一次会议通过）

8. 全国人民代表大会常务委员会关于修改《中华人民共和国法官法》的决定

（2001 年 6 月 30 日第九届全国人民代表大会常务委员会第二十二次会议通过）

9. 全国人民代表大会常务委员会关于修改《中华人民共和国检察官法》的决定

（2001 年 6 月 30 日第九届全国人民代表大会常务委员会第二十二次会议通过）

10. 中华人民共和国防沙治沙法

（2001 年 8 月 31 日第九届全国人民代表大会常务委员会第二十三次会议通过）

11. 中华人民共和国刑法修正案（二）

（2001 年 8 月 31 日第九届全国人民代表大会常务委员会第二十三次会议通过）

12. 中华人民共和国职业病防治法

（2001 年 10 月 27 日第九届全国人民代表大会常务委员会第二十四次会议通过）

13. 全国人民代表大会常务委员会关于修改《中华人民共和国工会法》的决定

（2001 年 10 月 27 日第九届全国人民代表大会常务委员会第二十四次会议通过）

14. 全国人民代表大会常务委员会关于修改《中华人民共和国商标法》的决定

（2001 年 10 月 27 日第九届全国人民代表大会常务委员会第二十四次会议通过）

15. 全国人民代表大会常务委员会关于修改《中华人民共和国著作权法》的决定

（2001 年 10 月 27 日第九届全国人民代表大会常务委员会第二十四次会议通过）

16. 中华人民共和国海域使用管理法

（2001 年 10 月 27 日第九届全国人民代表大会常务委员会第二十四次会议通过）

17. 中华人民共和国人口与计划生育法

（2001 年 12 月 29 日第九届全国人民代表大会常务委员会第二十五次会议通过）

18. 中华人民共和国刑法修正案（三）

（2001 年 12 月 29 日第九届全国人民代表大会常务委员会第二十五次会议

通过）

19. 全国人民代表大会常务委员会关于修改《中华人民共和国律师法》的决定

（2001 年 12 月 29 日第九届全国人民代表大会常务委员会第二十五次会议通过）

法律解释 1 件：

20. 全国人民代表大会常务委员会关于《中华人民共和国刑法》第二百二十八条、第三百四十二条、第四百一十条的解释

（2001 年 8 月 31 日第九届全国人民代表大会常务委员会第二十三次会议通过）

有关法律问题的决定 5 件：

21. 第九届全国人民代表大会第四次会议选举办法

（2001 年 3 月 9 日第九届全国人民代表大会第四次会议通过）

22. 全国人民代表大会常务委员会关于进一步开展法制宣传教育的决议

（2001 年 4 月 28 日第九届全国人民代表大会常务委员会第二十一次会议通过）

23. 全国人民代表大会常务委员会关于设立全民国防教育日的决定

（2001 年 8 月 31 日第九届全国人民代表大会常务委员会第二十三次会议通过）

24. 全国人民代表大会常务委员会关于重庆市人民代表大会换届选举时间的决定

（2001 年 10 月 27 日第九届全国人民代表大会常务委员会第二十四次会议通过）

25. 全国人民代表大会常务委员会关于我国加入世界贸易组织的决定

（2000 年 8 月 25 日第九届全国人民代表大会常务委员会第十七次会议通过）

2002 年 （28 件）

（其中：法律 16 件，法律解释 4 件，有关法律问题的决定 8 件）

法律 16 件：

1. 全国人民代表大会常务委员会关于修改《中华人民共和国进出口商品检验法》的决定

（2002 年 4 月 28 日第九届全国人民代表大会常务委员会第二十七次会议

通过）

2. 中华人民共和国清洁生产促进法

（2002 年 6 月 29 日第九届全国人民代表大会常务委员会第二十八次会议通过）

3. 中华人民共和国政府采购法

（2002 年 6 月 29 日第九届全国人民代表大会常务委员会第二十八次会议通过）

4. 中华人民共和国安全生产法

（2002 年 6 月 29 日第九届全国人民代表大会常务委员会第二十八次会议通过）

5. 中华人民共和国中小企业促进法

（2002 年 6 月 29 日第九届全国人民代表大会常务委员会第二十八次会议通过）

6. 中华人民共和国科学技术普及法

（2002 年 6 月 29 日第九届全国人民代表大会常务委员会第二十八次会议通过）

7. 中华人民共和国测绘法（修订）

（2002 年 8 月 29 日第九届全国人民代表大会常务委员会第二十九次会议通过）

8. 中华人民共和国农村土地承包法

（2002 年 8 月 29 日第九届全国人民代表大会常务委员会第二十九次会议通过）

9. 中华人民共和国水法（修订）

（2002 年 8 月 29 日第九届全国人民代表大会常务委员会第二十九次会议通过）

10. 全国人民代表大会常务委员会关于修改《中华人民共和国保险法》的决定

（2002 年 10 月 28 日第九届全国人民代表大会常务委员会第三十次会议通过）

11. 中华人民共和国环境影响评价法

（2002 年 10 月 28 日第九届全国人民代表大会常务委员会第三十次会议通过）

12. 中华人民共和国文物保护法（修订）

（2002 年 10 月 28 日第九届全国人民代表大会常务委员会第三十次会议通过）

13. 中华人民共和国农业法（修订）

（2002 年 12 月 28 日第九届全国人民代表大会常务委员会第三十一次会议通过）

14. 中华人民共和国刑法修正案（四）

（2002 年 12 月 28 日第九届全国人民代表大会常务委员会第三十一次会议通过）

15. 中华人民共和国民办教育促进法

（2002 年 12 月 28 日第九届全国人民代表大会常务委员会第三十一次会议通过）

16. 中华人民共和国草原法（修订）

（2002 年 12 月 28 日第九届全国人民代表大会常务委员会第三十一次会议通过）

法律解释 4 件：

17. 全国人民代表大会常务委员会关于《中华人民共和国刑法》第二百九十四条第一款的解释

（2002 年 4 月 28 日第九届全国人民代表大会常务委员会第二十七次会议通过）

18. 全国人民代表大会常务委员会关于《中华人民共和国刑法》第三百八十四条第一款的解释

（2002 年 4 月 28 日第九届全国人民代表大会常务委员会第二十七次会议通过）

19. 全国人民代表大会常务委员会关于《中华人民共和国刑法》第三百一十三条的解释

（2002 年 8 月 29 日第九届全国人民代表大会常务委员会第二十九次会议通过）

20. 全国人民代表大会常务委员会关于《中华人民共和国刑法》第九章渎职罪主体适用问题的解释

（2002 年 12 月 28 日第九届全国人民代表大会常务委员会第三十一次会议通过）

有关法律问题的决定 **8** 件：

21. 第九届全国人民代表大会第五次会议关于第十届全国人民代表大会代表名额和选举问题的决定

（2002 年 3 月 15 日第九届全国人民代表大会第五次会议通过）

22. 中华人民共和国香港特别行政区选举第十届全国人民代表大会代表的办法

（2002 年 3 月 15 日第九届全国人民代表大会第五次会议通过）

23. 中华人民共和国澳门特别行政区选举第十届全国人民代表大会代表的办法

（2002 年 3 月 15 日第九届全国人民代表大会第五次会议通过）

24. 第十届全国人民代表大会少数民族代表名额分配方案

（2002 年 4 月 28 日第九届全国人民代表大会常务委员会第二十七次会议通过）

25. 台湾省出席第十届全国人民代表大会代表协商选举方案

（2002 年 4 月 28 日第九届全国人民代表大会常务委员会第二十七次会议通过）

26. 全国人民代表大会常务委员会关于澳门特别行政区第十届全国人民代表大会代表选举会议组成的补充规定

（2002 年 6 月 29 日第九届全国人民代表大会常务委员会第二十八次会议通过）

27. 全国人民代表大会常务委员会关于第一任全国人民代表大会常务委员会香港特别行政区基本法委员会成员继续履行职责的决定

（2002 年 6 月 29 日第九届全国人民代表大会常务委员会第二十八次会议通过）

28. 全国人民代表大会常务委员会关于香港特别行政区第十届全国人民代表大会代表选举会议组成的补充规定

（2002 年 6 月 29 日第九届全国人民代表大会常务委员会第二十八次会议通过）

2003 年 （15 件）

（其中：法律 10 件，有关法律问题的决定 5 件）

法律 10 件：

1. 中华人民共和国海关关衔条例

（2003 年 2 月 28 日第九届全国人民代表大会常务委员会第三十二次会议

通过）

2. 中华人民共和国居民身份证法

（2003 年 6 月 28 日第十届全国人民代表大会常务委员会第三次会议通过）

3. 中华人民共和国港口法

（2003 年 6 月 28 日第十届全国人民代表大会常务委员会第三次会议通过）

4. 中华人民共和国放射性污染防治法

（2003 年 6 月 28 日第十届全国人民代表大会常务委员会第三次会议通过）

5. 中华人民共和国行政许可法

（2003 年 8 月 27 日第十届全国人民代表大会常务委员会第四次会议通过）

6. 中华人民共和国道路交通安全法

（2003 年 10 月 28 日第十届全国人民代表大会常务委员会第五次会议通过）

7. 中华人民共和国证券投资基金法

（2003 年 10 月 28 日第十届全国人民代表大会常务委员会第五次会议通过）

8. 中华人民共和国银行业监督管理法

（2003 年 12 月 27 日第十届全国人民代表大会常务委员会第六次会议通过）

9. 全国人民代表大会常务委员会关于修改《中华人民共和国中国人民银行法》的决定

（2003 年 12 月 27 日第十届全国人民代表大会常务委员会第六次会议通过）

10. 全国人民代表大会常务委员会关于修改《中华人民共和国商业银行法》的决定

（2003 年 12 月 27 日第十届全国人民代表大会常务委员会第六次会议通过）

有关法律问题的决定 **5** 件：

11. 第十届全国人民代表大会第一次会议关于设立第十届全国人民代表大会专门委员会的决定

（2003 年 3 月 6 日第十届全国人民代表大会第一次会议通过）

12. 第十届全国人民代表大会第一次会议关于第十届全国人民代表大会各专门委员会组成人员人选的表决办法

（2003 年 3 月 6 日第十届全国人民代表大会第一次会议通过）

13. 第十届全国人民代表大会第一次会议选举和决定任命的办法

（2003 年 3 月 10 日第十届全国人民代表大会第一次会议通过）

14. 第十届全国人民代表大会第一次会议关于国务院机构改革方案的决定

（2003 年 3 月 10 日第十届全国人民代表大会第一次会议通过）

15. 全国人民代表大会常务委员会关于中国银行业监督管理委员会履行原由中国人民银行履行的监督管理职责的决定

（2003 年 4 月 26 日第十届全国人民代表大会常务委员会第二次会议通过）

2004 年（23 件）

（其中：宪法修正案 1 件，法律 17 件，

法律解释 2 件，有关法律问题的决定 3 件）

宪法修正案 1 件：

1. 中华人民共和国宪法修正案

（2004 年 3 月 14 日第十届全国人民代表大会第二次会议通过）

法律 17 件：

2. 中华人民共和国对外贸易法（修订）

（2004 年 4 月 6 日第十届全国人民代表大会常务委员会第八次会议通过）

3. 中华人民共和国农业机械化促进法

（2004 年 6 月 25 日第十届全国人民代表大会常务委员会第十次会议通过）

4. 中华人民共和国传染病防治法（修订）

（2004 年 8 月 28 日第十届全国人民代表大会常务委员会第十一次会议通过）

5. 中华人民共和国电子签名法

（2004 年 8 月 28 日第十届全国人民代表大会常务委员会第十一次会议通过）

6. 全国人民代表大会常务委员会关于修改《中华人民共和国公路法》的决定

（2004 年 8 月 28 日第十届全国人民代表大会常务委员会第十一次会议通过）

7. 全国人民代表大会常务委员会关于修改《中华人民共和国公司法》的决定

（2004 年 8 月 28 日第十届全国人民代表大会常务委员会第十一次会议通过）

8. 全国人民代表大会常务委员会关于修改《中华人民共和国证券法》的决定

（2004 年 8 月 28 日第十届全国人民代表大会常务委员会第十一次会议通过）

9. 全国人民代表大会常务委员会关于修改《中华人民共和国票据法》的决定

（2004 年 8 月 28 日第十届全国人民代表大会常务委员会第十一次会议通过）

10. 全国人民代表大会常务委员会关于修改《中华人民共和国拍卖法》的决定

（2004 年 8 月 28 日第十届全国人民代表大会常务委员会第十一次会议通过）

11. 全国人民代表大会常务委员会关于修改《中华人民共和国野生动物保护法》的决定

（2004 年 8 月 28 日第十届全国人民代表大会常务委员会第十一次会议通过）

12. 全国人民代表大会常务委员会关于修改《中华人民共和国渔业法》的决定

（2004 年 8 月 28 日第十届全国人民代表大会常务委员会第十一次会议通过）

13. 全国人民代表大会常务委员会关于修改《中华人民共和国种子法》的决定

（2004 年 8 月 28 日第十届全国人民代表大会常务委员会第十一次会议通过）

14. 全国人民代表大会常务委员会关于修改《中华人民共和国学位条例》的决定

（2004 年 8 月 28 日第十届全国人民代表大会常务委员会第十一次会议通过）

15. 全国人民代表大会常务委员会关于修改《中华人民共和国土地管理法》的决定

（2004 年 8 月 28 日第十届全国人民代表大会常务委员会第十一次会议通过）

16. 全国人民代表大会常务委员会关于修改《中华人民共和国全国人民代表大会和地方各级人民代表大会选举法》的决定

（2004 年 10 月 27 日第十届全国人民代表大会常务委员会第十二次会议通过）

17. 全国人民代表大会常务委员会关于修改《中华人民共和国地方各级人民代表大会和地方各级人民政府组织法》的决定

（2004 年 10 月 27 日第十届全国人民代表大会常务委员会第十二次会议通过）

18. 中华人民共和国固体废物污染环境防治法（修订）

（2004 年 12 月 29 日第十届全国人民代表大会常务委员会第十三次会议通过）

法律解释 **2** 件：

19. 全国人民代表大会常务委员会关于《中华人民共和国香港特别行政区基本法》附件一第七条和附件二第三条的解释

（2004 年 4 月 6 日第十届全国人民代表大会常务委员会第八次会议通过）

20. 全国人民代表大会常务委员会关于《中华人民共和国刑法》有关信用卡规定的解释

（2004 年 12 月 29 日第十届全国人民代表大会常务委员会第十三次会议通过）

有关法律问题的决定 **3** 件：

21. 全国人民代表大会常务委员会关于香港特别行政区 **2007** 年行政长官和 **2008** 年立法会产生办法有关问题的决定

（2004 年 4 月 26 日第十届全国人民代表大会常务委员会第九次会议通过）

22. 全国人民代表大会常务委员会关于完善人民陪审员制度的决定

（2004 年 8 月 28 日第十届全国人民代表大会常务委员会第十一次会议通过）

23. 全国人民代表大会常务委员会关于县、乡两级人民代表大会代表选举时间的决定

（2004 年 10 月 27 日第十届全国人民代表大会常务委员会第十二次会议通过）

2005 年（20 件）
（其中：法律 12 件，法律解释 3 件，

有关法律问题的决定 4 件，有关废止法律的决定 1 件）

法律 **12** 件：

1. 中华人民共和国刑法修正案（五）

（2005 年 2 月 28 日第十届全国人民代表大会常务委员会第十四次会议

通过）

2. 中华人民共和国可再生能源法

（2005 年 2 月 28 日第十届全国人民代表大会常务委员会第十四次会议通过）

3. 反分裂国家法

（2005 年 3 月 14 日第十届全国人民代表大会第三次会议通过）

4. 中华人民共和国公务员法

（2005 年 4 月 27 日第十届全国人民代表大会常务委员会第十五次会议通过）

5. 中华人民共和国治安管理处罚法

（2005 年 8 月 28 日第十届全国人民代表大会常务委员会第十七次会议通过）

6. 中华人民共和国公证法

（2005 年 8 月 28 日第十届全国人民代表大会常务委员会第十七次会议通过）

7. 全国人民代表大会常务委员会关于修改《中华人民共和国妇女权益保障法》的决定

（2005 年 8 月 28 日第十届全国人民代表大会常务委员会第十七次会议通过）

8. 中华人民共和国外国中央银行财产司法强制措施豁免法

（2005 年 10 月 25 日第十届全国人民代表大会常务委员会第十八次会议通过）

9. 中华人民共和国公司法（修订）

（2005 年 10 月 27 日第十届全国人民代表大会常务委员会第十八次会议通过）

10. 中华人民共和国证券法（修订）

（2005 年 10 月 27 日第十届全国人民代表大会常务委员会第十八次会议通过）

11. 全国人民代表大会常务委员会关于修改《中华人民共和国个人所得税法》的决定

（2005 年 10 月 27 日第十届全国人民代表大会常务委员会第十八次会议通过）

12. 中华人民共和国畜牧法

（2005 年 12 月 29 日第十届全国人民代表大会常务委员会第十九次会议通过）

法律解释 3 件：

13. 全国人民代表大会常务委员会关于《中华人民共和国香港特别行政区基本法》第五十三条第二款的解释

（2005 年 4 月 27 日第十届全国人民代表大会常务委员会第十五次会议通过）

14. 全国人民代表大会常务委员会关于《中华人民共和国刑法》有关文物的规定适用于具有科学价值的古脊椎动物化石、古人类化石的解释

（2005 年 12 月 29 日第十届全国人民代表大会常务委员会第十九次会议通过）

15. 全国人民代表大会常务委员会关于《中华人民共和国刑法》有关出口退税、抵扣税款的其他发票规定的解释

（2005 年 12 月 29 日第十届全国人民代表大会常务委员会第十九次会议通过）

有关法律问题的决定 4 件：

16. 全国人民代表大会常务委员会关于司法鉴定管理问题的决定

（2005 年 2 月 28 日第十届全国人民代表大会常务委员会第十四次会议通过）

17. 第十届全国人民代表大会第三次会议选举和决定任命的办法

（2005 年 3 月 8 日第十届全国人民代表大会第三次会议通过）

18. 全国人民代表大会常务委员会关于增加《中华人民共和国香港特别行政区基本法》附件三所列全国性法律的决定

（2005 年 10 月 27 日第十届全国人民代表大会常务委员会第十八次会议通过）

19. 全国人民代表大会常务委员会关于增加《中华人民共和国澳门特别行政区基本法》附件三所列全国性法律的决定

（2005 年 10 月 27 日第十届全国人民代表大会常务委员会第十八次会议通过）

有关废止法律的决定 1 件：

20. 全国人民代表大会常务委员会关于废止《中华人民共和国农业税条例》的决定

（2005 年 12 月 29 日第十届全国人民代表大会常务委员会第十九次会议通过）

2006 年（15 件）

（其中：法律 13 件，有关法律问题的决定 2 件）

法律 13 件：

1. 全国人民代表大会常务委员会关于修改《中华人民共和国审计法》的决定

（2006 年 2 月 28 日第十届全国人民代表大会常务委员会第二十次会议通过）

2. 中华人民共和国农产品质量安全法

（2006 年 4 月 29 日第十届全国人民代表大会常务委员会第二十一次会议通过）

3. 中华人民共和国护照法

（2006 年 4 月 29 日第十届全国人民代表大会常务委员会第二十一次会议通过）

4. 中华人民共和国刑法修正案（六）

（2006 年 6 月 29 日第十届全国人民代表大会常务委员会第二十二次会议通过）

5. 中华人民共和国义务教育法（修订）

（2006 年 6 月 29 日第十届全国人民代表大会常务委员会第二十二次会议通过）

6. 中华人民共和国各级人民代表大会常务委员会监督法

（2006 年 8 月 27 日第十届全国人民代表大会常务委员会第二十三次会议通过）

7. 中华人民共和国企业破产法

（2006 年 8 月 27 日第十届全国人民代表大会常务委员会第二十三次会议通过）

8. 中华人民共和国合伙企业法（修订）

（2006 年 8 月 27 日第十届全国人民代表大会常务委员会第二十三次会议通过）

9. 中华人民共和国农民专业合作社法

（2006 年 10 月 31 日第十届全国人民代表大会常务委员会第二十四次会议通过）

10. 中华人民共和国反洗钱法

（2006 年 10 月 31 日第十届全国人民代表大会常务委员会第二十四次会议通过）

11. 全国人民代表大会常务委员会关于修改《中华人民共和国银行业监督管理法》的决定

（2006 年 10 月 31 日第十届全国人民代表大会常务委员会第二十四次会议通过）

12. 全国人民代表大会常务委员会关于修改《中华人民共和国人民法院组织法》的决定

（2006 年 10 月 31 日第十届全国人民代表大会常务委员会第二十四次会议通过）

13. 中华人民共和国未成年人保护法（修订）

（2006 年 12 月 29 日第十届全国人民代表大会常务委员会第二十五次会议通过）

有关法律问题的决定 **2** 件：

14. 全国人民代表大会常务委员会关于加强法制宣传教育的决议

（2006 年 4 月 29 日第十届全国人民代表大会常务委员会第二十一次会议通过）

15. 全国人民代表大会常务委员会关于授权香港特别行政区对深圳湾口岸港方口岸区实施管辖的决定

（2006 年 10 月 31 日第十届全国人民代表大会常务委员会第二十四次会议通过）

2007 年（27 件）

（其中：法律 20 件，有关法律问题的决定 7 件）

法律 **20** 件：

1. 中华人民共和国物权法

（2007 年 3 月 16 日第十届全国人民代表大会五次会议通过）

2. 中华人民共和国企业所得税法

（2007 年 3 月 16 日第十届全国人民代表大会五次会议通过）

3. 中华人民共和国劳动合同法

（2007 年 6 月 29 日第十届全国人民代表大会常务委员会第二十八次会议

通过）

4. 全国人民代表大会常务委员会关于修改《中华人民共和国个人所得税法》的决定

（2007 年 6 月 29 日第十届全国人民代表大会常务委员会第二十八次会议通过）

5. 中华人民共和国反垄断法

（2007 年 8 月 30 日第十届全国人民代表大会常务委员会第二十九次会议通过）

6. 中华人民共和国突发事件应对法

（2007 年 8 月 30 日第十届全国人民代表大会常务委员会第二十九次会议通过）

7. 中华人民共和国就业促进法

（2007 年 8 月 30 日第十届全国人民代表大会常务委员会第二十九次会议通过）

8. 中华人民共和国动物防疫法（修订）

（2007 年 8 月 30 日第十届全国人民代表大会常务委员会第二十九次会议通过）

9. 全国人民代表大会常务委员会关于修改《中华人民共和国城市房地产管理法》的决定

（2007 年 8 月 30 日第十届全国人民代表大会常务委员会第二十九次会议通过）

10. 中华人民共和国城乡规划法

（2007 年 10 月 28 日第十届全国人民代表大会常务委员会第三十次会议通过）

11. 全国人民代表大会常务委员会关于修改《中华人民共和国民事诉讼法》的决定

（2007 年 10 月 28 日第十届全国人民代表大会常务委员会第三十次会议通过）

12. 中华人民共和国节约能源法（修订）

（2007 年 10 月 28 日第十届全国人民代表大会常务委员会第三十次会议通过）

13. 中华人民共和国律师法（修订）

（2007 年 10 月 28 日第十届全国人民代表大会常务委员会第三十次会议通过）

14. 中华人民共和国禁毒法

（2007 年 12 月 29 日第十届全国人民代表大会常务委员会第三十一次会议通过）

15. 中华人民共和国劳动争议调解仲裁法

（2007 年 12 月 29 日第十届全国人民代表大会常务委员会第三十一次会议通过）

16. 中华人民共和国科学技术进步法（修订）

（2007 年 12 月 29 日第十届全国人民代表大会常务委员会第三十一次会议通过）

17. 全国人民代表大会常务委员会关于修改《中华人民共和国道路交通安全法》的决定

（2007 年 12 月 29 日第十届全国人民代表大会常务委员会第三十一次会议通过）

18. 全国人民代表大会常务委员会关于修改《中华人民共和国国境卫生检疫法》的决定

（2007 年 12 月 29 日第十届全国人民代表大会常务委员会第三十一次会议通过）

19. 全国人民代表大会常务委员会关于修改《中华人民共和国文物保护法》的决定

（2007 年 12 月 29 日第十届全国人民代表大会常务委员会第三十一次会议通过）

20. 全国人民代表大会常务委员会关于修改《中华人民共和国个人所得税法》的决定

（2007 年 12 月 29 日第十届全国人民代表大会常务委员会第三十一次会议通过）

有关法律问题的决定 7 件：

21. 全国人民代表大会常务委员会关于第十一届全国人民代表大会代表名额和选举问题的决定

（2007 年 3 月 16 日第十届全国人民代表大会五次会议通过）

22. 香港特别行政区选举第十一届全国人民代表大会代表的办法

（2007 年 3 月 16 日第十届全国人民代表大会五次会议通过）

23. 澳门特别行政区选举第十一届全国人民代表大会代表的办法

（2007 年 3 月 16 日第十届全国人民代表大会五次会议通过）

24. 第十一届全国人民代表大会代表名额分配方案

（2007 年 4 月 27 日第十届全国人民代表大会常务委员会第二十七次会议通过）

25. 第十一届全国人民代表大会少数民族代表名额分配方案

（2007 年 4 月 27 日第十届全国人民代表大会常务委员会第二十七次会议通过）

26. 台湾省出席第十一届全国人民代表大会代表协商选举方案

（2007 年 4 月 27 日第十届全国人民代表大会常务委员会第二十七次会议通过）

27. 全国人民代表大会常务委员会关于香港特别行政区 2012 年行政长官和立法会产生办法及有关普选问题的决定

（2007 年 12 月 29 日第十届全国人民代表大会常务委员会第三十一次会议通过）

2008 年（10 件）

（其中：法律 7 件，有关法律问题的决定 3 件）

法律 7 件：

1. 中华人民共和国水污染防治法（修订）

（2008 年 2 月 28 日第十届全国人民代表大会常务委员会第三十二次会议通过）

2. 中华人民共和国残疾人保障法（修订）

（2008 年 4 月 24 日十一届全国人民代表大会常务委员会第二次会议通过）

3. 中华人民共和国循环经济促进法

（2008 年 8 月 29 日十一届全国人民代表大会常务委员会第四次会议通过）

4. 中华人民共和国企业国有资产法

（2008 年 10 月 28 日十一届全国人民代表大会常务委员会第五次会议通过）

5. 中华人民共和国消防法（修订）

（2008 年 10 月 28 日十一届全国人民代表大会常务委员会第五次会议通过）

6. 中华人民共和国防震减灾法（修订）

（2008 年 12 月 27 日十一届全国人民代表大会常务委员会第六次会议通过）

7. 全国人民代表大会常务委员会关于修改《中华人民共和国专利法》的决定

（2008 年 12 月 27 日十一届全国人民代表大会常务委员会第六次会议通过）

有关法律问题的决定 **3** 件：

8. 第十一届全国人民代表大会第一次会议表决第十一届全国人民代表大会各专门委员会主任委员、副主任委员、委员人选的办法

（2008 年 3 月 5 日第十一届全国人民代表大会第一次会议通过）

9. 第十一届全国人民代表大会第一次会议选举和决定任命的办法

（2008 年 3 月 11 日第十一届全国人民代表大会第一次会议通过）

10. 第十一届全国人民代表大会第一次会议关于国务院机构改革方案的决定

（2008 年 3 月 15 日第十一届全国人民代表大会第一次会议通过）

2009 年（15 件）

（其中：法律 12 件，有关法律问题的决定 1 件，

有关法律清理的决定 2 件）

法律 **12** 件：

1. 中华人民共和国食品安全法

（2009 年 2 月 28 日十一届全国人民代表大会常务委员会第七次会议通过）

2. 中华人民共和国刑法修正案（七）

（2009 年 2 月 28 日十一届全国人民代表大会常务委员会第七次会议通过）

3. 中华人民共和国保险法（修订）

（2009 年 2 月 28 日十一届全国人民代表大会常务委员会第七次会议通过）

4. 中华人民共和国邮政法（修订）

（2009 年 4 月 24 日十一届全国人民代表大会常务委员会第八次会议通过）

5. 全国人民代表大会常务委员会关于修改《中华人民共和国全国人民代表大会常务委员会议事规则》的决定

（2009 年 4 月 24 日十一届全国人民代表大会常务委员会第八次会议通过）

6. 中华人民共和国农村土地承包经营纠纷调解仲裁法

（2009 年 6 月 27 日十一届全国人民代表大会常务委员会第九次会议通过）

7. 中华人民共和国统计法（修订）

（2009 年 6 月 27 日十一届全国人民代表大会常务委员会第九次会议通过）

8. 中华人民共和国人民武装警察法

（2009 年 8 月 27 日十一届全国人民代表大会常务委员会第十次会议通过）

9. 中华人民共和国驻外外交人员法

（2009 年 10 月 31 日十一届全国人民代表大会常务委员会第十一次会议通过）

10. 中华人民共和国侵权责任法

（2009 年 12 月 26 日十一届全国人民代表大会常务委员会第十二次会议通过）

11. 中华人民共和国海岛保护法

（2009 年 12 月 26 日十一届全国人民代表大会常务委员会第十二次会议通过）

12. 全国人民代表大会常务委员会关于修改《中华人民共和国可再生能源法》的决定

（2009 年 12 月 26 日十一届全国人民代表大会常务委员会第十二次会议通过）

有关法律问题的决定 1 件：

13. 全国人民代表大会常务委员会关于授权澳门特别行政区对设在横琴岛的澳门大学新校区实施管辖的决定

（2009 年 6 月 27 日十一届全国人民代表大会常务委员会第九次会议通过）

有关法律清理的决定 2 件：

14. 全国人民代表大会常务委员会关于废止部分法律的决定

（2009 年 6 月 27 日十一届全国人民代表大会常务委员会第九次会议通过）

15. 全国人民代表大会常务委员会关于修改部分法律的决定

（2009 年 8 月 27 日十一届全国人民代表大会常务委员会第十次会议通过）

2010 年（16 件）

（其中：法律 14 件，有关法律问题的决定 2 件）

法律 14 件：

1. 中华人民共和国国防动员法

（2010 年 2 月 26 日十一届全国人民代表大会常务委员会第十三次会议

通过）

2. 全国人民代表大会常务委员会关于修改《中华人民共和国著作权法》的决定

（2010 年 2 月 26 日十一届全国人民代表大会常务委员会第十三次会议通过）

3. 全国人民代表大会关于修改《中华人民共和国全国人民代表大会和地方各级人民代表大会选举法》的决定

（2010 年 3 月 14 日十一届全国人民代表大会三次会议通过）

4. 中华人民共和国保守国家秘密法（修订）

（2010 年 4 月 29 日十一届全国人民代表大会常务委员会第十四次会议通过）

5. 全国人民代表大会常务委员会关于修改《中华人民共和国国家赔偿法》的决定

（2010 年 4 月 29 日十一届全国人民代表大会常务委员会第十四次会议通过）

6. 中华人民共和国石油天然气管道保护法

（2010 年 6 月 25 日十一届全国人民代表大会常务委员会第十五次会议通过）

7. 全国人民代表大会常务委员会关于修改《中华人民共和国行政监察法》的决定

（2010 年 6 月 25 日十一届全国人民代表大会常务委员会第十五次会议通过）

8. 全国人民代表大会常务委员会关于修改《中华人民共和国预备役军官法》的决定

（2010 年 8 月 28 日十一届全国人民代表大会常务委员会第十六次会议通过）

9. 中华人民共和国人民调解法

（2010 年 8 月 28 日十一届全国人民代表大会常务委员会第十六次会议通过）

10. 中华人民共和国社会保险法

（2010 年 10 月 28 日十一届全国人民代表大会常务委员会第十七次会议通过）

11. 中华人民共和国涉外民事关系法律适用法

（2010 年 10 月 28 日十一届全国人民代表大会常务委员会第十七次会议通过）

12. 中华人民共和国村民委员会组织法（修订）

（2010 年 10 月 28 日十一届全国人民代表大会常务委员会第十七次会议通过）

13. 全国人民代表大会常务委员会关于修改《中华人民共和国全国人民代表大会和地方各级人民代表大会代表法》的决定

（2010 年 10 月 28 日十一届全国人民代表大会常务委员会第十七次会议通过）

14. 中华人民共和国水土保持法（修订）

（2010 年 12 月 25 日十一届全国人民代表大会常务委员会第十八次会议通过）

有关法律问题的决定 **2** 件：

15. 全国人民代表大会常务委员会关于批准《中华人民共和国香港特别行政区基本法附件一香港特别行政区行政长官的产生办法修正案》的决定

（2010 年 8 月 28 日十一届全国人民代表大会常务委员会第十六次会议通过）

16. 中华人民共和国香港特别行政区基本法附件二香港特别行政区立法会的产生办法和表决程序修正案

（2010 年 8 月 28 日十一届全国人民代表大会常务委员会第十六次会议予以备案）

2011 年（15 件）

（其中：法律 11 件，法律解释 2 件，有关法律问题的决定 2 件）

法律 **11** 件：

1. 中华人民共和国刑法修正案（八）

（2011 年 2 月 25 日十一届全国人民代表大会常务委员会第十九次会议通过）

2. 中华人民共和国非物质文化遗产法

（2011 年 2 月 25 日十一届全国人民代表大会常务委员会第十九次会议通过）

3. 中华人民共和国车船税法

（2011 年 2 月 25 日十一届全国人民代表大会常务委员会第十九次会议
通过）

4. 全国人民代表大会常务委员会关于修改《中华人民共和国煤炭法》的
决定

（2011 年 4 月 22 日十一届全国人民代表大会常务委员会第二十次会议
通过）

5. 全国人民代表大会常务委员会关于修改《中华人民共和国建筑法》的
决定

（2011 年 4 月 22 日十一届全国人民代表大会常务委员会第二十次会议
通过）

6. 全国人民代表大会常务委员会关于修改《中华人民共和国道路交通安
全法》的决定

（2011 年 4 月 22 日十一届全国人民代表大会常务委员会第二十次会议
通过）

7. 全国人民代表大会常务委员会关于修改《中华人民共和国个人所得税
法》的决定

（2011 年 6 月 30 日十一届全国人民代表大会常务委员会第二十一次会议
通过）

8. 中华人民共和国行政强制法

（2011 年 6 月 30 日十一届全国人民代表大会常务委员会第二十一次会议
通过）

9. 全国人民代表大会常务委员会关于修改《中华人民共和国兵役法》的
决定

（2011 年 10 月 29 日十一届全国人民代表大会常务委员会第二十三次会议
通过）

10. 全国人民代表大会常务委员会关于修改《中华人民共和国居民身份
证法》的决定

（2011 年 10 月 29 日十一届全国人民代表大会常务委员会第二十三次会议
通过）

11. 全国人民代表大会常务委员会关于修改《中华人民共和国职业病防
治法》的决定

（2011 年 12 月 31 日十一届全国人民代表大会常务委员会第二十四次会议

通过)

法律解释 **2** 件:

12. 全国人民代表大会常务委员会关于《中华人民共和国香港特别行政区基本法》第十三条第一款和第十九条的解释

(2011 年 8 月 26 日十一届全国人民代表大会常务委员会第二十二次会议通过)

13. 全国人民代表大会常务委员会关于《中华人民共和国澳门特别行政区基本法》附件一第七条和附件二第三条的解释

(2011 年 12 月 31 日十一届全国人民代表大会常务委员会第二十四次会议通过)

有关法律问题的决定 **2** 件:

14. 全国人民代表大会常务委员会关于进一步加强法制宣传教育的决议

(2011 年 4 月 22 日十一届全国人民代表大会常务委员会第二十次会议通过)

15. 全国人民代表大会常务委员会关于加强反恐怖工作有关问题的决定

(2011 年 10 月 29 日十一届全国人民代表大会常务委员会第二十三次会议通过)

2012 年 (31 件)

(其中:法律 20 件,有关法律问题的决定 11 件)

法律 **20** 件:

1. 全国人民代表大会常务委员会关于修改《中华人民共和国清洁生产促进法》的决定

(2012 年 2 月 29 日十一届全国人民代表大会常务委员会第二十五次会议通过)

2. 全国人民代表大会关于修改《中华人民共和国刑事诉讼法》的决定

(2012 年 3 月 14 日十一届全国人民代表大会五次会议通过)

3. 中华人民共和国军人保险法

(2012 年 4 月 27 日十一届全国人民代表大会常务委员会第二十六次会议通过)

4. 中华人民共和国出境入境管理法

(2012 年 6 月 30 日十一届全国人民代表大会常务委员会第二十七次会议

通过）

5. 全国人民代表大会常务委员会关于修改《中国人民解放军选举全国人民代表大会和县级以上地方各级人民代表大会代表的办法》的决定

（2012 年 6 月 30 日十一届全国人民代表大会常务委员会第二十七次会议通过）

6. 全国人民代表大会常务委员会关于修改《中华人民共和国民事诉讼法》的决定

（2012 年 8 月 31 日十一届全国人民代表大会常务委员会第二十八次会议通过）

7. 全国人民代表大会常务委员会关于修改《中华人民共和国农业技术推广法》的决定

（2012 年 8 月 31 日十一届全国人民代表大会常务委员会第二十八次会议通过）

8. 中华人民共和国精神卫生法

（2012 年 10 月 26 日十一届全国人民代表大会常务委员会第二十九次会议通过）

9. 全国人民代表大会常务委员会关于修改《中华人民共和国监狱法》的决定

（2012 年 10 月 26 日十一届全国人民代表大会常务委员会第二十九次会议通过）

10. 全国人民代表大会常务委员会关于修改《中华人民共和国律师法》的决定

（2012 年 10 月 26 日十一届全国人民代表大会常务委员会第二十九次会议通过）

11. 全国人民代表大会常务委员会关于修改《中华人民共和国未成年人保护法》的决定

（2012 年 10 月 26 日十一届全国人民代表大会常务委员会第二十九次会议通过）

12. 全国人民代表大会常务委员会关于修改《中华人民共和国预防未成年人犯罪法》的决定

（2012 年 10 月 26 日十一届全国人民代表大会常务委员会第二十九次会议通过）

13. 全国人民代表大会常务委员会关于修改《中华人民共和国治安管理处罚法》的决定

（2012 年 10 月 26 日十一届全国人民代表大会常务委员会第二十九次会议通过）

14. 全国人民代表大会常务委员会关于修改《中华人民共和国国家赔偿法》的决定

（2012 年 10 月 26 日十一届全国人民代表大会常务委员会第二十九次会议通过）

15. 全国人民代表大会常务委员会关于修改《中华人民共和国人民警察法》的决定

（2012 年 10 月 26 日十一届全国人民代表大会常务委员会第二十九次会议通过）

16. 全国人民代表大会常务委员会关于修改《中华人民共和国邮政法》的决定

（2012 年 10 月 26 日十一届全国人民代表大会常务委员会第二十九次会议通过）

17. 中华人民共和国证券投资基金法（修订）

（2012 年 12 月 28 日十一届全国人民代表大会常务委员会第三十次会议通过）

18. 中华人民共和国老年人权益保障法（修订）

（2012 年 12 月 28 日十一届全国人民代表大会常务委员会第三十次会议通过）

19. 全国人民代表大会常务委员会关于修改《中华人民共和国劳动合同法》的决定

（2012 年 12 月 28 日十一届全国人民代表大会常务委员会第三十次会议通过）

20. 全国人民代表大会常务委员会关于修改《中华人民共和国农业法》的决定

（2012 年 12 月 28 日十一届全国人民代表大会常务委员会第三十次会议通过）

有关法律问题的决定 11 件：

21. 全国人民代表大会常务委员会关于澳门特别行政区 **2013** 年立法会产生办法和 **2014** 年行政长官产生办法有关问题的决定

（2012 年 2 月 29 日十一届全国人民代表大会常务委员会第二十五次会议

通过）

22. 第十一届全国人民代表大会第五次会议关于第十二届全国人民代表大会代表名额和选举问题的决定

（2012 年 3 月 14 日十一届全国人民代表大会五次会议通过）

23. 中华人民共和国香港特别行政区选举第十二届全国人民代表大会代表的办法

（2012 年 3 月 14 日十一届全国人民代表大会五次会议通过）

24. 中华人民共和国澳门特别行政区选举第十二届全国人民代表大会代表的办法

（2012 年 3 月 14 日十一届全国人民代表大会五次会议通过）

25. 第十二届全国人民代表大会代表名额分配方案

（2012 年 4 月 27 日十一届全国人民代表大会常务委员会第二十六次会议通过）

26. 第十二届全国人民代表大会少数民族代表名额分配方案

（2012 年 4 月 27 日十一届全国人民代表大会常务委员会第二十六次会议通过）

27. 台湾省出席第十二届全国人民代表大会代表协商选举方案

（2012 年 4 月 27 日十一届全国人民代表大会常务委员会第二十六次会议通过）

28. 全国人民代表大会常务委员会关于批准《中华人民共和国澳门特别行政区基本法附件一澳门特别行政区行政长官的产生办法修正案》的决定

（2012 年 6 月 30 日十一届全国人民代表大会常务委员会第二十七次会议通过）

29. 中华人民共和国澳门特别行政区基本法附件二澳门特别行政区立法会的产生办法修正案

（2012 年 6 月 30 日十一届全国人民代表大会常务委员会第二十七次会议予以备案）

30. 全国人民代表大会常务委员会关于加强网络信息保护的决定

（2012 年 12 月 28 日十一届全国人民代表大会常务委员会第三十次会议通过）

31. 全国人民代表大会常务委员会关于授权国务院在广东省暂时调整部分法律规定的行政审批的决定

（2012 年 12 月 28 日十一届全国人民代表大会常务委员会第三十次会议通过）

2013 年（12 件）

（其中：法律 6 件，有关法律问题和重大问题的决定 6 件）

法律 6 件：

1. 中华人民共和国旅游法

（2013 年 4 月 25 日第十二届全国人民代表大会常务委员会第二次会议通过）

2. 中华人民共和国特种设备安全法

（2013 年 6 月 29 日第十二届全国人民代表大会常务委员会第三次会议通过）

3. 全国人民代表大会常务委员会关于修改《中华人民共和国文物保护法》等十二部法律的决定

（2013 年 6 月 29 日第十二届全国人民代表大会常务委员会第三次会议通过）

12 部法律是：文物保护法、草原法、海关法、进出口商品检验法、税收征收管理法、固体废物污染环境保护法、煤炭法、动物防疫法、证券法、种子法、民办教育促进法、传染病防治法

4. 全国人民代表大会常务委员会关于修改《中华人民共和国商标法》的决定

（2013 年 8 月 30 日第十二届全国人民代表大会常务委员会第四次会议通过）

5. 全国人民代表大会常务委员会关于修改《中华人民共和国消费者权益保护法》的决定

（2013 年 10 月 25 日第十二届全国人民代表大会常务委员会第五次会议通过）

6. 全国人民代表大会常务委员会关于修改《中华人民共和国海洋环境保护法》等七部法律的决定

（2013 年 12 月 28 日第十二届全国人民代表大会常务委员会第六次会议通过）

7 部法律是：海洋环境保护法、药品管理法、计量法、渔业法、海关法、烟草专卖法、公司法

有关法律问题和重大问题的决定 6 件：

7. 第十二届全国人民代表大会第一次会议关于第十二届全国人民代表大会专门委员会的设立及其主任委员、副主任委员、委员人选的表决办法

（2013 年 3 月 5 日第十二届全国人民代表大会第一次会议通过）

8. 第十二届全国人民代表大会第一次会议选举和决定任命的办法

（2013 年 3 月 10 日第十二届全国人民代表大会第一次会议通过）

9. 第十二届全国人民代表大会第一次会议关于国务院机构改革和职能转变方案的决定

（2013 年 3 月 14 日第十二届全国人民代表大会第一次会议通过）

10. 全国人民代表大会常务委员会关于授权国务院在中国（上海）自由贸易试验区暂时调整有关法律规定的行政审批的决定

（2013 年 8 月 30 日第十二届全国人民代表大会常务委员会第四次会议通过）

11. 全国人民代表大会常务委员会关于废止有关劳动教养法律规定的决定

（2013 年 12 月 28 日第十二届全国人民代表大会常务委员会第六次会议通过）

12. 全国人民代表大会常务委员会关于调整完善生育政策的决议

（2013 年 12 月 28 日第十二届全国人民代表大会常务委员会第六次会议通过）

2014 年（24 件）

（其中：法律 8 件，法律解释 8 件，

有关法律问题和重大问题的决定 8 件）

法律 8 件：

1. 中华人民共和国环境保护法（修订）

（2014 年 4 月 24 日第十二届全国人民代表大会常务委员会第八次会议通过）

2. 全国人民代表大会常务委员会关于修改《中华人民共和国军事设施保护法》的决定

（2014 年 6 月 27 日第十二届全国人民代表大会常务委员会第九次会议通过）

3. 全国人民代表大会常务委员会关于修改《中华人民共和国预算法》的决定

（2014 年 8 月 31 日第十二届全国人民代表大会常务委员会第十次会议通过）

4. 全国人民代表大会常务委员会关于修改《中华人民共和国安全生产法》的决定

（2014 年 8 月 31 日第十二届全国人民代表大会常务委员会第十次会议通过）

5. 全国人民代表大会常务委员会关于修改《中华人民共和国保险法》等五部法律的决定

（2014 年 8 月 31 日第十二届全国人民代表大会常务委员会第十次会议通过）

5 部法律是：保险法、证券法、注册会计师法、政府采购法、气象法

6. 全国人民代表大会常务委员会关于修改《中华人民共和国行政诉讼法》的决定

（2014 年 11 月 1 日第十二届全国人民代表大会常务委员会第十一次会议通过）

7. 中华人民共和国反间谍法

（2014 年 11 月 1 日第十二届全国人民代表大会常务委员会第十一次会议通过）

8. 中华人民共和国航道法

（2014 年 12 月 28 日第十二届全国人民代表大会常务委员会第十二次会议通过）

法律解释 8 件：

9. 全国人民代表大会常务委员会关于《中华人民共和国刑法》第三十条的解释

（2014 年 4 月 24 日第十二届全国人民代表大会常务委员会第八次会议通过）

10. 全国人民代表大会常务委员会关于《中华人民共和国刑法》第一百五十八条、第一百五十九条的解释

（2014 年 4 月 24 日第十二届全国人民代表大会常务委员会第八次会议通过）

11. 全国人民代表大会常务委员会关于《中华人民共和国刑法》第二百六十六条的解释

（2014 年 4 月 24 日第十二届全国人民代表大会常务委员会第八次会议通过）

12. 全国人民代表大会常务委员会关于《中华人民共和国刑法》第三百四十一条、第三百一十二条的解释

（2014 年 4 月 24 日第十二届全国人民代表大会常务委员会第八次会议通过）

13. 全国人民代表大会常务委员会关于《中华人民共和国刑事诉讼法》第七十九条第三款的解释

（2014 年 4 月 24 日第十二届全国人民代表大会常务委员会第八次会议通过）

14. 全国人民代表大会常务委员会关于《中华人民共和国刑事诉讼法》第二百七十一条第二款的解释

（2014 年 4 月 24 日第十二届全国人民代表大会常务委员会第八次会议通过）

15. 全国人民代表大会常务委员会关于《中华人民共和国刑事诉讼法》第二百五十四条第五款、第二百五十七条第二款的解释

（2014 年 4 月 24 日第十二届全国人民代表大会常务委员会第八次会议通过）

16. 全国人民代表大会常务委员会关于《中华人民共和国民法通则》第九十九条第一款、《中华人民共和国婚姻法》第二十二条的解释

（2014 年 11 月 1 日第十二届全国人民代表大会常务委员会第十一次会议通过）

有关法律问题和重大问题的决定 **8** 件：

17. 全国人民代表大会常务委员会关于确定中国人民抗日战争胜利纪念日的决定

（2014 年 2 月 27 日第十二届全国人民代表大会常务委员会第七次会议通过）

18. 全国人民代表大会常务委员会关于设立南京大屠杀死难者国家公祭日的决定

（2014 年 2 月 27 日第十二届全国人民代表大会常务委员会第七次会议通过）

19. 全国人民代表大会常务委员会关于授权最高人民法院、最高人民检察院在部分地区开展刑事案件速裁程序试点工作的决定

（2014 年 6 月 27 日第十二届全国人民代表大会常务委员会第九次会议通过）

20. 全国人民代表大会常务委员会关于设立烈士纪念日的决定

（2014 年 8 月 31 日第十二届全国人民代表大会常务委员会第十次会议通过）

21. 全国人民代表大会常务委员会关于在北京、上海、广州设立知识产权法院的决定

（2014 年 8 月 31 日第十二届全国人民代表大会常务委员会第十次会议通过）

22. 全国人民代表大会常务委员会关于香港特别行政区行政长官普选问题和 **2016** 年立法会产生办法的决定

（2014 年 8 月 31 日第十二届全国人民代表大会常务委员会第十次会议通过）

23. 全国人民代表大会常务委员会关于设立国家宪法日的决定

（2014 年 11 月 1 日第十二届全国人民代表大会常务委员会第十一次会议通过）

24. 全国人民代表大会常务委员会关于授权国务院在中国（广东）自由贸易试验区、中国（天津）自由贸易试验区、中国（福建）自由贸易试验区以及中国（上海）自由贸易试验区扩展区域暂时调整有关法律规定的行政审批的决定

（2014 年 12 月 28 日第十二届全国人民代表大会常务委员会第十二次会议通过）

2015 年（31 件）

（其中：法律 22 件，有关法律问题和重大问题的决定 9 件）

法律 22 件：

1. 全国人民代表大会关于修改《中华人民共和国立法法》的决定

（2015 年 3 月 15 日第十二届全国人民代表大会三次会议通过）

2. 中华人民共和国食品安全法（修订）

（2015 年 4 月 24 日第十二届全国人民代表大会常务委员会第十四次会议通过）

3. 中华人民共和国广告法（修订）

（2015 年 4 月 24 日第十二届全国人民代表大会常务委员会第十四次会议通过）

4. 全国人民代表大会常务委员会关于修改《中华人民共和国港口法》等七部法律的决定

（2015 年 4 月 24 日第十二届全国人民代表大会常务委员会第十四次会议通过）

7 部法律是：港口法、税收征收管理法、固体废物污染环境防法治、枪支管理法、防洪法、证券投资基金法、城乡规划法

5. 全国人民代表大会常务委员会关于修改《中华人民共和国电力法》等六部法律的决定

（2015 年 4 月 24 日第十二届全国人民代表大会常务委员会第十四次会议通过）

6 部法律是：电力法、拍卖法、老年人权益保障法、动物防疫法、电子签名法、就业促进法

6. 全国人民代表大会常务委员会关于修改《中华人民共和国义务教育法》等五部法律的决定

（2015 年 4 月 24 日第十二届全国人民代表大会常务委员会第十四次会议通过）

5 部法律是：义务教育法、邮政法、铁路法、公证法、关于司法鉴定管理问题的决定

7. 全国人民代表大会常务委员会关于修改《中华人民共和国计量法》等五部法律的决定

（2015 年 4 月 24 日第十二届全国人民代表大会常务委员会第十四次会议

5 部法律是：计量法、烟草专卖法、保险法、民用航空法、畜牧法

8. 全国人民代表大会常务委员会关于修改《中华人民共和国药品管理法》的决定

（2015 年 4 月 24 日第十二届全国人民代表大会常务委员会第十四次会议通过）

9. 全国人民代表大会常务委员会关于修改《中华人民共和国文物保护法》的决定

（2015 年 4 月 24 日第十二届全国人民代表大会常务委员会第十四次会议通过）

10. 中华人民共和国国家安全法

（2015 年 7 月 1 日第十二届全国人民代表大会常务委员会第十五次会议通过）

11. 中华人民共和国刑法修正案（九）

（2015 年 8 月 29 日第十二届全国人民代表大会常务委员会第十六次会议通过）

12. 中华人民共和国大气污染防治法（修订）

（2015 年 8 月 29 日第十二届全国人民代表大会常务委员会第十六次会议通过）

13. 全国人民代表大会常务委员会关于修改《中华人民共和国促进科技成果转化法》的决定

（2015 年 8 月 29 日第十二届全国人民代表大会常务委员会第十六次会议通过）

14. 全国人民代表大会常务委员会关于修改《中华人民共和国地方各级人民代表大会和地方各级人民政府组织法》、《中华人民共和国全国人民代表大会和地方各级人民代表大会选举法》、《中华人民共和国全国人民代表大会和地方各级人民代表大会代表法》的决定

（2015 年 8 月 29 日第十二届全国人民代表大会常务委员会第十六次会议通过）

15. 全国人民代表大会常务委员会关于修改《中华人民共和国商业银行法》的决定

（2015 年 8 月 29 日第十二届全国人民代表大会常务委员会第十六次会议通过）

16. 中华人民共和国种子法（修订）

（2015 年 11 月 4 日第十二届全国人民代表大会常务委员会第十七次会议通过）

17. 中华人民共和国反恐怖主义法

（2015 年 12 月 27 日第十二届全国人民代表大会常务委员会第十八次会议通过）

18. 中华人民共和国反家庭暴力法

（2015 年 12 月 27 日第十二届全国人民代表大会常务委员会第十八次会议通过）

19. 中华人民共和国国家勋章和国家荣誉称号法

（2015 年 12 月 27 日第十二届全国人民代表大会常务委员会第十八次会议通过）

20. 全国人民代表大会常务委员会关于修改《中华人民共和国教育法》的决定

（2015 年 12 月 27 日第十二届全国人民代表大会常务委员会第十八次会议通过）

21. 全国人民代表大会常务委员会关于修改《中华人民共和国高等教育法》的决定

（2015 年 12 月 27 日第十二届全国人民代表大会常务委员会第十八次会议通过）

22. 全国人民代表大会常务委员会关于修改《中华人民共和国人口与计划生育法》的决定

（2015 年 12 月 27 日第十二届全国人民代表大会常务委员会第十八次会议通过）

有关法律问题和重大问题的决定 9 件：

23. 全国人民代表大会常务委员会关于授权国务院在北京市大兴区等三十三个试点县（市、区）行政区域暂时调整实施有关法律规定的决定

（2015 年 2 月 27 日第十二届全国人民代表大会常务委员会第十三次会议通过）

24. 全国人民代表大会常务委员会关于授权在部分地区开展人民陪审员制度改革试点工作的决定

（2015 年 4 月 24 日第十二届全国人民代表大会常务委员会第十四次会议

通过）

25. 全国人民代表大会常务委员会关于实行宪法宣誓制度的决定

（2015 年 7 月 1 日第十二届全国人民代表大会常务委员会第十五次会议通过）

26. 全国人民代表大会常务委员会关于授权最高人民检察院在部分地区开展公益诉讼试点工作的决定

（2015 年 7 月 1 日第十二届全国人民代表大会常务委员会第十五次会议通过）

27. 全国人民代表大会常务委员会关于特赦部分服刑罪犯的决定

（2015 年 8 月 29 日第十二届全国人民代表大会常务委员会第十六次会议通过）

28. 全国人民代表大会常务委员会关于授权国务院在部分地方开展药品上市许可持有人制度试点和有关问题的决定

（2015 年 11 月 4 日第十二届全国人民代表大会常务委员会第十七次会议通过）

29. 全国人民代表大会常务委员会关于授权国务院在北京市大兴区等 **232** 个试点县（市、区）、天津市蓟县等 **59** 个试点县（市、区）行政区域分别暂时调整实施有关法律规定的决定

（2015 年 12 月 27 日第十二届全国人民代表大会常务委员会第十八次会议通过）

30. 全国人民代表大会常务委员会关于授权国务院在实施股票发行注册制改革中调整适用《中华人民共和国证券法》有关规定的决定

（2015 年 12 月 27 日第十二届全国人民代表大会常务委员会第十八次会议通过）

31. 全国人民代表大会常务委员会关于授权国务院在广东省暂时调整部分法律规定的行政审批试行期届满后有关问题的决定

（2015 年 12 月 27 日第十二届全国人民代表大会常务委员会第十八次会议通过）

2016 年（24 件）

（其中：法律 16 件，法律解释 1 件，

有关法律问题和重大问题的决定 7 件）

法律 16 件：

1. 中华人民共和国深海海底区域资源勘探开发法

（2016 年 2 月 26 日第十二届全国人民代表大会常务委员会第十九次会议

通过）

2. 中华人民共和国慈善法

（2016 年 3 月 16 日第十二届全国人民代表大会四次会议通过）

3. 中华人民共和国境外非政府组织境内活动管理法

（2016 年 4 月 28 日第十二届全国人民代表大会常务委员会第二十次会议通过）

4. 中华人民共和国资产评估法

（2016 年 7 月 2 日第十二届全国人民代表大会常务委员会第二十一次会议通过）

5. 中华人民共和国野生动物保护法（修订）

（2016 年 7 月 2 日第十二届全国人民代表大会常务委员会第二十一次会议通过）

6. 全国人民代表大会常务委员会关于修改《中华人民共和国节约能源法》等六部法律的决定

（2016 年 7 月 2 日第十二届全国人民代表大会常务委员会第二十一次会议通过）

6 部法律是：节约能源法、水法、防洪法、职业病防治法、环境影响评价法、航道法

7. 中华人民共和国国防交通法

（2016 年 9 月 3 日第十二届全国人民代表大会常务委员会第二十二次会议通过）

8. 全国人民代表大会常务委员会关于修改《中华人民共和国外资企业法》等四部法律的决定

（2016 年 9 月 3 日第十二届全国人民代表大会常务委员会第二十二次会议通过）

4 部法律是：外资企业法、中外合资经营企业法、中外合作经营企业法、台湾同胞投资保护法

9. 中华人民共和国网络安全法

（2016 年 11 月 7 日第十二届全国人民代表大会常务委员会第二十四次会议通过）

10. 全国人民代表大会常务委员会关于修改《中华人民共和国民办教育促进法》的决定

（2016 年 11 月 7 日第十二届全国人民代表大会常务委员会第二十四次会

议通过）

11. 中华人民共和国电影产业促进法

（2016 年 11 月 7 日第十二届全国人民代表大会常务委员会第二十四次会议通过）

12. 全国人民代表大会常务委员会关于修改《中华人民共和国海洋环境保护法》的决定

（2016 年 11 月 7 日第十二届全国人民代表大会常务委员会第二十四次会议通过）

13. 全国人民代表大会常务委员会关于修改《中华人民共和国对外贸易法》等十二部法律的决定

（2016 年 11 月 7 日第十二届全国人民代表大会常务委员会第二十四次会议通过）

12 部法律是：对外贸易法、海上交通安全法、海关法、档案法、中外合作经营企业法、体育法、民用航空法、固体废物污染环境防治法、煤炭法、公路法、气象法、旅游法

14. 中华人民共和国中医药法

（2016 年 12 月 25 日第十二届全国人民代表大会常务委员会第二十五次会议通过）

15. 中华人民共和国公共文化服务保障法

（2016 年 12 月 25 日第十二届全国人民代表大会常务委员会第二十五次会议通过）

16. 中华人民共和国环境保护税法

（2016 年 12 月 25 日第十二届全国人民代表大会常务委员会第二十五次会议通过）

法律解释 1 件：

17. 全国人民代表大会常务委员会关于《中华人民共和国香港特别行政区基本法》第一百零四条的解释

（2016 年 11 月 7 日第十二届全国人民代表大会常务委员会第二十四次会议通过）

有关法律问题和重大问题的决定 7 件：

18. 全国人民代表大会常务委员会关于开展第七个五年法治宣传教育的决议

（2016 年 4 月 28 日第十二届全国人民代表大会常务委员会第二十次会议

通过）

19. 全国人民代表大会常务委员会关于授权最高人民法院、最高人民检察院在部分地区开展刑事案件认罪认罚从宽制度试点工作的决定

（2016 年 9 月 3 日第十二届全国人民代表大会常务委员会第二十二次会议通过）

20. 全国人民代表大会常务委员会关于成立辽宁省第十二届人民代表大会第七次会议筹备组的决定

（2016 年 9 月 13 日第十二届全国人民代表大会常务委员会第二十三次会议通过）

21. 全国人民代表大会常务委员会关于在北京市、山西省、浙江省开展国家监察体制改革试点工作的决定

（2016 年 12 月 25 日第十二届全国人民代表大会常务委员会第二十五次会议通过）

22. 全国人民代表大会常务委员会关于授权国务院在部分地区和部分在京中央机关暂时调整适用《中华人民共和国公务员法》有关规定的决定

（2016 年 12 月 25 日第十二届全国人民代表大会常务委员会第二十五次会议通过）

23. 全国人民代表大会常务委员会关于授权国务院在河北省邯郸市等 12 个试点城市行政区域暂时调整适用《中华人民共和国社会保险法》有关规定的决定

（2016 年 12 月 25 日第十二届全国人民代表大会常务委员会第二十五次会议通过）

24. 全国人民代表大会常务委员会关于军官制度改革期间暂时调整适用相关法律规定的决定

（2016 年 12 月 25 日第十二届全国人民代表大会常务委员会第二十五次会议通过）

2017 年 （34 件）

（其中：法律 20 件，有关法律问题和重大问题的决定 14 件）

法律 20 件：

1. 中华人民共和国红十字会法（修订）

（2017 年 2 月 24 日第十二届全国人民代表大会常务委员会第二十六次会

议通过）

2. 全国人民代表大会常务委员会关于修改《中华人民共和国企业所得税法》的决定

（2017 年 2 月 24 日第十二届全国人民代表大会常务委员会第二十六次会议通过）

3. 中华人民共和国民法总则

（2017 年 3 月 15 日第十二届全国人民代表大会第五次会议通过）

4. 中华人民共和国测绘法（修订）

（2017 年 4 月 27 日第十二届全国人民代表大会常务委员会第二十七次会议通过）

5. 中华人民共和国国家情报法

（2017 年 6 月 27 日第十二届全国人民代表大会常务委员会第二十八次会议通过）

6. 全国人民代表大会常务委员会关于修改《中华人民共和国水污染防治法》的决定

（2017 年 6 月 27 日第十二届全国人民代表大会常务委员会第二十八次会议通过）

7. 全国人民代表大会常务委员会关于修改《中华人民共和国民事诉讼法》和《中华人民共和国行政诉讼法》的决定

（2017 年 6 月 27 日第十二届全国人民代表大会常务委员会第二十八次会议通过）

8. 中华人民共和国核安全法

（2017 年 9 月 1 日第十二届全国人民代表大会常务委员会第二十九次会议通过）

9. 中华人民共和国中小企业促进法（修订）

（2017 年 9 月 1 日第十二届全国人民代表大会常务委员会第二十九次会议通过）

10. 中华人民共和国国歌法

（2017 年 9 月 1 日第十二届全国人民代表大会常务委员会第二十九次会议通过）

11. 全国人民代表大会常务委员会关于修改《中华人民共和国法官法》等八部法律的决定

（2017 年 9 月 1 日第十二届全国人民代表大会常务委员会第二十九次会议

通过）

8 部法律是：法官法、检察官法、公务员法、律师法、公证法、仲裁法、行政复议法、行政处罚法

12. 中华人民共和国反不正当竞争法（修订）

（2017 年 11 月 4 日第十二届全国人民代表大会常务委员会第三十次会议通过）

13. 中华人民共和国标准化法（修订）

（2017 年 11 月 4 日第十二届全国人民代表大会常务委员会第三十次会议通过）

14. 中华人民共和国公共图书馆法

（2017 年 11 月 4 日第十二届全国人民代表大会常务委员会第三十次会议通过）

15. 中华人民共和国刑法修正案（十）

（2017 年 11 月 4 日第十二届全国人民代表大会常务委员会第三十次会议通过）

16. 全国人民代表大会常务委员会关于修改《中华人民共和国会计法》等十一部法律的决定

（2017 年 11 月 4 日第十二届全国人民代表大会常务委员会第三十次会议通过）

11 部法律是：会计法、海洋环境保护法、文物保护法、海关法、中外合作经营企业法、母婴保健法、民用航空法、公路法、港口法、职业病防治法、境外非政府组织境内活动管理法

17. 中华人民共和国农民专业合作社法（修订）

（2017 年 12 月 27 日第十二届全国人民代表大会常务委员会第三十一次会议通过）

18. 中华人民共和国烟叶税法

（2017 年 12 月 27 日第十二届全国人民代表大会常务委员会第三十一次会议通过）

19. 中华人民共和国船舶吨税法

（2017 年 12 月 27 日第十二届全国人民代表大会常务委员会第三十一次会议通过）

20. 全国人民代表大会常务委员会关于修改《中华人民共和国招标投标法》、《中华人民共和国计量法》的决定

（2017 年 12 月 27 日第十二届全国人民代表大会常务委员会第三十一次会议通过）

有关法律问题和重大问题的决定 **14** 件：

21. 第十二届全国人民代表大会第五次会议关于第十三届全国人民代表大会代表名额和选举问题的决定

（2017 年 3 月 15 日第十二届全国人民代表大会第五次会议通过）

22. 中华人民共和国香港特别行政区选举第十三届全国人民代表大会代表的办法

（2017 年 3 月 15 日第十二届全国人民代表大会第五次会议通过）

23. 中华人民共和国澳门特别行政区选举第十三届全国人民代表大会代表的办法

（2017 年 3 月 15 日第十二届全国人民代表大会第五次会议通过）

24. 全国人民代表大会常委会关于延长人民陪审员制度改革试点期限的决定

（2017 年 4 月 27 日第十二届全国人民代表大会常务委员会第二十七次会议通过）

25. 第十三届全国人民代表大会代表名额分配方案

（2017 年 4 月 27 日第十二届全国人民代表大会常务委员会第二十七次会议通过）

26. 第十三届全国人民代表大会少数民族代表名额分配方案

（2017 年 4 月 27 日第十二届全国人民代表大会常务委员会第二十七次会议通过）

27. 台湾省出席第十三届全国人民代表大会代表协商选举方案

（2017 年 4 月 27 日第十二届全国人民代表大会常务委员会第二十七次会议通过）

28. 全国人民代表大会常委会关于增加《中华人民共和国香港特别行政区基本法》附件三所列全国性法律的决定

（2017 年 11 月 4 日第十二届全国人民代表大会常务委员会第三十次会议通过）

29. 全国人民代表大会常委会关于增加《中华人民共和国澳门特别行政区基本法》附件三所列全国性法律的决定

（2017 年 11 月 4 日第十二届全国人民代表大会常务委员会第三十次会议通过）

30. 全国人民代表大会常委会关于在全国各地推开国家监察体制改革试点工作的决定

（2017 年 11 月 4 日第十二届全国人民代表大会常务委员会第三十次会议通过）

31. 全国人民代表大会常委会关于中国人民武装警察部队改革期间暂时调整适用相关法律规定的决定

（2017 年 11 月 4 日第十二届全国人民代表大会常务委员会第三十次会议通过）

32. 全国人民代表大会常委会关于延长授权国务院在北京市大兴区等三十三个试点县（市、区）行政区域暂时调整实施有关法律规定期限的决定

（2017 年 11 月 4 日第十二届全国人民代表大会常务委员会第三十次会议通过）

33. 全国人民代表大会常务委员会关于批准《内地与香港特别行政区关于在广深港高铁西九龙站设立口岸实施"一地两检"的合作安排》的决定

（2017 年 12 月 27 日第十二届全国人民代表大会常务委员会第三十一次会议通过）

34. 全国人民代表大会常务委员会关于延长授权国务院在北京市大兴区等二百三十二个试点县（市、区）、天津市蓟州区等五十九个试点县（市、区）行政区域分别暂时调整实施有关法律规定期限的决定

（2017 年 12 月 27 日第十二届全国人民代表大会常务委员会第三十一次会议通过）

2018 年（39 件）
（其中：宪法修正案 1 件，法律 23 件*，
有关法律问题和重大问题的决定 15 件）

宪法修正案 1 件：
1. 中华人民共和国宪法修正案

（2018 年 3 月 11 日第十三届全国人民代表大会第一次会议通过）

---

* 2018 年后，先统计新制定法律，后统计修改法律。

法律 23 件：

2. 中华人民共和国监察法

（2018 年 3 月 20 日第十三届全国人民代表大会第一次会议通过）

3. 中华人民共和国人民陪审员法

（2018 年 4 月 27 日第十三届全国人民代表大会常务委员会第二次会议通过）

4. 中华人民共和国英雄烈士保护法

（2018 年 4 月 27 日第十三届全国人民代表大会常务委员会第二次会议通过）

5. 中华人民共和国电子商务法

（2018 年 8 月 31 日第十三届全国人民代表大会常务委员会第五次会议通过）

6. 中华人民共和国土壤污染防治法

（2018 年 8 月 31 日第十三届全国人民代表大会常务委员会第五次会议通过）

7. 中华人民共和国国际刑事司法协助法

（2018 年 10 月 26 日第十三届全国人民代表大会常务委员会第六次会议通过）

8. 中华人民共和国消防救援衔条例

（2018 年 10 月 26 日第十三届全国人民代表大会常务委员会第六次会议通过）

9. 中华人民共和国耕地占用税法

（2018 年 12 月 29 日第十三届全国人民代表大会常务委员会第七次会议通过）

10. 中华人民共和国车辆购置税法

（2018 年 12 月 29 日第十三届全国人民代表大会常务委员会第七次会议通过）

11. 全国人民代表大会常务委员会关于修改《中华人民共和国国境卫生检疫法》等六部法律的决定

（2018 年 4 月 27 日第十三届全国人民代表大会常务委员会第二次会议通过）

6 部法律是：国境卫生检疫法、进出口商品检验法、国防教育法、精神卫生法、反恐怖主义法、国家情报法

12. 全国人民代表大会常务委员会关于修改《中华人民共和国个人所得税法》的决定

（2018 年 8 月 31 日第十三届全国人民代表大会常务委员会第五次会议通过）

13. 全国人民代表大会常务委员会关于修改《中华人民共和国刑事诉讼法》的决定

（2018 年 10 月 26 日第十三届全国人民代表大会常务委员会第六次会议通过）

14. 中华人民共和国人民法院组织法（修订）

（2018 年 10 月 26 日第十三届全国人民代表大会常务委员会第六次会议通过）

15. 中华人民共和国人民检察院组织法（修订）

（2018 年 10 月 26 日第十三届全国人民代表大会常务委员会第六次会议通过）

16. 全国人民代表大会常务委员会关于修改《中华人民共和国公司法》的决定

（2018 年 10 月 26 日第十三届全国人民代表大会常务委员会第六次会议通过）

17. 全国人民代表大会常务委员会关于修改《中华人民共和国野生动物保护法》等十五部法律的决定

（2018 年 10 月 26 日第十三届全国人民代表大会常务委员会第六次会议通过）

15 部法律是：野生动物保护法、计量法、大气污染防治法、残疾人保障法、妇女权益保障法、广告法、节约能源法、防沙治沙法、农业机械化促进法、农产品质量安全法、循环经济促进法、旅游法、环境保护税法、公共图书馆法、船舶吨税法

18. 全国人民代表大会常务委员会关于修改《中华人民共和国农村土地承包法》的决定

（2018 年 12 月 29 日第十三届全国人民代表大会常务委员会第七次会议通过）

19. 中华人民共和国公务员法（修订）

（2018 年 12 月 29 日第十三届全国人民代表大会常务委员会第七次会议通过）

20. 全国人民代表大会常务委员会关于修改《中华人民共和国村民委员会组织法》、《中华人民共和国城市居民委员会组织法》的决定

（2018 年 12 月 29 日第十三届全国人民代表大会常务委员会第七次会议通过）

21. 全国人民代表大会常务委员会关于修改《中华人民共和国产品质量法》等五部法律的决定

（2018 年 12 月 29 日第十三届全国人民代表大会常务委员会第七次会议通过）

5 部法律是：产品质量法、义务教育法、进出口商品检验法、预算法、食品安全法

22. 全国人民代表大会常务委员会关于修改《中华人民共和国电力法》等四部法律的决定

（2018 年 12 月 29 日第十三届全国人民代表大会常务委员会第七次会议通过）

4 部法律是：电力法、高等教育法、港口法、企业所得税法

23. 全国人民代表大会常务委员会关于修改《中华人民共和国劳动法》等七部法律的决定

（2018 年 12 月 29 日第十三届全国人民代表大会常务委员会第七次会议通过）

7 部法律是：劳动法、老年人权益保障法、环境噪声污染防治法、环境影响评价法、民办教育促进法、民用航空法、职业病防治法

24. 全国人民代表大会常务委员会关于修改《中华人民共和国社会保险法》的决定

（2018 年 12 月 29 日第十三届全国人民代表大会常务委员会第七次会议通过）

有关法律问题和重大问题的决定 **15** 件：

25. 全国人民代表大会常务委员会关于实行宪法宣誓制度的决定（2018 年修订）

（2018 年 2 月 24 日第十二届全国人民代表大会常务委员会第三十三次会议通过）

26. 全国人民代表大会常务委员会关于延长授权国务院在实施股票发行注册制改革中调整适用《中华人民共和国证券法》有关规定期限的决定

（2018 年 2 月 24 日第十二届全国人民代表大会常务委员会第三十三次会议通过）

27. 第十三届全国人民代表大会第一次会议关于设立第十三届全国人民代表大会专门委员会的决定

（2018 年 3 月 13 日第十三届全国人民代表大会第一次会议通过）

28. 第十三届全国人民代表大会第一次会议关于第十三届全国人民代表大会专门委员会主任委员、副主任委员、委员人选的表决办法

（2018 年 3 月 13 日第十三届全国人民代表大会第一次会议通过）

29. 第十三届全国人民代表大会第一次会议关于国务院机构改革方案的决定

（2018 年 3 月 17 日第十三届全国人民代表大会第一次会议通过）

30. 第十三届全国人民代表大会第一次会议选举和决定任命的办法

（2018 年 3 月 17 日第十三届全国人民代表大会第一次会议通过）

31. 全国人民代表大会常务委员会关于国务院机构改革涉及法律规定的行政机关职责调整问题的决定

（2018 年 4 月 27 日第十三届全国人民代表大会常务委员会第二次会议通过）

32. 全国人民代表大会常务委员会关于设立上海金融法院的决定

（2018 年 4 月 27 日第十三届全国人民代表大会常务委员会第二次会议通过）

33. 全国人民代表大会常务委员会关于全国人民代表大会宪法和法律委员会职责问题的决定

（2018 年 6 月 22 日第十三届全国人民代表大会常务委员会第三次会议通过）

34. 全国人民代表大会常务委员会关于中国海警局行使海上维权执法职权的决定

（2018 年 6 月 22 日第十三届全国人民代表大会常务委员会第三次会议通过）

35. 全国人民代表大会常务委员会关于全面加强生态环境保护依法推动打好污染防治攻坚战的决议

（2018 年 7 月 10 日第十三届全国人民代表大会常务委员会第四次会议通过）

36. 全国人民代表大会常务委员会关于延长授权国务院在部分地方开展药品上市许可持有人制度试点期限的决定

（2018 年 10 月 26 日第十三届全国人民代表大会常务委员会第六次会议通过）

37. 全国人民代表大会常务委员会关于专利等知识产权案件诉讼程序若干问题的决定

（2018 年 10 月 26 日第十三届全国人民代表大会常务委员会第六次会议通过）

38. 全国人民代表大会常务委员会关于延长授权国务院在北京市大兴区等三十三个试点县（市、区）行政区域暂时调整实施有关法律规定期限的决定

（2018 年 12 月 29 日第十三届全国人民代表大会常务委员会第七次会议通过）

39. 全国人民代表大会常务委员会关于授权国务院提前下达部分新增地方政府债务限额的决定

（2018 年 12 月 29 日第十三届全国人民代表大会常务委员会第七次会议通过）

2019 年 （22 件）

（其中：法律 14 件，有关法律问题和重大问题的决定 8 件）

法律 14 件：

1. 中华人民共和国外商投资法

（2019 年 3 月 15 日第十三届全国人民代表大会第二次会议通过）

2. 中华人民共和国疫苗管理法

（2019 年 6 月 29 日第十三届全国人民代表大会常务委员会第十一次会议通过）

3. 中华人民共和国资源税法

（2019 年 8 月 26 日第十三届全国人民代表大会常务委员会第十二次会议通过）

4. 中华人民共和国密码法

（2019 年 10 月 26 日第十三届全国人民代表大会常务委员会第十四次会议通过）

5. 中华人民共和国基本医疗卫生与健康促进法

（2019 年 12 月 28 日第十三届全国人民代表大会常务委员会第十五次会议通过）

6. 中华人民共和国社区矫正法

（2019 年 12 月 28 日第十三届全国人民代表大会常务委员会第十五次会议通过）

7. 中华人民共和国法官法（修订）

（2019 年 4 月 23 日第十三届全国人民代表大会常务委员会第十次会议通过）

8. 中华人民共和国检察官法（修订）

（2019 年 4 月 23 日第十三届全国人民代表大会常务委员会第十次会议通过）

9. 全国人民代表大会常务委员会关于修改《中华人民共和国建筑法》等八部法律的决定

（2019 年 4 月 23 日第十三届全国人民代表大会常务委员会第十次会议通过）

8 部法律是：建筑法、消防法、电子签名法、城乡规划法、车船税法、商标法、反不正当竞争法、行政许可法

10. 中华人民共和国药品管理法（修订）

（2019 年 8 月 26 日第十三届全国人民代表大会常务委员会第十二次会议通过）

11. 全国人民代表大会常务委员会关于修改《中华人民共和国土地管理法》、《中华人民共和国城市房地产管理法》的决定

（2019 年 8 月 26 日第十三届全国人民代表大会常务委员会第十二次会议通过）

12. 中华人民共和国证券法（修订）

（2019 年 12 月 28 日第十三届全国人民代表大会常务委员会第十五次会议通过）

13. 中华人民共和国森林法（修订）

（2019 年 12 月 28 日第十三届全国人民代表大会常务委员会第十五次会议通过）

14. 全国人民代表大会常务委员会关于修改《中华人民共和国台湾同胞投资保护法》的决定

（2019 年 12 月 28 日第十三届全国人民代表大会常务委员会第十五次会议通过）

有关法律问题和重大问题的决定 8 件：

15. 全国人民代表大会常务委员会关于在中华人民共和国成立七十周年之际对部分服刑罪犯予以特赦的决定

（2019 年 6 月 29 日第十三届全国人民代表大会常务委员会第十一次会议通过）

16. 全国人民代表大会常务委员会关于授予国家勋章和国家荣誉称号的决定

（2019 年 9 月 17 日第十三届全国人民代表大会常务委员会第十三次会议通过）

17. 全国人民代表大会常务委员会关于国家监察委员会制定监察法规的决定

（2019 年 10 月 26 日第十三届全国人民代表大会常务委员会第十四次会议通过）

18. 全国人民代表大会常务委员会关于授权国务院在自由贸易试验区暂时调整适用有关法律规定的决定

（2019 年 10 月 26 日第十三届全国人民代表大会常务委员会第十四次会议通过）

19. 全国人民代表大会常务委员会关于授权澳门特别行政区对横琴口岸澳方口岸区及相关延伸区实施管辖的决定

（2019 年 10 月 26 日第十三届全国人民代表大会常务委员会第十四次会议通过）

20. 全国人民代表大会常务委员会关于废止有关收容教育法律规定和制度的决定

（2019 年 12 月 28 日第十三届全国人民代表大会常务委员会第十五次会议通过）

21. 全国人民代表大会常务委员会关于授权最高人民法院在部分地区开展民事诉讼程序繁简分流改革试点工作的决定

（2019 年 12 月 28 日第十三届全国人民代表大会常务委员会第十五次会议通过）

22. 全国人民代表大会常务委员会关于召开第十三届全国人民代表大会第三次会议的决定

（2019 年 12 月 28 日第十三届全国人民代表大会常务委员会第十五次会议通过）

2020 年（33 件）

（其中：法律 21 件，有关法律问题和重大问题的决定 12 件）

法律 21 件：

1. 中华人民共和国民法典

（2020 年 5 月 28 日第十三届全国人民代表大会第三次会议通过）

2. 中华人民共和国公职人员政务处分法

（2020 年 6 月 20 日第十三届全国人民代表大会常务委员会第十九次会议通过）

3. 中华人民共和国香港特别行政区维护国家安全法

（2020 年 6 月 30 日第十三届全国人民代表大会常务委员会第二十次会议通过）

4. 中华人民共和国城市维护建设税法

（2020 年 8 月 11 日第十三届全国人民代表大会常务委员会第二十一次会议通过）

5. 中华人民共和国契税法

（2020 年 8 月 11 日第十三届全国人民代表大会常务委员会第二十一次会议通过）

6. 中华人民共和国生物安全法

（2020 年 10 月 17 日第十三届全国人民代表大会常务委员会第二十二次会议通过）

7. 中华人民共和国出口管制法

（2020 年 10 月 17 日第十三届全国人民代表大会常务委员会第二十二次会议通过）

8. 中华人民共和国退役军人保障法

（2020 年 11 月 11 日第十三届全国人民代表大会常务委员会第二十三次会议通过）

9. 中华人民共和国长江保护法

（2020 年 12 月 26 日第十三届全国人民代表大会常务委员会第二十四次会议通过）

10. 中华人民共和国固体废物污染环境防治法（修订）

（2020 年 4 月 29 日第十三届全国人民代表大会常务委员会第十七次会议通过）

11. 中华人民共和国档案法（修订）

（2020 年 6 月 20 日第十三届全国人民代表大会常务委员会第十九次会议通过）

12. 中华人民共和国人民武装警察法（修订）

（2020 年 6 月 20 日第十三届全国人民代表大会常务委员会第十九次会议通过）

13. 全国人民代表大会常务委员会关于修改《中华人民共和国专利法》的决定

（2020 年 10 月 17 日第十三届全国人民代表大会常务委员会第二十二次会议通过）

14. 中华人民共和国未成年人保护法（修订）

（2020 年 10 月 17 日第十三届全国人民代表大会常务委员会第二十二次会议通过）

15. 全国人民代表大会常务委员会关于修改《中华人民共和国国旗法》的决定

（2020 年 10 月 17 日第十三届全国人民代表大会常务委员会第二十二次会议通过）

16. 全国人民代表大会常务委员会关于修改《中华人民共和国国徽法》的决定

（2020 年 10 月 17 日第十三届全国人民代表大会常务委员会第二十二次会议通过）

17. 全国人民代表大会常务委员会关于修改《中华人民共和国全国人民代表大会和地方各级人民代表大会选举法》的决定

（2020 年 10 月 17 日第十三届全国人民代表大会常务委员会第二十二次会议通过）

18. 全国人民代表大会常务委员会关于修改《中华人民共和国著作权法》的决定

（2020 年 11 月 11 日第十三届全国人民代表大会常务委员会第二十三次会议通过）

19. 中华人民共和国预防未成年人犯罪法（修订）

（2020 年 12 月 26 日第十三届全国人民代表大会常务委员会第二十四次会议通过）

20. 中华人民共和国刑法修正案（十一）

（2020 年 12 月 26 日第十三届全国人民代表大会常务委员会第二十四次会议通过）

21. 中华人民共和国国防法（修订）

（2020 年 12 月 26 日第十三届全国人民代表大会常务委员会第二十四次会议通过）

有关法律问题和重大问题的决定 **12** 件：

22. 全国人民代表大会常务委员会关于全面禁止非法野生动物交易、革除滥食野生动物陋习、切实保障人民群众生命健康安全的决定

（2020 年 2 月 24 日第十三届全国人民代表大会常务委员会第十六次会议通过）

23. 全国人民代表大会常务委员会关于推迟召开第十三届全国人民代表大会第三次会议的决定

（2020 年 2 月 24 日第十三届全国人民代表大会常务委员会第十六次会议通过）

24. 全国人民代表大会常务委员会关于授权国务院在中国（海南）自由贸易试验区暂时调整适用有关法律规定的决定

（2020 年 4 月 29 日第十三届全国人民代表大会常务委员会第十七次会议通过）

25. 全国人民代表大会常务委员会关于第十三届全国人民代表大会第三次会议召开时间的决定

（2020 年 4 月 29 日第十三届全国人民代表大会常务委员会第十七次会议通过）

26. 全国人民代表大会关于建立健全香港特别行政区维护国家安全的法律制度和执行机制的决定

（2020 年 5 月 28 日第十三届全国人民代表大会三次会议通过）

27. 全国人民代表大会常务委员会关于增加《中华人民共和国香港特别行政区基本法》附件三所列全国性法律的决定

（2020 年 6 月 30 日第十三届全国人民代表大会常务委员会第二十次会议通过）

28. 全国人民代表大会常务委员会关于授权国务院在粤港澳大湾区内地九市开展香港法律执业者和澳门执业律师取得内地执业资质和从事律师职业试点工作的决定

（2020 年 8 月 11 日第十三届全国人民代表大会常务委员会第二十一次会

议通过）

29. 全国人民代表大会常务委员会关于授予在抗击新冠肺炎疫情斗争中作出杰出贡献的人士国家勋章和国家荣誉称号的决定

（2020 年 8 月 11 日第十三届全国人民代表大会常务委员会第二十一次会议通过）

30. 全国人民代表大会常务委员会关于香港特别行政区第六届立法会继续履行职责的决定

（2020 年 8 月 11 日第十三届全国人民代表大会常务委员会第二十一次会议通过）

31. 全国人民代表大会常务委员会关于香港特别行政区立法会议员资格问题的决定

（2020 年 11 月 11 日第十三届全国人民代表大会常务委员会第二十三次会议通过）

32. 全国人民代表大会常务委员会关于加强国有资产管理情况监督的决定

（2020 年 12 月 26 日第十三届全国人民代表大会常务委员会第二十四次会议通过）

33. 全国人民代表大会常务委员会关于设立海南自由贸易港知识产权法院的决定

（2020 年 12 月 26 日第十三届全国人民代表大会常务委员会第二十四次会议通过）

2021 年（47 件）

（其中：法律 36 件，有关法律问题和重大问题的决定 11 件）

法律 36 件：

1. 中华人民共和国海警法

（2021 年 1 月 22 日第十三届全国人民代表大会常务委员会第二十五次会议通过）

2. 中华人民共和国乡村振兴促进法

（2021 年 4 月 29 日第十三届全国人民代表大会常务委员会第二十八次会议通过）

3. 中华人民共和国反食品浪费法

（2021 年 4 月 29 日第十三届全国人民代表大会常务委员会第二十八次会

议通过）

4. 中华人民共和国数据安全法

（2021 年 6 月 10 日第十三届全国人民代表大会常务委员会第二十九次会议通过）

5. 中华人民共和国海南自由贸易港法

（2021 年 6 月 10 日第十三届全国人民代表大会常务委员会第二十九次会议通过）

6. 中华人民共和国军人地位和权益保障法

（2021 年 6 月 10 日第十三届全国人民代表大会常务委员会第二十九次会议通过）

7. 中华人民共和国印花税法

（2021 年 6 月 10 日第十三届全国人民代表大会常务委员会第二十九次会议通过）

8. 中华人民共和国反外国制裁法

（2021 年 6 月 10 日第十三届全国人民代表大会常务委员会第二十九次会议通过）

9. 中华人民共和国个人信息保护法

（2021 年 8 月 20 日第十三届全国人民代表大会常务委员会第三十次会议通过）

10. 中华人民共和国监察官法

（2021 年 8 月 20 日第十三届全国人民代表大会常务委员会第三十次会议通过）

11. 中华人民共和国法律援助法

（2021 年 8 月 20 日第十三届全国人民代表大会常务委员会第三十次会议通过）

12. 中华人民共和国医师法

（2021 年 8 月 20 日第十三届全国人民代表大会常务委员会第三十次会议通过）

13. 中华人民共和国家庭教育促进法

（2021 年 10 月 23 日第十三届全国人民代表大会常务委员会第三十一次会议通过）

14. 中华人民共和国陆地国界法

（2021 年 10 月 23 日第十三届全国人民代表大会常务委员会第三十一次会

议通过）

15. 中华人民共和国反有组织犯罪法

（2021 年 12 月 24 日第十三届全国人民代表大会常务委员会第三十二次会议通过）

16. 中华人民共和国湿地保护法

（2021 年 12 月 24 日第十三届全国人民代表大会常务委员会第三十二次会议通过）

17. 中华人民共和国噪声污染防治法

（2021 年 12 月 24 日第十三届全国人民代表大会常务委员会第三十二次会议通过）

18. 中华人民共和国动物防疫法（修订）

（2021 年 1 月 22 日第十三届全国人民代表大会常务委员会第二十五次会议通过）

19. 中华人民共和国行政处罚法（修订）

（2021 年 1 月 22 日第十三届全国人民代表大会常务委员会第二十五次会议通过）

20. 全国人民代表大会关于修改《中华人民共和国全国人民代表大会组织法》的决定

（2021 年 3 月 11 日第十三届全国人民代表大会第四次会议通过）

21. 全国人民代表大会关于修改《中华人民共和国全国人民代表大会议事规则》的决定

（2021 年 3 月 11 日第十三届全国人民代表大会第四次会议通过）

22. 中华人民共和国香港特别行政区基本法附件一香港特别行政区行政长官的产生办法（修订）

（2021 年 3 月 30 日第十三届全国人民代表大会常务委员会第二十七次会议通过）

23. 中华人民共和国香港特别行政区基本法附件二香港特别行政区立法会的产生办法和表决程序（修订）

（2021 年 3 月 30 日第十三届全国人民代表大会常务委员会第二十七次会议通过）

24. 中华人民共和国海上交通安全法（修订）

（2021 年 4 月 29 日第十三届全国人民代表大会常务委员会第二十八次会

议通过）

25. 全国人民代表大会常务委员会关于修改《中华人民共和国教育法》的决定

（2021 年 4 月 29 日第十三届全国人民代表大会常务委员会第二十八次会议通过）

26. 全国人民代表大会常务委员会关于修改《中华人民共和国道路交通安全法》等八部法律的决定

（2021 年 4 月 29 日第十三届全国人民代表大会常务委员会第二十八次会议通过）

8 部法律是：道路交通安全法、消防法、进出口商品检验法、广告法、草原法、民用航空法、海关法、食品安全法

27. 全国人民代表大会常务委员会关于修改《中国人民解放军选举全国人民代表大会和县级以上地方各级人民代表大会代表的办法》的决定

（2021 年 4 月 29 日第十三届全国人民代表大会常务委员会第二十八次会议通过）

28. 中华人民共和国军事设施保护法（修订）

（2021 年 6 月 10 日第十三届全国人民代表大会常务委员会第二十九次会议通过）

29. 全国人民代表大会常务委员会关于修改《中华人民共和国安全生产法》的决定

（2021 年 6 月 10 日第十三届全国人民代表大会常务委员会第二十九次会议通过）

30. 中华人民共和国兵役法（修订）

（2021 年 8 月 20 日第十三届全国人民代表大会常务委员会第三十次会议通过）

31. 全国人民代表大会常务委员会关于修改《中华人民共和国人口与计划生育法》的决定

（2021 年 8 月 20 日第十三届全国人民代表大会常务委员会第三十次会议通过）

32. 全国人民代表大会常务委员会关于修改《中华人民共和国审计法》的决定

（2021 年 10 月 23 日第十三届全国人民代表大会常务委员会第三十一次会

议通过）

33. 中华人民共和国科学技术进步法（修订）

（2021 年 12 月 24 日第十三届全国人民代表大会常务委员会第三十二次会议通过）

34. 全国人民代表大会常务委员会关于修改《中华人民共和国种子法》的决定

（2021 年 12 月 24 日第十三届全国人民代表大会常务委员会第三十二次会议通过）

35. 全国人民代表大会常务委员会关于修改《中华人民共和国民事诉讼法》的决定

（2021 年 12 月 24 日第十三届全国人民代表大会常务委员会第三十二次会议通过）

36. 全国人民代表大会常务委员会关于修改《中华人民共和国工会法》的决定

（2021 年 12 月 24 日第十三届全国人民代表大会常务委员会第三十二次会议通过）

有关法律问题和重大问题的决定 **11** 件：

37. 全国人民代表大会常务委员会关于设立北京金融法院的决定

（2021 年 1 月 22 日第十三届全国人民代表大会常务委员会第二十五次会议通过）

38. 全国人民代表大会关于完善香港特别行政区选举制度的决定

（2021 年 3 月 11 日第十三届全国人民代表大会第四次会议通过）

39. 全国人民代表大会常务委员会关于加强中央预算审查监督的决定（修订）

（2021 年 4 月 29 日第十三届全国人民代表大会常务委员会第二十八次会议通过）

40. 全国人民代表大会常务委员会关于授权国务院在自由贸易试验区暂时调整适用有关法律规定的决定

（2021 年 4 月 29 日第十三届全国人民代表大会常务委员会第二十八次会议通过）

41. 全国人民代表大会常务委员会关于授权上海市人民代表大会及其常务委员会制定浦东新区法规的决定

（2021 年 6 月 10 日第十三届全国人民代表大会常务委员会第二十九次会

议通过）

42. 全国人民代表大会常务委员会关于开展第八个五年法治宣传教育的决议

（2021 年 6 月 10 日第十三届全国人民代表大会常务委员会第二十九次会议通过）

43. 全国人民代表大会常务委员会关于授权最高人民法院组织开展四级法院审级职能定位改革试点工作的决定

（2021 年 8 月 20 日第十三届全国人民代表大会常务委员会第三十次会议通过）

44. 全国人民代表大会常务委员会关于授权国务院在营商环境创新试点城市暂时调整适用《中华人民共和国计量法》有关规定的决定

（2021 年 10 月 23 日第十三届全国人民代表大会常务委员会第三十一次会议通过）

45. 全国人民代表大会常务委员会关于授权国务院在部分地区开展房地产税改革试点工作的决定

（2021 年 10 月 23 日第十三届全国人民代表大会常务委员会第三十一次会议通过）

46. 全国人民代表大会常务委员会关于深化国防动员体制改革期间暂时调整适用相关法律规定的决定

（2021 年 10 月 23 日第十三届全国人民代表大会常务委员会第三十一次会议通过）

47. 全国人民代表大会常务委员会关于加强经济工作监督的决定（修订）

（2021 年 12 月 24 日第十三届全国人民代表大会常务委员会第三十二次会议通过）

2022 年（24 件）

（其中：法律 16 件，有关法律问题和

重大问题的决定 7 件，法律解释 1 件）

法律 16 件：

1. 全国人民代表大会常务委员会关于中国人民解放军现役士兵衔级制度的决定

（2022 年 2 月 28 日第十三届全国人民代表大会常务委员会第三十三次会议通过）

2. 中华人民共和国期货和衍生品法

（2022 年 4 月 20 日第十三届全国人民代表大会常务委员会第三十四次会议通过）

3. 中华人民共和国黑土地保护法

（2022 年 6 月 24 日第十三届全国人民代表大会常务委员会第三十五次会议通过）

4. 中华人民共和国反电信网络诈骗法

（2022 年 9 月 2 日第十三届全国人民代表大会常务委员会第三十六次会议通过）

5. 中华人民共和国黄河保护法

（2022 年 10 月 30 日第十三届全国人民代表大会常务委员会第三十七次会议通过）

6. 中华人民共和国预备役人员法

（2022 年 12 月 30 日第十三届全国人民代表大会常务委员会第三十八次会议通过）

7. 全国人民代表大会关于修改《中华人民共和国地方各级人民代表大会和地方各级人民政府组织法》的决定

（2022 年 3 月 11 日第十三届全国人民代表大会第五次会议通过）

8. 中华人民共和国职业教育法（修订）

（2022 年 4 月 20 日第十三届全国人民代表大会常务委员会第三十四次会议通过）

9. 中华人民共和国体育法（修订）

（2022 年 6 月 24 日第十三届全国人民代表大会常务委员会第三十五次会议通过）

10. 全国人民代表大会常务委员会关于修改《中华人民共和国反垄断法》的决定

（2022 年 6 月 24 日第十三届全国人民代表大会常务委员会第三十五次会议通过）

11. 全国人民代表大会常务委员会关于修改《中华人民共和国全国人民代表大会常务委员会议事规则》的决定

（2022 年 6 月 24 日第十三届全国人民代表大会常务委员会第三十五次会议通过）

12. 中华人民共和国农产品质量安全法（修订）

（2022 年 9 月 2 日第十三届全国人民代表大会常务委员会第三十六次会议通过）

13. 中华人民共和国妇女权益保障法（修订）

（2022 年 10 月 30 日第十三届全国人民代表大会常务委员会第三十七次会议通过）

14. 中华人民共和国畜牧法（修订）

（2022 年 10 月 30 日第十三届全国人民代表大会常务委员会第三十七次会议通过）

15. 中华人民共和国野生动物保护法（修订）

（2022 年 12 月 30 日第十三届全国人民代表大会常务委员会第三十八次会议通过）

16. 全国人民代表大会常务委员会关于修改《中华人民共和国对外贸易法》的决定

（2022 年 12 月 30 日第十三届全国人民代表大会常务委员会第三十八次会议通过）

有关法律问题和重大问题的决定 7 件：

17. 全国人民代表大会常务委员会关于设立成渝金融法院的决定

（2022 年 2 月 28 日第十三届全国人民代表大会常务委员会第三十三次会议通过）

18. 第十三届全国人民代表大会第五次会议关于第十四届全国人民代表大会代表名额和选举问题的决定

（2022 年 3 月 11 日第十三届全国人民代表大会五次会议通过）

19. 中华人民共和国香港特别行政区选举第十四届全国人民代表大会代表的办法

（2022 年 3 月 11 日第十三届全国人民代表大会五次会议通过）

20. 中华人民共和国澳门特别行政区选举第十四届全国人民代表大会代表的办法

（2022 年 3 月 11 日第十三届全国人民代表大会五次会议通过）

21. 第十四届全国人民代表大会代表名额分配方案

（2022 年 4 月 20 日第十三届全国人民代表大会常务委员会第三十四次会议通过）

22. 第十四届全国人民代表大会少数民族代表名额分配方案

（2022 年 4 月 20 日第十三届全国人民代表大会常务委员会第三十四次会议通过）

23. 台湾省出席第十四届全国人民代表大会代表协商选举方案

（2022 年 4 月 20 日第十三届全国人民代表大会常务委员会第三十四次会议通过）

法律解释 1 件：

24. 全国人民代表大会常务委员会关于《中华人民共和国香港特别行政区维护国家安全法》第十四条和第四十七条的解释

（2022 年 12 月 30 日第十三届全国人民代表大会常务委员会第三十八次会议通过）

2023 年（26 件）

（其中：法律 14 件，有关法律问题和重大问题的决定 12 件）

法律 14 件：

1. 中华人民共和国青藏高原生态保护法

（2023 年 4 月 26 日第十四届全国人民代表大会常务委员会第二次会议通过）

2. 中华人民共和国无障碍环境建设法

（2023 年 6 月 28 日第十四届全国人民代表大会常务委员会第三次会议通过）

3. 中华人民共和国对外关系法

（2023 年 6 月 28 日第十四届全国人民代表大会常务委员会第三次会议通过）

4. 中华人民共和国外国国家豁免法

（2023 年 9 月 1 日第十四届全国人民代表大会常务委员会第五次会议通过）

5. 中华人民共和国爱国主义教育法

（2023 年 10 月 24 日第十四届全国人民代表大会常务委员会第六次会议通过）

6. 中华人民共和国粮食安全保障法

（2023 年 12 月 29 日第十四届全国人民代表大会常务委员会第七次会议通过）

7. 全国人民代表大会关于修改《中华人民共和国立法法》的决定

（2023 年 3 月 13 日第十四届全国人民代表大会一次会议通过）

8. 中华人民共和国反间谍法（修订）

（2023 年 4 月 26 日第十四届全国人民代表大会常务委员会第二次会议通过）

9. 中华人民共和国行政复议法（修订）

（2023 年 9 月 1 日第十四届全国人民代表大会常务委员会第五次会议通过）

10. 全国人民代表大会常务委员会关于修改《中华人民共和国民事诉讼法》的决定

（2023 年 9 月 1 日第十四届全国人民代表大会常务委员会第五次会议通过）

11. 中华人民共和国海洋环境保护法（修订）

（2023 年 10 月 24 日第十四届全国人民代表大会常务委员会第六次会议通过）

12. 中华人民共和国刑法（修订）

（2023 年 12 月 29 日第十四届全国人民代表大会常务委员会第七次会议通过）

13. 全国人民代表大会常务委员会关于修改《中华人民共和国慈善法》的决定

（2023 年 12 月 29 日第十四届全国人民代表大会常务委员会第七次会议通过）

14. 中华人民共和国刑法修正案（十二）

（2023 年 12 月 29 日第十四届全国人民代表大会常务委员会第七次会议通过）

有关法律问题和重大问题的决定 12 件

15. 全国人民代表大会常委会关于军队战时调整适用《中华人民共和国刑事诉讼法》部分规定的决定

（2023 年 2 月 24 日第十三届全国人民代表大会常务委员会第三十九次会议通过）

16. 第十四届全国人民代表大会第一次会议关于设立第十四届全国人民代表大会专门委员会的决定

（2023 年 3 月 5 日第十四届全国人民代表大会第一次会议通过）

17. 第十四届全国人民代表大会第一次会议关于第十四届全国人民代表大会专门委员会主任委员、副主任委员、委员人选的表决办法

（2023 年 3 月 5 日第十四届全国人民代表大会第一次会议通过）

18. 第十四届全国人民代表大会第一次会议关于国务院机构改革方案的决定

（2023 年 3 月 10 日第十四届全国人民代表大会第一次会议通过）

19. 第十四届全国人民代表大会第一次会议选举和决定任命的办法

（2023 年 3 月 10 日第十四届全国人民代表大会第一次会议通过）

20. 全国人民代表大会常务委员会组成人员守则（修订）

（2023 年 4 月 26 日第十四届全国人民代表大会常务委员会第二次会议通过）

21. 全国人民代表大会常务委员会关于设立全国人民代表大会常务委员会代表工作委员会的决定

（2023 年 6 月 28 日第十四届全国人民代表大会常务委员会第三次会议通过）

22. 全国人民代表大会常务委员会关于设立全国生态日的决定

（2023 年 6 月 28 日第十四届全国人民代表大会常务委员会第三次会议通过）

23. 全国人民代表大会常务委员会关于延长授权国务院在粤港澳大湾区内地九市开展香港法律执业者和澳门执业律师取得内地执业资质和从事律师职业试点工作期限的决定

（2023 年 9 月 1 日第十四届全国人民代表大会常务委员会第五次会议通过）

24. 第十四届全国人民代表大会常务委员会关于授权国务院提前下达部分新增地方政府债务限额的决定

（2023 年 10 月 24 日第十四届全国人民代表大会常务委员会第六次会议通过）

25. 全国人民代表大会常务委员会关于完善和加强备案审查制定的决定

（2023 年 12 月 29 日第十四届全国人民代表大会常务委员会第七次会议通过）

26. 全国人民代表大会常务委员会关于授权澳门特别行政区对广东省珠海市拱北口岸东南侧相关陆地和海域实施管辖的决定

（2023 年 12 月 29 日第十四届全国人民代表大会常务委员会第七次会议通过）

二、1978 年底以前制定的法律

（一）1949 年 9 月至 1954 年 9 月制定或批准的法律和有关法律问题的决定（29 件）

1949 年（9 件）

中国人民政治协商会议共同纲领

（1949 年 9 月 29 日中国人民政治协商会议第一届全体会议通过）

1. 中华人民共和国中央人民政府组织法

（1949 年 9 月 27 日中国人民政治协商会议第一届全体会议通过）

2. 中国人民政治协商会议组织法

（1949 年 9 月 27 日中国人民政治协商会议第一届全体会议通过）

3. 关于中华人民共和国国都、纪年、国歌、国旗的决议

（1949 年 9 月 27 日中国人民政治协商会议第一届全体会议通过）

4. 省各界人民代表会议组织通则

（1949 年 12 月 2 日中央人民政府委员会第四次会议通过）

5. 市各界人民代表会议组织通则

（1949 年 12 月 2 日中央人民政府委员会第四次会议通过）

6. 县各界人民代表会议组织通则

（1949 年 12 月 2 日中央人民政府委员会第四次会议通过）

7. 中央人民政府政务院及所属各机关组织通则

（1949 年 12 月 2 日中央人民政府委员会第四次会议通过）

8. 关于发行人民胜利折实公债的决定

（1949 年 12 月 2 日中央人民政府委员会第四次会议通过）

9. 关于中华人民共和国国庆日的决议

（1949 年 12 月 2 日中央人民政府委员会第四次会议通过）

1950 年 （6 件）

10. 中华人民共和国婚姻法

（1950 年 4 月 13 日中央人民政府委员会第七次会议通过）

11. 中华人民共和国土地改革法

（1950 年 6 月 28 日中央人民政府委员会第八次会议通过）

12. 中华人民共和国工会法

（1950 年 6 月 28 日中央人民政府委员会第八次会议通过）

13. 中央人民政府公布中华人民共和国国徽的命令

附：国徽图案、国徽图案制作说明、国徽使用方法

（1950 年 6 月 28 日中央人民政府委员会第八次会议通过）

14. 人民法庭组织通则

（1950 年 7 月 14 日中央人民政府主席批准）

15. 新解放区农业税暂行条例

（1950 年 9 月 5 日中央人民政府委员会第九次会议通过）

1951 年 （6 件）

16. 中华人民共和国惩治反革命条例

（1951 年 2 月 20 日中央人民政府委员会第十一次会议通过）

17. 保守国家机密暂行条例

（1951 年 6 月 7 日中央人民政府主席批准）

18. 中华人民共和国法院暂行组织条例

（1951 年 9 月 3 日中央人民政府委员会第十二次会议通过）

19. 中央人民政府最高人民检察署暂行条例

（1951 年 9 月 3 日中央人民政府委员会第十二次会议通过）

20. 各级地方人民检察署组织通则

（1951 年 9 月 3 日中央人民政府委员会第十二次会议通过）

21. 中央人民政府任免国家机关工作人员暂行条例

（1951 年 11 月 5 日中央人民政府委员会第十三次会议批准）

1952 年 （5 件）

22. 中华人民共和国惩治贪污条例

（1952 年 4 月 18 日中央人民政府委员会第十四次会议批准）

23. 中央人民政府政务院关于与外国订立条约、协定、议定书、合同等的统一办法之决定

（1952 年 8 月 7 日中央人民政府委员会第十七次会议批准）

24. 中华人民共和国民族区域自治实施纲要

（1952 年 8 月 8 日中央人民政府委员会第十八次会议批准）

25. 各级人民政府民族事务委员会试行组织通则

（1952 年 8 月 9 日中央人民政府主席批准）

26. 中华人民共和国民兵组织暂行条例

（1952 年 11 月 28 日中央人民政府主席批准）

1953 年 （3 件）

27. 关于召开全国人民代表大会及地方各级人民代表大会的决议

（1953 年 1 月 13 日中央人民政府委员会第二十次会议通过）

28. 中华人民共和国全国人民代表大会及地方各级人民代表大会选举法

（1953 年 2 月 11 日中央人民政府委员会第二十二次会议通过）

29. 1954 年国家经济建设公债条例

（1953 年 12 月 9 日中央人民政府委员会第二十九次会议通过）

（二）1954 年 9 月至 1978 年底全国人民代表大会及其常务委员会通过的法律和有关问题的决定（106 件）

1954 年 （13 件）

1. 中华人民共和国宪法

（1954 年 9 月 20 日第一届全国人民代表大会第一次会议通过）

2. 中华人民共和国全国人民代表大会组织法

（1954 年 9 月 20 日第一届全国人民代表大会第一次会议通过）

3. 中华人民共和国国务院组织法

（1954 年 9 月 21 日第一届全国人民代表大会第一次会议通过）

4. 中华人民共和国地方各级人民代表大会和地方各级人民委员会组织法

（1954 年 9 月 21 日第一届全国人民代表大会第一次会议通过）

5. 中华人民共和国人民法院组织法

（1954 年 9 月 21 日第一届全国人民代表大会第一次会议通过）

6. 中华人民共和国人民检察院组织法

（1954 年 9 月 21 日第一届全国人民代表大会第一次会议通过）

7. 关于中华人民共和国现行法律、法令继续有效的决议

（1954 年 9 月 26 日第一届全国人民代表大会第一次会议通过）

8. 关于同外国缔结条约的批准手续的决定

（1954 年 10 月 16 日第一届全国人民代表大会常务委员会第一次会议通过）

9. 中华人民共和国逮捕拘留条例

（1954 年 12 月 20 日第一届全国人民代表大会常务委员会第三次会议通过）

10. 1955 年国家经济建设公债条例

（1954 年 12 月 20 日第一届全国人民代表大会常务委员会第三次会议通过）

11. 中华人民共和国城市居民委员会组织条例

（1954 年 12 月 31 日第一届全国人民代表大会常务委员会第四次会议通过）

12. 城市街道办事处组织条例

（1954 年 12 月 31 日第一届全国人民代表大会常务委员会第四次会议通过）

13. 公安派出所组织条例

（1954 年 12 月 31 日第一届全国人民代表大会常务委员会第四次会议通过）

1955 年 （17 件）

14. 中国人民解放军军官服役条例

（1955 年 2 月 8 日第一届全国人民代表大会常务委员会第六次会议通过）

15. 中华人民共和国授予中国人民解放军在中国人民革命战争时期有功人员的勋章奖章条例

（1955 年 2 月 12 日第一届全国人民代表大会常务委员会第七次会议通过）

16. 关于规定勋章奖章授予中国人民解放军在中国人民革命战争时期有功人员的决议

（1955 年 2 月 12 日第一届全国人民代表大会常务委员会第七次会议通过）

17. 关于授予中国人民志愿军抗美援朝保家卫国有功人员勋章奖章的决议

（1955 年 2 月 12 日第一届全国人民代表大会常务委员会第七次会议通过）

18. 关于省、县、乡改变建制后本届人民代表大会代表名额问题的决定

（1955 年 3 月 10 日第一届全国人民代表大会常务委员会第八次会议通过）

19. 关于第一届地方各级人民代表大会任期问题的决定

（1955 年 3 月 10 日第一届全国人民代表大会常务委员会第八次会议通过）

20. 关于解释法律问题的决议

（1955 年 6 月 23 日第一届全国人民代表大会常务委员会第十七次会议通过）

21. 关于撤销热河省西康省并修改中华人民共和国地方各级人民代表大会和地方各级人民委员会组织法第二十五条第二款第一项规定的决议

（1955 年 7 月 30 日第一届全国人民代表大会第二次会议通过）

22. 关于撤销燃料工业部设立煤炭工业部、电力工业部、石油工作部、农产品采购部并修改中华人民共和国国务院组织法第二条第一款条文的决议

（1955 年 7 月 30 日第一届全国人民代表大会第二次会议通过）

23. 第一届全国人民代表大会第二次会议关于授权常务委员会制定单行法规的决议

（1955 年 7 月 30 日第一届全国人民代表大会第二次会议通过）

24. 中华人民共和国兵役法

（1955 年 7 月 30 日第一届全国人民代表大会第二次会议通过）

25. 华侨申请使用国有的荒山荒地条例

（1955 年 8 月 6 日第一届全国人民代表大会常务委员会第二十次会议通过）

26. 关于在地方各级人民代表大会闭会期间省长、自治区主席、市长、州长、县长、区长、乡长、镇长和地方各级人民法院院长缺额补充问题的决定

（1955 年 11 月 8 日第一届全国人民代表大会常务委员会第二十三次会议通过）

27. 国家经济建设公债条例

（1955 年 11 月 10 日第一届全国人民代表大会常务委员会第二十六次会议通过）

28. 关于地方各级人民委员会的组成人员是否限于本级人民代表大会代表问题的决定

（1955 年 11 月 8 日第一届全国人民代表大会常务委员会第二十三次会议通过）

29. 关于处理违法的图书杂志的规定

（1955 年 11 月 8 日第一届全国人民代表大会常务委员会第二十三次会议通过）

30. 关于地方各级人民法院院长人民检察院检察长可否兼任各级人民委员会的组成人员问题的决定

（1955 年 12 月 28 日第一届全国人民代表大会常务委员会第三十次会议通过）

1956 年（13 件）

31. 农业生产合作社示范章程

（1956 年 3 月 17 日第一届全国人民代表大会常务委员会第三十三次会议通过）

32. 关于处理在押日本侵略中国战争犯罪分子的决定

（1956 年 4 月 25 日第一届全国人民代表大会常务委员会第三十四次会议通过）

33. 文化娱乐税条例

（1956 年 5 月 3 日第一届全国人民代表大会常务委员会第三十五次会议通过）

34. 关于自治州人民代表大会和人民委员会每届任期问题的决定

（1956 年 5 月 8 日第一届全国人民代表大会常务委员会第三十九次会议通过）

35. 关于不公开进行审理的案件的决定

（1956 年 5 月 8 日第一届全国人民代表大会常务委员会第三十九次会议通过）

36. 关于被剥夺政治权利的人可否充当辩护人的决定

（1956 年 5 月 8 日第一届全国人民代表大会常务委员会第三十九次会议通过）

37. 关于县市市辖区乡民族乡镇人民代表大会代表名额等问题的决定

（1956 年 5 月 12 日第一届全国人民代表大会常务委员会第四十次会议通过）

38. 关于一九五六年直辖市和县以下各级人民代表大会代表选举时间的决定

（1956 年 5 月 12 日第一届全国人民代表大会常务委员会第四十次会议通过）

39. 高级农业生产合作社示范章程

（1956 年 6 月 30 日第一届全国人民代表大会第三次会议通过）

40. 关于修改中华人民共和国地方各级人民代表大会和地方各级人民委员会组织法第二十五条第二款第四项第五项规定的决议

（1956 年 6 月 30 日第一届全国人民代表大会第三次会议通过）

41. 关于对反革命分子的管制一律由人民法院判决的决定

（1956 年 11 月 16 日第一届全国人民代表大会常务委员会第五十一次会议通过）

42. 关于宽大处理和安置城市残余反革命分子的决定

（1956 年 11 月 16 日第一届全国人民代表大会常务委员会第五十一次会议通过）

43. 1957 年国家经济建设公债条例

（1956 年 12 月 29 日第一届全国人民代表大会常务委员会第五十二次会议通过）

1957 年 （24 件）

44. 关于增加农业生产合作社社员自留地的决定

（1957 年 6 月 25 日第一届全国人民代表大会常务委员会第七十六次会议通过）

45. 中华人民共和国人民警察条例

（1957 年 6 月 25 日第一届全国人民代表大会常务委员会第七十六次会议通过）

46. 关于死刑案件由最高人民法院判决或者核准的决议

（1957 年 7 月 15 日第一届全国人民代表大会第四次会议通过）

47. 关于第二届全国人民代表大会代表选举问题的决议

（1957 年 7 月 15 日第一届全国人民代表大会第四次会议通过）

48. 国务院关于劳动教养问题的决定的决议

（1957 年 8 月 1 日第一届全国人民代表大会常务委员会第七十八次会议批准）

49. 华侨捐资兴办学校办法的决议

（1957 年 8 月 1 日第一届全国人民代表大会常务委员会第七十八次会议批准）

50. 华侨投资于国营华侨投资公司的优待办法的决议

（1957 年 8 月 1 日第一届全国人民代表大会常务委员会第七十八次会议通过）

51. 关于死刑案件由最高人民法院判决或者核准的决议如何执行问题给最高人民法院的批复

（1957 年 9 月 26 日第一届全国人大常委会委员长刘少奇、秘书长彭真发出）

52. 中华人民共和国治安管理处罚条例

（1957 年 10 月 22 日第一届全国人民代表大会常务委员会第八十一次会议通过）

53. 国务院关于国家行政机关工作人员的奖惩暂行规定的决议

（1957 年 10 月 23 日第一届全国人民代表大会常务委员会第八十二次会议通过）

54. 县级以上人民委员会任免国家机关工作人员条例

（1957 年 11 月 6 日第一届全国人民代表大会常务委员会第八十三次会议通过）

55. 1958 年国家经济建设公债条例

（1957 年 11 月 6 日第一届全国人民代表大会常务委员会第八十三次会议通过）

56. 关于省、直辖市人民代表大会会议可以每年举行一次的决定

（1957 年 11 月 14 日第一届全国人民代表大会常务委员会第八十四次会议通过）

57. 国务院关于改进工业管理体制的规定的决议

（1957 年 11 月 14 日第一届全国人民代表大会常务委员会第八十四次会议通过）

58. 国务院关于改进商业管理体制的规定的决议

（1957 年 11 月 14 日第一届全国人民代表大会常务委员会第八十四次会议通过）

59. 国务院关于改进财政管理体制的规定的决议

（1957 年 11 月 14 日第一届全国人民代表大会常务委员会第八十四次会议通过）

60. 国务院关于工人、职员回家探亲的假期和工资待遇的暂行规定

（1957 年 11 月 16 日第一届全国人民代表大会常务委员会第八十五次会议原则批准）

61. 国务院关于工人、职员退休处理的暂行规定

（1957 年 11 月 16 日第一届全国人民代表大会常务委员会第八十五次会议原则批准）

62. 国务院关于国营、公私合营、合作经营、个体经营的企业和事业单位的学徒的学习期限和生活补贴的暂行规定

（1957 年 11 月 16 日第一届全国人民代表大会常务委员会第八十五次会议原则批准）

63. 国务院关于企业、事业单位和国家机关中普通工和勤杂工的工资待遇的暂行规定

（1957 年 11 月 16 日第一届全国人民代表大会常务委员会第八十五次会议原则批准）

64. 关于 1958 年直辖市和县以下各级人民代表大会代表选举时间的决定

（1957 年 11 月 29 日第一届全国人民代表大会常务委员会第八十六次会议通过）

65. 消防监督条例

（1957 年 11 月 29 日第一届全国人民代表大会常务委员会第八十六次会议原则批准）

66. 国务院关于调整获利较大的经济作物的农业税附加比例的规定

（1957 年 12 月 7 日第一届全国人民代表大会常务委员会第八十七次会议原则批准）

67. 中华人民共和国国境卫生检疫条例

（1957 年 12 月 23 日第一届全国人民代表大会常务委员会第八十八次会议通过）

1958 年（14 件）

68. 国家建设征用土地办法

（1958 年 1 月 6 日第一届全国人民代表大会常务委员会第九十次会议原则通过）

69. 关于适当提高高级农业生产合作社公积金比例的决定

（1958 年 1 月 6 日第一届全国人民代表大会常务委员会第九十次会议通过）

70. 国务院关于农业生产合作社股份基金的补充规定

（1958 年 1 月 6 日第一届全国人民代表大会常务委员会第九十次会议通过）

71. 中华人民共和国户口登记条例

（1958 年 1 月 9 日第一届全国人民代表大会常务委员会第九十一次会议通过）

72. 国务院关于职员退职处理的暂行规定

（1958 年 3 月 7 日第一届全国人民代表大会常务委员会第九十四次会议通过）

73. 关于地方各级人民代表大会代表名额问题的决定

（1958 年 3 月 19 日第一届全国人民代表大会常务委员会第九十五次会议通过）

74. 中华人民共和国农业税条例

（1958 年 6 月 3 日第一届全国人民代表大会常务委员会第九十六次会议通过）

75. 国务院关于改进税收管理体制的规定

（1958 年 6 月 5 日第一届全国人民代表大会常务委员会第九十七次会议原则通过）

76. 关于批准设立最高人民法院西藏分院和最高人民检察院西藏分院的决议

（1958 年 6 月 5 日第一届全国人民代表大会常务委员会第九十七次会议通过）

77. 民族自治地方财政管理暂行办法

（1958 年 6 月 5 日第一届全国人民代表大会常务委员会第九十七次会议原

则通过)

78. 中华人民共和国地方经济建设公债条例

(1958 年 6 月 5 日第一届全国人民代表大会常务委员会第九十七次会议通过)

79. 关于第二届全国人民代表大会代表选举时间和第二届全国人民代表大会第一次会议召开时间的决定

(1958 年 6 月 29 日第一届全国人民代表大会常务委员会第九十八次会议通过)

80. 中华人民共和国政府关于领海的声明

(1958 年 9 月 4 日第一届全国人民代表大会常务委员会第一百次会议批准)

81. 中华人民共和国工商统一税条例（草案）

(1958 年 9 月 11 日第一届全国人民代表大会常务委员会第一百零一次会议通过试行)

1959 年（3 件）

82. 关于撤销司法部、监察部的决议

(1959 年 4 月 28 日第二届全国人民代表大会第一次会议通过)

83. 关于直辖市和较大的市可以领导县、自治县的决定

(1959 年 9 月 17 日第二届全国人民代表大会常务委员会第九次会议通过)

84. 关于特赦确实改恶从善的罪犯的决定

(1959 年 9 月 17 日第二届全国人民代表大会常务委员会第九次会议通过)

1960 年（3 件）

85. 关于最高人民法院和地方各级人民法院助理审判员任免问题的决定

(1960 年 1 月 21 日第二届全国人民代表大会常务委员会第十二次会议通过)

86. 一九五六年到一九六七年全国农业发展纲要

(1960 年 4 月 10 日第二届全国人民代表大会第二次会议通过)

87. 关于特赦确实改恶从善的蒋介石集团和伪满洲国的战争罪犯的决定

(1960 年 11 月 19 日第二届全国人民代表大会常务委员会第三十二次会议通过)

1961 年 （1 件）

88. 关于特赦确实改恶从善的蒋介石集团和伪满洲国的战争罪犯的决定

（1961 年 12 月 16 日第二届全国人民代表大会常务委员会第四十七次会议通过）

1963 年 （4 件）

89. 商标管理条例

（1963 年 3 月 30 日第二届全国人民代表大会常务委员会第九十一次会议通过）

90. 关于特赦确实改恶从善的蒋介石集团、伪满洲国和伪蒙疆自治政府的战争罪犯的决定

（1963 年 3 月 30 日第二届全国人民代表大会常务委员会第九十一次会议通过）

91. 中国人民解放军军官服役条例（修正）

（1963 年 9 月 28 日第二届全国人民代表大会常务委员会第一百零二次会议修正通过）

92. 关于第三届全国人民代表大会代表名额和选举问题的决议

（1963 年 12 月 3 日第二届全国人民代表大会第四次会议通过）

1964 年 （3 件）

93. 外国人入境出境过境居留旅行管理条例

（1964 年 3 月 13 日第二届全国人民代表大会常务委员会第一百一十四次会议批准）

94. 第三届全国人民代表大会三百名少数民族代表名额分配方案

（1964 年 7 月 22 日第二届全国人民代表大会常务委员会第一百二十四次会议批准）

95. 关于特赦确实改恶从善的蒋介石集团、伪满洲国和伪蒙疆自治政府的战争罪犯的决定

（1964 年 12 月 12 日第二届全国人民代表大会常务委员会第一百三十五次会议批准）

1965 年（2 件）

96. 关于军士和兵的现役期限的决定

（1965 年 1 月 19 日第三届全国人民代表大会常务委员会第一次会议通过）

97. 关于取消中国人民解放军军衔制度的决定

（1965 年 5 月 22 日第三届全国人民代表大会常务委员会第九次会议通过）

1966 年（1 件）

98. 关于特赦确实改恶从善的蒋介石集团、伪满洲国和伪蒙疆自治政府的战争罪犯的决定

（1966 年 3 月 29 日第三届全国人民代表大会常务委员会第二十九次会议通过）

1975 年（2 件）

99. 中华人民共和国宪法

（1975 年 1 月 17 日中华人民共和国第四届全国人民代表大会第一次会议通过）

100. 关于特赦释放全部在押战争罪犯的决定

（1975 年 3 月 17 日第四届全国人民代表大会常务委员会第二次会议通过）

1978 年（7 件）

101. 中华人民共和国宪法

（1978 年 3 月 5 日中华人民共和国第五届全国人民代表大会第一次会议通过）

102. 关于中华人民共和国国歌的决定

（1978 年 3 月 5 日中华人民共和国第五届全国人民代表大会第一次会议通过）

103. 关于兵役制问题的决定

（1978 年 3 月 7 日第五届全国人民代表大会常务委员会第一次会议批准）

104. 关于省人民代表大会闭会期间省人民检察院检察长产生程序的决定

（1978 年 5 月 24 日第五届全国人民代表大会常务委员会第二次会议通过）

105. 国务院关于工人退休、退职的暂行办法

（1978 年 5 月 24 日第五届全国人民代表大会常务委员会第二次会议原则
批准）

106. 国务院关于安置老弱病残干部的暂行办法

（1978 年 5 月 24 日第五届全国人民代表大会常务委员会第二次会议原则
批准）

107. 中国人民解放军干部服役条例的决议

（1978 年 8 月 18 日第五届全国人民代表大会常务委员会第三次会议通过）

第四章　建国以来法律废止和失效情况

本章统计了建国以来法律以及法律解释被废止或者明确失效的情况，主要分三个阶段予以列明。目前，法律废止或者明确失效，主要有三种方式：一是在新法中明确废止旧法；二是由立法机关作出相关决定予以明确废止；三是 1987 年 11 月 24 日全国人大常委会关于批准法制工作委员会关于对 1978 年底以前颁布的法律进行清理的情况和意见的报告的决定，明确不再适用的法律和有关法律问题的决定已经失效。

一、1949 年 9 月至 1954 年 9 月的法律等（26 件）

1. 中华人民共和国中央人民政府组织法

（1949 年 9 月 27 日中国人民政治协商会议第一届全体会议通过，1987 年 11 月 24 日由全国人大常委会关于批准法制工作委员会关于对 1978 年底以前颁布的法律进行清理的情况和意见的报告的决定明确不再适用）

2. 中国人民政治协商会议组织法

（1949 年 9 月 27 日中国人民政治协商会议第一届全体会议通过，1987 年 11 月 24 日由全国人大常委会关于批准法制工作委员会关于对 1978 年底以前颁布的法律进行清理的情况和意见的报告的决定明确不再适用）

3. 省各界人民代表会议组织通则

（1949 年 12 月 2 日中央人民政府委员会第四次会议通过，1987 年 11 月 24 日由全国人大常委会关于批准法制工作委员会关于对 1978 年底以前颁布的法律进行清理的情况和意见的报告的决定明确不再适用）

4. 市各界人民代表会议组织通则

（1949 年 12 月 2 日中央人民政府委员会第四次会议通过，1987 年 11 月 24 日由全国人大常委会关于批准法制工作委员会关于对 1978 年底以前颁布的法律进行清理的情况和意见的报告的决定明确不再适用）

5. 县各界人民代表会议组织通则

（1949 年 12 月 2 日中央人民政府委员会第四次会议通过，1987 年 11 月

24 日由全国人大常委会关于批准法制工作委员会关于对 1978 年底以前颁布的法律进行清理的情况和意见的报告的决定明确不再适用）

6. 中央人民政府政务院及所属各机关组织通则

（1949 年 12 月 2 日中央人民政府委员会第四次会议通过，1987 年 11 月 24 日由全国人大常委会关于批准法制工作委员会关于对 1978 年底以前颁布的法律进行清理的情况和意见的报告的决定明确不再适用）

7. 关于发行人民胜利折实公债的决定

（1949 年 12 月 2 日中央人民政府委员会第四次会议通过，1987 年 11 月 24 日由全国人大常委会关于批准法制工作委员会关于对 1978 年底以前颁布的法律进行清理的情况和意见的报告的决定明确不再适用）

8. 中华人民共和国婚姻法

（1950 年 4 月 13 日中央人民政府委员会第七次会议通过，由 1980 年 9 月 10 日第五届全国人大第三次会议通过的《中华人民共和国婚姻法》废止）

9. 中华人民共和国土地改革法

（1950 年 6 月 28 日中央人民政府委员会第八次会议通过，1987 年 11 月 24 日由全国人大常委会关于批准法制工作委员会关于对 1978 年底以前颁布的法律进行清理的情况和意见的报告的决定明确不再适用）

10. 中华人民共和国工会法

（1950 年 6 月 28 日中央人民政府委员会第八次会议通过，由 1992 年 4 月 3 日第七届全国人大第五次会议通过的《中华人民共和国工会法》废止）

11. 人民法庭组织通则

（1950 年 7 月 14 日中央人民政府主席批准，1987 年 11 月 24 日由全国人大常委会关于批准法制工作委员会关于对 1978 年底以前颁布的法律进行清理的情况和意见的报告的决定明确不再适用）

12. 新解放区农业税暂行条例

（1950 年 9 月 5 日中央人民政府委员会第九次会议批准，由 1958 年 6 月 3 日第一届全国人大常委会第九十六次会议通过的《中华人民共和国农业税条例》废止）

13. 中华人民共和国惩治反革命条例

（1951 年 2 月 20 日中央人民政府委员会第十一次会议通过，1987 年 11 月 24 日由全国人大常委会关于批准法制工作委员会关于对 1978 年底以前颁布的法律进行清理的情况和意见的报告的决定明确不再适用）

14. 保守国家机密暂行条例

（1951 年 6 月 7 日中央人民政府主席批准，由 1988 年 9 月 5 日第七届全国人大常委会第三次会议通过的《中华人民共和国保守国家秘密法》废止）

15. 中华人民共和国法院暂行组织条例

（1951 年 9 月 3 日中央人民政府委员会第十二次会议通过，1987 年 11 月 24 日由全国人大常委会关于批准法制工作委员会关于对 1978 年底以前颁布的法律进行清理的情况和意见的报告的决定明确不再适用）

16. 中央人民政府最高人民检察署暂行条例

（1951 年 9 月 3 日中央人民政府委员会第十二次会议通过，1987 年 11 月 24 日由全国人大常委会关于批准法制工作委员会关于对 1978 年底以前颁布的法律进行清理的情况和意见的报告的决定明确不再适用）

17. 各级地方人民检察署组织通则

（1951 年 9 月 3 日中央人民政府委员会第十二次会议通过，1987 年 11 月 24 日由全国人大常委会关于批准法制工作委员会关于对 1978 年底以前颁布的法律进行清理的情况和意见的报告的决定明确不再适用）

18. 中央人民政府任免国家机关工作人员暂行条例

（1951 年 11 月 5 日中央人民政府委员会第十三次会议批准，1987 年 11 月 24 日由全国人大常委会关于批准法制工作委员会关于对 1978 年底以前颁布的法律进行清理的情况和意见的报告的决定明确不再适用）

19. 中华人民共和国惩治贪污条例

（1952 年 4 月 18 日中央人民政府委员会第十四次会议批准，1987 年 11 月 24 日由全国人大常委会关于批准法制工作委员会关于对 1978 年底以前颁布的法律进行清理的情况和意见的报告的决定明确不再适用）

20. 中央人民政府政务院关于与外国订立条约、协定、议定书、合同等的统一办法之决定

（1952 年 8 月 7 日中央人民政府委员会第十七次会议批准，1987 年 11 月 24 日由全国人大常委会关于批准法制工作委员会关于对 1978 年底以前颁布的法律进行清理的情况和意见的报告的决定明确不再适用）

21. 中华人民共和国民族区域自治实施纲要

（1952 年 8 月 8 日中央人民政府委员会第十八次会议批准，1987 年 11 月 24 日由全国人大常委会关于批准法制工作委员会关于对 1978 年底以前颁布的法律进行清理的情况和意见的报告的决定明确不再适用）

22. 各级人民政府民族事务委员会试行组织通则

（1952 年 8 月 9 日中央人民政府主席批准，1987 年 11 月 24 日由全国人大常委会关于批准法制工作委员会关于对 1978 年底以前颁布的法律进行清理的情况和意见的报告的决定明确不再适用）

23. 中华人民共和国民兵组织暂行条例

（1952 年 11 月 28 日中央人民政府主席批准，1987 年 11 月 24 日由全国人大常委会关于批准法制工作委员会关于对 1978 年底以前颁布的法律进行清理的情况和意见的报告的决定明确不再适用）

24. 关于召开全国人民代表大会及地方各级人民代表大会的决议

（1953 年 1 月 13 日中央人民政府委员会第二十次会议通过，1987 年 11 月 24 日由全国人大常委会关于批准法制工作委员会关于对 1978 年底以前颁布的法律进行清理的情况和意见的报告的决定明确不再适用）

25. 中华人民共和国全国人民代表大会及地方各级人民代表大会选举法

（1953 年 2 月 11 日中央人民政府委员会第二十二次会议通过，1987 年 11 月 24 日由全国人大常委会关于批准法制工作委员会关于对 1978 年底以前颁布的法律进行清理的情况和意见的报告的决定明确不再适用）

26. 1954 年国家经济建设公债条例

（1953 年 12 月 9 日中央人民政府委员会第二十九次会议通过，1987 年 11 月 24 日由全国人大常委会关于批准法制工作委员会关于对 1978 年底以前颁布的法律进行清理的情况和意见的报告的决定明确不再适用）

二、1954 年 9 月至 1978 年底的法律等（98 件）

1. 中华人民共和国全国人民代表大会组织法

（1954 年 9 月 20 日第一届全国人大第一次会议通过，1987 年 11 月 24 日由全国人大常委会关于批准法制工作委员会关于对 1978 年底以前颁布的法律进行清理的情况和意见的报告的决定明确不再适用）

2. 中华人民共和国国务院组织法

（1954 年 9 月 21 日第一届全国人大第一次会议通过，1987 年 11 月 24 日由全国人大常委会关于批准法制工作委员会关于对 1978 年底以前颁布的法律进行清理的情况和意见的报告的决定明确不再适用）

3. 中华人民共和国地方各级人民代表大会和地方各级人民委员会组织法

（1954 年 9 月 21 日第一届全国人大第一次会议通过，1987 年 11 月 24 日

由全国人大常委会关于批准法制工作委员会关于对 1978 年底以前颁布的法律
进行清理的情况和意见的报告的决定明确不再适用）

4. 中华人民共和国人民法院组织法

（1954 年 9 月 21 日第一届全国人大第一次会议通过，1987 年 11 月 24 日
由全国人大常委会关于批准法制工作委员会关于对 1978 年底以前颁布的法律
进行清理的情况和意见的报告的决定明确不再适用）

5. 中华人民共和国人民检察院组织法

（1954 年 9 月 21 日第一届全国人大第一次会议通过，1987 年 11 月 24 日
由全国人大常委会关于批准法制工作委员会关于对 1978 年底以前颁布的法律
进行清理的情况和意见的报告的决定明确不再适用）

6. 关于中华人民共和国现行法律、法令继续有效的决议

（1954 年 9 月 26 日第一届全国人大第一次会议通过，1987 年 11 月 24 日
由全国人大常委会关于批准法制工作委员会关于对 1978 年底以前颁布的法律
进行清理的情况和意见的报告的决定明确不再适用）

7. 关于同外国缔结条约的批准手续的决定

（1954 年 10 月 16 日第一届全国人大常委会第一次会议通过，1987 年
11 月 24 日由全国人大常委会关于批准法制工作委员会关于对 1978 年底以前
颁布的法律进行清理的情况和意见的报告的决定明确不再适用）

8. 中华人民共和国逮捕拘留条例

（1954 年 12 月 20 日第一届全国人大常委会第三次会议通过，由 1979 年
2 月 23 日第五届全国人大常委会第六次会议通过的《中华人民共和国逮捕拘
留条例》废止）

9. 1955 年国家经济建设公债条例

（1954 年 12 月 20 日第一届全国人大常委会第三次会议通过，1987 年
11 月 24 日由全国人大常委会关于批准法制工作委员会关于对 1978 年底以前
颁布的法律进行清理的情况和意见的报告的决定明确不再适用）

10. 城市居民委员会组织条例

（1954 年 12 月 31 日第一届全国人大常委会第四次会议通过，由 1989 年
12 月 26 日第七届全国人大常委会第十一次会议通过的《中华人民共和国城市
居民委员会组织法》废止）

11. 城市街道办事处组织条例

（1954 年 12 月 31 日第一届全国人大常委会第四次会议通过，2009 年 6 月

27 日由全国人大常委会关于废止部分法律的决定废止）

12. 公安派出所组织条例

（1954 年 12 月 31 日第一届全国人大常委会第四次会议通过，2009 年 6 月 27 日由全国人大常委会关于废止部分法律的决定废止）

13. 中国人民解放军军官服役条例

（1955 年 2 月 8 日第一届全国人大常委会第六次会议通过，1987 年 11 月 24 日由全国人大常委会关于批准法制工作委员会关于对 1978 年底以前颁布的法律进行清理的情况和意见的报告的决定明确不再适用）

14. 中华人民共和国授予中国人民解放军在中国人民革命战争时期有功人员的勋章奖章条例

（1955 年 2 月 12 日第一届全国人大常委会第七次会议通过，1987 年 11 月 24 日由全国人大常委会关于批准法制工作委员会关于对 1978 年底以前颁布的法律进行清理的情况和意见的报告的决定明确不再适用）

15. 关于规定勋章奖章授予中国人民解放军在中国人民革命战争时期有功人员的决议

（1955 年 2 月 12 日第一届全国人大常委会第七次会议通过，1987 年 11 月 24 日由全国人大常委会关于批准法制工作委员会关于对 1978 年底以前颁布的法律进行清理的情况和意见的报告的决定明确不再适用）

16. 关于规定勋章奖章授予中国人民解放军在保卫祖国和进行国防现代化建设中有功人员的决议

（1955 年 2 月 12 日第一届全国人大常委会第七次会议通过，1987 年 11 月 24 日由全国人大常委会关于批准法制工作委员会关于对 1978 年底以前颁布的法律进行清理的情况和意见的报告的决定明确不再适用）

17. 关于授予中国人民志愿军抗美援朝保家卫国有功人员勋章奖章的决议

（1955 年 2 月 12 日第一届全国人大常委会第七次会议通过，1987 年 11 月 24 日由全国人大常委会关于批准法制工作委员会关于对 1978 年底以前颁布的法律进行清理的情况和意见的报告的决定明确不再适用）

18. 关于省、县、乡改变建制后本届人民代表大会代表名额问题的决定

（1955 年 3 月 10 日第一届全国人大常委会第八次会议通过，1987 年 11 月 24 日由全国人大常委会关于批准法制工作委员会关于对 1978 年底以前颁布的法律进行清理的情况和意见的报告的决定明确不再适用）

19. 关于第一届地方各级人民代表大会任期问题的决定

（1955 年 3 月 10 日第一届全国人大常委会第八次会议通过，1987 年 11 月 24 日由全国人大常委会关于批准法制工作委员会关于对 1978 年底以前颁布的法律进行清理的情况和意见的报告的决定明确不再适用）

20. 关于解释法律问题的决议

（1955 年 6 月 23 日第一届全国人大常委会第十七次会议通过，1987 年 11 月 24 日由全国人大常委会关于批准法制工作委员会关于对 1978 年底以前颁布的法律进行清理的情况和意见的报告的决定明确不再适用）

21. 关于撤销热河省、西康省并修改中华人民共和国地方各级人民代表大会和地方各级人民委员会组织法第二十五条第二款第一项规定的决议

（1955 年 7 月 30 日第一届全国人大第二次会议通过，1987 年 11 月 24 日由全国人大常委会关于批准法制工作委员会关于对 1978 年底以前颁布的法律进行清理的情况和意见的报告的决定明确不再适用）

22. 关于撤销燃料工业部设立煤炭工业部、电力工业部、石油工作部、农产品采购部并修改中华人民共和国国务院组织法第二条第一款条文的决议

（1955 年 7 月 30 日第一届全国人大第二次会议通过，1987 年 11 月 24 日由全国人大常委会关于批准法制工作委员会关于对 1978 年底以前颁布的法律进行清理的情况和意见的报告的决定明确不再适用）

23. 关于授权常务委员会制定单行法规的决议

（1955 年 7 月 30 日第一届全国人大第二次会议通过，1987 年 11 月 24 日由全国人大常委会关于批准法制工作委员会关于对 1978 年底以前颁布的法律进行清理的情况和意见的报告的决定明确不再适用）

24. 中华人民共和国兵役法

（1955 年 7 月 30 日第一届全国人大第二次会议通过，1987 年 11 月 24 日由全国人大常委会关于批准法制工作委员会关于对 1978 年底以前颁布的法律进行清理的情况和意见的报告的决定明确不再适用）

25. 华侨申请使用国有的荒山荒地条例

（1955 年 8 月 6 日第一届全国人大常委会第二十次会议通过，2009 年 6 月 27 日由全国人大常委会关于废止部分法律的决定废止）

26. 关于在地方各级人民代表大会闭会期间省长、自治区主席、市长、州长、县长、区长、乡长、镇长和地方各级人民法院院长缺额补充问题的决定

（1955 年 11 月 8 日第一届全国人大常委会第二十三次会议通过，1987 年

11 月 24 日由全国人大常委会关于批准法制工作委员会关于对 1978 年底以前
颁布的法律进行清理的情况和意见的报告的决定明确不再适用）

27. 关于地方各级人民委员会的组成人员是否限于本级人民代表大会代表问题的决定

（1955 年 11 月 8 日第一届全国人大常委会第二十三次会议通过，1987 年
11 月 24 日由全国人大常委会关于批准法制工作委员会关于对 1978 年底以前
颁布的法律进行清理的情况和意见的报告的决定明确不再适用）

28. 1956 年国家经济建设公债条例

（1955 年 11 月 8 日第一届全国人大常委会第二十三次会议通过，1987 年
11 月 24 日由全国人大常委会关于批准法制工作委员会关于对 1978 年底以前
颁布的法律进行清理的情况和意见的报告的决定明确不再适用）

29. 关于地方各级人民法院院长、人民检察院检察长可否兼任各级人民委员会的组成人员问题的决定

（1955 年 12 月 28 日第一届全国人大常委会第三十次会议通过，1987 年
11 月 24 日由全国人大常委会关于批准法制工作委员会关于对 1978 年底以前
颁布的法律进行清理的情况和意见的报告的决定明确不再适用）

30. 农业生产合作社示范章程

（1956 年 3 月 17 日第一届全国人大常委会第三十三次会议通过，1987 年
11 月 24 日由全国人大常委会关于批准法制工作委员会关于对 1978 年底以前
颁布的法律进行清理的情况和意见的报告的决定明确不再适用）

31. 关于处理在押日本侵略中国战争犯罪分子的决定

（1956 年 4 月 25 日第一届全国人大常委会第三十四次会议通过，1987 年
11 月 24 日由全国人大常委会关于批准法制工作委员会关于对 1978 年底以前
颁布的法律进行清理的情况和意见的报告的决定明确不再适用）

32. 文化娱乐税条例

（1956 年 5 月 3 日第一届全国人大常委会第三十五次会议通过，1987 年
11 月 24 日由全国人大常委会关于批准法制工作委员会关于对 1978 年底以前
颁布的法律进行清理的情况和意见的报告的决定明确不再适用）

33. 关于自治州人民代表大会和人民委员会每届任期问题的决定

（1956 年 5 月 8 日第一届全国人大常委会第三十九次会议通过，1987 年
11 月 24 日由全国人大常委会关于批准法制工作委员会关于对 1978 年底以前
颁布的法律进行清理的情况和意见的报告的决定明确不再适用）

34. 关于不公开进行审理的案件的决定

（1956 年 5 月 8 日第一届全国人大常委会第三十九次会议通过，1987 年 11 月 24 日由全国人大常委会关于批准法制工作委员会关于对 1978 年底以前颁布的法律进行清理的情况和意见的报告的决定明确不再适用）

35. 关于县市市辖区乡民族乡镇人民代表大会代表名额等问题的决定

（1956 年 5 月 12 日第一届全国人大常委会第四十次会议通过，1987 年 11 月 24 日由全国人大常委会关于批准法制工作委员会关于对 1978 年底以前颁布的法律进行清理的情况和意见的报告的决定明确不再适用）

36. 关于一九五六年直辖市和县以下各级人民代表大会代表选举时间的决定

（1956 年 5 月 12 日第一届全国人大常委会第四十次会议通过，1987 年 11 月 24 日由全国人大常委会关于批准法制工作委员会关于对 1978 年底以前颁布的法律进行清理的情况和意见的报告的决定明确不再适用）

37. 高级农业生产合作社示范章程

（1956 年 6 月 30 日第一届全国人大第三次会议通过，1987 年 11 月 24 日由全国人大常委会关于批准法制工作委员会关于对 1978 年底以前颁布的法律进行清理的情况和意见的报告的决定明确不再适用）

38. 关于修改中华人民共和国地方各级人民代表大会和地方各级人民委员会组织法第二十五条第二款第四项第五项规定的决议

（1956 年 6 月 30 日第一届全国人大第三次会议通过，1987 年 11 月 24 日由全国人大常委会关于批准法制工作委员会关于对 1978 年底以前颁布的法律进行清理的情况和意见的报告的决定明确不再适用）

39. 关于对反革命分子的管制一律由人民法院判决的决定

（1956 年 11 月 16 日第一届全国人大常委会第五十一次会议通过，1987 年 11 月 24 日由全国人大常委会关于批准法制工作委员会关于对 1978 年底以前颁布的法律进行清理的情况和意见的报告的决定明确不再适用）

40. 关于宽大处理和安置城市残余反革命分子的决定

（1956 年 11 月 16 日第一届全国人大常委会第五十一次会议通过，1987 年 11 月 24 日由全国人大常委会关于批准法制工作委员会关于对 1978 年底以前颁布的法律进行清理的情况和意见的报告的决定明确不再适用）

41. 1957 年国家经济建设公债条例

（1956 年 12 月 29 日第一届全国人大常委会第五十二次会议通过，1987 年

11 月 24 日由全国人大常委会关于批准法制工作委员会关于对 1978 年底以前颁布的法律进行清理的情况和意见的报告的决定明确不再适用）

42. 关于增加农业生产合作社社员自留地的决定

（1957 年 6 月 25 日第一届全国人大常委会第七十六次会议通过，1987 年 11 月 24 日由全国人大常委会关于批准法制工作委员会关于对 1978 年底以前颁布的法律进行清理的情况和意见的报告的决定明确不再适用）

43. 中华人民共和国人民警察条例

（1957 年 6 月 25 日第一届全国人大常委会第七十六次会议通过，由 1995 年 2 月 28 日第八届全国人大常委会第十二次会议《中华人民共和国人民警察法》废止）

44. 关于死刑案件由最高人民法院判决或者核准的决议

（1957 年 7 月 15 日第一届全国人大第四次会议通过，1987 年 11 月 24 日由全国人大常委会关于批准法制工作委员会关于对 1978 年底以前颁布的法律进行清理的情况和意见的报告的决定明确不再适用）

45. 关于第二届全国人民代表大会代表选举问题的决议

（1957 年 7 月 15 日第一届全国人大第四次会议通过，1987 年 11 月 24 日由全国人大常委会关于批准法制工作委员会关于对 1978 年底以前颁布的法律进行清理的情况和意见的报告的决定明确不再适用）

46. 国务院关于劳动教养问题的决定的决议

（1957 年 8 月 1 日第一届全国人大常委会第七十八次会议批准，由 2013 年 12 月 28 日第十二届全国人大常委会第六次会议通过的关于废止有关劳动教养法律规定的决定废止）

47. 华侨捐资兴办学校办法的决议

（1957 年 8 月 1 日第一届全国人大常委会第七十八次会议批准，2009 年 6 月 27 日由全国人大常委会关于废止部分法律的决定废止）

48. 华侨投资于国营华侨投资公司的优待办法的决议

（1957 年 8 月 1 日第一届全国人大常委会第七十八次会议通过，1987 年 11 月 24 日由全国人大常委会关于批准法制工作委员会关于对 1978 年底以前颁布的法律进行清理的情况和意见的报告的决定明确不再适用）

49. 关于死刑案件由最高人民法院判决或者核准的决议如何执行问题给最高人民法院的批复

（1957 年 9 月 26 日第一届全国人大常委会委员长刘少奇、秘书长彭真发出，1987 年 11 月 24 日由全国人大常委会关于批准法制工作委员会关于对 1978 年底以前颁布的法律进行清理的情况和意见的报告的决定明确不再适用）

50. 中华人民共和国治安管理处罚条例

（1957 年 10 月 22 日第一届全国人大常委会第八十一次会议通过，由 1986 年 9 月 5 日第六届全国人大常委会第十七次会议通过的《中华人民共和国治安管理处罚条例》废止）

51. 国务院关于国家行政机关工作人员的奖惩暂行规定的决议

（1957 年 10 月 23 日第一届全国人大常委会第八十二次会议通过，由 2005 年 4 月 27 日第十届全国人大常委会第十五次会议通过的《中华人民共和国公务员法》废止）

52. 县级以上人民委员会任免国家机关工作人员条例

（1957 年 11 月 6 日第一届全国人大常委会第八十三次会议通过，1987 年 11 月 24 日由全国人大常委会关于批准法制工作委员会关于对 1978 年底以前颁布的法律进行清理的情况和意见的报告的决定明确不再适用）

53. 1958 年国家经济建设公债条例

（1957 年 11 月 6 日第一届全国人大常委会第八十三次会议通过，1987 年 11 月 24 日由全国人大常委会关于批准法制工作委员会关于对 1978 年底以前颁布的法律进行清理的情况和意见的报告的决定明确不再适用）

54. 关于省、直辖市人民代表大会会议可以每年举行一次的决定

（1957 年 11 月 14 日第一届全国人大常委会第八十四次会议通过，1987 年 11 月 24 日由全国人大常委会关于批准法制工作委员会关于对 1978 年底以前颁布的法律进行清理的情况和意见的报告的决定明确不再适用）

55. 国务院关于改进工业管理体制的规定的决议

（1957 年 11 月 14 日第一届全国人大常委会第八十四次会议通过，1987 年 11 月 24 日由全国人大常委会关于批准法制工作委员会关于对 1978 年底以前颁布的法律进行清理的情况和意见的报告的决定明确不再适用）

56. 国务院关于改进商业管理体制的规定的决议

（1957 年 11 月 14 日第一届全国人大常委会第八十四次会议通过，1987 年 11 月 24 日由全国人大常委会关于批准法制工作委员会关于对 1978 年底以前颁布的法律进行清理的情况和意见的报告的决定明确不再适用）

57. 国务院关于改进财政管理体制的规定的决议

（1957 年 11 月 14 日第一届全国人大常委会第八十四次会议通过，1987 年

11 月 24 日由全国人大常委会关于批准法制工作委员会关于对 1978 年底以前颁布的法律进行清理的情况和意见的报告的决定明确不再适用）

58. 国务院关于工人、职员回家探亲的假期和工资待遇的暂行规定

（1957 年 11 月 16 日第一届全国人大常委会第八十五次会议原则批准，由 1981 年 3 月 6 日第五届全国人大常委会第十七次会议通过的关于批准《国务院关于职工探亲待遇的规定》的决议废止）

59. 国务院关于工人、职员退休处理的暂行规定

（1957 年 11 月 16 日第一届全国人大常委会第八十五次会议原则批准，1987 年 11 月 24 日由全国人大常委会关于批准法制工作委员会关于对 1978 年底以前颁布的法律进行清理的情况和意见的报告的决定明确不再适用）

60. 国务院关于国营、公私合营、合作经营、个体经营的企业和事业单位的学徒的学习期限和生活补贴的暂行规定

（1957 年 11 月 16 日第一届全国人大常委会第八十五次会议原则批准，1987 年 11 月 24 日由全国人大常委会关于批准法制工作委员会关于对 1978 年底以前颁布的法律进行清理的情况和意见的报告的决定明确不再适用）

61. 国务院关于企业、事业单位和国家机关中普通工和勤杂工的工资待遇的暂行规定

（1957 年 11 月 16 日第一届全国人大常委会第八十五次会议原则批准，1987 年 11 月 24 日由全国人大常委会关于批准法制工作委员会关于对 1978 年底以前颁布的法律进行清理的情况和意见的报告的决定明确不再适用）

62. 关于 1958 年直辖市和县以下各级人民代表大会代表选举时间的决定

（1957 年 11 月 29 日第一届全国人大常委会第八十六次会议通过，1987 年 11 月 24 日由全国人大常委会关于批准法制工作委员会关于对 1978 年底以前颁布的法律进行清理的情况和意见的报告的决定明确不再适用）

63. 消防监督条例

（1957 年 11 月 29 日第一届全国人大常委会第八十六次会议原则批准，1984 年 5 月 11 日第六届全国人大常委会第五次会议通过的关于批准《中华人民共和国消防条例》的决议废止）

64. 国务院关于调整获利较大的经济作物的农业税附加比例的规定

（1957 年 12 月 7 日第一届全国人大常委会第八十七次会议原则批准，由 1958 年 6 月 3 日第一届全国人大常委会第九十六次会议通过的《中华人民共和国农业税条例》废止）

65. 中华人民共和国国境卫生检疫条例

（1957 年 12 月 23 日第一届全国人大常委会第八十八次会议通过，由 1986 年 12 月 2 日第六届全国人大常委会第十八次会议通过的《中华人民共和国国境卫生检疫法》废止）

66. 国家建设征用土地办法

（1958 年 1 月 6 日第一届全国人大常委会第九十次会议原则通过，由 1982 年 5 月 4 日第五届全国人大常委会第二十三次会议通过的关于批准《国家建设征用土地条例》的决议废止）

67. 关于适当提高高级农业生产合作社公积金比例的决定

（1958 年 1 月 6 日第一届全国人大常委会第九十次会议通过，1987 年 11 月 24 日由全国人大常委会关于批准法制工作委员会关于对 1978 年底以前颁布的法律进行清理的情况和意见的报告的决定明确不再适用）

68. 国务院关于农业生产合作社股份基金的补充规定

（1958 年 1 月 6 日第一届全国人大常委会第九十次会议通过，1987 年 11 月 24 日由全国人大常委会关于批准法制工作委员会关于对 1978 年底以前颁布的法律进行清理的情况和意见的报告的决定明确不再适用）

69. 国务院关于工人职员退职处理的暂行规定

（1958 年 3 月 7 日第一届全国人大常委会第九十四次会议通过，1987 年 11 月 24 日由全国人大常委会关于批准法制工作委员会关于对 1978 年底以前颁布的法律进行清理的情况和意见的报告的决定明确不再适用）

70. 关于地方各级人民代表大会代表名额问题的决定

（1958 年 3 月 19 日第一届全国人大常委会第九十五次会议通过，1987 年 11 月 24 日由全国人大常委会关于批准法制工作委员会关于对 1978 年底以前颁布的法律进行清理的情况和意见的报告的决定明确不再适用）

71. 中华人民共和国农业税条例

（1958 年 6 月 3 日第一届全国人大常委会第九十六次会议通过，由 2005 年 12 月 29 日第十届全国人大常委会第十九次会议通过的关于废止《中华人民共和国农业税条例》的决定废止）

72. 国务院关于改进税收管理体制的规定

（1958 年 6 月 5 日第一届全国人大常委会第九十七次会议原则通过，1987 年 11 月 24 日由全国人大常委会关于批准法制工作委员会关于对 1978 年底以前颁布的法律进行清理的情况和意见的报告的决定明确不再适用）

73. 关于批准设立最高人民法院西藏分院和最高人民检察院西藏分院的决议

（1958 年 6 月 5 日第一届全国人大常委会第九十七次会议通过，1987 年 11 月 24 日由全国人大常委会关于批准法制工作委员会关于对 1978 年底以前颁布的法律进行清理的情况和意见的报告的决定明确不再适用）

74. 民族自治地方财政管理暂行办法

（1958 年 6 月 5 日第一届全国人大常委会第九十七次会议原则通过，1987 年 11 月 24 日由全国人大常委会关于批准法制工作委员会关于对 1978 年底以前颁布的法律进行清理的情况和意见的报告的决定明确不再适用）

75. 中华人民共和国地方经济建设公债条例

（1958 年 6 月 5 日第一届全国人大常委会第九十七次会议通过，1987 年 11 月 24 日由全国人大常委会关于批准法制工作委员会关于对 1978 年底以前颁布的法律进行清理的情况和意见的报告的决定明确不再适用）

76. 关于第二届全国人民代表大会代表选举时间和第二届全国人民代表大会第一次会议召开时间的决定

（1958 年 6 月 29 日第一届全国人大常委会第九十八次会议通过，1987 年 11 月 24 日由全国人大常委会关于批准法制工作委员会关于对 1978 年底以前颁布的法律进行清理的情况和意见的报告的决定明确不再适用）

77. 中华人民共和国工商统一税条例（草案）

（1958 年 9 月 11 日第一届全国人大常委会第一百零一次会议通过试行，由 1993 年 12 月 29 日第八届全国人大常委会第五次会议通过的关于外商投资企业和外国企业适用增值税、消费税、营业税等税收暂行条例的决定废止）

78. 关于直辖市和较大的市可以领导县、自治县的决定

（1959 年 9 月 17 日第二届全国人大常委会第九次会议通过，1987 年 11 月 24 日由全国人大常委会关于批准法制工作委员会关于对 1978 年底以前颁布的法律进行清理的情况和意见的报告的决定明确不再适用）

79. 关于特赦确实改恶从善的罪犯的决定

（1959 年 9 月 17 日第二届全国人大常委会第九次会议通过，1987 年 11 月 24 日由全国人大常委会关于批准法制工作委员会关于对 1978 年底以前颁布的法律进行清理的情况和意见的报告的决定明确不再适用）

80. 关于最高人民法院和地方各级人民法院助理审判员任免问题的决定

（1960 年 1 月 21 日第二届全国人大常委会第十二次会议通过，1987 年

11 月 24 日由全国人大常委会关于批准法制工作委员会关于对 1978 年底以前颁布的法律进行清理的情况和意见的报告的决定明确不再适用）

81. 一九五六年到一九六七年全国农业发展纲要

（1960 年 4 月 10 日第二届全国人大第二次会议通过，1987 年 11 月 24 日由全国人大常委会关于批准法制工作委员会关于对 1978 年底以前颁布的法律进行清理的情况和意见的报告的决定明确不再适用）

82. 关于特赦确实改恶从善的蒋介石集团和伪满洲国的战争罪犯的决定

（1960 年 11 月 19 日第二届全国人大常委会第三十二次会议通过，1987 年 11 月 24 日由全国人大常委会关于批准法制工作委员会关于对 1978 年底以前颁布的法律进行清理的情况和意见的报告的决定明确不再适用）

83. 关于特赦确实改恶从善的蒋介石集团和伪满洲国的战争罪犯的决定

（1961 年 12 月 16 日第二届全国人大常委会第四十七次会议通过，1987 年 11 月 24 日由全国人大常委会关于批准法制工作委员会关于对 1978 年底以前颁布的法律进行清理的情况和意见的报告的决定明确不再适用）

84. 商标管理条例

（1963 年 3 月 30 日第二届全国人大常委会第九十一次会议通过，由 1982 年 8 月 23 日第五届全国人大常委会第二十四次会议通过的《中华人民共和国商标法》废止）

85. 关于特赦确实改恶从善的蒋介石集团、伪满洲国和伪蒙疆自治政府的战争罪犯的决定

（1963 年 3 月 30 日第二届全国人大常委会第九十一次会议通过，1987 年 11 月 24 日由全国人大常委会关于批准法制工作委员会关于对 1978 年底以前颁布的法律进行清理的情况和意见的报告的决定明确不再适用）

86. 中国人民解放军军官服役条例（修正）

（1963 年 9 月 28 日第二届全国人大常委会第一百零二次会议修正通过，1987 年 11 月 24 日由全国人大常委会关于批准法制工作委员会关于对 1978 年底以前颁布的法律进行清理的情况和意见的报告的决定明确不再适用）

87. 关于第三届全国人民代表大会代表名额和选举问题的决议

（1963 年 12 月 3 日第二届全国人大第四次会议通过，1987 年 11 月 24 日由全国人大常委会关于批准法制工作委员会关于对 1978 年底以前颁布的法律进行清理的情况和意见的报告的决定明确不再适用）

88. 外国人入境出境过境居留旅行管理条例

(1964 年 3 月 13 日第二届全国人大常委会第一百一十四次会议批准, 1987 年 11 月 24 日由全国人大常委会关于批准法制工作委员会关于对 1978 年底以前颁布的法律进行清理的情况和意见的报告的决定明确不再适用)

89. 第三届全国人民代表大会三百名少数民族代表名额分配方案

(1964 年 7 月 22 日第二届全国人大常委会第一百二十四次会议批准, 1987 年 11 月 24 日由全国人大常委会关于批准法制工作委员会关于对 1978 年底以前颁布的法律进行清理的情况和意见的报告的决定明确不再适用)

90. 关于特赦确实改恶从善的蒋介石集团、伪满洲国和伪蒙疆自治政府的战争罪犯的决定

(1964 年 12 月 12 日第二届全国人大常委会第一百三十五次会议批准, 1987 年 11 月 24 日由全国人大常委会关于批准法制工作委员会关于对 1978 年底以前颁布的法律进行清理的情况和意见的报告的决定明确不再适用)

91. 关于军士和兵的现役期限的决定

(1965 年 1 月 19 日第三届全国人大常委会第一次会议通过, 1987 年 11 月 24 日由全国人大常委会关于批准法制工作委员会关于对 1978 年底以前颁布的法律进行清理的情况和意见的报告的决定明确不再适用)

92. 关于取消中国人民解放军军衔制度的决定

(1965 年 5 月 22 日第三届全国人大常委会第九次会议通过, 1987 年 11 月 24 日由全国人大常委会关于批准法制工作委员会关于对 1978 年底以前颁布的法律进行清理的情况和意见的报告的决定明确不再适用)

93. 关于特赦确实改恶从善的蒋介石集团、伪满洲国和伪蒙疆自治政府的战争罪犯的决定

(1966 年 3 月 29 日第三届全国人大常委会第二十九次会议通过, 1987 年 11 月 24 日由全国人大常委会关于批准法制工作委员会关于对 1978 年底以前颁布的法律进行清理的情况和意见的报告的决定明确不再适用)

94. 关于特赦释放全部在押战争罪犯的决定

(1975 年 3 月 17 日第四届全国人大常委会第二次会议通过, 1987 年 11 月 24 日由全国人大常委会关于批准法制工作委员会关于对 1978 年底以前颁布的法律进行清理的情况和意见的报告的决定明确不再适用)

95. 关于中华人民共和国国歌的决定

(1978 年 3 月 5 日中华人民共和国第五届全国人大第一次会议通过, 由

1982 年 12 月 10 日第五届全国人大第五次会议通过的关于中华人民共和国国歌的决议撤销)

96. 关于兵役制问题的决定

(1978 年 3 月 7 日第五届全国人大常委会第一次会议批准，1987 年 11 月 24 日由全国人大常委会关于批准法制工作委员会关于对 1978 年底以前颁布的法律进行清理的情况和意见的报告的决定明确不再适用)

97. 关于省人民代表大会闭会期间省人民检察院检察长产生程序的决定

(1978 年 5 月 24 日第五届全国人大常委会第二次会议通过，1987 年 11 月 24 日由全国人大常委会关于批准法制工作委员会关于对 1978 年底以前颁布的法律进行清理的情况和意见的报告的决定明确不再适用)

98. 中国人民解放军干部服役条例的决议

(1978 年 8 月 18 日第五届全国人大常委会第三次会议通过，由 1988 年 9 月 5 日第七届全国人大常委会第三次会议通过的《中国人民解放军现役军官服役条例》废止)

三、1979 年以来的法律等（44 件）

1. 中华人民共和国森林法（试行）

(1979 年 2 月 23 日第五届全国人大常委会第六次会议原则通过，实际已失效)

2. 中华人民共和国逮捕拘留条例

(1979 年 2 月 23 日第五届全国人大常委会第六次会议通过，由 1996 年 3 月 17 日第八届全国人大第四次会议通过的《关于修改〈中华人民共和国刑事诉讼法〉的决定》废止)

3. 中华人民共和国中外合资经营企业法

(1979 年 7 月 1 日第五届全国人大第二次会议通过，由 2019 年 3 月 15 日第十三届全国人大第二次会议通过的《中华人民共和国外商投资法》废止)

4. 全国人大常委会关于批准《国务院关于劳动教养的补充规定》的决议

(1979 年 11 月 29 日第五届全国人大常委会第十二次会议通过，由 2013 年 12 月 28 日第十二届全国人大常委会第六次会议通过的《关于废止有关劳动教养法律规定的决定》废止)

5. 中华人民共和国律师暂行条例

(1980 年 8 月 26 日第五届全国人大常委会第十五次会议通过，由 1996 年

5 月 15 日第八届全国人大常委会第十九次会议通过的《中华人民共和国律师法》废止）

6. 中华人民共和国婚姻法

（1980 年 9 月 10 日第五届全国人大第三次会议通过，由 2020 年 5 月 28 日第十三届全国人大第三次会议通过的《中华人民共和国民法典》废止）

7. 中华人民共和国中外合资经营企业所得税法

（1980 年 9 月 10 日第五届全国人大第三次会议通过，由 1991 年 4 月 9 日第七届全国人大第四次会议通过的《中华人民共和国外商投资企业和外国企业所得税法》废止）

8. 中华人民共和国惩治军人违反职责罪暂行条例

（1981 年 6 月 10 日第五届全国人大常委会第十九次会议通过，由 1997 年 3 月 14 日第八届全国人大第五次会议修订的《中华人民共和国刑法》废止）

9. 中华人民共和国经济合同法

（1981 年 12 月 13 日第五届全国人大第四次会议通过，由 1999 年 3 月 15 日第九届全国人大第二次会议通过的《中华人民共和国合同法》废止）

10. 中华人民共和国外国企业所得税法

（1981 年 12 月 13 日第五届全国人大第四次会议通过，由 1991 年 4 月 9 日第七届全国人大第四次会议通过的《中华人民共和国外商投资企业和外国企业所得税法》废止）

11. 中华人民共和国民事诉讼法（试行）

（1982 年 3 月 8 日第五届全国人大常委会第二十二次会议通过，由 1991 年 4 月 9 日第七届全国人大第四次会议通过的《中华人民共和国民事诉讼法》废止）

12. 关于批准《国家建设征用土地条例》的决议

（1982 年 5 月 4 日第五届全国人大常委会第二十三次会议通过，由 1988 年 12 月 29 日第七届全国人大常委会第五次会议通过的关于修改《中华人民共和国土地管理法》的决定废止）

13. 中华人民共和国食品卫生法（试行）

（1982 年 11 月 19 日第五届全国人大常委会第二十五次会议通过，由 1995 年 10 月 30 日第八届全国人大常委会第十六次会议通过的《中华人民共和国食品卫生法》废止）

14. 关于批准《中华人民共和国消防条例》的决议

（1984 年 5 月 11 日第六届全国人大常委会第五次会议通过，由 1998 年 4 月 29 日第九届全国人大常委会第二次会议通过的《中华人民共和国消防法》废止）

15. 中华人民共和国涉外经济合同法

（1985 年 3 月 21 日第六届全国人大常委会第十次会议通过，由 1999 年 3 月 15 日第九届全国人大第二次会议通过的《中华人民共和国合同法》废止）

16. 中华人民共和国继承法

（1985 年 4 月 10 日第六届全国人大第三次会议通过，由 2020 年 5 月 28 日第十三届全国人大第三次会议通过的《中华人民共和国民法典》废止）

17. 中华人民共和国居民身份证条例

（1985 年 9 月 6 日第六届全国人大常委会第十二次会议通过，由 2003 年 6 月 28 日第十届全国人大常委会第三次会议通过的《中华人民共和国居民身份证法》废止）

18. 中华人民共和国公民出境入境管理法

（1985 年 11 月 22 日第六届全国人大常委会第十三次会议通过，由 2012 年 6 月 30 日第十一届全国人大常委会第二十七次会议通过的《中华人民共和国出境入境管理法》废止）

19. 中华人民共和国外国人入境出境管理法

（1985 年 11 月 22 日第六届全国人大常委会第十三次会议通过，由 2012 年 6 月 30 日第十一届全国人大常委会第二十七次会议通过的《中华人民共和国出境入境管理法》废止）

20. 中华人民共和国民法通则

（1986 年 4 月 12 日第六届全国人大第四次会议通过，由 2020 年 5 月 28 日第十三届全国人大第三次会议通过的《中华人民共和国民法典》废止）

21. 中华人民共和国外资企业法

（1986 年 4 月 12 日第六届全国人大第四次会议通过，由 2019 年 3 月 15 日第十三届全国人大第二次会议通过的《中华人民共和国外商投资法》废止）

22. 中华人民共和国治安管理处罚条例

（1986 年 9 月 5 日第六届全国人大常委会第十七次会议通过，由 2005 年 8 月 28 日第十届全国人大常委会第十七次会议通过的《中华人民共和国治安管理处罚法》废止）

23. 中华人民共和国企业破产法（试行）

（1986 年 12 月 2 日第六届全国人大常委会第十八次会议通过，由 2006 年 8 月 27 日第十届全国人大常委会第二十三次会议通过的《中华人民共和国企业破产法》废止）

24. 中华人民共和国技术合同法

（1987 年 6 月 23 日第六届全国人大常委会第二十一次会议通过，由 1999 年 3 月 15 日第九届全国人大第二次会议通过的《中华人民共和国合同法》废止）

25. 中华人民共和国村民委员会组织法（试行）

（1987 年 11 月 24 日第六届全国人大常委会第二十三次会议通过，由 1998 年 11 月 4 日第九届全国人大常委会第五次会议通过的《中华人民共和国村民委员会组织法》废止）

26. 中华人民共和国中外合作经营企业法

（1988 年 4 月 13 日第七届全国人大第一次会议通过，由 2019 年 3 月 15 日第十三届全国人大第二次会议通过的《中华人民共和国外商投资法》废止）

27. 中华人民共和国城市规划法

（1989 年 12 月 26 日第七届全国人大常委会第十一次会议通过，由 2007 年 10 月 28 日第十届全国人大常委会第三十次会议通过的《中华人民共和国城乡规划法》废止）

28. 中华人民共和国外商投资企业和外国企业所得税法

（1991 年 4 月 9 日第七届全国人大第四次会议通过，由 2007 年 3 月 16 日第十届全国人大第五次会议通过的《中华人民共和国企业所得税法》废止）

29. 中华人民共和国收养法

（1991 年 12 月 29 日第七届全国人大常委会第二十三次会议通过，由 2020 年 5 月 28 日第十三届全国人大第三次会议通过的《中华人民共和国民法典》废止）

30. 中华人民共和国国家安全法

（1993 年 2 月 22 日第七届全国人大常委会第三十次会议通过，由 2014 年 11 月 1 日第十二届全国人大常委会第十一次会议通过的《中华人民共和国反间谍法》废止）

31. 中华人民共和国担保法

（1995 年 6 月 30 日第八届全国人大常委会第十四次会议通过，由 2020 年 5 月

28 日第十三届全国人大第三次会议通过的《中华人民共和国民法典》废止）

32. 中华人民共和国预备役军官法

（1995 年 5 月 10 日第八届全国人大常委会第十三次会议通过，由 2022 年 12 月 30 日第十三届全国人大常委会第三十八次会议通过的《中华人民共和国预备役人员法》废止）

33. 中华人民共和国食品卫生法

（1995 年 10 月 30 日第八届全国人大常委会第十六次会议通过，由 2009 年 2 月 28 日第十一届全国人大常委会第七次会议通过的《中华人民共和国食品安全法》废止）

34. 中华人民共和国环境噪声污染防治法

（1996 年 10 月 29 日第八届全国人大常委会第二十二次会议通过，由 2021 年 12 月 24 日第十三届全国人大常委会第三十二次会议通过的《中华人民共和国噪声污染防治法》废止）

35. 中华人民共和国行政监察法

（1997 年 5 月 9 日第八届全国人大常委会第二十五次会议通过，由 2018 年 3 月 20 日第十三届全国人大第一次会议通过的《中华人民共和国监察法》废止）

36. 中华人民共和国执业医师法

（1998 年 6 月 26 日第九届全国人大常委会第三次会议通过，由 2021 年 8 月 20 日第十三届全国人大常委会第三十次会议通过的《中华人民共和国医师法》废止）

37. 中华人民共和国合同法

（1999 年 3 月 15 日第九届全国人大第二次会议通过，由 2020 年 5 月 28 日第十三届全国人大第三次会议通过的《中华人民共和国民法典》废止）

38. 中华人民共和国物权法

（2007 年 3 月 16 日第十届全国人大第五次会议通过，由 2020 年 5 月 28 日第十三届全国人大第三次会议通过的《中华人民共和国民法典》废止）

39. 中华人民共和国侵权责任法

（2009 年 12 月 26 日第十一届全国人大常委会第十二次会议通过，由 2020 年 5 月 28 日第十三届全国人大第三次会议通过的《中华人民共和国民法典》废止）

40. 中华人民共和国香港特别行政区基本法附件一香港特别行政区行政长官的产生办法修正案

（2010 年 8 月 28 日第十一届全国人大常委会第十六次会议批准，2021 年 3 月 30 日第十三届全国人大常委会第二十七次会议修订通过的《中华人民共和国香港特别行政区基本法附件一香港特别行政区行政长官的产生办法》规定不再施行）

41. 中华人民共和国香港特别行政区基本法附件二香港特别行政区立法会的产生办法和表决程序修正案

（2010 年 8 月 28 日第十一届全国人大常委会第十六次会议予以备案，2021 年 3 月 30 日第十三届全国人大常委会第二十七次会议修订通过的《中华人民共和国香港特别行政区基本法附件二香港特别行政区立法会的产生办法和表决程序》规定不再施行）

42. 中华人民共和国民法总则

（2017 年 3 月 15 日第十二届全国人大第五次会议通过，由 2020 年 5 月 28 日第十三届全国人大第三次会议通过的《中华人民共和国民法典》废止）

43. 全国人民代表大会常务委员会关于《中华人民共和国民法通则》第九十九条第一款、《中华人民共和国婚姻法》第二十二条的解释

（2014 年 11 月 1 日第十二届全国人大常委会第十一次会议通过，2020 年 5 月 22 日在十三届全国人大三次会议上《关于〈中华人民共和国民法典（草案）〉的说明》废止）

44. 全国人民代表大会常务委员会关于《中华人民共和国香港特别行政区基本法》附件一第七条和附件二第三条的解释

（2004 年 4 月 6 日第十届全国人民代表大会常务委员会第八次会议通过，2021 年 3 月 30 日十三届全国人大常委会第二十七次会议修订通过的《中华人民共和国香港特别行政区基本法附件一行政长官的产生办法》规定不再施行）

第五章　立法数量统计

本章包括三个方面的内容：一是 1979 年以来全国人民代表大会及其常务委员会立法数量统计，分别按年度和届别进行统计；二是 1979 年以来全国人民代表大会及其常务委员会批准的国际条约数量统计；三是历届全国人民代表大会历次会议的立法数量统计。

一、1979 年以来全国人民代表大会及其常务委员会立法数量统计

（一）历年统计

年份	法律	法律问题和重大问题的决定	解释	总数	备注
1979 年	12	2		14	含修正 78 年宪法的决议 1 件
1980 年	9	4		13	含修改 78 年宪法的决议 1 件
1981 年	5	8		13	
1982 年	11	10		21	含宪法 1 件
1983 年	6	10		16	
1984 年	8	3		11	
1985 年	8	4		12	
1986 年	13	2		15	
1987 年	7	6		13	
1988 年	11	12		23	含宪法修正案 1 件
1989 年	8	3		11	
1990 年	10	10		20	
1991 年	9	7		16	
1992 年	10	7		17	
1993 年	18	16		34	含宪法修正案 1 件
1994 年	14	6		20	

续表

年份	法律	法律问题和重大问题的决定	解释	总数	备注
1995 年	19	5		24	
1996 年	19	2	1	22	
1997 年	12	11		23	
1998 年	11	8	1	20	
1999 年	16	7	1	24	含宪法修正案 1 件
2000 年	13	2	1	16	
2001 年	19	5	1	25	
2002 年	16	8	4	28	
2003 年	10	5		15	
2004 年	18	3	2	23	含宪法修正案 1 件
2005 年	12	5	3	20	
2006 年	13	2		15	
2007 年	20	7		27	
2008 年	7	3		10	
2009 年	14	1		15	
2010 年	14	2		16	
2011 年	11	2	2	15	
2012 年	20	11		31	
2013 年	6	6		12	
2014 年	8	8	8	24	
2015 年	22	9		31	
2016 年	16	7	1	24	
2017 年	20	14		34	
2018 年	57	13		70	含宪法修正案 1 件
2019 年	22	8		30	
2020 年	21	12		33	
2021 年	36	11		47	
2022 年	16	7	1	24	
2023 年	10	10		20	截至 2023 年 10 月 24 日十四届全国人大常委会第六次会议闭幕
总数	657	304	26	967	

（截至 2023 年 10 月 24 日）

（二）历届统计

届别		宪法	宪法修正案	法律	法律解释	法律问题和重大问题的决定	合计
五届	大会	1		19		6	26
	常务委员会			18		22	40
六届	大会			6		6	12
	常务委员会			36		17	53
七届	大会		1	11		15	27
	常务委员会			38		23	61
八届	大会		1	8		17	26
	常务委员会			70	1	22	93
九届	大会		1	3		9	13
	常务委员会			72	8	21	101
十届	大会		1	3		8	12
	常务委员会			69	5	14	88
十一届	大会			2		6	8
	常务委员会			63	2	13	78
十二届	大会			3		6	9
	常务委员会			69	9	40	118
十三届	大会		1	6		9	16
	常务委员会			152	1	42	195
十四届	大会			1			1
	常务委员会			9		9	18
总计		1	5	658	26	305	995

（截至 2023 年 10 月 24 日）

二、1979 年以来全国人民代表大会及其常务委员会批准的国际条约数量统计

届别	年份	条约公约	每届合计	备注
五届	1979 年	0	10	1978 年批准 2 件 1982 年通过 3 个决定批准 4 件条约公约
	1980 年	1		
	1981 年	2		
	1982 年	4		
	1983 年	3		

届别	年份	条约公约	每届合计	备注
六届	1983 年	3	27	1983 年六届人大常务委员会通过 2 个决定批准 3 件公约 1985 年通过 5 个决定批准 6 件条约公约
	1984 年	3		
	1985 年	6		
	1986 年	7		
	1987 年	8		
	1988 年	0		
七届	1988 年	7	41	1990 年通过 4 个决定批准 5 件条约公约 1991 年通过 10 个决定批准 11 件条约公约
	1989 年	3		
	1990 年	5		
	1991 年	11		
	1992 年	15		
	1993 年	0		
八届	1993 年	13	62	1994 年通过 12 个决定批准 13 件条约公约 1997 通过 15 个决定批准 16 件条约公约
	1994 年	13		
	1995 年	8		
	1996 年	11		
	1997 年	16		
	1998 年	1		
九届	1998 年	10	60	1998 年通过 9 个决定批准 10 件条约公约
	1999 年	9		
	2000 年	13		
	2001 年	13		
	2002 年	13		
	2003 年	2		
十届	2003 年	11	74	2004 年通过 13 个决定批准 15 件条约公约 2007 年通过 10 个决定批准 11 件条约公约
	2004 年	15		
	2005 年	16		
	2006 年	21		
	2007 年	11		
	2008 年	0		

续表

届别	年份	条约公约	每届合计	备注
十一届	2008 年	17	39	
	2009 年	9		
	2010 年	5		
	2011 年	5		
	2012 年	3		
十二届	2013 年	5	43	
	2014 年	10		
	2015 年	14		
	2016 年	7		
	2017 年	7		
十三届	2018 年	4	35	
	2019 年	4		
	2020 年	6		
	2021 年	8		
	2022 年	13		
十四届	2023 年	8	8	
总计		399		

（截至 2023 年 10 月 24 日）

三、历届全国人民代表大会立法数量统计

会议	开始时间	结束时间	天数	法律（决定）名称	数量
一届一次	1954-9-15	1954-9-28	14	1. 宪法 2. 全国人民代表大会组织法 3. 国务院组织法 4. 人民法院组织法 5. 人民检察院组织法 6. 地方各级人民代表大会和地方各级人民委员会组织法 7. 关于中华人民共和国现行法律、法令继续有效的决议	7

续表

会议	开始时间	结束时间	天数	法律（决定）名称	数量
一届二次	1955-7-5	1955-7-30	26	1. 兵役法 2. 关于撤销热河省、西康省并修改中华人民共和国地方各级人民代表大会和地方各级人民委员会组织法第二十五条第二款第一项规定的决议 3. 关于撤销燃料工业部设立煤炭工业部、电力工业部、石油工业部、农产品采购部并修改中华人民共和国国务院组织法第二条第一款条文的决议 4. 第一届全国人民代表大会第二次会议关于授权常务委员会制定单行法规的决议	4
一届三次	1956-6-15	1956-6-30	16	1. 关于修改中华人民共和国地方各级人民代表大会和地方各级人民委员会组织法第二十五条第二款第四项、第五项规定的决议 2. 高级农业生产合作社示范章程	2
一届四次	1957-6-26	1957-7-15	20	1. 关于死刑案件由最高人民法院判决或者核准的决议 2. 关于第二届全国人民代表大会代表选举问题的决议	2
一届五次	1958-2-1	1958-2-11	11		
二届一次	1959-4-18	1959-4-28	11	关于撤销司法部、监察部的决议	1
二届二次	1960-3-30	1960-4-10	12	一九五六年到一九六七年全国农业发展纲要	1
二届三次	1962-3-27	1962-4-16	21		
二届四次	1963-11-17	1963-12-3	17	关于第三届全国人民代表大会代表名额和选举问题的决议	1
三届一次	1964-12-21	1965-1-4	15		
四届一次	1975-1-13	1975-1-17	5	宪法	1
五届一次	1978-2-26	1978-3-5	8	1. 宪法 2. 关于中华人民共和国国歌的决定	2

续表

会议	开始时间	结束时间	天数	法律（决定）名称	数量
五届二次	1979-6-18	1979-7-1	14	1. 关于修正宪法若干规定的决议 2. 刑法 3. 刑事诉讼法 4. 地方各级人民代表大会和地方各级人民政府组织法 5. 全国人民代表大会和地方各级人民代表大会选举法 6. 人民法院组织法 7. 人民检察院组织法 8. 中外合资经营企业法	8
五届三次	1980-8-30	1980-9-10	12	1. 关于修改《中华人民共和国宪法》的第四十五条的决议 2. 国籍法 3. 婚姻法 4. 中外合资经营企业所得税法 5. 个人所得税法 6. 关于修改宪法和成立宪法修改委员会的决议	6
五届四次	1981-11-30	1981-12-13	14	1. 经济合同法 2. 外国企业所得税法 3. 关于开展全民义务植树运动的决议 4. 关于推迟审议宪法修改草案的决议 ＊会议原则批准了《中华人民共和国民事诉讼法（草案）》，授权全国人民代表大会常务委员会修改后公布试行	4
五届五次	1982-11-26	1982-12-10	15	1. 宪法 2. 全国人民代表大会组织法 3. 国务院组织法 4. 关于修改《中华人民共和国地方各级人民代表大会和地方各级人民政府组织法》的若干规定的决议 5. 关于修改《中华人民共和国全国人民代表大会和地方各级人民代表大会选举法》的若干规定的决议 6. 关于本届全国人民代表大会常务委员会职权的决议 7. 关于中华人民共和国国歌的决议 8. 关于第六届全国人民代表大会代表名额和选举问题的决议	8

续表

会议	开始时间	结束时间	天数	法律（决定）名称	数量
六届一次	1983-6-6	1983-6-21	16	第六届全国人民代表大会第一次会议选举、表决和通过议案办法	1
六届二次	1984-5-15	1984-5-31	17	1. 民族区域自治法 2. 兵役法 3. 关于海南行政区建置的决定	3
六届三次	1985-3-27	1985-4-10	15	1. 继承法 2. 关于成立中华人民共和国香港特别行政区基本法起草委员会的决定 3. 关于授权国务院在经济体制改革和对外开放方面可以制定暂行的规定或者条例的决定	3
六届四次	1986-3-25	1986-4-12	19	1. 民法通则 2. 义务教育法 3. 外资企业法	3
六届五次	1987-3-25	1987-4-11	18	1. 关于《中华人民共和国村民委员会组织法（草案）》的决定 2. 关于第七届全国人民代表大会代表名额和选举问题的决定	2
七届一次	1988-3-25	1988-4-13	20	1. 宪法修正案 2. 全民所有制工业企业法 3. 中外合作经营企业法 4. 关于国务院机构改革方案的决定 5. 关于成立中华人民共和国澳门特别行政区基本法起草委员会的决定 6. 关于设立海南省的决定 7. 关于建立海南经济特区的决议 8. 第七届全国人民代表大会第一次会议通过议案和第七届全国人民代表大会各专门委员会组成人员人选办法 9. 第七届全国人民代表大会第一次会议选举办法	9
七届二次	1989-3-20	1989-4-4	16	1. 行政诉讼法 2. 全国人民代表大会议事规则 3. 关于国务院提请审议授权深圳市制定经济特区法规和规章的议案的决定	3

续表

会议	开始时间	结束时间	天数	法律（决定）名称	数量
七届 三次	1990-3-20	1990-4-5	17	1. 香港特别行政区基本法 2. 关于修改《中华人民共和国中外合资经营企业法》的决定 3. 第七届全国人民代表大会第三次会议选举和决定任免办法 4. 第七届全国人民代表大会第三次会议关于《中华人民共和国香港特别行政区基本法（草案）》的审议程序和表决办法 5. 关于香港特别行政区第一届政府和立法会产生办法的决定 6. 关于《中华人民共和国香港特别行政区基本法》的决定 7. 关于设立香港特别行政区的决定 8. 关于批准香港特别行政区基本法起草委员会关于设立全国人民代表大会常务委员会香港特别行政区基本法委员会的建议的决定	8
七届 四次	1991-3-25	1991-4-9	16	1. 民事诉讼法 2. 外商投资企业和外国企业所得税法 3. 第七届全国人民代表大会第四次会议选举和决定任命办法	3
七届 五次	1992-3-20	1992-4-3	15	1. 全国人民代表大会和地方各级人民代表大会代表法 2. 工会法 3. 妇女权益保障法 4. 关于第八届全国人民代表大会代表名额和选举问题的决定	4
八届 一次	1993-3-15	1993-3-31	17	1. 宪法修正案 2. 澳门特别行政区基本法 3. 第八届全国人民代表大会第一次会议通过第八届全国人民代表大会各专门委员会组成人员人选办法 4. 第八届全国人民代表大会第一次会议选举和决定任命办法 5. 关于国务院机构改革方案的决定 6. 关于《中华人民共和国澳门特别行政区基本法（草案）》的审议程序和表决办法	11

续表

会议	开始时间	结束时间	天数	法律（决定）名称	数量
				7. 关于《中华人民共和国澳门特别行政区基本法》的决定 8. 关于设立澳门特别行政区的决定 9. 关于澳门特别行政区第一届政府、立法会和司法机关产生办法的决定 10. 关于批准澳门特别行政区基本法起草委员会关于设立全国人民代表大会常务委员会澳门特别行政区基本法委员会的建议的决定 11. 关于授权全国人民代表大会常务委员会设立香港特别行政区筹备委员会的准备工作机构的决定	
八届二次	1994-3-10	1994-3-22	13	1. 预算法 2. 全国人民代表大会第二次会议选举办法 3. 关于将全国人民代表大会环境保护委员会改为全国人民代表大会环境与资源保护委员会的决定 4. 关于授权厦门市人民代表大会及其常务委员会和厦门市人民政府分别制定法规和规章在厦门经济特区实施的决定	4
八届三次	1995-3-5	1995-3-18	14	1. 教育法 2. 银行法 3. 第八届全国人民代表大会第三次会议选举和决定任命办法	3
八届四次	1996-3-5	1996-3-17	13	1. 行政处罚法 2. 全国人民代表大会关于修改《中华人民共和国刑事诉讼法》的决定 3. 全国人民代表大会关于授权汕头市珠海市人民代表大会及其常务委员会、人民政府分别制定法规和规章在各自的经济特区实施的决定	3
八届五次	1997-3-1	1997-3-14	14	1. 刑法（修订） 2. 国防法 3. 关于批准设立重庆直辖市的决定 4. 香港特别行政区选举第九届全国人民代表大会代表的办法 5. 关于第九届全国人民代表大会代表名额和选举问题的决定	5

续表

会议	开始时间	结束时间	天数	法律（决定）名称	数量
九届一次	1998-3-5	1998-3-19	15	1. 关于国务院机构改革方案的决定 2. 关于设立第九届全国人民代表大会专门委员会的决定 3. 第九届全国人民代表大会第一次会议选举和决定任命办法 4. 第九届全国人民代表大会第一次会议通过第九届全国人民代表大会各专门委员会组成人员人选办法	4
九届二次	1999-3-5	1999-3-15	11	1. 宪法修正案 2. 合同法 3. 澳门特别行政区第九届全国人民代表大会代表的产生办法	3
九届三次	2000-3-5	2000-3-15	11	立法法	1
九届四次	2001-3-5	2001-3-15	11	1. 全国人民代表大会关于修改《中华人民共和国中外合资经营企业法》的决定 2. 第九届全国人民代表大会第四次会议选举办法	2
九届五次	2002-3-5	2002-3-15	11	1. 关于第十届全国人民代表大会代表名额和选举问题的决定 2. 香港特别行政区选举第十届全国人民代表大会代表的方法 3. 澳门特别行政区选举第十届全国人民代表大会代表的办法	3
十届一次	2003-3-5	2003-3-18	14	1. 关于设立第十届全国人民代表大会各专门委员会的决定 2. 关于第十届全国人民代表大会各专门委员会组成人员人选的表决办法 3. 第十届全国人民代表大会第一次会议选举和决定任命的办法 4. 关于国务院机构改革方案的决定	4
十届二次	2004-3-5	2004-3-14	10	宪法修正案	1

续表

会议	开始时间	结束时间	天数	法律（决定）名称	数量
十届三次	2005-3-5	2005-3-14	10	1. 反分裂国家法 2. 第十届全国人民代表大会第三次会议选举和决定任命的办法	2
十届四次	2006-3-5	2006-3-14	10	无	
十届五次	2007-3-5	2007-3-16	12	1. 物权法 2. 企业所得税法 3. 关于第十一届全国人民代表大会代表名额和选举问题的决定 4. 香港特别行政区选举第十一届全国人民代表大会代表的办法 5. 澳门特别行政区选举第十一届全国人民代表大会代表的办法	5
十一届一次	2008-3-5	2008-3-18	14	1. 第十一届全国人民代表大会第一次会议表决第十一届全国人民代表大会各专门委员会主任委员、副主任委员、委员人选的办法 2. 第十一届全国人民代表大会第一次会议选举和决定任命的办法 3. 第十一届全国人民代表大会第一次会议关于国务院机构改革方案的决定	3
十一届二次	2009-3-5	2009-3-13	9	无	
十一届三次	2010-3-5	2010-3-14	10	修改《中华人民共和国全国人民代表大会和地方各级人民代表大会选举法》的决定	1
十一届四次	2011-3-5	2011-3-14	10	无	
十一届五次	2012-3-5	2012-3-14	10	1. 修改《中华人民共和国刑事诉讼法》的决定 2. 关于第十二届全国人民代表大会代表名额和选举问题的决定 3. 中华人民共和国香港特别行政区选举第十二届全国人民代表大会代表的办法 4. 中华人民共和国澳门特别行政区选举第十二届全国人民代表大会代表的办法	4

续表

会议	开始时间	结束时间	天数	法律（决定）名称	数量
十二届一次	2013-3-5	2013-3-17	13	1. 第十二届全国人民代表大会第一次会议关于第十二届全国人民代表大会专门委员会的设立及其主任委员、副主任委员、委员人选的表决办法 2. 第十二届全国人民代表大会第一次会议选举和决定任命的办法 3. 第十二届全国人民代表大会第一次会议关于国务院机构改革和职能转变方案的决定	3
十二届二次	2014-3-5	2014-3-13	9	无	
十二届三次	2015-3-5	2015-3-15	11	全国人民代表大会关于修改《中华人民共和国立法法》的决定	1
十二届四次	2016-3-5	2016-3-16	12	中华人民共和国慈善法	1
十二届五次	2017-3-5	2017-3-15	11	1. 《中华人民共和国民法总则》 2. 第十二届全国人民代表大会第五次会议关于第十三届全国人民代表大会代表名额和选举问题的决定 3. 中华人民共和国香港特别行政区选举第十三届全国人民代表大会代表的办法 4. 中华人民共和国澳门特别行政区选举第十三届全国人民代表大会代表的办法	4
十三届一次	2018-3-5	2018-3-20	16	1. 中华人民共和国宪法修正案 2. 中华人民共和国监察法 3. 第十三届全国人民代表大会第一次会议关于设立第十三届全国人民代表大会专门委员会的决定 4. 第十三届全国人民代表大会第一次会议关于第十三届全国人民代表大会专门委员会主任委员、副主任委员、委员人选的表决办法 5. 第十三届全国人民代表大会第一次会议关于国务院机构改革方案的决定 6. 第十三届全国人民代表大会第一次会议选举和决定任命的办法	6
十三届二次	2019-3-5	2019-3-15	11	1. 中华人民共和国外商投资法	1

续表

会议	开始时间	结束时间	天数	法律（决定）名称	数量
十三届三次	2020-5-22	2020-5-28	7	1. 中华人民共和国民法典 2. 全国人民代表大会关于建立健全香港特别行政区维护国家安全的法律制度和执行机制的决定	2
十三届四次	2021-3-5	2021-3-11	7	1. 中华人民共和国全国人民代表大会组织法 2. 中华人民共和国全国人民代表大会议事规则 3. 全国人民代表大会关于完善香港特别行政区选举制度的决定	3
十三届五次	2022-3-5	2022-3-11	7	1. 中华人民共和国地方各级人民代表大会和地方各级人民政府组织法 2. 第十三届全国人民代表大会第五次会议关于第十四届全国人民代表大会代表名额和选举问题的决定 3. 中华人民共和国香港特别行政区选举第十四届全国人民代表大会代表的办法 4. 中华人民共和国澳门特别行政区选举第十四届全国人民代表大会代表的办法	4
十四届一次	2023-3-5	2023-3-13	9	全国人民代表大会关于修改《中华人民共和国立法法》的决定	

（截至 2023 年 10 月 24 日）

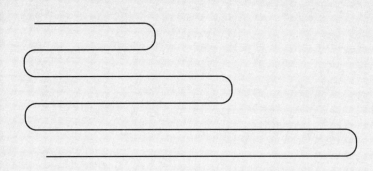

第二部分
立法规划及其落实情况

第六章　全国人民代表大会常务委员会立法规划

一、七届全国人民代表大会法律委员会关于五年立法规划的初步设想① （1988 年 6 月 25 日）

有关经济方面的法律

1. 明确企业的法律地位和权利、义务，增强企业活力，促进多种经济的发展

公司法（可以先搞几个单行条例）

集体所有制企业法（乡镇企业法）

私营企业法

个体经济法

2. 调整社会主义市场经济秩序的法律

物价管理法

制止不正当竞争法

保护消费者权益法

3. 健全以间接管理为主的宏观经济调节体系

计划法

财政法

预决算法

投资法

审计法

标准化法

银行法

货币法

---

① 由法律委员会提出，印发七届全国人民代表大会常务委员会第二次会议。

外汇管理法

信贷法

保险法

证券法

票据法

抵押法

有关税法的制定和修改

经济合同法修改

仲裁法

4. 适应对外开放的需要

海商法

进出口商品检验法

外商投资企业所得税法

对外贸易法

进出境动植物检疫法

经济特区法

有关沿海开放城市和经济开发区的法律

中外合资经营企业法修改

华侨投资优惠条例

修订华侨申请使用国有荒山荒地条例

5. 适应劳动制度改革的需要

劳动法

企业招收辞退职工条例

劳动保护法

矿山安全卫生条例

劳动保险法

6. 自然资源和环境保护

野生动物保护法

土地管理法修改

国土开发整治法

噪声控制法

固体废弃物处理法

核污染防治法

7. 有关各部门管理的法律

节能法

测绘法

城市规划法

市政管理法

建筑法

烟草专卖法

铁路法

公路法

航空法

电信法

保障公民的权利和自由的法律

集会游行示威法

出版法

社团法

新闻法

工会法

保障散居少数民族平等权利法

行政方面的法律

1. 适应行政机构和干部制度改革的需要

国家公务员法

国家勋章和荣誉称号条例

行政机关编制法

国家赔偿法

人民警察法

公安派出所组织条例

户籍法

2. 有关教育科学文化方面

教师法

普通教育法

高等教育法

职业教育法

少数民族教育法

使用和发展少数民族语言文字法

修订华侨投资兴办学校办法

促进科技进步法

研究所法

广播电视法

电影法

图书馆法

博物馆法

传染病防治法

中医法

公共卫生法

医师法

计划生育法

3. 有关社会保障方面的法律

青少年保护法

妇女儿童保护法

残疾人社会保障法

伤残军人安置优抚法

保护归侨、侨眷权益法

4. 有关军事、国防方面的法律

军官军衔条例

军官服役条例

军队转业干部安置法

军事设施保护法

国防动员法

边防法

领海及毗连区法

专属经济区法

国家机构方面的法律

全国人民代表大会议事规则

全国人民代表大会代表工作条例

乡镇政权组织法

城市居民委员会组织法

军事法院组织法

军事检察院组织法

选举法修改

地方组织法修改

有关民事、刑事、诉讼程序方面的法律

版权法

公证法

刑法修改

保守国家机密法

罪犯改造法

劳动教养法

行政诉讼法

民事诉讼法修改

刑事诉讼法修改

律师法

二、七届全国人民代表大会常务委员会立法规划 (1991 年 10 月—1993 年 3 月)

七届全国人民代表大会任期届满前一年多的立法工作，要从实施国民经济和社会发展十年规划和"八五"计划的需要出发，在总结以往经验的基础上，坚持必要性与可行性相结合，突出重点，加快步伐，保证质量，促进社会主义现代化建设和改革开放有秩序的进行。列入本规划的法律草案分为两类：

第一类：拟提请全国人民代表大会或人大常务委员会审议的法律草案（**21 件**）

名称	起草单位
1. 产品质量法	国家技术监督局
2. 有限责任公司法	国务院法制局、国家体改委

续表

名称	起草单位
3. 经济合同法（修订）	国家工商局、国家体改委
4. 海商法	交通部
5. 税收征收管理法	国家税务总局
6. 矿山安全卫生法	劳动部
7. 测绘法	国家测绘局
8. 银行法*①	中国人民银行
9. 农业技术推广法	农业部
10. 个人所得税法（修订）*	财政部
11. 统计法（修订）	国家统计局
12. 专利法（修订）	中国专利局
13. 工会法*	全国总工会
14. 人民警察警阶条例	公安部
15. 妇女权益保障法*	全国人大内司委、全国妇联、民政部
16. 散居少数民族平等权利保障法	全国人大民委
17. 代表法*	全国人大常委会办公厅
18. 反贪污贿赂法	最高人民检察院
19. 监管改造罪犯法	司法部
20. 食品卫生法（修订）	卫生部
21. 科技进步法*	国家科委

第二类：拟抓紧调研论证的法律草案（43 件）

名称	起草单位
1. 计划法	国家计委
2. 固定资产投资法	国家计委
3. 价格法	国家物价局
4. 农业投资法	农业部
5. 审计法	国家审计署
6. 劳动法	劳动部
7. 节能法	国家计委
8. 电力法	能源部

---

① 有"＊"的法律草案须提请代表大会审议

续表

名称	起草单位
9. 煤炭法	能源部
10. 公路法	交通部
11. 电信法	邮电部
12. 专属经济区和大陆架法	国家海洋局
13. 领海及毗连区法	国家海洋局
14. 商业法	商业部
15. 旅游法	国家旅游局
16. 商标法（修订）	国家工商局
17. 航空法	中国民航局等
18. 市政法	建设部
19. 固体废弃物污染防治法	国家环保局
20. 地震法	国家地震局、建设部、民政部
21. 制止不正当竞争法	国家工商局
22. 预算法	财政部
23. 华侨捐赠保护法	全国人大华侨委
24. 出版法	新闻出版署
25. 结社法	民政部
26. 公证法	司法部
27. 社会保障法	全国总工会、民政部
28. 申诉法	全国人大内司委
29. 国家赔偿法	全国人大常委会法工委
30. 戒严法	全国人大常委会法工委
31. 检察官条例	最高人民检察院
32. 审判员条例	最高人民法院
33. 人民法庭组织条例	最高人民法院
34. 律师法	司法部
35. 监督法	全国人大常委会《监督法》起草小组
36. 刑法修改	全国人大常委会法工委
37. 关于收容审查的决定	公安部
38. 关于惩治渎职罪的补充规定	全国人大常委会法工委
39. 医师法	卫生部
40. 优生保健法	卫生部

续表

名称	起草单位
41. 原子能法	国家科委
42. 国防科研生产法	国防科工委
43. 反间谍法	安全部

三、八届全国人民代表大会常务委员会立法规划（共 152 件）

第一类：本届内审议的法律草案（115 件）

法律名称	起草单位
1. 公司法	全国人大常委会法工委
2. 合伙企业法	全国人大财经委牵头，有关部门参加
3. 独资企业法	全国人大财经委牵头，有关部门参加
4. 股份合作企业法	国家体改委、国家经贸委
5. 商业银行法	中国人民银行
6. 矿产法	全国人大财经委牵头，有关部门参加
7. 物权法	全国人大常委会法工委
8. 合同法	全国人大常委会法工委
9. 经济合同法（修改）	国家工商局
10. 证券法	全国人大财经委
11. 票据法	中国人民银行
12. 保险法	中国人民银行
13. 担保法	全国人大常委会法工委
14. 信托法	全国人大财经委
15. 经纪人法	国家体改委、国家经贸委
16. 信贷法	全国人大常委会法工委
17. 期货交易法	全国人大财经委牵头，有关部门参加
18. 拍卖法	内贸部
19. 招标投标法	国家计委牵头，有关部门参加
20. 房地产法	建设部
21. 广告法	国家工商局
22. 仲裁法	全国人大常委会法工委
23. 消费者权益保护法	国家工商局

续表

法律名称	起草单位
24. 台湾同胞投资保护法	外贸部
25. 反不正当竞争法	国家工商局
26. 对外贸易法	外贸部
27. 注册会计师法	财政部
28. 会计法（修改）	财政部
29. 预算法	财政部
30. 中央银行法	中国人民银行
31. 国有资产法	全国人大财经委牵头，有关部门参加
32. 外汇管理法	全国人大财经委
33. 国债法	财政部
34. 固定资产投资法	国家计委牵头，有关部门参加
35. 审计法	国家审计署
36. 统计法（修改）	国家统计局
37. 税法（及若干单行税法）	全国人大财经委、财政部、国家税务总局
38. 个人所得税法（修改）	财政部
39. 社会保险法	劳动部
40. 社会救济法	民政部牵头，全国总工会参加
41. 劳动法	劳动部
42. 农业法	农业部
43. 农业技术推广法	农业部
44. 森林法（修改）	林业部
45. 水法（修改）	水利部
46. 矿产资源法（修改）	地质矿产部
47. 航空法	中国民航局
48. 港口法	交通部
49. 公路法	交通部
50. 电信法	邮电部
51. 电力法	电力部
52. 原子能法	国家科委
53. 节约能源法	国家计委、国家经贸委
54. 全国人民代表大会组织法（修改）	全国人大常委会办公厅
55. 全国人民代表大会议事规则（修改）	全国人大常委会办公厅

续表

法律名称	起草单位
56. 全国人民代表大会常务委员会议事规则（修改）	全国人大常委会办公厅
57. 立法法	全国人大常委会法工委
58. 监督法	全国人大常委会办公厅
59. 地方组织法（修改）	全国人大常委会法工委
60. 法院组织法（修改）	最高人民法院
61. 检察院组织法（修改）	最高人民检察院
62. 人民法庭组织法	最高人民法院
63. 军事法院组织法	总政治部
64. 军事检察院组织法	总政治部
65. 选举法（修改）	全国人大常委会法工委
66. 香港特别行政区全国人民代表大会代表产生办法	港澳办、全国人大常委会法工委
67. 军队选举全国人民代表大会和地方人大代表的办法（修改）	总政治部
68. 村民委员会组织法（修改）	民政部
69. 国家公务员法	人事部
70. 法官法	最高人民法院
71. 检察官法	最高人民检察院
72. 人民警察法	公安部
73. 军官军衔条例（修改）	总政治部
74. 现役军官服役条例（修改）	总政治部
75. 预备役军官法	总政治部
76. 行政监察法	监察部
77. 行政处罚法	全国人大常委会法工委
78. 行政复议法	全国人大常委会法工委、国务院法制局
79. 教育法	国家教委
80. 教师法	国家教委
81. 科技进步法	国家科委
82. 科学技术成果转化法	全国人大教科文卫委
83. 新闻法	新闻出版署
84. 出版法	新闻出版署
85. 档案法（修改）	国家档案局

续表

法律名称	起草单位
86. 医师法	卫生部
87. 优生保健法	卫生部
88. 药品管理法（修改）	卫生部
89. 食品卫生法（修改）	卫生部
90. 红十字会法	卫生部
91. 海洋环境保护法（修改）	全国人大环保委
92. 水污染防治法（修改）	全国人大环保委
93. 大气污染防治法（修改）	全国人大环保委
94. 固体废弃物法	国家环保局
95. 关于惩治生产、销售伪劣商品犯罪的决定	全国人大常委会法工委
96. 刑法（修改）	全国人大常委会法工委
97. 刑诉法（修改）	全国人大常委会法工委
98. 惩治军人违反职责罪暂行条例（修改）	总政治部
99. 惩治贪污贿赂法	最高人民检察院
100. 关于玩忽职守罪的补充规定	最高人民检察院
101. 关于严惩组织、运送他人偷越国（边）境犯罪的补充规定	全国人大常委会法工委
102. 律师法	司法部
103. 监狱法	司法部
104. 引渡法	外交部
105. 关于刑事案件赃款赃物随案移送的规定	最高人民法院
106. 国家赔偿法	全国人大常委会法工委
107. 结社法	民政部
108. 国家勋章和国家荣誉称号法	全国人大常委会法工委
109. 国防法	中央军委
110. 国防教育法	总政治部
111. 人民防空法	国家人防委
112. 国防科研生产法	国防科工委
113. 戒严法	全国人大常委会法工委
114. 公证法	司法部
115. 签证法	外交部

第二类：研究起草、成熟时安排审议的法律草案（37 件）

法律名称	起草单位
1. 商会法	国家经贸委
2. 商业秘密保护法	国家经贸委
3. 反垄断法	国家经贸委、国家工商局
4. 专利法（修改）	国家专利局
5. 劳动合同法	劳动部
6. 计划法	国家计委
7. 价格法	国家计委
8. 乡镇企业法	全国人大财经委牵头，有关部门参加
9. 电子振兴法	电子部
10. 散居少数民族平等权利保障法	全国人大民委
11. 老年人权益保障法	全国人大内司委牵头，民政部参加
12. 军人地位和权益保护法	中央军委
13. 退伍军人安置法	民政部
14. 财产收入申报法	监察部
15. 民族区域自治法（修改）	全国人大民委
16. 行政许可程序法	全国人大常委会法工委
17. 高等教育法	国家教委
18. 职业教育法	国家教委
19. 科技投入法	全国人大教科文卫委
20. 少数民族语言文字法	国家民委
21. 职业病防治法	卫生部
22. 初级卫生保健法	卫生部
23. 人口与计划生育法	国家计生委
24. 土地法	国家土地局
25. 渔业法（修改）	农业部
26. 草原法（修改）	农业部
27. 煤炭法	煤炭部
28. 环境保护法（修改）	全国人大环保委
29. 噪声污染防治法	全国人大环保委牵头，国家环保局参加
30. 自然资源保护法	全国人大环保委
31. 防沙治沙法	林业部
32. 有毒化学品管理法	国家环保局

续表

法律名称	起草单位
33. 防洪法	水利部
34. 劳教法	司法部、公安部
35. 预防青少年犯罪法	全国人大内司委、团中央
36. 关于海事诉讼程序的规定	最高人民法院
37. 护照法	外交部

四、九届全国人民代表大会常务委员会立法规划（共89件）

第一类：本届内审议的法律草案（63件）

法律名称	提请审议机关或起草单位
宪法类（14件）	
1. 宪法（修改）	
2. 立法法	全国人大常委会法工委
3. 监督法	全国人大常委会办公厅
4. 军事法院组织法	中央军委
5. 军事检察院组织法	中央军委
6. 专属经济区和大陆架法	国务院
7. 澳门特别行政区选举第九届全国人民代表大会代表的办法	全国人大常委会法工委
8. 香港特别行政区选举第十届全国人民代表大会代表的办法	全国人大常委会法工委
9. 澳门特别行政区选举第十届全国人民代表大会代表的办法	全国人大常委会法工委
10. 国务院组织法（修改）	国务院
11. 民族区域自治法（修改）	全国人大民委
12. 人民法院组织法（修改）	最高人民法院
13. 人民检察院组织法（修改）	最高人民检察院
14. 村民委员会组织法（修改）	国务院
民法商法类（10件）	
15. 合同法	全国人大常委会法工委
16. 独资企业法	全国人大财经委

续表

法律名称	提请审议机关或起草单位
17. 证券法	全国人大财经委
18. 信托法	全国人大财经委
19. 商事登记法	国务院
20. 商标法（修改）	国务院
21. 专利法（修改）	国务院
22. 著作权法（修改）	国务院
23. 收养法（修改）	国务院
24. 公司法（修改）	国务院
行政法类（20 件）	
25. 行政复议法	国务院
26. 公务员法	国务院
27. 政府采购法	全国人大财经委
28. 高等教育法	国务院
29. 语言文字法	全国人大教科文卫委
30. 职业病防治法	国务院
31. 执业医师法	国务院
32. 放射性污染防治法	国务院
33. 荒漠化防治法	全国人大环资委、全国人大农业农村委
34. 环境影响评价法	全国人大环资委
35. 消防法	国务院
36. 道路交通管理法	国务院
37. 公证法	国务院
38. 预防少年违法行为法	全国人大内司委
39. 治安管理处罚条例（修改）	国务院
40. 学位条例（修改）	国务院
41. 药品管理法（修改）	国务院
42. 海洋环境保护法（修改）	全国人大环资委
43. 大气污染防治法（修改）	全国人大环资委
44. 兵役法（修改）	国务院、中央军委
经济法类（13 件）	
45. 电信法	国务院
46. 港口法	国务院

续表

法律名称	提请审议机关或起草单位
47. 招标投标法	国务院
48. 遗产税法	国务院
49. 外汇管理法	全国人大财经委
50. 种子法	全国人大农业农村委
51. 国家高新技术产业开发区法	全国人大教科文卫委
52. 个人所得税法（修改）	国务院
53. 农业法（修改）	全国人大农业农村委
54. 土地管理法（修改）	国务院
55. 森林法（修改）	国务院
56. 水法（修改）	国务院
57. 会计法（修改）	国务院
社会法类（5件）	
58. 农民权益保护法	全国人大农业农村委牵头，国务院有关部门参加
59. 劳动合同法	国务院
60. 社会保险法	国务院
61. 公益事业捐赠法	全国人大常委会法工委
62. 工会法（修改）	全国人大常委会法工委
诉讼程序法类（1件）	
63. 引渡法	全国人大常委会法工委

第二类：研究起草、成熟时安排审议的法律草案（26件）

法律名称	提请审议机关或起草单位
1. 关于监督司法机关查处重大违法案件工作程序的若干规定	全国人大内司委
2. 物权法	全国人大常委会法工委
3. 婚姻法（修改）	全国人大常委会法工委
4. 合作经济组织法	国务院
5. 破产法	全国人大财经委牵头，国务院有关部门参加
6. 商业秘密保护法	国务院
7. 投资基金法	全国人大财经委
8. 行政收费法	国务院
9. 行政许可法	国务院
10. 行政强制措施法	全国人大常委会法工委

续表

法律名称	提请审议机关或起草单位
11. 民办教育法	全国人大教科文卫委
12. 人口与计划生育法	国务院
13. 国防动员法	国务院、中央军委
14. 国防教育法	中央军委
15. 劳动教养法	全国人大常委会法工委
16. 清洁生产法	全国人大环资委
17. 税法（若干单行税法）	国务院
18. 反垄断法	国务院
19. 反倾销和反补贴法	国务院
20. 信贷法	国务院
21. 国有资产法	全国人大财经委牵头，国务院有关部门参加
22. 中小企业促进法	全国人大财经委
23. 风险投资法	全国人大教科文卫委
24. 国民经济动员法	国务院、中央军委
25. 归侨侨眷权益保护法（修改）	全国人大华侨委
26. 海事特别程序法	最高人民法院

五、十届全国人民代表大会常务委员会立法规划（共 76 件）

第一类：本届内审议的法律草案（59 件）

法律名称	提请审议机关或起草单位
宪法及相关法类（10 件）	
1. 宪法修正案	
2. 紧急状态法	国务院
3. 军事法院组织法	中央军委
4. 军事检察院组织法	中央军委
5. 选举法（修订）	全国人大常委会法工委
6. 地方组织法（修订）	全国人大常委会法工委
7. 人民法院组织法（修订）	最高人民法院
8. 人民检察院组织法（修订）	最高人民检察院
9. 城市居民委员会组织法（修订）	国务院

续表

法律名称	提请审议机关或起草单位
10. 全国人民代表大会常务委员会议事规则（修订）	全国人大常委会办公厅
民法商法类（10件）	
11. 民法—物权法	全国人大常委会法工委
12. 民法—侵权责任法	全国人大常委会法工委
13. 民法—涉外民事关系的法律适用法	全国人大常委会法工委
14. 商事登记法	国务院
15. 企业破产法	全国人大财经委
16. 证券投资基金法	全国人大财经委
17. 公司法（修订）	国务院
18. 合伙企业法（修订）	全国人大财经委
19. 商业银行法（修订）	国务院
20. 证券法（修订）	全国人大财经委
行政法类（16件）	
21. 行政许可法	国务院
22. 行政收费法	国务院
23. 行政强制法	全国人大常委会法工委
24. 国防动员法	国务院、中央军委
25. 公务员法	国务院
26. 居民身份证法	国务院
27. 护照法	国务院
28. 公证法	国务院
29. 违法行为矫治法	全国人大常委会法工委
30. 初级卫生保健法	国务院
31. 治安管理处罚条例（修订）	国务院
32. 义务教育法（修订）	国务院
33. 科学技术进步法（修订）	国务院
34. 传染病防治法（修订）	国务院
35. 固体废物污染环境防治法（修订）	全国人大环资委
36. 建筑法（修订）	国务院
经济法类（14件）	
37. 国有资产法	全国人大财经委

续表

法律名称	提请审议机关或起草单位
38. 外汇法	全国人大财经委
39. 反垄断法	国务院
40. 反倾销和反补贴法	国务院
41. 保障措施法	国务院
42. 企业所得税法（统一适用各类企业）	国务院
43. 银行业监督管理法	国务院
44. 中国人民银行法（修订）	国务院
45. 预算法（修订）	全国人大常委会预工委
46. 个人所得税法（修订）	国务院
47. 审计法（修订）	国务院
48. 土地管理法（修订）	国务院
49. 对外贸易法（修订）	国务院
50. 反不正当竞争法（修订）	国务院
社会法类（6 件）	
51. 社会保险法（或者养老、医疗、失业、工伤保险分别立法）	国务院
52. 社会救济法	国务院
53. 劳动合同法	国务院
54. 农民权益保护法	全国人大农业农村委
55. 妇女权益保障法（修订）	国务院（全国妇联）
56. 未成年人保护法（修订）	全国人大内司委
刑法类 根据情况需要，适时审议刑法修正案草案	
诉讼与非诉讼程序法类（3 件）	
57. 刑事诉讼法（修订）	全国人大常委会法工委
58. 民事诉讼法（修订）	全国人大常委会法工委
59. 仲裁法（修订）	国务院

第二类：研究起草、成熟时安排审议的法律草案（17 件）

法律名称	提请审议机关或起草单位
1. 农民合作经济组织法	全国人大农业农村委
2. 期货交易法	全国人大财经委
3. 不动产登记法	国务院

续表

法律名称	提请审议机关或起草单位
4. 融资租赁法	全国人大财经委
5. 行政程序法	全国人大常委会法工委
6. 政务信息公开法	国务院
7. 禁毒法	国务院
8. 税收基本法	全国人大财经委、预工委（国务院）
9. 财政转移支付法	全国人大常委会预工委（国务院）
10. 国民经济动员法	国务院
11. 西部开发促进法	国务院
12. 反洗钱法	全国人大常委会预工委
13. 自然保护区法	全国人大环资委
14. 海岛保护法	全国人大环资委
15. 国家赔偿法（修订）	全国人大常委会法工委
16. 行政诉讼法（修订）	全国人大常委会法工委
17. 监督法	全国人大常委会办公厅

六、十一届全国人民代表大会常务委员会立法规划（共 64 件）

第一类项目：任期内提请审议的法律草案（49 件）

法律名称	提请审议机关或起草单位
一、宪法及宪法相关法类（5 件）	
1. 村民委员会组织法（修改）	国务院
2. 城市居民委员会组织法（修改）	国务院
3. 全国人民代表大会和地方各级人民代表大会选举法（修改）	全国人大常委会法工委
4. 全国人民代表大会组织法（修改）	全国人大常委会法工委
5. 国家赔偿法（修改）	全国人大常委会法工委
二、民法商法类（6 件）	
1. 保险法（修改）	国务院
2. 消费者权益保护法（修改）	国务院
3. 专利法（修改）	国务院
4. 商标法（修改）	国务院

续表

法律名称	提请审议机关或起草单位
5. 侵权责任法	全国人大常委会法工委
6. 涉外民事关系法律适用法	全国人大常委会法工委
三、行政法类（15 件）	
1. 食品安全法	国务院
2. 外交人员法	国务院
3. 非物质文化遗产保护法	国务院
4. 国防动员法	国务院、中央军委
5. 人民武装警察法	国务院、中央军委
6. 兵役法（修改）	国务院、中央军委
7. 职业教育法（修改）	国务院
8. 药品管理法（修改）	国务院
9. 大气污染防治法（修改）	国务院
10. 森林法（修改）	国务院
11. 城市房地产管理法（修改）	国务院
12. 防震减灾法（修改）	国务院
13. 突发事件应对法（修改）	国务院
14. 行政监察法（修改）	国务院
15. 行政强制法	全国人大常委会法工委
四、经济法类（11 件）	
1. 企业国有资产法	全国人大财经委
2. 循环经济促进法	全国人大环资委
3. 增值税等若干单行税法	国务院
4. 电信法	国务院
5. 粮食法	国务院
6. 税收征收管理法（修改）	国务院
7. 广告法（修改）	国务院
8. 邮政法（修改）	国务院
9. 土地管理法（修改）	国务院
10. 矿产资源法（修改）	国务院
11. 预算法（修改）	全国人大常委会预工委、财政部
五、社会法类（6 件）	
1. 社会保险法	国务院

续表

法律名称	提请审议机关或起草单位
2. 基本医疗卫生保健法	国务院
3. 精神卫生法	国务院
4. 社会救助法	国务院
5. 慈善事业法	国务院
6. 老年人权益保障法（修改）	国务院
六、刑法类（1件）	
1. 刑法修正案（根据情况需要，适时审议刑法修正案草案）	全国人大常委会法工委
七、诉讼与非诉讼程序法类（5件）	
1. 农村土地承包纠纷仲裁法	国务院
2. 人民调解法	国务院
3. 刑事诉讼法（修改）	全国人大常委会法工委
4. 民事诉讼法（修改）	全国人大常委会法工委
5. 行政诉讼法（修改）	全国人大常委会法工委

第二类项目：研究起草、条件成熟时安排审议的法律草案（15件）

法律名称	提请审议机关或起草单位
1. 行业协会商会法	国务院
2. 行政收费管理法	国务院
3. 国民经济动员法	国务院、中央军委
4. 国防交通法	国务院、中央军委
5. 陆地边界法	国务院、中央军委
6. 司法协助法	国务院
7. 出境入境管理法	国务院
8. 中（传统）医药法	国务院
9. 图书馆法	国务院
10. 住房保障法	国务院
11. 期货法	全国人大财经委、证监会
12. 资产评估法	全国人大财经委
13. 海岛保护法	全国人大环资委
14. 自然保护区法	全国人大环资委
15. 违法行为矫治法	全国人大常委会法工委

有关方面还提出修改商业银行法、证券投资基金法、环境保护法等，制定能源法、机构编制法、户籍法、志愿服务法等，研究论证建立国家公职人员财产申报、社会信用、个人信息保护等方面的法律制度。这些立法项目由有关方面继续开展研究论证，视情况作出相应安排。

七、十二届全国人民代表大会常务委员会立法规划（共 68 件）

第一类项目：条件比较成熟、任期内拟提请审议的法律草案（47 件）

法律名称	提请审议机关或牵头起草单位
1. 立法法（修改）	委员长会议
2. 人民法院组织法（修改）	全国人大内司委
3. 人民检察院组织法（修改）	全国人大内司委
4. 商标法（修改）	已提请审议
5. 专利法（修改）	国务院
6. 著作权法（修改）	国务院
7. 消费者权益保护法（修改）	已提请审议
8. 证券法（修改）	全国人大财经委
9. 行政复议法（修改）	国务院
10. 职业教育法（修改）	国务院
11. 促进科技成果转化法（修改）	国务院
12. 公共图书馆法	国务院
13. 基本医疗卫生法	国务院
14. 食品安全法（修改）	国务院
15. 药品管理法（修改）	国务院
16. 中医药法	国务院
17. 土地管理法（修改）	已提请审议
18. 环境保护法（修改）	已提请审议
19. 水污染防治法（修改）	国务院
20. 大气污染防治法（修改）	国务院
21. 土壤污染防治法	全国人大环资委
22. 野生动物保护法（修改）	全国人大环资委
23. 军事设施保护法（修改）	国务院、中央军委
24. 人民防空法（修改）	国务院、中央军委

续表

法律名称	提请审议机关或牵头起草单位
25. 国防交通法	国务院、中央军委
26. 预算法（修改）	已提请审议
27. 增值税法等若干单行税法	国务院
28. 税收征收管理法（修改）	国务院
29. 粮食法	国务院
30. 种子法（修改）	全国人大农业农村委
31. 资产评估法	已提请审议
32. 航道法	国务院
33. 电信法	国务院
34. 森林法（修改）	国务院
35. 标准化法（修改）	国务院
36. 广告法（修改）	国务院
37. 中小企业促进法（修改）	全国人大财经委
38. 铁路法（修改）	国务院
39. 旅游法	已通过
40. 红十字会法（修改）	全国人大教科文卫委
41. 社会救助法	国务院
42. 慈善事业法	全国人大内司委
43. 安全生产法（修改）	国务院
44. 矿山安全法（修改）	国务院
45. 特种设备安全法	已通过
46. 刑法修正案	委员长会议
47. 行政诉讼法（修改）	委员长会议

第二类项目：需要抓紧工作、条件成熟时适时提请审议的法律草案（21 件）

法律名称	提请审议机关或牵头起草单位
1. 国家勋章和过节荣誉称号法	委员长会议
2. 海洋基本法	国务院
3. 商业银行法（修改）	国务院
4. 期货法	全国人大财经委
5. 电子商务法	全国人大财经委
6. 中外合资经营企业法、外资企业法、中外合作经营企业法（修改）	国务院

续表

法律名称	提请审议机关或牵头起草单位
7. 现役军官法（修改）	国务院、中央军委
8. 社区矫正法	国务院
9. 看守所法	国务院
10. 海上交通安全法（修改）	国务院
11. 电影产业促进法	国务院
12. 文物保护法（修改）	国务院
13. 核安全法	全国人大环资委
14. 反不正当竞争法（修改）	国务院
15. 发展规划法	国务院
16. 中国人民银行法（修改）	国务院
17. 矿产资源法（修改）	国务院
18. 基础设施和公用事业特许经营法	国务院
19. 深海海底区域资源勘探开发法	全国人大环资委
20. 反家庭暴力法	国务院
21. 刑事被害人救助法	委员长会议

第三类项目：立法条件尚不完全具备、需要继续研究论证的立法项目

包括财政税收、国家经济安全、行业协会商会、社会信用、航空、航天方面的立法项目，强制执行、陆地国界、机构编制、国际刑事司法协助、行政程序方面的立法项目，网络安全、广播电视传输保障、文化产业促进、公共文化服务保障方面的立法项目，农村扶贫开发、学前教育方面的立法项目等。

八、十二届全国人民代表大会常务委员会立法规划（2015 年调整）（共 102 件，调整项目以黑体字标注）

第一类项目：条件比较成熟、任期内拟提请审议的法律草案（76 件）

法律名称	提请审议机关或牵头起草单位
1. 关于建立宪法宣誓制度的决定	委员长会议
2. 全国人民代表大会和地方各级人民代表大会选举法（修改）	委员长会议
3. 地方各级人民代表大会和地方各级人民政府组织法（修改）	委员长会议
4. 全国人民代表大会和地方各级人民代表大会代表法（修改）	委员长会议

续表

法律名称	提请审议机关或牵头起草单位
5. 立法法（修改）	**已通过**
6. 人民法院组织法（修改）	全国人大内司委
7. 人民检察院组织法（修改）	全国人大内司委
8. 法官法（修改）	**最高人民法院**
9. 检察官法（修改）	**最高人民检察院**
10. 陆地国界法	**全国人大外事委**
11. 国家勋章和国家荣誉称号法	**委员长会议**
12. 民法典编纂	**委员长会议**
13. 农村土地承包法（修改）	**全国人大农业农村委**
14. 商标法（修改）	**已通过**
15. 专利法（修改）	国务院
16. 著作权法（修改）	国务院
17. 消费者权益保护法（修改）	**已通过**
18. 证券法（修改）	**已提请审议**
19. 行政复议法（修改）	国务院
20. 行政监察法（修改）	**国务院**
21. 国家安全法	**已提请审议**
22. 反间谍法	**已通过**
23. 反恐怖主义法	**已提请审议**
24. 境外非政府组织管理法	**已提请审议**
25. 网络安全法	**委员长会议**
26. 职业教育法（修改）	国务院
27. 教育法（修改）	**国务院**
28. 高等教育法（修改）	**国务院**
29. 民办教育促进法（修改）	**国务院**
30. 促进科技成果转化法（修改）	**已提请审议**
31. 公共文化服务保障法	**全国人大教科文卫委**
32. 文化产业促进法	**国务院**
33. 公共图书馆法	国务院
34. 基本医疗卫生法	**全国人大教科文卫委**
35. 食品安全法（修改）	**已通过**
36. 中医药法	国务院

续表

法律名称	提请审议机关或牵头起草单位
37. 土地管理法（修改）	**国务院**
38. **测绘法（修改）**	**国务院**
39. 环境保护法（修改）	**已通过**
40. 水污染防治法（修改）	国务院
41. 大气污染防治法（修改）	**已提请审议**
42. 土壤污染防治法	全国人大环资委
43. 野生动物保护法（修改）	全国人大环资委
44. 军事设施保护法（修改）	**已通过**
45. 人民防空法（修改）	国务院、中央军委
46. 国防交通法	国务院、中央军委
47. 预算法（修改）	**已通过**
48. **环境保护税法**	**国务院**
49. **增值税法**	**国务院**
50. **资源税法**	**国务院**
51. **房地产税法**	**全国人大常委会预工委、财政部**
52. **关税法**	**国务院**
53. **船舶吨税法**	**国务院**
54. **耕地占用税法**	**国务院**
55. 税收征收管理法（修改）	国务院
56. 粮食法	国务院
57. 种子法（修改）	**已提请审议**
58. 资产评估法	已提请审议
59. **原子能法**	**国务院**
60. 航道法	**已通过**
61. 电信法	国务院
62. 森林法（修改）	国务院
63. 标准化法（修改）	国务院
64. 广告法（修改）	**已通过**
65. 中小企业促进法（修改）	全国人大财经委
66. 铁路法（修改）	国务院
67. 旅游法	已通过
68. 红十字会法（修改）	全国人大教科文卫委

续表

法律名称	提请审议机关或牵头起草单位
69. 慈善事业法	全国人大内司委
70. 反家庭暴力法	**国务院**
71. 安全生产法（修改）	**已通过**
72. 矿山安全法（修改）	国务院
73. 特种设备安全法	已通过
74. 刑法修正案	**已提请审议**
75. 国际刑事司法协助法	**全国人大外事委（司法部牵头起草）**
76. 行政诉讼法（修改）	**已通过**

第二类项目：需要抓紧工作、条件成熟时提请审议的法律草案（26件）

法律名称	提请审议机关或牵头起草单位
1. 海洋基本法	国务院
2. 城市居民委员会组织法（修改）	**国务院**
3. 农民专业合作社法（修改）	**全国人大农业农村委**
4. 商业银行法（修改）	国务院
5. 期货法	全国人大财经委
6. 电子商务法	全国人大财经委
7. 中外合资经营企业法、外资企业法、中外合作经营企业法（修改）	国务院
8. 现役军官法（修改）	国务院、中央军委
9. 社区矫正法	国务院
10. 看守所法	国务院
11. 海上交通安全法（修改）	国务院
12. 电影产业促进法	国务院
13. 文物保护法（修改）	国务院
14. 药品管理法（修改）	**国务院**
15. 核安全法	全国人大环资委
16. 反不正当竞争法（修改）	国务院
17. 发展规划法	国务院
18. 中国人民银行法（修改）	国务院
19. 矿产资源法（修改）	国务院
20. 能源法	**国务院**
21. 循环经济促进法（修改）	**全国人大环资委**

续表

法律名称	提请审议机关或牵头起草单位
22. 基础设施和公用事业特许经营法	国务院
23. 深海海底区域资源勘探开发法	全国人大环资委
24. 草原法（修改）	**国务院**
25. 航空法	**国务院、中央军委**
26. 刑事被害人救助法	委员长会议

第三类项目：立法条件尚不完全具备、需要继续研究论证的立法项目

包括财政税收、国家经济安全、促进军民融合、行业协会商会、社会信用、航天方面的立法项目，强制执行、机构编制、行政程序方面的立法项目，广播电视传输保障、学前教育、社会救助、农村扶贫开发方面的立法项目等。

九、十三届全国人民代表大会常务委员会立法规划（共 116 件）

第一类项目：条件比较成熟、任期内拟提请审议的法律草案（69 件）

法律名称	提请审议机关或牵头起草单位
1. 宪法修正案	已通过
2. 全国人民代表大会组织法（修改）（全国人民代表大会议事规则、全国人民代表大会常务委员会议事规则修改，一并考虑）	委员长会议
3. 地方各级人民代表大会和地方各级人民政府组织法（修改）	委员长会议
4. 国务院组织法（修改）	国务院
5. 监察法	已通过
6. 人民法院组织法（修改）	已提请审议
7. 人民检察院组织法（修改）	已提请审议
8. 法官法（修改）	已提请审议
9. 检察官法（修改）	已提请审议
10. 人民陪审员法	已通过
11. 英雄烈士保护法	已通过
12. 民法典各分编（民法典编纂）	委员长会议
13. 农村土地承包法（修改）	已提请审议
14. 不动产登记法	国务院

续表

法律名称	提请审议机关或牵头起草单位
15. 专利法（修改）	国务院
16. 著作权法（修改）	国务院
17. 证券法（修改）	已提请审议
18. 电子商务法	已提请审议
19. 外国投资法	国务院
20. 行政处罚法（修改）	委员长会议
21. 行政复议法（修改）	国务院
22. 军民融合发展法	国务院、中央军委
23. 政务处分法	国家监委
24. 档案法（修改）	国务院
25. 兵役法（修改）	国务院、中央军委
26. 现役军官法（修改）	国务院、中央军委
27. 公务员法（修改）	国务院
28. 人民武装警察法（修改）	中央军委
29. 治安管理处罚法（修改）	国务院
30. 学前教育法	国务院
31. 文化产业促进法	国务院
32. 文物保护法（修改）	国务院
33. 药品管理法（修改）	国务院
34. 土地管理法（修改）	国务院
35. 社区矫正法	国务院
36. 土壤污染防治法	已提请审议
37. 基本医疗卫生与健康促进法	已提请审议
38. 固体废物污染环境防治法（修改）	国务院
39. 环境噪声污染防治法（修改）	全国人大环资委
40. 南极活动与环境保护法	全国人大环资委
41. 长江保护法	全国人大环资委
42. 出口管制法	国务院
43. 密码法	国务院
44. 个人所得税法（修改）	已提请审议
45. 增值税法	国务院
46. 消费税法	国务院

续表

法律名称	提请审议机关或牵头起草单位
47. 资源税法	国务院
48. 房地产税法	全国人大常委会预工委、财政部
49. 关税法	国务院
50. 城市维护建设税法	国务院
51. 耕地占用税法	国务院
52. 车辆购置税法	国务院
53. 契税法	国务院
54. 印花税法	国务院
55. 税收征收管理法（修改）	国务院
56. 海上交通安全法（修改）	国务院
57. 铁路法（修改）	国务院
58. 农产品质量安全法（修改）	国务院
59. 原子能法	国务院
60. 森林法（修改）	全国人大农业农村委
61. 个人信息保护法	委员长会议
62. 数据安全法	委员长会议
63. 粮食安全保障法	国务院
64. 未成年人保护法（修改）（预防未成年人犯罪法修改，一并考虑）	全国人大社建委
65. 社会救助法	国务院
66. 安全生产法（修改）	国务院
67. 刑法修正案	委员长会议
68. 刑事诉讼法（修改）	已提请审议
69. 国际刑事司法协助法	已提请审议

第二类项目：需要抓紧工作、条件成熟时提请审议的法律草案（47 件）

法律名称	提请审议机关或牵头起草单位
1. 海洋基本法	委员长会议
2. 城市居民委员会组织法（修改）	国务院
3. 村民委员会组织法（修改）	国务院
4. 各级人民代表大会常务委员会监督法（修改）	委员长会议
5. 监察官法	国家监委
6. 公司法（修改）	委员长会议

续表

法律名称	提请审议机关或牵头起草单位
7. 商业银行法（修改）	国务院
8. 期货法	全国人大财经委
9. 企业破产法（修改）	全国人大财经委
10. 海商法（修改）	国务院
11. 乡村振兴促进法	全国人大农业农村委
12. 人民防空法（修改）	国务院、中央军委
13. 人民警察法（修改）	国务院
14. 道路交通安全法（修改）	国务院
15. 律师法（修改）	国务院
16. 看守所法	国务院
17. 职业教育法（修改）	国务院
18. 教师法（修改）	国务院
19. 学位条例（修改）	国务院
20. 科学技术进步法（修改）	全国人大教科文卫委
21. 体育法（修改）	全国人大社建委
22. 执业医师法（修改）	全国人大教科文卫委
23. 城市房地产管理法（修改）	国务院
24. 环境影响评价法（修改）	国务院
25. 国土空间开发保护法	国务院
26. 气象法（修改）	国务院
27. 反垄断法（修改）	国务院
28. 中国人民银行法（修改）	国务院
29. 能源法	国务院
30. 电信法	国务院
31. 矿产资源法（修改）	国务院
32. 电力法（修改）	国务院
33. 草原法（修改）	国务院
34. 国家公园法	国务院
35. 渔业法（修改）	国务院
36. 动物防疫法（修改）	全国人大农业农村委
37. 产品质量法（修改）	国务院
38. 计量法（修改）	国务院

续表

法律名称	提请审议机关或牵头起草单位
39. 审计法（修改）	国务院
40. 统计法（修改）	国务院
41. 航天法	国务院、中央军委
42. 航空法（民用航空法修改，一并考虑）	国务院、中央军委
43. 退役军人保障法	国务院、中央军委
44. 老年人权益保障法（修改）	国务院
45. 法律援助法	全国人大监司委
46. 仲裁法（修改）	国务院
47. 民事强制执行法	最高人民法院

　　落实全面深化改革、全面依法治国的部署要求，对涉及国家机构改革、国家监察体制改革、国防和军队改革，国家安全法治保障、完善产权保护制度等需要制定、修改、废止法律的，或者需要由全国人大常委会作出有关决定的，适时安排审议。

第三类项目：立法条件尚不完全具备、需要继续研究论证的立法项目

　　农村集体经济组织、行业协会商会、基本劳动标准、社会信用方面的立法项目，陆地国界、防扩散、人工智能、生物安全方面的立法项目，湿地保护、资源综合利用、空间规划方面的立法项目，机构编制、行政程序、机关运行和行政事业性国有资产管理方面的立法项目，家庭教育、人口政策、华侨权益保护、信访、殡葬方面的立法项目等，以及其他需要研究论证的修改法律的项目，经研究论证，条件成熟时，可以安排审议。

十、十四届全国人大常委会立法规划（共 130 件）

第一类项目：条件比较成熟、任期内拟提请审议的法律草案（79 件）

法律名称	提请审议机关或牵头起草单位
1. 国家发展规划法	国务院
2. 国有资产法（企业国有资产法修改，一并考虑）	全国人大财经委、全国人大常委会预工委
3. 不动产登记法	国务院
4. 金融稳定法	国务院（已提请审议）
5. 农村集体经济组织法	全国人大农业农村委（已提请审议）
6. 耕地保护法	国务院
7. 对外关系法	委员长会议（已通过）
8. 外国国家豁免法	国务院（已提请审议）

续表

法律名称	提请审议机关或牵头起草单位
9. 增值税法	国务院（已提请审议）
10. 消费税法	国务院
11. 关税法	国务院
12. 民事强制执行法	最高人民法院（已提请审议）
13. 检察公益诉讼法（公益诉讼法，一并考虑）	全国人大监察司法委
14. 反跨境腐败法	国家监委
15. 学前教育法	国务院
16. 学位法	国务院
17. 爱国主义教育法	委员长会议（已提请审议）
18. 法治宣传教育法	全国人大监察司法委
19. 志愿服务法	全国人大社会委
20. 社会救助法	国务院
21. 药师法	国务院
22. 突发公共卫生事件应对法	国务院
23. 无障碍环境建设法	全国人大社会委（已通过）
24. 青藏高原生态保护法	全国人大环资委（已通过）
25. 国土空间规划法	国务院
26. 国家公园法（自然保护地法，一并考虑）	国务院
27. 能源法	国务院
28. 原子能法	国务院
29. 粮食安全保障法	国务院（已提请审议）
30. 突发事件应对管理法	国务院（已提请审议）
31. 国家消防救援人员法	国务院
32. 危险化学品安全法	国务院
33. 公司法（修改）	委员长会议（已提请审议）
34. 企业破产法（修改）	全国人大财经委
35. 反不正当竞争法（修改）	国务院
36. 会计法（修改）（注册会计师法修改，一并考虑）	国务院
37. 中国人民银行法（修改）	国务院
38. 商业银行法（修改）	国务院
39. 保险法（修改）	国务院

法律名称	提请审议机关或牵头起草单位
40. 反洗钱法（修改）	国务院
41. 铁路法（修改）	国务院
42. 矿产资源法（修改）	国务院
43. 产品质量法（修改）	国务院
44. 计量法（修改）	国务院
45. 农业法（修改）	全国人大农业农村委
46. 对外贸易法（修改）	国务院
47. 海商法（修改）	国务院
48. 海关法（修改）	国务院
49. 税收征收管理法（修改）	国务院
50. 立法法（修改）	委员长会议（已通过）
51. 各级人民代表大会常务委员会监督法（修改）	委员长会议
52. 全国人民代表大会和地方各级人民代表大会代表法（修改）	委员长会议
53. 城市居民委员会组织法（修改）	全国人大社会委
54. 村民委员会组织法（修改）	全国人大社会委
55. 国务院组织法（修改）	委员长会议
56. 行政复议法（修改）	国务院（已提请审议）
57. 国家赔偿法（修改）	委员长会议
58. 律师法（修改）	国务院
59. 仲裁法（修改）	国务院
60. 监狱法（修改）	国务院
61. 民事诉讼法（修改）	最高人民法院（已提请审议）
62. 刑事诉讼法（修改）	委员长会议
63. 教师法（修改）	国务院
64. 科学技术普及法（修改）	国务院
65. 文物保护法（修改）	国务院
66. 国家通用语言文字法（修改）	全国人大教科文卫委
67. 慈善法（修改）	全国人大社会委（已提请审议）
68. 传染病防治法（修改）（国境卫生检疫法修改，一并考虑）	国务院
69. 道路交通安全法（修改）	国务院

续表

法律名称	提请审议机关或牵头起草单位
70. 海洋环境保护法（修改）	全国人大环资委（已提请审议）
71. 进出境动植物检疫法（修改）	国务院
72. 可再生能源法（修改）	全国人大环资委
73. 反间谍法（修改）	全国人大监察司法委（已通过）
74. 保守国家秘密法（修改）	国务院
75. 现役军官法（修改）	国务院、中央军委
76. 国防教育法（修改）	委员长会议
77. 刑法修正案	委员长会议（已提请审议）
78. 治安管理处罚法（修改）	国务院
79. 网络安全法（修改）	委员长会议

积极研究推进环境（生态环境）法典和其他条件成熟领域的法典编纂工作。适时启动法律清理工作。

贯彻落实党中央决策部署，对推进全面深化改革，实施区域协调发展战略和区域重大战略，国防和军队建设，维护国家安全，推进科技创新和人工智能健康发展，完善涉外法律体系等，要求制定、修改、废止、解释相关法律，或者需要由全国人大及其常委会作出相关决定的，适时安排审议。

第二类项目：需要抓紧工作、条件成熟时提请审议的法律草案（51 件）

法律名称	提请审议机关或牵头起草单位
1. 电信法（无线电频谱资源法，一并考虑）	国务院
2. 交通运输法	国务院
3. 航天法	国务院、中央军委
4. 航空法（民用航空法修改，一并考虑）	国务院、中央军委
5. 行业协会商会法	国务院
6. 民族团结进步促进法	全国人大民委
7. 华侨权益保护法	全国人大华侨委
8. 机关事务管理法	国务院
9. 看守所法	国务院
10. 司法鉴定法	国务院
11. 数字经济促进法	全国人大财经委
12. 社会信用建设法	国务院
13. 见义勇为人员奖励和保障法	全国人大社会委
14. 文化产业促进法	国务院

续表

法律名称	提请审议机关或牵头起草单位
15. 历史文化遗产保护法（非物质文化遗产法修改，一并考虑）	国务院
16. 广播电视法	国务院
17. 产业工人队伍建设法	全国总工会
18. 医疗保障法	国务院
19. 医疗器械管理法	国务院
20. 托育服务法	全国人大教科文卫委
21. 养老服务法	国务院
22. 户籍法	国务院
23. 电磁辐射污染防治法	国务院
24. 海洋法	委员长会议
25. 国家储备安全法	国务院
26. 民兵法	国务院、中央军委
27. 自然灾害防治法（防震减灾法修改，一并考虑）	国务院
28. 网络犯罪防治法	国务院
29. 招标投标法（修改）（政府采购法修改，一并考虑）	国务院 全国人大财经委
30. 预算法（修改）	国务院
31. 价格法（修改）	国务院
32. 商标法（修改）	国务院
33. 统计法（修改）	国务院
34. 银行业监督管理法（修改）	国务院
35. 电力法（修改）	国务院
36. 渔业法（修改）	国务院
37. 公证法（修改）	国务院
38. 海事诉讼特别程序法（修改）	最高人民法院
39. 社会保险法（修改）	国务院
40. 气象法（修改）	国务院
41. 旅游法（修改）	全国人大财经委
42. 水法（修改）	国务院
43. 节约能源法（修改）	全国人大财经委
44. 人民防空法（修改）	国务院、中央军委

续表

法律名称	提请审议机关或牵头起草单位
45. 国防动员法（修改）	国务院、中央军委
46. 国防交通法（修改）	国务院、中央军委
47. 防洪法（修改）	国务院
48. 出境入境管理法（修改）	国务院
49. 枪支管理法（修改）	国务院
50. 禁毒法（修改）	国务院
51. 人民警察法（修改）（人民警察警衔条例修改，一并考虑）	国务院

第三类项目：立法条件尚不完全具备、需要继续研究论证的立法项目

规范非税收入、政府债务、转移支付等财政税收制度，重要江河流域保护，应对气候变化和碳达峰碳中和，促进人口高质量发展，基本劳动标准和新就业形态，信访、矛盾纠纷多元化解，数据权属和网络治理等方面的立法项目，以及其他需要研究论证的修改法律的项目，经研究论证，条件成熟时，可以安排审议。

第七章　全国人民代表大会常务委员会立法规划落实情况

立法规划是预期的、指导性的，在实施过程中可以根据实际情况作适当调整。全国人民代表大会常务委员会通过制定年度立法计划，主动安排立法规划项目，并根据经济社会发展的需要适时安排新的立法项目。立法规划一般包括两类：一类是条件比较成熟、任期内拟提请审议的法律草案；二类是需要抓紧工作、条件成熟时提请审议的法律草案。法律草案从提请审议到通过，一般要经过三次会议审议，在统计历届常务委员会立法规划落实情况时，法律草案只要提请审议，不论届内是否通过，该项目即视为完成。在具体表述时，"已审议"类项目为完成项目，"未审议"类项目为届内没有完成的项目。其中，"已审议"类项目包括"通过"和"已审议未通过"的项目。

一、历届规划总体落实情况

七届（1991 年 10 月—1993 年 3 月）立法规划项目共 64 件，已审议 15 件，占比 23.44%（通过 12 件，已审议未通过 3 件）；其中规划一类项目共 21 件，已审议 13 件，占比 61.9%（通过 10 件，已审议未通过 3 件）。

八届立法规划项目共 152 件，已审议 78 件，占比 51.32%（通过 73 件，已审议未通过 5 件）；其中规划一类项目共 115 件，已审议 70 件，占比 60.87%（通过 66 件，已审议未通过 4 件）。

九届立法规划项目共 89 件，已审议 56 件，占比 62.92%（通过 49 件，已审议未通过 7 件）；其中规划一类项目共 63 件，已审议 45 件，占比 71.4%（通过 41 件，已审议未通过 4 件）。

十届立法规划项目共 76 件，已审议 43 件，占比 56.58%（通过 40 件，已审议未通过 3 件）；其中规划一类项目共 59 件，已审议 39 件，占比 66.1%（通过 36 件，已审议未通过 3 件）。2005 年全国人民代表大会常务委员会立法工作会议确定推迟或取消的项目 16 件，其中一类项目 9 件。根据调整后的立法规划，规划执行率为 71.67%，一类项目执行率为 78%。

　　十一届立法规划项目共 64 件，已审议 36 件，占比 56.25%（通过 32 件，已审议未通过 4 件）；其中规划一类项目 49 件，已审议 33 件，占 67.3%（通过 30 件，正在审议 3 件）；二类项目共 15 件，已审议 3 件（通过 2 件，正在审议 1 件）。

　　十二届全国人大常委会立法规划项目共 102 件（调整后），已审议 62 件，占比 60.8%（通过 50 件，正在审议 12 件）。其中规划一类项目 76 件，已审议 56 件，占 74%（通过 45 件，正在审议 11 件）；二类项目 26 件，完成 6 件，占 23%（通过 5 件，正在审议 1 件）。

　　十三届全国人大常委会立法规划项目共 116 件，已审议 68 件，占比 58.6%（通过 64 件，正在审议 4 件），其中规划一类项目 69 件，已审议 52 件，占 75.4%（通过 50 件，正在审议 2 件）；二类项目 47 件，完成 16 件，占 34%（通过 14 件，正在审议 2 件）；三类立法项目有 5 件已通过，1 件正在审议。

　　各届立法规划具体落实情况如下表所示：

各届立法规划落实情况统计表

届别	落实情况类别	已审议（含通过与审议未通过）		通过		审议未通过		未审	
		数量	比率（%）	数量	比率（%）	数量	比率（%）	数量	比率（%）
七	一类（21 件）	13	61.9	10①	47.62	3②	14.29	8	38.10
	二类（43 件）	2	4.65	2	4.65	0	0	41	95.35
	总计（64 件）	15	23.44	12	18.75	3	4.69	49	76.56
八	一类（115 件）	70	60.87	66	57.39	4	3.48	45③	39.13
	二类（37 件）	8	21.62	7	18.92	1	2.70	29	78.38
	总计（152 件）	78	51.32	73④	48.03	5	3.29	74	48.68
九	一类（63 件）	45	71.43	41	65.08	4	6.35	18	28.57
	二类（26 件）	11	42.31	8	30.77	3	11.54	15	57.69
	总计（89 件）	56	62.92	49⑤	55.06	7	7.87	33	37.08
十	一类（59 件）	39	66.10	36⑥	61.02	3	5.08	20	33.90
	二类（17 件）	4	23.53	4	17.65	0	0	13	76.47
	总计（76 件）	43	56.58	40	52.63	3	3.95	33	43.42
十一	一类（49 件）	33	67.35	30	61.22	3	6.12	16	32.65
	二类（15 件）	3	20.00	2	13.33	1	6.67	12	80.00
	总计（64 件）	36	56.25	32	50.00	4	6.25	28	43.75

续表

届别	落实情况类别	已审议（含通过与审议未通过）		通过		审议未通过		未审	
		数量	比率（%）	数量	比率（%）	数量	比率（%）	数量	比率（%）
十二	一类（76 件）	56	73.68	45	59.21	11	14.47	20	26.32
	二类（26 件）	6	23.08	5	19.23	1	3.85	20	76.92
	总计（102 件）	62	60.78	50	49.02	12	11.76	40	39.22
十三	一类（69 件）	52	75.36	50	72.46	2	2.9	17	24.64
	二类（47 件）	16	34.04	14	29.79	2	4.26	31	65.96
	总计（116 件）	68	58.62	64	55.17	4	3.45	48	41.38

① 七届通过的《人民警察警衔条例》，规划为"人民警察警阶条例"（一类）。

② 七届一类规划项目"科技进步法"最后通过为《科学技术进步法》（届内一审未通过）。

③ 八届规划一类项目"税法（及若干单行税法）"，届内通过《关于外商投资企业和外国企业适用增值税、消费税、营业税等税收暂行条例的决定》，因此计为通过项目。

八届一类中有 3 项为以"有关法律问题的决定"形式通过，具体是："香港特别行政区全国人民代表大会代表产生办法"、"关于惩治生产、销售伪劣商品犯罪的决定"、"关于严惩组织、运送他人逾越国（边）境犯罪的补充规定"。

④ 八届一类中另有 2 项在 1997 年修订刑法时在《刑法》中作了统一规定，也算作通过，具体是："惩治军人违反职责罪暂行条例（修改）"、"关于玩忽职守罪的补充规定"。

八届，通过法律名称与规划中法律名称不同的项目共 9 项，一类中有 8 项，二类中有 1 项。一类中：1.《城市房地产管理法》规划为"房地产法"，2.《中国人民银行法》规划为"中央银行法"，3.《民用航空法》规划为"航空法"，4.《中国人民解放军选举全国人民代表大会和县级以上地方各级人民代表大会代表的办法（修订）》规划为"军队选举全国人民代表大会和地方人大代表的办法（修改）"，5.《促进科技成果转化法》规划为"科学技术成果转化法"，6.《母婴保健法》规划为"优生保健法"，7.《固体废物污染环境防治法》规划为"固体废弃物法"，8.《执业医师法》规划为"医师法"（该项目届内一审未通过）。二类中：《环境噪声污染防治法》规划为"噪声污染防治法"。

⑤ 九届一类中有 3 项为以"有关法律问题的决定"形式通过，具体是："澳门特别行政区选举第九届全国人民代表大会代表的办法"、"香港特别行政区选举第十届全国人民代表大会代表的办法"、"澳门特别行政区选举第十届全国人民代表大会代表的办法"。

九届，通过法律名称与规划中法律名称不同的项目共 7 项，一类中有 3 项，二类中有 4 项。一类中：1.《国家通用语言文字法》规划为"语言文字法"，2.《防沙治沙法》规划为"荒漠化防治法"，3.《预防未成年人犯罪法》规划为"预防少年违法行为法"。二类中：1.《民办教育促进法》规划为"民办教育法"，2.《清洁生产促进法》规划为"清洁生产法"，3.《海事诉讼特别程序法》规划为"海事特别程序法"，4.《证券投资基金法》规划为"投资基金法"（该项目届内一审未通过）。

⑥ 十届通过的二件刑法修正案和土地管理法（修正）及人民法院组织法（修正）计为通过项目。

十届，通过法律名称与规划中法律名称不同的项目共 2 项，一、二类分别一项。一类中《突发事件应对法》规划为"紧急状态法",二类中《农民专业合作社法》规划为"农民合作经济组织法"。

⑦ 十一届通过的二件刑法修正案计为通过项目。

十一届一类项目增值税等若干单行税法,在届内通过车船税法、个人所得税法(修改),因此计为通过项目。

⑧ 十二届全国人大常委会立法规划中9件立法项目被"打包修改",统计时按未提请审议项目处理。

⑨ 十三届规划通过法律名称与规划中名称不同的项目共5件,一类项目中有3件,二类项目中有2件。一类中:1.《外商投资法》规划为"外国投资法",2.《公职人员政务处分法》规划为"政务处分法",3.《噪声污染防治法》规划为"环境噪声污染防治法(修改)"。二类中:1.《期货和衍生品法》规划为"期货法",2.《医师法》规划为"执业医师法(修改)"。

二、全国人民代表大会常务委员会立法规划(1991年10月—1993年3月)落实情况

序号	名称	起草单位	本届内审议通过情况	备注
\multicolumn{5}{	c	}{(1991年10月—1993年3月)}
\multicolumn{5}{	c	}{第一类 拟提请全国人民代表大会或人大常务委员会审议的法律草案(21件)}
1	产品质量法	国家技术监督局	审议通过	
2	有限责任公司法	国务院法制局、国家体改委	审议未通过	名称改为:公司法 起草单位改为:全国人大常委会法工委
3	经济合同法(修订)	国家工商局、国家体改委	未审议	1993年通过的《经济合同法》已失效
4	海商法	交通部	通过	
5	税收征收管理法	国家税务总局	通过	
6	矿山安全卫生法	劳动部	通过	名称改为:矿山安全法
7	测绘法	国家测绘局	通过	
8	银行法	中国人民银行	未审议	
9	农业技术推广法	农业部	审议未通过	
10	个人所得税法(修订)	财政部	未审	
11	统计法(修订)	国家统计局		
12	专利法(修订)	中国专利局	通过	
13	工会法	全国总工会	通过	

续表

序号	名称	起草单位	本届内审议通过情况	备注
14	人民警察警阶条例	公安部	通过	名称改为：人民警察警衔条例
15	妇女权益保障法	全国人大内司委、全国妇联、民政部	通过	
16	散居少数民族平等权利保障法	全国人民代表大会民委	未审议	
17	代表法	全国人大常委会办公厅	通过	名称改为：全国人民代表大会和地方各级人民代表大会代表法
18	反贪污贿赂法	最高人民检察院	未审议	
19	监管改造罪犯法	司法部	未审议	
20	食品卫生法	卫生部	未审议	
21	科技进步法	国家科委	审议未通过	
第二类　拟抓紧调研论证的法律草案（43 件）				
1	计划法	国家计委	未审议	
2	固定资产投资法	国家计委	未审议	
3	价格法	国家物价局	未审议	
4	农业投资法	农业部	未审议	
5	审计法	国家审计署	未审议	
6	劳动法	劳动部	未审议	
7	节能法	国家计委	未审议	
8	电力法	能源部	未审议	
9	煤炭法	能源部	未审议	
10	公路法	交通部	未审议	
11	电信法	邮电部	未审议	
12	专属经济区和大陆架法	国家海洋局	未审议	
13	领海及毗连区法	国家海洋局	审议通过	
14	商业法	商业部	未审议	
15	旅游法	国家旅游局	未审议	
16	商标法（修订）	国家工商局	通过	
17	航空法	中国民航局等	未审议	名称改为：民用航空法
18	市政法	建设部	未审议	

续表

序号	名称	起草单位	本届内审议通过情况	备注
19	固体废弃物污染防治法	国家环保局	未审议	名称改为：固体废物污染环境防治法
20	地震法	国家地震局、建设部、民政部	未审议	
21	制止不正当竞争法	国家工商局	未审议	名称改为：反不正当竞争法
22	预算法	财政部	未审议	
23	华侨捐赠保护法	全国人大华侨委	未审议	
24	出版法	新闻出版署	未审议	
25	结社法	民政部	未审议	
26	公证法	司法部	未审议	
27	社会保障法	全国总工会、民政部	未审议	
28	申诉法	全国人民代表大会内司委	未审议	
29	国家赔偿法	全国人大常委会法工委	未审议	
30	戒严法	全国人大常委会法工委	未审议	
31	检察官条例	最高人民检察院	未审议	
32	审判员条例	最高人民法院	未审议	
33	人民法庭组织条例	最高人民法院	未审议	
34	律师法	司法部	未审议	
35	监督法	全国人民代表大会常务委员会《监督法》起草小组	未审议	名称改为：各级人民代表大会常务委员会监督法
36	刑法修改	全国人大常委会法工委	未审议	
37	关于收容审查的决定	公安部	未审议	
38	关于惩治渎职罪的补充规定	全国人大常委会法工委	未审议	
39	医师法	卫生部	未审议	名称改为：执业医师法

续表

序号	名称	起草单位	本届内审议通过情况	备注
40	优生保健法	卫生部	未审议	名称改为：母婴保健法
41	原子能法	国家科委	未审议	
42	国防科研生产法	国防科工委	未审议	
43	反间谍法	安全部	未审议	

三、八届全国人民代表大会常务委员会立法规划落实情况

(1993 年 3 月—1998 年 3 月)				
序号	名称	起草单位	审议通过情况	备注
第一类　本届内审议的法律草案（115 件）				
1	公司法	全国人大常委会法工委	通过	
2	合伙企业法	全国人大财经委牵头、有关部门参加	通过	
3	独资企业法	全国人大财经委牵头、有关部门参加	未审议	
4	股份合作企业法	国家体改委、国家经贸委	未审议	
5	商业银行法	中国人民银行	通过	
6	破产法	全国人大财经委牵头、有关部门参加	未审议	
7	物权法	全国人大常委会法工委	未审议	
8	合同法	全国人大常委会法工委	未审议	
9	经济合同法（修改）	国家工商局	通过	已失效
10	证券法	全国人大财经委	审议未通过	
11	票据法	中国人民银行	通过	
12	保险法	中国人民银行	通过	
13	担保法	全国人大常委会法工委	通过	
14	信托法	全国人大财经委	审议未通过	

续表

序号	名称	起草单位	审议通过情况	备注
15	经纪人法	国家体改委、国家经贸委	未审议	
16	信贷法	全国人大常委会法工委	未审议	
17	期货交易法	全国人大财经委牵头、有关部门参加	未审议	
18	拍卖法	内贸部	通过	
19	招标投标法	国家计委牵头、有关部门参加	未审议	
20	房地产法	建设部	通过	名称改为：房地产管理法
21	广告法	国家工商局	通过	
22	仲裁法	全国人大常委会法工委	通过	
23	消费者权益保护法	国家工商局	通过	
24	台湾同胞投资保护法	外贸部	通过	
25	反不正当竞争法	国家工商局	通过	
26	对外贸易法	外贸部	通过	
27	注册会计师法	财政部	通过	
28	会计法（修改）	财政部	通过	
29	预算法	财政部	通过	
30	中央银行法	中国人民银行	通过	名称改为：中国人民银行法
31	国有资产法	全国人大财经委牵头、有关部门参加	未审议	
32	外汇管理法	财经委	未审议	
33	国债法	财政部	未审议	
34	固定资产投资法	国家计委牵头、有关部门参加	未审议	
35	审计法	审计署	未审议	
36	统计法（修改）	国家统计局	通过	
37	税法（及若干单行税法）	全国人大财经委、财政部、国家税务总局	通过	全国人民代表大会常务委员会关于外商投资企业和外国企业适用增值税、消费税、营业税等税收暂行条例的决定，因此计为通过

续表

序号	名称	起草单位	审议通过情况	备注
38	个人所得税法（修改）	财政部	通过	
39	社会保险法	劳动部	未审议	
40	社会救济法	民政部牵头、全国总工会参加	未审议	
41	劳动法	劳动部	通过	
42	农业法	农业部	通过	
43	农业技术推广法	农业部	通过	
44	森林法（修改）	林业部	审议未通过	
45	水法（修改）	水利部	未审议	
46	矿产资源法（修改）	地质矿产部	通过	
47	航空法	中国民航局	通过	名称改为：民用航空法
48	港口法	交通部	未审议	
49	公路法	交通部	通过	
50	电信法	邮电部	未审议	
51	电力法	电力部	通过	
52	原子能法	国家科委	未审议	
53	节约能源法	国家计委、国家经贸委	通过	
54	全国人民代表大会组织法（修改）	全国人大常委会办公厅	未审议	
55	全国人民代表大会议事规则（修改）	全国人大常委会办公厅	未审议	
56	全国人民代表大会常务委员会议事规则（修改）	全国人大常委会办公厅	未审议	
57	立法法	全国人大常委会法工委	未审议	
58	监督法	全国人大常委会办公厅	未审议	
59	地方组织法（修改）	全国人大常委会法工委	通过	
60	法院组织法（修改）	最高人民法院	未审议	
61	检察院组织法（修改）	最高人民检察院	未审议	
62	人民法庭组织法	最高人民法院	未审议	
63	军事法院组织法	总政治部	未审议	
64	军事检察院组织法	总政治部	未审议	
65	选举法（修改）	全国人大常委会法工委	通过	

续表

序号	名称	起草单位	审议通过情况	备注
66	香港特别行政区全国人民代表大会代表产生办法	港澳办、全国人大常委会法工委	通过	名称改为：香港特别行政区选举第九届全国人民代表大会代表的办法
67	军队选举全国人民代表大会和地方人大代表的办法（修改）	总政治部	通过	名称改为：中国人民解放军选举全国人民代表大会和县级以上地方各级人民代表大会代表的办法
68	村民委员会组织法（修改）	民政部	未审议	
69	国家公务员法	人事部	未审议	
70	法官法	最高人民法院	通过	
71	检察官法	最高人民检察院	通过	
72	人民警察法	公安部	通过	
73	军官军衔条例（修改）	总政治部	通过	
74	现役军官服役条例（修改）	总政治部	通过	2000年名称改为：现役军官法
75	预备役军官法	总政治部	通过	
76	行政监察法	监察部	通过	
77	行政处罚法	全国人大常委会法工委	通过	
78	行政复议法	全国人大常委会法工委、国务院法制局	未审议	
79	教育法	国家教委	通过	
80	教师法	国家教委	通过	
81	科技进步法	国家科委	通过	
82	科学技术成果转化法	全国人大教科文卫委	通过	名称改为：促进科学技术成果转化法
83	新闻法	新闻出版署	未审议	
84	出版法	新闻出版署	撤回议案	
85	档案法（修改）	国家档案局	通过	

续表

序号	名称	起草单位	审议通过情况	备注
86	医师法	卫生部	审议未通过	名称改为：执业医师法
87	优生保健法	卫生部	通过	名称改为：母婴保健法
88	药品管理法（修改）	卫生部	未审议	
89	食品卫生法（修改）	卫生部	通过	
90	红十字会法	卫生部	通过	
91	海洋环境保护法（修改）	全国人大环保委	未审议	
92	水污染防治法（修改）	全国人大环保委	通过	
93	大气污染防治法（修改）	全国人大环保委	通过	
94	固体废弃物法	国家环保局	通过	名称改为：固体废物污染环境防治法
95	关于惩治生产、销售伪劣商品犯罪的决定	全国人大常委会法工委	通过	
97	刑事诉讼法（修改）	全国人大常委会法工委	通过	
98	惩治军人违反职责罪暂行条例（修改）	总政治部	通过	刑法修改包括有关内容，《惩治军人违反职责罪暂行条例》已失效
99	惩治贪污贿赂法	最高人民检察院	未审议	刑法修改包括有关内容，但仍计为未通过
100	关于玩忽职守罪的补充规定	最高人民检察院	通过	刑法修改包括有关内容
101	关于严惩组织、运送他人偷越国（边）境犯罪的补充规定	全国人大常委会法工委	通过	有关法律问题的决定形式通过
102	律师法	司法部	通过	
103	监狱法	司法部	通过	
104	引渡法	外交部	未审议	
105	关于刑事案件赃款赃物随案移送的规定	最高人民法院	未审议	

续表

序号	名称	起草单位	审议通过情况	备注
106	国家赔偿法	全国人大常委会法工委	通过	
107	结社法	民政部	未审议	
108	国家勋章和国家荣誉称号法	全国人大常委会法工委	未审议	
109	国防法	中央军委	通过	
110	国防教育法	总政治部	未审议	
111	人民防空法	国家人防委	通过	
112	国防科研生产法	国防科工委	未审议	
113	戒严法	全国人大常委会法工委	通过	
114	公证法	司法部	未审议	
115	签证法	外交部	未审议	
第二类　研究起草、成熟时安排审议的法律草案（37件）				
1	商会法	国家经贸委	未审议	
2	商业秘密保护法	国家经贸委	未审议	
3	反垄断法	国家经贸委	未审议	
4	专利法（修改）	国家专利局	未审议	
5	劳动合同法	劳动部	未审议	
6	计划法	国家计委	未审议	
7	价格法	国家计委	通过	
8	乡镇企业法	全国人大财经委牵头、有关部门参加	通过	
9	电子振兴法	电子部	未审议	
10	散居少数民族平等权利保障法	全国人大民委	未审议	
11	老年人权益保障法	全国人民代表大会内司委、民政部参加	通过	
12	军人地位和权益保护法	中央军委	未审议	
13	退伍军人安置法	民政部	未审议	
14	财产收入申报法	监察部	未审议	
15	民族区域自治法（修改）	全国人大民委	未审议	
16	行政许可程序法	全国人大常委会法工委	未审议	名称改为：行政许可法
17	高等教育法	国家教委	审议未通过	

续表

序号	名称	起草单位	审议通过情况	备注
18	职业教育法	国家教委	通过	
19	科技投入法	全国人大教科文卫委	未审议	
20	少数民族语言文字法	国家民委	未审议	
21	职业病防治法	卫生部	未审议	
22	初级卫生保健法	卫生部	未审议	
23	人口与计划生育法	国家计生委	未审议	
24	土地法	国家土地局	未审议	
25	渔业法（修改）	农业部	未审议	
26	草原法（修改）	农业部	未审议	
27	煤炭法	煤炭部	通过	
28	环境保护法（修改）	全国人大环保委	未审议	
29	噪声污染防治法	全国人大环保委牵头、国家环保局参加	通过	名称改为：环境噪声污染防治法
30	自然资源保护法	全国人大环保委	未审议	
31	防沙治沙法	林业部	未审议	
32	有毒化学品管理法	国家环保局	未审议	
33	防洪法	水利部	通过	
34	劳教法	司法部、公安部	未审议	
35	预防青少年犯罪法	全国人民代表大会内司委、团中央	未审议	名称改为：预防未成年人犯罪法
36	关于海事诉讼程序的规定	最高人民法院	未审议	名称改为：海事诉讼特别程序法
37	护照法	外交部	未审议	

四、九届全国人民代表大会常务委员会立法规划落实情况

（1998 年 3 月—2003 年 3 月）				
序号	名称	起草单位	审议通过情况	备注
第一类　本届内审议的法律草案（63 件）				
一、宪法类（14 件）				
1	宪法（修改）		通过	
2	立法法	全国人大常委会法工委	通过	

续表

序号	名称	起草单位	审议通过情况	备注
3	监督法	全国人大常委会办公厅	审议未通过	名称改为：各级人民代表大会常务委员会监督法
4	军事法院组织法	中央军委	未审议	
5	军事检察院组织法	中央军委	未审议	
6	专属经济区和大陆架法	国务院	通过	
7	澳门特别行政区选举第九届全国人民代表大会代表的办法	全国人大常委会法工委	通过	名称改为：澳门特别行政区第九届全国人民代表大会代表的产生办法
8	香港特别行政区选举第十届全国人民代表大会代表的办法	全国人大常委会法工委	通过	
9	澳门特别行政区选举第十届全国人民代表大会代表的办法	全国人大常委会法工委	通过	
10	国务院组织法（修改）	国务院	未审议	
11	民族区域自治法（修改）	全国人大民委	通过	
12	人民法院组织法（修改）	最高人民法院	未审议	
13	人民检察院组织法（修改）	最高人民检察院	未审议	
14	村民委员会组织法（修改）	国务院	通过	
二、民法商法类（10件）				
15	合同法	全国人大常委会法工委	通过	
16	独资企业法	全国人大财经委	通过	名称改为：个人独资企业法
17	证券法	全国人大财经委	通过	
18	信托法	财经委	通过	
19	商事登记法	国务院	未审议	
20	商标法（修改）	国务院	通过	
21	专利法（修改）	国务院	通过	

序号	名称	起草单位	审议通过情况	备注
22	著作权法（修改）	国务院	通过	
23	收养法（修改）	国务院	通过	
24	公司法（修改）	国务院	通过	
三、行政法类（20 件）				
25	行政复议法	国务院	通过	
26	公务员法	国务院	未审议	
27	政府采购法	全国人大财经委	通过	
28	高等教育法	国务院	通过	
29	语言文字法	教科文卫委	通过	名称改为：国家通用语言文字法
30	职业病防治法	国务院	通过	
31	执业医师法	国务院	通过	
32	放射性污染防治法	国务院	审议未通过	
33	荒漠化防治法	全国人大环资委、农委	未审议	名称改为：防沙治沙法
34	环境影响评价法	全国人大环资委	通过	
35	消防法	国务院	通过	
36	道路交通管理法	国务院	审议未通过	名称改为：道路交通安全法
37	公证法	国务院	未审议	
38	预防少年违法行为法	全国人大内司委	通过	名称改为：预防未成年人犯罪法
39	治安管理处罚条例（修改）	国务院	未审议	
40	学位条例（修改）	国务院	未审议	
41	药品管理法（修改）	国务院	通过	
42	海洋环境保护法（修改）	全国人大环资委	通过	
43	大气污染防治法（修改）	全国人大环资委	通过	
44	兵役法（修改）	国务院、中央军委	通过	
四、经济法类（13 件）				
45	电信法	国务院	未审议	
46	港口法	国务院	审议未通过	
47	招标投标法	国务院	通过	

续表

序号	名称	起草单位	审议通过情况	备注
48	遗产税法	国务院	未审议	
49	外汇管理法	财经委	未审议	
50	种子法	全国人大农业农村委	通过	
51	国家高新技术产业开发区法	全国人大教科文卫委	终止审议	
52	个人所得税法（修改）	国务院	通过	
53	农业法（修改）	全国人大农业农村委	通过	
54	土地管理法（修改）	国务院	通过	
55	森林法（修改）	国务院	通过	
56	水法（修改）	国务院	通过	
57	会计法（修改）	国务院	通过	
五、社会法类（5件）				
58	农民权益保护法	全国人大农业农村委牵头、国务院有关部门参加	未审议	
59	劳动合同法	国务院	未审议	
60	社会保险法	国务院	未审议	
61	公益事业捐赠法	全国人大常委会法工委	通过	
62	工会法（修改）	全国人大常委会法工委	通过	
六、诉讼程序法类（1件）				
63	引渡法	全国人大常委会法工委	通过	
第二类　研究起草、成熟时安排审议的法律草案（26件）				
1	关于监督司法机关查处重大违法案件工作程序的若干规定	全国人大内司委	未审议	
2	物权法	全国人大常委会法工委	审议未通过	一审为：民法典物权篇
3	婚姻法（修改）	全国人大常委会法工委	审议通过	
4	合作经济组织法	国务院	未审议	

序号	名称	起草单位	审议通过情况	备注
5	破产法	全国人大财经委牵头、国务院有关部门参加	未审议	
6	商业秘密保护法	国务院	未审议	
7	投资基金法	全国人大财经委	审议未通过	名称改为：证券投资基金法
8	行政收费法	国务院	未审议	
9	行政许可法	国务院	审议未通过	
10	行政强制措施法	全国人大常委会法工委	未审议	
11	民办教育法	全国人大教科文卫委	通过	名称改为：民办教育促进法
12	人口与计划生育法	国务院	通过	
13	国防动员法	国务院、中央军委	未审议	
14	国防教育法	中央军委	通过	
15	劳动教养法	全国人大常委会法工委	未审议	
16	清洁生产法	全国人大环资委	通过	名称改为：清洁生产促进法
17	税法（若干单行税法）	国务院	未审议	
18	反垄断法	国务院	未审议	
19	反倾销和反补贴法	国务院	未审议	
20	信贷法	国务院	未审议	
21	国有资产法	全国人大财经委牵头、国务院有关部门参加	未审议	
22	中小企业促进法	全国人大财经委	通过	
23	风险投资法	全国人大教科文卫委	未审议	
24	国民经济动员法	国务院、中央军委	未审议	
25	归侨侨眷权益保护法（修改）	全国人大华侨委	通过	
26	海事特别程序法	最高人民法院	通过	名称改为：海事诉讼程序特别法

五、十届全国人民代表大会常务委员会立法规划落实情况

（2003 年 3 月—2008 年 3 月）

序号	名称	起草单位	本届内审议通过情况	备注
第一类　本届内审议的法律草案（59 件）				
一、宪法及相关法类（10 件）				
1	宪法修正案		审议通过	
2	紧急状态法	国务院	审议未通过	名称改为：突发事件应对法
3	军事法院组织法	中央军委	未审议	
4	军事检察院组织法	中央军委	未审议	
5	选举法（修订）	全国人大常委会法工委	通过	
6	地方组织法（修订）	全国人大常委会法工委	通过	
7	人民法院组织法（修订）	最高人民法院	通过	修正案形式
8	人民检察院组织法（修订）	最高人民检察院	未审议	
9	城市居民委员会组织法（修订）	国务院	未审议	
10	全国人民代表大会常务委员会议事规则（修订）	全国人大常委会办公厅	未审议	
二、民法商法类（10 件）				
11	民法—物权法	全国人大常委会法工委	通过	
12	民法—侵权责任法	全国人大常委会法工委	未审议	
13	民法—涉外民事关系的法律适用法	全国人大常委会法工委	未审议	
14	商事登记法	国务院	未审议	
15	企业破产法	全国人大财经委	通过	
16	证券投资基金法	全国人大财经委	通过	
17	公司法（修订）	国务院	通过	
18	合伙企业法（修订）	全国人大财经委	通过	
19	商业银行法（修订）	国务院	通过	
20	证券法（修订）	全国人大财经委	通过	
三、行政法类（16 件）				
21	行政许可法	国务院	通过	

续表

序号	名称	起草单位	本届内审议通过情况	备注
22	行政收费法	国务院	未审议	
23	行政强制法	全国人大常委会法工委	审议未通过	
24	国防动员法	国务院、中央军委	未审议	
25	公务员法	国务院	通过	
26	居民身份证法	国务院	通过	
27	护照法	国务院	通过	
28	公证法	国务院	通过	
29	违法行为矫治法	全国人大常委会法工委	未审议	
30	初级卫生保健法	国务院	未审议	
31	治安管理处罚条例（修订）	国务院	通过	名称改为：治安管理处罚法
32	义务教育法（修订）	国务院	通过	
33	科学技术进步法（修订）	国务院	通过	
34	传染病防治法（修订）	国务院	通过	
35	固体废物污染环境防治法（修订）	全国人大环资委	通过	
36	建筑法（修订）	国务院	未审议	
四、经济法类（14 件）				
37	国有资产法	全国人大财经委	未通过	
38	外汇法	全国人大财经委	未审议	
39	反垄断法	国务院	通过	
40	反倾销和反补贴法	国务院	未审议	
41	保障措施法	国务院	未审议	
42	企业所得税法（统一适用各类企业）	国务院	通过	
43	银行业监督管理法	国务院	通过	
44	中国人民银行法（修订）	国务院	通过	
45	预算法（修订）	全国人大常委会预工委	未审议	
46	个人所得税法（修订）	国务院	通过	
47	审计法（修订）	国务院	通过	
48	土地管理法（修订）	国务院	通过	修正案形式
49	对外贸易法（修订）	国务院	通过	

续表

序号	名称	起草单位	本届内审议通过情况	备注
50	反不正当竞争法（修订）	国务院	未审议	
五、社会法类（6件）				
51	社会保险法（或者养老、医疗、失业、工伤保险分别立法）	国务院	审议未通过	
52	社会救济法	国务院	未审议	
53	劳动合同法	国务院	通过	
54	农民权益保护法	全国人大农业农村委	未审议	
55	妇女权益保障法（修订）	国务院（全国妇联）	通过	
56	未成年人保护法（修订）	全国人大内司委	通过	
六、刑法类（2件）				
1. 2005年2月常务委员会第十四次会议通过了刑法修正案（五）				
2. 2006年6月29日常务委员会第二十二次会议通过了刑法修正案（六）				
七、诉讼和非诉讼程序法类（3件）				
57	刑事诉讼法（修订）	全国人大常委会法工委	未审议	
58	民事诉讼法（修订）	全国人大常委会法工委	通过	
59	仲裁法（修订）	国务院	未审议	
第二类　研究起草、成熟时安排审议的法律草案（17件）				
1	农民合作经济组织法	全国人大农业农村委	通过	名称改为：农民专业合作社法
2	期货交易法	全国人大财经委	未审议	
3	不动产登记法	国务院	未审议	
4	融资租赁法	全国人大财经委	未审议	
5	行政程序法	全国人大常委会法工委	未审议	
6	政务信息公开法	国务院	未审议	
7	禁毒法	国务院	通过	
8	税收基本法	全国人大财经委、常委会预工委（国务院）	未审议	
9	财政转移支付法	全国人大常委会预工委（国务院）	未审议	
10	国民经济动员法	国务院	未审议	

续表

序号	名称	起草单位	本届内审议通过情况	备注
11	西部开发促进法	国务院	未审议	
12	反洗钱法	全国人大常委会预工委	通过	
13	自然保护区法	全国人大环资委	未审议	
14	海岛保护法	全国人大环资委	未审议	
15	国家赔偿法（修订）	全国人大常委会法工委	未审议	
16	行政诉讼法（修订）	全国人大常委会法工委	未审议	
17	监督法	全国人大常委会办公厅	通过	名称改为：各级人民代表大会常务委员会监督法

六、十一届全国人民代表大会常务委员会立法规划落实情况

（2008 年 3 月—2013 年 3 月）

第一类项目：任期内提请审议的法律草案（49 件）				
序号	法律名称	提请审议机关或牵头起草单位	执行情况	备注
一、宪法及宪法相关法类（5 件）				
1	村民委员会组织法（修改）	民政部	通过	
2	城市居民委员会组织法（修改）	民政部	未审议	
3	全国人民代表大会和地方各级人民代表大会选举法（修改）	全国人大常委会法工委	通过	
4	全国人民代表大会组织法（修改）	全国人大常委会法工委	未审议	
5	国家赔偿法（修改）	全国人大常委会法工委	通过	
二、民法商法类（6 件）				
1	保险法（修改）	保监会	通过	
2	消费者权益保护法（修改）	国家工商总局	未审议	

续表

序号	法律名称	提请审议机关或 牵头起草单位	执行情况	备注
3	专利法（修改）	国家知识产权局	通过	
4	商标法（修改）	国家工商总局	审议未通过	
5	侵权责任法	全国人大常委会法工委	通过	
6	涉外民事关系法律适用法	全国人大常委会法工委	通过	
三、行政法类（15 件）				
1	食品安全法	国务院法制办	通过	
2	外交人员法	外交部	通过	
3	非物质文化遗产保护法	文化部	通过	
4	国防动员法	总参　国动委	通过	
5	人民武装警察法	武警总部	通过	
6	兵役法（修改）	总参动员部	通过	
7	职业教育法（修改）	教育部	未审议	
8	药品管理法（修改）	卫生部	未审议	
9	大气污染防治法（修改）	环境保护部	未审议	
10	森林法（修改）	国家林业局	未审议	
11	城市房地产管理法（修改）	住房和城乡建设部	未审议	
12	防震减灾法（修改）	中国地震局	通过	
13	突发事件应对法（修改）	国务院法制办	未审议	
14	行政监察法（修改）	监察部	通过	
15	行政强制法	全国人大常委会法工委	通过	
四、经济法类（11 件）				
1	企业国有资产法	全国人大财经委	通过	
2	循环经济促进法	全国人大环资委	通过	
3	增值税等若干单行税法	国家税务总局	通过	车船税法 个人所得税法 （修改）
4	电信法	工业和信息化部	未审议	
5	粮食法	国家发改委	未审议	
6	税收征收管理法（修改）	国家税务总局	未审议	
7	广告法（修改）	国家工商总局	未审议	
8	邮政法（修改）	国务院法制办	通过	

续表

序号	法律名称	提请审议机关或牵头起草单位	执行情况	备注
9	土地管理法（修改）	国土资源部	审议未通过	
10	矿产资源法（修改）	国土资源部	未审议	
11	预算法（修改）	全国人大常委会预工委、财政部	审议未通过	
五、社会法类（6 件）				
1	社会保险法	人力资源和社会保障部	通过	
2	基本医疗卫生保健法	卫生部	未审议	
3	精神卫生法	卫生部	通过	
4	社会救助法	民政部	未审议	
5	慈善事业法	民政部	未审议	
6	老年人权益保障法（修改）	民政部	通过	（内司委）
六、刑法类（1 件）				
1	刑法修正案（根据情况需要，适时审议刑法修正案草案）	全国人大常委会法工委	通过	刑法修正案（七）刑法修正案（八）
七、诉讼与非诉讼程序法类（5 件）				
1	农村土地承包纠纷仲裁法	农业部	通过	
2	人民调解法	司法部	通过	
3	刑事诉讼法（修改）	全国人大常委会法工委	通过	
4	民事诉讼法（修改）	全国人大常委会法工委	通过	
5	行政诉讼法（修改）	全国人大常委会法工委	未审议	
第二类项目：研究起草、条件成熟时安排审议的法律草案（15 件）				
序号	法律名称	提请审议机关或牵头起草单位	执行情况	备注
1	行业协会商会法	国家发改委	未审议	
2	行政收费管理法	国务院法制办	未审议	
3	国民经济动员法	国家发改委	未审议	
4	国防交通法	总后勤部	未审议	
5	陆地边界法		未审议	
6	司法协助法	司法部	未审议	
7	出境入境管理法	公安部	通过	
8	中（传统）医药法	卫生部	未审议	

续表

序号	法律名称	提请审议机关或牵头起草单位	执行情况	备注
9	图书馆法	文化部	未审议	
10	住房保障法	住房和城乡建设部	未审议	
11	期货法	全国人大财经委、证监会	未审议	
12	资产评估法	全国人大财经委	审议未通过	
13	海岛保护法	全国人大环资委	通过	
14	自然保护区法	全国人大环资委	未审议	
15	违法行为矫治法	全国人大常委会法工委	未审议	

七、十二届全国人民代表大会常务委员会立法规划落实情况（2015 年调整）

(2013 年 3 月—2018 年 3 月)				
第一类项目：条件比较成熟、任期内拟提请审议的法律草案（76 件）				
序号	法律名称	提请审议机关或牵头起草单位	执行情况	备注
1	关于建立宪法宣誓制度的决定	委员长会议	已通过	
2	选举法（修改）	委员长会议	已通过	
3	地方组织法（修改）	委员长会议	已通过	
4	代表法（修改）	委员长会议	已通过	
5	立法法（修改）	委员长会议	已通过	
6	人民法院组织法（修改）	全国人大内司委	审议未通过	
7	人民检察院组织法（修改）	全国人大内司委	审议未通过	
8	法官法（修改）	最高人民法院	审议未通过	
9	检察官法（修改）	最高人民检察院	审议未通过	
10	陆地国界法	全国人大外事委	未审议	
11	国家勋章和国家荣誉称号法	委员长会议	已通过	
12	民法典编纂	委员长会议	审议未通过	
13	农村土地承包法（修改）	全国人大农业农村委	审议未通过	
14	商标法（修改）	国务院	已通过	

续表

序号	法律名称	提请审议机关或牵头起草单位	执行情况	备注
15	专利法（修改）	国务院	未审议	
16	著作权法（修改）	国务院	未审议	
17	消费者权益保护法（修改）	委员长会议	已通过	
18	证券法（修改）	全国人大财经委	审议未通过	
19	行政复议法（修改）	国务院	未审议	
20	行政监察法（修改）	委员长会议	审议未通过	名称改为：监察法
21	国家安全法	委员长会议	已通过	
22	反间谍法	国务院	已通过	
23	反恐怖主义法	委员长会议	已通过	
24	境外非政府组织管理法	国务院	已通过	
25	网络安全法	委员长会议	已通过	
26	职业教育法（修改）	国务院	未审议	
27	教育法（修改）	国务院	已通过	
28	高等教育法（修改）	国务院	已通过	
29	民办教育促进法（修改）	国务院	已通过	
30	促进科技成果转化法（修改）	国务院	已通过	
31	公共文化服务保障法	全国人大教科文卫委	已通过	
32	文化产业促进法	国务院	未审议	
33	公共图书馆法	国务院	已通过	
34	基本医疗卫生法	全国人大教科文卫委	审议未通过	名称改为：基本医疗卫生与健康促进法
35	食品安全法（修改）	国务院	已通过	
36	中医药法	国务院	已通过	
37	土地管理法（修改）	国务院	未审议	
38	测绘法（修改）	国务院	已通过	
39	环境保护法（修改）	全国人大环资委	已通过	
40	水污染防治法（修改）	国务院	已通过	
41	大气污染防治法（修改）	国务院	已通过	
42	土壤污染防治法	全国人大环资委	审议未通过	

续表

序号	法律名称	提请审议机关或牵头起草单位	执行情况	备注
43	野生动物保护法（修改）	全国人大环资委	已通过	
44	军事设施保护法（修改）	国务院、中央军委	已通过	
45	人民防空法（修改）	国务院、中央军委	未审议	
46	国防交通法	国务院、中央军委	已通过	
47	预算法（修改）	国务院	已通过	
48	环境保护税法	国务院	已通过	
49	增值税法	国务院	未审议	
50	资源税法	国务院	未审议	
51	房地产税法	全国人大常委会预算工委、财政部	未审议	
52	关税法	国务院	未审议	
53	船舶吨税法	国务院	已通过	
54	耕地占用税法	国务院	未审议	
55	税收征收管理法（修改）	国务院	未审议	
56	粮食法	国务院	未审议	
57	种子法（修改）	全国人大农业农村委	已通过	
58	资产评估法	全国人大财经委	已通过	
59	原子能法	国务院	未审议	
60	航道法	国务院	已通过	
61	电信法	国务院	未审议	
62	森林法（修改）	国务院	未审议	
63	标准化法（修改）	国务院	已通过	
64	广告法（修改）	国务院	已通过	
65	中小企业促进法（修改）	全国人大财经委	已通过	
66	铁路法（修改）	国务院	未审议	
67	旅游法	全国人大财经委	已通过	
68	红十字会法（修改）	全国人大教科文卫委	已通过	
69	慈善事业法	全国人大内司委	已通过	
70	反家庭暴力法	国务院	已通过	
71	安全生产法（修改）	国务院	已通过	
72	矿山安全法（修改）	国务院	未审议	
73	特种设备安全法	全国人大财经委	已通过	

续表

序号	法律名称	提请审议机关或牵头起草单位	执行情况	备注
74	刑法修正案	委员长会议	已通过	刑法修正案（十）
75	国际刑事司法协助法	全国人大外事委	审议未通过	
76	行政诉讼法（修改）	委员长会议	已通过	
第二类项目：需要抓紧工作、条件成熟时提请审议的法律草案（26 件）				
序号	法律名称	提请审议机关或牵头起草单位	执行情况	备注
1	海洋基本法	国务院	未审议	
2	城市居民委员会组织法（修改）	国务院	未审议	
3	农民专业合作社法（修改）	全国人大农业农村委	已通过	
4	商业银行法（修改）	国务院	未审议	
5	期货法	全国人大财经委	未审议	
6	电子商务法	全国人大财经委	审议未通过	
7	中外合资经营企业法、外资企业法、中外合作经营企业法（修改）	国务院	未审议	
8	现役军官法（修改）	国务院、中央军委	未审议	
9	社区矫正法	国务院	未审议	
10	看守所法	国务院	未审议	
11	海上交通安全法（修改）	国务院	未审议	
12	电影产业促进法	国务院	已通过	
13	文物保护法（修改）	国务院	未审议	
14	药品管理法（修改）	国务院	未审议	
15	核安全法	全国人大环资委	已通过	
16	反不正当竞争法（修改）	国务院	已通过	
17	发展规划法	国务院	未审议	
18	中国人民银行法（修改）	国务院	未审议	
19	矿产资源法（修改）	国务院	未审议	
20	能源法	国务院	未审议	
21	循环经济促进法（修改）	全国人大环资委	未审议	
22	基础设施和公用事业特许经营法	国务院	未审议	

续表

序号	法律名称	提请审议机关或 牵头起草单位	执行情况	备注
23	深海海底区域资源勘探开发法	全国人大环资委	已通过	
24	草原法（修改）	国务院	未审议	
25	航空法	国务院、中央军委	未审议	
26	刑事被害人救助法	委员长会议	未审议	

八、十三届全国人民代表大会常务委员会立法规划落实情况

(2018 年 3 月—2023 年 3 月)			
第一类项目：条件比较成熟、任期内拟提请审议的法律草案（69 件）			

序号	法律名称	提请审议机关或 牵头起草单位	执行情况	备注
1	宪法修正案		已通过	
2	全国人民代表大会组织法（修改）（全国人民代表大会议事规则、全国人民代表大会常务委员会议事规则修改，一并考虑）	委员长会议	已通过	
3	地方各级人民代表大会和地方各级人民政府组织法（修改）	委员长会议	已通过	
4	国务院组织法（修改）	国务院	未审议	
5	监察法	委员长会议	已通过	
6	人民法院组织法（修改）	全国人大监司委	已通过	
7	人民检察院组织法（修改）	全国人大监司委	已通过	
8	法官法（修改）	最高人民法院	已通过	
9	检察官法（修改）	最高人民检察院	已通过	
10	人民陪审员法	最高人民法院	已通过	

续表

序号	法律名称	提请审议机关或牵头起草单位	执行情况	备注
11	英雄烈士保护法	委员长会议	已通过	
12	民法典各分编（民法典编纂）	委员长会议	已通过	
13	农村土地承包法（修改）	全国人大农业农村委	已通过	
14	不动产登记法	国务院	未审议	
15	专利法（修改）	国务院	已通过	
16	著作权法（修改）	国务院	已通过	
17	证券法（修改）	全国人大财经委	已通过	
18	电子商务法	全国人大财经委	已通过	
19	外国投资法	国务院	已通过	名称改为：外商投资法
20	行政处罚法（修改）	委员长会议	已通过	
21	行政复议法（修改）	国务院	审议未通过	
22	军民融合发展法	国务院、中央军委	未审议	
23	政务处分法	国家监委	已通过	名称改为：公职人员政务处分法
24	档案法（修改）	国务院	已通过	
25	兵役法（修改）	国务院、中央军委	已通过	
26	现役军官法（修改）	国务院、中央军委	未审议	
27	公务员法（修改）	国务院	已通过	
28	人民武装警察法（修改）	中央军委	已通过	
29	治安管理处罚法（修改）	国务院	未审议	
30	学前教育法	国务院	未审议	
31	文化产业促进法	国务院	未审议	
32	文物保护法（修改）	国务院	未审议	
33	药品管理法（修改）	国务院	已通过	
34	土地管理法（修改）	国务院	已通过	
35	社区矫正法	国务院	已通过	
36	土壤污染防治法	全国人大环资委	已通过	
37	基本医疗卫生与健康促进法	全国人大教科文卫委	已通过	

续表

序号	法律名称	提请审议机关或牵头起草单位	执行情况	备注
38	固体废物污染环境防治法（修改）	国务院	已通过	
39	环境噪声污染防治法（修改）	全国人大环资委	已通过	名称改为：噪声污染防治法
40	南极活动与环境保护法	全国人大环资委	未审议	
41	长江保护法	全国人大环资委	已通过	
42	出口管制法	国务院	已通过	
43	密码法	国务院	已通过	
44	个人所得税法（修改）	国务院	已通过	
45	增值税法	国务院	审议未通过	
46	消费税法	国务院	未审议	
47	资源税法	国务院	已通过	
48	房地产税法	全国人大常委会预算工委、财政部	未审议	
49	关税法	国务院	未审议	
50	城市维护建设税法	国务院	已通过	
51	耕地占用税法	国务院	已通过	
52	车辆购置税法	国务院	已通过	
53	契税法	国务院	已通过	
54	印花税法	国务院	已通过	
55	税收征收管理法（修改）	国务院	未审议	
56	海上交通安全法（修改）	国务院	已通过	
57	铁路法（修改）	国务院	未审议	
58	农产品质量安全法（修改）	国务院	已通过	
59	原子能法	国务院	未审议	
60	森林法（修改）	全国人大农业农村委	已通过	
61	个人信息保护法	委员长会议	已通过	
62	数据安全法	委员长会议	已通过	
63	粮食安全保障法	国务院	未审议	
64	未成年人保护法（修改）（预防未成年人犯罪法修改，一并考虑）	全国人大社建委	已通过	

序号	法律名称	提请审议机关或牵头起草单位	执行情况	备注
65	社会救助法	国务院	未审议	
66	安全生产法（修改）	国务院	已通过	
67	刑法修正案	委员长会议	已通过	刑法修正案（十一）
68	刑事诉讼法（修改）	委员长会议	已通过	
69	国际刑事司法协助法	全国人大外事委	已通过	
第二类项目：需要抓紧工作、条件成熟时提请审议的法律草案（47 件）				
1	海洋基本法	委员长会议	未审议	
2	城市居民委员会组织法	国务院	未审议	
3	村民委员会组织法（修改）	国务院	未审议	
4	各级人民代表大会常务委员会监督法（修改）	委员长会议	未审议	
5	监察官法	国家监委	已通过	
6	公司法（修改）	委员长会议	审议未通过	
7	商业银行法（修改）	国务院	国务院	
8	期货法	全国人大财经委	已通过	名称改为：期货和衍生品法
9	企业破产法（修改）	全国人大财经委	未审议	
10	海商法（修改）	国务院	未审议	
11	乡村振兴促进法	全国人大农业农村委	已通过	
12	人民防空法（修改）	国务院、中央军委	未审议	
13	人民警察法（修改）	国务院	未审议	
14	道路交通安全法（修改）	国务院	未审议	
15	律师法（修改）	国务院	未审议	
16	看守所法	国务院	未审议	
17	职业教育法（修改）	国务院	已通过	
18	教师法（修改）	国务院	未审议	
19	学位条例（修改）	国务院	未审议	
20	科学技术进步法（修改）	全国人大教科文卫委	已通过	
21	体育法（修改）	全国人大社建委	已通过	
22	执业医师法（修改）	全国人大教科文卫委	已通过	名称改为：医师法

续表

序号	法律名称	提请审议机关或牵头起草单位	执行情况	备注
23	城市房地产管理法（修改）	国务院	已通过	
24	环境影响评价法（修改）	国务院	未审议	
25	国土空间开发保护法	国务院	未审议	
26	气象法（修改）	国务院	未审议	
27	反垄断法（修改）	国务院	已通过	
28	中国人民银行法（修改）	国务院	未审议	
29	能源法	国务院	未审议	
30	电信法	国务院	未审议	
31	矿产资源法（修改）	国务院	未审议	
32	电力法（修改）	国务院	未审议	
33	草原法（修改）	国务院	未审议	
34	国家公园法	国务院	未审议	
35	渔业法（修改）	国务院	未审议	
36	动物防疫法（修改）	全国人大农业农村委	已通过	
37	产品质量法（修改）	国务院	未审议	
38	计量法（修改）	国务院	未审议	
39	审计法（修改）	国务院	已通过	
40	统计法（修改）	国务院	未审议	
41	航天法	国务院、中央军委	未审议	
42	航空法（民用航空法修改，一并考虑）	国务院、中央军委	未审议	
43	退役军人保障法	国务院、中央军委	已通过	
44	老年人权益保障法（修改）	国务院	已通过	
45	法律援助法	全国人大监司委	已通过	
46	仲裁法（修改）	国务院	未审议	
47	民事强制执行法	最高人民法院	审议未通过	

第八章　全国人民代表大会常务委员会年度立法工作计划

全国人大常委会 2018 年立法工作计划

（2017 年 12 月 14 日第十二届全国人民代表大会常务委员会第 105 次委员长会议原则通过　2018 年 4 月 17 日第十三届全国人民代表大会常务委员会第 2 次委员长会议修改）

2018 年是贯彻党的十九大精神的开局之年，也是十三届全国人大及其常委会依法履职的第一年。全国人大常委会立法工作的总体要求是：在以习近平同志为核心的党中央坚强领导下，高举中国特色社会主义伟大旗帜，深入贯彻落实党的十九大和十九届二中、三中全会精神，以邓小平理论、"三个代表"重要思想、科学发展观、习近平新时代中国特色社会主义思想为指导，坚持党的领导、人民当家作主、依法治国有机统一，牢固树立"四个意识"，自觉增强"四个自信"，围绕统筹推进"五位一体"总体布局和协调推进"四个全面"战略布局，坚定不移贯彻新发展理念，发挥全国人大及其常委会在立法工作中的主导作用，深入推进科学立法、民主立法、依法立法，遵循和把握立法规律，着力提高立法质量，以良法促进发展、保障善治，为决胜全面建成小康社会提供坚实的法治保障作出新的贡献。

一、贯彻落实党的十九大精神，科学合理安排相关法律案审议工作

按照完善以宪法为核心的中国特色社会主义法律体系的要求，根据全国人大常委会 2018 年工作要点的安排，与中央有关方面的工作要点、计划相衔接，拟对 2018 年法律案审议工作作如下安排：

（一）继续审议的法律案（12 件）

1. 监察法	（已通过）
2. 人民陪审员法	（4 月）
3. 英雄烈士保护法	（4 月）

4. 人民法院组织法（修改）　　　　　　　　　（6月）

5. 人民检察院组织法（修改）　　　　　　　　（6月）

6. 电子商务法　　　　　　　　　　　　　　　（6月）

7. 土壤污染防治法　　　　　　　　　　　　　（8月）

8. 国际刑事司法协助法　　　　　　　　　　　（8月）

9. 农村土地承包法（修改）　　　　　　　　　（10月）

10. 基本医疗卫生与健康促进法　　　　　　　（10月）

11. 法官法（修改）　　　　　　　　　　　　（12月）

12. 检察官法（修改）　　　　　　　　　　　（12月）

（二）初次审议的法律案（14件）

1. 宪法修正案　　　　　　　　　　　　　　（已通过）

2. 关于实行宪法宣誓制度的决定（修改）　　（已通过）

3. 刑事诉讼法（修改）　　　　　　　　　　　（4月）

4. 专利法（修改）　　　　　　　　　　　　　（6月）

5. 民法典各分编　　　　　　　　　　　　　　（8月）

6. 土地管理法（修改）　　　　　　　　　　　（8月）

7. 耕地占用税法　　　　　　　　　　　　　　（8月）

8. 车辆购置税法　　　　　　　　　　　　　　（8月）

9. 税收征收管理法（修改）　　　　　　　　（10月）

10. 社区矫正法　　　　　　　　　　　　　　（10月）

11. 海上交通安全法（修改）　　　　　　　　（10月）

12. 资源税法　　　　　　　　　　　　　　　（12月）

13. 固体废物污染环境防治法及相关法律（修改）（12月）

14. 外国投资法　　　　　　　　　　　　　　（12月）

贯彻落实党的十九大和十九届二中、三中全会精神，落实党中央关于全面深化改革、全面推进依法治国的部署要求，对涉及国家机构改革、国防和军队改革、监察体制改革等需要制定或修改的其他法律，适时安排审议。

（三）预备审议项目

证券法（修改），修改全国人民代表大会组织法、公务员法、著作权法、职业教育法、森林法、个人所得税法、安全生产法、未成年人保护法、档案法、现役军官法、兵役法、人民武装警察法、治安管理处罚法等，制定原子能法、出口管制法、密码法、期货法、消费税法、房地产税法、契税法、印花税法、陆地国界法以及乡村振兴、农村金融等方面的立法项目。这些立法项目由有关方面抓紧调研和起草工作，视情在 2018 年或者以后年度安排审议。

（四）做好授权决定和改革决定相关工作

按照党中央的决策部署，对立法条件还不成熟、需要先行先试的，依法及时作出授权决定或者改革决定。对正在实施的授权决定和改革决定，实践证明可行的，由有关方面及时依法提出修改或者制定有关法律的议案，适时安排审议，或者结合相关立法工作统筹考虑。

需在 2018 年考虑的授权决定和改革决定有 10 件：

1. 关于授权国务院在实施股票发行注册制改革中调整适用《中华人民共和国证券法》有关规定的决定，2018 年 2 月实施期届满（2018 年 2 月十二届全国人大常委会第三十三次会议作出了关于延长授权国务院在实施股票发行注册制改革中调整适用《中华人民共和国证券法》有关规定期限的决定）；

2. 关于延长人民陪审员制度改革试点期限的决定，2018 年 4 月实施期届满，与制定人民陪审员法一并考虑；

3. 关于授权国务院在部分地方开展药品上市许可持有人制度试点和有关问题的决定，2018 年 11 月实施期届满；

4. 关于授权最高人民法院、最高人民检察院在部分地区开展刑事案件认罪认罚从宽制度试点工作的决定，2018 年 11 月实施期届满；

5. 关于延长授权国务院在北京市大兴区等三十三个试点县（市、区）行政区域暂时调整实施有关法律规定期限的决定，2018 年 12 月实施期届满；

6. 关于延长授权国务院在北京市大兴区等二百三十二个试点县（市、区）、天津市蓟县等五十九个试点县（市、区）行政区域分别暂时调整实施有关法律规定期限的决定，2018 年 12 月实施期届满；

7. 关于授权国务院在河北省邯郸市等 12 个试点城市行政区域暂时调整适用《中华人民共和国社会保险法》有关规定的决定，2018 年 12 月实施期届满；

8. 关于授权国务院在部分地区和部分在京中央机关暂时调整适用《中华人民共和国公务员法》有关规定的决定，2019 年 1 月实施期届满；

9. 关于在北京市、山西省、浙江省开展国家监察体制改革试点工作的决定（监察法已通过并施行）；

10. 关于在全国各地推开国家监察体制改革试点工作的决定（监察法已

通过并施行）。

二、以习近平新时代中国特色社会主义思想为指导，全面加强和改进新形势下立法工作

切实把党的领导贯彻到立法工作全过程和各方面。坚持党中央对立法工作的集中统一领导，坚决贯彻落实以习近平同志为核心的党中央作出的决策部署。坚持立法工作正确政治方向，在政治立场、政治方向、政治原则、政治道路上同以习近平同志为核心的党中央保持高度一致。坚持以党的理论创新成果指导立法实践，努力做到更加自觉、更加善于通过立法实践贯彻和体现党的理论创新成果。坚持将社会主义核心价值观融入立法。严格落实立法工作向党中央请示报告制度，凡需要党中央研究的重大立法事项和立法涉及的重大体制、重大政策调整的问题，由全国人大常委会党组向党中央请示报告。

做好十三届立法规划编制工作。贯彻落实党的十九大和十九届二中、三中全会精神，围绕统筹推进"五位一体"总体布局、协调推进"四个全面"战略布局，结合全国人大立法工作实际，统筹兼顾、把握重点、科学谋划，做好十三届全国人大常委会立法规划编制工作，按程序报请党中央批准，确保党中央重大决策部署在立法工作中得到有效贯彻落实。按照党中央批准的十三届全国人大常委会立法规划和部署要求，统筹安排未来五年立法工作，提出目标任务、工作要求和落实措施。召开全国人大常委会立法工作会议，部署落实立法规划，加强实施指导，认真抓好督促工作。

加强宪法宣传教育和贯彻实施。坚持依法治国首先要坚持依宪治国，坚持依法执政首先要坚持依宪执政。宪法是国家的根本法，是治国安邦的总章程，是全面依法治国的总依据。宪法修改是党和国家从新时代坚持和发展中国特色社会主义全局和战略高度作出的重大决策，是推进全面依法治国、推进国家治理体系和治理能力现代化的重大举措。深入开展宪法和宪法修正案学习宣传教育工作，坚定宪法自信，增强宪法自觉，大力弘扬宪法精神，更好发挥宪法在全面依法治国、建设社会主义法治国家中的重大作用。加强宪法实施工作，通过完备的法律推动宪法实施。加强宪法监督工作，推进合宪性审查，通过备案审查制度促进各类规范性文件符合宪法精神，维护宪法权威。做好全国人大宪法和法律委员会工作。

发挥全国人大及其常委会在立法工作中的主导作用。不断健全人大主导立法工作的体制机制，牢牢把握立项、起草、审议等几个关键环节，加强对立法工作的组织协调，强化协同配合。实施好关于建立健全全国人大专门委员会、常委会工作机构组织起草重要法律草案制度的实施意见，关于立法中涉及的重大利益调整论证咨询的工作规范，关于争议较大的重要立法事项引入第三方评估的工作规范等重要改革举措。对重要立法项目，有关专门委员会和常委会工作机构要主动与起草单位和有关方面沟通协调。健全有关专门委员会、常委会工作机构共同做好法律配套规定督促工作机制。注重发挥人大代表主体作用，把办理好人大代表依法提出的议案、建议与立法工作紧密结合，继续邀请相关人大代表参与立法论证、调研、座谈、审议、通过前评估等工作。通过中国人大网代表服务专区为人大代表提供更多立法参阅资料，听取人大代表关于立法工作的意见和建议。

推进科学立法、民主立法、依法立法。健全立法论证、听证机制，做好法律案通过前的评估和立法后评估工作，继续加强法律解释工作。坚持问题导向，推进科学立项、精准立法。做好国家机构改革等涉及的相关法律修改工作。对改革发展急需的立法项目，要按照有关工作规范，抓紧论证起草，为重大改革提供法律依据；对实践证明不适应改革需要的法律，及时修改和废止；对涉及同类或者类似事项、需要一并采取打包方式进行修改的法律，应当积极稳妥、科学论证、切实可行，增强立法的及时性、系统性、针对性和有效性。抓住立法重点，深入开展立法调研。改进调研方式，增强调研实效。细化立法流程，扎实做好公布法律草案征求意见工作，健全公众意见采纳反馈机制。健全向地方人大征询立法意见机制。加强基层立法联系点建设，进一步发挥各联系点在听取基层意见、解决立法问题、培养锻炼干部等方面的作用。

切实加强备案审查制度和能力建设。加强和改进备案审查工作，保证中央令行禁止，保证宪法法律实施，促进提高行政法规、地方性法规、司法解释及其他规范性文件制定水平。做好对行政法规、地方性法规、司法解释主动审查、专项审查和对公民、组织提出的审查建议的研究、处理、反馈工作。进一步加快建立全国统一的备案审查信息平台，巩固信息平台的工作功能，推动地方人大将信息平台延伸到所有立法主体。积极推进常委会按年度听取和审议备案审查工作情况报告的制度，健全备案审查衔接联动机制。加强备案审查理论研究。

切实做好立法宣传工作。围绕改革开放 40 周年，积极宣传我国法治建设特别是立法工作的巨大成就和宝贵经验。紧密结合立法工作开展宣传报道，全面反映立法工作新进展新成效。采取新闻发布会、专题采访、微信公众号信息推送等多种形式，讲好立法故事。通过电视、报纸、网络等媒体，做好法律草案起草、审议阶段和通过后的宣传工作，丰富宣传方式，拓展宣传渠道，增强宣传效果。拓宽社会各方参与立法的途径，使立法过程成为引导社会舆论、凝聚各方共识、普及法律知识的过程。

加强对地方立法工作的指导。加强地方立法能力建设，发挥地方立法在法治建设中的实施性、补充性、探索性作用。与地方人大开展形式多样的经验交流和工作探讨，加强对地方人大立法工作人员的培训和指导，建立常态化机制。继续举办覆盖立项、起草、审议、备案审查等立法全过程的专题培训班。办好全国地方立法工作座谈会，以党的十九大精神为引领，推动地方立法工作迈出新步伐。

切实加强立法工作队伍建设。以习近平新时代中国特色社会主义思想武装头脑、指导实践、推动工作。以党的政治建设为统领，全面加强思想、组织、作风、纪律建设。推进"两学一做"学习教育常态化、制度化，开展"不忘初心，牢记使命"主题教育。坚持新时期好干部标准，完善立法人才培养机制，多渠道选拔优秀立法人才，注重培养严谨细致的工匠精神，不断提高立法专业能力，打造一支政治素质过硬、业务能力过硬、职业操守过硬、道德作风过硬的立法干部队伍和人才队伍。

全国人大常委会 2019 年度立法工作计划

（2018 年 12 月 14 日第十三届全国人民代表大会常务委员会第 17 次委员长会议原则通过　2019 年 4 月 12 日第十三届全国人民代表大会常务委员会第 28 次委员长会议修改）

2019 年是中华人民共和国成立 70 周年，是全面建成小康社会、实现第一个百年奋斗目标的关键之年，也是贯彻落实十三届全国人大常委会立法规划的重要一年。全国人大常委会 2019 年立法工作的总体要求是：在以习近平同志为核心的党中央坚强领导下，高举中国特色社会主义伟大旗帜，全面贯彻党的十九大和十九届二中、三中全会精神，以习近平新时代中国特色社会主义思想为指导，增强"四个意识"，坚定"四个自信"，坚决做到"两个维护"，坚持党的领导、人民当家作主、依法治国有机统一，围绕建设中国特色社会主义法治体系、建设社会主义法治国家，发挥全国人大及其常委会在立法工作中的主导作用，加强和改进新时代立法工作，着力提高立法质量，加快立法工作步伐，以高质量立法保障和促进高质量发展，适应推进国家治理体系和治理能力现代化的需要，不断完善以宪法为核心的中国特色社会主义法律体系，为全面深化改革、扩大开放和决胜全面建成小康社会提供坚实有力的法治保障，以优异成绩庆祝中华人民共和国成立 70 周年。

一、深入学习领会习近平总书记全面依法治国新理念新思想新战略，不断满足人民群众对新时代立法工作的新期待

党的十八大以来，以习近平同志为核心的党中央从关系党和国家长治久安的战略高度定位法治、布局法治、厉行法治，把全面依法治国提到"四个全面"战略布局的新高度，推动法治中国建设发生了历史性、转折性、全局性变化，取得了重大理论创新、实践创新、制度创新成果。习近平总书记全面依法治国新理念新思想新战略是习近平新时代中国特色社会主义思想在全面依法治国领域的集中体现，是马克思主义法治思想中国化的最新成果，为新时代全面依法治国提供了科学理论指导、开辟了广阔发展空间，也为加强改进新时代立法工作指明了前进方向、确立了基本遵循。要把习近平总书记全面依法治国新理念新思想新战略贯彻于立法工作的全过程和各方面。要适应党和国家事业发展要求，提高科学立法、民主立法、依法立法水平，不断完善中国特色社会主义法律体系。

加强重点领域立法，推动打好三大攻坚战，解决改革发展中存在的突出问题，做到人民有所呼、立法有所应，用立法呵护百姓幸福生活。围绕全面深化改革、扩大对外开放、推动经济高质量发展，制定外商投资法、军民融合发展法；全面落实税收法定原则，制定房地产税法、资源税法等，修改税收征收管理法；修改证券法、土地管理法、专利法、著作权法。围绕保障和改善民生，在审议民法典各分编草案的基础上，形成民法典草案，提请审议；制定基本医疗卫生与健康促进法、疫苗管理法，修改药品管理法、未成年人保护法、预防未成年人犯罪法。围绕推进生态文明建设，制定长江保护法，修改森林法、固体废物污染环境防治法。围绕完善国家机构组织，制定政务处分法，修改全国人民代表大会组织法、全国人民代表大会议事规则、法官法、检察官法。围绕国家安全法治保障，制定出口管制法、原子能法、密码法、数据安全法、生物安全法。围绕加强和创新社会治理，制定社区矫正法、退役军人保障法、个人信息保护法，修改行政处罚法、海上交通安全法、档案法；审议刑法修正案（十一）草案。围绕国防和军队改革，修改现役军官法、兵役法、人民武装警察法。

二、坚决贯彻落实党中央决策部署，科学合理安排相关法律案审议工作

结合分解落实十三届全国人大常委会立法规划，与中央有关方面的工作要点、计划相衔接，将重要法律案提请全国人民代表大会会议审议，对2019年法律案审议工作作如下安排：

（一）继续审议的法律案（10件）

1. 外商投资法 （已通过）

2. 证券法（修改） （4月）

3. 疫苗管理法 （4月）

4. 药品管理法（修改） （4月）

5. 法官法（修改） （4月）

6. 检察官法（修改） （4月）

7. 基本医疗卫生与健康促进法 （6月）

8. 土地管理法（修改） （6月）

9. 专利法（修改） （6月）

10. 资源税法 （8月）

（二）适时提请初次审议的法律案（26件）

1. 社区矫正法

2. 密码法

3. 固体废物污染环境防治法（修改）

4. 档案法（修改）

5. 森林法（修改）

6. 原子能法

7. 行政处罚法（修改）

8. 海上交通安全法（修改）

9. 著作权法（修改）

10. 政务处分法

11. 全国人民代表大会组织法（修改）

12. 全国人民代表大会议事规则（修改）

13. 数据安全法

14. 未成年人保护法、预防未成年人犯罪法（修改）

15. 生物安全法

16. 个人信息保护法

17. 刑法修正案（十一）

18. 长江保护法

19. 兵役法（修改）

20. 军民融合发展法

21. 退役军人保障法

22. 出口管制法

23. 税收征收管理法（修改）

24. 房地产税法

25. 人民武装警察法（修改）

26. 现役军官法（修改）

2018 年 12 月至 2019 年 10 月，民法典各分编草案分拆若干单元分别进行审议；2019 年 12 月，将民法总则同经审议完善后的各分编草案合并形成民法典草案提请审议。按照到 2020 年完成落实税收法定原则立法工作任务和有关改革的要求，增值税法、消费税法、关税法、城市维护建设税法、契税法、印花税法等立法项目，适时安排初次审议。

落实党中央关于全面深化改革、全面依法治国、国防和军队改革、庆祝中华人民共和国成立 70 周年等部署要求，需要制定、修改、废止、解释相关法律，或者需要由全国人大常委会作出相关决定的，适时安排审议。

（三）预备审议项目

修改全国人民代表大会常务委员会议事规则、地方各级人民代表大会和地方各级人民政府组织法、国旗法、国徽法、审计法、职业教育法、动物防疫法、计量法、安全生产法、监狱法、治安管理处罚法等，制定监察官法、期货法、电信法、海南自由贸易港法、南极活动与环境保护法等，上述立法项目由有关方面抓紧开展调研和起草工作，视情安排审议。

（四）做好授权决定和改革决定相关工作

按照党中央决策部署，对立法条件还不成熟、需要先行先试的，依法及时作出授权决定或者改革决定。对正在实施的授权决定和改革决定，实践证明可行的，由有关方面及时依法提出修改或者制定有关法律的议案，适时安排审议，或者结合相关立法工作统筹考虑。

需在 2019 年考虑的授权决定有 3 件：

1. 关于延长授权国务院在部分地方开展药品上市许可持有人制度试点期限的决定，2019 年 11 月实施期届满；

2. 关于延长授权国务院在北京市大兴区等三十三个试点县（市、区）行政区域暂时调整实施有关法律规定期限的决定，2019 年 12 月实施期届满；

3. 关于延长授权国务院在实施股票发行注册制改革中调整适用《中华人民共和国证券法》有关规定期限的决定，2020 年 2 月实施期届满。

三、围绕建设中国特色社会主义法治体系、建设社会主义法治国家，加强和改进新时代立法工作

坚持党中央对立法工作的集中统一领导。坚持政治属性是立法活动、立法工作第一属性的定位，旗帜鲜明讲政治，坚决维护习近平总书记党中央的核心、全党的核心地位，坚决维护党中央权威和集中统一领导，自觉在思想上政治上行动上同以习近平同志为核心的党中央保持高度一致。把坚持党的领导融入法律制度，确保党的主张通过法定程序成为国家意志，通过法律推动和保障党中央的路线方针政策有效实施。推动社会主义核心价值观融入立法。严格落实向党中央请示报告制度，凡重大立法事项，立法涉及的重大体制、重大政策调整，以及需要由党中央研究的立法中的重大问题，由全国人大常委会党组向党中央请示报告。立法工作计划、重要立法项目，按照要求提交中央全面依法治国委员会审议。

发挥全国人大及其常委会在立法工作中的主导作用。全国人大及其常委会要在党中央的集中统一领导下充分发挥职能作用，加强组织协调，协同配合，统筹安排和推进立法工作。认真做好提请全国人民代表大会审议的有关法律案的准备工作和审议工作。一些重要的立法项目，有关专门委员会、常委会工作机构要主动与有关方面沟通协调，做好牵头起草和组织协调工作。发挥全国人大及其常委会的审议把关作用，扩大立法有序参与，充分听取各方意见，加强论证和评估，广泛凝聚共识。更好发挥立法机关在表达、平衡、调整社会利益方面的重要作用，从体制机制和工作程序上有效防止部门利益法律化。重视法律体系协同配套工作，健全有关专门委员会、常委会工作机构共同做好法律配套规定督促工作机制。尊重人大代表主体地位，把代表议案、建议作为起草法律草案、推动改进立法工作的重要依据。认真做好邀请代表参与立法评估、调研、审议等工作，通过中国人大网代表服务专区等多种途径就法律草案征求全国人大代表意见、提供相关立法参阅资料，为代表依法履职提供高质量的服务保障。

加快立法工作步伐。牢牢把握我国发展新的历史方位和社会主要矛盾的变化，积极适应新形势新要求，在保证立法质量的前提下加大工作力度、加

快工作步伐，为各方面事业、各方面工作提供有力的法治支撑和保障。只要是党中央有要求、现实有需要、群众有期待，法律草案已经成熟或基本成熟，尽早安排提请全国人大常委会审议或表决通过；要善于遵循和把握立法规律，协调推动、科学合理解决存在的争议和分歧；运用立改废释等形式，满足不同立法需求，及时解决现实问题。

推进科学立法、民主立法、依法立法。要紧紧抓住全面依法治国的关键环节，不断提高立法质量。加强和改进立法调研，把调查研究贯穿于立法工作全过程，特别是起草环节，增强问题意识，找准立法的重点难点问题，将结论和决策建立在扎实可靠的立法调研基础上。坚持问题导向，突出重点，聚焦实践提出的问题和立法需求，提高立法的针对性、及时性、可操作性。深入开展研究论证，完善法律案通过前评估和立法后评估机制，继续加强法律解释工作，认真做好法律询问答复工作。研究完善立法技术规范。优化法律草案公开征求意见系统，健全公众意见采纳反馈机制。健全向地方人大征询立法意见机制。加强基层立法联系点建设，继续发挥各联系点在听取基层意见、解剖分析问题、培养锻炼干部等方面的作用。

四、加强宪法实施和监督，切实维护社会主义法制的统一和权威

推动宪法实施。加强改进统一审议工作，以完备的法律推动和保证宪法实施。深入开展宪法宣传，弘扬宪法精神。落实宪法监督制度，健全合宪性审查工作机制，积极稳妥推进合宪性审查工作，确保法律、行政法规、地方性法规、司法解释等规范性文件与宪法规定、宪法精神相符合，保证国家法制统一。切实加强常委会备案审查工作，做到有件必备、有备必审、有错必纠，保证中央令行禁止，保障宪法法律实施。加强对备案行政法规、地方性法规、司法解释的审查工作，认真做好对公民、组织提出的审查建议的研究、处理、反馈工作，持续推动地方开展生态环保法规全面清理，及时完成相关法规的修改、废止工作。建成全国统一的备案审查信息平台，巩固信息平台的工作功能，推动地方人大将信息平台延伸到设区的市、自治州、自治县，实现互联互通，推动备案审查工作制度化、信息化、智能化。健全向全国人大常委会报告备案审查工作情况制度。健全备案审查衔接联动机制。进一步加强备案审查理论研究。

五、围绕新时代立法工作，做好理论研究、立法宣传和联系指导地方立法工作

加强中国特色社会主义法治理论研究。积极开展人大立法理论研究。立足我国立法实践，总结把握立法规律，不断丰富和发展符合中国实际、具有中国特色、时代特色、体现社会发展规律的社会主义立法理论。有计划地推动理论研究工作常态化、机制化，加强与有关方面的交流合作，积极推动研究成果的运用转化和宣传报道，注重将理论研究成果运用于立法决策和工作改进。

积极开展立法宣传工作。讲好当代中国"立法故事"。围绕中华人民共和国成立 70 周年，宣传立法工作巨大成就。加强对立法工作的宣传，运用好新媒体传播手段，多渠道、多维度联动宣传。

加强对地方立法工作的指导。加强地方立法能力建设，发挥地方立法在法治建设中的实施性、补充性、探索性作用。加大对地方立法工作人员的培训和指导，统筹安排省级人大立法工作交流会、全国地方立法工作座谈会和立法培训班。创新交流方式，丰富培训内容，不定期组织召开专题片会，就立法工作中的若干共性问题、特定问题等开展交流研讨。采取多种方式加强各级人大立法工作机构之间的理论研究成果交流。

六、以党的政治建设为统领加强立法工作队伍建设

要把党的政治建设摆在首位，以政治建设为统领，增强政治自觉，坚持用习近平新时代中国特色社会主义思想武装头脑，深入学习贯彻习近平总书记关于坚持和完善人民代表大会制度的重要思想，始终在政治立场、政治方向、政治原则、政治道路上同党中央保持高度一致。加强党风廉政建设，严守政治纪律和政治规矩，坚持不懈改进作风、自觉接受监督。持续深入抓学习，主动研究新情况新问题，不断提高立法专业水平和理论研究能力，努力成为新时代立法工作和本职岗位的行家里手。持续推进立法人才队伍建设，坚持信念坚定、为民服务、勤政务实、敢于担当、清正廉洁的新时期好干部标准，完善立法人才培养机制，多渠道选拔优秀立法人才，努力建设一支政治强、业务精、作风硬、品德好的新时代立法干部队伍和人才队伍，以新担当新作为书写新时代立法工作新篇章。

全国人大常委会 2020 年度立法工作计划

（2019 年 12 月 16 日第十三届全国人民代表大会常务委员会第 44 次委员长会议原则通过　2020 年 6 月 1 日第十三届全国人民代表大会常务委员会第 58 次委员长会议修改）

2020 年是全面建成小康社会、实现第一个百年奋斗目标的决胜之年，又要乘势而上开启全面建设社会主义现代化国家新征程，向第二个百年奋斗目标进军。全国人大常委会 2020 年立法工作的总体要求是：在以习近平同志为核心的党中央坚强领导下，高举中国特色社会主义伟大旗帜，以习近平新时代中国特色社会主义思想为指导，全面贯彻落实党的十九大和十九届二中、三中、四中全会精神，增强"四个意识"、坚定"四个自信"、做到"两个维护"，坚持党的领导、人民当家作主、依法治国有机统一，紧扣全面建成小康社会目标任务，助力统筹推进新冠肺炎疫情防控和经济社会发展，围绕坚持和完善中国特色社会主义法治体系，坚持立法为民，发挥全国人大及其常委会在立法工作中的主导作用，完善立法体制机制，不断提高立法质量和效率，以良法保障善治，推动高质量发展，增进人民福祉，为坚持和完善中国特色社会主义制度、推进国家治理体系和治理能力现代化，实现"两个一百年"奋斗目标、实现中华民族伟大复兴的中国梦提供有力的法治保障。

一、筑牢改革发展稳定法治根基，科学合理安排法律案审议工作

认真学习领会习近平总书记关于全面依法治国的重要论述特别是关于立法工作的一系列重要指示，作为新时代立法工作的科学理论和行动指南，贯穿于立法工作全过程和各方面。深刻认识立法在坚持和完善中国特色社会主义制度、推进国家治理体系和治理能力现代化中的重要地位和作用。坚定不移走中国特色社会主义法治道路，适应党和国家事业发展需要，为疫情防控和经济社会发展工作提供法律支持，做好国家重大战略法治保障工作，加强重要领域立法。

围绕完善人民当家作主制度体系，发展社会主义民主政治，修改全国人民代表大会组织法、全国人民代表大会议事规则、全国人民代表大会和地方各级人民代表大会选举法等。围绕构建依法行政的政府治理体系，推进国家机构职能优化协调高效，修改行政处罚法、行政复议法，制定个人信息保护法等。围绕推动经济高质量发展，建设更高水平开放型经济新体制，制定乡村振兴促进法、期货法、海南自由贸易港法等，落实税收法定原则以及有关改革要求的立法项目。围绕完善科技创新体制机制，加快建设创新型国家，修改专利法、著作权法等。围绕完善弘扬社会主义核心价值观制度体系，发展社会主义先进文化，修改国旗法、国徽法、档案法等。围绕完善民生保障制度，满足人民美好生活需要，编纂民法典，修改未成年人保护法、预防未成年人犯罪法，制定社会救助法、退役军人保障法、法律援助法等。围绕完善共建共治共享的社会治理制度，确保社会安定有序，修改治安管理处罚法、海上交通安全法、安全生产法，审议刑法修正案（十一）草案，制定反有组织犯罪法等。围绕健全国家安全法律制度体系，提高防范抵御风险能力，制定生物安全法、陆地国界法、出口管制法、数据安全法等。围绕完善生态文明制度体系，促进人与自然和谐共生，修改固体废物污染环境防治法，制定长江保护法等。围绕完善国家监督体系，强化对权力运行的制约和监督，制定公职人员政务处分法、监察官法等。围绕构建中国特色社会主义军事政策制度体系，全面推进国防和军队现代化，修改人民武装警察法、兵役法等。

学习领会和贯彻落实习近平总书记关于依法防控疫情、强化公共卫生法治保障重要讲话精神和党中央决策部署，按照十三届全国人大常委会强化公共卫生法治保障立法修法工作计划安排，完善公共卫生领域相关法律，修改动物防疫法、野生动物保护法、国境卫生检疫法、传染病防治法、突发事件应对法等。

结合分解十三届全国人大常委会立法规划、强化公共卫生法治保障立法修法工作计划，与中央有关方面的工作要点、计划相衔接，将新中国第一部法典化编纂项目民法典草案、关于建立健全香港特别行政区维护国家安全的法律制度和执行机制的决定草案提请全国人民代表大会会议审议，对2020年法律案审议工作作如下安排：

（一）继续审议的法律案（12件）

1. 民法典 （已通过）
2. 固体废物污染环境防治法（修改） （已通过）
3. 生物安全法 （4月）
4. 公职人员政务处分法 （6月）
5. 专利法（修改） （6月）
6. 出口管制法 （6月）
7. 档案法（修改） （6月）
8. 未成年人保护法（修改） （6月）
9. 城市维护建设税法 （8月）
10. 契税法 （8月）
11. 预防未成年人犯罪法（修改） （8月）
12. 长江保护法 （10月）

（二）初次审议的法律案（29件）

1. 关于建立健全香港特别行政区维护国家安全的法律制度和执行机制的

决定 （已通过）

2. 关于全面禁止非法野生动物交易、革除滥食野生动物陋习、切实保障人民群众生命健康安全的决定 （已通过）

3. 动物防疫法（修改） （已提请审议）

4. 著作权法（修改） （已提请审议）

5. 人民武装警察法（修改） （已提请审议）

6. 全国人民代表大会组织法（修改）、全国人民代表大会议事规则（修改）

7. 全国人民代表大会和地方各级人民代表大会选举法（修改）

8. 国旗法（修改）、国徽法（修改）

9. 行政处罚法（修改）

10. 行政复议法（修改）

11. 治安管理处罚法（修改）

12. 海上交通安全法（修改）

13. 野生动物保护法（修改）

14. 国境卫生检疫法（修改）

15. 传染病防治法（修改）、突发事件应对法（修改）

16. 兵役法（修改）

17. 安全生产法（修改）

18. 刑法修正案（十一）

19. 监察官法

20. 陆地国界法

21. 个人信息保护法

22. 数据安全法

23. 乡村振兴促进法

24. 期货法

25. 海南自由贸易港法

26. 社会救助法

27. 退役军人保障法

28. 法律援助法

29. 反有组织犯罪法

根据《全国人民代表大会关于建立健全香港特别行政区维护国家安全的法律制度和执行机制的决定》，加快制定香港特别行政区维护国家安全的相关法律。

按照到 2020 年完成落实税收法定原则立法工作任务以及有关改革的要求，列入 2019 年度立法工作计划、尚未提请审议的立法项目，立法条件成熟的，适时安排审议。

贯彻党的十九届四中全会精神，落实党中央决策部署，以及强化公共卫生法治保障，军事政策制度改革，坚持和完善"一国两制"制度体系，加快我国法域外适用的法律制度建设等，需要制定、修改、废止、解释相关法律，或者需要由全国人大常委会作出相关决定的，适时安排审议。

（三）预备审议项目

修改全国人民代表大会常务委员会议事规则、地方各级人民代表大会和地方各级人民政府组织法、监狱法、职业教育法、执业医师法、科学技术进步法、铁路法、农产品质量安全法、审计法、反洗钱法、中国人民银行法、商业银行法、保险法等，制定学前教育法、家庭教育法、湿地环境保护法、电信法、彩票法、危险化学品安全法、民事强制执行法等，以及优化营商环境涉及的法律修改项目，由有关方面抓紧开展调研和起草工作，视情安排审议。

（四）做好授权决定和改革决定相关工作

按照党中央决策部署，对立法条件还不成熟、需要先行先试的，依法及时作出授权决定或者改革决定。对正在实施的授权决定和改革决定，实践证明可行的，由有关方面及时依法提出修改或者制定有关法律的议案，适时安排审议，或者结合相关立法工作统筹考虑。

二、发挥制度优势，提高新时代立法质量和效率

坚持党中央对立法工作的集中统一领导。把党的领导贯彻到立法全过程和各方面，确保立法工作的正确政治方向。法律规定中体现坚持党的领导，确保党的主张通过法定程序成为国家意志，通过法律推动和保障党中央的路线方针政策有效实施。坚持依法治国和以德治国相结合，把社会主义核心价值观全面融入中国特色社会主义法律体系之中。严格执行向党中央请示报告制度，凡重大立法事项，立法涉及的重大体制、重大政策调整，以及需要由党中央研究的立法中的重大问题，由全国人大常委会党组向党中央请示报告。立法工作计划、重要立法项目，按照要求提交中央全面依法治国委员会审议。

发挥全国人大及其常委会在立法工作中的主导作用。将发挥主导作用作为落实党领导立法的重要途径和保证，围绕中心、服务大局，选对立法项目，定准立法方向。认真做好提请全国人民代表大会审议的有关法律案的准备工作和审议工作。充分发挥专门委员会作用，涉及综合性、基础性、全局性的法律，有关专门委员会、常委会工作机构要主动与有关方面沟通，做好牵头起草和组织协调工作，防止因个别意见不一致导致立法项目久拖不决。推动落实全国人大、国务院有关机构沟通协调机制，做好法律案审议准备工作。根据需要成立立法工作专班，形成工作合力，建立立法协调机制，研究解决立法中的问题和分歧。发挥全国人大及其常委会的审议把关作用，积极研究采纳代表、委员的意见，更好发挥立法机关在表达、平衡、调整社会利益方面的重要作用。健全社会公平正义法治保障，扩大立法有序参与，充分听取各方意见，加强论证和评估，广泛凝聚共识。健全有关专门委员会、常委会工作机构共同做好法律配套规定督促工作机制，保证法律有效实施。

提高立法与改革衔接的精准度。党中央提出的改革举措，凡需要立法落实的，综合运用立改废释，不断提高立法质量和效率，实现立法决策与改革决策的精准有效衔接，为加强改革的系统集成、协同高效提供法律制度保障。对改革发展和民生保障急需的立法项目，加强立法研究，及时作出安排，为重大改革提供法律依据；对实践证明不适应改革需要的法律，及时修改和废止；对涉及同类或者类似事项、需要一并采取打包方式进行修改的法律，应当积极稳妥、切实可行；对于存在争议和分歧的，要善于遵循和把握立法规律，协调推动，科学合理地解决。

更好发挥代表在立法中的作用。尊重代表主体地位，将重要法律案提请代表大会审议，完善扩大代表参与立法工作的机制。做好疫情防控常态化下的代表列席常委会会议审议法律案工作。把代表议案、建议作为编制立法工作计划、起草法律草案、推动改进立法工作的重要依据。更好发挥相关领域和专业的代表作用，坚持和完善代表参与立法起草、论证、调研、审议、评估等工作，提高立法工作的针对性和有效性。健全法律草案征求代表意见制度，发挥中国人大网代表服务专区作用。为代表参与立法做好服务保障工作，及时向代表通报常委会立法工作情况，做好有关法律草案解读说明工作，运用现代信息技术，为代表参与立法搭建便捷高效的平台。

加强基层立法联系点建设。贯彻习近平总书记关于基层立法联系点重要指示精神，总结实践经验，完善和拓展基层立法联系点，畅通社情民意表达和反映渠道，使国家立法工作更好接地气、聚民智。充分发挥社会主义民主政治的制度优势，增强立法与人民群众的互动沟通，使每项立法都拥有扎实的群众基础，充分体现最广大人民群众意愿。

完善立法体制机制。坚持科学立法、民主立法、依法立法，切实提高立法质量，确保立一件成一件。坚持从实际出发，聚焦实践提出的问题和立法需求，运用多种形式加强和改进立法调研，将结论和决策建立在扎实可靠的基础上，增强法律规范的及时性、系统性、针对性、有效性。讲好法言法语，自觉遵循立法技术规范，保持立法技术形态的统一。加强法律解释，做好法律询问答复工作。坚持开门立法，把尊重民意、汇集民智、凝聚民力、改善民生贯穿到立法工作之中，健全向地方人大征询立法意见机制，做好法律草案公开征求意见工作，及时反馈公众意见研究采纳情况。

三、健全保证宪法全面实施的体制机制，把贯彻实施宪法提高到新水平

加强宪法实施和监督，维护宪法尊严和权威。认真贯彻落实党中央关于推进合宪性审查工作的指导性文件，确保法律、行政法规、监察法规、地方性法规、司法解释等规范性文件与宪法规定、宪法原则和宪法精神相符合，保证国家法制统一。落实宪法解释程序机制，积极回应涉及宪法有关问题的关切，努力实现宪法的稳定性和适应性的统一。完善全国人大常委会对基本法的解释制度，从国家层面建立健全香港特别行政区维护国家安全的法律制度和执行机制，加快推进相关立法。组织做好宪法宣誓工作。以"国家宪法日"为契机，配合做好宪法宣传工作，增强宪法法律意识。

加强备案审查制度和能力建设。进一步加强主动审查，围绕贯彻党中央重大决策部署开展专项审查，继续做好对公民、组织审查建议的研究、处理和反馈工作，依法撤销和纠正违宪违法的法规、司法解释。健全备案审查衔接联动机制。加强备案审查理论研究，推动理论与实务交流和互动促进。完善备案审查信息平台功能，逐步实现备案审查工作信息化、智能化。坚持做好年度备案审查工作情况报告，推动地方人大建立向常委会会议报告备案审查工作情况制度。

四、加强制度建设和立法工作队伍建设，服务保障新时代立法工作

加强立法理论研究。全面、持续、深入地学习研究习近平总书记关于坚持和完善人民代表大会制度的重要思想、习近平总书记全面依法治国新理念新思想新战略。立足我国立法实践，总结把握立法规律，加强对立法成就的理论阐释，不断丰富和发展符合中国实际，具有中国特色、时代特色，体现社会发展规律的社会主义立法理论。坚持以实践基础上的理论创新推动制度创新，注重将理论研究成果运用于立法决策。加强对健全国家公共卫生应急管理体系相关法律制度的研究评估。强化对加快我国法域外适用的法律体系建设，阻断、反制"长臂管辖"法律制度的研究工作。重视对人工智能、区块链、基因编辑等新技术新领域相关法律问题的研究。继续推动理论研究工作常态化、机制化，发挥科研机构、智库等"外脑"作用，加强与有关方面的交流合作，抓紧形成高质量的研究成果。

加大立法工作宣传力度。综合运用多种传播手段，巩固和完善传统宣传阵地，用足用好微博、微信、移动客户端等新媒体，拓展报道的广度和深度，讲好新时代人大故事和立法故事。做好民法典宣传和普法工作。加强立法工作全过程宣传，及时召开法律案通过后的新闻发布会，把立法工作同普法工作有机结合起来，增强全社会法治观念，增强各方面立法认同。有针对性、时效性地开展法律英文翻译工作。

落实发言人制度。通过全国人大常委会法工委发言人及时对外发声，加强舆论引导。发布立法工作信息，向社会通报全国人大常委会审议法律草案有关情况、法律草案公开征求意见情况，并就社会关注的与法律相关的热点问题，从立法和人大角度予以解答和回应，运用法理说明问题、解疑释惑、驳斥谬误。

加强对地方立法工作的联系指导。加强地方立法理论研究和立法能力建设，提高运用党的理论指导立法实践、破解难题、推动工作的能力，发挥地方立法在法治建设中的实施性、补充性、探索性作用。关心和支持地方立法工作，着力增强立法工作整体实效。加大对地方立法工作人员的培训和指导，举办全国地方立法工作座谈会和立法培训班，加强对省级和设区的市立法工作指导。编发法制工作简报，介绍推广地方立法工作中的好经验好做法。

加强立法工作队伍建设。把党的政治建设摆在首位，增强政治自觉，坚持用习近平新时代中国特色社会主义思想武装头脑，在思想上政治上行动上同以习近平同志为核心的党中央保持高度一致。巩固和深化"不忘初心、牢记使命"主题教育成果，立足实际找差距。加强党风廉政建设，严守政治纪律和政治规矩，坚持不懈改进作风、自觉接受监督。持续深入抓学习，主动研究新情况新问题，不断提高立法专业水平和理论研究能力，努力成为新时代立法工作和本职岗位的行家里手。持续推进立法人才队伍建设，完善选拔、任用、培养机制，统筹一定范围内的交流任职，多渠道选拔优秀立法人才，加大涉外法治人才培养力度，努力建设一支思想政治素质过硬、业务工作能力过硬、职业道德水准过硬的富有战斗力的立法工作队伍，奋力谱写新时代坚持和完善中国特色社会主义法治体系、建设社会主义法治国家的新篇章。

全国人大常委会 2021 年度立法工作计划

（2020 年 11 月 27 日第十三届全国人民代表大会常务委员会第 78 次委员长会议原则通过　2021 年 4 月 16 日第十三届全国人民代表大会常务委员会第 91 次委员长会议修改）

2021 年是中国共产党成立一百周年，是实施"十四五"规划和 2035 年远景目标的开局之年，开启全面建设社会主义现代化国家新征程，向第二个百年奋斗目标进军。全国人大常委会 2021 年立法工作的总体要求是：在以习近平同志为核心的党中央坚强领导下，高举中国特色社会主义伟大旗帜，以习近平新时代中国特色社会主义思想为指导，深入学习贯彻习近平法治思想，全面贯彻落实党的十九大和十九届二中、三中、四中、五中全会精神，坚定不移走中国特色社会主义法治道路，坚持党的领导、人民当家作主、依法治国有机统一，发挥全国人大及其常委会在立法工作中的主导作用，立足新发展阶段，贯彻新发展理念，构建新发展格局，推动高质量发展，坚持以人民为中心，积极回应人民群众的新要求、新期待，加强重点领域、新兴领域、涉外领域立法工作，着力提高立法质量和效率，为推进国家治理体系和治理能力现代化、全面建设社会主义现代化国家提供有力法治保障，以优异成绩庆祝建党一百周年。

一、深入学习贯彻习近平法治思想，做好新时代立法工作

习近平总书记在中央全面依法治国工作会议上的重要讲话，从统筹中华民族伟大复兴战略全局和世界百年未有之大变局，全面回顾了我国社会主义法治建设历程特别是党的十八大以来取得的历史成就，系统阐述了新时代中国特色社会主义法治思想，科学回答了我国社会主义法治建设一系列重大理论和实践问题。中央全面依法治国工作会议明确了习近平法治思想在全面依法治国工作中的指导地位。习近平法治思想是顺应实现中华民族伟大复兴时代要求应运而生的重大理论创新成果，是全面依法治国的根本遵循和行动指南。

实现全面推进依法治国总目标，建设中国特色社会主义法治体系、建设社会主义法治国家，必须坚持立法先行。做好新时代立法工作要深入学习领会习近平法治思想，吃透精髓要义，结合落实"十四五"规划和 2035 年远景

目标涉及的立法工作任务，抓好贯彻落实。立法工作要坚持党中央的集中统一领导，以法律来保障坚持中国特色社会主义道路不动摇，保持正确的政治方向。坚持立法为了人民、依靠人民，把体现人民利益、反映人民愿望、维护人民权益、增进人民福祉落实到立法工作中。坚持以宪法为依据，确保每一项立法都符合宪法精神。坚持科学立法，完善以宪法为核心的中国特色社会主义法律体系。坚持统筹推进国内法治和涉外法治，加快形成系统完备的涉外法律体系。运用法治思维和法治方式解决经济社会发展的突出问题，化解风险，依法维护国家主权、安全、发展利益。落实建设法治中国、法治政府、法治社会相关规划、纲要，有效发挥法治固根本、稳预期、利长远的保障作用。

二、统筹立法质量和效率，科学合理安排法律案审议工作

结合分解十三届全国人大常委会立法规划、强化公共卫生法治保障立法修法工作计划，与中央有关方面的工作要点、计划相衔接，将全国人民代表大会组织法修正草案、全国人民代表大会议事规则修正草案提请全国人民代表大会会议审议，对 2021 年法律案审议工作作如下安排：

围绕法治国家、法治政府、法治社会一体建设，完善和发展中国特色社会主义政治制度，修改全国人民代表大会组织法、全国人民代表大会议事规则、全国人民代表大会常务委员会议事规则、国务院组织法、地方各级人民代表大会和地方各级人民政府组织法、行政处罚法、行政复议法、审计法，制定监察官法等。围绕创新驱动发展，加快发展现代产业体系，修改科学技术进步法，制定数据安全法、个人信息保护法等。围绕全面深化改革和对外开放，形成高水平社会主义市场经济体制，修改反垄断法、公司法、企业破产法，制定海南自由贸易港法、期货法、印花税法以及关税法等税收法律等。围绕优先发展农业农村，全面推进乡村振兴，修改农产品质量安全法、畜牧法，制定乡村振兴促进法等。围绕提高社会文明程度，繁荣发展文化事业和文化产业，修改体育法，制定反食品浪费法、文化产业促进法等。围绕推动绿色发展，促进人与自然和谐共生，修改野生动物保护法、环境噪声污染防治法，制定湿地保护法、南极活动与环境保护法等。围绕提升人民群众对教育的获得感，建设高质量教育体系，修改教育法、职业教育法，制定家庭教育法、学前教育法等。围绕健全多层次社会保障体系，扎实推动共同富裕，修改妇女权益保障法，制定法律援助法、社会救助法等。围绕全面推进健康中国建设，织牢国家公共卫生防护网，修改动物防疫法、执业医师法、传染病防治法、国境卫生检疫法，制定突发公共卫生事件应对法等。围绕防范和化解影响我国现代化进程的各种风险，建设更高水平平安中国，修改海上交通安全法、突发事件应对法、治安管理处罚法、安全生产法，制定反有组织犯罪法、陆地国界法、粮食安全保障法等。围绕深化国防和军队改革，加快国防和军队现代化，修改兵役法、军事设施保护法，制定海警法、军人地位和权益保障法等。围绕维护香港宪制秩序、确保爱国者治港，为保持香港长期繁荣稳定提供法律保障，根据全国人民代表大会关于完善香港特别行政区选举制度的决定，修改香港特别行政区基本法附件一香港特别行政区行政长官的产生办法、附件二香港特别行政区立法会的产生办法和表决程序。

（一）继续审议的法律案（17件）

1. 全国人民代表大会组织法（修改）　　　　　　（已通过）

2. 全国人民代表大会议事规则（修改）　　　　　（已通过）

3. 行政处罚法（修改）　　　　　　　　　　　　（已通过）

4. 动物防疫法（修改）　　　　　　　　　　　　（已通过）

5. 海警法　　　　　　　　　　　　　　　　　　（已通过）

6. 乡村振兴促进法　　　　　　　　　　　　　　（4月）

7. 数据安全法　　　　　　　　　　　　　　　　（4月）

8. 个人信息保护法　　　　　　　　　　　　　　（4月）

9. 海南自由贸易港法　　　　　　　　　　　　　（4月）

10. 反食品浪费法　　　　　　　　　　　　　　　（4月）

11. 监察官法　　　　　　　　　　　　　　　　　（4月）

12. 海上交通安全法（修改）　　　　　　　　　　（4月）

13. 军人地位和权益保障法　　　　　　　　　　　（4月）

14. 野生动物保护法（修改）　　　　　　　　　　（6月）

15. 兵役法（修改）　　　　　　　　　　　　　　（6月）

16. 军事设施保护法（修改）　　　　　　　　　　（6月）

17. 反有组织犯罪法　　　　　　　　　　　　　　（8月）

（二）初次审议的法律案（37件）

1. 全国人民代表大会关于完善香港特别行政区选举制度的决定

　　　　　　　　　　　　　　　　　　　　　　（已通过）

　2. 香港特别行政区基本法附件一香港特别行政区行政长官的产生办法

（修改）　　　　　　　　　　　　　　　　　　（已通过）

3. 香港特别行政区基本法附件二香港特别行政区立法会的产生办法和表决程序（修改）　　　　　　　　　　　　　　　　　（已通过）

4. 法律援助法　　　　　　　　　　　　　　　　（已提请审议）

5. 医师法（修改执业医师法）　　　　　　　　　（已提请审议）

6. 湿地保护法　　　　　　　　　　　　　　　　（已提请审议）

7. 家庭教育法　　　　　　　　　　　　　　　　（已提请审议）

8. 安全生产法（修改）　　　　　　　　　　　　（已提请审议）

9. 教育法（修改）　　　　　　　　　　　　　　（已提请审议）

10. 印花税法　　　　　　　　　　　　　　　　　（已提请审议）

11. 国务院组织法（修改）

12. 地方各级人民代表大会和地方各级人民政府组织法（修改）

13. 全国人民代表大会常务委员会议事规则（修改）

14. 反垄断法（修改）

15. 公司法（修改）

16. 企业破产法（修改）

17. 行政复议法（修改）

18. 突发事件应对法（修改）

19. 治安管理处罚法（修改）

20. 职业教育法（修改）

21. 科学技术进步法（修改）

22. 体育法（修改）

23. 审计法（修改）

24. 传染病防治法（修改）

25. 国境卫生检疫法（修改）

26. 环境噪声污染防治法（修改）

27. 农产品质量安全法（修改）

28. 畜牧法（修改）

29. 妇女权益保障法（修改）

30. 突发公共卫生事件应对法

31. 陆地国界法

32. 期货法

33. 南极活动与环境保护法

34. 文化产业促进法

35. 关税法等税收法律

36. 粮食安全保障法

37. 社会救助法

贯彻党的十九届五中全会精神，落实党中央决策部署，以及强化公共卫生法治保障、军事政策制度改革、坚持和完善"一国两制"制度体系、全面加强涉外法治工作等，要求制定、修改、废止、解释相关法律，或者需要由全国人大常委会作出相关决定的，适时安排审议、继续审议；研究启动环境法典、教育法典、行政基本法典等条件成熟的行政立法领域的法典编纂工作。

（三）预备审议项目

修改商业银行法、保险法、中国人民银行法、反洗钱法、人民警察法、监狱法、进出境动植物检疫法、铁路法、各级人民代表大会常务委员会监督法、工会法等；制定学前教育法、药师法、电信法、能源法、原子能法、彩票法、医疗保障法、危险化学品安全法、民事强制执行法和网络犯罪防治、黄河保护等方面的法律；做好民法典实施，优化营商环境促进公平竞争等相关立法工作，由有关方面抓紧开展调研和起草工作，视情安排审议。

（四）做好授权决定和改革决定相关工作

按照党中央决策部署，对立法条件还不成熟、需要先行先试的，依法及时作出授权决定或者改革决定。对正在实施的授权决定和改革决定，实践证明可行的，由有关方面及时依法提出修改或者制定有关法律的议案，适时安排审议，或者结合相关立法工作统筹考虑。

需在 2021 年考虑的授权决定和改革决定有 1 件：关于授权最高人民法院在部分地区开展民事诉讼程序繁简分流改革试点工作的决定，2021 年 12 月实施期届满。

三、完善立法体制机制，以良法善治推动高质量发展

坚持党中央对立法工作的集中统一领导不动摇。把党的领导贯彻到立法工作的全过程和各方面，自觉增强"四个意识"、坚定"四个自信"、做到"两个维护"，确保党中央重大决策部署在立法工作中得到有效贯彻落实。严格执行重大立法事项向党中央请示报告制度，凡需要由党中央研究的重大立法事项，以及立法中涉及重大体制、重大政策调整问题的，全国人大常委会党组及时向党中央请示报告。立法工作计划、重要立法项目按照要求提交中央全面依法治国委员会审议。落实宪法关于党的领导的规定，推动党的领导入法入规。坚持依法治国和以德治国相结合，将社会主义核心价值观融入立法工作。

发挥人大在立法中的主导作用。增强立法计划的系统性、前瞻性，在选题立项、起草调研和审议通过中发挥统筹安排、严格把关、协调推动等作用。在确保质量的前提下，加快立法工作步伐。落实全国人大、国务院有关机构沟通机制，做好法律草案审议准备工作。重要立法项目根据需要成立立法工作专班，建立协调机制，解决立法难点问题。发挥立法机关在表达、平衡、调整社会利益方面的重要作用，防止和纠正部门利益偏向。做好法律通过前评估工作。对立法中的重大问题，开展立法听证、第三方评估工作。健全法律配套规定督促工作机制，保证法律有效实施。更加重视法律解释工作，做好法律询问答复工作。

全面推进科学立法、民主立法、依法立法。在新冠肺炎疫情防控常态化情况下，持续扩大代表对立法工作的参与，认真研究代表提出的意见建议，发挥相关领域或具有相关专业背景的代表在立法中的作用。完善法律草案公开征求意见反馈机制。发挥基层立法联系点全过程民主的制度优势和"直通车"作用，通过立法联系点，了解基层实情，做好立法宣传。加强和改进立法调研工作，提高立法实效。遵循和把握立法工作规律，增强立法的针对性、适用性、可操作性。自觉遵循立法技术规范，讲好法言法语。

确保立法与改革协同推进。坚持在法治下推进改革和在改革中完善法治相统一，更好发挥立法推动和保障改革创新的作用。丰富立法形式，推动与改革相关联、相配套法律的立改废释工作。落实改革任务举措，对实践中存在的立法工作和改革发展不同步、慢半拍甚至拖后腿的情况，加强沟通协调，防止久拖不决。

加快补齐相关领域法律短板弱项。积极推进国家安全、科技创新、公共卫生、生物安全、生态文明、防范风险、涉外法治等重要领域立法，健全国家治理急需的法律制度、满足人民日益增长的美好生活需要必备的法律制度。加强数字经济、互联网金融、人工智能、大数据、云计算等新技术新应用涉及的相关立法工作，营造健康发展的法治环境。围绕反制裁、反干涉、反制"长臂管辖"等，加快推进涉外领域立法。

四、加强宪法实施和监督，维护国家法治统一

加强宪法实施和监督工作。通过建立健全相关法律制度推动和保障宪法实施。按照党中央关于推进合宪性审查工作的指导性文件要求，坚持事前、事中、事后全链条开展工作，确保法律法规和制度政策同宪法规定、原则、精神相符合，不断推进合宪性审查工作制度化、规范化、常态化、程序化。落实宪法解释程序机制，积极回应涉及宪法有关问题的社会关切。配合做好宪法宣传工作，弘扬宪法精神。维护宪法和基本法确定的特别行政区宪制秩序，根据香港特别行政区维护国家安全法和全国人民代表大会有关决定，完善香港特别行政区选举制度。

提高备案审查工作整体成效。全面贯彻实施法规、司法解释备案审查工作办法。加大对行政法规、监察法规、地方性法规、自治条例和单行条例、经济特区法规、司法解释的主动审查力度。围绕贯彻党中央重大决策部署和重要法律实施，进一步加强专项审查和集中清理。做好公民、组织等审查建议的研究、处理和反馈工作。探索审查研究中的听证、论证、委托第三方研究等工作机制。综合运用沟通、约谈、函询、提醒、提出书面意见、撤销等方式纠正违宪违法的规范性文件，维护国家法治统一。健全备案审查衔接联动机制，加强同有关方面协同配合。健全备案审查信息平台。听取和审议年度备案审查工作情况报告。

五、建设德才兼备高素质的立法队伍，强化对新时代立法工作支撑保障

在党史学习教育中坚定理想信念。抓好党史学习教育，不断提高政治判断力、政治领悟力、政治执行力。坚定理想信念，筑牢初心使命，不断增强斗争精神、提高斗争本领，做到在复杂形势面前不迷航、在艰巨斗争面前不退缩。同时学习新中国史、改革开放史、社会主义发展史，结合学习人民代表大会制度历史和社会主义法治历史，做到学史明理、学史增信、学史崇德、学史力行，不断增强在全面依法治国、全面建设社会主义现代化国家新征程中创造新业绩、作出新贡献的自觉性和坚定性。

加强立法理论研究。深入学习贯彻习近平总书记关于坚持和完善人民代表大会制度的重要思想，在中国共产党成立一百周年之际，加强对一百年来特别是党的十八大以来党对国家制度和法律制度的探索实践与经验研究，增强制度自信，发挥制度优势。加强对新技术新领域涉及的法律问题研究。深化国际法和涉外法律研究。开展区域协调发展相关立法研究，为国家重大战略提供法治保障。总结民法典编纂立法经验，开展相关领域法典化编纂和法律体系化研究。推动与中国法学会、科研院所、高端智库的联系交流和良性互动，健全工作机制，加强研究成果开放共享和转化运用。

统筹做好立法宣传工作。坚持和完善法工委发言人机制，及时对外发声，回应社会热点，加强舆论引导。加强立法工作全过程宣传，讲好人大故事、立法故事。创新立法宣传的内容和形式，注重运用新媒体、新技术拓展立法宣传的广度和深度，做好重要法律的阐释工作，构建体现我国社会主义性质，具有鲜明中国特色、实践特色、时代特色的法学理论体系和话语体系。把立法工作同普法工作有机结合，弘扬法治精神，推动全民守法。加强民法典宣传和实施工作。推进法律文本英文翻译工作，展示法治建设成就。建设好、运用好国家法律法规数据库，增强法律公开工作的及时性、系统性、便利性。

加强对地方立法工作的联系指导。举办第二十七次全国地方立法工作座谈会，加强工作指导。办好立法培训班，提升地方立法工作人员综合素质。编发法制工作简报，精选地方立法典型经验和优秀立法例，加大横向交流力度。发挥中国人大制度理论研究会等平台作用，通过理论研究和交流，探讨问题、交流经验、展示成果，提升地方立法能力和水平，发挥其补充、先行、创制的作用，体现地方立法特色。完善联系指导工作机制，在立法规划计划、法律询问答复、立法理论研究、立法宣传、立法队伍建设等方面加强工作联系指导，提高地方立法质量，增强立法工作整体实效。

加强新时代立法队伍建设。落实党中央有关法治人才培养的决策部署，完善符合人大立法人才成长规律和特点的培养机制，不断提高做好立法工作的能力和本领。推进立法与执法、司法队伍以及法学研究队伍之间的交流、学习，充分利用各方面资源，打造全方位的法治人才培养平台。牢牢把握立法队伍鲜明政治属性，坚持用习近平新时代中国特色社会主义思想特别是习近平法治思想武装头脑，建设德才兼备的高素质立法工作队伍，牢记初心使命，勇于担当作为，为实现中华民族伟大复兴的中国梦不懈奋斗。

全国人大常委会 2022 年度立法工作计划

（2021 年 11 月 29 日第十三届全国人民代表大会常务委员会第 106 次委员长会议原则通过 2021 年 12 月 23 日第十三届全国人民代表大会常务委员会第 107 次委员长会议修改 2022 年 4 月 11 日第十三届全国人民代表大会常务委员会第 114 次委员长会议修改）

2022 年是进入全面建设社会主义现代化国家、向第二个百年奋斗目标进军新征程的重要一年，我们党将召开具有重大而深远意义的第二十次全国代表大会。全国人大常委会 2022 年立法工作的总体要求是：在以习近平同志为核心的党中央坚强领导下，高举中国特色社会主义伟大旗帜，以习近平新时代中国特色社会主义思想为指导，深入学习贯彻习近平法治思想，全面贯彻落实党的十九大和十九届历次全会精神，弘扬伟大建党精神，深刻认识"两个确立"的决定性意义，增强"四个意识"、坚定"四个自信"、做到"两个维护"，坚定不移走中国特色社会主义法治道路，坚持党的领导、人民当家作主、依法治国有机统一，贯彻中央人大工作会议精神，发挥全国人大及其常委会在立法工作中的主导作用，坚持以人民为中心，全面贯彻新发展理念，加快构建新发展格局，不断发展全过程人民民主，以良法促进发展、保障善治，加快完善中国特色社会主义法律体系，为推进国家治理体系和治理能力现代化、全面建设社会主义现代化国家提供有力的法治保障，以实际行动迎接党的二十大胜利召开。

一、深入学习贯彻党的十九届六中全会和中央人大工作会议精神，加强和改进新时代立法工作

党的十九届六中全会是在建党百年之际召开的一次具有重大历史意义的会议。全会审议通过的《中共中央关于党的百年奋斗重大成就和历史经验的决议》，回顾了党和国家事业取得的历史性成就，以"十个坚持"总结党百年奋斗积累的宝贵历史经验。党确立习近平同志党中央的核心、全党的核心地位，确立习近平新时代中国特色社会主义思想的指导地位，对新时代党和国家事业发展、对推进中华民族伟大复兴历史进程具有决定性意义。中央人大工作会议在党的历史上、人民代表大会制度历史上都是第一次。习近平总书记在中央人大工作会议上的重要讲话，从完善和发展中国特色社会主义制度、推进国家治理体系和治理能力现代化的战略高度，全面总结、系统阐释我国人民代表大会制度的发展历程，明确提出新时代加强和改进人大工作的指导思想、重大原则和主要工作，深刻回答新时代发展中国特色社会主义民主政治、坚持和完善人民代表大会制度的一系列重大理论和实践问题，为坚持和完善人民代表大会制度，加强和改进新时代人大工作指明了努力方向。要深入学习贯彻党的十九届六中全会和中央人大工作会议精神，以实际工作成效担当起新时代赋予立法工作的历史使命。

全国人大及其常委会在党中央领导下行使国家立法权。要坚持以习近平新时代中国特色社会主义思想为指导，深入学习贯彻习近平法治思想和习近平总书记关于坚持和完善人民代表大会制度的重要思想，深刻认识总结党的百年奋斗重大成就和历史经验，紧跟党中央决策部署，紧贴人民群众美好生活对法治建设的呼声期盼，紧扣国家治理体系和治理能力现代化提出的法律需求实际，努力使立法工作更好服务国家改革发展稳定，更好维护国家主权、安全、发展利益。全面贯彻实施宪法，用科学有效、系统完备的制度体系保证宪法实施，维护宪法权威和尊严。加强重点领域、新兴领域、涉外领域立法，统筹推进国内法治和涉外法治，着力解决法治领域突出问题，健全国家治理急需、满足人民日益增长的美好生活需要必备的法律制度，助力解决事关全局、事关长远、事关人民福祉的紧要问题。丰富立法形式，统筹立改废释纂，增强立法的针对性、适用性、可操作性。深入推进科学立法、民主立法、依法立法，切实提高立法工作质量和效率，使法律体系更加科学完备、统一权威。

二、服务党和国家工作大局，统筹做好法律案审议工作

结合落实十三届全国人大常委会立法规划和专项立法修法工作计划，与中央有关方面的工作要点、计划相衔接，将地方各级人民代表大会和地方各级人民政府组织法修正草案提请全国人民代表大会会议审议，对 2022 年法律案审议工作作如下安排：

围绕坚持和完善人民代表大会制度、国家机构组织制度，加强法治政府建设，修改地方各级人民代表大会和地方各级人民政府组织法、国务院组织法、立法法、各级人民代表大会常务委员会监督法、全国人民代表大会常务委员会议事规则、行政复议法等。围绕创新驱动发展战略，全面塑造发展新优势，修改科学技术普及法、铁路法等。围绕全面深化改革和对外开放，持续激发市场活力，修改反垄断法、公司法、企业破产法，制定期货和衍生品法、农村集体经济组织法、民事强制执行法、关税法等税收法律等。围绕加强民生领域立法，提升人民群众获得感，修改职业教育法、体育法、学位条例、文物保护法、妇女权益保障法，制定学前教育法、社会救助法等。围绕推动绿色发展，促进人与自然和谐共生，修改野生动物保护法、畜牧法、矿产资源法，制定黄河保护法、青藏高原生态保护法等。围绕保障国家经济安全，完善风险防控机制，制定黑土地保护法、粮食安全保障法、金融稳定法、能源法等。围绕全面推进健康中国建设，织牢国家公共卫生防护网，修改传染病防治法、国境卫生检疫法、农产品质量安全法，制定突发公共卫生事件应对法等。围绕维护国家安全，促进社会和谐稳定，修改突发事件应对法、治安管理处罚法、民事诉讼法，制定反电信网络诈骗法等。

（一）继续审议的法律案（15 件）

1. 地方各级人民代表大会和地方各级人民政府组织法（修改）

（已通过）

2. 期货和衍生品法　　　　　　　　　　　　　　　（4 月）

3. 职业教育法（修改）　　　　　　　　　　　　　（4 月）

4. 体育法（修改）　　　　　　　　　　　　　　　（4 月）

5. 黑土地保护法　　　　　　　　　　　　　　　　（4 月）

6. 妇女权益保障法（修改）　　　　　　　　　　　（4 月）

7. 反电信网络诈骗法　　　　　　　　　　　　　　（6 月）

8. 反垄断法（修改）　　　　　　　　　　　　　　（6 月）

9. 全国人民代表大会常务委员会议事规则（修改）　（6 月）

10. 黄河保护法　　　　　　　　　　　　　　　　　（6 月）

11. 突发事件应对法（修改）　　　　　　　　　　　（6 月）

12. 畜牧法（修改）　　　　　　　　　　　　　　　（8 月）

13. 农产品质量安全法（修改）　　　　　　　　　　（8 月）

14. 公司法（修改）　　　　　　　　　　　　　　　（8 月）

15. 野生动物保护法（修改）　　　　　　　　　　　（10 月）

（二）初次审议的法律案（24 件）

1. 立法法（修改）

2. 各级人民代表大会常务委员会监督法（修改）

3. 国务院组织法（修改）

4. 企业破产法（修改）

5. 行政复议法（修改）

6. 治安管理处罚法（修改）

7. 学位条例（修改）

8. 文物保护法（修改）

9. 传染病防治法（修改）

10. 国境卫生检疫法（修改）

11. 矿产资源法（修改）

12. 铁路法（修改）

13. 民事诉讼法（修改）

14. 科学技术普及法（修改）

15. 农村集体经济组织法

16. 突发公共卫生事件应对法

17. 青藏高原生态保护法

18. 学前教育法

19. 关税法等税收法律

20. 金融稳定法

21. 能源法

22. 粮食安全保障法

23. 社会救助法

24. 民事强制执行法

贯彻落实党中央决策部署，以及强化公共卫生法治保障、完善涉外法律体系、贯彻依法治军战略等，要求制定、修改、废止、解释相关法律，或者需要由全国人大常委会作出相关决定的，适时安排审议、继续审议。研究启动条件成熟的相关领域法典编纂工作。

（三）预备审议项目

修改城市居民委员会组织法、商业银行法、保险法、中国人民银行法、反洗钱法、反不正当竞争法、会计法、国防教育法、反间谍法、人民警察法、教师法、海洋环境保护法、进出境动植物检疫法、慈善法、仲裁法，制定耕地保护法、不动产登记法、药师法、电信法、医疗保障法、机关运行保障法、国家综合性消防救援队伍和人员法、危险化学品安全法、无障碍环境建设法、网络犯罪防治法，以及优化营商环境促进公平竞争、社会保障等方面的立法，由有关方面抓紧开展调研和起草工作，视情安排审议。

（四）做好授权决定和改革决定相关工作

按照党中央决策部署，对立法条件还不成熟、需要先行先试的，依法及时作出授权决定或者改革决定。对正在实施的授权决定和改革决定，实践证明可行的，由有关方面及时依法提出修改或者制定有关法律的议案，适时安排审议，或者结合相关立法工作统筹考虑。

需要考虑的授权决定 1 件：2019 年 10 月十三届全国人大常委会第十四次会议通过的关于授权国务院在自由贸易试验区暂时调整适用有关法律规定的决定，2022 年 12 月实施期限届满。

三、践行全过程人民民主理念，着力提高立法质量和效率

坚持党的全面领导。坚定不移把坚持党的全面领导作为立法工作的最高政治原则，坚决贯彻落实党中央的重大决策部署，使党的主张通过法定程序成为国家意志。严格执行向党中央请示报告制度，党中央确定的重大立法事项，以及立法中涉及重大体制、重大政策调整问题的，由全国人大常委会党组及时向党中央请示报告。立法工作计划按照要求提交中央全面依法治国委员会审议。落实宪法关于党的领导的规定，推动党的领导入法入规。坚持依法治国和以德治国相结合，立法充分体现社会主义核心价值观和铸牢中华民族共同体意识的内容和要求。

发挥人大在立法工作中的主导作用。加强和改进立法规划计划工作，统筹推进立法重点工作任务。发挥人大在确定立法选题、组织法案起草、审议把关等方面的主导作用。全国人大专门委员会、常委会工作机构牵头起草法律案，要主动与有关方面做好沟通，同时配合国务院等有关方面牵头起草法律案。一些重要立法项目，必要时成立立法工作专班，协调推动立法进程。发挥好全国人大、国务院有关机构沟通机制作用，做好法律案审议准备工作。全国人大及其常委会在法律草案审议修改中积极研究采纳代表、委员的意见，更好发挥立法机关在表达、平衡、调整社会利益方面的重要作用。加强法律解释工作，做好法律询问答复。发挥行政法规、监察法规、地方性法规、规章等多层级作用，完善法律配套规定督促工作机制，保证法律有效实施。

在立法中贯穿全过程人民民主理念。通过立法为发展全过程人民民主提供更加有效的制度保障。健全吸纳民意、汇聚民智的工作机制，确保立法各个环节都听到来自人民群众的声音。围绕党和国家中心工作，通过基层立法联系点等渠道充分听取人民群众的立法需求。适当增加立法联系点数量，发挥基层立法联系点意见"直通车"的作用。不断改进法律草案向社会公开征求意见工作，加大宣传推送力度，丰富参与方式，完善意见反馈机制。做好疫情防控常态化下的立法调研工作，将结论和决策建立在扎实可靠的基础上。做好法律通过前评估工作，对立法中的重大问题，开展立法听证、第三方评估工作。

拓展代表参与立法工作的深度和广度。把握代表机关的定位，充分发挥人大代表作用。认真听取和研究代表对立法的意见建议，使立法更好地接地气、察民情、聚民智、惠民生。完善代表参与立法工作制度机制，邀请代表参加立法座谈、立法调研、法律通过前评估等立法工作。将代表议案建议办理融入立法工作，更好发挥相关领域或具有相关专业背景的代表作用。多渠道与代表交流沟通，与提出议案建议的代表加强联系，和列席全国人大常委会会议的代表面对面交流，充分利用人大代表信息化工作平台。

加强重点领域、新兴领域、涉外领域立法。强化对国家重大发展战略的法治保障，积极推进国家安全、科技创新、公共卫生、生物安全、生态文明、防范风险等重要领域立法，加快数字经济、互联网金融、人工智能、大数据、云计算等领域立法步伐，加强民生领域立法，回应人民群众反映强烈的突出问题，填补法律制度薄弱点和空白区。推进涉外专门立法，完善涉外条款规定，补齐涉外法律制度短板，加快涉外法律规范体系建设。

不断丰富立法形式。在确保立法质量的前提下加快立法工作步伐，统筹立改废释纂，发挥不同立法形式在完善中国特色社会主义法律体系中的作用。既注重"大块头"，也注重"小快灵"，从"小切口"入手，解决老百姓关注的现实问题。针对"放管服"改革等方面的需要，采取打包形式修改相关法律。把改革决策同立法决策更好地结合起来，通过作出授权决定、改革决定，保障各领域改革创新，确保国家发展、重大改革于法有据。探索建立定期修改法律的制度，研究法律清理工作，对不适应经济社会发展要求的法律进行修改、废止，增强法律之间的系统性、整体性、协调性。

四、全面贯彻实施宪法，维护宪法权威和尊严

加强宪法实施和监督工作。宪法的生命和权威在于实施，要健全完善宪法相关法律制度，健全保证宪法全面实施的体制机制，保证宪法确立的制度、原则、规则得到全面实施。加强对宪法法律实施情况的监督检查，完善法律草案的合宪性审查程序机制，提高合宪性审查工作质量，坚决纠正违宪违法行为。落实宪法解释程序机制，积极回应涉及宪法有关问题的关切。各级国家机关要不断增强宪法意识，依法行使职权，保障公民和组织的合法权益，自觉维护宪法权威和国家法治统一。

积极开展宪法理论研究和宣传工作。2022 年是我国现行宪法公布实施40 周年。系统回顾我国宪法发展的光辉历程，全面总结现行宪法实施重大成就和宝贵经验，加强宪法全面实施和有关宪法制度的理论研究，阐释好中国宪法理论。采取多种形式加强宪法宣传，讲好中国宪法故事，弘扬宪法精神，不断提高全社会的宪法意识、法治意识。

提高备案审查工作质量。进一步完善主动审查的机制和方式，加大主动审查力度。聚焦党中央重大决策部署和重要法律的实施，及时开展法规、司法解释、规范性文件的专项审查和集中清理。做好公民、组织等审查建议的研究、处理和反馈工作。推动各级人大常委会建立听取和审议备案审查工作情况报告制度。加强同其他备案审查工作机构之间的衔接联动，提升备案审查工作整体成效。积极发挥备案审查专家委员会作用，加强备案审查理论研究，提高审查工作质量。加大对地方人大常委会备案审查工作的指导，开展培训和案例交流，提升备案审查工作能力水平。拓展备案审查信息平台功能和使用范围，推动各省、自治区、直辖市人大常委会建设规范性文件数据库。

五、认真落实"四个机关"要求，服务保障新时代立法工作

强化政治机关意识。坚持立法工作的第一属性是政治性，始终坚持党对立法工作的集中统一领导，坚定不移走中国特色社会主义法治道路。深入学习、准确把握党的百年历程创造的重大成就和历史经验，从伟大建党精神中汲取前行力量，用党的奋斗历程指引方向，用党的光荣传统坚定信念，用党的历史经验砥砺品格，按照政治机关、国家权力机关、工作机关、代表机关的定位和要求，努力建设让党中央放心、让人民群众满意的模范机关。

加强新时代立法理论研究。做好立法践行全过程人民民主的理论研究和宣传阐释。推进区域协同立法、流域立法、共同立法等有关问题的研究。深化国际法和涉外法律研究，为完善涉外法律规范体系提供理论支撑。推动与中国法学会、科研院所、高端智库的联系交流和良性互动，健全工作机制，加强研究成果开放共享和转化运用。讲好法言法语，完善立法技术规范，提高立法精细化水平。

讲好人大立法故事。结合立法有关工作，加大中央人大工作会议精神宣传力度。把立法工作同普法工作有机结合，做好重要立法项目、重大时间节点的立法宣传。充分发挥法工委发言人机制作用，定期发布立法信息，及时回应社会热点问题，强化舆论引导。创新宣传形式，拓展宣传渠道，利用新媒体、新技术为立法宣传赋能，增强立法宣传的亲和力、实效性。加强法律文本英文翻译工作，展示我国法治建设成就，提升国际传播能力。建设好、运用好国家法律法规数据库，为人民群众提供权威便利的公共法律服务。

加强对地方立法工作的联系指导。举办第二十八次全国地方立法工作座谈会，办好立法培训班，深入学习贯彻中央人大工作会议精神，交流立法经验，加强地方立法能力建设。精选地方立法典型经验和优秀立法例，编发法制工作简报，增进经验交流。在立法规划计划、法律询问答复、立法理论研究、立法宣传、立法队伍建设等方面加强工作联系指导，推动严格遵循地方立法权限，贯彻落实党中央大政方针和决策部署，提高地方立法针对性，着力解决实际问题。

打造高素质立法工作队伍。按照习近平总书记对人大工作队伍提出的"政治坚定、服务人民、尊崇法治、发扬民主、勤勉尽责"的标准要求，落实党中央关于法治人才培养决策部署，多渠道、多岗位选拔使用优秀立法人才，推动与党政部门、司法部门干部之间的合理交流。坚持用习近平新时代中国特色社会主义思想武装头脑，不断提高政治判断力、政治领悟力、政治执行力。运用党史学习教育成果全面提高干部的政治素质和业务能力，不忘初心、牢记使命，在新时代新征程上展现新作为、作出新成绩。

全国人大常委会 2023 年度立法工作计划

（2022 年 12 月 9 日第十三届全国人民代表大会常务委员会第 130 次委员长会议原则通过　2023 年 4 月 14 日第十四届全国人民代表大会常务委员会第 2 次委员长会议修改）

2023 年是贯彻落实党的二十大精神开局之年。全国人大常委会立法工作的总体要求是：在以习近平同志为核心的党中央坚强领导下，坚持以习近平新时代中国特色社会主义思想为指导，深入学习贯彻习近平法治思想，全面贯彻党的二十大和二十届一中、二中全会精神，深刻领悟"两个确立"的决定性意义，弘扬伟大建党精神，发展全过程人民民主，坚定不移走中国特色社会主义法治道路，坚持党的领导、人民当家作主、依法治国有机统一，完善以宪法为核心的中国特色社会主义法律体系，以良法促进发展、保障善治，为全面建设社会主义现代化国家、全面推进中华民族伟大复兴作出新的法治贡献。

一、认真学习宣传贯彻党的二十大精神，推动新时代新征程立法工作高质量发展

党的二十大是在全党全国各族人民迈上全面建设社会主义现代化国家新征程、向第二个百年奋斗目标进军的关键时刻召开的一次十分重要的大会。党的二十大报告深刻阐释了新时代坚持和发展中国特色社会主义的一系列重大理论和实践问题，描绘了全面建设社会主义现代化国家、全面推进中华民族伟大复兴的宏伟蓝图，作出"发展全过程人民民主，保障人民当家作主"、"坚持全面依法治国，推进法治中国建设"等重大决策部署，为新时代新征程建设中国特色社会主义法治体系、建设社会主义法治国家指明了前进方向、确立了行动指南。

全国人大常委会要全面学习把握落实党的二十大精神，深刻领会党中央在各领域的重大部署要求，深入开展学习贯彻习近平新时代中国特色社会主义思想主题教育。把学习宣传贯彻党的二十大精神，与学习贯彻习近平法治思想、习近平总书记关于坚持和完善人民代表大会制度的重要思想、中央人大工作会议精神、十四届全国人大一次会议精神结合起来，全面把握中国式现代化的中国特色、本质要求和重大原则，紧跟党中央决策部署，紧贴人民群众美好生活对法治建设的呼声期盼，紧扣全面推进国家各方面工作法治化提出的法律需求实际，大兴调查研究，以高质量立法推动高质量发展，更好发挥法治固根本、稳预期、利长远的保障作用，为强国建设、民族复兴事业贡献力量。

二、统筹做好法律案审议工作，为深入推进国家各方面工作法治化提供高质量法治保障

围绕坚持和完善人民代表大会制度，保证人民当家作主，将立法法修正草案提请全国人民代表大会会议审议，修改各级人民代表大会常务委员会监督法等。围绕构建高水平社会主义市场经济体制，推动高质量发展，修改公司法，制定农村集体经济组织法、金融稳定法、增值税法等税收法律等。围绕实施科教兴国战略，塑造发展新优势，修改科学技术普及法、学位条例，制定学前教育法等。围绕推进文化自信自强，建设社会主义文化强国，修改文物保护法、国防教育法，制定爱国主义教育法等。围绕保障和改善民生，提升人民群众获得感，修改慈善法、传染病防治法、国境卫生检疫法等，制定无障碍环境建设法、社会救助法、突发公共卫生事件应对法等。围绕推动绿色发展，促进人与自然和谐共生，修改海洋环境保护法、矿产资源法，制定青藏高原生态保护法等。围绕完善社会治理体系，提升社会治理效能，修改突发事件应对法、行政复议法、民事诉讼法、行政诉讼法、治安管理处罚法，通过刑法修正案（十二），制定民事强制执行法等。围绕完善国家安全法治体系，增强维护国家安全能力，修改反间谍法，制定粮食安全保障法、能源法、原子能法、对外关系法、外国国家豁免法等。

（一）继续审议的法律案（17件）

1. 立法法（修正）　　　　　　　　　　　　　（已通过）

2. 反间谍法（修订）　　　　　　　　　　　　（4月）

3. 青藏高原生态保护法　　　　　　　　　　　（4月）

4. 无障碍环境建设法　　　　　　　　　　　　（4月）

5. 对外关系法　　　　　　　　　　　　　　（6 月）

6. 行政复议法（修订）　　　　　　　　　　（6 月）

7. 海洋环境保护法（修订）　　　　　　　　（6 月）

8. 外国国家豁免法　　　　　　　　　　　　（6 月）

9. 公司法（修订）　　　　　　　　　　　　（8 月）

10. 增值税法　　　　　　　　　　　　　　　（8 月）

11. 民事诉讼法（修正）　　　　　　　　　　（8 月）

12. 行政诉讼法（修正）　　　　　　　　　　（8 月）

13. 农村集体经济组织法　　　　　　　　　　（12 月）

14. 慈善法（修订）　　　　　　　　　　　　（12 月）

15. 金融稳定法　　　　　　　　　　　　　　（12 月）

16. 民事强制执行法　　　　　　　　　　　　（12 月）

17. 突发事件应对管理法（修改突发事件应对法）　（12 月）

（二）初次审议的法律案（18 件）

1. 各级人民代表大会常务委员会监督法（修改）

2. 治安管理处罚法（修改）

3. 文物保护法（修改）

4. 传染病防治法（修改）

5. 国境卫生检疫法（修改）

6. 矿产资源法（修改）

7. 科学技术普及法（修改）

8. 国防教育法（修改）

9. 刑法修正案（十二）

10. 爱国主义教育法

11. 突发公共卫生事件应对法

12. 学位法（修改学位条例）

13. 学前教育法

14. 关税法等税收法律

15. 能源法

16. 原子能法

17. 粮食安全保障法

18. 社会救助法

贯彻落实党中央决策部署，国家机构改革以及强化公共卫生法治保障、完善涉外法律体系、优化军事政策制度体系、加强网络安全法治等，要求制定、修改、废止、解释相关法律，或者需要由全国人大常委会作出相关决定的，适时安排审议、继续审议。研究启动条件成熟的相关领域法典编纂工作。

（三）预备审议项目

修改城市居民委员会组织法、保守国家秘密法、铁路法、企业破产法、商业银行法、保险法、中国人民银行法、反洗钱法、反不正当竞争法、会计法、人民警察法、教师法、渔业法、进出境动植物检疫法、仲裁法，制定耕地保护法、不动产登记法、药师法、电信法、医疗保障法、机关运行保障法、国家综合性消防救援队伍和人员法、危险化学品安全法、网络犯罪防治法、法治宣传教育法，以及优化营商环境促进公平竞争、财政预算、劳动和社会保障等方面的立法，由有关方面抓紧开展调研和起草工作，视情安排审议。

（四）做好授权决定和改革决定相关工作

按照党中央决策部署，对立法条件还不成熟、需要先行先试的，依法及时作出授权决定或者改革决定。对正在实施的授权决定和改革决定，实践证明可行的，由有关方面及时依法提出修改或者制定有关法律的议案，适时安排审议，或者结合相关立法工作统筹考虑。

需要考虑的授权决定 2 件：2020 年 8 月十三届全国人大常委会第二十一次会议通过的关于授权国务院在粤港澳大湾区内地九市开展香港法律执业者和澳门执业律师取得内地执业资质和从事律师职业试点工作的决定，2023 年 10 月实施期限届满。

2021 年 8 月十三届全国人大常委会第三十次会议通过的关于授权最高人民法院组织开展四级法院审级职能定位改革试点工作的决定，2023 年 9 月实施期限届满。

三、编制十四届全国人大常委会立法规划，对未来五年立法工作作出总体安排

科学编制十四届全国人大常委会立法规划。按照全面建设社会主义现代化国家的战略部署，完善以宪法为核心的中国特色社会主义法律体系，全面推进国家各方面工作法治化，以增强立法系统性、整体性、协同性、时效性为鲜明导向，编制好十四届全国人大常委会立法规划，由常委会党组报请党中央审议批准并转发公布。深入实际、深入基层、深入群众，开展调查研究，使立法规划编制工作更加接地气、顺民意。向各方面广泛征集立法项目，突出重点领域、新兴领域、涉外领域立法，做好科学论证评估工作。研究梳理十三届全国人大常委会立法规划、计划执行情况，做好立法项目的结转研究论证工作。

全面部署落实党中央批准的立法规划。全国人大常委会适时召开立法工作会议，对贯彻落实党中央批准的立法规划进行全面部署。及时制定任务、时间、组织、责任四落实任务分工方案，提出目标任务，明确工作要求，细化落实措施。有关专门委员会和常委会工作机构，共同做好立法项目跟踪督促工作。

四、坚持党中央对立法工作的集中统一领导，在立法工作中践行全过程人民民主

把党的领导贯彻到立法工作全过程。坚定不移把坚持党中央集中统一领导作为立法工作的最高政治原则，坚持用习近平新时代中国特色社会主义思想特别是习近平法治思想统领立法工作，在政治立场、政治方向、政治原则、政治道路上同党中央保持高度一致，保证党的领导全面、系统、整体地落实到立法工作各方面全过程。严格执行向党中央请示报告制度，党中央确定的重大立法事项，以及立法中涉及重大体制、重大政策调整问题的，由全国人大常委会党组及时向党中央请示报告。推动和服务党中央确定的重大立法事项及时完成。年度立法工作计划按程序提交中央全面依法治国委员会审议。落实宪法关于党的领导的规定，在重要法律中明确规定党领导相关工作的法律地位。学深悟透党中央重大决策部署，确保党的主张通过法定程序成为国家意志。

发挥人大在立法工作中的主导作用。坚持党的领导，发挥人大在确定立法选题、组织法律起草、审议把关等方面的主导作用。全国人大专门委员会、常委会工作机构组织牵头起草重要法律案，必要时成立立法工作专班，积极推进立法进程。对国务院等有关方面牵头起草的法律案，全国人大有关专门委员会、常委会工作机构做好提前介入、协调配合等工作。发挥好全国人大、国务院有关机构沟通机制作用，做好法律案审议准备工作。加强常委会自身建设，保障常委会组成人员更好地履行职责、开展工作，修改完善《全国人民代表大会常务委员会组成人员守则》。全国人大常委会在法律草案审议修改中充分研究采纳各方面提出的意见建议，更好发挥立法机关在表达、平衡、调整社会利益方面的积极作用。加强和改进法律草案向社会公开征求意见工作，丰富宣传推送形式，完善意见反馈机制。做好法律通过前评估工作，对立法中的重大问题开展立法听证、第三方评估工作。完善法律配套规定督促工作机制，推动配套规定及时出台，保障法律有效实施。推进法律解释工作，做好法律询问答复。

建设好基层立法联系点。健全吸纳民意、汇集民智工作机制，建设好基层立法联系点，发挥基层立法联系点接地气、察民情、听民意、聚民智的国家立法"直通车"作用。加强沟通联系、业务指导、经验交流、宣传报道，提升基层立法联系点制度化、规范化水平，鼓励地方党委、人大、政府加大对基层立法联系点工作的支持保障力度。做好法律草案征求基层立法联系点意见工作，听取基层群众"原汁原味"意见建议。召开全国人大常委会法工委基层立法联系点工作交流会，推动基层立法联系点建设。派年轻干部到基层立法联系点挂职锻炼。

发挥代表在立法工作中的重要作用。做好新一届全国人大代表学习宪法及有关法律等履职培训工作。完善代表参与立法工作制度机制，注重发挥相关领域或具有相关专业背景的代表作用，邀请代表参加立法座谈、实地调研、法律通过前评估、备案审查研究等工作，听取和研究代表对立法的意见建议。认真办理代表议案建议，使办理工作与立法工作更好结合。充分运用全国人大代表工作信息化平台等信息化手段，为代表参与立法工作提供便利。鼓励代表积极参与基层立法联系点工作和建设。

增强立法系统性、整体性、协同性、时效性。推进科学立法、民主立法、依法立法，完善以宪法为核心的中国特色社会主义法律体系，坚持系统观念，明确系统集成导向，加强重点领域、新兴领域、涉外领域立法，统筹推进国内法治和涉外法治，运用立改废释纂等立法形式，注重法律之间的衔接协调，探索体系化工作新方式。坚持急用先行，注重"小快灵"、"小切口"立法及时解决突出问题，提高法律草案起草、审议、修改效率，在确保质量的前提下加快立法工作步伐。研究法律清理工作，对不适应经济社会发展要求的法律及时清理。做好立法技术规范的修订完善及应用工作，为法律文本的统一规范提供明确指引。发挥行政法规、监察法规、地方性法规、规章等多层级作用，形成中国特色社会主义法律体系整体优势。

五、健全保证宪法全面实施的制度体系，更好发挥宪法在治国理政中的重要作用

加强宪法实施和监督工作。深入学习贯彻习近平总书记纪念现行宪法公布施行40周年署名文章。健全保证宪法全面实施的制度体系，完善宪法相关法律制度和机制，保证宪法实施更加有效。全面发挥宪法在立法中的核心地位功能，每一个立法环节都把好宪法关。推进合宪性审查制度化、规范化，健全法律草案的合宪性审查程序机制，提高合宪性审查工作质量，明确在草案说明、统一审议等环节的合宪性审查要求，积极回应涉及宪法有关问题的关切。加强对宪法法律实施情况的监督检查，坚决纠正违宪违法行为，维护宪法权威和国家法治统一。加强宪法实施和监督制度理论研究和宣传。强化宪法意识，弘扬宪法精神，推动宪法观念、宪法知识的普及深入。

完善和加强备案审查制度。研究出台关于完善和加强备案审查制度的举措。健全听取和审议备案审查工作情况报告制度。增强备案审查制度刚性，加强主动审查、专项审查，加强公民、组织审查建议的研究、处理和反馈工作。建立备案审查工作案例制度。做好特别行政区本地法律备案审查工作。完善办理机制，规范审查流程，细化审查标准，加强调研论证，强化阐释说理，不断提高备案审查工作水平。

六、坚持不懈用党的创新理论武装头脑，服务保障新时代新征程立法工作

坚持正确政治方向。认真学习宣传贯彻党的二十大精神，增强"四个意识"、坚定"四个自信"、做到"两个维护"，不断提高政治判断力、政治领悟力、政治执行力，同以习近平同志为核心的党中央在思想上政治上行动上保持高度一致。坚持学思用贯通、知信行统一，切实用习近平新时代中国特色社会主义思想武装头脑、指导实践、推动工作，全面准确地将党的二十大精神落实到人大立法工作各方面。

加强新时代立法理论研究。加强与中国式现代化、全过程人民民主、推进共同富裕等党中央重大决策部署密切相关的立法理论研究。围绕全国人大常委会重点工作，加强重点领域、新兴领域、涉外领域涉及的法律问题研究。推动与中国法学会、科研院所、高端智库的联系交流，加强研究成果的共享和转化运用。

讲好新时代人大立法故事。充分发挥法工委发言人机制作用，定期发布立法信息，及时回应社会关切，强化舆论引导。结合重要法律实施、重大节日、重大活动等节点，组织集体采访、专题报道，撰写系列文章，营造法律实施良好舆论氛围。创新宣传形式、拓展宣传渠道、加强国际传播，用鲜活生动的方式讲好中国人大故事、中国立法故事。加强法律文本英文翻译工作，展示我国法治建设成就，提升国际传播能力。

　　加强与地方人大的立法工作联系。举办第二十九次全国地方立法工作座谈会。召开全国人大系统备案审查工作会议。举办地方立法培训班、备案审查工作培训班，助推地方人大立法能力建设。精选地方立法典型经验和优秀立法例编发法制工作简报，交流立法经验。推进省级法规规章规范性文件数据库建设。对地方开展区域协同立法、省级人大审查批准设区的市法规等工作，加强联系指导。

　　加强新时代新征程立法队伍建设。按照党中央有关法治人才培养的决策部署，拓宽人大立法人才培养渠道，丰富立法人才锻炼平台。畅通人大立法人才在机关内外交流，加大选拔培养重点领域、新兴领域、涉外领域立法人才力度。坚守立法队伍的政治属性，建设忠诚干净担当、堪当民族复兴重任的高素质立法干部队伍。

第九章 全国人民代表大会常务委员会专项立法工作计划

十三届全国人大常委会强化公共卫生法治保障立法修法工作计划

（2020 年 4 月 17 日第十三届全国人民代表大会常务委员会第 50 次委员长会议通过）

一、拟在 2020—2021 年制定修改的法律（17 件）

法律名称	提请审议机关	负责提出审议意见的专门委员会
1. 关于全面禁止非法野生动物交易、革除滥食野生动物陋习、切实保障人民群众生命健康安全的决定	已通过	
2. 固体废物污染环境防治法（修改）	已通过	
3. 生物安全法	已提请审议	
4. 动物防疫法（修改）	已提请审议	
5. 野生动物保护法（修改）	全国人大环资委	
6. 传染病防治法（修改）	国务院	全国人大教科文卫委
7. 突发事件应对法（修改）	国务院	全国人大社会委
8. 国境卫生检疫法（修改）	国务院	全国人大教科文卫委
9. 进出境动植物检疫法（修改）	国务院	全国人大农业农村委
10. 畜牧法（修改）	全国人大农业农村委	
11. 农产品质量安全法（修改）	国务院	全国人大农业农村委
12. 执业医师法（修改）	全国人大教科文卫委	
13. 社会救助法	国务院	全国人大社会委
14. 科学技术进步法（修改）	全国人大教科文卫委	
15. 民法典	已提请审议	
16. 治安管理处罚法（修改）	国务院	全国人大监察司法委
17. 刑法修正案（十一）	委员长会议	

二、拟综合统筹、适时制定修改的相关法律（13 件）

健全国家公共卫生应急管理体系，涉及公共卫生相关的法律，还有基本医疗卫生与健康促进法、中医药法、药品管理法、疫苗管理法、献血法、职业病防治法、精神卫生法、母婴保健法等；涉及动植物和动物源性食品安全有关的法律，还有渔业法、食品安全法等；涉及疫情防控有关问题的法律，还有红十字会法、慈善法、公益事业捐赠法等。对上述立法项目，结合疫情防控和健全公共卫生应急管理体系，开展深入评估，经研究论证，有必要又可行的，采取多种形式，有针对性进行修改，适时安排审议。

三、其他需制定修改的相关法律

公共卫生领域深化改革、健全制度体系，可能需要制定新的法律和修改其他有关法律，提出新的立法项目，凡是实践需要、条件成熟的，适时安排审议。

完善和强化公共卫生法治保障体系，涉及领域广，按照将健康理念融入各项政策的精神，制定修改生态环境、社会管理、行政处罚、国家安全等方面有关法律时，也要总结疫情防控的实践经验，作出有针对性的制度安排，将公共卫生法治保障融入各项法律之中。

第三部分

法律关于应当制定
配套规定的条文

第十章　法律、有关法律问题的决定规定国务院及其有关部门制定、废止配套规定的条文

（一）法律、有关法律问题的决定规定国务院及其有关部门制定配套规定的条文

1. 中华人民共和国个人所得税法（1980 年）

第六条第四款　本条第一款第一项规定的专项扣除，包括居民个人按照国家规定的范围和标准缴纳的基本养老保险、基本医疗保险、失业保险等社会保险费和住房公积金等；专项附加扣除，包括子女教育、继续教育、大病医疗、住房贷款利息或者住房租金、赡养老人等支出，具体范围、标准和实施步骤由国务院确定，并报全国人民代表大会常务委员会备案。（2018 年 8 月31 日修正）

第十一条第一款　居民个人取得综合所得，按年计算个人所得税；有扣缴义务人的，由扣缴义务人按月或者按次预扣预缴税款；需要办理汇算清缴的，应当在取得所得的次年三月一日至六月三十日内办理汇算清缴。预扣预缴办法由国务院税务主管部门制定。（2018 年 8 月 31 日修正）

第十八条　对储蓄存款利息所得开征、减征、停征个人所得税及其具体办法，由国务院规定，并报全国人民代表大会常务委员会备案。（2018 年 8 月31 日修正）

第二十一条　国务院根据本法制定实施条例。（2018 年 8 月 31 日修正）

2. 中华人民共和国学位条例（1980 年）

第十九条　本条例的实施办法，由国务院学位委员会制定，报国务院批准。

3. 全国人民代表大会常务委员会关于批准《国务院关于老干部离职休养的暂行规定》的决议（1980 年）

第十二条　本规定的实施细则由国家人事局制定报国务院批准后颁发。

4. 中华人民共和国商标法（1982 年）

第三条第四款　集体商标、证明商标注册和管理的特殊事项，由国务院

工商行政管理部门规定。

第二十一条　商标国际注册遵循中华人民共和国缔结或者参加的有关国际条约确立的制度，具体办法由国务院规定。

第七十二条　申请商标注册和办理其他商标事宜的，应当缴纳费用，具体收费标准另定。

5. 中华人民共和国文物保护法（1982 年）

第二条　文物认定的标准和办法由国务院文物行政部门制定，并报国务院批准。

第十四条　历史文化名城和历史文化街区、村镇的保护办法，由国务院制定。

第四十三条　依法调拨、交换、借用国有馆藏文物，取得文物的文物收藏单位可以对提供文物的文物收藏单位给予合理补偿，具体管理办法由国务院文物行政部门制定。

第四十五条　国有文物收藏单位不再收藏的文物的处置办法，由国务院另行制定。

第四十六条　修复馆藏文物，不得改变馆藏文物的原状；复制、拍摄、拓印馆藏文物，不得对馆藏文物造成损害。具体管理办法由国务院制定。

6. 中华人民共和国海洋环境保护法（1982 年）

第七条　国务院和沿海县级以上地方人民政府应当将海洋环境保护工作纳入国民经济和社会发展规划，按照事权和支出责任划分原则，将海洋环境保护工作所需经费纳入本级政府预算。（2023 年 10 月 24 日修订）

第十四条第一款　国务院生态环境主管部门会同有关部门、机构和沿海省、自治区、直辖市人民政府制定全国海洋生态环境保护规划，报国务院批准后实施。全国海洋生态环境保护规划应当与全国国土空间规划相衔接。（2023 年 10 月 24 日修订）

第十六条第一款　国务院生态环境主管部门根据海洋环境质量状况和国家经济、技术条件，制定国家海洋环境质量标准。（2023 年 10 月 24 日修订）

第二十条第一款　国务院生态环境主管部门根据海洋环境状况和质量改善要求，会同国务院发展改革、自然资源、住房和城乡建设、交通运输、水行政、渔业等部门和海警机构，划定国家环境治理重点海域及其控制区域，制定综合治理行动方案，报国务院批准后实施。（2023 年 10 月 24 日修订）

第二十一条第二款　向海洋倾倒废弃物，应当按照国家有关规定缴纳倾倒费。具体办法由国务院发展改革部门、国务院财政主管部门会同国务院生态环境主管部门制定。（2023 年 10 月 24 日修订）

第二十三条第一款　国务院生态环境主管部门负责海洋生态环境监测工作，制定海洋生态环境监测规范和标准并监督实施，组织实施海洋生态环境质量监测，统一发布国家海洋生态环境状况公报，定期组织对海洋生态环境质量状况进行调查评价。（2023 年 10 月 24 日修订）

第二十六条　国家加强海洋辐射环境监测，国务院生态环境主管部门负责制定海洋辐射环境应急监测方案并组织实施。（2023 年 10 月 24 日修订）

第二十八条第一款、第二款、第三款、第四款　国家根据防止海洋环境污染的需要，制定国家重大海上污染事件应急预案，建立健全海上溢油污染等应急机制，保障应对工作的必要经费。

国家建立重大海上溢油应急处置部际联席会议制度。国务院交通运输主管部门牵头组织编制国家重大海上溢油应急处置预案并组织实施。

国务院生态环境主管部门负责制定全国海洋石油勘探开发海上溢油污染事件应急预案并组织实施。

国家海事管理机构负责制定全国船舶重大海上溢油污染事件应急预案，报国务院生态环境主管部门、国务院应急管理部门备案。（2023 年 10 月 24 日修订）

第四十条第一款　国务院水行政主管部门确定重要入海河流的生态流量管控指标，应当征求并研究国务院生态环境、自然资源等部门的意见。确定生态流量管控指标，应当进行科学论证，综合考虑水资源条件、气候状况、生态环境保护要求、生活生产用水状况等因素。（2023 年 10 月 24 日修订）

第四十二条第二款　国务院自然资源主管部门负责统筹海洋生态修复，牵头组织编制海洋生态修复规划并实施有关海洋生态修复重大工程。编制海洋生态修复规划，应当进行科学论证评估。（2023 年 10 月 24 日修订）

第四十七条第四款　国务院生态环境主管部门负责制定入海排污口设置和管理的具体办法，制定入海排污口技术规范，组织建设统一的入海排污口信息平台，加强动态更新、信息共享和公开。（2023 年 10 月 24 日修订）

第五十条　国务院有关部门和县级以上地方人民政府及其有关部门应当依照水污染防治有关法律、行政法规的规定，加强入海河流管理，协同推进入海河流污染防治，使入海河口的水质符合入海河口环境质量相关要求。

入海河流流域省、自治区、直辖市人民政府应当按照国家有关规定，加

强入海总氮、总磷排放的管控，制定控制方案并组织实施。（2023 年 10 月 24 日修订）

第七十二条 国务院生态环境主管部门根据废弃物的毒性、有毒物质含量和对海洋环境影响程度，制定海洋倾倒废弃物评价程序和标准。

可以向海洋倾倒的废弃物名录，由国务院生态环境主管部门制定。（2023 年 10 月 24 日修订）

第七十三条第一款 国务院生态环境主管部门会同国务院自然资源主管部门编制全国海洋倾倒区规划，并征求国务院交通运输、渔业等部门和海警机构的意见，报国务院批准。（2023 年 10 月 24 日修订）

第八十二条 国家完善并实施船舶油污损害民事赔偿责任制度；按照船舶油污损害赔偿责任由船东和货主共同承担风险的原则，完善并实施船舶油污保险、油污损害赔偿基金制度，具体办法由国务院规定。（2023 年 10 月 24 日修订）

第八十六条第一款 国家海事管理机构组织制定中国籍船舶禁止或者限制安装和使用的有害材料名录。（2023 年 10 月 24 日修订）

第一百二十二条 军事船舶和军事用海环境保护管理办法，由国务院、中央军事委员会依照本法制定。（2023 年 10 月 24 日修订）

7. 中华人民共和国统计法（1983 年）

第七条 国家机关、企业事业单位和其他组织以及个体工商户和个人等统计调查对象，必须依照本法和国家有关规定，真实、准确、完整、及时地提供统计调查所需的资料，不得提供不真实或者不完整的统计资料，不得迟报、拒报统计资料。

第十七条 国家制定统一的统计标准，保障统计调查采用的指标涵义、计算方法、分类目录、调查表式和统计编码等的标准化。

国家统计标准由国家统计局制定，或者由国家统计局和国务院标准化主管部门共同制定。

国务院有关部门可以制定补充性的部门统计标准，报国家统计局审批。部门统计标准不得与国家统计标准相抵触。

第二十条 县级以上人民政府统计机构和有关部门以及乡、镇人民政府，应当按照国家有关规定建立统计资料的保存、管理制度，建立健全统计信息共享机制。

第二十一条 国家机关、企业事业单位和其他组织等统计调查对象，应当按照国家有关规定设置原始记录、统计台账，建立健全统计资料的审核、签署、交接、归档等管理制度。

统计资料的审核、签署人员应当对其审核、签署的统计资料的真实性、准确性和完整性负责。

第二十三条 县级以上人民政府统计机构按照国家有关规定，定期公布统计资料。

国家统计数据以国家统计局公布的数据为准。

第二十四条 县级以上人民政府有关部门统计调查取得的统计资料，由本部门按照国家有关规定公布。

第四十九条第一款 民间统计调查活动的管理办法，由国务院制定。

第四十九条第二款 中华人民共和国境外的组织、个人需要在中华人民共和国境内进行统计调查活动的，应当按照国务院的规定报请审批。

8. 中华人民共和国海上交通安全法（1983 年）

第四十八条 国家渔政渔港监督管理机构，在以渔业为主的渔港水域内，行使本法规定的主管机关的职权，负责交通安全的监督管理，并负责沿海水域渔业船舶之间的交通事故的调查处理。具体实施办法由国务院另行规定。

第五十一条 国务院主管部门依据本法，制定实施细则，报国务院批准施行。

第九条 中国籍船舶、在中华人民共和国管辖海域设置的海上设施、船运集装箱，以及国家海事管理机构确定的关系海上交通安全的重要船用设备、部件和材料，应当符合有关法律、行政法规、规章以及强制性标准和技术规范的要求，经船舶检验机构检验合格，取得相应证书、文书。证书、文书的清单由国家海事管理机构制定并公布。

设立船舶检验机构应当经国家海事管理机构许可。船舶检验机构设立条件、程序及其管理等依照有关船舶检验的法律、行政法规的规定执行。

持有相关证书、文书的单位应当按照规定的用途使用船舶、海上设施、船运集装箱以及重要船用设备、部件和材料，并应当依法定期进行安全技术检验。（2021 年 4 月 29 日修订）

第十四条第三款 海事劳工证书颁发及监督检查的具体办法由国务院交通运输主管部门会同国务院人力资源社会保障行政部门制定并公布。（2021 年 4 月 29 日修订）

第十七条 本章第九条至第十二条、第十四条规定适用的船舶范围由有

关法律、行政法规具体规定，或者由国务院交通运输主管部门拟定并报国务院批准后公布。（2021 年 4 月 29 日修订）

第三十条第二款 前款第三项、第四项船舶的具体标准，由有关海事管理机构根据港口实际情况制定并公布。（2021 年 4 月 29 日修订）

第六十三条第四款 货物危险特性的判断标准由国家海事管理机构制定并公布。（2021 年 4 月 29 日修订）

第八十一条 海上交通事故根据造成的损害后果分为特别重大事故、重大事故、较大事故和一般事故。事故等级划分的人身伤亡标准依照有关安全生产的法律、行政法规的规定确定；事故等级划分的直接经济损失标准，由国务院交通运输主管部门会同国务院有关部门根据海上交通事故中的特殊情况确定，报国务院批准后公布施行。（2021 年 4 月 29 日修订）

9. 中华人民共和国兵役法（1984 年）

第二十条第三款 士官分级服现役的办法和直接从非军事部门招收士官的办法，由国务院、中央军事委员会规定。

第二十四条 士兵预备役的年龄，为十八周岁至三十五周岁，根据需要可以适当延长。具体办法由国务院、中央军事委员会规定。

第六十二条 士兵退出现役安置的具体办法由国务院、中央军事委员会规定。

第二十七条第三款 军士分级服现役的办法和直接从非军事部门招收军士的办法，按照国家和军队有关规定执行。（2021 年 8 月 20 日修订）

第四十八条 预备役人员参战、参加军事训练、担负战备勤务、执行非战争军事行动任务，享受国家规定的伙食、交通等补助。预备役人员是机关、团体、企业事业组织工作人员的，参战、参加军事训练、担负战备勤务、执行非战争军事行动任务期间，所在单位应当保持其原有的工资、奖金和福利待遇。预备役人员的其他待遇保障依照有关法律法规和国家有关规定执行。（2021 年 8 月 20 日修订）

第五十条第一款 国家建立义务兵家庭优待金制度。义务兵家庭优待金标准由地方人民政府制定，中央财政给予定额补助。具体补助办法由国务院退役军人工作主管部门、财政部门会同中央军事委员会机关有关部门制定。（2021 年 8 月 20 日修订）

10. 中华人民共和国森林法（1984 年）

第八条 国家设立森林生态效益补偿基金，用于提供生态效益的防护林和特种用途林的森林资源、林木的营造、抚育、保护和管理。森林生态效益补偿基金必须专款专用，不得挪作他用。具体办法由国务院规定。

第十五条　下列森林、林木、林地使用权可以依法转让，也可以依法作价入股或者作为合资、合作造林、经营林木的出资、合作条件，但不得将林地改为非林地：

（一）用材林、经济林、薪炭林；

（二）用材林、经济林、薪炭林的林地使用权；

（三）用材林、经济林、薪炭林的采伐迹地、火烧迹地的林地使用权；

（四）国务院规定的其他森林、林木和其他林地使用权。

依照前款规定转让、作价入股或者作为合资、合作造林、经营林木的出资、合作条件的，已经取得的林木采伐许可证可以同时转让，同时转让双方都必须遵守本法关于森林、林木采伐和更新造林的规定。

除本条第一款规定的情形外，其他森林、林木和其他林地使用权不得转让。

具体办法由国务院规定。

第二十四条　自然保护区的管理办法，由国务院林业主管部门制定，报国务院批准施行。

第三十条　国家制定统一的年度木材生产计划。年度木材生产计划不得超过批准的年采伐限额。计划管理的范围由国务院规定。

第三十六条　林区木材的经营和监督管理办法，由国务院另行规定。

第三十八条　国家禁止、限制出口珍贵树木及其制品、衍生物。禁止、限制出口的珍贵树木及其制品、衍生物的名录和年度限制出口总量，由国务院林业主管部门会同国务院有关部门制定，报国务院批准。

第四十七条　国务院林业主管部门根据本法制定实施办法，报国务院批准施行。

第十六条第一款　国家所有的林地和林地上的森林、林木可以依法确定给林业经营者使用。林业经营者依法取得的国有林地和林地上的森林、林木的使用权，经批准可以转让、出租、作价出资等。具体办法由国务院制定。（2019 年 12 月 28 日修订）

第二十九条　中央和地方财政分别安排资金，用于公益林的营造、抚育、保护、管理和非国有公益林权利人的经济补偿等，实行专款专用。具体办法由国务院财政部门会同林业主管部门制定。（2019 年 12 月 28 日修订）

第三十二条 国家实行天然林全面保护制度，严格限制天然林采伐，加强天然林管护能力建设，保护和修复天然林资源，逐步提高天然林生态功能。具体办法由国务院规定。（2019 年 12 月 28 日修订）

第三十七条第二款 占用林地的单位应当缴纳森林植被恢复费。森林植被恢复费征收使用管理办法由国务院财政部门会同林业主管部门制定。（2019 年 12 月 28 日修订）

第四十三条第三款 城市规划区内、铁路公路两侧、江河两侧、湖泊水库周围，由各有关主管部门按照有关规定因地制宜组织开展造林绿化；工矿区、工业园区、机关、学校用地，部队营区以及农场、牧场、渔场经营地区，由各该单位负责造林绿化。组织开展城市造林绿化的具体办法由国务院制定。（2019 年 12 月 28 日修订）

第四十八条第五款 国家级公益林划定和管理的办法由国务院制定；地方级公益林划定和管理的办法由省、自治区、直辖市人民政府制定。（2019 年 12 月 28 日修订）

第五十二条 在林地上修筑下列直接为林业生产经营服务的工程设施，符合国家有关部门规定的标准的，由县级以上人民政府林业主管部门批准，不需要办理建设用地审批手续；超出标准需要占用林地的，应当依法办理建设用地审批手续：

（一）培育、生产种子、苗木的设施；

（二）贮存种子、苗木、木材的设施；

（三）集材道、运材道、防火巡护道、森林步道；

（四）林业科研、科普教育设施；

（五）野生动植物保护、护林、林业有害生物防治、森林防火、木材检疫的设施；

（六）供水、供电、供热、供气、通讯基础设施；

（七）其他直接为林业生产服务的工程设施。（2019 年 12 月 28 日修订）

第五十三条第三款 编制森林经营方案的具体办法由国务院林业主管部门制定。（2019 年 12 月 28 日修订）

第五十五条第二款 省级以上人民政府林业主管部门应当根据前款规定，按照森林分类经营管理、保护优先、注重效率和效益等原则，制定相应的林木采伐技术规程。（2019 年 12 月 28 日修订）

第五十六条第四款 采挖移植林木按照采伐林木管理。具体办法由国务

院林业主管部门制定。（2019 年 12 月 28 日修订）

第八十一条第二款 恢复植被和林业生产条件、树木补种的标准，由省级以上人民政府林业主管部门制定。（2019 年 12 月 28 日修订）

11. 中华人民共和国药品管理法（1984 年）

第二十一条 城乡集市贸易市场不得出售中药材以外的药品，但持有《药品经营许可证》的药品零售企业在规定的范围内可以在城乡集市贸易市场设点出售中药材以外的药品。具体办法由国务院规定。

第三十五条 国家对麻醉药品、精神药品、医疗用毒性药品、放射性药品，实行特殊管理。管理办法由国务院制定。

第三十六条 国家实行中药品种保护制度。具体办法由国务院制定。

第三十七条 国家对药品实行处方药与非处方药分类管理制度。具体办法由国务院制定。

第一百零一条 中药材的种植、采集和饲养的管理办法，由国务院另行制定。

第一百零二条 国家对预防性生物制品的流通实行特殊管理。具体办法由国务院制定。

第一百零三条 中国人民解放军执行本法的具体办法，由国务院、中央军事委员会依据本法制定。

第十二条第一款 国家建立健全药品追溯制度。国务院药品监督管理部门应当制定统一的药品追溯标准和规范，推进药品追溯信息互通互享，实现药品可追溯。（2019 年 8 月 26 日修订）

第十七条第二款 药物非临床研究质量管理规范、药物临床试验质量管理规范由国务院药品监督管理部门会同国务院有关部门制定。（2019 年 8 月 26 日修订）

第十九条第二款 开展药物临床试验，应当在具备相应条件的临床试验机构进行。药物临床试验机构实行备案管理，具体办法由国务院药品监督管理部门、国务院卫生健康主管部门共同制定。（2019 年 8 月 26 日修订）

第二十四条第一款 在中国境内上市的药品，应当经国务院药品监督管理部门批准，取得药品注册证书；但是，未实施审批管理的中药材和中药饮片除外。实施审批管理的中药材、中药饮片品种目录由国务院药品监督管理部门会同国务院中医药主管部门制定。（2019 年 8 月 26 日修订）

第三十二条第三款 国务院药品监督管理部门制定药品委托生产质量协

议指南，指导、监督药品上市许可持有人和受托生产企业履行药品质量保证义务。（2019 年 8 月 26 日修订）

第四十二条 从事药品生产活动，应当具备以下条件：

（一）有依法经过资格认定的药学技术人员、工程技术人员及相应的技术工人；

（二）有与药品生产相适应的厂房、设施和卫生环境；

（三）有能对所生产药品进行质量管理和质量检验的机构、人员及必要的仪器设备；

（四）有保证药品质量的规章制度，并符合国务院药品监督管理部门依据本法制定的药品生产质量管理规范要求。（2019 年 8 月 26 日修订）

第五十二条 从事药品经营活动应当具备以下条件：

（一）有依法经过资格认定的药师或者其他药学技术人员；

（二）有与所经营药品相适应的营业场所、设备、仓储设施和卫生环境；

（三）有与所经营药品相适应的质量管理机构或者人员；

（四）有保证药品质量的规章制度，并符合国务院药品监督管理部门依据本法制定的药品经营质量管理规范要求。（2019 年 8 月 26 日修订）

第五十四条 国家对药品实行处方药与非处方药分类管理制度。具体办法由国务院药品监督管理部门会同国务院卫生健康主管部门制定。（2019 年 8 月 26 日修订）

第六十一条第一款 药品上市许可持有人、药品经营企业通过网络销售药品，应当遵守本法药品经营的有关规定。具体管理办法由国务院药品监督管理部门会同国务院卫生健康主管部门等部门制定。（2019 年 8 月 26 日修订）

第七十九条第一款 对药品生产过程中的变更，按照其对药品安全性、有效性和质量可控性的风险和产生影响的程度，实行分类管理。属于重大变更的，应当经国务院药品监督管理部门批准，其他变更应当按照国务院药品监督管理部门的规定备案或者报告。（2019 年 8 月 26 日修订）

第八十一条第一款 药品上市许可持有人、药品生产企业、药品经营企业和医疗机构应当经常考察本单位所生产、经营、使用的药品质量、疗效和不良反应。发现疑似不良反应的，应当及时向药品监督管理部门和卫生健康主管部门报告。具体办法由国务院药品监督管理部门会同国务院卫生健康主管部门制定。（2019 年 8 月 26 日修订）

第八十七条 医疗机构应当向患者提供所用药品的价格清单，按照规定如实公布其常用药品的价格，加强合理用药管理。具体办法由国务院卫生健康主管部门制定。(2019 年 8 月 26 日修订)

第九十五条第一款　国家实行短缺药品清单管理制度。具体办法由国务院卫生健康主管部门会同国务院药品监督管理部门等部门制定。(2019 年 8 月 26 日修订)

第一百五十三条　地区性民间习用药材的管理办法，由国务院药品监督管理部门会同国务院中医药主管部门制定。(2019 年 8 月 26 日修订)

第一百五十四条　中国人民解放军和中国人民武装警察部队执行本法的具体办法，由国务院、中央军事委员会依据本法制定。(2019 年 8 月 26 日修订)

12. 中华人民共和国水污染防治法（1984 年）

第二十条第三款　省、自治区、直辖市人民政府应当按照国务院的规定削减和控制本行政区域的重点水污染物排放总量。具体办法由国务院环境保护主管部门会同国务院有关部门规定。

第二十一条第一款　直接或者间接向水体排放工业废水和医疗污水以及其他按照规定应当取得排污许可证方可排放的废水、污水的企业事业单位和其他生产经营者，应当取得排污许可证；城镇污水集中处理设施的运营单位，也应当取得排污许可证。排污许可证应当明确排放水污染物的种类、浓度、总量和排放去向等要求。排污许可的具体办法由国务院规定。

第二十三条　实行排污许可管理的企业事业单位和其他生产经营者应当按照国家有关规定和监测规范，对所排放的水污染物自行监测，并保存原始监测记录。重点排污单位还应当安装水污染物排放自动监测设备，与环境保护主管部门的监控设备联网，并保证监测设备正常运行。具体办法由国务院环境保护主管部门规定。

应当安装水污染物排放自动监测设备的重点排污单位名录，由设区的市级以上地方人民政府环境保护主管部门根据本行政区域的环境容量、重点水污染物排放总量控制指标的要求以及排污单位排放水污染物的种类、数量和浓度等因素，商同级有关部门确定。

第四十九条　城镇污水集中处理设施的污水处理收费、管理以及使用的具体办法，由国务院规定。

13. 中华人民共和国专利法（1984 年）

第四条　申请专利的发明创造涉及国家安全或者重大利益需要保密的，按照国家有关规定办理。

第十四条 国有企业事业单位的发明专利，对国家利益或者公共利益具有重大意义的，国务院有关主管部门和省、自治区、直辖市人民政府报经国务院批准，可以决定在批准的范围内推广应用，允许指定的单位实施，由实施单位按照国家规定向专利权人支付使用费。

第十九条第三款 专利代理机构应当遵守法律、行政法规，按照被代理人的委托办理专利申请或者其他专利事务；对被代理人发明创造的内容，除专利申请已经公布或者公告的以外，负有保密责任。专利代理机构的具体管理办法由国务院规定。

第二十条 任何单位或者个人将在中国完成的发明或者实用新型向外国申请专利的，应当事先报经国务院专利行政部门进行保密审查。保密审查的程序、期限等按照国务院的规定执行。

中国单位或者个人可以根据中华人民共和国参加的有关国际条约提出专利国际申请。申请人提出专利国际申请的，应当遵守前款规定。

国务院专利行政部门依照中华人民共和国参加的有关国际条约、本法和国务院有关规定处理专利国际申请。

第七十六条第三款 国务院药品监督管理部门会同国务院专利行政部门制定药品上市许可审批与药品上市许可申请阶段专利纠纷解决的具体衔接办法，报国务院同意后实施。（2020 年 10 月 17 日修正）

14. 中华人民共和国计量法（1985 年）

第三条 因特殊需要采用非法定计量单位的管理办法，由国务院计量行政部门另行制定。

第九条 县级以上人民政府计量行政部门对社会公用计量标准器具，部门和企业、事业单位使用的最高计量标准器具，以及用于贸易结算、安全防护、医疗卫生、环境监测方面的列入强制检定目录的工作计量器具，实行强制检定。未按照规定申请检定或者检定不合格的，不得使用。实行强制检定的工作计量器具的目录和管理办法，由国务院制定。

第三十二条 中国人民解放军和国防科技工业系统计量工作的监督管理办法，由国务院、中央军事委员会依据本法另行制定。

第三十三条 国务院计量行政部门根据本法制定实施细则，报国务院批准施行。

15. 中华人民共和国草原法（1985 年）

第三十三条 草原载畜量标准和草畜平衡管理办法由国务院草原行政主

管部门规定。

第三十五条 在草原禁牧、休牧、轮牧区，国家对实行舍饲圈养的给予粮食和资金补助，具体办法由国务院或者国务院授权的有关部门规定。

第三十九条 因建设征收、征用或者使用草原的，应当交纳草原植被恢复费。草原植被恢复费专款专用，由草原行政主管部门按照规定用于恢复草原植被，任何单位和个人不得截留、挪用。草原植被恢复费的征收、使用和管理办法，由国务院价格主管部门和国务院财政部门会同国务院草原行政主管部门制定。

第四十二条 基本草原的保护管理办法，由国务院制定。

第四十八条 国家支持依法实行退耕还草和禁牧、休牧。具体办法由国务院或者省、自治区、直辖市人民政府制定。

16. 中华人民共和国会计法（1985 年）

第三十六条 国有的和国有资产占控股地位或者主导地位的大、中型企业必须设置总会计师。总会计师的任职资格、任免程序、职责权限由国务院规定。

17. 中华人民共和国土地管理法（1986 年）

第十七条 土地利用总体规划的规划期限由国务院规定。

第五十一条 大中型水利、水电工程建设征收土地的补偿费标准和移民安置办法，由国务院另行规定。

第三十三条第二款 各省、自治区、直辖市划定的永久基本农田一般应当占本行政区域内耕地的百分之八十以上，具体比例由国务院根据各省、自治区、直辖市耕地实际情况规定。（2019 年 8 月 26 日修正）

第四十四条第三款 在土地利用总体规划确定的城市和村庄、集镇建设用地规模范围内，为实施该规划而将永久基本农田以外的农用地转为建设用地的，按土地利用年度计划分批次按照国务院规定由原批准土地利用总体规划的机关或者其授权的机关批准。在已批准的农用地转用范围内，具体建设项目用地可以由市、县人民政府批准。（2019 年 8 月 26 日修正）

第四十五条第二款 前款规定的建设活动，应当符合国民经济和社会发展规划、土地利用总体规划、城乡规划和专项规划；第（四）项、第（五）项规定的建设活动，还应当纳入国民经济和社会发展年度计划；第（五）项规定的成片开发并应当符合国务院自然资源主管部门规定的标准。（2019 年 8 月 26 日修正）

第五十五条第二款 自本法施行之日起，新增建设用地的土地有偿使用费，百分之三十上缴中央财政，百分之七十留给有关地方人民政府。具体使用管理办法由国务院财政部门会同有关部门制定，并报国务院批准。（2019 年 8 月 26 日修正）

第六十三条第四款 集体经营性建设用地的出租，集体建设用地使用权的出让及其最高年限、转让、互换、出资、赠与、抵押等，参照同类用途的国有建设用地执行。具体办法由国务院制定。（2019 年 8 月 26 日修正）

18. 中华人民共和国矿产资源法（1986 年）

第五条 国家实行探矿权、采矿权有偿取得的制度；但是，国家对探矿权、采矿权有偿取得的费用，可以根据不同情况规定予以减缴、免缴。具体办法和实施步骤由国务院规定。

第六条 除按下列规定可以转让外，探矿权、采矿权不得转让：

（一）探矿权人有权在划定的勘查作业区内进行规定的勘查作业，有权优先取得勘查作业区内矿产资源的采矿权。探矿权人在完成规定的最低勘查投入后，经依法批准，可以将探矿权转让他人。

（二）已取得采矿权的矿山企业，因企业合并、分立，与他人合资、合作经营，或者因企业资产出售以及有其他变更企业资产产权的情形而需要变更采矿权主体的，经依法批准可以将采矿权转让他人采矿。

前款规定的具体办法和实施步骤由国务院规定。

第十二条 国家对矿产资源勘查实行统一的区块登记管理制度。矿产资源勘查登记工作，由国务院地质矿产主管部门负责；特定矿种的矿产资源勘查登记工作，可以由国务院授权有关主管部门负责。矿产资源勘查区块登记管理办法由国务院制定。

第五十二条 本法实施细则由国务院制定。

19. 中华人民共和国义务教育法（1986 年）

第三十九条 国家实行教科书审定制度。教科书的审定办法由国务院教育行政部门规定。

第四十三条 学校的学生人均公用经费基本标准由国务院财政部门会同教育行政部门制定，并根据经济和社会发展状况适时调整。制定、调整学生人均公用经费基本标准，应当满足教育教学基本需要。

第四十四条 义务教育经费保障的具体办法由国务院规定。

20. 中华人民共和国渔业法（1986 年）

第十一条 国家对水域利用进行统一规划，确定可以用于养殖业的水域和滩涂。单位和个人使用国家规划确定用于养殖业的全民所有的水域、滩涂的，使用者应当向县级以上地方人民政府渔业行政主管部门提出申请，由本级人民政府核发养殖证，许可其使用该水域、滩涂从事养殖生产。核发养殖证的具体办法由国务院规定。

第二十六条　制造、更新改造、购置、进口的从事捕捞作业的船舶必须经渔业船舶检验部门检验合格后，方可下水作业。具体管理办法由国务院规定。

第二十八条　县级以上人民政府渔业行政主管部门应当对其管理的渔业水域统一规划，采取措施，增殖渔业资源。县级以上人民政府渔业行政主管部门可以向受益的单位和个人征收渔业资源增殖保护费，专门用于增殖和保护渔业资源。渔业资源增殖保护费的征收办法由国务院渔业行政主管部门会同财政部门制定，报国务院批准后施行。

21. 中华人民共和国邮政法（1986 年）

第十五条第四款　邮政普遍服务标准，由国务院邮政管理部门会同国务院有关部门制定；邮政普遍服务监督管理的具体办法，由国务院邮政管理部门制定。

第十七条　国家设立邮政普遍服务基金。邮政普遍服务基金征收、使用和监督管理的具体办法由国务院财政部门会同国务院有关部门制定，报国务院批准后公布施行。

第二十条　邮政企业寄递邮件，应当符合国务院邮政管理部门规定的寄递时限和服务规范。

第二十三条第二款　邮政编码由邮政企业根据国务院邮政管理部门制定的编制规则编制。邮政管理部门依法对邮政编码的编制和使用实施监督。

第三十九条　实行政府指导价或者政府定价的邮政业务范围，以中央政府定价目录为依据，具体资费标准由国务院价格主管部门会同国务院财政部门、国务院邮政管理部门制定。

第八十五条第二款　除前款规定的企业外，本法公布前依法向工商行政管理部门办理登记后经营快递业务的企业，不具备本法规定的经营快递业务的条件的，应当在国务院邮政管理部门规定的期限内达到本法规定的条件，逾期达不到本法规定的条件的，不得继续经营快递业务。

22. 中华人民共和国海关法（1987 年）

第五条　国家实行联合缉私、统一处理、综合治理的缉私体制。海关负责组织、协调、管理查缉走私工作。有关规定由国务院另行制定。

第六条 （七）海关为履行职责，可以配备武器。海关工作人员佩带和使用武器的规则，由海关总署会同国务院公安部门制定，报国务院批准。

第二十四条 进口货物的收货人、出口货物的发货人应当向海关如实申报，交验进出口许可证件和有关单证。国家限制进出口的货物，没有进出口许可证件的，不予放行，具体处理办法由国务院规定。

第四十五条 自进出口货物放行之日起三年内或者在保税货物、减免税进口货物的海关监管期限内及其后的三年内，海关可以对与进出口货物直接有关的企业、单位的会计帐簿、会计凭证、报关单证以及其他有关资料和有关进出口货物实施稽查。具体办法由国务院规定。

第五十七条 特定地区、特定企业或者有特定用途的进出口货物，可以减征或者免征关税。特定减税或者免税的范围和办法由国务院规定。

第七十条 海关事务担保管理办法，由国务院规定。

第一百零一条 经济特区等特定地区同境内其他地区之间往来的运输工具、货物、物品的监管办法，由国务院另行规定。

23. 中华人民共和国档案法（1987 年）

第十九条 国家档案馆保管的档案，一般应当自形成之日起满三十年向社会开放。经济、科学、技术、文化等类档案向社会开放的期限，可以少于三十年，涉及国家安全或者重大利益以及其他到期不宜开放的档案向社会开放的期限，可以多于三十年，具体期限由国家档案行政管理部门制订，报国务院批准施行。

第二十六条 本法实施办法，由国家档案行政管理部门制定，报国务院批准后施行。

第二十一条第一款 鉴定档案保存价值的原则、保管期限的标准以及销毁档案的程序和办法，由国家档案主管部门制定。（2020 年 6 月 20 日修订）

第二十三条第二款 国有企业事业单位资产转让时，转让有关档案的具体办法，由国家档案主管部门制定。（2020 年 6 月 20 日修订）

第二十七条 县级以上各级档案馆的档案，应当自形成之日起满二十五年向社会开放。经济、教育、科技、文化等类档案，可以少于二十五年向社会开放；涉及国家安全或者重大利益以及其他到期不宜开放的档案，可以多于二十五年向社会开放。国家鼓励和支持其他档案馆向社会开放档案。档案开放的具体办法由国家档案主管部门制定，报国务院批准。（2020 年 6 月

20 日修订)

第三十七条第三款　电子档案管理办法由国家档案主管部门会同有关部门制定。(2020 年 6 月 20 日修订)

24. 中华人民共和国大气污染防治法（1987 年）

第十九条　排放工业废气或者本法第七十八条规定名录中所列有毒有害大气污染物的企业事业单位、集中供热设施的燃煤热源生产运营单位以及其他依法实行排污许可管理的单位，应当取得排污许可证。排污许可的具体办法和实施步骤由国务院规定。

第二十三条第一款　国务院生态环境主管部门负责制定大气环境质量和大气污染源的监测和评价规范，组织建设与管理全国大气环境质量和大气污染源监测网，组织开展大气环境质量和大气污染源监测，统一发布全国大气环境质量状况信息。

第二十四条第一款　企业事业单位和其他生产经营者应当按照国家有关规定和监测规范，对其排放的工业废气和本法第七十八条规定名录中所列有毒有害大气污染物进行监测，并保存原始监测记录。其中，重点排污单位应当安装、使用大气污染物排放自动监测设备，与生态环境主管部门的监控设备联网，保证监测设备正常运行并依法公开排放信息。监测的具体办法和重点排污单位的条件由国务院生态环境主管部门规定。

第三十八条第一款　城市人民政府可以划定并公布高污染燃料禁燃区，并根据大气环境质量改善要求，逐步扩大高污染燃料禁燃区范围。高污染燃料的目录由国务院生态环境主管部门确定。

第七十八条第一款　国务院生态环境主管部门应当会同国务院卫生行政部门，根据大气污染物对公众健康和生态环境的危害和影响程度，公布有毒有害大气污染物名录，实行风险管理。

第八十五条第二款　国家对消耗臭氧层物质的生产、使用、进出口实行总量控制和配额管理。具体办法由国务院规定。

25. 中华人民共和国标准化法（1988 年）

第二十四条　标准应当按照编号规则进行编号。标准的编号规则由国务院标准化行政主管部门制定并公布。

26. 中华人民共和国野生动物保护法（1988 年）

第十条第二款　国家对珍贵、濒危的野生动物实行重点保护。国家重点保护的野生动物分为一级保护野生动物和二级保护野生动物。国家重点保护野生动物名录，由国务院野生动物保护主管部门组织科学评估后制定，并每五年根据评估情况确定对名录进行调整。国家重点保护野生动物名录报国务院批准公布。

第十条第四款　有重要生态、科学、社会价值的陆生野生动物名录，由国务院野生动物保护主管部门组织科学评估后制定、调整并公布。

第十二条第一款　国务院野生动物保护主管部门应当会同国务院有关部门，根据野生动物及其栖息地状况的调查、监测和评估结果，确定并发布野生动物重要栖息地名录。

第二十七条第三款　实行国家重点保护野生动物及其制品专用标识的范围和管理办法，由国务院野生动物保护主管部门规定。

第二十八条第一款　对人工繁育技术成熟稳定的国家重点保护野生动物，经科学论证，纳入国务院野生动物保护主管部门制定的人工繁育国家重点保护野生动物名录。对列入名录的野生动物及其制品，可以凭人工繁育许可证，按照省、自治区、直辖市人民政府野生动物保护主管部门核验的年度生产数量直接取得专用标识，凭专用标识出售和利用，保证可追溯。

第三十五条第一款　中华人民共和国缔结或者参加的国际公约禁止或者限制贸易的野生动物或者其制品名录，由国家濒危物种进出口管理机构制定、调整并公布。

第五十七条　本法规定的猎获物价值、野生动物及其制品价值的评估标准和方法，由国务院野生动物保护主管部门制定。

第十条第二款、第三款　国家对珍贵、濒危的野生动物实行重点保护。国家重点保护的野生动物分为一级保护野生动物和二级保护野生动物。国家重点保护野生动物名录，由国务院野生动物保护主管部门组织科学论证评估后，报国务院批准公布。

有重要生态、科学、社会价值的陆生野生动物名录，由国务院野生动物保护主管部门征求国务院农业农村、自然资源、科学技术、生态环境、卫生健康等部门意见，组织科学论证评估后制定并公布。（2022 年 12 月 30 日修订）

第十二条第一款　国务院野生动物保护主管部门应当会同国务院有关部门，根据野生动物及其栖息地状况的调查、监测和评估结果，确定并发布野生动物重要栖息地名录。（2022 年 12 月 30 日修订）

第十七条第二款　国务院野生动物保护主管部门应当会同国务院有关部

门制定有关野生动物遗传资源保护和利用规划，建立国家野生动物遗传资源基因库，对原产我国的珍贵、濒危野生动物遗传资源实行重点保护。（2022 年 12 月 30 日修订）

第十八条第二款　县级以上人民政府野生动物保护主管部门根据野生动物及其栖息地调查、监测和评估情况，对种群数量明显超过环境容量的物种，可以采取迁地保护、猎捕等种群调控措施，保障人身财产安全、生态安全和农业生产。对种群调控猎捕的野生动物按照国家有关规定进行处理和综合利用。种群调控的具体办法由国务院野生动物保护主管部门会同国务院有关部门制定。（2022 年 12 月 30 日修订）

第十九条第二款　有关地方人民政府采取预防、控制国家重点保护野生动物和其他致害严重的陆生野生动物造成危害的措施以及实行补偿所需经费，由中央财政予以补助。具体办法由国务院财政部门会同国务院野生动物保护主管部门制定。（2022 年 12 月 30 日修订）

第二十三条第一款　猎捕者应当严格按照特许猎捕证、狩猎证规定的种类、数量或者限额、地点、工具、方法和期限进行猎捕。猎捕作业完成后，应当将猎捕情况向核发特许猎捕证、狩猎证的野生动物保护主管部门备案。具体办法由国务院野生动物保护主管部门制定。猎捕国家重点保护野生动物应当由专业机构和人员承担；猎捕有重要生态、科学、社会价值的陆生野生动物，有条件的地方可以由专业机构有组织开展。（2022 年 12 月 30 日修订）

第二十五条第六款　人工繁育野生动物的具体管理办法由国务院野生动物保护主管部门制定。（2022 年 12 月 30 日修订）

第二十八条第四款、第六款　实行国家重点保护野生动物和有重要生态、科学、社会价值的陆生野生动物及其制品专用标识的范围和管理办法，由国务院野生动物保护主管部门规定。

利用野生动物进行公众展示展演应当采取安全管理措施，并保障野生动物健康状态，具体管理办法由国务院野生动物保护主管部门会同国务院有关部门制定。（2022 年 12 月 30 日修订）

第二十九条　对人工繁育技术成熟稳定的国家重点保护野生动物或者有重要生态、科学、社会价值的陆生野生动物，经科学论证评估，纳入国务院野生动物保护主管部门制定的人工繁育国家重点保护野生动物名录或者有重要生态、科学、社会价值的陆生野生动物名录，并适时调整。对列入名录的野生动物及其制品，可以凭人工繁育许可证或者备案，按照省、自治区、直辖市人民政府野生动物保护主管部门或者其授权的部门核验的年度生产数量直接取得专用标识，凭专用标识出售和利用，保证可追溯。

对本法第十条规定的国家重点保护野生动物名录和有重要生态、科学、社会价值的陆生野生动物名录进行调整时，根据有关野外种群保护情况，可以对前款规定的有关人工繁育技术成熟稳定野生动物的人工种群，不再列入国家重点保护野生动物名录和有重要生态、科学、社会价值的陆生野生动物名录，实行与野外种群不同的管理措施，但应当依照本法第二十五条第二款、第三款和本条第一款的规定取得人工繁育许可证或者备案和专用标识。

对符合《中华人民共和国畜牧法》第十二条第二款规定的陆生野生动物人工繁育种群，经科学论证评估，可以列入畜禽遗传资源目录。（2022 年 12 月 30 日修订）

第三十七条第一款　中华人民共和国缔结或者参加的国际公约禁止或者限制贸易的野生动物或者其制品名录，由国家濒危物种进出口管理机构制定、调整并公布。（2022 年 12 月 30 日修订）

第四十一条　国务院野生动物保护主管部门应当会同国务院有关部门加强对放生野生动物活动的规范、引导。任何组织和个人将野生动物放生至野外环境，应当选择适合放生地野外生存的当地物种，不得干扰当地居民的正常生活、生产，避免对生态系统造成危害。具体办法由国务院野生动物保护主管部门制定。随意放生野生动物，造成他人人身、财产损害或者危害生态系统的，依法承担法律责任。（2022 年 12 月 30 日修订）

第六十一条　县级以上人民政府野生动物保护主管部门和其他负有野生动物保护职责的部门、机构应当按照有关规定处理罚没的野生动物及其制品，具体办法由国务院野生动物保护主管部门会同国务院有关部门制定。（2022 年 12 月 30 日修订）

第六十二条　县级以上人民政府野生动物保护主管部门应当加强对野生动物及其制品鉴定、价值评估工作的规范、指导。本法规定的猎获物价值、野生动物及其制品价值的评估标准和方法，由国务院野生动物保护主管部门制定。（2022 年 12 月 30 日修订）

27. 中华人民共和国保守国家秘密法（1988 年）

第十一条第一款、第三款　国家秘密及其密级的具体范围，由国家保密行政管理部门分别会同外交、公安、国家安全和其他中央有关机关规定。

国家秘密及其密级的具体范围的规定，应当在有关范围内公布，并根据情况变化及时调整。

第十三条第二款　中央国家机关、省级机关及其授权的机关、单位可以确定绝密级、机密级和秘密级国家秘密；设区的市、自治州一级的机关及其授权的机关、单位可以确定机密级和秘密级国家秘密。具体的定密权限、授权范围由国家保密行政管理部门规定。

第二十一条第一款　国家秘密载体的制作、收发、传递、使用、复制、保存、维修和销毁，应当符合国家保密规定。

第二十二条　属于国家秘密的设备、产品的研制、生产、运输、使用、保存、维修和销毁，应当符合国家保密规定。

第三十四条第一款　从事国家秘密载体制作、复制、维修、销毁，涉密信息系统集成，或者武器装备科研生产等涉及国家秘密业务的企业事业单位，应当经过保密审查，具体办法由国务院规定。

第三十五条第一款　在涉密岗位工作的人员（以下简称涉密人员），按照涉密程度分为核心涉密人员、重要涉密人员和一般涉密人员，实行分类管理。

第三十五条第二款　任用、聘用涉密人员应当按照有关规定进行审查。

28. 中华人民共和国全民所有制工业企业法（1988 年）

第六十七条　国务院根据本法制定实施条例。

29. 中国人民解放军军官军衔条例（1988 年）

第三十一条　预备役军官军衔制度，另行规定。

第三十二条　士兵军衔制度，由国务院和中央军事委员会规定。

第三十三条　中国人民武装警察部队实行警衔制度，具体办法由国务院和中央军事委员会规定。

30. 中国人民解放军现役军官法（1988 年）

第四十二条　军官牺牲、病故后，其随军家属移交政府安置管理。具体办法由国务院和中央军事委员会规定。

第五十一条第一款　军官退出现役后的安置管理具体办法由国务院和中央军事委员会规定。

第五十二条　人民解放军总政治部根据本法制定实施办法，报国务院和中央军事委员会批准后施行。

第五十三条　中国人民武装警察部队现役警官适用本法，具体办法由国务院和中央军事委员会规定。

31. 中华人民共和国水法（1988 年）

第三十九条 国家实行河道采砂许可制度。河道采砂许可制度实施办法，由国务院规定。

第四十八条 实施取水许可制度和征收管理水资源费的具体办法，由国务院规定。

第五十一条 国家逐步淘汰落后的、耗水量高的工艺、设备和产品，具体名录由国务院经济综合主管部门会同国务院水行政主管部门和有关部门制定并公布。生产者、销售者或者生产经营中的使用者应当在规定的时间内停止生产、销售或者使用列入名录的工艺、设备和产品。

第五十五条 使用水工程供应的水，应当按照国家规定向供水单位缴纳水费。供水价格应当按照补偿成本、合理收益、优质优价、公平负担的原则确定。具体办法由省级以上人民政府价格主管部门会同同级水行政主管部门或者其他供水行政主管部门依据职权制定。

第七十七条 对违反本法第三十九条有关河道采砂许可制度规定的行政处罚，由国务院规定。

32. 中华人民共和国进出口商品检验法（1989 年）

第四十条 国务院根据本法制定实施条例。

33. 中华人民共和国环境保护法（1989 年）

第十五条第一款 国务院环境保护主管部门制定国家环境质量标准。

第十六条第一款 国务院环境保护主管部门根据国家环境质量标准和国家经济、技术条件，制定国家污染物排放标准。

第二十八条 征收的超标准排污费必须用于污染的防治，不得挪作他用，具体使用办法由国务院规定。

34. 中华人民共和国集会游行示威法（1989 年）

第三十五条 国务院公安部门可以根据本法制定实施条例，报国务院批准施行。

35. 中华人民共和国传染病防治法（1989 年）

第十五条 国家对儿童实行预防接种证制度。国家免疫规划项目的预防接种实行免费。医疗机构、疾病预防控制机构与儿童的监护人应当相互配合，保证儿童及时接受预防接种。具体办法由国务院制定。

第二十四条 各级人民政府应当加强艾滋病的防治工作，采取预防、控制措施，防止艾滋病的传播。具体办法由国务院制定。

第二十六条　对可能导致甲类传染病传播的以及国务院卫生行政部门规定的菌种、毒种和传染病检测样本，确需采集、保藏、携带、运输和使用的，须经省级以上人民政府卫生行政部门批准。具体办法由国务院制定。

第二十九条　生产用于传染病防治的消毒产品的单位和生产用于传染病防治的消毒产品，应当经省级以上人民政府卫生行政部门审批。具体办法由国务院制定。

第四十四条　发生甲类传染病时，为了防止该传染病通过交通工具及其乘运的人员、物资传播，可以实施交通卫生检疫。具体办法由国务院制定。

第五十二条第二款　医疗机构应当实行传染病预检、分诊制度；对传染病病人、疑似传染病病人，应当引导至相对隔离的分诊点进行初诊。医疗机构不具备相应救治能力的，应当将患者及其病历记录复印件一并转至具备相应救治能力的医疗机构。具体办法由国务院卫生行政部门规定。

第六十二条　国家对患有特定传染病的困难人群实行医疗救助，减免医疗费用。具体办法由国务院卫生行政部门会同国务院财政部门等部门制定。

36. 中华人民共和国残疾人保障法（1990 年）

第二条第三款　残疾标准由国务院规定。

第三十三条第三款　残疾人就业的具体办法由国务院规定。

37. 中华人民共和国缔结条约程序法（1990 年）

第十五条　经全国人民代表大会常务委员会决定批准或者加入的条约和重要协定，由全国人民代表大会常务委员会公报公布。其他条约、协定的公布办法由国务院规定。

第二十条　国务院可以根据本法制定实施条例。

38. 中华人民共和国铁路法（1990 年）

第七十三条　国务院根据本法制定实施条例。

39. 中华人民共和国军事设施保护法（1990 年）

第九条　军事禁区和军事管理区由国务院和中央军事委员会确定，或者由军区根据国务院和中央军事委员会的规定确定。

第二十二条　划为军事管理区的军民合用机场、港口、码头的管理办法，由国务院和中央军事委员会规定。

第五十一条　国防科技工业重要武器装备的科研、生产、试验、存储等设施的保护，参照本法有关规定执行。具体办法和设施目录由国务院和中央军事委员会规定。

第六条　国家对军事设施实行分类保护、确保重点的方针。军事设施的分类和保护标准，由国务院和中央军事委员会规定。（2021 年 6 月 10 日修订）

第七条　国家对因设有军事设施、经济建设受到较大影响的地方，采取相应扶持政策和措施。具体办法由国务院和中央军事委员会规定。（2021 年 6 月 10 日修订）

第九条　军事禁区、军事管理区根据军事设施的性质、作用、安全保密的需要和使用效能的要求划定，具体划定标准和确定程序，由国务院和中央军事委员会规定。（2021 年 6 月 10 日修订）

第二十四条第二款　划为军事管理区的军民合用机场、港口、码头的管理办法，由国务院和中央军事委员会规定。（2021 年 6 月 10 日修订）

第七十条　国防科技工业重要武器装备的科研、生产、试验、存储等设施的保护，参照本法有关规定执行。具体办法和设施目录由国务院和中央军事委员会规定。（2021 年 6 月 10 日修订）

第七十一条　国务院和中央军事委员会根据本法制定实施办法。（2021 年 6 月 10 日修订）

40. 中华人民共和国著作权法（1990 年）

第六条　民间文学艺术作品的著作权保护办法由国务院另行规定。

第八条　著作权集体管理组织是非营利性组织，其设立方式、权利义务、著作权许可使用费的收取和分配，以及对其监督和管理等由国务院另行规定。

第四十四条　广播电台、电视台播放已经出版的录音制品，可以不经著作权人许可，但应当支付报酬。当事人另有约定的除外。具体办法由国务院规定。

第五十九条　计算机软件、信息网络传播权的保护办法由国务院另行规定。

41. 中华人民共和国归侨侨眷权益保护法（1990 年）

第三条　国家根据实际情况和归侨、侨眷的特点，给予适当照顾，具体办法由国务院或者国务院有关主管部门规定。

第二十九条　国务院根据本法制定实施办法。

42. 中华人民共和国未成年人保护法（1991 年）

第七条　国务院和省、自治区、直辖市人民政府采取组织措施，协调有关部门做好未成年人保护工作。具体机构由国务院和省、自治区、直辖市人民政府规定。

第十三条　国家建立未成年人统计调查制度，开展未成年人健康、受教育等状况的统计、调查和分析，发布未成年人保护的有关信息。（2020 年 10 月 17 日修订）

第六十七条　网信部门会同公安、文化和旅游、新闻出版、电影、广播电视等部门根据保护不同年龄阶段未成年人的需要，确定可能影响未成年人身心健康网络信息的种类、范围和判断标准。（2020 年 10 月 17 日修订）

第七十五条第三款　网络游戏服务提供者应当按照国家有关规定和标准，对游戏产品进行分类，作出适龄提示，并采取技术措施，不得让未成年人接触不适宜的游戏或者游戏功能。（2020 年 10 月 17 日修订）

第九十八条　国家建立性侵害、虐待、拐卖、暴力伤害等违法犯罪人员信息查询系统，向密切接触未成年人的单位提供免费查询服务。（2020 年 10 月 17 日修订）

43. 中华人民共和国水土保持法（1991 年）

第二十五条第四款　生产建设项目水土保持方案的编制和审批办法，由国务院水行政主管部门制定。

第三十二条第二款　在山区、丘陵区、风沙区以及水土保持规划确定的容易发生水土流失的其他区域开办生产建设项目或者从事其他生产建设活动，损坏水土保持设施、地貌植被，不能恢复原有水土保持功能的，应当缴纳水土保持补偿费，专项用于水土流失预防和治理。专项水土流失预防和治理由水行政主管部门负责组织实施。水土保持补偿费的收取使用管理办法由国务院财政部门、国务院价格主管部门会同国务院水行政主管部门制定。

44. 中华人民共和国进出境动植物检疫法（1991 年）

第三条　贸易性动物产品出境的检疫机关，由国务院根据情况规定。

第四十九条　国务院根据本法制定实施条例。

45. 中华人民共和国国徽法（1991 年）

第八条　外事活动和国家驻外使馆、领馆以及其他外交代表机构对外使用国徽图案的办法，由外交部规定，报国务院批准后施行。

46. 中华人民共和国烟草专卖法（1991 年）

第四十二条　国务院根据本法制定实施条例。

47. 中华人民共和国人民警察警衔条例（1992 年）

第二十三条　国家安全部门、劳动改造劳动教养管理部门的人民警察警衔授予和晋级的批准权限，由国务院规定。

第二十四条　人民警察警衔标志的式样和佩带办法，由国务院制定。

第二十五条　本条例的实施办法由国务院制定。

48. 中华人民共和国领海及毗连区法（1992 年）

第九条　为维护航行安全和其他特殊需要，中华人民共和国政府可以要求通过中华人民共和国领海的外国船舶使用指定的航道或者依照规定的分道通航制航行，具体办法由中华人民共和国政府或者其有关主管部门公布。

第十六条　中华人民共和国政府依据本法制定有关规定。

49. 中华人民共和国测绘法（1992 年）

第十条　国家建立全国统一的大地坐标系统、平面坐标系统、高程系统、地心坐标系统和重力测量系统，确定国家大地测量等级和精度以及国家基本比例尺地图的系列和基本精度。具体规范和要求由国务院测绘地理信息主管部门会同国务院其他有关部门、军队测绘部门制定。

第二十条　中华人民共和国国界线的测绘，按照中华人民共和国与相邻国家缔结的边界条约或者协定执行，由外交部组织实施。中华人民共和国地图的国界线标准样图，由外交部和国务院测绘地理信息主管部门拟定，报国务院批准后公布。

第二十一条　行政区域界线的测绘，按照国务院有关规定执行。省、自治区、直辖市和自治州、县、自治县、市行政区域界线的标准画法图，由国务院民政部门和国务院测绘地理信息主管部门拟定，报国务院批准后公布。

第二十三条第一款　城乡建设领域的工程测量活动，与房屋产权、产籍相关的房屋面积的测量，应当执行由国务院住房城乡建设主管部门、国务院测绘地理信息主管部门组织编制的测量技术规范。

第二十八条第一款　国务院测绘地理信息主管部门和省、自治区、直辖市人民政府测绘地理信息主管部门按照各自的职责负责测绘资质审查、发放测绘资质证书。具体办法由国务院测绘地理信息主管部门商国务院其他有关部门规定。

第三十条　从事测绘活动的专业技术人员应当具备相应的执业资格条件。具体办法由国务院测绘地理信息主管部门会同国务院人力资源社会保障主管部门规定。

第三十三条第二款　测绘项目完成后，测绘项目出资人或者承担国家投资的测绘项目的单位，应当向国务院测绘地理信息主管部门或者省、自治区、直辖市人民政府测绘地理信息主管部门汇交测绘成果资料。属于基础测绘项

目的，应当汇交测绘成果副本；属于非基础测绘项目的，应当汇交测绘成果
目录。负责接收测绘成果副本和目录的测绘地理信息主管部门应当出具测绘
成果汇交凭证，并及时将测绘成果副本和目录移交给保管单位。测绘成果汇
交的具体办法由国务院规定。

第三十四条第三款、第四款　测绘成果属于国家秘密的，适用保密法律、
行政法规的规定；需要对外提供的，按照国务院和中央军事委员会规定的审
批程序执行。

测绘成果的秘密范围和秘密等级，应当依照保密法律、行政法规的规定，
按照保障国家秘密安全、促进地理信息共享和应用的原则确定并及时调整、
公布。

第三十六条第三款　测绘成果使用的具体办法由国务院规定。

第三十八条第四款　地图管理的具体办法由国务院规定。

50. 中华人民共和国税收征收管理法（1992 年）

第十五条　本条第一款规定以外的纳税人办理税务登记和扣缴义务人办
理扣缴税款登记的范围和办法，由国务院规定。

第九十条　耕地占用税、契税、农业税、牧业税征收管理的具体办法，
由国务院另行制定。

第九十三条　国务院根据本法制定实施细则。

51. 中华人民共和国矿山安全法（1992 年）

第四十九条　国务院劳动行政主管部门根据本法制定实施条例，报国务
院批准施行。

52. 中华人民共和国海商法（1992 年）

第六条　海上运输由国务院交通主管部门统一管理，具体办法由国务院
交通主管部门制定，报国务院批准后施行。

第一百一十七条　中华人民共和国港口之间的海上旅客运输，承运人的
赔偿责任限额，由国务院交通主管部门制定，报国务院批准后施行。

53. 中华人民共和国教师法（1993 年）

第十一条　不具备本法规定的教师资格学历的公民，申请获取教师资格，
必须通过国家教师资格考试。国家教师资格考试制度由国务院规定。

第十六条　国家实行教师职务制度，具体办法由国务院规定。

第二十五条　教师的平均工资水平应当不低于或者高于国家公务员的平
均工资水平，并逐步提高。建立正常晋级增薪制度，具体办法由国务院规定。

54. 中华人民共和国红十字会法（1993 年）

第十四条第四款 红十字标志的标明使用，是标示与红十字活动有关的人或者物。其使用办法，由国务院和中央军事委员会依据本法规定。

55. 中华人民共和国注册会计师法（1993 年）

第四十三条 在审计事务所工作的注册审计师，经认定为具有注册会计师资格的，可以执行本法规定的业务，其资格认定和对其监督、指导、管理的办法由国务院另行规定。

第四十五条 国务院可以根据本法制定实施条例。

56. 中华人民共和国科学技术进步法（1993 年）

第十五条 国家建立科学技术奖励制度，对在科学技术进步活动中做出重要贡献的组织和个人给予奖励。具体办法由国务院规定。

第七十四条 涉及国防科学技术的其他有关事项，由国务院、中央军事委员会规定。

57. 中华人民共和国农业法（1993 年）

第三十四条 国家建立粮食安全预警制度，采取措施保障粮食供给。国务院应当制定粮食安全保障目标与粮食储备数量指标，并根据需要组织有关主管部门进行耕地、粮食库存情况的核查。

第三十七条 在不与我国缔结或加入的有关国际条约相抵触的情况下，国家对农民实施收入支持政策，具体办法由国务院制定。

58. 中华人民共和国农业技术推广法（1993 年）

第十五条第一款 国家鼓励和支持村农业技术服务站点和农民技术人员开展农业技术推广。对农民技术人员协助开展公益性农业技术推广活动，按照规定给予补助。

第十五条第二款 农民技术人员经考核符合条件的，可以按照有关规定授予相应的技术职称，并发给证书。

第二十八条第一款 国家逐步提高对农业技术推广的投入。各级人民政府在财政预算内应当保障用于农业技术推广的资金，并按规定使该资金逐年增长。

第二十九条第一款 各级人民政府应当采取措施，保障和改善县、乡镇国家农业技术推广机构的专业技术人员的工作条件、生活条件和待遇，并按照国家规定给予补贴，保持国家农业技术推广队伍的稳定。

第三十三条 从事农业技术推广服务的，可以享受国家规定的税收、信贷等方面的优惠。

59. 中华人民共和国产品质量法（1993 年）

第十三条　禁止生产、销售不符合保障人体健康和人身、财产安全的标准和要求的工业产品。具体管理办法由国务院规定。

第七十三条　军工产品质量监督管理办法，由国务院、中央军事委员会另行制定。

60. 中华人民共和国公司法（1993 年）

第一百二十二条　上市公司设独立董事，具体办法由国务院规定。

第一百九十二条　外国公司分支机构的审批办法由国务院另行规定。

第一百九十三条　对外国公司分支机构的经营资金需要规定最低限额的，由国务院另行规定。

61. 全国人民代表大会常务委员会关于外商投资企业和外国企业适用增值税、消费税、营业税等税收暂行条例的决定（1993 年）

二、1993 年 12 月 31 日前已批准设立的外商投资企业，由于依照本决定第一条的规定改征增值税、消费税、营业税而增加税负的，经企业申请，税务机关批准，在已批准的经营期限内，最长不超过五年，退还其因税负增加而多缴纳的税款；没有经营期限的，经企业申请，税务机关批准，在最长不超过五年的期限内，退还其因税负增加而多缴纳的税款。具体办法由国务院规定。

62. 中华人民共和国预算法（1994 年）

第二十八条　政府性基金预算、国有资本经营预算和社会保险基金预算的收支范围，按照法律、行政法规和国务院的规定执行。

第二十九条　中央预算与地方预算有关收入和支出项目的划分、地方向中央上解收入、中央对地方税收返还或者转移支付的具体办法，由国务院规定，报全国人民代表大会常务委员会备案。

第三十二条第三款　各部门、各单位应当按照国务院财政部门制定的政府收支分类科目、预算支出标准和要求，以及绩效目标管理等预算编制规定，根据其依法履行职能和事业发展的需要以及存量资产情况，编制本部门、本单位预算草案。

第三十五条第五款　国务院建立地方政府债务风险评估和预警机制、应急处置机制以及责任追究制度。国务院财政部门对地方政府债务实施监督。

第三十八条第一款　一般性转移支付应当按照国务院规定的基本标准和计算方法编制。专项转移支付应当分地区、分项目编制。

第四十一条第一款　各级一般公共预算按照国务院的规定可以设置预算周转金，用于本级政府调剂预算年度内季节性收支差额。

第四十一条第二款　各级一般公共预算按照国务院的规定可以设置预算稳定调节基金，用于弥补以后年度预算资金的不足。

第四十二条第二款　各部门、各单位上一年预算的结转、结余资金按照国务院财政部门的规定办理。

第五十八条第二款　特定事项按照国务院的规定实行权责发生制的有关情况，应当向本级人民代表大会常务委员会报告。

第五十九条第二款　中央国库业务由中国人民银行经理，地方国库业务依照国务院的有关规定办理。

第五十九条第五款　各级政府应当加强对本级国库的管理和监督，按照国务院的规定完善国库现金管理，合理调节国库资金余额。

第七十二条　各部门、各单位的预算支出应当按照预算科目执行。严格控制不同预算科目、预算级次或者项目间的预算资金的调剂，确需调剂使用的，按照国务院财政部门的规定办理。

第九十七条　各级政府财政部门应当按年度编制以权责发生制为基础的政府综合财务报告，报告政府整体财务状况、运行情况和财政中长期可持续性，报本级人民代表大会常务委员会备案。

第九十八条　国务院根据本法制定实施条例。

63. 中华人民共和国国家赔偿法（1994 年）

第三十七条第四款　赔偿费用预算与支付管理的具体办法由国务院规定。

64. 中华人民共和国广告法（1994 年）

第五十条　国务院工商行政管理部门会同国务院有关部门，制定大众传播媒介广告发布行为规范。

第七十四条第二款　大众传播媒介有义务发布公益广告。广播电台、电视台、报刊出版单位应当按照规定的版面、时段、时长发布公益广告。公益广告的管理办法，由国务院工商行政管理部门会同有关部门制定。

65. 中华人民共和国监狱法（1994 年）

第四十一条　监狱的武装警戒由人民武装警察部队负责，具体办法由国务院、中央军事委员会规定。

第五十条　罪犯的生活标准按实物量计算，由国家规定。

66. 中华人民共和国劳动法（1994 年）

第四十五条　国家实行带薪年休假制度。

劳动者连续工作一年以上的，享受带薪年休假。具体办法由国务院规定。

第一百零六条　省、自治区、直辖市人民政府根据本法和本地区的实际情况，规定劳动合同制度的实施步骤，报国务院备案。

67. 中华人民共和国城市房地产管理法（1994 年）

第六条　为了公共利益的需要，国家可以征收国有土地上单位和个人的房屋，并依法给予拆迁补偿，维护被征收人的合法权益；征收个人住宅的，还应当保障被征收人的居住条件。具体办法由国务院规定。

第十四条　土地使用权出让最高年限由国务院规定。

第十九条　土地使用权出让金应当全部上缴财政，列入预算，用于城市基础设施建设和土地开发。土地使用权出让金上缴和使用的具体办法由国务院规定。

第三十三条　基准地价、标定地价和各类房屋的重置价格应当定期确定并公布。具体办法由国务院规定。

第四十六条　商品房预售的，商品房预购人将购买的未竣工的预售商品房再行转让的问题，由国务院规定。

第五十六条　以营利为目的，房屋所有权人将以划拨方式取得使用权的国有土地上建成的房屋出租的，应当将租金中所含土地收益上缴国家。具体办法由国务院规定。

68. 中华人民共和国审计法（1994 年）

第二十一条　对国有资本占控股地位或者主导地位的企业、金融机构的审计监督，由国务院规定。

69. 中华人民共和国对外贸易法（1994 年）

第九条　从事货物进出口或者技术进出口的对外贸易经营者，应当向国务院对外贸易主管部门或者其委托的机构办理备案登记；但是，法律、行政法规和国务院对外贸易主管部门规定不需要备案登记的除外。备案登记的具体办法由国务院对外贸易主管部门规定。对外贸易经营者未按照规定办理备案登记的，海关不予办理进出口货物的报关验放手续。

第十条　从事对外劳务合作的单位，应当具备相应的资质。具体办法由国务院规定。

第二十条　进出口货物配额、关税配额，由国务院对外贸易主管部门或者国务院其他有关部门在各自的职责范围内，按照公开、公平、公正和效益的原则进行分配。具体办法由国务院规定。

第二十二条　国家对进出口货物进行原产地管理。具体办法由国务院规定。

第六十八条　国家对边境地区与接壤国家边境地区之间的贸易以及边民互市贸易，采取灵活措施，给予优惠和便利。具体办法由国务院规定。

70. 中华人民共和国票据法（1995 年）

第九十一条　支票的持票人应当自出票日起十日内提示付款；异地使用的支票，其提示付款的期限由中国人民银行另行规定。

第一百零八条　票据凭证的格式和印制管理办法，由中国人民银行规定。

第一百零九条　票据管理的具体实施办法，由中国人民银行依照本法制定，报国务院批准后施行。

71. 中华人民共和国中国人民银行法（1995 年）

第九条　国务院建立金融监督管理协调机制，具体办法由国务院规定。

第二十七条　中国人民银行应当组织或者协助组织银行业金融机构相互之间的清算系统，协调银行业金融机构相互之间的清算事项，提供清算服务。具体办法由中国人民银行制定。

72. 中华人民共和国商业银行法（1995 年）

第十八条　国有独资商业银行设立监事会。监事会的产生办法由国务院规定。

第三十九条　本法施行前设立的商业银行，在本法施行后，其资产负债比例不符合前款规定的，应当在一定的期限内符合前款规定。具体办法由国务院规定。

73. 中华人民共和国电力法（1995 年）

第二十三条　电网调度管理办法，由国务院依照本法的规定制定。

第二十四条　电力供应与使用办法由国务院依照本法的规定制定。

第三十七条　上网电价实行同网同质同价。具体办法和实施步骤由国务院规定。电力生产企业有特殊情况需另行制定上网电价的，具体办法由国务院规定。

第四十一条　国家实行分类电价和分时电价。分类标准和分时办法由国务院确定。

第四十五条　电价的管理办法，由国务院依照本法的规定制定。

第五十一条　农业和农村用电管理办法，由国务院依照本法的规定制定。

第二十五条第三款　供电营业区的设立、变更，由供电企业提出申请，电力管理部门依据职责和管理权限，会同同级有关部门审查批准后，发给《电力业务许可证》。供电营业区设立、变更的具体办法，由国务院电力管理部门制定。（2018 年 12 月 29 日修正）

74. 中华人民共和国民用航空法（1995 年）

第三十七条　民用航空器适航管理规定，由国务院制定。

第五十三条　军民合用机场由国务院、中央军事委员会另行制定管理办法。

第七十二条　空域管理的具体办法，由国务院、中央军事委员会制定。

第七十六条　飞行规则由国务院、中央军事委员会制定。

第九十四条　本法施行前设立的公共航空运输企业，其组织形式、组织机构不完全符合公司法规定的，可以继续沿用原有的规定，适用前款规定的日期由国务院规定。

第九十七条　国内航空运输的运价管理办法，由国务院民用航空主管部门会同国务院物价主管部门制定，报国务院批准后执行。

第一百二十八条　国内航空运输承运人的赔偿责任限额由国务院民用航空主管部门制定，报国务院批准后公布执行。

第一百五十三条　搜寻援救民用航空器的具体办法，由国务院规定。

第一百五十六条　民用航空器事故调查的组织和程序，由国务院规定。

75. 中华人民共和国教育法（1995 年）

第五十五条　国家财政性教育经费支出占国民生产总值的比例应当随着国民经济的发展和财政收入的增长逐步提高。具体比例和实施步骤由国务院规定。

第八十四条　宗教学校教育由国务院另行规定。

第八十五条　境外的组织和个人在中国境内办学和合作办学的办法，由国务院规定。

76. 中华人民共和国保险法（1995 年）

第八十一条第二款　保险公司高级管理人员的范围由国务院保险监督管理机构规定。

第九十八条第二款　保险公司提取和结转责任准备金的具体办法，由国务院保险监督管理机构制定。

第一百条第三款　保险保障基金筹集、管理和使用的具体办法，由国务院制定。

第一百零六条第三款　保险公司资金运用的具体管理办法，由国务院保险监督管理机构依照前两款的规定制定。

第一百零七条第三款　保险资产管理公司的管理办法，由国务院保险监督管理机构会同国务院有关部门制定。

第一百一十一条　保险公司从事保险销售的人员应当品行良好，具有保险销售所需的专业能力。保险销售人员的行为规范和管理办法，由国务院保险监督管理机构规定。

第一百三十五条第二款　保险条款和保险费率审批、备案的具体办法，由国务院保险监督管理机构依照前款规定制定。

77. 中华人民共和国固体废物污染环境防治法（1995 年）

第十一条　国务院环境保护行政主管部门会同国务院有关行政主管部门根据国家环境质量标准和国家经济、技术条件，制定国家固体废物污染环境防治技术标准。

第十二条　国务院环境保护行政主管部门建立固体废物污染环境监测制度，制定统一的监测规范，并会同有关部门组织监测网络。大、中城市人民政府环境保护行政主管部门应当定期发布固体废物的种类、产生量、处置状况等信息。

第二十五条　进口固体废物的具体管理办法，由国务院环境保护行政主管部门会同国务院对外贸易主管部门、国务院经济综合宏观调控部门、海关总署、国务院质量监督检验检疫部门制定。

第五十一条　国务院环境保护行政主管部门应当会同国务院有关部门制定国家危险废物名录，规定统一的危险废物鉴别标准、鉴别方法和识别标志。

第五十六条　以填埋方式处置危险废物不符合国务院环境保护行政主管部门规定的，应当缴纳危险废物排污费。危险废物排污费征收的具体办法由国务院规定。危险废物排污费用于污染环境的防治，不得挪作他用。

第五十七条　从事收集、贮存、处置危险废物经营活动的单位，必须向县级以上人民政府环境保护行政主管部门申请领取经营许可证；从事利用危险废物经营活动的单位，必须向国务院环境保护行政主管部门或者省、自治区、直辖市人民政府环境保护行政主管部门申请领取经营许可证。具体管理办法由国务院规定。

第六十五条　重点危险废物集中处置设施、场所的退役费用应当预提，列入投资概算或者经营成本。具体提取和管理办法，由国务院财政部门、价格主管部门会同国务院环境保护行政主管部门规定。

第十四条　国务院生态环境主管部门应当会同国务院有关部门根据国家环境质量标准和国家经济、技术条件，制定固体废物鉴别标准、鉴别程序和国家固体废物污染环境防治技术标准。（2020年4月29日修订）

第十五条第一款　国务院标准化主管部门应当会同国务院发展改革、工业和信息化、生态环境、农业农村等主管部门，制定固体废物综合利用标准。（2020年4月29日修订）

第三十二条　国务院生态环境主管部门应当会同国务院发展改革、工业和信息化等主管部门对工业固体废物对公众健康、生态环境的危害和影响程度等作出界定，制定防治工业固体废物污染环境的技术政策，组织推广先进的防治工业固体废物污染环境的生产工艺和设备。（2020年4月29日修订）

第三十三条第一款　国务院工业和信息化主管部门应当会同国务院有关部门组织研究开发、推广减少工业固体废物产生量和降低工业固体废物危害性的生产工艺和设备，公布限期淘汰产生严重污染环境的工业固体废物的落后生产工艺、设备的名录。（2020年4月29日修订）

第三十四条　国务院工业和信息化主管部门应当会同国务院发展改革、生态环境等主管部门，定期发布工业固体废物综合利用技术、工艺、设备和产品导向目录，组织开展工业固体废物资源综合利用评价，推动工业固体废物综合利用。（2020年4月29日修订）

第三十九条第一款　产生工业固体废物的单位应当取得排污许可证。排污许可的具体办法和实施步骤由国务院规定。（2020年4月29日修订）

第四十条第一款　产生工业固体废物的单位应当根据经济、技术条件对工业固体废物加以利用；对暂时不利用或者不能利用的，应当按照国务院生态环境等主管部门的规定建设贮存设施、场所，安全分类存放，或者采取无害化处置措施。贮存工业固体废物应当采取符合国家环境保护标准的防护措施。（2020年4月29日修订）

第四十七条　设区的市级以上人民政府环境卫生主管部门应当制定生活垃圾清扫、收集、贮存、运输和处理设施、场所建设运行规范，发布生活垃圾分类指导目录，加强监督管理。（2020年4月29日修订）

第五十五条第一款　建设生活垃圾处理设施、场所，应当符合国务院生

态环境主管部门和国务院住房城乡建设主管部门规定的环境保护和环境卫生标准。（2020 年 4 月 29 日修订）

第六十三条第二款 工程施工单位应当及时清运工程施工过程中产生的建筑垃圾等固体废物，并按照环境卫生主管部门的规定进行利用或者处置。（2020 年 4 月 29 日修订）

第六十八条第一款、第三款 产品和包装物的设计、制造，应当遵守国家有关清洁生产的规定。国务院标准化主管部门应当根据国家经济和技术条件、固体废物污染环境防治状况以及产品的技术要求，组织制定有关标准，防止过度包装造成环境污染。

生产、销售、进口依法被列入强制回收目录的产品和包装物的企业，应当按照国家有关规定对该产品和包装物进行回收。（2020 年 4 月 29 日修订）

第七十五条第一款 国务院生态环境主管部门应当会同国务院有关部门制定国家危险废物名录，规定统一的危险废物鉴别标准、鉴别方法、识别标志和鉴别单位管理要求。国家危险废物名录应当动态调整。（2020 年 4 月 29 日修订）

第八十条第一款 从事收集、贮存、利用、处置危险废物经营活动的单位，应当按照国家有关规定申请取得许可证。许可证的具体管理办法由国务院制定。（2020 年 4 月 29 日修订）

第八十二条第三款 危险废物转移管理应当全程管控、提高效率，具体办法由国务院生态环境主管部门会同国务院交通运输主管部门和公安部门制定。（2020 年 4 月 29 日修订）

第八十八条 重点危险废物集中处置设施、场所退役前，运营单位应当按照国家有关规定对设施、场所采取污染防治措施。退役的费用应当预提，列入投资概算或者生产成本，专门用于重点危险废物集中处置设施、场所的退役。具体提取和管理办法，由国务院财政部门、价格主管部门会同国务院生态环境主管部门规定。（2020 年 4 月 29 日修订）

78. 中华人民共和国体育法（1995 年）

第十九条 国家实行社会体育指导员制度。社会体育指导员对全民健身活动进行指导。

社会体育指导员管理办法由国务院体育行政部门规定。（2022 年 6 月 24 日修订）

第四十九条 代表国家和地方参加国际、国内重大体育赛事的运动员和运动队，应当按照公开、公平、择优的原则选拔和组建。

运动员选拔和运动队组建办法由国务院体育行政部门规定。（2022 年 6 月 24 日修订）

第五十条　国家对体育赛事活动实行分级分类管理，具体办法由国务院体育行政部门规定。（2022 年 6 月 24 日修订）

第五十六条　国务院体育行政部门会同国务院药品监管、卫生健康、商务、海关等部门制定、公布兴奋剂目录，并动态调整。（2022 年 6 月 24 日修订）

第九十三条第一款　国务院体育行政部门依照本法组织设立体育仲裁委员会，制定体育仲裁规则。（2022 年 6 月 24 日修订）

第一百零五条　经营高危险性体育项目，应当符合下列条件，并向县级以上地方人民政府体育行政部门提出申请：

（一）相关体育设施符合国家标准；

（二）具有达到规定数量的取得相应国家职业资格证书或者职业技能等级证书的社会体育指导人员和救助人员；

（三）具有相应的安全保障、应急救援制度和措施。

县级以上地方人民政府体育行政部门应当自收到申请之日起三十日内进行实地核查，并作出批准或者不予批准的决定。予以批准的，应当发给许可证；不予批准的，应当书面通知申请人并说明理由。

国务院体育行政部门会同有关部门制定、调整高危险性体育项目目录并予以公布。（2022 年 6 月 24 日修订）

第一百零六条　举办高危险性体育赛事活动，应当符合下列条件，并向县级以上地方人民政府体育行政部门提出申请：

（一）配备具有相应资格或者资质的专业技术人员；

（二）配置符合相关标准和要求的场地、器材和设施；

（三）制定通信、安全、交通、卫生健康、食品、应急救援等相关保障措施。

县级以上地方人民政府体育行政部门应当自收到申请之日起三十日内进行实地核查，并作出批准或者不予批准的决定。

国务院体育行政部门会同有关部门制定、调整高危险性体育赛事活动目录并予以公布。（2022 年 6 月 24 日修订）

79. 中华人民共和国律师法（1996 年）

第八条　具有高等院校本科以上学历，在法律服务人员紧缺领域从事专业工作满十五年，具有高级职称或者同等专业水平并具有相应的专业法律知识的人员，申请专职律师执业的，经国务院司法行政部门考核合格，准予执业。具体办法由国务院规定。

第五十七条 为军队提供法律服务的军队律师，其律师资格的取得和权利、义务及行为准则，适用本法规定。军队律师的具体管理办法，由国务院和中央军事委员会制定。

第五十八条 外国律师事务所在中华人民共和国境内设立机构从事法律服务活动的管理办法，由国务院制定。

第五十九条 律师收费办法，由国务院价格主管部门会同国务院司法行政部门制定。

80. 中华人民共和国枪支管理法（1996 年）

第五条 配备公务用枪的具体办法，由国务院公安部门会同其他有关国家机关按照严格控制的原则制定，报国务院批准后施行。

81. 中华人民共和国老年人权益保障法（1996 年）

第四十二条第一款 国务院有关部门制定养老服务设施建设、养老服务质量和养老服务职业等标准，建立健全养老机构分类管理和养老服务评估制度。

第八十四条 本法施行前设立的养老机构不符合本法规定条件的，应当限期整改。具体办法由国务院民政部门制定。

82. 中华人民共和国行政处罚法（1996 年）

第十二条 尚未制定法律、行政法规的，前款规定的国务院部、委员会制定的规章对违反行政管理秩序的行为，可以设定警告或者一定数量罚款的行政处罚。罚款的限额由国务院规定。

第六十三条 本法第四十六条罚款决定与罚款收缴分离的规定，由国务院制定具体实施办法。

第十三条第二款 尚未制定法律、行政法规的，国务院部门规章对违反行政管理秩序的行为，可以设定警告、通报批评或者一定数额罚款的行政处罚。罚款的限额由国务院规定。（2021 年 1 月 22 日修订）

83. 中华人民共和国职业教育法（1996 年）

第二十一条 境外的组织和个人在中国境内举办职业学校、职业培训机构的办法，由国务院规定。

第九条第二款、第三款 国家发挥企业的重要办学主体作用，推动企业深度参与职业教育，鼓励企业举办高质量职业教育。

有关行业主管部门、工会和中华职业教育社等群团组织、行业组织、企业、事业单位等应当依法履行实施职业教育的义务，参与、支持或者开展职业教育。（2022 年 4 月 20 日修订）

第十二条第一款、第二款　国家采取措施，提高技术技能人才的社会地位和待遇，弘扬劳动光荣、技能宝贵、创造伟大的时代风尚。

国家对在职业教育工作中做出显著成绩的单位和个人按照有关规定给予表彰、奖励。（2022 年 4 月 20 日修订）

第十五条第三款　高等职业学校教育由专科、本科及以上教育层次的高等职业学校和普通高等学校实施。根据高等职业学校设置制度规定，将符合条件的技师学院纳入高等职业学校序列。（2022 年 4 月 20 日修订）

第二十条　国务院教育行政部门会同有关部门根据经济社会发展需要和职业教育特点，组织制定、修订职业教育专业目录，完善职业教育教学等标准，宏观管理指导职业学校教材建设。（2022 年 4 月 20 日修订）

第二十七条　对深度参与产教融合、校企合作，在提升技术技能人才培养质量、促进就业中发挥重要主体作用的企业，按照规定给予奖励；对符合条件认定为产教融合型企业的，按照规定给予金融、财政、土地等支持，落实教育费附加、地方教育附加减免及其他税费优惠。（2022 年 4 月 20 日修订）

第三十条第一款　国家推行中国特色学徒制，引导企业按照岗位总量的一定比例设立学徒岗位，鼓励和支持有技术技能人才培养能力的企业特别是产教融合型企业与职业学校、职业培训机构开展合作，对新招用职工、在岗职工和转岗职工进行学徒培训，或者与职业学校联合招收学生，以工学结合的方式进行学徒培养。有关企业可以按照规定享受补贴。（2022 年 4 月 20 日修订）

第三十七条第二款、第三款　中等职业学校可以按照国家有关规定，在有关专业实行与高等职业学校教育的贯通招生和培养。

高等职业学校可以按照国家有关规定，采取文化素质与职业技能相结合的考核方式招收学生；对有突出贡献的技术技能人才，经考核合格，可以破格录取。（2022 年 4 月 20 日修订）

第四十六条第一款　国家建立健全符合职业教育特点和发展要求的职业学校教师岗位设置和职务（职称）评聘制度。（2022 年 4 月 20 日修订）

第四十八条第一款　国家制定职业学校教职工配备基本标准。省、自治

区、直辖市应当根据基本标准，制定本地区职业学校教职工配备标准。（2022 年 4 月 20 日修订）

第五十条第一款　国家鼓励企业、事业单位安排实习岗位，接纳职业学校和职业培训机构的学生实习。接纳实习的单位应当保障学生在实习期间按照规定享受休息休假、获得劳动安全卫生保护、参加相关保险、接受职业技能指导等权利；对上岗实习的，应当签订实习协议，给予适当的劳动报酬。（2022 年 4 月 20 日修订）

第五十八条　企业应当根据国务院规定的标准，按照职工工资总额一定比例提取和使用职工教育经费。职工教育经费可以用于举办职业教育机构、对本单位的职工和准备招用人员进行职业教育等合理用途，其中用于企业一线职工职业教育的经费应当达到国家规定的比例。用人单位安排职工到职业学校或者职业培训机构接受职业教育的，应当在其接受职业教育期间依法支付工资，保障相关待遇。

企业设立具备生产与教学功能的产教融合实习实训基地所发生的费用，可以参照职业学校享受相应的用地、公用事业费等优惠。（2022 年 4 月 20 日修订）

84. 中华人民共和国煤炭法（1996 年）

第四十七条　煤炭经营管理办法，由国务院依照本法制定。

85. 中华人民共和国人民防空法（1996 年）

第七条　人民防空主管部门的设置、职责和任务，由国务院、中央军事委员会规定。

86. 中华人民共和国乡镇企业法（1996 年）

第十八条　国家根据乡镇企业发展的情况，在一定时期内对乡镇企业减征一定比例的税收。减征税收的税种、期限和比例由国务院规定。

第十九条　国家对符合下列条件之一的中小型乡镇企业，根据不同情况实行一定期限的税收优惠：

（一）集体所有制乡镇企业开办初期经营确有困难的；

（二）设立在少数民族地区、边远地区和贫困地区的；

（三）从事粮食、饲料、肉类的加工、贮存、运销经营的；

（四）国家产业政策规定需要特殊扶持的。

前款税收优惠的具体办法由国务院规定。

第二十条　国家运用信贷手段，鼓励和扶持乡镇企业发展。对于符合前条规定条件之一并且符合贷款条件的乡镇企业，国家有关金融机构可以给予优先贷款，对其中生产资金困难且有发展前途的可以给予优惠贷款。

前款优先贷款、优惠贷款的具体办法由国务院规定。

第二十二条　乡镇企业发展基金的设立和使用管理办法由国务院规定。

87. 中华人民共和国价格法（1997 年）

第十九条　中央定价目录由国务院价格主管部门制定、修订，报国务院批准后公布。

第四十七条　国家行政机关的收费，应当依法进行，严格控制收费项目，限定收费范围、标准。收费的具体管理办法由国务院另行制定。

88. 中华人民共和国节约能源法（1997 年）

第十五条　国家实行固定资产投资项目节能评估和审查制度。不符合强制性节能标准的项目，建设单位不得开工建设；已经建成的，不得投入生产、使用。政府投资项目不符合强制性节能标准的，依法负责项目审批的机关不得批准建设。具体办法由国务院管理节能工作的部门会同国务院有关部门制定。

第十六条　国家对落后的耗能过高的用能产品、设备和生产工艺实行淘汰制度。淘汰的用能产品、设备、生产工艺的目录和实施办法，由国务院管理节能工作的部门会同国务院有关部门制定并公布。

第十八条　国家对家用电器等使用面广、耗能量大的用能产品，实行能源效率标识管理。实行能源效率标识管理的产品目录和实施办法，由国务院管理节能工作的部门会同国务院市场监督管理部门制定并公布。

第三十七条　使用空调采暖、制冷的公共建筑应当实行室内温度控制制度。具体办法由国务院建设主管部门制定。

第三十八条　国家采取措施，对实行集中供热的建筑分步骤实行供热分户计量、按照用热量收费的制度。新建建筑或者对既有建筑进行节能改造，应当按照规定安装用热计量装置、室内温度调控装置和供热系统调控装置。具体办法由国务院建设主管部门会同国务院有关部门制定。

第五十二条　重点用能单位节能管理办法，由国务院管理节能工作的部门会同国务院有关部门制定。

89. 中华人民共和国动物防疫法（1997 年）

第四条　根据动物疫病对养殖业生产和人体健康的危害程度，本法规定管理的动物疫病分为下列三类：

（一）一类疫病，是指对人与动物危害严重，需要采取紧急、严厉的强制预防、控制、扑灭等措施的；

（二）二类疫病，是指可能造成重大经济损失，需要采取严格控制、扑灭等措施，防止扩散的；

（三）三类疫病，是指常见多发、可能造成重大经济损失，需要控制和净化的。

前款一、二、三类动物疫病具体病种名录由国务院兽医主管部门制定并公布。

第十二条 国务院兽医主管部门根据国内外动物疫情和保护养殖业生产及人体健康的需要，及时制定并公布动物疫病预防、控制技术规范。

第十三条 国家对严重危害养殖业生产和人体健康的动物疫病实施强制免疫。国务院兽医主管部门确定强制免疫的动物疫病病种和区域，并会同国务院有关部门制定国家动物疫病强制免疫计划。

省、自治区、直辖市人民政府兽医主管部门根据国家动物疫病强制免疫计划，制订本行政区域的强制免疫计划；并可以根据本行政区域内动物疫病流行情况增加实施强制免疫的动物疫病病种和区域，报本级人民政府批准后执行，并报国务院兽医主管部门备案。

第十五条 国务院兽医主管部门应当制定国家动物疫病监测计划。省、自治区、直辖市人民政府兽医主管部门应当根据国家动物疫病监测计划，制定本行政区域的动物疫病监测计划。

第二十三条 人畜共患传染病名录由国务院兽医主管部门会同国务院卫生主管部门制定并公布。

第四十一条 动物卫生监督机构的官方兽医具体实施动物、动物产品检疫。官方兽医应当具备规定的资格条件，取得国务院兽医主管部门颁发的资格证书，具体办法由国务院兽医主管部门会同国务院人事行政部门制定。

第四十九条 依法进行检疫需要收取费用的，其项目和标准由国务院财政部门、物价主管部门规定。

第五十四条 国家实行执业兽医资格考试制度。具有兽医相关专业大学专科以上学历的，可以申请参加执业兽医资格考试；考试合格的，由省、自治区、直辖市人民政府兽医主管部门颁发执业兽医资格证书；从事动物诊疗的，还应当向当地县级人民政府兽医主管部门申请注册。执业兽医资格考试和注册办法由国务院兽医主管部门商国务院人事行政部门制定。

第五十七条　乡村兽医服务人员可以在乡村从事动物诊疗服务活动，具体管理办法由国务院兽医主管部门制定。

第六十一条　检疫证明、检疫标志的管理办法，由国务院兽医主管部门制定。

第六十六条　对在动物疫病预防和控制、扑灭过程中强制扑杀的动物、销毁的动物产品和相关物品，县级以上人民政府应当给予补偿。具体补偿标准和办法由国务院财政部门会同有关部门制定。

因依法实施强制免疫造成动物应激死亡的，给予补偿。具体补偿标准和办法由国务院财政部门会同有关部门制定。

第四条第二款、第三款　前款一、二、三类动物疫病具体病种名录由国务院农业农村主管部门制定并公布。国务院农业农村主管部门应当根据动物疫病发生、流行情况和危害程度，及时增加、减少或者调整一、二、三类动物疫病具体病种并予以公布。

人畜共患传染病名录由国务院农业农村主管部门会同国务院卫生健康、野生动物保护等主管部门制定并公布。（2021 年 1 月 22 日修订）

第十六条第二款　国务院农业农村主管部门确定强制免疫的动物疫病病种和区域。（2021 年 1 月 22 日修订）

第十九条第三款　国务院农业农村主管部门会同国务院有关部门制定国家动物疫病监测计划。省、自治区、直辖市人民政府农业农村主管部门根据国家动物疫病监测计划，制定本行政区域的动物疫病监测计划。（2021 年 1 月 22 日修订）

第二十一条第一款　国家支持地方建立无规定动物疫病区，鼓励动物饲养场建设无规定动物疫病生物安全隔离区。对符合国务院农业农村主管部门规定标准的无规定动物疫病区和无规定动物疫病生物安全隔离区，国务院农业农村主管部门验收合格予以公布，并对其维持情况进行监督检查。（2021 年 1 月 22 日修订）

第二十二条第四款　国家推进动物疫病净化，鼓励和支持饲养动物的单位和个人开展动物疫病净化。饲养动物的单位和个人达到国务院农业农村主管部门规定的净化标准的，由省级以上人民政府农业农村主管部门予以公布。（2021 年 1 月 22 日修订）

第二十三条第一款　种用、乳用动物应当符合国务院农业农村主管部门规定的健康标准。（2021 年 1 月 22 日修订）

第二十六条第一款 经营动物、动物产品的集贸市场应当具备国务院农业农村主管部门规定的动物防疫条件，并接受农业农村主管部门的监督检查。具体办法由国务院农业农村主管部门制定。（2021 年 1 月 22 日修订）

第二十七条第一款 动物、动物产品的运载工具、垫料、包装物、容器等应当符合国务院农业农村主管部门规定的动物防疫要求。（2021 年 1 月 22 日修订）

第二十八条 采集、保存、运输动物病料或者病原微生物以及从事病原微生物研究、教学、检测、诊断等活动，应当遵守国家有关病原微生物实验室管理的规定。（2021 年 1 月 22 日修订）

第四十条 疫点、疫区、受威胁区的撤销和疫区封锁的解除，按照国务院农业农村主管部门规定的标准和程序评估后，由原决定机关决定并宣布。（2021 年 1 月 22 日修订）

第四十一条 发生三类动物疫病时，所在地县级、乡级人民政府应当按照国务院农业农村主管部门的规定组织防治。（2021 年 1 月 22 日修订）

第四十五条第一款 国务院农业农村主管部门根据动物疫病的性质、特点和可能造成的社会危害，制定国家重大动物疫情应急预案报国务院批准，并按照不同动物疫病病种、流行特点和危害程度，分别制定实施方案。（2021 年 1 月 22 日修订）

第四十八条第一款 动物卫生监督机构依照本法和国务院农业农村主管部门的规定对动物、动物产品实施检疫。（2021 年 1 月 22 日修订）

第四十九条第一款 屠宰、出售或者运输动物以及出售或者运输动物产品前，货主应当按照国务院农业农村主管部门的规定向所在地动物卫生监督机构申报检疫。（2021 年 1 月 22 日修订）

第五十条第三款 国务院农业农村主管部门会同国务院野生动物保护主管部门制定野生动物检疫办法。（2021 年 1 月 22 日修订）

第五十二条第三款 从事动物运输的单位、个人以及车辆，应当向所在地县级人民政府农业农村主管部门备案，妥善保存行程路线和托运人提供的动物名称、检疫证明编号、数量等信息。具体办法由国务院农业农村主管部门制定。（2021 年 1 月 22 日修订）

第五十四条 输入到无规定动物疫病区的动物、动物产品，货主应当按照国务院农业农村主管部门的规定向无规定动物疫病区所在地动物卫生监督机构申报检疫，经检疫合格的，方可进入。（2021 年 1 月 22 日修订）

第五十五条 跨省、自治区、直辖市引进的种用、乳用动物到达输入地后，货主应当按照国务院农业农村主管部门的规定对引进的种用、乳用动物进行隔离观察。（2021 年 1 月 22 日修订）

第五十七条第四款 动物和动物产品无害化处理管理办法由国务院农业农村、野生动物保护主管部门按照职责制定。（2021 年 1 月 22 日修订）

第六十四条 动物诊疗机构应当按照国务院农业农村主管部门的规定，做好诊疗活动中的卫生安全防护、消毒、隔离和诊疗废弃物处置等工作。（2021 年 1 月 22 日修订）

第六十五条第二款 兽药和兽医器械的管理办法由国务院规定。（2021 年 1 月 22 日修订）

第六十六条第二款、第三款 官方兽医应当具备国务院农业农村主管部门规定的条件，由省、自治区、直辖市人民政府农业农村主管部门按照程序确认，由所在地县级以上人民政府农业农村主管部门任命。具体办法由国务院农业农村主管部门制定。

海关的官方兽医应当具备规定的条件，由海关总署任命。具体办法由海关总署会同国务院农业农村主管部门制定。（2021 年 1 月 22 日修订）

第六十九条第二款 执业兽医资格考试办法由国务院农业农村主管部门商国务院人力资源主管部门制定。（2021 年 1 月 22 日修订）

第七十一条 乡村兽医可以在乡村从事动物诊疗活动。具体管理办法由国务院农业农村主管部门制定。（2021 年 1 月 22 日修订）

第七十八条第三款 检疫证明、检疫标志的管理办法由国务院农业农村主管部门制定。（2021 年 1 月 22 日修订）

第八十五条 对在动物疫病预防、控制、净化、消灭过程中强制扑杀的动物、销毁的动物产品和相关物品，县级以上人民政府给予补偿。具体补偿标准和办法由国务院财政部门会同有关部门制定。（2021 年 1 月 22 日修订）

90. 中华人民共和国防震减灾法（1997 年）

第十条 从事防震减灾活动，应当遵守国家有关防震减灾标准。

第十二条第一款 国务院地震工作主管部门会同国务院有关部门组织编制国家防震减灾规划，报国务院批准后组织实施。

第十八条第二款 国务院地震工作主管部门和县级以上地方人民政府负责管理地震工作的部门或者机构，按照国务院有关规定，制定地震监测台网规划。

第二十三条第三款　任何单位和个人不得危害地震观测环境。国务院地震工作主管部门和县级以上地方人民政府负责管理地震工作的部门或者机构会同同级有关部门，按照国务院有关规定划定地震观测环境保护范围，并纳入土地利用总体规划和城乡规划。

第二十九条第二款　全国范围内的地震长期和中期预报意见，由国务院发布。省、自治区、直辖市行政区域内的地震预报意见，由省、自治区、直辖市人民政府按照国务院规定的程序发布。

第三十四条　国务院地震工作主管部门负责制定全国地震烈度区划图或者地震动参数区划图。

国务院地震工作主管部门和省、自治区、直辖市人民政府负责管理地震工作的部门或者机构，负责审定建设工程的地震安全性评价报告，确定抗震设防要求。

第三十五条第二款　重大建设工程和可能发生严重次生灾害的建设工程，应当按照国务院有关规定进行地震安全性评价，并按照经审定的地震安全性评价报告所确定的抗震设防要求进行抗震设防。建设工程的地震安全性评价单位应当按照国家有关标准进行地震安全性评价，并对地震安全性评价报告的质量负责。

第四十六条第一款　国务院地震工作主管部门会同国务院有关部门制定国家地震应急预案，报国务院批准。国务院有关部门根据国家地震应急预案，制定本部门的地震应急预案，报国务院地震工作主管部门备案。

第四十九条　按照社会危害程度、影响范围等因素，地震灾害分为一般、较大、重大和特别重大四级。具体分级标准按照国务院规定执行。

第五十八条第二款　地震灾害损失调查评估的具体工作，由国务院地震工作主管部门或者地震灾区的省、自治区、直辖市人民政府负责管理地震工作的部门或者机构和财政、建设、民政等有关部门按照国务院的规定承担。

91. 中华人民共和国建筑法（1997 年）

第五十二条　建筑工程勘察、设计、施工的质量必须符合国家有关建筑工程安全标准的要求，具体管理办法由国务院规定。

第六十二条　建筑工程的保修范围应当包括地基基础工程、主体结构工程、屋面防水工程和其他土建工程，以及电气管线、上下水管线的安装工程，供热、供冷系统工程等项目；保修的期限应当按照保证建筑物合理寿命年限内正常使用，维护使用者合法权益的原则确定。具体的保修范围和最低保修期限由国务院规定。

第八十一条 本法关于施工许可、建筑施工企业资质审查和建筑工程发包、承包、禁止转包，以及建筑工程监理、建筑工程安全和质量管理的规定，适用于其他专业建筑工程的建筑活动，具体办法由国务院规定。

第八十四条 军用房屋建筑工程建筑活动的具体管理办法，由国务院、中央军事委员会依据本法制定。

92. 中华人民共和国防洪法（1997 年）

第五十一条 国家设立水利建设基金，用于防洪工程和水利工程的维护和建设。具体办法由国务院规定。

93. 中华人民共和国合伙企业法（1997 年）

第一百零八条 外国企业或者个人在中国境内设立合伙企业的管理办法由国务院规定。

94. 中华人民共和国公路法（1997 年）

第六条第一款 公路按其在公路路网中的地位分为国道、省道、县道和乡道，并按技术等级分为高速公路、一级公路、二级公路、三级公路和四级公路。具体划分标准由国务院交通主管部门规定。

第三十六条 国家采用依法征税的办法筹集公路养护资金，具体实施办法和步骤由国务院规定。

第六十八条 收费公路的具体管理办法，由国务院依照本法制定。

95. 中华人民共和国证券法（1998 年）

第二条 证券衍生品种发行、交易的管理办法，由国务院依照本法的原则规定。

第十一条 保荐人的资格及其管理办法由国务院证券监督管理机构规定。

第二十二条 发行审核委员会的具体组成办法、组成人员任期、工作程序，由国务院证券监督管理机构规定。

第四十六条 证券交易的收费项目、收费标准和管理办法由国务院有关主管部门统一规定。

第一百零一条 国务院证券监督管理机构应当依照本法的原则制定上市公司收购的具体办法。

第一百一十六条 风险基金提取的具体比例和使用办法，由国务院证券监督管理机构会同国务院财政部门规定。

第一百三十四条 国家设立证券投资者保护基金。证券投资者保护基金由证券公司缴纳的资金及其他依法筹集的资金组成，其筹集、管理和使用的具体办法由国务院规定。

第一百三十五条　证券公司从每年的税后利润中提取交易风险准备金，用于弥补证券交易的损失，其提取的具体比例由国务院证券监督管理机构规定。

第一百三十九条　证券公司客户的交易结算资金应当存放在商业银行，以每个客户的名义单独立户管理。具体办法和实施步骤由国务院规定。

第一百四十九条　国务院证券监督管理机构认为有必要时，可以委托会计师事务所、资产评估机构对证券公司的财务状况、内部控制状况、资产价值进行审计或者评估。具体办法由国务院证券监督管理机构会同有关主管部门制定。

第一百六十三条　证券结算风险基金的筹集、管理办法，由国务院证券监督管理机构会同国务院财政部门规定。

第一百六十九条　投资咨询机构、财务顾问机构、资信评级机构、资产评估机构、会计师事务所从事证券服务业务的审批管理办法，由国务院证券监督管理机构和有关主管部门制定。

第一百七十条　投资咨询机构、财务顾问机构、资信评级机构从事证券服务业务的人员，必须具备证券专业知识和从事证券业务或者证券服务业务二年以上经验。认定其证券从业资格的标准和管理办法，由国务院证券监督管理机构制定。

第一百七十二条　从事证券服务业务的投资咨询机构和资信评级机构，应当按照国务院有关主管部门规定的标准或者收费办法收取服务费用。

第二百三十六条　本法施行前依照行政法规和国务院金融行政管理部门的规定经批准设立的证券经营机构，不完全符合本法规定的，应当在规定的限期内达到本法规定的要求。具体实施办法，由国务院另行规定。

第二百三十九条　境内公司股票以外币认购和交易的，具体办法由国务院另行规定。

第二条第三款　资产支持证券、资产管理产品发行、交易的管理办法，由国务院依照本法的原则规定。（2019 年 12 月 28 日修订）

第九条第一款　公开发行证券，必须符合法律、行政法规规定的条件，并依法报经国务院证券监督管理机构或者国务院授权的部门注册。未经依法注册，任何单位和个人不得公开发行证券。证券发行注册制的具体范围、实

施步骤，由国务院规定。（2019 年 12 月 28 日修订）

第十条第三款　保荐人的管理办法由国务院证券监督管理机构规定。（2019 年 12 月 28 日修订）

第十二条第二款、第三款　上市公司发行新股，应当符合经国务院批准的国务院证券监督管理机构规定的条件，具体管理办法由国务院证券监督管理机构规定。

公开发行存托凭证的，应当符合首次公开发行新股的条件以及国务院证券监督管理机构规定的其他条件。（2019 年 12 月 28 日修订）

第二十一条　国务院证券监督管理机构或者国务院授权的部门依照法定条件负责证券发行申请的注册。证券公开发行注册的具体办法由国务院规定。

按照国务院的规定，证券交易所等可以审核公开发行证券申请，判断发行人是否符合发行条件、信息披露要求，督促发行人完善信息披露内容。

依照前两款规定参与证券发行申请注册的人员，不得与发行申请人有利害关系，不得直接或者间接接受发行申请人的馈赠，不得持有所注册的发行申请的证券，不得私下与发行申请人进行接触。（2019 年 12 月 28 日修订）

第四十五条　通过计算机程序自动生成或者下达交易指令进行程序化交易的，应当符合国务院证券监督管理机构的规定，并向证券交易所报告，不得影响证券交易所系统安全或者正常交易秩序。（2019 年 12 月 28 日修订）

第七十七条第一款　国务院证券监督管理机构依照本法制定上市公司收购的具体办法。（2019 年 12 月 28 日修订）

第七十九条　上市公司、公司债券上市交易的公司、股票在国务院批准的其他全国性证券交易场所交易的公司，应当按照国务院证券监督管理机构和证券交易场所规定的内容和格式编制定期报告，并按照以下规定报送和公告：

（一）在每一会计年度结束之日起四个月内，报送并公告年度报告，其中的年度财务会计报告应当经符合本法规定的会计师事务所审计；

（二）在每一会计年度的上半年结束之日起二个月内，报送并公告中期报告。（2019 年 12 月 28 日修订）

第八十九条第一款　根据财产状况、金融资产状况、投资知识和经验、专业能力等因素，投资者可以分为普通投资者和专业投资者。专业投资者的标准由国务院证券监督管理机构规定。（2019 年 12 月 28 日修订）

第九十六条第三款 国务院批准的其他全国性证券交易场所的组织机构、管理办法等，由国务院规定。(2019 年 12 月 28 日修订)

第九十八条 按照国务院规定设立的区域性股权市场为非公开发行证券的发行、转让提供场所和设施，具体管理办法由国务院规定。(2019 年 12 月 28 日修订)

第一百一十四条第二款 风险基金提取的具体比例和使用办法，由国务院证券监督管理机构会同国务院财政部门规定。(2019 年 12 月 28 日修订)

第一百二十三条第一款 国务院证券监督管理机构应当对证券公司净资本和其他风险控制指标作出规定。(2019 年 12 月 28 日修订)

第一百二十六条 国家设立证券投资者保护基金。证券投资者保护基金由证券公司缴纳的资金及其他依法筹集的资金组成，其规模以及筹集、管理和使用的具体办法由国务院规定。(2019 年 12 月 28 日修订)

第一百二十七条 证券公司从每年的业务收入中提取交易风险准备金，用于弥补证券经营的损失，其提取的具体比例由国务院证券监督管理机构会同国务院财政部门规定。(2019 年 12 月 28 日修订)

第一百三十九条 国务院证券监督管理机构认为有必要时，可以委托会计师事务所、资产评估机构对证券公司的财务状况、内部控制状况、资产价值进行审计或者评估。具体办法由国务院证券监督管理机构会同有关主管部门制定。(2019 年 12 月 28 日修订)

第一百五十四条第三款 证券结算风险基金的筹集、管理办法，由国务院证券监督管理机构会同国务院财政部门规定。(2019 年 12 月 28 日修订)

第一百七十一条第一款 国务院证券监督管理机构对涉嫌证券违法的单位或者个人进行调查期间，被调查的当事人书面申请，承诺在国务院证券监督管理机构认可的期限内纠正涉嫌违法行为，赔偿有关投资者损失，消除损害或者不良影响的，国务院证券监督管理机构可以决定中止调查。被调查的当事人履行承诺的，国务院证券监督管理机构可以决定终止调查；被调查的当事人未履行承诺或者有国务院规定的其他情形的，应当恢复调查。具体办法由国务院规定。(2019 年 12 月 28 日修订)

第二百二十四条 境内企业直接或者间接到境外发行证券或者将其证券在境外上市交易，应当符合国务院的有关规定。(2019 年 12 月 28 日修订)

第二百二十五条 境内公司股票以外币认购和交易的，具体办法由国务院另行规定。(2019 年 12 月 28 日修订)

96. 中华人民共和国高等教育法（1998 年）

第二十五条　设立高等学校的具体标准由国务院制定。

第四十七条　高等学校教师职务的具体任职条件由国务院规定。

97. 中华人民共和国消防法（1998 年）

第十四条　建设工程消防设计审核、消防验收、备案和抽查的具体办法，由国务院公安部门规定。

第十九条第二款　生产、储存、经营其他物品的场所与居住场所设置在同一建筑物内的，应当符合国家工程建设消防技术标准。

第二十条　举办大型群众性活动，承办人应当依法向公安机关申请安全许可，制定灭火和应急疏散预案并组织演练，明确消防安全责任分工，确定消防安全管理人员，保持消防设施和消防器材配置齐全、完好有效，保证疏散通道、安全出口、疏散指示标志、应急照明和消防车通道符合消防技术标准和管理规定。

第二十三条　生产、储存、运输、销售、使用、销毁易燃易爆危险品，必须执行消防技术标准和管理规定。

进入生产、储存易燃易爆危险品的场所，必须执行消防安全规定。禁止非法携带易燃易爆危险品进入公共场所或者乘坐公共交通工具。

储存可燃物资仓库的管理，必须执行消防技术标准和管理规定。

第二十四条　消防产品必须符合国家标准；没有国家标准的，必须符合行业标准。禁止生产、销售或者使用不合格的消防产品以及国家明令淘汰的消防产品。

依法实行强制性产品认证的消防产品，由具有法定资质的认证机构按照国家标准、行业标准的强制性要求认证合格后，方可生产、销售、使用。实行强制性产品认证的消防产品目录，由国务院产品质量监督部门会同国务院公安部门制定并公布。

新研制的尚未制定国家标准、行业标准的消防产品，应当按照国务院产品质量监督部门会同国务院公安部门规定的办法，经技术鉴定符合消防安全要求的，方可生产、销售、使用。

依照本条规定经强制性产品认证合格或者技术鉴定合格的消防产品，国务院公安部门消防机构应当予以公布。

第二十六条　建筑构件、建筑材料和室内装修、装饰材料的防火性能必须符合国家标准；没有国家标准的，必须符合行业标准。

人员密集场所室内装修、装饰，应当按照消防技术标准的要求，使用不燃、难燃材料。

第二十七条 电器产品、燃气用具的产品标准，应当符合消防安全的要求。

电器产品、燃气用具的安装、使用及其线路、管路的设计、敷设、维护保养、检测，必须符合消防技术标准和管理规定。

第三十四条 消防产品质量认证、消防设施检测、消防安全监测等消防技术服务机构和执业人员，应当依法获得相应的资质、资格；依照法律、行政法规、国家标准、行业标准和执业准则，接受委托提供消防技术服务，并对服务质量负责。

第五十条 对因参加扑救火灾或者应急救援受伤、致残或者死亡的人员，按照国家有关规定给予医疗、抚恤。

第五十三条第一款 公安机关消防机构应当对机关、团体、企业、事业等单位遵守消防法律、法规的情况依法进行监督检查。公安派出所可以负责日常消防监督检查、开展消防宣传教育，具体办法由国务院公安部门规定。

第五十四条 公安机关消防机构在消防监督检查中发现火灾隐患的，应当通知有关单位或者个人立即采取措施消除隐患；不及时消除隐患可能严重威胁公共安全的，公安机关消防机构应当依照规定对危险部位或者场所采取临时查封措施。

第十四条 建设工程消防设计审查、消防验收、备案和抽查的具体办法，由国务院住房和城乡建设主管部门规定。（2019 年 4 月 23 日修正）

第十五条第四款 公众聚集场所未经消防救援机构许可的，不得投入使用、营业。消防安全检查的具体办法，由国务院应急管理部门制定。（2021 年 4 月 29 日修正）

98. 中华人民共和国气象法（1999 年）

第九条 国务院气象主管机构应当组织有关部门编制气象探测设施、气象信息专用传输设施、大型气象专用技术装备等重要气象设施的建设规划，报国务院批准后实施。气象设施建设规划的调整、修改，必须报国务院批准。

第四十二条 气象台站和其他开展气象有偿服务的单位，从事气象有偿服务的范围、项目、收费等具体管理办法，由国务院依据本法规定。

99. 中华人民共和国招标投标法（1999 年）

第三条 在中华人民共和国境内进行下列工程建设项目包括项目的勘察、

设计、施工、监理以及与工程建设有关的重要设备、材料等的采购，必须进行招标：

（一）大型基础设施、公用事业等关系社会公共利益、公众安全的项目；

（二）全部或者部分使用国有资金投资或者国家融资的项目；

（三）使用国际组织或者外国政府贷款、援助资金的项目。

前款所列项目的具体范围和规模标准，由国务院发展计划部门会同国务院有关部门制订，报国务院批准。

第七条　对招标投标活动的行政监督及有关部门的具体职权划分，由国务院规定。

100. 中华人民共和国预防未成年人犯罪法（1999 年）

第六条第四款　专门学校建设和专门教育具体办法，由国务院规定。（2020 年 12 月 26 日修订）

第二十条　教育行政部门应当会同有关部门建立学生欺凌防控制度。学校应当加强日常安全管理，完善学生欺凌发现和处置的工作流程，严格排查并及时消除可能导致学生欺凌行为的各种隐患。（2020 年 12 月 26 日修订）

101. 中华人民共和国立法法（2000 年）

第八十三条　国务院部门规章和地方政府规章的制定程序，参照本法第三章的规定，由国务院规定。

102. 中华人民共和国种子法（2000 年）

第六条　省级以上人民政府建立种子储备制度，主要用于发生灾害时的生产需要及余缺调剂，保障农业和林业生产安全。对储备的种子应当定期检验和更新。种子储备的具体办法由国务院规定。

第七条　转基因植物品种的选育、试验、审定和推广应当进行安全性评价，并采取严格的安全控制措施。国务院农业、林业主管部门应当加强跟踪监管并及时公告有关转基因植物品种审定和推广的信息。具体办法由国务院规定。

第九条　国家有计划地普查、收集、整理、鉴定、登记、保存、交流和利用种质资源，定期公布可供利用的种质资源目录。具体办法由国务院农业、林业主管部门规定。

第十一条第二款　从境外引进种质资源的，依照国务院农业、林业主管部门的有关规定办理。

第十五条第三款　主要农作物品种和主要林木品种的审定办法由国务院

农业、林业主管部门规定。审定办法应当体现公正、公开、科学、效率的原则，有利于产量、品质、抗性等的提高与协调，有利于适应市场和生活消费需要的品种的推广。在制定、修改审定办法时，应当充分听取育种者、种子使用者、生产经营者和相关行业代表意见。

第二十二条第二款　实行品种登记的农作物范围应当严格控制，并根据保护生物多样性、保证消费安全和用种安全的原则确定。登记目录由国务院农业主管部门制定和调整。

第二十二条第七款　非主要农作物品种登记办法由国务院农业主管部门规定。

第四十七条第一款　农业、林业主管部门应当加强对种子质量的监督检查。种子质量管理办法、行业标准和检验方法，由国务院农业、林业主管部门制定。

第五十八条第二款　从境外引进农作物、林木种子的审定权限，农作物、林木种子的进口审批办法，引进转基因植物品种的管理办法，由国务院规定。

第二十八条第五款　实质性派生品种制度的实施步骤和办法由国务院规定。（2021 年 12 月 24 日修正）

第五十七条　从事种子进出口业务的，应当具备种子生产经营许可证；其中，从事农作物种子进出口业务的，还应当按照国家有关规定取得种子进出口许可。

从境外引进农作物、林木种子的审定权限，农作物种子的进口审批办法，引进转基因植物品种的管理办法，由国务院规定。（2021 年 12 月 24 日修正）

103. 中华人民共和国职业病防治法（2001 年）

第二条第三款　职业病的分类和目录由国务院卫生行政部门会同国务院劳动保障行政部门制定、调整并公布。

第十二条　有关防治职业病的国家职业卫生标准，由国务院卫生行政部门组织制定并公布。

第十六条第三款　职业病危害因素分类目录由国务院卫生行政部门制定、调整并公布。职业病危害项目申报的具体办法由国务院卫生行政部门制定。

第十七条第四款　建设项目职业病危害分类管理办法由国务院卫生行政部门制定。

第十九条　国家对从事放射性、高毒、高危粉尘等作业实行特殊管理。

具体管理办法由国务院制定。

第八十六条第三款　中国人民解放军参照执行本法的办法，由国务院、中央军事委员会制定。

第四十三条第一款　职业病诊断应当由取得《医疗机构执业许可证》的医疗卫生机构承担。卫生行政部门应当加强对职业病诊断工作的规范管理，具体管理办法由国务院卫生行政部门制定。（2018 年 12 月 29 日修正）

104. 中华人民共和国信托法（2001 年）

第四条　受托人采取信托机构形式从事信托活动，其组织和管理由国务院制定具体办法。

105. 中华人民共和国海域使用管理法（2001 年）

第二十一条　海域使用权证书的发放和管理办法，由国务院规定。

第二十七条　海域使用权可以依法转让。海域使用权转让的具体办法，由国务院规定。

第三十三条　对渔民使用海域从事养殖活动收取海域使用金的具体实施步骤和办法，由国务院另行规定。

第五十三条　军事用海的管理办法，由国务院、中央军事委员会依据本法制定。

106. 中华人民共和国防沙治沙法（2001 年）

第十一条　国务院林业草原行政主管部门会同国务院农业、水利、土地、生态环境等有关部门编制全国防沙治沙规划，报国务院批准后实施。

省、自治区、直辖市人民政府依据全国防沙治沙规划，编制本行政区域的防沙治沙规划，报国务院或者国务院指定的有关部门批准后实施。

第三十四条　使用已经沙化的国有土地从事治沙活动的，经县级以上人民政府依法批准，可以享有不超过七十年的土地使用权。具体年限和管理办法，由国务院规定。

107. 中华人民共和国人口与计划生育法（2001 年）

第四十五条　流动人口计划生育工作的具体管理办法、计划生育技术服务的具体管理办法和社会抚养费的征收管理办法，由国务院制定。（2021 年 8 月 20 日修正后，需要国务院废止相关配套规定）

108. 中华人民共和国民办教育促进法（2002 年）

第六十六条　境外的组织和个人在中国境内合作办学的办法，由国务院规定。

109. 中华人民共和国清洁生产促进法（2002 年）

第七条　国务院及其有关部门和省、自治区、直辖市人民政府，应当制定有利于实施清洁生产的产业政策、技术开发和推广政策。

第九条第一款　中央预算应当加强对清洁生产促进工作的资金投入，包括中央财政清洁生产专项资金和中央预算安排的其他清洁生产资金，用于支持国家清洁生产推行规划确定的重点领域、重点行业、重点工程实施清洁生产及其技术推广工作，以及生态脆弱地区实施清洁生产的项目。中央预算用于支持清洁生产促进工作的资金使用的具体办法，由国务院财政部门、清洁生产综合协调部门会同国务院有关部门制定。

第十一条　国务院清洁生产综合协调部门会同国务院环境保护、工业、科学技术、建设、农业等有关部门定期发布清洁生产技术、工艺、设备和产品导向目录。

国务院清洁生产综合协调部门、环境保护部门和省、自治区、直辖市人民政府负责清洁生产综合协调的部门、环境保护部门会同同级有关部门，组织编制重点行业或者地区的清洁生产指南，指导实施清洁生产。

第十二条　国家对浪费资源和严重污染环境的落后生产技术、工艺、设备和产品实行限期淘汰制度。国务院有关部门按照职责分工，制定并发布限期淘汰的生产技术、工艺、设备以及产品的名录。

第二十七条第二款　有下列情形之一的企业，应当实施强制性清洁生产审核：

（一）污染物排放超过国家或者地方规定的排放标准，或者虽未超过国家或者地方规定的排放标准，但超过重点污染物排放总量控制指标的；

（二）超过单位产品能源消耗限额标准构成高耗能的；

（三）使用有毒、有害原料进行生产或者在生产中排放有毒、有害物质的。

第二十七条第三款　污染物排放超过国家或者地方规定的排放标准的企业，应当按照环境保护相关法律的规定治理。

第二十七条第四款　实施强制性清洁生产审核的企业，应当将审核结果向所在地县级以上地方人民政府负责清洁生产综合协调的部门、环境保护部门报告，并在本地区主要媒体上公布，接受公众监督，但涉及商业秘密的除外。

第二十七条第五款　县级以上地方人民政府有关部门应当对企业实施强

制性清洁生产审核的情况进行监督，必要时可以组织对企业实施清洁生产的效果进行评估验收，所需费用纳入同级政府预算。承担评估验收工作的部门或者单位不得向被评估验收企业收取费用。

第二十七条第六款 实施清洁生产审核的具体办法，由国务院清洁生产综合协调部门、环境保护部门会同国务院有关部门制定。

110. 中华人民共和国中小企业促进法（2002 年）

第二条第二款 中型企业、小型企业和微型企业划分标准由国务院负责中小企业促进工作综合管理的部门会同国务院有关部门，根据企业从业人员、营业收入、资产总额等指标，结合行业特点制定，报国务院批准。

第十条第三款 中小企业发展基金的设立和使用管理办法由国务院规定。

第四十条第一款 国务院有关部门应当制定中小企业政府采购的相关优惠政策，通过制定采购需求标准、预留采购份额、价格评审优惠、优先采购等措施，提高中小企业在政府采购中的份额。

111. 中华人民共和国安全生产法（2002 年）

第二十条第二款 有关生产经营单位应当按照规定提取和使用安全生产费用，专门用于改善安全生产条件。安全生产费用在成本中据实列支。安全生产费用提取、使用和监督管理的具体办法由国务院财政部门会同国务院安全生产监督管理部门征求国务院有关部门意见后制定。

第二十四条第三款 危险物品的生产、储存单位以及矿山、金属冶炼单位应当有注册安全工程师从事安全生产管理工作。鼓励其他生产经营单位聘用注册安全工程师从事安全生产管理工作。注册安全工程师按专业分类管理，具体办法由国务院人力资源和社会保障部门、国务院安全生产监督管理部门会同国务院有关部门制定。

第二十七条第二款 特种作业人员的范围由国务院安全生产监督管理部门会同国务院有关部门确定。

第三十五条第一款 国家对严重危及生产安全的工艺、设备实行淘汰制度，具体目录由国务院安全生产监督管理部门会同国务院有关部门制定并公布。法律、行政法规对目录的制定另有规定的，适用其规定。

第七十三条 县级以上各级人民政府及其有关部门对报告重大事故隐患或者举报安全生产违法行为的有功人员，给予奖励。具体奖励办法由国务院安全生产监督管理部门会同国务院财政部门制定。

第八十三条第一款 事故调查处理应当按照科学严谨、依法依规、实事求是、注重实效的原则，及时、准确地查清事故原因，查明事故性质和责任，总结事故教训，提出整改措施，并对事故责任者提出处理意见。事故调查报告应当依法及时向社会公布。事故调查和处理的具体办法由国务院制定。

第一百一十三条第一款 本法规定的生产安全一般事故、较大事故、重大事故、特别重大事故的划分标准由国务院规定。

第一百一十三条第二款 国务院安全生产监督管理部门和其他负有安全生产监督管理职责的部门应当根据各自的职责分工，制定相关行业、领域重大事故隐患的判定标准。

第二十三条第二款 有关生产经营单位应当按照规定提取和使用安全生产费用，专门用于改善安全生产条件。安全生产费用在成本中据实列支。安全生产费用提取、使用和监督管理的具体办法由国务院财政部门会同国务院应急管理部门征求国务院有关部门意见后制定。（2021 年 6 月 10 日修正）

第二十七条第三款 危险物品的生产、储存、装卸单位以及矿山、金属冶炼单位应当有注册安全工程师从事安全生产管理工作。鼓励其他生产经营单位聘用注册安全工程师从事安全生产管理工作。注册安全工程师按专业分类管理，具体办法由国务院人力资源和社会保障部门、国务院应急管理部门会同国务院有关部门制定。（2021 年 6 月 10 日修正）

第三十条 生产经营单位的特种作业人员必须按照国家有关规定经专门的安全作业培训，取得相应资格，方可上岗作业。

特种作业人员的范围由国务院应急管理部门会同国务院有关部门确定。（2021 年 6 月 10 日修正）

第三十八条第一款 国家对严重危及生产安全的工艺、设备实行淘汰制度，具体目录由国务院应急管理部门会同国务院有关部门制定并公布。法律、行政法规对目录的制定另有规定的，适用其规定。（2021 年 6 月 10 日修正）

第五十一条第二款 国家鼓励生产经营单位投保安全生产责任保险；属于国家规定的高危行业、领域的生产经营单位，应当投保安全生产责任保险。具体范围和实施办法由国务院应急管理部门会同国务院财政部门、国务院保险监督管理机构和相关行业主管部门制定。（2021 年 6 月 10 日修正）

第七十二条第一款 承担安全评价、认证、检测、检验职责的机构应当具备国家规定的资质条件，并对其作出的安全评价、认证、检测、检验结果的合法性、真实性负责。资质条件由国务院应急管理部门会同国务院有关部门制定。（2021 年 6 月 10 日修正）

第七十六条　县级以上各级人民政府及其有关部门对报告重大事故隐患或者举报安全生产违法行为的有功人员，给予奖励。具体奖励办法由国务院应急管理部门会同国务院财政部门制定。（2021 年 6 月 10 日修正）

第一百一十八条　本法规定的生产安全一般事故、较大事故、重大事故、特别重大事故的划分标准由国务院规定。

国务院应急管理部门和其他负有安全生产监督管理职责的部门应当根据各自的职责分工，制定相关行业、领域重大危险源的辨识标准和重大事故隐患的判定标准。（2021 年 6 月 10 日修正）

112. 中华人民共和国政府采购法（2002 年）

第二十七条　采购人采购货物或者服务应当采用公开招标方式的，其具体数额标准，属于中央预算的政府采购项目，由国务院规定；属于地方预算的政府采购项目，由省、自治区、直辖市人民政府规定；因特殊情况需要采用公开招标以外的采购方式的，应当在采购活动开始前获得设区的市、自治州以上人民政府采购监督管理部门的批准。

第八十七条　本法实施的具体步骤和办法由国务院规定。

113. 中华人民共和国环境影响评价法（2002 年）

第九条　依照本法第七条、第八条的规定进行环境影响评价的规划的具体范围，由国务院生态环境主管部门会同国务院有关部门规定，报国务院批准。

第十三条　由省级以上人民政府有关部门负责审批的专项规划，其环境影响报告书的审查办法，由国务院生态环境主管部门会同国务院有关部门制定。

第十六条　建设项目的环境影响评价分类管理名录，由国务院生态环境主管部门制定并公布。

第十七条　环境影响报告表和环境影响登记表的内容和格式，由国务院生态环境主管部门制定。

第十九条第三款　国务院生态环境主管部门应当制定建设项目环境影响报告书、环境影响报告表编制的能力建设指南和监管办法。（2018 年 12 月 29 日修正）

114. 中华人民共和国农村土地承包法（2002 年）

第四十五条　县级以上地方人民政府应当建立工商企业等社会资本通过流转取得土地经营权的资格审查、项目审核和风险防范制度。

工商企业等社会资本通过流转取得土地经营权的，本集体经济组织可以收取适量管理费用。

具体办法由国务院农业农村、林业和草原主管部门规定。(2018 年 12 月 29 日修正)

第四十七条第四款 土地经营权融资担保办法由国务院有关部门规定。(2018 年 12 月 29 日修正)

第六十九条 确认农村集体经济组织成员身份的原则、程序等，由法律、法规规定。(2018 年 12 月 29 日修正)

115. 中华人民共和国证券投资基金法（2003 年）

第八条 基金财产投资的相关税收，由基金份额持有人承担，基金管理人或者其他扣缴义务人按照国家有关税收征收的规定代扣代缴。

第十二条第二款 公开募集基金的基金管理人，由基金管理公司或者经国务院证券监督管理机构按照规定核准的其他机构担任。

第十三条第三项 设立管理公开募集基金的基金管理公司，应当具备下列条件，并经国务院证券监督管理机构批准：……（三）主要股东应当具有经营金融业务或者管理金融机构的良好业绩、良好的财务状况和社会信誉，资产规模达到国务院规定的标准，最近三年没有违法记录。

第十三条第四项 设立管理公开募集基金的基金管理公司，应当具备下列条件，并经国务院证券监督管理机构批准：……（四）取得基金从业资格的人员达到法定人数。

第二十三条第一款 公开募集基金的基金管理人的股东、实际控制人应当按照国务院证券监督管理机构的规定及时履行重大事项报告义务。

第三十一条 对非公开募集基金的基金管理人进行规范的具体办法，由国务院金融监督管理机构依照本章的原则制定。

第三十三条第一项、第三项 担任基金托管人，应当具备下列条件：（一）净资产和风险控制指标符合有关规定；……（三）取得基金从业资格的专职人员达到法定人数。

第四十五条第三款 采用其他运作方式的基金的基金份额发售、交易、申购、赎回的办法，由国务院证券监督管理机构另行规定。

第五十四条 国务院证券监督管理机构应当自受理公开募集基金的募集注册申请之日起六个月内依照法律、行政法规及国务院证券监督管理机构的规定进行审查，作出注册或者不予注册的决定，并通知申请人；不予注册的，应当说明理由。

第五十八条 基金募集期限届满，封闭式基金募集的基金份额总额达到准予注册规模的百分之八十以上，开放式基金募集的基金份额总额超过准予注册的最低募集份额总额，并且基金份额持有人人数符合国务院证券监督管理机构规定的，基金管理人应当自募集期限届满之日起十日内聘请法定验资机构验资，自收到验资报告之日起十日内，向国务院证券监督管理机构提交验资报告，办理基金备案手续，并予以公告。

第六十八条 开放式基金应当保持足够的现金或者政府债券，以备支付基金份额持有人的赎回款项。基金财产中应当保持的现金或者政府债券的具体比例，由国务院证券监督管理机构规定。

第七十一条第二款 资产组合的具体方式和投资比例，依照本法和国务院证券监督管理机构的规定在基金合同中约定。

第七十三条第一款第二项 基金财产不得用于下列投资或者活动：……（二）违反规定向他人贷款或者提供担保。

第七十三条第二款 运用基金财产买卖基金管理人、基金托管人及其控股股东、实际控制人或者与其有其他重大利害关系的公司发行的证券或承销期内承销的证券，或者从事其他重大关联交易的，应当遵循基金份额持有人利益优先的原则，防范利益冲突，符合国务院证券监督管理机构的规定，并履行信息披露义务。

第七十五条 基金信息披露义务人应当确保应予披露的基金信息在国务院证券监督管理机构规定时间内披露，并保证投资人能够按照基金合同约定的时间和方式查阅或者复制公开披露的信息资料。

第八十七条第二款、第三款 前款所称合格投资者，是指达到规定资产规模或者收入水平，并且具备相应的风险识别能力和风险承担能力、其基金份额认购金额不低于规定限额的单位和个人。

合格投资者的具体标准由国务院证券监督管理机构规定。

第八十九条 担任非公开募集基金的基金管理人，应当按照规定向基金行业协会履行登记手续，报送基本情况。

第九十四条第一款 非公开募集基金募集完毕，基金管理人应当向基金行业协会备案。对募集的资金总额或者基金份额持有人的人数达到规定标准的基金，基金行业协会应当向国务院证券监督管理机构报告。

第九十六条 专门从事非公开募集基金管理业务的基金管理人，其股东、高级管理人员、经营期限、管理的基金资产规模等符合规定条件的，经国务院证券监督管理机构核准，可以从事公开募集基金管理业务。

第九十七条　从事公开募集基金的销售、销售支付、份额登记、估值、投资顾问、评价、信息技术系统服务等基金服务业务的机构，应当按照国务院证券监督管理机构的规定进行注册或者备案。

第一百五十二条　在中华人民共和国境内募集投资境外证券的基金，以及合格境外投资者在境内进行证券投资，应当经国务院证券监督管理机构批准，具体办法由国务院证券监督管理机构会同国务院有关部门规定，报国务院批准。

116. 中华人民共和国银行业监督管理法（2003 年）

第十五条　国务院银行业监督管理机构依照法律、行政法规制定并发布对银行业金融机构及其业务活动监督管理的规章、规则。

第十八条　银行业金融机构业务范围内的业务品种，应当按照规定经国务院银行业监督管理机构审查批准或者备案。需要审查批准或者备案的业务品种，由国务院银行业监督管理机构依照法律、行政法规作出规定并公布。

第二十条　国务院银行业监督管理机构对银行业金融机构的董事和高级管理人员实行任职资格管理。具体办法由国务院银行业监督管理机构制定。

第二十一条　银行业金融机构的审慎经营规则，由法律、行政法规规定，也可以由国务院银行业监督管理机构依照法律、行政法规制定。

117. 中华人民共和国道路交通安全法（2003 年）

第十三条　对机动车的安全技术检验实行社会化。具体办法由国务院规定。

第十七条　国家实行机动车第三者责任强制保险制度，设立道路交通事故社会救助基金。具体办法由国务院规定。

第二十四条第二款　对遵守道路交通安全法律、法规，在一年内无累积记分的机动车驾驶人，可以延长机动车驾驶证的审验期。具体办法由国务院公安部门规定。

第四十一条　有关道路通行的其他具体规定，由国务院规定。

第九十八条　依照前款缴纳的罚款全部纳入道路交通事故社会救助基金。具体办法由国务院规定。

118. 中华人民共和国放射性污染防治法（2003 年）

第十五条　运输放射性物质和含放射源的射线装置，应当采取有效措施，防止放射性污染。具体办法由国务院规定。

第二十三条　核动力厂等重要核设施外围地区应当划定规划限制区。规划限制区的划定和管理办法，由国务院规定。

第二十七条第二款　核设施的退役费用和放射性废物处置费用应当预提，列入投资概算或者生产成本。核设施的退役费用和放射性废物处置费用的提取和管理办法，由国务院财政部门、价格主管部门会同国务院环境保护行政主管部门、核设施主管部门规定。

第二十九条　国家建立放射性同位素备案制度。具体办法由国务院规定。

第四十六条　设立专门从事放射性固体废物贮存、处置的单位，必须经国务院环境保护行政主管部门审查批准，取得许可证。具体办法由国务院规定。

119. 中华人民共和国港口法（2003 年）

第十三条第二款　港口深水岸线的标准由国务院交通主管部门制定。

第二十条　县级以上有关人民政府应当保证必要的资金投入，用于港口公用的航道、防波堤、锚地等基础设施的建设和维护。具体办法由国务院规定。

第三十九条　依照有关水上交通安全的法律、行政法规的规定，进出港口须经引航的船舶，应当向引航机构申请引航。引航的具体办法由国务院交通主管部门规定。

第六十条　渔业港口的管理工作由县级以上人民政府渔业行政主管部门负责。具体管理办法由国务院规定。

第六十一条　军事港口的建设和管理办法由国务院、中央军事委员会规定。

第二十五条　国务院交通主管部门应当制定港口理货服务标准和规范。

经营港口理货业务，应当按照规定报港口行政管理部门备案。

港口理货业务经营人应当公正、准确地办理理货业务；不得兼营本法第二十二条第三款规定的货物装卸经营业务和仓储经营业务。（2018 年 12 月 29 日修正）

120. 中华人民共和国居民身份证法（2003 年）

第十二条第二款　公民在申请领取、换领、补领居民身份证期间，急需使用居民身份证的，可以申请领取临时居民身份证，公安机关应当按照规定及时予以办理。具体办法由国务院公安部门规定。

第二十一条第二款　对城市中领取最低生活保障金的居民、农村中有特殊生活困难的居民，在其初次申请领取和换领居民身份证时，免收工本费。对其他生活确有困难的居民，在其初次申请领取和换领居民身份证时，可以减收工本费。免收和减收工本费的具体办法，由国务院财政部门会同国务院价格主管部门规定。

第二十二条　现役的人民解放军军人、人民武装警察申请领取和发放居民身份证的具体办法，由国务院和中央军事委员会另行规定。

121. 中华人民共和国海关关衔条例（2003 年）

第二十二条　海关关衔标志式样和佩带办法，由国务院规定。

122. 中华人民共和国电子签名法（2004 年）

第二十五条　国务院信息产业主管部门依照本法制定电子认证服务业的具体管理办法，对电子认证服务提供者依法实施监督管理。

第三十五条　国务院或者国务院规定的部门可以依据本法制定政务活动和其他社会活动中使用电子签名、数据电文的具体办法。

123. 中华人民共和国农业机械化促进法（2004 年）

第二十七条　中央财政、省级财政应当分别安排专项资金，对农民和农业生产经营组织购买国家支持推广的先进适用的农业机械给予补贴。补贴资金的使用应当遵循公开、公正、及时、有效的原则，可以向农民和农业生产经营组织发放，也可以采用贴息方式支持金融机构向农民和农业生产经营组织购买先进适用的农业机械提供贷款。具体办法由国务院规定。

第二十八条　国家根据农业和农村经济发展的需要，对农业机械的农业生产作业用燃油安排财政补贴。燃油补贴应当向直接从事农业机械作业的农民和农业生产经营组织发放。具体办法由国务院规定。

124. 中华人民共和国治安管理处罚法（2005 年）

第七条　治安案件的管辖由国务院公安部门规定。

125. 中华人民共和国公务员法（2005 年）

第三十一条第二款　体检的项目和标准根据职位要求确定。具体办法由中央公务员主管部门会同国务院卫生健康行政部门规定。

第一百零三条第三款　聘任制公务员实行协议工资制，具体办法由中央公务员主管部门规定。

126. 中华人民共和国可再生能源法（2005 年）

第八条第一款　国务院能源主管部门会同国务院有关部门，根据全国可再生能源开发利用中长期总量目标和可再生能源技术发展状况，编制全国可再生能源开发利用规划，报国务院批准后实施。

第八条第二款　国务院有关部门应当制定有利于促进全国可再生能源开发利用中长期总量目标实现的相关规划。

第十四条第二款　国务院能源主管部门会同国家电力监管机构和国务院财政部门，按照全国可再生能源开发利用规划，确定在规划期内应当达到的可再生能源发电量占全部发电量的比重，制定电网企业优先调度和全额收购可再生能源发电的具体办法，并由国务院能源主管部门会同国家电力监管机构在年度中督促落实。

第二十四条第四款　可再生能源发展基金征收使用管理的具体办法，由国务院财政部门会同国务院能源、价格主管部门制定。

第二十六条　国家对列入可再生能源产业发展指导目录的项目给予税收优惠。具体办法由国务院规定。

127. 中华人民共和国畜牧法（2005 年）

第十二条　国务院畜牧兽医行政主管部门根据畜禽遗传资源分布状况，制定全国畜禽遗传资源保护和利用规划，制定并公布国家级畜禽遗传资源保护名录，对原产我国的珍贵、稀有、濒危的畜禽遗传资源实行重点保护。

省级人民政府畜牧兽医行政主管部门根据全国畜禽遗传资源保护和利用规划及本行政区域内畜禽遗传资源状况，制定和公布省级畜禽遗传资源保护名录，并报国务院畜牧兽医行政主管部门备案。

第十三条　畜禽遗传资源保种场、保护区和基因库的管理办法由国务院畜牧兽医行政主管部门制定。

第十七条　畜禽遗传资源的进出境和对外合作研究利用的审批办法由国务院规定。

第十九条　培育的畜禽新品种、配套系和新发现的畜禽遗传资源在推广前，应当通过国家畜禽遗传资源委员会审定或者鉴定，并由国务院畜牧兽医行政主管部门公告。畜禽新品种、配套系的审定办法和畜禽遗传资源的鉴定办法，由国务院畜牧兽医行政主管部门制定。审定或者鉴定所需的试验、检测等费用由申请者承担，收费办法由国务院财政、价格部门会同国务院畜牧兽医行政主管部门制定。

培育新的畜禽品种、配套系进行中间试验，应当经试验所在地省级人民政府畜牧兽医行政主管部门批准。

畜禽新品种、配套系培育者的合法权益受法律保护。

第二十一条　省级以上畜牧兽医技术推广机构可以组织开展种畜优良个体登记，向社会推荐优良种畜。优良种畜登记规则由国务院畜牧兽医行政主管部门制定。

第二十四条　种畜禽生产经营许可证样式由国务院畜牧兽医行政主管部门制定，许可证有效期为三年。发放种畜禽生产经营许可证可以收取工本费，具体收费管理办法由国务院财政、价格部门制定。

第三十四条　蚕种的资源保护、新品种选育、生产经营和推广适用本法有关规定，具体管理办法由国务院农业行政主管部门制定。

第五十五条　国务院畜牧兽医行政主管部门应当制定畜禽标识和养殖档案管理办法，采取措施落实畜禽产品质量责任追究制度。

第二十六条第三款　国家对种畜禽生产经营许可证实行统一管理、分级负责，在统一的信息平台办理。种畜禽生产经营许可证的审批和发放信息应当依法向社会公开。具体办法和许可证样式由国务院农业农村主管部门制定。（2022 年 10 月 30 日修订）

第三十五条　蜂种、蚕种的资源保护、新品种选育、生产经营和推广，适用本法有关规定，具体管理办法由国务院农业农村主管部门制定。（2022 年 10 月 30 日修订）

第三十九条第三款　畜禽养殖场的规模标准和备案管理办法，由国务院农业农村主管部门负责制定。（2022 年 10 月 30 日修订）

第六十九条第一款　国务院农业农村主管部门负责组织制定畜禽屠宰质量安全风险监测计划。（2022 年 10 月 30 日修订）

128. 中华人民共和国企业破产法（2006 年）

第一百三十四条　金融机构实施破产的，国务院可以依据本法和其他有关法律的规定制定实施办法。

129. 中华人民共和国反洗钱法（2006 年）

第二十一条　金融机构建立客户身份识别制度、客户身份资料和交易记录保存制度的具体办法，由国务院反洗钱行政主管部门会同国务院有关金融监督管理机构制定。金融机构大额交易和可疑交易报告的具体办法，由国务院反洗钱行政主管部门制定。

第三十五条　应当履行反洗钱义务的特定非金融机构的范围、其履行反洗钱义务和对其监督管理的具体办法，由国务院反洗钱行政主管部门会同国务院有关部门制定。

130. 中华人民共和国护照法（2006 年）

第七条 普通护照的具体签发办法，由公安部规定。

第九条 外交护照、公务护照的签发范围、签发办法、有效期以及公务护照的具体类别，由外交部规定。

第十一条 外交护照、公务护照的换发或者补发，按照外交部的有关规定办理。

第二十二条 护照工本费和加注费的标准由国务院价格行政部门会同国务院财政部门规定、公布。

131. 中华人民共和国农产品质量安全法（2006 年）

第十五条 县级以上地方人民政府农业行政主管部门按照保障农产品质量安全的要求，根据农产品品种特性和生产区域大气、土壤、水体中有毒有害物质状况等因素，认为不适宜特定农产品生产的，提出禁止生产的区域，报本级人民政府批准后公布。具体办法由国务院农业行政主管部门商国务院生态环境主管部门制定。

第二十八条 农产品生产企业、农民专业合作经济组织以及从事农产品收购的单位或者个人销售的农产品，按照规定应当包装或者附加标识的，须经包装或者附加标识后方可销售。包装物或者标识上应当按照规定标明产品的品名、产地、生产者、生产日期、保质期、产品质量等级等内容；使用添加剂的，还应当按照规定标明添加剂的名称。具体办法由国务院农业行政主管部门制定。

第三十五条 从事农产品质量安全检测的机构，必须具备相应的检测条件和能力，由省级以上人民政府农业行政主管部门或者其授权的部门考核合格。具体办法由国务院农业行政主管部门制定。

第十三条第二款 国务院农业农村主管部门应当制定国家农产品质量安全风险监测计划，并对重点区域、重点农产品品种进行质量安全风险监测。省、自治区、直辖市人民政府农业农村主管部门应当根据国家农产品质量安全风险监测计划，结合本行政区域农产品生产经营实际，制定本行政区域的农产品质量安全风险监测实施方案，并报国务院农业农村主管部门备案。县级以上地方人民政府农业农村主管部门负责组织实施本行政区域的农产品质量安全风险监测。（2022 年 9 月 2 日修订）

第十四条 国家建立农产品质量安全风险评估制度。

国务院农业农村主管部门应当设立农产品质量安全风险评估专家委员会，

对可能影响农产品质量安全的潜在危害进行风险分析和评估。国务院卫生健康、市场监督管理等部门发现需要对农产品进行质量安全风险评估的，应当向国务院农业农村主管部门提出风险评估建议。

农产品质量安全风险评估专家委员会由农业、食品、营养、生物、环境、医学、化工等方面的专家组成。（2022 年 9 月 2 日修订）

第十六条第一款　国家建立健全农产品质量安全标准体系，确保严格实施。农产品质量安全标准是强制执行的标准，包括以下与农产品质量安全有关的要求：

（一）农业投入品质量要求、使用范围、用法、用量、安全间隔期和休药期规定；

（二）农产品产地环境、生产过程管控、储存、运输要求；

（三）农产品关键成分指标等要求；

（四）与屠宰畜禽有关的检验规程；

（五）其他与农产品质量安全有关的强制性要求。（2022 年 9 月 2 日修订）

第二十一条第三款　特定农产品禁止生产区域划定和管理的具体办法由国务院农业农村主管部门商国务院生态环境、自然资源等部门制定。（2022 年 9 月 2 日修订）

第二十三条第二款　农药、肥料、农用薄膜等农业投入品的生产者、经营者、使用者应当按照国家有关规定回收并妥善处置包装物和废弃物。（2022 年 9 月 2 日修订）

第三十七条第一款　农产品批发市场应当按照规定设立或者委托检测机构，对进场销售的农产品质量安全状况进行抽查检测；发现不符合农产品质量安全标准的，应当要求销售者立即停止销售，并向所在地市场监督管理、农业农村等部门报告。（2022 年 9 月 2 日修订）

第三十八条　农产品生产企业、农民专业合作社以及从事农产品收购的单位或者个人销售的农产品，按照规定应当包装或者附加承诺达标合格证等标识的，须经包装或者附加标识后方可销售。包装物或者标识上应当按照规定标明产品的品名、产地、生产者、生产日期、保质期、产品质量等级等内容；使用添加剂的，还应当按照规定标明添加剂的名称。具体办法由国务院农业农村主管部门制定。（2022 年 9 月 2 日修订）

第三十九条第五款　农产品质量安全承诺达标合格证管理办法由国务院农业农村主管部门会同国务院有关部门制定。（2022 年 9 月 2 日修订）

第四十一条第一款　国家对列入农产品质量安全追溯目录的农产品实施追溯管理。国务院农业农村主管部门应当会同国务院市场监督管理等部门建立农产品质量安全追溯协作机制。农产品质量安全追溯管理办法和追溯目录由国务院农业农村主管部门会同国务院市场监督管理等部门制定。（2022 年9 月2 日修订）

第四十八条第二款　从事农产品质量安全检测的机构，应当具备相应的检测条件和能力，由省级以上人民政府农业农村主管部门或者其授权的部门考核合格。具体办法由国务院农业农村主管部门制定。（2022 年9 月2 日修订）

第五十九条第一款　国务院农业农村主管部门应当会同国务院有关部门制定国家农产品质量安全突发事件应急预案，并与国家食品安全事故应急预案相衔接。（2022 年9 月2 日修订）

132. 中华人民共和国农民专业合作社法（2006 年）

第十六条第五款　农民专业合作社登记办法由国务院规定。办理登记不得收取费用。

第三十九条　农民专业合作社应当按照国务院财政部门制定的财务会计制度进行财务管理和会计核算。

第五十二条　支持农民专业合作社发展的其他税收优惠政策，由国务院规定。

第五十三条　农民专业合作社接受国家财政直接补助形成的财产，在解散、破产清算时，不得作为可分配剩余资产分配给成员，具体按照国务院财政部门有关规定执行。

第六十六条第一款　国家政策性金融机构应当采取多种形式，为农民专业合作社提供多渠道的资金支持。具体支持政策由国务院规定。

第六十八条　农民专业合作社从事农产品初加工用电执行农业生产用电价格，农民专业合作社生产性配套辅助设施用地按农用地管理，具体办法由国务院有关部门规定。

133. 中华人民共和国企业所得税法（2007 年）

第二十条　本章规定的收入、扣除的具体范围、标准和资产的税务处理的具体办法，由国务院财政、税务主管部门规定。

第三十五条　本法规定的税收优惠的具体办法，由国务院规定。

第五十七条　法律设置的发展对外经济合作和技术交流的特定地区内，以及国务院已规定执行上述地区特殊政策的地区内新设立的国家需要重点扶持的高新技术企业，可以享受过渡性税收优惠，具体办法由国务院规定。

第五十九条　国务院根据本法制定实施条例。

134. 中华人民共和国突发事件应对法（2007 年）

第三条　突发事件的分级标准由国务院或者国务院确定的部门制定。

第九条　国务院和县级以上地方各级人民政府是突发事件应对工作的行政领导机关，其办事机构及具体职责由国务院规定。

第十七条　应急预案制定机关应当根据实际需要和情势变化，适时修订应急预案。应急预案的制定、修订程序由国务院规定。

第四十二条　预警级别的划分标准由国务院或者国务院确定的部门制定。

135. 中华人民共和国反垄断法（2007 年）

第九条　国务院反垄断委员会的组成和工作规则由国务院规定。

第十八条　禁止经营者与交易相对人达成下列垄断协议：

（一）固定向第三人转售商品的价格；

（二）限定向第三人转售商品的最低价格；

（三）国务院反垄断执法机构认定的其他垄断协议。

对前款第一项和第二项规定的协议，经营者能够证明其不具有排除、限制竞争效果的，不予禁止。

经营者能够证明其在相关市场的市场份额低于国务院反垄断执法机构规定的标准，并符合国务院反垄断执法机构规定的其他条件的，不予禁止。（2022 年 6 月 24 日修正）

136. 中华人民共和国劳动合同法（2007 年）

第六十六条第三款　用工单位应当严格控制劳务派遣用工数量，不得超过其用工总量的一定比例，具体比例由国务院劳动行政部门规定。

137. 中华人民共和国就业促进法（2007 年）

第十五条　就业专项资金的使用管理办法由国务院财政部门和劳动行政部门规定。

第五十一条　国家对从事涉及公共安全、人身健康、生命财产安全等特殊工种的劳动者，实行职业资格证书制度，具体办法由国务院规定。

第五十五条　用人单位应当按照国家规定安排残疾人就业，具体办法由国务院规定。

138. 中华人民共和国禁毒法（2007 年）

第二十五条　麻醉药品、精神药品和易制毒化学品管理的具体办法，由国务院规定。

第三十一条　吸毒成瘾的认定办法，由国务院卫生行政部门、药品监督管理部门、公安部门规定。

139. 中华人民共和国企业国有资产法（2008 年）

第九条　国家建立健全国有资产基础管理制度。具体办法按照国务院的规定制定。

第三十四条第二款　本法所称的重要的国有独资企业、国有独资公司和国有资本控股公司，按照国务院的规定确定。

第三十八条　国有独资企业、国有独资公司、国有资本控股公司对其所出资企业的重大事项参照本章规定履行出资人职责。具体办法由国务院规定。

第六十二条　国有资本经营预算管理的具体办法和实施步骤，由国务院规定，报全国人民代表大会常务委员会备案。

140. 中华人民共和国循环经济促进法（2008 年）

第十二条第一款　国务院循环经济发展综合管理部门会同国务院生态环境等有关主管部门编制全国循环经济发展规划，报国务院批准后公布施行。设区的市级以上地方人民政府循环经济发展综合管理部门会同本级人民政府生态环境等有关主管部门编制本行政区域循环经济发展规划，报本级人民政府批准后公布施行。

第十五条第四款　强制回收的产品和包装物的名录及管理办法，由国务院循环经济发展综合管理部门规定。

第十六条第三款　重点用水单位的监督管理办法，由国务院循环经济发展综合管理部门会同国务院有关部门规定。

第十七条第二款　国务院标准化主管部门会同国务院循环经济发展综合管理和生态环境等有关主管部门建立健全循环经济标准体系，制定和完善节能、节水、节材和废物再利用、资源化等标准。

第十九条第二款　对在拆解和处置过程中可能造成环境污染的电器电子等产品，不得设计使用国家禁止使用的有毒有害物质。禁止在电器电子等产品中使用的有毒有害物质名录，由国务院循环经济发展综合管理部门会同国务院生态环境等有关主管部门制定。

第二十八条　国家在保障产品安全和卫生的前提下，限制一次性消费品的生产和销售。具体名录由国务院循环经济发展综合管理部门会同国务院财政、生态环境等有关主管部门制定。

对列入前款规定名录中的一次性消费品的生产和销售，由国务院财政、税务和对外贸易等主管部门制定限制性的税收和出口等措施。

第三十八条 对废电器电子产品、报废机动车船、废轮胎、废铅酸电池等特定产品进行拆解或者再利用，应当符合有关法律、行政法规的规定。

第四十二条 国务院和省、自治区、直辖市人民政府设立发展循环经济的有关专项资金，支持循环经济的科技研究开发、循环经济技术和产品的示范与推广、重大循环经济项目的实施、发展循环经济的信息服务等。具体办法由国务院财政部门会同国务院循环经济发展综合管理等有关主管部门制定。

第四十四条第一款 国家对促进循环经济发展的产业活动给予税收优惠，并运用税收等措施鼓励进口先进的节能、节水、节材等技术、设备和产品，限制在生产过程中耗能高、污染重的产品的出口。具体办法由国务院财政、税务主管部门制定。

141. 中华人民共和国人民武装警察法（2009 年）

第六条 人民武装警察部队实行警衔制度，具体办法由国务院、中央军事委员会规定。

第八条第一款 调动、使用人民武装警察部队执行安全保卫任务，应当坚持严格审批、依法用警的原则。具体的批准权限和程序由国务院、中央军事委员会规定。

142. 中华人民共和国农村土地承包经营纠纷调解仲裁法（2009 年）

第五十一条 农村土地承包经营纠纷仲裁规则和农村土地承包仲裁委员会示范章程，由国务院农业、林业行政主管部门依照本法规定共同制定。

143. 中华人民共和国驻外外交人员法（2009 年）

第十五条 驻外外交人员的职务和外交衔级与公务员职务级别的对应关系另行规定。

第十八条第三款 驻外外交人员晋升职务和衔级的条件、期限另行规定。

第二十条第二款 驻外外交人员离任回国，其衔级相应终止。从事外交工作确有需要的，可以保留。具体办法由外交部会同国务院有关部门另行规定。

144. 中华人民共和国食品安全法（2009 年）

第五条第一款 国务院设立食品安全委员会，其工作职责由国务院规定。

第七十五条第二款 保健食品原料目录和允许保健食品声称的保健功能目录，由国务院食品药品监督管理部门会同国务院卫生行政部门、国家中医药管理部门制定、调整并公布。

第八十四条第二款 食品检验机构的资质认定条件和检验规范，由国务院食品药品监督管理部门规定。

第一百五十二条第一款、第二款、第三款、第四款 铁路、民航运营中食品安全的管理办法由国务院食品药品监督管理部门会同国务院有关部门依照本法制定。

保健食品的具体管理办法由国务院食品药品监督管理部门依照本法制定。

食品相关产品生产活动的具体管理办法由国务院质量监督部门依照本法制定。

国境口岸食品的监督管理由出入境检验检疫机构依照本法以及有关法律、行政法规的规定实施。

145. 中华人民共和国海岛保护法（2009 年）

第九条第一款 国务院海洋主管部门会同本级人民政府有关部门、军事机关，依据国民经济和社会发展规划、全国海洋功能区划，组织编制全国海岛保护规划，报国务院审批。

第十四条 国家建立完善海岛统计调查制度。国务院海洋主管部门会同有关部门拟定海岛综合统计调查计划，依法经批准后组织实施，并发布海岛统计调查公报。

第三十条第四款 无居民海岛开发利用审查批准的具体办法，由国务院规定。

第三十一条第二款 无居民海岛使用金征收使用管理办法，由国务院财政部门会同国务院海洋主管部门规定。

146. 中华人民共和国社会保险法（2010 年）

第十条第三款 公务员和参照公务员法管理的工作人员养老保险的办法由国务院规定。

第十九条 个人跨统筹地区就业的，其基本养老保险关系随本人转移，缴费年限累计计算。个人达到法定退休年龄时，基本养老金分段计算、统一支付。具体办法由国务院规定。

第二十四条第二款 新型农村合作医疗的管理办法，由国务院规定。

第五十九条第二款 社会保险费实行统一征收，实施步骤和具体办法由国务院规定。

第六十四条第三款 基本养老保险基金逐步实行全国统筹，其他社会保险基金逐步实行省级统筹，具体时间、步骤由国务院规定。

第六十七条　社会保险基金预算、决算草案的编制、审核和批准，依照法律和国务院规定执行。

第六十八条　社会保险基金存入财政专户，具体管理办法由国务院规定。

第六十九条第一款　社会保险基金在保证安全的前提下，按照国务院规定投资运营实现保值增值。

147. 中华人民共和国石油天然气管道保护法（2010 年）

第六十条　国务院可以根据海上石油、天然气管道的具体情况，制定海上石油、天然气管道保护的特别规定。

148. 中华人民共和国国防动员法（2010 年）

第十七条　各级国防动员计划和国防动员实施预案的编制和审批，按照国家有关规定执行。

第三十四条　承担战略物资储备任务的单位，应当按照国家有关规定和标准对储备物资进行保管和维护，定期调整更换，保证储备物资的使用效能和安全。

国家按照有关规定对承担战略物资储备任务的单位给予补贴。

第四十三条第一款　国家建立军事、经济、社会目标和首脑机关分级防护制度。分级防护标准由国务院、中央军事委员会规定。

149. 中华人民共和国车船税法（2011 年）

第二条第二款　车辆的具体适用税额由省、自治区、直辖市人民政府依照本法所附《车船税税目税额表》规定的税额幅度和国务院的规定确定。

第二条第三款　船舶的具体适用税额由国务院在本法所附《车船税税目税额表》规定的税额幅度内确定。

第四条　对节约能源、使用新能源的车船可以减征或者免征车船税；对受严重自然灾害影响纳税困难以及有其他特殊原因确需减税、免税的，可以减征或者免征车船税。具体办法由国务院规定，并报全国人民代表大会常务委员会备案。

第十二条　国务院根据本法制定实施条例。

150. 中华人民共和国非物质文化遗产法（2011 年）

第十五条　境外组织或者个人在中华人民共和国境内进行非物质文化遗产调查，应当报经省、自治区、直辖市人民政府文化主管部门批准；调查在两个以上省、自治区、直辖市行政区域进行的，应当报经国务院文化主管部门批准；调查结束后，应当向批准调查的文化主管部门提交调查报告和调查中取得的实物图片、资料复制件。

境外组织在中华人民共和国境内进行非物质文化遗产调查，应当与境内非物质文化遗产学术研究机构合作进行。

151. 中华人民共和国军人保险法（2012 年）

第九条　军人死亡和残疾的性质认定、残疾等级评定和相应的保险金标准，按照国家和军队有关规定执行。

第十四条　军人退役养老保险补助标准，由中国人民解放军总后勤部会同国务院有关部门，按照国家规定的基本养老保险缴费标准、军人工资水平等因素拟订，报国务院、中央军事委员会批准。

第十六条　军人退出现役后参加职工基本养老保险的，由军队后勤（联勤）机关财务部门将军人退役养老保险关系和相应资金转入地方社会保险经办机构，地方社会保险经办机构办理相应的转移接续手续。

军人服现役年限与入伍前和退出现役后参加职工基本养老保险的缴费年限合并计算。

第十七条　军人退出现役后参加新型农村社会养老保险或者城镇居民社会养老保险的，按照国家有关规定办理转移接续手续。

第十八条　军人退出现役到公务员岗位或者参照公务员法管理的工作人员岗位的，以及现役军官、文职干部退出现役自主择业的，其养老保险办法按照国家有关规定执行。

第十九条　军人退出现役采取退休方式安置的，其养老办法按照国务院和中央军事委员会的有关规定执行。

第二十三条　军人退出现役后参加职工基本医疗保险的，由军队后勤（联勤）机关财务部门将军人退役医疗保险关系和相应资金转入地方社会保险经办机构，地方社会保险经办机构办理相应的转移接续手续。

军人服现役年限视同职工基本医疗保险缴费年限，与入伍前和退出现役后参加职工基本医疗保险的缴费年限合并计算。

第二十四条　军人退出现役后参加新型农村合作医疗或者城镇居民基本医疗保险的，按照国家有关规定办理。

第二十五条第二款　随军未就业的军人配偶保险个人缴费标准和国家补助标准，按照国家有关规定执行。

第二十七条　随军未就业的军人配偶实现就业或者军人退出现役时，由军队后勤（联勤）机关财务部门将其养老保险、医疗保险关系和相应资金转入地方社会保险经办机构，地方社会保险经办机构办理相应的转移接续手续。

军人配偶在随军未就业期间的养老保险、医疗保险缴费年限与其在地方参加职工基本养老保险、职工基本医疗保险的缴费年限合并计算。

第二十八条 随军未就业的军人配偶达到国家规定的退休年龄时，按照国家有关规定确定退休地，由军队后勤（联勤）机关财务部门将其养老保险关系和相应资金转入退休地社会保险经办机构，享受相应的基本养老保险待遇。

第三十五条 军人保险基金实行专户存储，具体管理办法按照国家和军队有关规定执行。

152. 中华人民共和国出境入境管理法（2012 年）

第十条 中国公民往来内地与香港特别行政区、澳门特别行政区，中国公民往来大陆与台湾地区，应当依法申请办理通行证件，并遵守本法有关规定。具体管理办法由国务院规定。

第十六条第二款 对因外交、公务事由入境的外国人，签发外交、公务签证；对因身份特殊需要给予礼遇的外国人，签发礼遇签证。外交签证、礼遇签证、公务签证的签发范围和签发办法由外交部规定。

第十六条第三款 对因工作、学习、探亲、旅游、商务活动、人才引进等非外交、公务事由入境的外国人，签发相应类别的普通签证。普通签证的类别和签发办法由国务院规定。

第四十一条第二款 外国人在中国境内工作管理办法由国务院规定。

第四十二条 国务院人力资源社会保障主管部门、外国专家主管部门会同国务院有关部门根据经济社会发展需要和人力资源供求状况制定并定期调整外国人在中国境内工作指导目录。

国务院教育主管部门会同国务院有关部门建立外国留学生勤工助学管理制度，对外国留学生勤工助学的岗位范围和时限作出规定。

第四十七条 外国人在中国境内永久居留的审批管理办法由公安部、外交部会同国务院有关部门规定。

153. 中华人民共和国精神卫生法（2012 年）

第二十四条第一款 国务院卫生行政部门建立精神卫生监测网络，实行严重精神障碍发病报告制度，组织开展精神障碍发生状况、发展趋势等的监测和专题调查工作。精神卫生监测和严重精神障碍发病报告管理办法，由国务院卫生行政部门制定。

第二十六条第二款　精神障碍分类、诊断标准和治疗规范，由国务院卫生行政部门组织制定。

第五十一条　心理治疗活动应当在医疗机构内开展。专门从事心理治疗的人员不得从事精神障碍的诊断，不得为精神障碍患者开具处方或者提供外科治疗。心理治疗的技术规范由国务院卫生行政部门制定。

第八十四条　军队的精神卫生工作，由国务院和中央军事委员会依据本法制定管理办法。

154. 中华人民共和国旅游法（2013 年）

第二十九条　旅行社可以经营下列业务：

（一）境内旅游；

（二）出境旅游；

（三）边境旅游；

（四）入境旅游；

（五）其他旅游业务。

旅行社经营前款第二项和第三项业务，应当取得相应的业务经营许可，具体条件由国务院规定。

第三十一条　旅行社应当按照规定交纳旅游服务质量保证金，用于旅游者权益损害赔偿和垫付旅游者人身安全遇有危险时紧急救助的费用。

第五十六条　国家根据旅游活动的风险程度，对旅行社、住宿、旅游交通以及本法第四十七条规定的高风险旅游项目等经营者实施责任保险制度。

第七十七条　国家建立旅游目的地安全风险提示制度。旅游目的地安全风险提示的级别划分和实施程序，由国务院旅游主管部门会同有关部门制定。

县级以上人民政府及其有关部门应当将旅游安全作为突发事件监测和评估的重要内容。

155. 中华人民共和国特种设备安全法（2013 年）

第二条　特种设备的生产（包括设计、制造、安装、改造、修理）、经营、使用、检验、检测和特种设备安全的监督管理，适用本法。

本法所称特种设备，是指对人身和财产安全有较大危险性的锅炉、压力容器（含气瓶）、压力管道、电梯、起重机械、客运索道、大型游乐设施、场（厂）内专用机动车辆，以及法律、行政法规规定适用本法的其他特种设备。

国家对特种设备实行目录管理。特种设备目录由国务院负责特种设备安全监督管理的部门制定，报国务院批准后执行。

第八条　特种设备生产、经营、使用、检验、检测应当遵守有关特种设备安全技术规范及相关标准。

特种设备安全技术规范由国务院负责特种设备安全监督管理的部门制定。

156. 中华人民共和国慈善法（2016 年）

第二十条　慈善组织的组织形式、登记管理的具体办法由国务院制定。

第五十四条　慈善组织为实现财产保值、增值进行投资的，应当遵循合法、安全、有效的原则，投资取得的收益应当全部用于慈善目的。慈善组织的重大投资方案应当经决策机构组成人员三分之二以上同意。政府资助的财产和捐赠协议约定不得投资的财产，不得用于投资。慈善组织的负责人和工作人员不得在慈善组织投资的企业兼职或者领取报酬。

前款规定事项的具体办法，由国务院民政部门制定。

第六十条第二款　具有公开募捐资格的基金会以外的慈善组织开展慈善活动的年度支出和管理费用的标准，由国务院民政部门会同国务院财政、税务等部门依照前款规定的原则制定。

157. 中华人民共和国境外非政府组织境内活动管理法（2016 年）

第十一条　境外非政府组织申请登记设立代表机构，应当经业务主管单位同意。

业务主管单位的名录由国务院公安部门和省级人民政府公安机关会同有关部门公布。

第三十四条　国务院公安部门和省级人民政府公安机关会同有关部门制定境外非政府组织活动领域和项目目录，公布业务主管单位名录，为境外非政府组织开展活动提供指引。

158. 中华人民共和国资产评估法（2016 年）

第九条第一款　有关全国性评估行业协会按照国家规定组织实施评估师资格全国统一考试。

第三十九条　国务院有关评估行政管理部门组织制定评估基本准则和评估行业监督管理办法。

159. 中华人民共和国国防交通法（2016 年）

第三十九条　公民和组织完成国防运输任务所发生的费用，由使用单位按照不低于市场价格的原则支付。具体办法由国务院财政部门、交通主管部门和中央军事委员会后勤保障部规定。

第五十一条第三款　国防交通储备物资的品种由国家国防交通主管机构会同国务院有关部门和军队有关部门规定。

160. 中华人民共和国网络安全法（2016 年）

第二十三条　网络关键设备和网络安全专用产品应当按照相关国家标准的强制性要求，由具备资格的机构安全认证合格或者安全检测符合要求后，方可销售或者提供。国家网信部门会同国务院有关部门制定、公布网络关键设备和网络安全专用产品目录，并推动安全认证和安全检测结果互认，避免重复认证、检测。

第三十一条第一款　国家对公共通信和信息服务、能源、交通、水利、金融、公共服务、电子政务等重要行业和领域，以及其他一旦遭到破坏、丧失功能或者数据泄露，可能严重危害国家安全、国计民生、公共利益的关键信息基础设施，在网络安全等级保护制度的基础上，实行重点保护。关键信息基础设施的具体范围和安全保护办法由国务院制定。

第三十五条　关键信息基础设施的运营者采购网络产品和服务，可能影响国家安全的，应当通过国家网信部门会同国务院有关部门组织的国家安全审查。

161. 中华人民共和国电影产业促进法（2016 年）

第十三条第二款　电影剧本梗概或者电影剧本符合本法第十六条规定的，由国务院电影主管部门将拟摄制电影的基本情况予以公告，并由国务院电影主管部门或者省、自治区、直辖市人民政府电影主管部门出具备案证明文件或者颁发批准文件。具体办法由国务院电影主管部门制定。

第十七条第三款　国务院电影主管部门应当根据本法制定完善电影审查的具体标准和程序，并向社会公布。制定完善电影审查的具体标准应当向社会公开征求意见，并组织专家进行论证。

第十八条第二款　前款规定的评审专家包括专家库中的专家和根据电影题材特别聘请的专家。专家遴选和评审的具体办法由国务院电影主管部门制定。

第三十八条　国家实施必要的税收优惠政策，促进电影产业发展，具体办法由国务院财税主管部门依照税收法律、行政法规的规定制定。

第五十七条第一款　县级以上人民政府电影主管部门及其工作人员应当严格依照本法规定的处罚种类和幅度，根据违法行为的性质和具体情节行使行政处罚权，具体办法由国务院电影主管部门制定。

162. 中华人民共和国中医药法（2016 年）

第十四条第二款　举办中医诊所的，将诊所的名称、地址、诊疗范围、人员配备情况等报所在地县级人民政府中医药主管部门备案后即可开展执业活动。中医诊所应当将本诊所的诊疗范围、中医医师的姓名及其执业范围在诊所的明显位置公示，不得超出备案范围开展医疗活动。具体办法由国务院中医药主管部门拟订，报国务院卫生行政部门审核、发布。

第十五条第二款　以师承方式学习中医或者经多年实践，医术确有专长的人员，由至少两名中医医师推荐，经省、自治区、直辖市人民政府中医药主管部门组织实践技能和效果考核合格后，即可取得中医医师资格；按照考核内容进行执业注册后，即可在注册的执业范围内，以个人开业的方式或者在医疗机构内从事中医医疗活动。国务院中医药主管部门应当根据中医药技术方法的安全风险拟订本款规定人员的分类考核办法，报国务院卫生行政部门审核、发布。

第二十一条　国家制定中药材种植养殖、采集、贮存和初加工的技术规范、标准，加强对中药材生产流通全过程的质量监督管理，保障中药材质量安全。

第三十条第一款　生产符合国家规定条件的来源于古代经典名方的中药复方制剂，在申请药品批准文号时，可以仅提供非临床安全性研究资料。具体管理办法由国务院药品监督管理部门会同中医药主管部门制定。

第三十条第二款　前款所称古代经典名方，是指至今仍广泛应用、疗效确切、具有明显特色与优势的古代中医典籍所记载的方剂。具体目录由国务院中医药主管部门会同药品监督管理部门制定。

第四十四条　国家发展中医养生保健服务，支持社会力量举办规范的中医养生保健机构。中医养生保健服务规范、标准由国务院中医药主管部门制定。

第五十条第二款　中医药国家标准、行业标准由国务院有关部门依据职责制定或者修订，并在其网站上公布，供公众免费查阅。

163. 中华人民共和国公共文化服务保障法（2016 年）

第五条第一款　国务院根据公民基本文化需求和经济社会发展水平，制定并调整国家基本公共文化服务指导标准。

第四十一条　国务院和省、自治区、直辖市人民政府制定政府购买公共文化服务的指导性意见和目录。国务院有关部门和县级以上地方人民政府应当根据指导性意见和目录，结合实际情况，确定购买的具体项目和内容，及时向社会公布。

164. 中华人民共和国环境保护税法（2016 年）

第十条第三项　因排放污染物种类多等原因不具备检测条件的，按照国务院环境保护主管部门规定的排污系数、物料衡算方法计算。

第二十二条　纳税人从事海洋工程向中华人民共和国管辖海域排放应税大气污染物、水污染物或者固体废物，申报缴纳环境保护税的具体办法，由国务院税务主管部门会同国务院海洋主管部门规定。

165. 中华人民共和国核安全法（2017 年）

第三十五条第一款　国家建立核设施营运单位核安全报告制度，具体办法由国务院有关部门制定。

第四十八条第二款　核设施营运单位应当预提核设施退役费用、放射性废物处置费用，列入投资概算、生产成本，专门用于核设施退役、放射性废物处置。具体办法由国务院财政部门、价格主管部门会同国务院核安全监督管理部门、核工业主管部门和能源主管部门制定。

第五十七条　国家建立核事故应急准备金制度，保障核事故应急准备与响应工作所需经费。核事故应急准备金管理办法，由国务院制定。

第六十四条　核设施营运单位应当公开本单位核安全管理制度和相关文件、核设施安全状况、流出物和周围环境辐射监测数据、年度核安全报告等信息。具体办法由国务院核安全监督管理部门制定。

第九十二条　军工、军事核安全，由国务院、中央军事委员会依照本法规定的原则另行规定。

166. 中华人民共和国国歌法（2017 年）

第九条第一款　外交活动中奏唱国歌的场合和礼仪，由外交部规定。

第十条第四款　国歌标准演奏曲谱、国歌官方录音版本由国务院确定的部门组织审定、录制，并在中国人大网和中国政府网上发布。

167. 中华人民共和国公共图书馆法（2017 年）

第二十六条　出版单位应当按照国家有关规定向国家图书馆和所在地省级公共图书馆交存正式出版物。

第二十八条　公共图书馆应当妥善保存馆藏文献信息，不得随意处置；确需处置的，应当遵守国务院文化主管部门有关处置文献信息的规定。

公共图书馆应当配备防火、防盗等设施，并按照国家有关规定和标准对古籍和其他珍贵、易损文献信息采取专门的保护措施，确保安全。

第四十七条 国务院文化主管部门和省、自治区、直辖市人民政府文化主管部门应当制定公共图书馆服务规范，对公共图书馆的服务质量和水平进行考核。考核应当吸收社会公众参与。考核结果应当向社会公布，并作为对公共图书馆给予补贴或者奖励等的依据。

168. 中华人民共和国人民陪审员法（2018 年）

第三十一条 人民陪审员因参加审判活动应当享受的补助，人民法院和司法行政机关为实施人民陪审员制度所必需的开支，列入人民法院和司法行政机关业务经费，由相应政府财政予以保障。具体办法由最高人民法院、国务院司法行政部门会同国务院财政部门制定。（2018 年 4 月 27 日通过）

169. 中华人民共和国土壤污染防治法（2018 年）

第十二条第一款 国务院生态环境主管部门根据土壤污染状况、公众健康风险、生态风险和科学技术水平，并按照土地用途，制定国家土壤污染风险管控标准，加强土壤污染防治标准体系建设。（2018 年 8 月 31 日通过）

第十五条第二款 国务院生态环境主管部门制定土壤环境监测规范，会同国务院农业农村、自然资源、住房城乡建设、水利、卫生健康、林业草原等主管部门组织监测网络，统一规划国家土壤环境监测站（点）的设置。（2018 年 8 月 31 日通过）

第二十条 国务院生态环境主管部门应当会同国务院卫生健康等主管部门，根据对公众健康、生态环境的危害和影响程度，对土壤中有毒有害物质进行筛查评估，公布重点控制的土壤有毒有害物质名录，并适时更新。（2018 年 8 月 31 日通过）

第二十一条第一款 设区的市级以上地方人民政府生态环境主管部门应当按照国务院生态环境主管部门的规定，根据有毒有害物质排放等情况，制定本行政区域土壤污染重点监管单位名录，向社会公开并适时更新。（2018 年 8 月 31 日通过）

第三十条第二款 农业投入品生产者、销售者和使用者应当及时回收农药、肥料等农业投入品的包装废弃物和农用薄膜，并将农药包装废弃物交由专门的机构或者组织进行无害化处理。具体办法由国务院农业农村主管部门会同国务院生态环境等主管部门制定。（2018 年 8 月 31 日通过）

第四十八条 土壤污染责任人不明确或者存在争议的，农用地由地方人民政府农业农村、林业草原主管部门会同生态环境、自然资源主管部门认定，建设用地由地方人民政府生态环境主管部门会同自然资源主管部门认定。认定办法由国务院生态环境主管部门会同有关部门制定。（2018 年 8 月 31 日通过）

第六十条　对土壤污染状况调查报告评审表明污染物含量超过土壤污染风险管控标准的建设用地地块，土壤污染责任人、土地使用权人应当按照国务院生态环境主管部门的规定进行土壤污染风险评估，并将土壤污染风险评估报告报省级人民政府生态环境主管部门。（2018 年 8 月 31 日通过）

第六十一条第一款　省级人民政府生态环境主管部门应当会同自然资源等主管部门按照国务院生态环境主管部门的规定，对土壤污染风险评估报告组织评审，及时将需要实施风险管控、修复的地块纳入建设用地土壤污染风险管控和修复名录，并定期向国务院生态环境主管部门报告。（2018 年 8 月 31 日通过）

第七十一条第三款　土壤污染防治基金的具体管理办法，由国务院财政主管部门会同国务院生态环境、农业农村、自然资源、住房城乡建设、林业草原等主管部门制定。（2018 年 8 月 31 日通过）

170. 中华人民共和国电子商务法（2018 年）

第十条　电子商务经营者应当依法办理市场主体登记。但是，个人销售自产农副产品、家庭手工业产品，个人利用自己的技能从事依法无须取得许可的便民劳务活动和零星小额交易活动，以及依照法律、行政法规不需要进行登记的除外。（2018 年 8 月 31 日通过）

第十一条第二款　依照前条规定不需要办理市场主体登记的电子商务经营者在首次纳税义务发生后，应当依照税收征收管理法律、行政法规的规定申请办理税务登记，并如实申报纳税。（2018 年 8 月 31 日通过）

171. 中华人民共和国消防救援衔条例（2018 年）

第二十七条　消防救援衔标志式样和佩带办法，由国务院制定。（2018 年 10 月 26 日通过）

172. 中华人民共和国外商投资法（2019 年）

第二条　在中华人民共和国境内（以下简称中国境内）的外商投资，适用本法。

本法所称外商投资，是指外国的自然人、企业或者其他组织（以下称外国投资者）直接或者间接在中国境内进行的投资活动，包括下列情形：

（一）外国投资者单独或者与其他投资者共同在中国境内设立外商投资企业；

（二）外国投资者取得中国境内企业的股份、股权、财产份额或者其他类似权益；

（三）外国投资者单独或者与其他投资者共同在中国境内投资新建项目；

（四）法律、行政法规或者国务院规定的其他方式的投资。

本法所称外商投资企业，是指全部或者部分由外国投资者投资，依照中国法律在中国境内经登记注册设立的企业。（2019 年 3 月 15 日通过）

第四条　国家对外商投资实行准入前国民待遇加负面清单管理制度。

前款所称准入前国民待遇，是指在投资准入阶段给予外国投资者及其投资不低于本国投资者及其投资的待遇；所称负面清单，是指国家规定在特定领域对外商投资实施的准入特别管理措施。国家对负面清单之外的外商投资，给予国民待遇。

负面清单由国务院发布或者批准发布。

中华人民共和国缔结或者参加的国际条约、协定对外国投资者准入待遇有更优惠规定的，可以按照相关规定执行。（2019 年 3 月 15 日通过）

第二十六条　国家建立外商投资企业投诉工作机制，及时处理外商投资企业或者其投资者反映的问题，协调完善相关政策措施。

外商投资企业或者其投资者认为行政机关及其工作人员的行政行为侵犯其合法权益的，可以通过外商投资企业投诉工作机制申请协调解决。

外商投资企业或者其投资者认为行政机关及其工作人员的行政行为侵犯其合法权益的，除依照前款规定通过外商投资企业投诉工作机制申请协调解决外，还可以依法申请行政复议、提起行政诉讼。（2019 年 3 月 15 日通过）

第三十四条　国家建立外商投资信息报告制度。外国投资者或者外商投资企业应当通过企业登记系统以及企业信用信息公示系统向商务主管部门报送投资信息。

外商投资信息报告的内容和范围按照确有必要的原则确定；通过部门信息共享能够获得的投资信息，不得再行要求报送。（2019 年 3 月 15 日通过）

第三十五条　国家建立外商投资安全审查制度，对影响或者可能影响国家安全的外商投资进行安全审查。

依法作出的安全审查决定为最终决定。（2019 年 3 月 15 日通过）

第四十二条　本法自 2020 年 1 月 1 日起施行。《中华人民共和国中外合资经营企业法》、《中华人民共和国外资企业法》、《中华人民共和国中外合作经营企业法》同时废止。

本法施行前依照《中华人民共和国中外合资经营企业法》、《中华人民共和国外资企业法》、《中华人民共和国中外合作经营企业法》设立的外商投资企业，在本法施行后五年内可以继续保留原企业组织形式等。具体实施办法由国务院规定。(2019 年 3 月 15 日通过)

173. 中华人民共和国疫苗管理法（2019 年）

第十条第二款　国务院药品监督管理部门会同国务院卫生健康主管部门制定统一的疫苗追溯标准和规范，建立全国疫苗电子追溯协同平台，整合疫苗生产、流通和预防接种全过程追溯信息，实现疫苗可追溯。(2019 年 6 月 29 日通过)

第十六条第二款　疫苗临床试验应当由符合国务院药品监督管理部门和国务院卫生健康主管部门规定条件的三级医疗机构或者省级以上疾病预防控制机构实施或者组织实施。(2019 年 6 月 29 日通过)

第三十六条第三款　疾病预防控制机构配送非免疫规划疫苗可以收取储存、运输费用，具体办法由国务院财政部门会同国务院价格主管部门制定，收费标准由省、自治区、直辖市人民政府价格主管部门会同财政部门制定。(2019 年 6 月 29 日通过)

第三十七条第三款　疫苗储存、运输管理规范由国务院药品监督管理部门、国务院卫生健康主管部门共同制定。(2019 年 6 月 29 日通过)

第四十条　疾病预防控制机构、接种单位应当建立疫苗定期检查制度，对存在包装无法识别、储存温度不符合要求、超过有效期等问题的疫苗，采取隔离存放、设置警示标志等措施，并按照国务院药品监督管理部门、卫生健康主管部门、生态环境主管部门的规定处置。疾病预防控制机构、接种单位应当如实记录处置情况，处置记录应当保存至疫苗有效期满后不少于五年备查。(2019 年 6 月 29 日通过)

第四十一条第一款　国务院卫生健康主管部门制定国家免疫规划；国家免疫规划疫苗种类由国务院卫生健康主管部门会同国务院财政部门拟订，报国务院批准后公布。(2019 年 6 月 29 日通过)

第四十二条第一款、第二款　国务院卫生健康主管部门应当制定、公布预防接种工作规范，强化预防接种规范化管理。

国务院卫生健康主管部门应当制定、公布国家免疫规划疫苗的免疫程序和非免疫规划疫苗的使用指导原则。(2019 年 6 月 29 日通过)

第四十七条第三款　预防接种证的格式由国务院卫生健康主管部门规定。(2019 年 6 月 29 日通过)

第四十八条第二款　儿童入托、入学预防接种证查验办法由国务院卫生健康主管部门会同国务院教育行政部门制定。(2019 年 6 月 29 日通过)

第五十三条　国家加强预防接种异常反应监测。预防接种异常反应监测方案由国务院卫生健康主管部门会同国务院药品监督管理部门制定。(2019 年 6 月 29 日通过)

第五十五条第一款　对疑似预防接种异常反应，疾病预防控制机构应当按照规定及时报告，组织调查、诊断，并将调查、诊断结论告知受种者或者其监护人。对调查、诊断结论有争议的，可以根据国务院卫生健康主管部门制定的鉴定办法申请鉴定。(2019 年 6 月 29 日通过)

第五十六条第三款　预防接种异常反应补偿应当及时、便民、合理。预防接种异常反应补偿范围、标准、程序由国务院规定，省、自治区、直辖市制定具体实施办法。(2019 年 6 月 29 日通过)

第五十八条第二款　生产工艺、生产场地、关键设备等发生变更的，应当进行评估、验证，按照国务院药品监督管理部门有关变更管理的规定备案或者报告；变更可能影响疫苗安全性、有效性和质量可控性的，应当经国务院药品监督管理部门批准。(2019 年 6 月 29 日通过)

第六十八条第三款　疫苗责任强制保险制度的具体实施办法，由国务院药品监督管理部门会同国务院卫生健康主管部门、保险监督管理机构等制定。(2019 年 6 月 29 日通过)

第七十八条第一款　县级以上人民政府应当制定疫苗安全事件应急预案，对疫苗安全事件分级、处置组织指挥体系与职责、预防预警机制、处置程序、应急保障措施等作出规定。(2019 年 6 月 29 日通过)

第九十九条　出入境预防接种及所需疫苗的采购，由国境卫生检疫机关商国务院财政部门另行规定。(2019 年 6 月 29 日通过)

174. 中华人民共和国密码法（2019 年）

第二十八条第一款　国务院商务主管部门、国家密码管理部门依法对涉及国家安全、社会公共利益且具有加密保护功能的商用密码实施进口许可，对涉及国家安全、社会公共利益或者中国承担国际义务的商用密码实施出口管制。商用密码进口许可清单和出口管制清单由国务院商务主管部门会同国家密码管理部门和海关总署制定并公布。(2019 年 10 月 26 日通过)

175. 中华人民共和国基本医疗卫生与健康促进法（2019 年）

第十六条第二款　国家基本公共卫生服务项目由国务院卫生健康主管部

门会同国务院财政部门、中医药主管部门等共同确定。（2019 年 12 月 28 日通过）

第三十八条第三款　各级各类医疗卫生机构的具体条件和配置应当符合国务院卫生健康主管部门制定的医疗卫生机构标准。（2019 年 12 月 28 日通过）

第八十五条第一款　基本医疗保险基金支付范围由国务院医疗保障主管部门组织制定，并应当听取国务院卫生健康主管部门、中医药主管部门、药品监督管理部门、财政部门等的意见。（2019 年 12 月 28 日通过）

176. 中华人民共和国社区矫正法（2019 年）

第二十三条　社区矫正对象在社区矫正期间应当遵守法律、行政法规，履行判决、裁定、暂予监外执行决定等法律文书确定的义务，遵守国务院司法行政部门关于报告、会客、外出、迁居、保外就医等监督管理规定，服从社区矫正机构的管理。（2019 年 12 月 28 日通过）

177. 中华人民共和国公职人员政务处分法（2020 年）

第六十五条　国务院及其相关主管部门根据本法的原则和精神，结合事业单位、国有企业等的实际情况，对事业单位、国有企业等的违法的公职人员处分事宜作出具体规定。（2020 年 6 月 20 日通过）

178. 中华人民共和国城市维护建设税法（2020 年）

第二条第三款　城市维护建设税计税依据的具体确定办法，由国务院依据本法和有关税收法律、行政法规规定，报全国人民代表大会常务委员会备案。（2020 年 8 月 11 日通过）

179. 全国人民代表大会常务委员会关于授权国务院在粤港澳大湾区内地九市开展香港法律执业者和澳门执业律师取得内地执业资质和从事律师职业试点工作的决定（2020 年）

具体试点办法由国务院制定，报全国人民代表大会常务委员会备案。（2020 年 8 月 11 日通过）

180. 中华人民共和国生物安全法（2020 年）

第十八条　国家建立生物安全名录和清单制度。国务院及其有关部门根据生物安全工作需要，对涉及生物安全的材料、设备、技术、活动、重要生物资源数据、传染病、动植物疫病、外来入侵物种等制定、公布名录或者清单，并动态调整。（2020 年 10 月 17 日通过）

第十九条第一款　国家建立生物安全标准制度。国务院标准化主管部门

和国务院其他有关部门根据职责分工，制定和完善生物安全领域相关标准。（2020 年 10 月 17 日通过）

第二十一条第二款 国务院有关部门应当组织制定相关领域、行业生物安全事件应急预案，根据应急预案和统一部署开展应急演练、应急处置、应急救援和事后恢复等工作。（2020 年 10 月 17 日通过）

第三十三条第三款 国务院卫生健康、农业农村、林业草原、生态环境等主管部门和药品监督管理部门应当根据职责分工，评估抗微生物药物残留对人体健康、环境的危害，建立抗微生物药物污染物指标评价体系。（2020 年 10 月 17 日通过）

第三十六条第二款 生物技术研究、开发活动风险分类标准及名录由国务院科学技术、卫生健康、农业农村等主管部门根据职责分工，会同国务院其他有关部门制定、调整并公布。（2020 年 10 月 17 日通过）

第三十七条第一款 从事生物技术研究、开发活动，应当遵守国家生物技术研究开发安全管理规范。（2020 年 10 月 17 日通过）

第四十三条第二款 从事高致病性或者疑似高致病性病原微生物样本采集、保藏、运输活动，应当具备相应条件，符合生物安全管理规范。具体办法由国务院卫生健康、农业农村主管部门制定。（2020 年 10 月 17 日通过）

第五十四条第二款、第三款 国务院科学技术主管部门组织开展我国人类遗传资源调查，制定重要遗传家系和特定地区人类遗传资源申报登记办法。

国务院科学技术、自然资源、生态环境、卫生健康、农业农村、林业草原、中医药主管部门根据职责分工，组织开展生物资源调查，制定重要生物资源申报登记办法。（2020 年 10 月 17 日通过）

第六十条第一款 国家加强对外来物种入侵的防范和应对，保护生物多样性。国务院农业农村主管部门会同国务院其他有关部门制定外来入侵物种名录和管理办法。（2020 年 10 月 17 日通过）

第六十二条 国务院有关部门制定、修改、公布可被用于生物恐怖活动、制造生物武器的生物体、生物毒素、设备或者技术清单，加强监管，防止其被用于制造生物武器或者恐怖目的。（2020 年 10 月 17 日通过）

181. 中华人民共和国出口管制法（2020 年）

第十四条 出口经营者建立出口管制内部合规制度，且运行情况良好的，国家出口管制管理部门可以对其出口有关管制物项给予通用许可等便利。具体办法由国家出口管制管理部门规定。（2020 年 10 月 17 日通过）

第二十六条　军品出口经营者应当委托经批准的军品出口运输企业办理军品出口运输及相关业务。具体办法由国家军品出口管制管理部门会同有关部门规定。（2020 年 10 月 17 日通过）

182. 中华人民共和国退役军人保障法（2020 年）

第十五条第二款　退役军人优待证全国统一制发、统一编号，管理使用办法由国务院退役军人工作主管部门会同有关部门制定。（2020 年 11 月 11 日通过）

第三十条　军人退役安置的具体办法由国务院、中央军事委员会制定。（2020 年 11 月 11 日通过）

第六十四条　国家统筹规划烈士纪念设施建设，通过组织开展英雄烈士祭扫纪念活动等多种形式，弘扬英雄烈士精神。退役军人工作主管部门负责烈士纪念设施的修缮、保护和管理。

国家推进军人公墓建设。符合条件的退役军人去世的，可以安葬在军人公墓。（2020 年 11 月 11 日通过）

第八十三条第二款　参战退役军人、参试退役军人的范围和认定标准、认定程序，由中央军事委员会有关部门会同国务院退役工作主管部门等部门规定。（2020 年 11 月 11 日通过）

183. 中华人民共和国长江保护法（2020 年）

第七条　国务院生态环境、自然资源、水行政、农业农村和标准化等有关主管部门按照职责分工，建立健全长江流域水环境质量和污染物排放、生态环境修复、水资源节约集约利用、生态流量、生物多样性保护、水产养殖、防灾减灾等标准体系。（2020 年 12 月 26 日通过）

第十八条第二款、第三款　国务院发展改革部门会同国务院有关部门编制长江流域发展规划，科学统筹长江流域上下游、左右岸、干支流生态环境保护和绿色发展，报国务院批准后实施。

长江流域水资源规划、生态环境保护规划等依照有关法律、行政法规的规定编制。（2020 年 12 月 26 日通过）

第十九条第一款　国务院自然资源主管部门会同国务院有关部门组织编制长江流域国土空间规划，科学有序统筹安排长江流域生态、农业、城镇等功能空间，划定生态保护红线、永久基本农田、城镇开发边界，优化国土空间结构和布局，统领长江流域国土空间利用任务，报国务院批准后实施。涉及长江流域国土空间利用的专项规划应当与长江流域国土空间规划相衔接。

（2020 年 12 月 26 日通过）

第二十一条第二款 国务院生态环境主管部门根据水环境质量改善目标和水污染防治要求，确定长江流域各省级行政区域重点污染物排放总量控制指标。长江流域水质超标的水功能区，应当实施更严格的污染物排放总量削减要求。企业事业单位应当按照要求，采取污染物排放总量控制措施。（2020 年 12 月 26 日通过）

第二十六条第一款 国家对长江流域河湖岸线实施特殊管制。国家长江流域协调机制统筹协调国务院自然资源、水行政、生态环境、住房和城乡建设、农业农村、交通运输、林业和草原等部门和长江流域省级人民政府划定河湖岸线保护范围，制定河湖岸线保护规划，严格控制岸线开发建设，促进岸线合理高效利用。（2020 年 12 月 26 日通过）

第三十条第一款 国务院水行政主管部门有关流域管理机构商长江流域省级人民政府依法制定跨省河流水量分配方案，报国务院或者国务院授权的部门批准后实施。制定长江流域跨省河流水量分配方案应当征求国务院有关部门的意见。长江流域省级人民政府水行政主管部门制定本行政区域的长江流域水量分配方案，报本级人民政府批准后实施。（2020 年 12 月 26 日通过）

第三十四条 国家加强长江流域饮用水水源地保护。国务院水行政主管部门会同国务院有关部门制定长江流域饮用水水源地名录。长江流域省级人民政府水行政主管部门会同本级人民政府有关部门制定本行政区域的其他饮用水水源地名录。（2020 年 12 月 26 日通过）

第三十八条 国务院水行政主管部门会同国务院有关部门确定长江流域农业、工业用水效率目标，加强用水计量和监测设施建设；完善规划和建设项目水资源论证制度；加强对高耗水行业、重点用水单位的用水定额管理，严格控制高耗水项目建设。（2020 年 12 月 26 日通过）

第四十一条 国务院农业农村主管部门会同国务院有关部门和长江流域省级人民政府建立长江流域水生生物完整性指数评价体系，组织开展长江流域水生生物完整性评价，并将结果作为评估长江流域生态系统总体状况的重要依据。长江流域水生生物完整性指数应当与长江流域水环境质量标准相衔接。（2020 年 12 月 26 日通过）

第四十二条第一款 国务院农业农村主管部门和长江流域县级以上地方人民政府应当制定长江流域珍贵、濒危水生野生动植物保护计划，对长江流域珍贵、濒危水生野生动植物实行重点保护。（2020 年 12 月 26 日通过）

第四十四条　国务院生态环境主管部门负责制定长江流域水环境质量标准，对国家水环境质量标准中未作规定的项目可以补充规定；对国家水环境质量标准中已经规定的项目，可以作出更加严格的规定。制定长江流域水环境质量标准应当征求国务院有关部门和有关省级人民政府的意见。长江流域省级人民政府可以制定严于长江流域水环境质量标准的地方水环境质量标准，报国务院生态环境主管部门备案。（2020 年 12 月 26 日通过）

第五十一条第一款　国家建立长江流域危险货物运输船舶污染责任保险与财务担保相结合机制。具体办法由国务院交通运输主管部门会同国务院有关部门制定。（2020 年 12 月 26 日通过）

第五十二条　国家对长江流域生态系统实行自然恢复为主、自然恢复与人工修复相结合的系统治理。国务院自然资源主管部门会同国务院有关部门编制长江流域生态环境修复规划，组织实施重大生态环境修复工程，统筹推进长江流域各项生态环境修复工作。（2020 年 12 月 26 日通过）

第五十三条第一款、第三款　国家对长江流域重点水域实行严格捕捞管理。在长江流域水生生物保护区全面禁止生产性捕捞；在国家规定的期限内，长江干流和重要支流、大型通江湖泊、长江河口规定区域等重点水域全面禁止天然渔业资源的生产性捕捞。具体办法由国务院农业农村主管部门会同国务院有关部门制定。

长江流域县级以上地方人民政府应当按照国家有关规定做好长江流域重点水域退捕渔民的补偿、转产和社会保障工作。（2020 年 12 月 26 日通过）

第五十四条　国务院水行政主管部门会同国务院有关部门制定并组织实施长江干流和重要支流的河湖水系连通修复方案，长江流域省级人民政府制定并组织实施本行政区域的长江流域河湖水系连通修复方案，逐步改善长江流域河湖连通状况，恢复河湖生态流量，维护河湖水系生态功能。（2020 年 12 月 26 日通过）

第五十五条第一款　国家长江流域协调机制统筹协调国务院自然资源、水行政、生态环境、住房和城乡建设、农业农村、交通运输、林业和草原等部门和长江流域省级人民政府制定长江流域河湖岸线修复规范，确定岸线修复指标。（2020 年 12 月 26 日通过）

第五十九条第一款　国务院林业和草原、农业农村主管部门应当对长江流域数量急剧下降或者极度濒危的野生动植物和受到严重破坏的栖息地、天然集中分布区、破碎化的典型生态系统制定修复方案和行动计划，修建迁地

保护设施，建立野生动植物遗传资源基因库，进行抢救性修复。（2020 年 12 月 26 日通过）

第六十条　国务院水行政主管部门会同国务院有关部门和长江河口所在地人民政府按照陆海统筹、河海联动的要求，制定实施长江河口生态环境修复和其他保护措施方案，加强对水、沙、盐、潮滩、生物种群的综合监测，采取有效措施防止海水入侵和倒灌，维护长江河口良好生态功能。（2020 年 12 月 26 日通过）

第七十五条第二款　国务院和长江流域省级人民政府按照中央与地方财政事权和支出责任划分原则，专项安排长江流域生态环境保护资金，用于长江流域生态环境保护和修复。国务院自然资源主管部门会同国务院财政、生态环境等有关部门制定合理利用社会资金促进长江流域生态环境修复的政策措施。（2020 年 12 月 26 日通过）

第七十六条第二款　国家加大财政转移支付力度，对长江干流及重要支流源头和上游的水源涵养地等生态功能重要区域予以补偿。具体办法由国务院财政部门会同国务院有关部门制定。（2020 年 12 月 26 日通过）

184. 中华人民共和国反食品浪费法（2021 年）

第五条第二款　国务院商务主管部门应当加强对餐饮行业的管理，建立健全行业标准、服务规范；会同国务院市场监督管理部门等建立餐饮行业反食品浪费制度规范，采取措施鼓励餐饮服务经营者提供分餐服务、向社会公开其反食品浪费情况。（2021 年 4 月 29 日通过）

185. 中华人民共和国数据安全法（2021 年）

第二十一条　国家建立数据分类分级保护制度，根据数据在经济社会发展中的重要程度，以及一旦遭到篡改、破坏、泄露或者非法获取、非法利用，对国家安全、公共利益或者个人、组织合法权益造成的危害程度，对数据实行分类分级保护。国家数据安全工作协调机制统筹协调有关部门制定重要数据目录，加强对重要数据的保护。

关系国家安全、国民经济命脉、重要民生、重大公共利益等数据属于国家核心数据，实行更加严格的管理制度。

各地区、各部门应当按照数据分类分级保护制度，确定本地区、本部门以及相关行业、领域的重要数据具体目录，对列入目录的数据进行重点保护。（2021 年 6 月 10 日通过）

第二十四条　国家建立数据安全审查制度，对影响或者可能影响国家安全的数据处理活动进行国家安全审查。

依法作出的安全审查决定为最终决定。（2021 年 6 月 10 日通过）

第三十一条　关键信息基础设施的运营者在中华人民共和国境内运营中收集和产生的重要数据的出境安全管理，适用《中华人民共和国网络安全法》的规定；其他数据处理者在中华人民共和国境内运营中收集和产生的重要数据的出境安全管理办法，由国家网信部门会同国务院有关部门制定。（2021 年 6 月 10 日通过）

186. 中华人民共和国海南自由贸易港法（2021 年）

第十三条　在境外与海南自由贸易港之间，货物、物品可以自由进出，海关依法进行监管，列入海南自由贸易港禁止、限制进出口货物、物品清单的除外。

前款规定的清单，由国务院商务主管部门会同国务院有关部门和海南省制定。（2021 年 6 月 10 日通过）

第十四条第三款　货物、物品以及运输工具在海南自由贸易港和内地之间进出的具体办法由国务院有关部门会同海南省制定。（2021 年 6 月 10 日通过）

第十六条　海南自由贸易港实行通关便利化政策，简化货物流转流程和手续。除依法需要检验检疫或者实行许可证件管理的货物外，货物进入海南自由贸易港，海关按照有关规定径予放行，为市场主体提供通关便利服务。（2021 年 6 月 10 日通过）

第十七条第二款　海南自由贸易港跨境服务贸易负面清单由国务院商务主管部门会同国务院有关部门和海南省制定。（2021 年 6 月 10 日通过）

第十九条　海南自由贸易港对外商投资实行准入前国民待遇加负面清单管理制度。特别适用于海南自由贸易港的外商投资准入负面清单由国务院有关部门会同海南省制定，报国务院批准后发布。（2021 年 6 月 10 日通过）

第二十条　国家放宽海南自由贸易港市场准入。海南自由贸易港放宽市场准入特别清单（特别措施）由国务院有关部门会同海南省制定。

海南自由贸易港实行以过程监管为重点的投资便利措施，逐步实施市场准入承诺即入制。具体办法由海南省会同国务院有关部门制定。（2021 年 6 月 10 日通过）

第二十七条第三款　国务院财政部门会同国务院有关部门和海南省及时提出简化税制的具体方案。（2021 年 6 月 10 日通过）

第二十八条第一款 全岛封关运作、简并税制后，海南自由贸易港对进口征税商品实行目录管理，目录之外的货物进入海南自由贸易港，免征进口关税。进口征税商品目录由国务院财政部门会同国务院有关部门和海南省制定。(2021 年 6 月 10 日通过)

第二十九条 货物由海南自由贸易港进入内地，原则上按照进口征税；但是，对鼓励类产业企业生产的不含进口料件或者含进口料件在海南自由贸易港加工增值达到一定比例的货物，免征关税。具体办法由国务院有关部门会同海南省制定。

货物由内地进入海南自由贸易港，按照国务院有关规定退还已征收的增值税、消费税。

全岛封关运作、简并税制前，对离岛旅客购买免税物品并提货离岛的，按照有关规定免征进口关税、进口环节增值税和消费税。全岛封关运作、简并税制后，物品在海南自由贸易港和内地之间进出的税收管理办法，由国务院有关部门会同海南省制定。(2021 年 6 月 10 日通过)

第五十六条 对本法规定的事项，在本法施行后，海南自由贸易港全岛封关运作前，国务院及其有关部门和海南省可以根据本法规定的原则，按照职责分工，制定过渡性的具体办法，推动海南自由贸易港建设。(2021 年 6 月 10 日通过)

187. 中华人民共和国印花税法（2021 年）

第十四条第一款 纳税人为境外单位或者个人，在境内有代理人的，以其境内代理人为扣缴义务人；在境内没有代理人的，由纳税人自行申报缴纳印花税，具体办法由国务院税务主管部门规定。(2021 年 6 月 10 日通过)

188. 中华人民共和国军人地位和权益保障法（2021 年）

第四十三条第四款 军人户籍管理和相关权益保障办法，由国务院和中央军事委员会规定。(2021 年 6 月 10 日通过)

第四十六条 军人家属凭有关部门制发的证件享受法律法规规定的优待保障。具体办法由国务院和中央军事委员会有关部门制定。(2021 年 6 月 10 日通过)

189. 中华人民共和国个人信息保护法（2021 年）

第二十六条 在公共场所安装图像采集、个人身份识别设备，应当为维护公共安全所必需，遵守国家有关规定，并设置显著的提示标识。所收集的个人图像、身份识别信息只能用于维护公共安全的目的，不得用于其他目的；

取得个人单独同意的除外。（2021 年 8 月 20 日通过）

第三十八条第一款　个人信息处理者因业务等需要，确需向中华人民共和国境外提供个人信息的，应当具备下列条件之一：

（一）依照本法第四十条的规定通过国家网信部门组织的安全评估；

（二）按照国家网信部门的规定经专业机构进行个人信息保护认证；

（三）按照国家网信部门制定的标准合同与境外接收方订立合同，约定双方的权利和义务；

（四）法律、行政法规或者国家网信部门规定的其他条件。（2021 年 8 月 20 日通过）

第四十条　关键信息基础设施运营者和处理个人信息达到国家网信部门规定数量的个人信息处理者，应当将在中华人民共和国境内收集和产生的个人信息存储在境内。确需向境外提供的，应当通过国家网信部门组织的安全评估；法律、行政法规和国家网信部门规定可以不进行安全评估的，从其规定。（2021 年 8 月 20 日通过）

第四十二条　境外的组织、个人从事侵害中华人民共和国公民的个人信息权益，或者危害中华人民共和国国家安全、公共利益的个人信息处理活动的，国家网信部门可以将其列入限制或者禁止个人信息提供清单，予以公告，并采取限制或者禁止向其提供个人信息等措施。（2021 年 8 月 20 日通过）

第四十五条第三款　个人请求将个人信息转移至其指定的个人信息处理者，符合国家网信部门规定条件的，个人信息处理者应当提供转移的途径。（2021 年 8 月 20 日通过）

第五十二条第一款　处理个人信息达到国家网信部门规定数量的个人信息处理者应当指定个人信息保护负责人，负责对个人信息处理活动以及采取的保护措施等进行监督。（2021 年 8 月 20 日通过）

第五十八条　提供重要互联网平台服务、用户数量巨大、业务类型复杂的个人信息处理者，应当履行下列义务：

（一）按照国家规定建立健全个人信息保护合规制度体系，成立主要由外部成员组成的独立机构对个人信息保护情况进行监督；

（二）遵循公开、公平、公正的原则，制定平台规则，明确平台内产品或者服务提供者处理个人信息的规范和保护个人信息的义务；

（三）对严重违反法律、行政法规处理个人信息的平台内的产品或者服务提供者，停止提供服务；

（四）定期发布个人信息保护社会责任报告，接受社会监督。（2021 年 8 月 20 日通过）

第六十二条 国家网信部门统筹协调有关部门依据本法推进下列个人信息保护工作：

（一）制定个人信息保护具体规则、标准；

（二）针对小型个人信息处理者、处理敏感个人信息以及人脸识别、人工智能等新技术、新应用，制定专门的个人信息保护规则、标准；

（三）支持研究开发和推广应用安全、方便的电子身份认证技术，推进网络身份认证公共服务建设；

（四）推进个人信息保护社会化服务体系建设，支持有关机构开展个人信息保护评估、认证服务；

（五）完善个人信息保护投诉、举报工作机制。（2021 年 8 月 20 日通过）

190. 中华人民共和国法律援助法（2021 年）

第十七条第三款 法律援助志愿者具体管理办法由国务院有关部门规定。（2021 年 8 月 20 日通过）

第五十七条 司法行政部门应当加强对法律援助服务的监督，制定法律援助服务质量标准，通过第三方评估等方式定期进行质量考核。（2021 年 8 月 20 日通过）

第七十条 对军人军属提供法律援助的具体办法，由国务院和中央军事委员会有关部门制定。（2021 年 8 月 20 日通过）

191. 中华人民共和国医师法（2021 年）

第八条第三款 医师资格考试的类别和具体办法，由国务院卫生健康主管部门制定。（2021 年 8 月 20 日通过）

第十一条 以师承方式学习中医满三年，或者经多年实践医术确有专长的，经县级以上人民政府卫生健康主管部门委托的中医药专业组织或者医疗卫生机构考核合格并推荐，可以参加中医医师资格考试。

以师承方式学习中医或者经多年实践，医术确有专长的，由至少二名中医医师推荐，经省级人民政府中医药主管部门组织实践技能和效果考核合格后，即可取得中医医师资格及相应的资格证书。

本条规定的相关考试、考核办法，由国务院中医药主管部门拟订，报国务院卫生健康主管部门审核、发布。（2021 年 8 月 20 日通过）

第十三条第五款 医师执业注册管理的具体办法，由国务院卫生健康主

管部门制定。(2021 年 8 月 20 日通过)

第四十七条第三款　乡村医生的具体管理办法，由国务院制定。(2021 年 8 月 20 日通过)

第六十四条第二款　在本法施行前以及在本法施行后一定期限内取得中等专业学校相关医学专业学历的人员，可以参加医师资格考试。具体办法由国务院卫生健康主管部门会同国务院教育、中医药等有关部门制定。(2021 年 8 月 20 日通过)

第六十五条　中国人民解放军和中国人民武装警察部队执行本法的具体办法，由国务院、中央军事委员会依据本法制定。(2021 年 8 月 20 日通过)

第六十六条　境外人员参加医师资格考试、申请注册、执业或者从事临床示教、临床研究、临床学术交流等活动的具体管理办法，由国务院卫生健康主管部门制定。(2021 年 8 月 20 日通过)

192. 中华人民共和国反有组织犯罪法（2021 年）

第十九条　对因组织、领导黑社会性质组织被判处刑罚的人员，设区的市级以上公安机关可以决定其自刑罚执行完毕之日起，按照国家有关规定向公安机关报告个人财产及日常活动。报告期限不超过五年。(2021 年 12 月 24 日通过)

193. 中华人民共和国湿地保护法（2021 年）

第十三条第二款　国务院林业草原、自然资源主管部门会同国务院有关部门根据全国湿地资源状况、自然变化情况和湿地面积总量管控要求，确定全国和各省、自治区、直辖市湿地面积总量管控目标，报国务院批准。地方各级人民政府应当采取有效措施，落实湿地面积总量管控目标的要求。(2021 年 12 月 24 日通过)

第十四条第二款　国务院林业草原主管部门会同国务院自然资源、水行政、住房城乡建设、生态环境、农业农村等有关部门发布国家重要湿地名录及范围，并设立保护标志。国际重要湿地应当列入国家重要湿地名录。(2021 年 12 月 24 日通过)

第十五条第一款　国务院林业草原主管部门应当会同国务院有关部门，依据国民经济和社会发展规划、国土空间规划和生态环境保护规划编制全国湿地保护规划，报国务院或者其授权的部门批准后组织实施。(2021 年 12 月 24 日通过)

第十六条　国务院林业草原、标准化主管部门会同国务院自然资源、水行政、住房城乡建设、生态环境、农业农村主管部门组织制定湿地分级分类、监测预警、生态修复等国家标准；国家标准未作规定的，可以依法制定地方标准并备案。(2021 年 12 月 24 日通过)

第二十一条第二款 湿地恢复费缴纳和使用管理办法由国务院财政部门会同国务院林业草原等有关部门制定。(2021 年 12 月 24 日通过)

194. 中华人民共和国噪声污染防治法（2021 年）

第五条 县级以上人民政府应当将噪声污染防治工作纳入国民经济和社会发展规划、生态环境保护规划，将噪声污染防治工作经费纳入本级政府预算。

生态环境保护规划应当明确噪声污染防治目标、任务、保障措施等内容。(2021 年 12 月 24 日通过)

第十三条第二款 国务院生态环境主管部门和国务院其他有关部门，在各自职责范围内，制定和完善噪声污染防治相关标准，加强标准之间的衔接协调。(2021 年 12 月 24 日通过)

第十四条第一款 国务院生态环境主管部门制定国家声环境质量标准。(2021 年 12 月 24 日通过)

第十五条第一款 国务院生态环境主管部门根据国家声环境质量标准和国家经济、技术条件，制定国家噪声排放标准以及相关的环境振动控制标准。(2021 年 12 月 24 日通过)

第十六条第一款 国务院标准化主管部门会同国务院发展改革、生态环境、工业和信息化、住房和城乡建设、交通运输、铁路监督管理、民用航空、海事等部门，对可能产生噪声污染的工业设备、施工机械、机动车、铁路机车车辆、城市轨道交通车辆、民用航空器、机动船舶、电气电子产品、建筑附属设备等产品，根据声环境保护的要求和国家经济、技术条件，在其技术规范或者产品质量标准中规定噪声限值。(2021 年 12 月 24 日通过)

第二十三条第一款 国务院生态环境主管部门负责制定噪声监测和评价规范，会同国务院有关部门组织声环境质量监测网络，规划国家声环境质量监测站（点）的设置，组织开展全国声环境质量监测，推进监测自动化，统一发布全国声环境质量状况信息。(2021 年 12 月 24 日通过)

第二十七条第二款 国务院发展改革部门会同国务院有关部门确定噪声污染严重的工艺和设备淘汰期限，并纳入国家综合性产业政策目录。(2021 年 12 月 24 日通过)

第三十七条　设区的市级以上地方人民政府生态环境主管部门应当按照国务院生态环境主管部门的规定，根据噪声排放、声环境质量改善要求等情况，制定本行政区域噪声重点排污单位名录，向社会公开并适时更新。（2021 年 12 月 24 日通过）

第四十一条第二款　国务院工业和信息化主管部门会同国务院生态环境、住房和城乡建设、市场监督管理等部门，公布低噪声施工设备指导名录并适时更新。（2021 年 12 月 24 日通过）

第四十六条第一款　制定交通基础设施工程技术规范，应当明确噪声污染防治要求。（2021 年 12 月 24 日通过）

第四十八条第二款　警车、消防救援车、工程救险车、救护车等机动车安装、使用警报器，应当符合国务院公安等部门的规定；非执行紧急任务，不得使用警报器。（2021 年 12 月 24 日通过）

第五十三条　民用航空器应当符合国务院民用航空主管部门规定的适航标准中的有关噪声要求。（2021 年 12 月 24 日通过）

195. 中华人民共和国期货和衍生品法（2022 年）

第十一条第三款　衍生品交易，可以采用协议交易或者国务院规定的其他交易方式进行。（2022 年 4 月 20 日通过）

第十七条第一款、第二款　期货合约品种和标准化期权合约品种的上市应当符合国务院期货监督管理机构的规定，由期货交易场所依法报经国务院期货监督管理机构注册。

期货合约品种和标准化期权合约品种的中止上市、恢复上市、终止上市应当符合国务院期货监督管理机构的规定，由期货交易场所决定并向国务院期货监督管理机构备案。（2022 年 4 月 20 日通过）

第十九条　在期货交易场所进行期货交易的，应当是期货交易场所会员或者符合国务院期货监督管理机构规定的其他参与者。（2022 年 4 月 20 日通过）

第二十一条　通过计算机程序自动生成或者下达交易指令进行程序化交易的，应当符合国务院期货监督管理机构的规定，并向期货交易场所报告，不得影响期货交易场所系统安全或者正常交易秩序。（2022 年 4 月 20 日通过）

第二十二条第三款　期货结算机构、结算参与人收取的保证金的形式、比例等应当符合国务院期货监督管理机构的规定。（2022 年 4 月 20 日通过）

第二十三条第三款　持仓限额、套期保值的管理办法由国务院期货监督

管理机构制定。(2022 年 4 月 20 日通过)

第二十四条 期货交易实行交易者实际控制关系报备管理制度。交易者应当按照国务院期货监督管理机构的规定向期货经营机构或者期货交易场所报备实际控制关系。(2022 年 4 月 20 日通过)

第二十七条 期货交易场所会员和交易者应当按照国务院期货监督管理机构的规定，报告有关交易、持仓、保证金等重大事项。(2022 年 4 月 20 日通过)

第三十三条 本法第三十二条规定的主协议等合同范本，应当按照国务院授权的部门或者国务院期货监督管理机构的规定报送备案。(2022 年 4 月 20 日通过)

第三十六条 国务院授权的部门、国务院期货监督管理机构应当建立衍生品交易报告库，对衍生品交易标的、规模、对手方等信息进行集中收集、保存、分析和管理，并按照规定及时向市场披露有关信息。具体办法由国务院授权的部门、国务院期货监督管理机构规定。(2022 年 4 月 20 日通过)

第三十八条 对衍生品交易及相关活动进行规范和监督管理的具体办法，由国务院依照本法的原则规定。(2022 年 4 月 20 日通过)

第四十条 期货结算机构、结算参与人收取的保证金、权利金等，应当与其自有资金分开，按照国务院期货监督管理机构的规定，在期货保证金存管机构专户存放，分别管理，禁止违规挪用。(2022 年 4 月 20 日通过)

第五十条第一款、第二款 期货经营机构向交易者提供服务时，应当按照规定充分了解交易者的基本情况、财产状况、金融资产状况、交易知识和经验、专业能力等相关信息；如实说明服务的重要内容，充分揭示交易风险；提供与交易者上述状况相匹配的服务。

交易者在参与期货交易和接受服务时，应当按照期货经营机构明示的要求提供前款所列真实信息。拒绝提供或者未按照要求提供信息的，期货经营机构应当告知其后果，并按照规定拒绝提供服务。(2022 年 4 月 20 日通过)

第五十一条 根据财产状况、金融资产状况、交易知识和经验、专业能力等因素，交易者可以分为普通交易者和专业交易者。专业交易者的标准由国务院期货监督管理机构规定。

普通交易者与期货经营机构发生纠纷的，期货经营机构应当证明其行为符合法律、行政法规以及国务院期货监督管理机构的规定，不存在误导、欺诈等情形。期货经营机构不能证明的，应当承担相应的赔偿责任。(2022 年

4 月 20 日通过）

第五十八条　国家设立期货交易者保障基金。期货交易者保障基金的筹集、管理和使用的具体办法，由国务院期货监督管理机构会同国务院财政部门制定。（2022 年 4 月 20 日通过）

第六十条第一款　设立期货公司，应当具备下列条件，并经国务院期货监督管理机构核准：

……

（二）主要股东及实际控制人具有良好的财务状况和诚信记录，净资产不低于国务院期货监督管理机构规定的标准，最近三年无重大违法违规记录；

……（2022 年 4 月 20 日通过）

第七十条　国务院期货监督管理机构应当制定期货经营机构持续性经营规则，对期货经营机构及其分支机构的经营条件、风险管理、内部控制、保证金存管、合规管理、风险监管指标、关联交易等方面作出规定。期货经营机构应当符合持续性经营规则。（2022 年 4 月 20 日通过）

第七十一条第一款　期货经营机构应当按照规定向国务院期货监督管理机构报送业务、财务等经营管理信息和资料。国务院期货监督管理机构有权要求期货经营机构及其主要股东、实际控制人、其他关联人在指定的期限内提供有关信息、资料。（2022 年 4 月 20 日通过）

第七十七条　国务院期货监督管理机构认为必要时，可以委托期货服务机构对期货经营机构的财务状况、内部控制状况、资产价值进行审计或者评估。具体办法由国务院期货监督管理机构会同有关主管部门制定。（2022 年 4 月 20 日通过）

第八十八条第四款　期货交易场所应当依照国务院期货监督管理机构的规定，履行信息报告义务。（2022 年 4 月 20 日通过）

第九十二条第二款　设立独立的期货结算机构，应当具备下列条件：

（一）具备良好的财务状况，注册资本最低限额符合国务院期货监督管理机构的规定；

……（2022 年 4 月 20 日通过）

第一百一十二条　国务院期货监督管理机构对涉嫌期货违法的单位或者个人进行调查期间，被调查的当事人书面申请，承诺在国务院期货监督管理机构认可的期限内纠正涉嫌违法行为，赔偿有关交易者损失，消除损害或者不良影响的，国务院期货监督管理机构可以决定中止调查。被调查的当事人履行承诺的，国务院期货监督管理机构可以决定终止调查；被调查的当事人未履行承诺或者有国务院规定的其他情形的，应当恢复调查。具体办法由国务院规定。

国务院期货监督管理机构中止或者终止调查的，应当按照规定公开相关信息。（2022 年 4 月 20 日通过）

第一百一十六条　为防范交易及结算的风险，期货经营机构、期货交易场所、期货结算机构和非期货经营机构结算参与人应当从业务收入中按照国务院期货监督管理机构、国务院财政部门的规定提取、管理和使用风险准备金。（2022 年 4 月 20 日通过）

第一百一十九条　境外期货交易场所上市的期货合约、期权合约和衍生品合约，以境内期货交易场所上市的合约价格进行挂钩结算的，应当符合国务院期货监督管理机构的规定。（2022 年 4 月 20 日通过）

第一百五十一条　本法规定的行政处罚，由国务院期货监督管理机构、国务院授权的部门按照国务院规定的职责分工作出决定；法律、行政法规另有规定的，适用其规定。（2022 年 4 月 20 日通过）

196. 中华人民共和国黑土地保护法（2022 年）

第四条第二款　国务院农业农村主管部门会同自然资源、水行政等有关部门，综合考虑黑土地开垦历史和利用现状，以及黑土层厚度、土壤性状、土壤类型等，按照最有利于全面保护、综合治理和系统修复的原则，科学合理确定黑土地保护范围并适时调整，有计划、分步骤、分类别地推进黑土地保护工作。历史上属黑土地的，除确无法修复的外，原则上都应列入黑土地保护范围进行修恢复。（2022 年 6 月 24 日通过）

第八条　国务院标准化主管部门和农业农村、自然资源、水行政等主管部门按照职责分工，制定和完善黑土地质量和其他保护标准。（2022 年 6 月 24 日通过）

第十条第三款　县级以上人民政府农业农村主管部门会同有关部门以调查和监测为基础、体现整体集中连片治理，编制黑土地保护规划，明确保护范围、目标任务、技术模式、保障措施等，遏制黑土地退化趋势，提升黑土地质量，改善黑土地生态环境。县级黑土地保护规划应当与国土空间规划相衔接，落实到黑土地具体地块，并向社会公布。（2022 年 6 月 24 日通过）

第二十条　任何组织和个人不得破坏黑土地资源和生态环境。禁止盗挖、滥挖和非法买卖黑土。国务院自然资源主管部门会同农业农村、水行政、公安、交通运输、市场监督管理等部门应当建立健全保护黑土地资源监督管理制度，提高对盗挖、滥挖、非法买卖黑土和其他破坏黑土地资源、生态环境行为的综合治理能力。（2022 年 6 月 24 日通过）

197. 中华人民共和国反电信网络诈骗法（2022 年）

第十条第二款 对经识别存在异常办卡情形的，电信业务经营者有权加强核查或者拒绝办卡。具体识别办法由国务院电信主管部门制定。（2022 年 9 月 2 日通过）

第三十一条第二款 对经设区的市级以上公安机关认定的实施前款行为的单位、个人和相关组织者，以及因从事电信网络诈骗活动或者关联犯罪受过刑事处罚的人员，可以按照国家有关规定记入信用记录，采取限制其有关卡、账户、账号等功能和停止非柜面业务、暂停新业务、限制入网等措施。对上述认定和措施有异议的，可以提出申诉，有关部门应当建立健全申诉渠道、信用修复和救济制度。具体办法由国务院公安部门会同有关主管部门规定。（2022 年 9 月 2 日通过）

198. 中华人民共和国黄河保护法（2022 年）

第七条 国务院水行政、生态环境、自然资源、住房和城乡建设、农业农村、发展改革、应急管理、林业和草原、文化和旅游、标准化等主管部门按照职责分工，建立健全黄河流域水资源节约集约利用、水沙调控、防汛抗旱、水土保持、水文、水环境质量和污染物排放、生态保护与修复、自然资源调查监测评价、生物多样性保护、文化遗产保护等标准体系。（2022 年 10 月 30 日通过）

第二十一条第二款 国务院发展改革部门应当会同国务院有关部门编制黄河流域生态保护和高质量发展规划，报国务院批准后实施。（2022 年 10 月 30 日通过）

第二十二条第一款 国务院自然资源主管部门应当会同国务院有关部门组织编制黄河流域国土空间规划，科学有序统筹安排黄河流域农业、生态、城镇等功能空间，划定永久基本农田、生态保护红线、城镇开发边界，优化国土空间结构和布局，统领黄河流域国土空间利用任务，报国务院批准后实施。涉及黄河流域国土空间利用的专项规划应当与黄河流域国土空间规划相衔接。（2022 年 10 月 30 日通过）

第二十三条第一款 国务院水行政主管部门应当会同国务院有关部门和黄河流域省级人民政府，按照统一规划、统一管理、统一调度的原则，依法编制黄河流域综合规划、水资源规划、防洪规划等，对节约、保护、开发、利用水资源和防治水害作出部署。（2022 年 10 月 30 日通过）

第二十六条第三款　干支流目录、岸线管控范围由国务院水行政、自然资源、生态环境主管部门按照职责分工，会同黄河流域省级人民政府确定并公布。（2022 年 10 月 30 日通过）

第二十九条第二款　国务院自然资源主管部门应当会同国务院有关部门编制黄河流域国土空间生态修复规划，组织实施重大生态修复工程，统筹推进黄河流域生态保护与修复工作。（2022 年 10 月 30 日通过）

第三十四条第一款　国务院水行政主管部门应当会同国务院有关部门制定淤地坝建设、养护标准或者技术规范，健全淤地坝建设、管理、安全运行制度。（2022 年 10 月 30 日通过）

第三十六条第一款　国务院水行政主管部门应当会同国务院有关部门和山东省人民政府，编制并实施黄河入海河口整治规划，合理布局黄河入海流路，加强河口治理，保障入海河道畅通和河口防洪防凌安全，实施清水沟、刁口河生态补水，维护河口生态功能。（2022 年 10 月 30 日通过）

第三十七条第一款、第二款　国务院水行政主管部门确定黄河干流、重要支流控制断面生态流量和重要湖泊生态水位的管控指标，应当征求并研究国务院生态环境、自然资源等主管部门的意见。黄河流域省级人民政府水行政主管部门确定其他河流生态流量和其他湖泊生态水位的管控指标，应当征求并研究同级人民政府生态环境、自然资源等主管部门的意见，报黄河流域管理机构、黄河流域生态环境监督管理机构备案。确定生态流量和生态水位的管控指标，应当进行科学论证，综合考虑水资源条件、气候状况、生态环境保护要求、生活生产用水状况等因素。

黄河流域管理机构和黄河流域省级人民政府水行政主管部门按照职责分工，组织编制和实施生态流量和生态水位保障实施方案。（2022 年 10 月 30 日通过）

第四十条　国务院农业农村主管部门应当会同国务院有关部门和黄河流域省级人民政府，建立黄河流域水生生物完整性指数评价体系，组织开展黄河流域水生生物完整性评价，并将评价结果作为评估黄河流域生态系统总体状况的重要依据。黄河流域水生生物完整性指数应当与黄河流域水环境质量标准相衔接。（2022 年 10 月 30 日通过）

第四十二条第二款　国家实行黄河流域重点水域禁渔期制度，禁渔期内禁止在黄河流域重点水域从事天然渔业资源生产性捕捞，具体办法由国务院农业农村主管部门制定。黄河流域县级以上地方人民政府应当按照国家有关规定做好禁渔期渔民的生活保障工作。（2022年10月30日通过）

第四十三条第一款　国务院水行政主管部门应当会同国务院自然资源主管部门组织划定并公布黄河流域地下水超采区。（2022年10月30日通过）

第四十六条第二款　黄河流域管理机构商黄河流域省级人民政府制定和调整黄河水量分配方案和跨省支流水量分配方案。黄河水量分配方案经国务院发展改革部门、水行政主管部门审查后，报国务院批准。跨省支流水量分配方案报国务院授权的部门批准。（2022年10月30日通过）

第四十八条第一款　国务院水行政主管部门应当会同国务院自然资源主管部门制定黄河流域省级行政区域地下水取水总量控制指标。（2022年10月30日通过）

第五十条第二款　黄河干流取水，以及跨省重要支流指定河段限额以上取水，由黄河流域管理机构负责审批取水申请，审批时应当研究取水口所在地的省级人民政府水行政主管部门的意见；其他取水由黄河流域县级以上地方人民政府水行政主管部门负责审批取水申请。指定河段和限额标准由国务院水行政主管部门确定公布、适时调整。（2022年10月30日通过）

第五十二条第一款　国家在黄河流域实行强制性用水定额管理制度。国务院水行政、标准化主管部门应当会同国务院发展改革部门组织制定黄河流域高耗水工业和服务业强制性用水定额。制定强制性用水定额应当征求国务院有关部门、黄河流域省级人民政府、企业事业单位和社会公众等方面的意见，并依照《中华人民共和国标准化法》的有关规定执行。（2022年10月30日通过）

第五十三条第二款　黄河流域以及黄河流经省、自治区其他黄河供水区相关县级行政区域取水量达到取水规模以上的单位，应当安装合格的在线计量设施，保证设施正常运行，并将计量数据传输至有管理权限的水行政主管部门或者黄河流域管理机构。取水规模标准由国务院水行政主管部门制定。（2022年10月30日通过）

第五十四条第一款　国家在黄河流域实行高耗水产业准入负面清单和淘汰类高耗水产业目录制度。列入高耗水产业准入负面清单和淘汰类高耗水产业目录的建设项目，取水申请不予批准。高耗水产业准入负面清单和淘汰类高耗水产业目录由国务院发展改革部门会同国务院水行政主管部门制定并发

布。(2022 年 10 月 30 日通过)

第五十五条第二款 黄河流域工业企业应当优先使用国家鼓励的节水工艺、技术和装备。国家鼓励的工业节水工艺、技术和装备目录由国务院工业和信息化主管部门会同国务院有关部门制定并发布。(2022 年 10 月 30 日通过)

第五十七条第一款 国务院水行政主管部门应当会同国务院有关部门制定黄河流域重要饮用水水源地名录。黄河流域省级人民政府水行政主管部门应当会同本级人民政府有关部门制定本行政区域的其他饮用水水源地名录。(2022 年 10 月 30 日通过)

第六十一条第一款 国家完善以骨干水库等重大水工程为主的水沙调控体系，采取联合调水调沙、泥沙综合处理利用等措施，提高拦沙输沙能力。纳入水沙调控体系的工程名录由国务院水行政主管部门制定。(2022 年 10 月 30 日通过)

第六十二条第一款 国家实行黄河流域水沙统一调度制度。黄河流域管理机构应当组织实施黄河干支流水库群统一调度，编制水沙调控方案，确定重点水库水沙调控运用指标、运用方式、调控起止时间，下达调度指令。水沙调控应当采取措施尽量减少对水生生物及其栖息地的影响。(2022 年 10 月 30 日通过)

第六十三条第一款、第二款 国务院水行政主管部门组织编制黄河防御洪水方案，经国家防汛抗旱指挥机构审核后，报国务院批准。

黄河流域管理机构应当会同黄河流域省级人民政府根据批准的黄河防御洪水方案，编制黄河干流和重要支流、重要水工程的洪水调度方案，报国务院水行政主管部门批准并抄送国家防汛抗旱指挥机构和国务院应急管理部门，按照职责组织实施。(2022 年 10 月 30 日通过)

第六十四条第一款 黄河流域管理机构制定年度防凌调度方案，报国务院水行政主管部门备案，按照职责组织实施。(2022 年 10 月 30 日通过)

第六十六条第一款 黄河流域管理机构应当会同黄河流域省级人民政府依据黄河流域防洪规划，制定黄河滩区名录，报国务院水行政主管部门批准。黄河流域省级人民政府应当有序安排滩区居民迁建，严格控制向滩区迁入常住人口，实施滩区综合提升治理工程。(2022 年 10 月 30 日通过)

第六十七条第一款 国家加强黄河流域河道、湖泊管理和保护。禁止在河道、湖泊管理范围内建设妨碍行洪的建筑物、构筑物以及从事影响河势稳定、危害河岸堤防安全和其他妨碍河道行洪的活动。禁止违法利用、占用河道、湖泊水域和岸线。河道、湖泊管理范围由黄河流域管理机构和有关县级以上地方人民政府依法科学划定并公布。(2022 年 10 月 30 日通过)

第六十九条第二款 黄河流域管理机构和黄河流域县级以上地方人民政府依法划定禁采区,规定禁采期,并向社会公布。禁止在黄河流域禁采区和禁采期从事河道采砂活动。(2022 年 10 月 30 日通过)

第七十三条第一款 国务院生态环境主管部门制定黄河流域水环境质量标准,对国家水环境质量标准中未作规定的项目,可以作出补充规定;对国家水环境质量标准中已经规定的项目,可以作出更加严格的规定。制定黄河流域水环境质量标准应当征求国务院有关部门和有关省级人民政府的意见。(2022 年 10 月 30 日通过)

第七十五条第一款 国务院生态环境主管部门根据水环境质量改善目标和水污染防治要求,确定黄河流域各省级行政区域重点水污染物排放总量控制指标。黄河流域水环境质量不达标的水功能区,省级人民政府生态环境主管部门应当实施更加严格的水污染物排放总量削减措施,限期实现水环境质量达标。排放水污染物的企业事业单位应当按照要求,采取水污染物排放总量控制措施。(2022 年 10 月 30 日通过)

第九十一条第一款 国务院文化和旅游主管部门应当会同国务院有关部门编制并实施黄河文化保护传承弘扬规划,加强统筹协调,推动黄河文化体系建设。(2022 年 10 月 30 日通过)

第九十四条第二款 国家加强黄河流域非物质文化遗产保护。国务院文化和旅游等主管部门和黄河流域县级以上地方人民政府有关部门应当完善黄河流域非物质文化遗产代表性项目名录体系,推进传承体验设施建设,加强代表性项目保护传承。(2022 年 10 月 30 日通过)

第一百零二条第二款 国家加大财政转移支付力度,对黄河流域生态功能重要区域予以补偿。具体办法由国务院财政部门会同国务院有关部门制定。(2022 年 10 月 30 日通过)

199. 中华人民共和国青藏高原生态保护法 (2023 年)

第二条第二款 本法所称青藏高原,是指西藏自治区、青海省的全部行政区域和新疆维吾尔自治区、四川省、甘肃省、云南省的相关县级行政区域。(2023 年 4 月 26 日通过)

第六十一条 本法第二条第二款规定的相关县级行政区域,由国务院授权的部门确定。(2023 年 4 月 26 日通过)

200. 中华人民共和国反间谍法（2014 年）

第二十一条 在重要国家机关、国防军工单位和其他重要涉密单位以及重要军事设施的周边安全控制区域内新建、改建、扩建建设项目的，由国家安全机关实施涉及国家安全事项的建设项目许可。

县级以上地方各级人民政府编制国民经济和社会发展规划、国土空间规划等有关规划，应当充分考虑国家安全因素和划定的安全控制区域，征求国家安全机关的意见。

安全控制区域的划定应当统筹发展和安全，坚持科学合理、确有必要的原则，由国家安全机关会同发展改革、自然资源、住房城乡建设、保密、国防科技工业等部门以及军队有关部门共同划定，报省、自治区、直辖市人民政府批准并动态调整。

涉及国家安全事项的建设项目许可的具体实施办法，由国务院国家安全主管部门会同有关部门制定。(2023 年 4 月 26 日修订)

201. 中华人民共和国无障碍环境建设法（2023 年）

第三十七条第一款 国务院有关部门应当完善药品标签、说明书的管理规范，要求药品生产经营者提供语音、大字、盲文、电子等无障碍格式版本的标签、说明书。(2023 年 6 月 28 日通过)

202. 中华人民共和国行政复议法（1999 年）

第六条第三款 国务院行政复议机构应当会同有关部门制定行政复议人员工作规范，加强对行政复议人员的业务考核和管理。(2023 年 9 月 1 日修订)

第五十二条第一款 县级以上各级人民政府应当建立相关政府部门、专家、学者等参与的行政复议委员会，为办理行政复议案件提供咨询意见，并就行政复议工作中的重大事项和共性问题研究提出意见。行政复议委员会的组成和开展工作的具体办法，由国务院行政复议机构制定。(2023 年 9 月 1 日修订)

（二）法律、有关法律问题的决定规定国务院及其有关部门废止配套规定的条文

1. 人口与计划生育法删去了有关社会抚养费的内容，需要国务院废止相关配套规定。

原四十五条 流动人口计划生育工作的具体管理办法、计划生育技术服务的具体管理办法和社会抚养费的征收管理办法，由国务院制定。

2. 修订畜牧法删去了原法第二十七条有关制度，需要适时对现行有关配套规定作相应修改或者废止。

第二十七条　专门从事家畜人工授精、胚胎移植等繁殖工作的人员，应当取得相应的国家职业资格证书。

第十一章 法律规定中央军委制定、废止配套规定的条文

（一）需要中央军委制定配套规定的条文

1. 中华人民共和国兵役法（1984 年）

第四十一条第二款 未服过现役预编到现役部队、编入预备役部队和编入基干民兵组织的预备役士兵，在十八周岁至二十四周岁期间，应当参加三十日至四十日的军事训练；其中专业技术兵的训练时间，按照实际需要确定。服过现役和受过军事训练的预备役士兵的复习训练，以及其他预备役士兵的军事训练，按照中央军事委员会的规定进行。

第二十七条第三款 军士分级服现役的办法和直接从非军事部门招收军士的办法，按照国家和军队有关规定执行。（2021 年 8 月 20 日修订）

第四十八条 预备役人员参战、参加军事训练、担负战备勤务、执行非战争军事行动任务，享受国家规定的伙食、交通等补助。预备役人员是机关、团体、企业事业组织工作人员或者职工的，参战、参加军事训练、担负战备勤务、执行非战争军事行动任务期间，其所在单位应当保持其原有的工资、奖金和福利待遇。预备役人员的其他待遇保障按照法律法规和国家有关规定执行。（2021 年 8 月 20 日修订）

第五十条第一款 国家建立义务兵家庭优待金制度。义务兵家庭优待金标准由地方人民政府制定，中央财政给予定额补助。具体补助办法由国务院退役军人工作主管部门、财政部门会同中央军事委员会机关有关部门制定。（2021 年 8 月 20 日修订）

2. 中华人民共和国药品管理法（1984 年）

第一百五十四条 中国人民解放军和中国人民武装警察部队执行本法的具体办法，由国务院、中央军事委员会依据本法制定。（2019 年 8 月 26 日修订）

3. 中华人民共和国档案法（1987 年）

第五十二条 中国人民解放军和中国人民武装警察部队的档案工作，由中央军事委员会依照本法制定管理办法。（2020 年 6 月 20 日修订）

4. 中国人民解放军军官军衔条例（1988 年）

第十七条　（二）战时军官军衔晋级的期限可以缩短，具体办法由中央军事委员会根据战时情况规定。

第二十九条　军官军衔的肩章、符号式样和佩带办法，由中央军事委员会颁布。

第三十一条　预备役军官军衔制度，另行规定。

第三十四条　人民解放军总参谋部、总政治部根据本条例制定实施办法，报中央军事委员会批准后施行。

5. 中华人民共和国现役军官法（1988 年）

第二十一条　军官晋升职务，应当具备拟任职务所要求的任职经历、文化程度、院校培训等资格。具体条件由中央军事委员会规定。

第二十七条　军官应当在不同岗位或者不同单位之间进行交流，具体办法由中央军事委员会根据本法规定。

第三十七条　军官实行职务军衔等级工资制和定期增资制度，按照国家和军队的有关规定享受津贴和补贴，并随着国民经济的发展适时调整。具体标准和办法由中央军事委员会规定。

第五十二条　人民解放军总政治部根据本法制定实施办法，报国务院和中央军事委员会批准后施行。

6. 中华人民共和国保守国家秘密法（1988 年）

第十一条第二款　军事方面的国家秘密及其密级的具体范围，由中央军事委员会规定。

第五十二条　中央军事委员会根据本法制定中国人民解放军保密条例。

7. 中华人民共和国军事设施保护法（1990 年）

第二十二条　划为军事管理区的军民合用机场、港口、码头的管理办法，由国务院和中央军事委员会规定。

第五十一条　国防科技工业重要武器装备的科研、生产、试验、存储等设施的保护，参照本法有关规定执行。具体办法和设施目录由国务院和中央军事委员会规定。

第五十二条　国务院和中央军事委员会根据本法制定实施办法。

第六条　国家对军事设施实行分类保护、确保重点的方针。军事设施的分类和保护标准，由国务院和中央军事委员会规定。（2021 年 6 月 10 日修订）

第七条　国家对因设有军事设施、经济建设受到较大影响的地方，采取

相应扶持政策和措施。具体办法由国务院和中央军事委员会规定。(2021 年 6 月 10 日修订)

第九条 军事禁区、军事管理区根据军事设施的性质、作用、安全保密的需要和使用效能的要求划定，具体划定标准和确定程序，由国务院和中央军事委员会规定。(2021 年 6 月 10 日修订)

第二十四条第二款 划为军事管理区的军民合用机场、港口、码头的管理办法，由国务院和中央军事委员会规定。(2021 年 6 月 10 日修订)

第七十条 国防科技工业重要武器装备的科研、生产、试验、存储等设施的保护，参照本法有关规定执行。具体办法和设施目录由国务院和中央军事委员会规定。(2021 年 6 月 10 日修订)

第七十一条 国务院和中央军事委员会根据本法制定实施办法。(2021 年 6 月 10 日修订)

8. 中华人民共和国测绘法 (1992 年)

第十条 国家建立全国统一的大地坐标系统、平面坐标系统、高程系统、地心坐标系统和重力测量系统，确定国家大地测量等级和精度以及国家基本比例尺地图的系列和基本精度。具体规范和要求由国务院测绘地理信息主管部门会同国务院其他有关部门、军队测绘部门制定。

第三十四条第三款 测绘成果属于国家秘密的，适用保密法律、行政法规的规定；需要对外提供的，按照国务院和中央军事委员会规定的审批程序执行。

第三十四条第四款 测绘成果的秘密范围和秘密等级，应当依照保密法律、行政法规的规定，按照保障国家秘密安全、促进地理信息共享和应用的原则确定并及时调整、公布。

第六十七条 军事测绘管理办法由中央军事委员会根据本法规定。

9. 中华人民共和国教师法 (1993 年)

第四十一条 军队所属院校的教师和教育教学辅助人员，由中央军事委员会依照本法制定有关规定。

10. 中华人民共和国红十字会法 (1993 年)

第十四条第四款 红十字标志的标明使用，是标示与红十字活动有关的人或者物。其使用办法，由国务院和中央军事委员会依据本法规定。

11. 中华人民共和国审计法 (1994 年)

第五十三条 中国人民解放军审计工作的规定，由中央军事委员会根据本法制定。

第五十九条　中国人民解放军和中国人民武装警察部队审计工作的规定，由中央军事委员会根据本法制定。

审计机关和军队审计机构应当建立健全协作配合机制，按照国家有关规定对涉及军地经济事项实施联合审计。（2021 年 10 月 23 日修正）

12. 中华人民共和国体育法（1995 年）

第五十三条　军队开展体育活动的具体办法由中央军事委员会依照本法制定。

第一百二十一条　中国人民解放军和中国人民武装警察部队开展体育活动的具体办法，由中央军事委员会依照本法制定。（2022 年 6 月 24 日修订）

13. 中华人民共和国教育法（1995 年）

第八十四条　军事学校教育由中央军事委员会根据本法的原则规定。

14. 中华人民共和国气象法（1999 年）

第四十三条　中国人民解放军气象工作的管理办法，由中央军事委员会制定。

15. 中华人民共和国立法法（2000 年）

第一百零三条　军事法规、军事规章的制定、修改和废止办法，由中央军事委员会依照本法规定的原则规定。

16. 中华人民共和国人口与计划生育法（2001 年）

第四十六条　中国人民解放军执行本法的具体办法，由中央军事委员会依据本法制定。（2021 年 8 月 20 日修正后，需要中央军委废止配套规定中的相关条款）

第四十七条　中国人民解放军和中国人民武装警察部队执行本法的具体办法，由中央军事委员会依据本法制定。（2021 年 8 月 20 日修正）

17. 中华人民共和国国防教育法（2001 年）

第三十二条　在国庆节、中国人民解放军建军节和全民国防教育日，经批准的军营可以向社会开放。军营开放的办法由中央军事委员会规定。

18. 中华人民共和国环境影响评价法（2002 年）

第三十六条　军事设施建设项目的环境影响评价办法，由中央军事委员会依照本法的原则制定。

19. 中华人民共和国政府采购法（2002 年）

第八十六条　军事采购法规由中央军事委员会另行制定。

20. 中华人民共和国食品安全法（2009 年）

第一百五十二条第五款 军队专用食品和自供食品的食品安全管理办法由中央军事委员会依照本法制定。

21. 中华人民共和国人民武装警察法（2009 年）

第十条第四款 组织指挥具体办法由中央军事委员会规定。（2020 年 6 月 20 日修订）

第十二条第一款 调动人民武装警察部队执行任务，坚持依法用兵、严格审批的原则，按照指挥关系、职责权限和运行机制组织实施。批准权限和程序由中央军事委员会规定。（2020 年 6 月 20 日修订）

22. 中华人民共和国军人保险法（2012 年）

第九条 军人死亡和残疾的性质认定、残疾等级评定和相应的保险金标准，按照国家和军队有关规定执行。

第十四条 军人退役养老保险补助标准，由中国人民解放军总后勤部会同国务院有关部门，按照国家规定的基本养老保险缴费标准、军人工资水平等因素拟订，报国务院、中央军事委员会批准。

第十六条 军人退出现役后参加职工基本养老保险的，由军队后勤（联勤）机关财务部门将军人退役养老保险关系和相应资金转入地方社会保险经办机构，地方社会保险经办机构办理相应的转移接续手续。

军人服现役年限与入伍前和退出现役后参加职工基本养老保险的缴费年限合并计算。

第十七条 军人退出现役后参加新型农村社会养老保险或者城镇居民社会养老保险的，按照国家有关规定办理转移接续手续。

第十八条 军人退出现役到公务员岗位或者参照公务员法管理的工作人员岗位的，以及现役军官、文职干部退出现役自主择业的，其养老保险办法按照国家有关规定执行。

第二十一条 军人退役医疗保险个人缴费标准和国家补助标准，由中国人民解放军总后勤部会同国务院有关部门，按照国家规定的缴费比例、军人工资水平等因素确定。

第二十三条 军人退出现役后参加职工基本医疗保险的，由军队后勤（联勤）机关财务部门将军人退役医疗保险关系和相应资金转入地方社会保险经办机构，地方社会保险经办机构办理相应的转移接续手续。

军人服现役年限视同职工基本医疗保险缴费年限，与入伍前和退出现役后参加职工基本医疗保险的缴费年限合并计算。

第二十四条 军人退出现役后参加新型农村合作医疗或者城镇居民基本医疗保险的，按照国家有关规定办理。

第二十五条第二款 随军未就业的军人配偶保险个人缴费标准和国家补助标准，按照国家有关规定执行。

第二十七条 随军未就业的军人配偶实现就业或者军人退出现役时，由军队后勤（联勤）机关财务部门将其养老保险、医疗保险关系和相应资金转入地方社会保险经办机构，地方社会保险经办机构办理相应的转移接续手续。

军人配偶在随军未就业期间的养老保险、医疗保险缴费年限与其在地方参加职工基本养老保险、职工基本医疗保险的缴费年限合并计算。

第二十八条 随军未就业的军人配偶达到国家规定的退休年龄时，按照国家有关规定确定退休地，由军队后勤（联勤）机关财务部门将其养老保险关系和相应资金转入退休地社会保险经办机构，享受相应的基本养老保险待遇。

第三十五条 军人保险基金实行专户存储，具体管理办法按照国家和军队有关规定执行。

23. 中华人民共和国国防交通法（2016 年）

第三十九条 公民和组织完成国防运输任务所发生的费用，由使用单位按照不低于市场价格的原则支付。具体办法由国务院财政部门、交通主管部门和中央军事委员会后勤保障部规定。

第五十一条第三款 国防交通储备物资的品种由国家国防交通主管机构会同国务院有关部门和军队有关部门规定。

24. 中华人民共和国核安全法（2017 年）

第九十二条 军工、军事核安全，由国务院、中央军事委员会依照本法规定的原则另行规定。

25. 中华人民共和国国歌法（2017 年）

第九条第二款 军队奏唱国歌的场合和礼仪，由中央军事委员会规定。

26. 中华人民共和国监察法（2018 年）

第六十八条 中国人民解放军和中国人民武装警察部队开展监察工作，由中央军事委员会根据本法制定具体规定。（2018 年 3 月 20 日通过）

27. 中华人民共和国密码法（2019 年）

第四十三条 中国人民解放军和中国人民武装警察部队的密码工作管理

办法，由中央军事委员会根据本法制定。(2019 年 10 月 26 日通过)

28. 中华人民共和国公职人员政务处分法（2020 年）

第六十六条　中央军事委员会可以根据本法制定相关具体规定。(2020 年 6 月 20 日通过)

29. 中华人民共和国生物安全法（2020 年）

第八十七条　中国人民解放军、中国人民武装警察部队的生物安全活动，由中央军事委员会依照本法规定的原则另行规定。(2020 年 10 月 17 日通过)

30. 中华人民共和国出口管制法（2020 年）

第二十六条　军品出口经营者应当委托经批准的军品出口运输企业办理军品出口运输及相关业务。具体办法由国家军品出口管制管理部门会同有关部门规定。(2020 年 10 月 17 日通过)

31. 中华人民共和国退役军人保障法（2020 年）

第三十条　军人退役安置的具体办法由国务院、中央军事委员会制定。(2020 年 11 月 11 日通过)

第八十三条第二款　参战退役军人、参试退役军人的范围和认定标准、认定程序，由中央军事委员会有关部门会同国务院退役工作主管部门等部门规定。(2020 年 11 月 11 日通过)

32. 中华人民共和国海警法（2021 年）

第七十二条　中国海警局应当建立健全海上维权执法工作监督机制和执法过错责任追究制度。(2021 年 1 月 22 日通过)

33. 中华人民共和国军人地位和权益保障法（2021 年）

第三十四条　国家建立相对独立、特色鲜明、具有比较优势的军人工资待遇制度。军官和军士实行工资制度，义务兵实行供给制生活待遇制度。军人享受个人所得税优惠政策。

国家建立军人工资待遇正常增长机制。

军人工资待遇的结构、标准及其调整办法，由中央军事委员会规定。(2021 年 6 月 10 日通过)

第四十三条第四款　军人户籍管理和相关权益保障办法，由国务院和中央军事委员会规定。(2021 年 6 月 10 日通过)

第四十六条　军人家属凭有关部门制发的证件享受法律法规规定的优待保障。具体办法由国务院和中央军事委员会有关部门制定。(2021 年 6 月 10 日通过)

34. 中华人民共和国法律援助法（2021 年）

第七十条 对军人军属提供法律援助的具体办法，由国务院和中央军事委员会有关部门制定。（2021 年 8 月 20 日通过）

35. 中华人民共和国医师法（2021 年）

第六十五条 中国人民解放军和中国人民武装警察部队执行本法的具体办法，由国务院、中央军事委员会依据本法制定。（2021 年 8 月 20 日通过）

36. 中华人民共和国监察官法（2021 年）

第六十七条 中国人民解放军和中国人民武装警察部队的监察官制度，按照国家和军队有关规定执行。（2021 年 8 月 20 日通过）

37. 中华人民共和国预备役人员法（2022 年）

第十三条第三款 预备役军衔标志式样和佩带办法由中央军事委员会规定。（2022 年 12 月 30 日通过）

第十四条 预备役军衔的授予和晋升，以预备役人员任职岗位、德才表现、服役时间和做出的贡献为依据，具体办法由中央军事委员会规定。（2022 年 12 月 30 日通过）

第四十一条第四款 预备役人员津贴补贴的标准及其调整办法由中央军事委员会规定。（2022 年 12 月 30 日通过）

38. 中华人民共和国爱国主义教育法（2023 年）

第十二条第三款 中国人民解放军、中国人民武装警察部队依照本法和中央军事委员会的有关规定开展爱国主义教育工作，并充分利用自身资源面向社会开展爱国主义教育。（2023 年 10 月 24 日通过）

39. 中华人民共和国海洋环境保护法（1982 年）

第一百二十二条 军事船舶和军事用海环境保护管理办法，由国务院、中央军事委员会依照本法制定。（2023 年 10 月 24 日修订）

（二）需要中央军委废止配套规定的条文

1. 人口与计划生育法删去了有关社会抚养费等内容，需要中央军委废止配套规定中的相关条款。

第十二章　法律规定其他中央和国家机关制定配套规定的条文

（一）法律规定国家监委制定配套规定的条文

1. 中华人民共和国公职人员政务处分法（2020 年）

根据法律规定制定、修改、废止相关配套规定。

2. 中华人民共和国监察官法（2021 年）

第十二条　担任监察官应当具备下列条件：

（一）具有中华人民共和国国籍；

（二）忠于宪法，坚持中国共产党领导和社会主义制度；

（三）具有良好的政治素质、道德品行和廉洁作风；

（四）熟悉法律、法规、政策，具有履行监督、调查、处置等职责的专业知识和能力；

（五）具有正常履行职责的身体条件和心理素质；

（六）具备高等学校本科及以上学历；

（七）法律规定的其他条件。

本法施行前的监察人员不具备前款第六项规定的学历条件的，应当接受培训和考核，具体办法由国家监察委员会制定。（2021 年 8 月 20 日通过）

第二十八条　监察官的等级设置、确定和晋升的具体办法，由国家另行规定。（2021 年 8 月 20 日通过）

第六十条　监察官实行国家规定的工资制度，享受监察官等级津贴和其他津贴、补贴、奖金、保险、福利待遇。监察官的工资及等级津贴制度，由国家另行规定。（2021 年 8 月 20 日通过）

第六十七条　中国人民解放军和中国人民武装警察部队的监察官制度，按照国家和军队有关规定执行。（2021 年 8 月 20 日通过）

（二）法律规定中宣部制定配套规定的条文

1. 中华人民共和国爱国主义教育法（2023 年）

第三十四条　中央爱国主义教育主管部门建立健全爱国主义教育基地的

认定、保护、管理制度，制定爱国主义教育基地保护利用规划，加强对爱国主义教育基地保护、管理、利用的指导和监督。

各级人民政府应当加强对爱国主义教育基地的规划、建设和管理，完善免费开放制度和保障机制。（2023 年 10 月 24 日通过）

（三）法律规定最高人民法院、最高人民检察院制定配套规定的条文

1. 全国人民代表大会常务委员会关于在沿海港口城市设立海事法院的决定（1984 年）

一、海事法院的审判机构和办事机构的设置，由最高人民法院规定。

2. 中华人民共和国民事诉讼法（1991 年）

第四十九条　当事人可以查阅本案有关材料，并可以复制本案有关材料和法律文书。查阅、复制本案有关材料的范围和办法由最高人民法院规定。

第六十一条　代理诉讼的律师和其他诉讼代理人有权调查收集证据，可以查阅本案有关材料。查阅本案有关材料的范围和办法由最高人民法院规定。

3. 中华人民共和国人民警察警衔条例（1992 年）

第二十三条　司法警察警衔授予和晋级的批准权限，由最高人民法院、最高人民检察院参照本条例规定。

4. 中华人民共和国检察官法（1995 年）

第十条　担任检察官必须具备下列条件：……（六）高等院校法律专业本科毕业或者高等院校非法律专业本科毕业具有法律专业知识，从事法律工作满二年，其中担任省、自治区、直辖市人民检察院、最高人民检察院检察官，应当从事法律工作满三年；获得法律专业硕士学位、博士学位或者非法律专业硕士学位、博士学位具有法律专业知识，从事法律工作满一年，其中担任省、自治区、直辖市人民检察院、最高人民检察院检察官，应当从事法律工作满二年。

本法施行前的检察人员不具备前款第六项规定的条件的，应当接受培训，具体办法由最高人民检察院制定。

第二十三条　检察官的等级编制、评定和晋升办法，由国家另行规定。

第三十九条　检察官的工资制度和工资标准，根据检察工作特点，由国家规定。

第四十五条　检察官的退休制度，根据检察工作特点，由国家另行规定。

第五十一条　检察官考评委员会的职责是指导对检察官的培训、考核、

评议工作。具体办法另行规定。

第五十三条 最高人民检察院根据检察工作需要，会同有关部门制定各级人民检察院的检察官在人员编制内员额比例的办法。

第五十四条 国家对初任检察官实行统一法律职业资格考试制度，由国务院司法行政部门商最高人民检察院等有关部门组织实施。

第五十五条 人民检察院的书记员的管理办法，由最高人民检察院制定。

5. 中华人民共和国法官法（1995 年）

第九条 担任法官必须具备下列条件：……（六）高等院校法律专业本科毕业或者高等院校非法律专业本科毕业具有法律专业知识，从事法律工作满二年，其中担任高级人民法院、最高人民法院法官，应当从事法律工作满三年；获得法律专业硕士学位、博士学位或者非法律专业硕士学位、博士学位具有法律专业知识，从事法律工作满一年，其中担任高级人民法院、最高人民法院法官，应当从事法律工作满二年。

本法施行前的审判人员不具备前款第六项规定的条件的，应当接受培训，具体办法由最高人民法院制定。

第二十条 法官的等级编制、评定和晋升办法，由国家另行规定。

第三十六条 法官的工资制度和工资标准，根据审判工作特点，由国家规定。

第四十二条 法官的退休制度，根据审判工作特点，由国家另行规定。

第四十八条 法官考评委员会的职责是指导对法官的培训、考核、评议工作。具体办法另行规定。

第五十条 最高人民法院根据审判工作需要，会同有关部门制定各级人民法院的法官在人员编制内员额比例的办法。

第五十二条 人民法院的书记员的管理办法，由最高人民法院制定。

6. 中华人民共和国企业破产法（2006 年）

第二十二条 指定管理人和确定管理人报酬的办法，由最高人民法院规定。

7. 中华人民共和国人民陪审员法（2018 年）

第三十一条 人民陪审员因参加审判活动应当享受的补助，人民法院和司法行政机关为实施人民陪审员制度所必需的开支，列入人民法院和司法行政机关业务经费，由相应政府财政予以保障。具体办法由最高人民法院、国务院司法行政部门会同国务院财政部门制定。（2018 年 4 月 27 日通过）

（四）法律规定国家公务员局制定配套规定的条文

1. 中华人民共和国公务员法（2005 年）

第十六条　国家实行公务员职位分类制度。

公务员职位类别按照公务员职位的性质、特点和管理需要，划分为综合管理类、专业技术类和行政执法类等类别。根据本法，对于具有职位特殊性，需要单独管理的，可以增设其他职位类别。各职位类别的适用范围由国家另行规定。（2018 年 12 月 29 日修订）

第十九条　公务员职级在厅局级以下设置。

综合管理类公务员职级序列分为：一级巡视员、二级巡视员、一级调研员、二级调研员、三级调研员、四级调研员、一级主任科员、二级主任科员、三级主任科员、四级主任科员、一级科员、二级科员。

综合管理类以外其他职位类别公务员的职级序列，根据本法由国家另行规定。（2018 年 12 月 29 日修订）

第二十一条　公务员的领导职务、职级应当对应相应的级别。公务员领导职务、职级与级别的对应关系，由国家规定。

根据工作需要和领导职务与职级的对应关系，公务员担任的领导职务和职级可以互相转任、兼任；符合规定资格条件的，可以晋升领导职务或者职级。

公务员的级别根据所任领导职务、职级及其德才表现、工作实绩和资历确定。公务员在同一领导职务、职级上，可以按照国家规定晋升级别。

公务员的领导职务、职级与级别是确定公务员工资以及其他待遇的依据。（2018 年 12 月 29 日修订）

第五十五条　按照国家规定，可以向参与特定时期、特定领域重大工作的公务员颁发纪念证书或者纪念章。（2018 年 12 月 29 日修订）

第七十九条　公务员实行国家统一规定的工资制度。

公务员工资制度贯彻按劳分配的原则，体现工作职责、工作能力、工作实绩、资历等因素，保持不同领导职务、职级、级别之间的合理工资差距。

国家建立公务员工资的正常增长机制。（2018 年 12 月 29 日修订）

第八十条　公务员工资包括基本工资、津贴、补贴和奖金。

公务员按照国家规定享受地区附加津贴、艰苦边远地区津贴、岗位津贴等津贴。

公务员按照国家规定享受住房、医疗等补贴、补助。

公务员在定期考核中被确定为优秀、称职的，按照国家规定享受年终奖金。

公务员工资应当按时足额发放。(2018 年 12 月 29 日修订)

第八十一条 公务员的工资水平应当与国民经济发展相协调、与社会进步相适应。

国家实行工资调查制度，定期进行公务员和企业相当人员工资水平的调查比较，并将工资调查比较结果作为调整公务员工资水平的依据。(2018 年 12 月 29 日修订)

第八十二条 公务员按照国家规定享受福利待遇。国家根据经济社会发展水平提高公务员的福利待遇。

公务员执行国家规定的工时制度。按照国家规定享受休假。公务员在法定工作日之外加班的，应当给予相应的补休，不能补休的按照国家规定给予补助。(2018 年 12 月 29 日修订)

第八十三条 公务员依法参加社会保险，按照国家规定享受保险待遇。

公务员因公牺牲或者病故的，其亲属享受国家规定的抚恤和优待。(2018 年 12 月 29 日修订)

第九十一条 公务员辞职或者被辞退，离职前应当办理公务交接手续，必要时按照规定接受审计。(2018 年 12 月 29 日修订)

第九十三条 公务员符合下列条件之一的，本人自愿提出申请，经任免机关批准，可以提前退休：

（一）工作年限满三十年的；

（二）距国家规定的退休年龄不足五年，且工作年限满二十年的；

（三）符合国家规定的可以提前退休的其他情形的。(2018 年 12 月 29 日修订)

第九十四条 公务员退休后，享受国家规定的养老金和其他待遇，国家为其生活和健康提供必要的服务和帮助，鼓励发挥个人专长，参与社会发展。(2018 年 12 月 29 日修订)

第四部分
法律草案公开征求意见情况

第十三章　法律草案向社会公布征求意见情况

法律草案向社会公布征求意见作为国家立法的一项重要制度，为广大人民群众参与国家立法提供了直接、便捷、有效的途径。

自 2008 年开始，法律草案在中国人大网全文公布征求社会公众意见，形成固定做法。截至 2024 年 1 月 27 日，共有 307 件次法律草案在中国人大网向社会公布征求意见，参与人次超过 176 万，提出意见超过 590 万条。

序号	法律草案名称	征求意见时间	参与人数（人次）	意见条数（条）
1	食品安全法（草案）	2008-04-20 至 2008-05-21	2858	9604
2	消防法（修订草案）	2008-05-04 至 2008-06-05	505	2180
3	刑法修正案（七）（草案）	2008-08-29 至 2008-10-10	850	3238
4	保险法（修订草案）	2008-08-29 至 2008-10-10	257	2756
5	专利法修正案（草案）	2008-08-29 至 2008-10-10	304	1530
6	邮政法（修订草案）	2008-10-28 至 2008-11-30	657	5365
7	国家赔偿法修正案（草案）	2008-10-28 至 2008-11-30	346	1966
8	防震减灾法（修订草案）	2008-10-28 至 2008-11-30	579	7308
9	统计法（修订草案）	2008-12-28 至 2009-02-15	615	4327
10	农村土地承包经营纠纷仲裁法（草案）	2008-12-28 至 2009-02-15	542	4125
11	社会保险法（草案二次审议稿）	2008-12-28 至 2009-02-15	9924	68208
12	人民武装警察法（草案）	2009-04-24 至 2009-05-31	56	411
13	国防动员法（草案）	2009-04-24 至 2009-05-31	51	417
14	保守国家秘密法（修订草案）	2009-06-27 至 2009-07-31	171	2112
15	海岛保护法（草案）	2009-06-27 至 2009-07-31	25	244
16	驻外外交人员法（草案）	2009-06-27 至 2009-07-31	101	837
17	可再生能源法修正案（草案）	2009-08-28 至 2009-09-30	79	254
18	行政强制法（草案）	2009-08-28 至 2009-09-30	443	3874
19	石油天然气管道保护法（草案）	2009-11-06 至 2009-12-05	23	489
20	侵权责任法（草案）	2009-11-06 至 2009-12-05	340	3468

续表

序号	法律草案名称	征求意见时间	参与人数（人次）	意见条数（条）
21	选举法修正案（草案）	2009-11-06 至 2009-12-05	60	348
22	村民委员会组织法（修订草案）	2009-12-26 至 2010-01-31	861	6526
23	行政监察法修正案（草案）	2010-02-28 至 2010-03-31	93	277
24	人民调解法（草案）	2010-07-01 至 2010-07-31	435	2871
25	预备役军官法修正案（草案）	2010-07-01 至 2010-07-31	22	76
26	代表法修正案（草案）	2010-08-29 至 2010-09-30	326	1984
27	刑法修正案（八）（草案）	2010-08-29 至 2010-09-30	1221	7848
28	涉外民事关系法律使用法（草案）	2010-08-29 至 2010-09-30	99	766
29	水土保持法（修订草案）	2010-08-29 至 2010-09-30	419	7189
30	非物质文化遗产法（草案）	2010-08-29 至 2010-09-30	48	240
31	车船税法（草案）	2010-10-28 至 2010-11-30	22832	97295
32	个人所得税法修正案（草案）	2011-04-25 至 2011-05-31	82707	237684
33	职业病防治法修正案（草案）	2011-07-01 至 2011-07-31	478	4520
34	刑事诉讼法修正案（草案）	2011-08-30 至 2011-09-30	7489	80953
35	精神卫生法（草案）	2011-10-29 至 2011-11-30	246	2868
36	民事诉讼法修正案（草案）	2011-10-29 至 2011-11-30	788	8030
37	清洁生产促进法修正案（草案）	2011-10-29 至 2011-11-30	22	179
38	出境入境管理法（草案）	2011-12-31 至 2012-01-31	98	1193
39	资产评估法（草案）	2012-02-29 至 2012-03-31	6372	156122
40	农业技术推广法修正案（草案）	2012-04-27 至 2012-05-31	1180	3244
41	预算法修正案（草案二次审议稿）	2012-07-06 至 2012-08-05	19115	330960
42	劳动合同法修正案（草案）	2012-07-06 至 2012-08-05	131912	557243
43	证券投资基金法（修订草案）	2012-07-06 至 2012-08-05	1132	88226
44	老年人权益保障法（修订草案）	2012-07-06 至 2012-08-05	1418	56861
45	环境保护法修正案（草案）	2012-08-31 至 2012-09-30	9582	11748
46	旅游法（草案）	2012-08-31 至 2012-09-30	544	2270
47	特种设备安全法（草案）	2012-08-31 至 2012-09-30	124	527
48	商标法修正案（草案）	2012-12-28 至 2013-01-31	145	544
49	消费者权益保护法修正案（草案）	2013-04-28 至 2013-05-31	1408	3240
50	环境保护法修正案（草案二次审议稿）	2013-07-19 至 2013-08-18	822	2434
51	消费者权益保护法修正案（草案二次审议稿）	2013-09-06 至 2013-10-05	640	1344

续表

序号	法律草案名称	征求意见时间	参与人数（人次）	意见条数（条）
52	资产评估法（草案二次审议稿）	2013-09-06 至 2013-10-05	1360	32642
53	行政诉讼法修正案（草案）	2013-12-31 至 2014-01-30	1483	5436
54	军事设施保护法修正案（草案）	2013-12-31 至 2014-01-30	15	25
55	安全生产法修正案（草案）	2014-03-02 至 2014-04-01	3181	7142
56	航道法（草案）	2014-04-25 至 2014-05-24	445	1487
57	食品安全法（修订草案）	2014-07-01 至 2014-07-31	2468	8877
58	反间谍法（草案）	2014-08-31 至 2014-09-15	81	211
59	行政诉讼法修正案（草案二次审议稿）	2014-08-31 至 2014-09-20	1586	2300
60	广告法（修订草案）	2014-08-31 至 2014-09-30	1403	2380
61	立法法修正案（草案）	2014-08-31 至 2014-09-30	230	609
62	刑法修正案（九）（草案）	2014-11-04 至 2014-12-03	15096	51362
63	反恐怖主义法（草案）	2014-11-04 至 2014-12-03	1023	3295
64	广告法（修订草案二次审议稿）	2014-12-30 至 2015-01-19	1726	2238
65	立法法修正案（草案二次审议稿）	2014-12-30 至 2015-01-19	109	218
66	食品安全法（修订草案二次审议稿）	2014-12-30 至 2015-01-19	878	2943
67	大气污染防治法（修订草案）	2014-12-30 至 2015-01-29	971	5047
68	促进科技成果转化法修正案（草案）	2015-03-02 至 2015-04-01	97	260
69	种子法（修订草案）	2015-05-05 至 2015-06-04	1559	8022
70	境外非政府组织管理法（草案二次审议稿）	2015-05-05 至 2015-06-04	255	1803
71	国家安全法（草案二次审议稿）	2015-05-06 至 2015-06-05	288	1020
72	网络安全法（草案）	2015-07-06 至 2015-08-05	1564	4240
73	刑法修正案（九）（草案二次审议稿）	2015-07-06 至 2015-08-05	76239	110737
74	大气污染防治法（修订草案二次审议稿）	2015-07-06 至 2015-08-05	566	1762
75	教育法律一揽子修正案（草案）	2015-09-08 至 2015-10-07	120	280
76	资产评估法（草案三次审议稿）	2015-09-08 至 2015-10-07	753	3820
77	国家勋章和国家荣誉称号法（草案）	2015-09-08 至 2015-10-07	52	140
78	反家庭暴力法（草案）	2015-09-08 至 2015-10-07	8792	42203
79	慈善法（草案）	2015-10-31 至 2015-11-30	452	1843
80	深海海底区域资源勘探开发法（草案）	2015-11-06 至 2015-12-05	30	83
81	电影产业促进法（草案）	2015-11-06 至 2015-12-05	131	309

序号	法律草案名称	征求意见时间	参与人数 （人次）	意见条数 （条）
82	野生动物保护法（修订草案）	2015-12-30 至 2016-01-29	1640	6205
83	中医药法（草案）	2015-12-30 至 2016-01-29	13290	32487
84	民办教育促进法修正案（草案二次审议稿）	2016-01-07 至 2016-02-06	321	1448
85	慈善法（草案二次审议稿修改稿）	2016-01-11 至 2016-01-31	169	661
86	野生动物保护法（修订草案二次审议稿）	2016-04-27 至 2016-05-20	241	878
87	公共文化服务保障法（草案）	2016-05-04 至 2016-06-03	50	152
88	国防交通法（草案）	2016-05-04 至 2016-06-03	28	57
89	网络安全法（草案二次审议稿）	2016-07-05 至 2016-08-04	231	969
90	民法总则（草案）	2016-07-05 至 2016-08-04	13802	65093
91	红十字会法（修订草案）	2016-07-05 至 2016-08-04	102	473
92	电影产业促进法（草案二次审议稿）	2016-09-06 至 2016-10-07	49	266
93	海洋环境保护法修正案（草案）	2016-09-06 至 2016-10-07	33	49
94	中医药法（草案二次审议稿）	2016-09-06 至 2016-10-07	1298	2951
95	环境保护税法（草案）	2016-09-06 至 2016-10-07	118	300
96	测绘法（修订草案）	2016-11-14 至 2016-12-13	37	146
97	核安全法（草案）	2016-11-14 至 2016-12-13	485	2762
98	公共文化服务保障法（草案二次审议稿）	2016-11-14 至 2016-12-13	27	102
99	红十字会法（修订草案二次审议稿）	2016-11-14 至 2016-12-13	31	155
100	中小企业促进法（修订草案）	2016-11-15 至 2016-12-14	51	241
101	民法总则（草案二次审议稿）	2016-11-18 至 2016-12-17	960	3038
102	民法总则（草案三次审议稿）	2016-12-27 至 2017-01-26	660	2096
103	水污染防治法修正案（草案）	2016-12-27 至 2017-01-26	75	237
104	电子商务法（草案）	2016-12-27 至 2017-01-26	194	922
105	反不正当竞争法（修订草案）	2017-02-26 至 2017-03-25	465	1521
106	国家情报法（草案）	2017-05-16 至 2017-06-04	251	773
107	标准化法（修订草案）	2017-05-16 至 2017-06-14	252	1101
108	核安全法（草案二次审议稿）	2017-05-16 至 2017-06-14	127	409
109	土壤污染防治法（草案）	2017-06-28 至 2017-07-27	140	724
110	农民专业合作社法（修订草案）	2017-06-28 至 2017-07-27	127	422

续表

序号	法律草案名称	征求意见时间	参与人数（人次）	意见条数（条）
111	公共图书馆法（草案）	2017-06-28 至 2017-07-27	101	458
112	国歌法（草案）	2017-06-28 至 2017-07-27	361	731
113	中小企业促进法（修订草案二次审议稿）	2017-06-28 至 2017-07-27	38	157
114	人民法院组织法（修订草案）	2017-09-04 至 2017-10-03	180	578
115	人民检察院组织法（修订草案）	2017-09-04 至 2017-10-03	410	1226
116	反不正当竞争法（修订草案二次审议稿）	2017-09-05 至 2017-09-24	98	354
117	标准化法（修订草案二次审议稿）	2017-09-05 至 2017-09-24	129	446
118	烟叶税法（草案）	2017-09-06 至 2017-10-05	18	56
119	电子商务法（草案二次审议稿）	2017-11-07 至 2017-11-26	291	692
120	船舶吨税法（草案）	2017-11-07 至 2017-12-06	19	69
121	监察法（草案）	2017-11-07 至 2017-12-06	3771	13268
122	农村土地承包法（修正案草案）	2017-11-07 至 2017-12-06	313	859
123	基本医疗卫生与健康促进法（草案）	2017-12-29 至 2018-01-27	31665	57075
124	人民陪审员法（草案）	2017-12-29 至 2018-01-27	202	641
125	检察官法（修订草案）	2017-12-29 至 2018-01-27	7992	10438
126	英雄烈士保护法（草案）	2017-12-29 至 2018-01-27	420	1008
127	土壤污染防治法（草案二次审议稿）	2017-12-29 至 2018-01-27	102	494
128	国际刑事司法协助法（草案）	2017-12-29 至 2018-01-27	36	305
129	法官法（修订草案）	2017-12-29 至 2018-01-27	11356	13650
130	刑事诉讼法（修正草案）	2018-05-09 至 2018-06-07	1190	2620
131	人民法院组织法（修订草案二次审议稿）	2018-06-29 至 2018-07-28	330	1028
132	人民检察院组织法（修订草案二次审议稿）	2018-06-29 至 2018-07-28	296	1140
133	个人所得税法修正案（草案）	2018-06-29 至 2018-07-28	67291	131207
134	电子商务法（草案三次审议稿）	2018-06-29 至 2018-07-28	317	1473
135	耕地占用税法（草案）	2018-09-05 至 2018-10-04	96	179
136	刑事诉讼法（修订草案二次审议稿）	2018-09-05 至 2018-10-04	424	996
137	车辆购置税法（草案）	2018-09-05 至 2018-10-04	120	178

续表

序号	法律草案名称	征求意见时间	参与人数（人次）	意见条数（条）
138	综合性消防救援队伍消防救援衔条例（草案）	2018-09-05 至 2018-10-04	5683	13938
139	民法典各分编（草案）	2018-09-05 至 2018-11-03	111208	440491
140	公务员法（修订草案）	2018-11-01 至 2018-12-01	29374	56778
141	药品管理法（修正草案）	2018-11-01 至 2018-12-01	601	1844
142	农村土地承包法（修正案草案二次审议稿）	2018-11-01 至 2018-12-01	362	934
143	基本医疗卫生与健康促进法（草案二次审议稿）	2018-11-01 至 2018-12-01	3244	6023
144	外商投资法（草案）	2018-12-26 至 2019-02-24	391	1139
145	法官法（修订草案二次审议稿）	2019-01-04 至 2019-02-03	638	1122
146	民法典侵权责任编（草案二次审议稿）	2019-01-04 至 2019-02-03	117	228
147	土地管理法、城市房地产管理法（修正案草案）	2019-01-04 至 2019-02-03	498	579
148	资源税法（草案）	2019-01-04 至 2019-02-03	86	201
149	专利法（修正案草案）	2019-01-04 至 2019-02-03	208	491
150	疫苗管理法（草案）	2019-01-04 至 2019-02-03	977	2809
151	民法典合同编（草案二次审议稿）	2019-01-04 至 2019-02-03	256	504
152	检察官法（修订草案二次审议稿）	2019-01-04 至 2019-02-03	442	768
153	证券法（修订草案三次审议稿）	2019-04-26 至 2019-05-25	1437	4245
154	疫苗管理法（草案二次审议稿）	2019-04-26 至 2019-05-25	423	1107
155	民法典物权编（草案二次审议稿）	2019-04-26 至 2019-05-25	1132	2286
156	药品管理法（修订草案）	2019-04-26 至 2019-05-25	1792	8443
157	民法典人格权编（草案二次审议稿）	2019-04-26 至 2019-05-25	20031	31936
158	密码法（草案）	2019-07-05 至 2019-09-02	136	358
159	固体废物污染环境防治法（修订草案）	2019-07-05 至 2019-09-02	163	630
160	土地管理法、城市房地产管理法修正案（草案二次审议稿）	2019-07-05 至 2019-09-02	2579	3068
161	森林法（修订草案）	2019-07-05 至 2019-09-02	233	862
162	民法典继承编（草案二次审议稿）	2019-07-05 至 2019-09-02	239	716
163	民法典婚姻家庭编（草案）（二次审议稿）	2019-07-05 至 2019-09-02	35314	67388

续表

序号	法律草案名称	征求意见时间	参与人数（人次）	意见条数（条）
164	社区矫正法（草案）	2019-07-05 至 2019-09-02	2445	7448
165	基本医疗卫生与健康促进法（草案三次审议稿）	2019-08-28 至 2019-09-26	2510	8320
166	民法典人格权编（草案三次审议稿）	2019-08-28 至 2019-09-26	14572	16133
167	民法典侵权责任编（草案三次审议稿）	2019-08-28 至 2019-09-26	119	403
168	公职人员政务处分法（草案）	2019-10-08 至 2019-11-16	1766	8001
169	民法典婚姻家庭编（草案三次审议稿）	2019-10-31 至 2019-11-29	198455	236596
170	未成年人保护法（修订草案）	2019-10-31 至 2019-11-29	40530	49693
171	社区矫正法（草案二次审议稿）	2019-10-31 至 2019-11-29	1662	3536
172	预防未成年人犯罪法（修订草案）	2019-10-31 至 2019-11-29	6745	7891
173	档案法（修订草案）	2019-10-31 至 2019-11-29	102	170
174	森林法（修订草案二次审议稿）	2019-10-31 至 2019-11-29	102	164
175	城市维护建设税法（草案）	2019-12-28 至 2020-01-26	60	75
176	出口管制法（草案）	2019-12-28 至 2020-01-26	44	113
177	长江保护法（草案）	2019-12-28 至 2020-01-26	91	218
178	契税法（草案）	2019-12-28 至 2020-01-26	53	96
179	民法典（草案）	2019-12-28 至 2020-01-26	13718	114574
180	固体废物污染环境防治法（修订草案二次审议稿）	2019-12-28 至 2020-01-26	103	287
181	公职人员政务处分法（草案二次审议稿）	2020-04-30 至 2020-06-13	372	548
182	生物安全法（草案二次审议稿）	2020-04-30 至 2020-06-13	539	933
183	著作权法修正案（草案）	2020-04-30 至 2020-06-13	51165	167196
184	动物防疫法（修订草案）	2020-04-30 至 2020-06-13	7253	28523
185	人民武装警察法（修订草案）	2020-04-30 至 2020-06-13	270	416
186	退役军人保障法（草案）	2020-06-22 至 2020-07-21	132845	820689
187	乡村振兴促进法（草案）	2020-06-22 至 2020-07-21	978	1752
188	数据安全法（草案）	2020-07-03 至 2020-08-16	207	651
189	行政处罚法（修订草案）	2020-07-03 至 2020-08-16	979	2416
190	专利法修正案（草案二次审议稿）	2020-07-03 至 2020-08-16	592	1057
191	出口管制法（草案二次审议稿）	2020-07-03 至 2020-08-16	76	194

续表

序号	法律草案名称	征求意见时间	参与人数（人次）	意见条数（条）
192	未成年人保护法（修订草案二次审议稿）	2020-07-03 至 2020-08-16	15386	24752
193	刑法修正案（十一）（草案）	2020-07-03 至 2020-08-16	65080	137544
194	预防未成年人犯罪法（修订草案二次审议稿）	2020-08-17 至 2020-09-30	231	339
195	动物防疫法（修订草案二次审议稿）	2020-08-17 至 2020-09-30	1436	6165
196	著作权法修正案（草案二次审议稿）	2020-08-17 至 2020-09-30	634	2172
197	全国人民代表大会组织法（修正草案）	2020-08-17 至 2020-09-30	327	1776
198	全国人民代表大会议事规则（修正草案）	2020-08-17 至 2020-09-30	334	3572
199	国旗法（修正草案）	2020-08-17 至 2020-09-30	73	107
200	国徽法（修正草案）	2020-08-17 至 2020-09-30	26	37
201	长江保护法（草案二次审议稿）	2020-10-21 至 2020-11-19	102	188
202	刑法修正案（十一）（草案二次审议稿）	2020-10-21 至 2020-11-19	2530	8491
203	行政处罚法（修订草案二次审议稿）	2020-10-21 至 2020-11-19	416	727
204	个人信息保护法（草案）	2020-10-21 至 2020-11-19	548	1245
205	野生动物保护法（修订草案）	2020-10-21 至 2020-11-19	2439	4926
206	国防法（修订草案）	2020-10-21 至 2020-11-19	3226	12306
207	海警法（草案）	2020-11-04 至 2020-12-03	207	295
208	反食品浪费法（草案）	2020-12-31 至 2021-01-29	137	239
209	反有组织犯罪法（草案）	2020-12-31 至 2021-01-29	139	214
210	海南自由贸易港法（草案）	2020-12-31 至 2021-01-29	335	689
211	海上交通安全法（修订草案）	2020-12-31 至 2021-01-29	64	187
212	军人地位和权益保障法（草案）	2020-12-31 至 2021-01-29	2783	5602
213	军事设施保护法（修订草案）	2020-12-31 至 2021-01-29	18	22
214	全国人民代表大会议事规则（修正草案二次审议稿）	2020-12-31 至 2021-01-29	65	109
215	全国人民代表大会组织法（修正草案二次审议稿）	2020-12-31 至 2021-01-29	68	127
216	乡村振兴促进法（草案二次审议稿）	2020-12-31 至 2021-01-29	141	300
217	法律援助法（草案）	2021-01-27 至 2021-02-25	681	1810

续表

序号	法律草案名称	征求意见时间	参与人数（人次）	意见条数（条）
218	医师法草案（关于修订执业医师法的议案）	2021-01-27 至 2021-02-25	2229	3457
219	湿地保护法（草案）	2021-01-27 至 2021-02-25	89	198
220	家庭教育法（草案）	2021-01-27 至 2021-02-25	869	1667
221	安全生产法（修正草案）	2021-01-27 至 2021-02-25	685	1135
222	教育法（修正草案）	2021-01-27 至 2021-02-25	413	497
223	兵役法（修订草案）	2021-01-27 至 2021-02-25	1222	1715
224	印花税法（草案）	2021-02-28 至 2021-03-29	138	175
225	数据安全法（草案二次审议稿）	2021-04-29 至 2021-05-28	133	334
226	个人信息保护法（草案二次审议稿）	2021-04-29 至 2021-05-28	239	776
227	海南自由贸易港法（草案二次审议稿）	2021-04-29 至 2021-05-28	53	161
228	监察官法（草案二次审议稿）	2021-04-29 至 2021-05-28	1086	1854
229	军人地位和权益保障法（草案二次审议稿）	2021-04-29 至 2021-05-28	322	484
230	期货法（草案）	2021-04-29 至 2021-05-28	199	949
231	法律援助法（草案二次审议稿）	2021-06-10 至 2021-07-09	273	530
232	医师法（草案二次审议稿）	2021-06-10 至 2021-07-09	399	684
233	职业教育法（修订草案）	2021-06-10 至 2021-07-09	204	377
234	审计法（修正草案）	2021-06-10 至 2021-07-09	80	175
235	反有组织犯罪法（草案二次审议稿）	2021-08-20 至 2021-09-18	353	678
236	家庭教育促进法（草案二次审议稿）	2021-08-20 至 2021-09-18	133	265
237	陆地国界法（草案二次审议稿）	2021-08-20 至 2021-09-18	24	67
238	科学技术进步法（修订草案）	2021-08-20 至 2021-09-18	68	148
239	噪声污染防治法（草案）	2021-08-20 至 2021-09-18	1802	3068
240	种子法（修正草案）	2021-08-20 至 2021-09-18	82	113
241	湿地保护法（草案二次审议稿）	2021-10-23 至 2021-11-21	59	102
242	期货和衍生品法（草案二次审议稿）	2021-10-23 至 2021-11-21	53	166
243	反电信网络诈骗法（草案）	2021-10-23 至 2021-11-21	13441	28599
244	地方各级人民代表大会和地方各级人民政府组织法（修正草案）	2021-10-23 至 2021-11-21	191	353
245	畜牧法（修订草案）	2021-10-23 至 2021-11-21	493	700
246	体育法（修订草案）	2021-10-23 至 2021-11-21	111	189

续表

序号	法律草案名称	征求意见时间	参与人数（人次）	意见条数（条）
247	反垄断法（修正草案）	2021-10-23 至 2021-11-21	166	416
248	农产品质量安全法（修订草案）	2021-10-23 至 2021-11-21	1041	2615
249	民事诉讼法（修正草案）	2021-10-23 至 2021-11-21	318	459
250	地方各级人民代表大会和地方各级人民政府组织法（修正草案二次审议稿）	2021-12-24 至 2022-01-22	186	749
251	职业教育法（修订草案二次审议稿）	2021-12-24 至 2022-01-22	194	403
252	公司法（修订草案）	2021-12-24 至 2022-01-22	705	4943
253	全国人民代表大会常务委员会议事规则（修正草案）	2021-12-24 至 2022-01-22	69	111
254	黑土地保护法（草案）	2021-12-24 至 2022-01-22	147	229
255	妇女权益保障法（修订草案）	2021-12-24 至 2022-01-22	85221	423719
256	黄河保护法（草案）	2021-12-24 至 2022-01-22	90	217
257	突发事件应对管理法（草案）	2021-12-24 至 2022-01-22	148	437
258	体育法修订（草案二次审议稿）	2022-04-20 至 2022-05-19	947	1503
259	黑土地保护法（草案二次审议稿）	2022-04-20 至 2022-05-19	146	189
260	妇女权益保障法（修订草案二次审议稿）	2022-04-20 至 2022-05-19	80960	300504
261	反电信网络诈骗法（草案二次审议稿）	2022-06-24 至 2022-07-23	12390	28406
262	农产品质量安全法（修订草案二次审议稿）	2022-06-24 至 2022-07-23	166	303
263	黄河保护法（草案二次审议稿）	2022-06-24 至 2022-07-23	110	320
264	民事强制执行法（草案）	2022-06-24 至 2022-07-23	3223	6309
265	野生动物保护法修订（草案二次审议稿）	2022-09-02 至 2022-10-01	3806	12057
266	青藏高原生态保护法（草案）	2022-09-02 至 2022-10-01	130	279
267	立法法（修正草案）	2022-10-31 至 2022-11-29	466	978
268	无障碍环境建设法（草案）	2022-10-31 至 2022-11-29	534	1040
269	行政复议法（修订草案）	2022-10-31 至 2022-11-29	450	1015
270	预备役人员法（草案）	2022-10-31 至 2022-11-29	89	158
271	立法法（修正草案二次审议稿）	2022-12-30 至 2023-01-28	505	795
272	公司法（修订草案二次审议稿）	2022-12-30 至 2023-01-28	5612	25295
273	反间谍法（修订草案二次审议稿）	2022-12-30 至 2023-01-28	112	201

续表

序号	法律草案名称	征求意见时间	参与人数（人次）	意见条数（条）
274	青藏高原生态保护法（草案二次审议稿）	2022-12-30 至 2023-01-28	60	79
275	海洋环境保护法（修订草案）	2022-12-30 至 2023-01-28	89	167
276	农村集体经济组织法（草案）	2022-12-30 至 2023-01-28	7688	23333
277	慈善法（修订草案）	2022-12-30 至 2023-01-28	180	765
278	增值税法（草案）	2022-12-30 至 2023-01-28	178	430
279	金融稳定法（草案）	2022-12-30 至 2023-01-28	738	3631
280	外国国家豁免法（草案）	2022-12-30 至 2023-01-28	70	104
281	民事诉讼法（修正草案）	2022-12-30 至 2023-01-28	202	334
282	行政诉讼法（修正草案）	2022-12-30 至 2023-01-28	186	268
283	对外关系法（草案）	2022-12-30 至 2023-01-28	93	172
284	无障碍环境建设法（草案二次审议稿）	2023-04-26 至 2023-05-25	1734	3285
285	行政复议法（修订草案二次审议稿）	2023-06-28 至 2023-07-27	434	1584
286	海洋环境保护法（修订草案二次审议稿）	2023-06-28 至 2023-07-27	88	218
287	爱国主义教育法（草案）	2023-06-28 至 2023-07-27	311	586
288	粮食安全保障法（草案）	2023-06-28 至 2023-07-27	957	1392
289	刑法修正案（十二）（草案）	2023-07-26 至 2023-08-24	1560	2680
290	公司法（修订草案三次审议稿）	2023-09-01 至 2023-09-30	1353	2624
291	增值税法（草案二次审议稿）	2023-09-01 至 2023-09-30	20002	24634
292	学前教育法（草案）	2023-09-01 至 2023-09-30	1112	2313
293	学位法（草案）	2023-09-01 至 2023-09-30	341	1191
294	治安管理处罚法（修订草案）	2023-09-01 至 2023-09-30	99375	125962
295	粮食安全保障法（草案二次审议稿）	2023-10-25 至 2023-11-23	319	504
296	慈善法（修正草案）	2023-10-25 至 2023-11-23	670	1114
297	国务院组织法（修订草案）	2023-10-25 至 2023-11-23	156	292
298	保守国家秘密法（修订草案）	2023-10-25 至 2023-11-23	160	352
299	传染病防治法（修订草案）	2023-10-25 至 2023-11-23	713	1804
300	文物保护法（修订草案）	2023-10-25 至 2023-11-23	1660	3946
301	国务院组织法（修订草案二次审议稿）	2023-12-29 至 2024-01-27	3359	6995
302	突发事件应对管理法（草案二次审议稿）	2023-12-29 至 2024-01-27	191	336

续表

序号	法律草案名称	征求意见时间	参与人数（人次）	意见条数（条）
303	农村集体经济组织法（草案二次审议稿）	2023-12-29 至 2024-01-27	7503	15700
304	各级人民代表大会常务委员会监督法（修正草案）	2023-12-29 至 2024-01-27	1874	3901
305	国境卫生检疫法（修订草案）	2023-12-29 至 2024-01-27	59	126
306	矿产资源法（修订草案）	2023-12-29 至 2024-01-27	181	480
307	关税法（草案）	2023-12-29 至 2024-01-27	52	170
总计			1767502	5904681

附　　录

一、中华人民共和国第一届全国人民代表大会第一次会议关于中华人民共和国现行法律、法令继续有效的决议（1954 年 9 月 26 日通过）

中华人民共和国宪法已由第一届全国人民代表大会第一次会议通过，颁布全国。所有自从 1949 年 10 月 1 日中华人民共和国建立以来，由中央人民政府制定、批准的现行法律、法令，除开同宪法相抵触的以外，一律继续有效。

二、全国人民代表大会常务委员会关于中华人民共和国建国以来制定的法律、法令效力问题的决议（1979 年 11 月 29 日第五届全国人民代表大会常务委员会第十二次会议通过）

为了加强和健全社会主义法制，保障社会主义现代化建设的顺利进行，根据一九五四年第一届全国人民代表大会第一次会议关于中华人民共和国现行法律、法令继续有效的决议的精神，现决定：从一九四九年十月一日中华人民共和国建立以来，前中央人民政府制定、批准的法律、法令；从一九五四年九月二十日第一届全国人民代表大会第一次会议制定中华人民共和国宪法以来，全国人民代表大会和全国人民代表大会常务委员会制定、批准的法律、法令，除了同第五届全国人民代表大会制定的宪法、法律和第五届全国人民代表大会常务委员会制定、批准的法令相抵触的以外，继续有效。

三、全国人民代表大会常务委员会关于批准法制工作委员会关于对 1978 年底以前颁布的法律进行清理情况和意见报告的决定（1987 年 11 月 24 日第六届全国人民代表大会常务委员会第二十三次会议通过）

第六届全国人民代表大会常务委员会第二十三次会议决定：批准《全国人民代表大会常务委员会法制工作委员会关于对 1978 年底以前颁布的法律进行清理的情况和意见的报告》以及附件一《1978 年底以前颁布的已经失效的法律目录》、附件二《1978 年底以前全国人民代表大会常务委员会批准的已经不再适用的民族自治地方的组织条例目录》。

附：

全国人民代表大会常务委员会法制工作委员会关于对 1978 年底以前颁布的法律进行清理的情况和意见的报告

全国人民代表大会常务委员会：

根据五届人大三次会议上全国人民代表大会常务委员会工作报告提出清理建国以来颁布的法律的要求，法制工作委员会对 1978 年底以前颁布的法律（包括有关法律问题的决定）进行了清理。现将清理的情况和处理意见报告如下：

据统计，从 1949 年 9 月至 1978 年底，由中国人民政治协商会议第一次会议、中央人民政府委员会、全国人民代表大会及其常务委员会制定或者批准的法律共有 134 件，我们会同有关部门对这些法律逐件进行了研究，并征求一些法律专家的意见。在清理的 134 件法律中，已经失效的有 111 件（见附件一），继续有效或者继续有效正在研究修改的有 23 件。已经失效的 111 件法律分为以下四种情况：

（一）已由新法规定废止的 11 件。

（二）已有新法代替的 41 件。

（三）由于调整对象变化或者情况变化而不再适用或者已经停止施行的 29 件。

（四）对某一特定问题作出的具有法律效力的决定、条例，已经过时的 30 件。

对现已失去法律效力的 111 件法律，除已由新法规定废止的 11 件以外，对其余的 100 件，建议全国人民代表大会常务委员会明确这些法律已经不再适用，但是过去根据这些法律对有关问题做出的处理仍然是有效的。

此外，在 1978 年底以前，全国人民代表大会常务委员会批准民族自治地方的人民代表大会和人民委员会组织条例 48 件（见附件二），因新宪法、地方各级人民代表大会和地方各级人民政府组织法和民族区域自治法已经制定，各民族自治地方人民代表大会都已成立常务委员会，各自治地方都已经或正在另行制定自治条例，上述组织条例已因情况变化而不再适用。

以上报告和附件一、附件二，请审议。

全国人民代表大会常务委员会法制工作委员会

1987 年 11 月 11 日

附件一：1978 年底以前颁布的已经失效的法律目录（111 件）

附件二：1978 年底以前全国人民代表大会常务委员会批准的已经不再适用的民族自治地方的组织条例目录（48 件）

附件一：

1978 年底以前颁布的已经失效的法律目录（111 件）

一、已由新法规定废止的 11 件

1. 新解放区农业税暂行条例

（1950 年 9 月中央人民政府委员会通过）

2. 中华人民共和国婚姻法

（1950 年 4 月中央人民政府委员会通过）

3. 中华人民共和国逮捕拘留条例

（1954 年 12 月全国人民代表大会常务委员会通过）

4. 中华人民共和国治安管理处罚条例

（1957 年 10 月全国人民代表大会常务委员会通过）

5. 消防监督条例

（1957 年 11 月全国人民代表大会常务委员会原则批准）

6. 国务院关于工人、职员回家探亲的假期和工资待遇的暂行规定

（1957 年 11 月全国人民代表大会常务委员会批准）

7. 中华人民共和国国境卫生检疫条例

（1957 年 12 月全国人民代表大会常务委员会通过）

8. 国务院关于调整获利较大的经济作物的农业税附加比例的规定

（1957 年 12 月全国人民代表大会常务委员会原则批准）

9. 国家建设征用土地办法

（1958 年 1 月全国人民代表大会常务委员会原则批准）

10. 商标管理条例

（1963 年 3 月全国人民代表大会常务委员会批准）

11. 中华人民共和国第五届全国人民代表大会第一次会议关于中华人民共和国国歌的决定

（1978 年 3 月通过）

二、已有新法代替的 **41** 件

1. 中华人民共和国惩治反革命条例

（1951 年 2 月中央人民政府委员会批准）

2. 中华人民共和国人民法院暂行组织条例

（1951 年 9 月中央人民政府委员会通过）

3. 中央人民政府最高人民检察署暂行组织条例

（1951 年 9 月中央人民政府委员会通过）

4. 各级地方人民检察署组织通则

（1951 年 9 月中央人民政府委员会通过）

5. 中华人民共和国惩治贪污条例

（1952 年 4 月中央人民政府委员会批准）

6. 中央人民政府政务院关于与外国订立条约、协定、议定书、合同等的统一办法之决定

（1952 年 8 月中央人民政府委员会批准）

7. 中华人民共和国民族区域自治实施纲要

（1952 年 8 月中央人民政府委员会批准）

8. 中华人民共和国民兵组织暂行条例

（1952 年 11 月中央人民政府主席批准）

9. 中华人民共和国全国人民代表大会及地方各级人民代表大会选举法

（1953 年 2 月中央人民政府委员会通过）

10. 中华人民共和国全国人民代表大会组织法

（1954 年 9 月全国人民代表大会通过）

11. 中华人民共和国国务院组织法

（1954 年 9 月全国人民代表大会通过）

12. 中华人民共和国地方各级人民代表大会和地方各级人民委员会组织法

（1954 年 9 月全国人民代表大会通过）

13. 中华人民共和国人民法院组织法

（1954 年 9 月全国人民代表大会通过）

14. 中华人民共和国人民检察院组织法

（1954 年 9 月全国人民代表大会通过）

15. 中华人民共和国第一届全国人民代表大会第一次会议关于中华人民共和国现行法律、法令继续有效的决议

（1954 年 9 月通过）

16. 全国人民代表大会常务委员会关于同外国缔结条约的批准手续的决定

（1954 年 10 月通过）

17. 中国人民解放军军官服役条例

（1955 年 2 月全国人民代表大会常务委员会通过）

18. 全国人民代表大会常务委员会关于解释法律问题的决议

（1955 年 6 月通过）

19. 中华人民共和国第一届全国人民代表大会第二次会议关于授权常务委员会制定单行法规的决议

（1955 年 7 月通过）

20. 中华人民共和国第一届全国人民代表大会第二次会议关于撤销热河省西康省并修改中华人民共和国地方各级人民代表大会和地方各级人民委员会组织法第二十五条第二款第一项规定的决议

（1955 年 7 月通过）

21. 中华人民共和国第一届全国人民代表大会第二次会议关于撤销燃料工业部设立煤炭工业部电力工业部石油工业部农产品采购部并修改中华人民共和国国务院组织法第二条第一款条文的决议

（1955 年 7 月通过）

22. 中华人民共和国兵役法

（1955 年 7 月全国人民代表大会通过）

23. 全国人民代表大会常务委员会关于在地方各级人民代表大会闭会期间省长自治区主席市长州长县长区长乡长镇长和地方各级人民法院院长缺额补充问题的决定

（1955 年 11 月通过）

24. 全国人民代表大会常务委员会关于自治州人民代表大会和人民委员会每届任期问题的决定

（1956 年 5 月通过）

25. 全国人民代表大会常务委员会关于县市市辖区乡民族乡镇人民代表大会代表名额等问题的决定

（1956 年 5 月通过）

26. 全国人民代表大会常务委员会关于不公开进行审理的案件的决定

（1956 年 5 月通过）

27. 中华人民共和国第一届全国人民代表大会第三次会议关于修改中华人民共和国地方各级人民代表大会和地方各级人民委员会组织法第二十五条第二款第四项第五项规定的决议

（1956 年 6 月通过）

28. 全国人民代表大会常务委员会关于对反革命分子的管制一律由人民法院判决的决定

（1956 年 11 月通过）

29. 中华人民共和国第一届全国人民代表大会第四次会议关于死刑案件由最高人民法院判决或者核准的决议

（1957 年 7 月通过）

30. 全国人民代表大会常务委员会关于死刑案件由最高人民法院判决或者核准的决议如何执行问题给最高人民法院的批复

（1957 年 9 月批复）

31. 全国人民代表大会常务委员会关于省、直辖市人民代表大会会议可以每年举行一次的决定

（1957 年 11 月通过）

32. 国务院关于工人、职员退休处理的暂行规定

（1957 年 11 月全国人民代表大会常务委员会原则批准）

33. 国务院关于工人职员退职处理的暂行规定

（1958 年 3 月全国人民代表大会常务委员会原则批准）

34. 全国人民代表大会常务委员会关于地方各级人民代表大会代表名额问题的决定

（1958 年 3 月通过）

35. 全国人民代表大会常务委员会关于直辖市和较大的市可以领导县自治县的决定

（1959 年 9 月通过）

36. 全国人民代表大会常务委员会关于最高人民法院和地方各级人民法院助理审判员任免问题的决定

（1960 年 1 月通过）

37. 中国人民解放军军官服役条例

（1963 年 9 月全国人民代表大会常务委员会修正通过）

38. 外国人入境出境过境居留旅行管理条例

（1964 年 3 月全国人民代表大会常务委员会批准）

39. 全国人民代表大会常务委员会关于军士和兵的现役期限的决定

（1965 年 1 月通过）

40. 关于兵役制问题的决定

（1978 年 3 月全国人民代表大会常务委员会批准）

41. 全国人民代表大会常务委员会关于省人民代表大会闭会期间省人民检察院检察长产生程序的决定

（1978 年 5 月通过）

三、由于调整对象变化或者情况变化而不再适用或者已经停止施行的 **29** 件

1. 中华人民共和国中央人民政府组织法

（1949 年 9 月中国人民政治协商会议第一届全体会议通过）

2. 中国人民政治协商会议组织法

（1949 年 9 月中国人民政治协商会议第一届全体会议通过）

3. 省各界人民代表会议组织通则

（1949 年 12 月中央人民政府委员会通过）

4. 市各界人民代表会议组织通则

（1949 年 12 月中央人民政府委员会通过）

5. 县各界人民代表会议组织通则

（1949 年 12 月中央人民政府委员会通过）

6. 中央人民政府政务院及所属各机关组织通则

（1949 年 12 月中央人民政府委员会通过）

7. 中华人民共和国土地改革法

（1950 年 6 月中央人民政府委员会通过）

8. 人民法庭组织通则

（1950 年 7 月中央人民政府主席批准）

9. 中央人民政府任免国家机关工作人员暂行条例

（1951 年 11 月中央人民政府委员会批准）

10. 各级人民政府民族事务委员会试行组织通则

（1952 年 8 月中央人民政府主席批准）

11. 全国人民代表大会常务委员会关于地方各级人民委员会的组成人员是否限于本级人民代表大会代表问题的决定

（1955 年 11 月通过）

12. 全国人民代表大会常务委员会关于地方各级人民法院院长人民检察院检察长可否兼任各级人民委员会的组成人员问题的决定

（1955 年 11 月通过）

13. 农业生产合作社示范章程

（1956 年 3 月全国人民代表大会常务委员会通过）

14. 文化娱乐税条例

（1956 年 5 月全国人民代表大会常务委员会通过）

15. 高级农业生产合作社示范章程

（1956 年 6 月全国人民代表大会通过）

16. 全国人民代表大会常务委员会关于增加农业生产合作社社员自留地的决定

（1957 年 6 月通过）

17. 华侨投资于国营华侨投资公司的优待办法

（1957 年 8 月全国人民代表大会常务委员会批准）

18. 县级以上人民委员会任免国家机关工作人员条例

（1957 年 11 月全国人民代表大会常务委员会通过）

19. 国务院关于改进工业管理体制的规定

（1957 年 11 月全国人民代表大会常务委员会原则批准）

20. 国务院关于改进商业管理体制的规定

（1957 年 11 月全国人民代表大会常务委员会原则批准）

21. 国务院关于改进财政管理体制的规定

（1957 年 11 月全国人民代表大会常务委员会原则批准）

22. 国务院关于国营、公私合营、合作经营、个体经营的企业和事业单位的学徒的学习期限和生活补贴的暂行规定

（1957 年 11 月全国人民代表大会常务委员会原则批准）

23. 国务院关于企业、事业单位和国家机关中普通工和勤杂工的工资待遇的暂行规定

（1957 年 11 月全国人民代表大会常务委员会原则批准）

24. 全国人民代表大会常务委员会关于适当提高高级农业生产合作社公积金比例的决定

（1958 年 1 月通过）

25. 国务院关于农业生产合作社股份基金的补充规定

（1958 年 1 月全国人民代表大会常务委员会原则批准）

26. 国务院关于改进税收管理体制的规定

（1958 年 6 月全国人民代表大会常务委员会原则批准）

27. 全国人民代表大会常务委员会关于批准设立最高人民法院西藏分院和最高人民检察院西藏分院的决议

（1958 年 6 月通过）

28. 一九五六年到一九六七年全国农业发展纲要

（1960 年 4 月全国人民代表大会通过）

29. 民族自治地方财政管理暂行办法

（1958 年 6 月全国人民代表大会常务委员会原则批准）

四、对特定问题作出具有法律效力的决定、条例，已经过时的 **30** 件

（一）关于某一届人民代表大会任期、召开时间、代表名额、选举时间的决定 9 件

1. 中央人民政府委员会关于召开全国人民代表大会及地方各级人民代表大会的决议

（1953 年 1 月通过）

2. 全国人民代表大会常务委员会关于省县乡改变建制后本届人民代表大会代表名额问题的决定

（1955 年 3 月通过）

3. 全国人民代表大会常务委员会关于第一届地方各级人民代表大会任期问题的决定

（1955 年 3 月通过）

4. 全国人民代表大会常务委员会关于 1956 年直辖市和县以下各级人民代表大会代表选举时间的决定

（1956 年 5 月通过）

5. 中华人民共和国第一届全国人民代表大会第四次会议关于第二届全国人民代表大会代表选举问题的决议

（1957 年 7 月通过）

6. 全国人民代表大会常务委员会关于 1958 年直辖市和县以下各级人民代表大会代表选举时间的决定

（1957 年 11 月通过）

7. 全国人民代表大会常务委员会关于第二届全国人民代表大会代表选举时间和第二届全国人民代表大会第一次会议召开时间的决定

（1958 年 6 月通过）

8. 中华人民共和国第二届全国人民代表大会第四次会议关于第三届全国人民代表大会代表名额和选举问题的决议

（1963 年 12 月通过）

9. 第三届全国人民代表大会少数民族代表名额分配方案

（1964 年 7 月全国人民代表大会常务委员会批准）

（二）关于公债条例 7 件

1. 关于发行人民胜利折实公债的决定

（1949 年 12 月中央人民政府委员会通过）

2. 1954 年国家经济建设公债条例

（1953 年 12 月中央人民政府委员会通过）

3. 1955 年国家经济建设公债条例

（1954 年 12 月全国人民代表大会常务委员会通过）

4. 1956 年国家经济建设公债条例

（1955 年 11 月全国人民代表大会常务委员会通过）

5. 1957 年国家经济建设公债条例

（1956 年 12 月全国人民代表大会常务委员会通过）

6. 1958 年国家经济建设公债条例

（1957 年 11 月全国人民代表大会常务委员会通过）

7. 中华人民共和国地方经济建设公债条例

（1958 年 6 月全国人民代表大会常务委员会通过）

（三）关于宽大处理战争罪犯、残余反革命分子和特赦战犯的决定 9 件

1. 全国人民代表大会常务委员会关于处理在押日本侵略中国战争中战争犯罪分子的决定

（1956 年 4 月通过）

2. 全国人民代表大会常务委员会关于宽大处理和安置城市残余反革命分子的决定

（1956 年 11 月通过）

3. 全国人民代表大会常务委员会关于特赦确实改恶从善的罪犯的决定

（1959 年 9 月通过）

4. 全国人民代表大会常务委员会关于特赦确实改恶从善的蒋介石集团和伪满洲国的战争罪犯的决定

（1960 年 11 月通过）

5. 全国人民代表大会常务委员会关于特赦确实改恶从善的蒋介石集团和伪满洲国的战争罪犯的决定

（1961 年 12 月通过）

6. 全国人民代表大会常务委员会关于特赦确实改恶从善的蒋介石集团、伪满洲国和伪蒙疆自治政府的战争罪犯的决定

（1963 年 3 月通过）

7. 全国人民代表大会常务委员会关于特赦确实改恶从善的蒋介石集团、伪满洲国和伪蒙疆自治政府的战争罪犯的决定

（1964 年 12 月通过）

8. 全国人民代表大会常务委员会关于特赦确实改恶从善的蒋介石集团、伪满洲国和伪蒙疆自治政府的战争罪犯的决定

（1966 年 3 月通过）

9. 全国人民代表大会常务委员会关于特赦释放全部在押战争罪犯的决定

（1975 年 3 月通过）

（四）关于授予勋章奖章和军衔的决定、条例 5 件

1. 中华人民共和国授予中国人民解放军在中国人民革命战争时期有功人员的勋章奖章条例

（1955 年 2 月全国人民代表大会常务委员会通过）

2. 全国人民代表大会常务委员会关于规定勋章奖章授予中国人民解放军在中国人民革命战争时期有功人员的决议

（1955 年 2 月通过）

3. 全国人民代表大会常务委员会关于规定勋章奖章授予中国人民解放军在保卫祖国和进行国防现代化建设中有功人员的决议

（1955 年 2 月通过）

4. 全国人民代表大会常务委员会关于授予中国人民志愿军抗美援朝保家卫国有功人员勋章奖章的决议

（1955 年 2 月通过）

5. 全国人民代表大会常务委员会关于取消中国人民解放军军衔制度的决定

（1965 年 5 月通过）

附件二：

1978 年底以前全国人民代表大会常务委员会批准的已经不再适用的民族自治地方的组织条例目录（48 件）

一、自治区的组织条例 6 件

1. 内蒙古自治区各级人民代表大会和各级人民委员会组织条例

（1955 年 11 月全国人民代表大会常务委员会批准）

2. 新疆维吾尔自治区各级人民代表大会和各级人民委员会组织条例

（1956 年 7 月全国人民代表大会常务委员会批准）

3. 西藏自治区筹备委员会组织简则

（1956 年 9 月全国人民代表大会常务委员会批准）

4. 西藏自治区各级人民代表大会选举条例

（1963 年 3 月全国人民代表大会常务委员会批准）

5. 广西僮族自治区人民代表大会和人民委员会组织条例

（1958 年 7 月全国人民代表大会常务委员会批准）

6. 宁夏回族自治区人民代表大会和人民委员会组织条例

（1959 年 11 月全国人民代表大会常务委员会批准）

二、自治州的组织条例 22 件

1. 湘西苗族自治州人民代表大会组织条例

（1956 年 5 月全国人民代表大会常务委员会批准）

2. 湘西苗族自治州人民委员会组织条例

（1956 年 5 月全国人民代表大会常务委员会批准）

3. 湘西土家族苗族自治州人民代表大会和人民委员会组织条例

（1959 年 11 月全国人民代表大会常务委员会批准）

4. 黔东南苗族侗族自治州人民代表大会组织条例

（1957 年 6 月全国人民代表大会常务委员会批准）

5. 黔东南苗族侗族自治州人民委员会组织条例

（1957 年 6 月全国人民代表大会常务委员会批准）

6. 黔南布依族苗族自治州人民代表大会组织条例

（1957 年 6 月全国人民代表大会常务委员会批准）

7. 黔南布依族苗族自治州人民委员会组织条例

（1957 年 6 月全国人民代表大会常务委员会批准）

8. 云南省大理白族自治州人民代表大会和人民委员会组织条例

（1957 年 6 月全国人民代表大会常务委员会批准）

9. 云南省文山僮族苗族自治州各级人民代表大会和各级人民委员会组织
条例

（1959 年 11 月全国人民代表大会常务委员会批准）

10. 云南省红河哈尼族彝族自治州人民代表大会和人民委员会组织条例

（1959 年 11 月全国人民代表大会常务委员会批准）

11. 云南省楚雄彝族自治州人民代表大会和人民委员会组织条例

（1959 年 11 月全国人民代表大会常务委员会批准）

12. 云南省怒江傈僳族自治州人民代表大会和人民委员会组织条例

（1959 年 11 月全国人民代表大会常务委员会批准）

13. 吉林省延边朝鲜族自治州各级人民代表大会和各级人民委员会组织
条例

（1957 年 3 月全国人民代表大会常务委员会批准）

14. 甘肃省临夏回族自治州各级人民代表大会和各级人民委员会组织条例

（1958 年 9 月全国人民代表大会常务委员会批准）

15. 甘肃省甘南藏族自治州人民代表大会和人民委员会组织条例

（1958 年 9 月全国人民代表大会常务委员会批准）

16. 新疆维吾尔自治区伊犁哈萨克自治州各级人民代表大会和各级人民委员会组织条例

（1958 年 6 月全国人民代表大会常务委员会批准）

17. 新疆维吾尔自治区克孜勒苏柯尔克孜自治州各级人民代表大会和各级人民委员会组织条例

（1966 年 3 月全国人民代表大会常务委员会批准）

18. 新疆维吾尔自治区巴音郭楞蒙古自治州人民代表大会和人民委员会组织条例

（1966 年 3 月全国人民代表大会常务委员会批准）

19. 青海省果洛藏族自治州各级人民代表大会和各级人民委员会组织条例

（1964 年 12 月全国人民代表大会常务委员会批准）

20. 青海省海南藏族自治州各级人民代表大会和各级人民委员会组织条例

（1966 年 3 月全国人民代表大会常务委员会批准）

21. 四川省凉山彝族自治州各级人民代表大会和各级人民委员会组织条例

（1965 年 8 月全国人民代表大会常务委员会批准）

22. 四川省甘孜藏族自治州各级人民代表大会和各级人民委员会组织条例

（1965 年 8 月全国人民代表大会常务委员会批准）

三、自治县的组织条例 20 件

1. 河北省孟村回族自治县人民代表大会和人民委员会组织条例

（1956 年 7 月全国人民代表大会常务委员会批准）

2. 河北省大厂回族自治县人民代表大会和人民委员会组织条例

（1956 年 7 月全国人民代表大会常务委员会批准）

3. 湖南省江华瑶族自治县人民代表大会和人民委员会组织条例

（1956 年 7 月全国人民代表大会常务委员会批准）

4. 湖南省通道侗族自治县人民代表大会和人民委员会组织条例

（1959 年 4 月全国人民代表大会常务委员会批准）

5. 湖南省新晃侗族自治县人民代表大会和人民委员会组织条例

（1959 年 4 月全国人民代表大会常务委员会批准）

6. 湖南省城步苗族自治县人民代表大会和人民委员会组织条例

（1959 年 4 月全国人民代表大会常务委员会批准）

7. 黑龙江省杜尔伯特蒙古族自治县人民代表大会和人民委员会组织条例

（1957 年 6 月全国人民代表大会常务委员会批准）

8. 吉林省前郭尔罗斯蒙古族自治县人民代表大会和人民委员会组织条例

（1957 年 11 月全国人民代表大会常务委员会批准）

9. 贵州省三都水族自治县人民代表大会和人民委员会组织条例

（1958 年 3 月全国人民代表大会常务委员会批准）

10. 贵州省松桃苗族自治县人民代表大会组织条例

（1958 年 3 月全国人民代表大会常务委员会批准）

11. 贵州省松桃苗族自治县人民委员会组织条例

（1958 年 3 月全国人民代表大会常务委员会批准）

12. 贵州省镇宁布依族苗族自治县人民代表大会和人民委员会组织条例

（1964 年 12 月全国人民代表大会常务委员会批准）

13. 辽宁省喀喇沁左翼蒙古族自治县人民代表大会和人民委员会组织条例

（1959 年 11 月全国人民代表大会常务委员会批准）

14. 辽宁省阜新蒙古族自治县人民代表大会和人民委员会组织条例

（1959 年 11 月全国人民代表大会常务委员会批准）

15. 云南省丽江纳西族自治县人民代表大会和人民委员会组织条例

（1962 年 11 月全国人民代表大会常务委员会批准）

16. 云南省屏边苗族自治县人民代表大会和人民委员会组织条例

（1964 年 12 月全国人民代表大会常务委员会批准）

17. 云南省河口瑶族自治县人民代表大会和人民委员会组织条例

（1964 年 12 月全国人民代表大会常务委员会批准）

18. 广东省连山僮族瑶族自治县人民代表大会和人民委员会组织条例

（1964 年 12 月全国人民代表大会常务委员会批准）

19. 内蒙古自治区鄂温克族自治旗人民代表大会和人民委员会组织条例

（1964 年 12 月全国人民代表大会常务委员会批准）

20. 内蒙古自治区莫力达瓦达斡尔族自治旗人民代表大会和人民委员会组织条例

（1964 年 12 月全国人民代表大会常务委员会批准）

四、全国人民代表大会常务委员会关于废止部分法律的决定（2009 年 6 月 27 日第十一届全国人民代表大会常务委员会第九次会议通过　2009 年 6 月 27 日中华人民共和国主席令第十六号公布　自公布之日起施行）

第十一届全国人民代表大会常务委员会第九次会议决定，废止下列法律和有关法律问题的决定：

（一）公安派出所组织条例（1954 年 12 月 31 日第一届全国人民代表大会常务委员会第四次会议通过）

（二）城市街道办事处组织条例（1954 年 12 月 31 日第一届全国人民代表大会常务委员会第四次会议通过）

（三）华侨申请使用国有的荒山荒地条例（1955 年 8 月 6 日第一届全国人民代表大会常务委员会第二十次会议通过）

（四）全国人民代表大会常务委员会批准国务院关于华侨捐资兴办学校办法的决议及华侨捐资兴办学校办法（1957 年 8 月 1 日第一届全国人民代表大会常务委员会第七十八次会议批准）

（五）全国人民代表大会常务委员会关于授权国务院改革工商税制发布有关税收条例草案试行的决定（1984 年 9 月 18 日第六届全国人民代表大会常务委员会第七次会议通过）

（六）全国人民代表大会常务委员会关于惩治偷税、抗税犯罪的补充规定（1992 年 9 月 4 日第七届全国人民代表大会常务委员会第二十七次会议通过）

（七）全国人民代表大会常务委员会关于加强对法律实施情况检查监督的若干规定（1993 年 9 月 2 日第八届全国人民代表大会常务委员会第三次会议通过）

（八）全国人民代表大会常务委员会关于严惩组织、运送他人偷越国（边）境犯罪的补充规定（1994 年 3 月 5 日第八届全国人民代表大会常务委员会第六次会议通过）

本决定自公布之日起施行。

五、全国人民代表大会常务委员会关于修改部分法律的决定（2009 年 8 月 27 日第十一届全国人民代表大会常务委员会第十次会议通过　2009 年 8 月 27 日中华人民共和国主席令第十八号公布　自公布之日起施行）

一、对下列法律中明显不适应社会主义市场经济和社会发展要求的规定作出修改

1. 将《中华人民共和国民法通则》第七条修改为："民事活动应当尊重社会公德，不得损害社会公共利益，扰乱社会经济秩序。"

删去第五十八条第一款第六项。

2. 删去《中华人民共和国全民所有制工业企业法》第二条第四款、第二十三条、第三十五条第一款、第五十五条。

3. 删去《中华人民共和国体育法》第四十七条。

4. 删去《中华人民共和国教育法》第五十七条第三款、第五十九条。

5. 删去《中华人民共和国防洪法》第五十二条。

二、对下列法律和法律解释中关于"征用"的规定作出修改

（一）将下列法律和法律解释中的"征用"修改为"征收、征用"

6.《中华人民共和国森林法》第十八条

7.《中华人民共和国军事设施保护法》第十二条

8.《中华人民共和国国防法》第四十八条

9.《中华人民共和国归侨侨眷权益保护法》第十三条

10.《中华人民共和国农村土地承包法》第十六条、第五十九条

11.《中华人民共和国草原法》第三十八条、第三十九条、第六十三条

12.《中华人民共和国刑法》第三百八十一条、第四百一十条

13. 全国人民代表大会常务委员会关于《中华人民共和国刑法》第九十三条第二款的解释

14. 全国人民代表大会常务委员会关于《中华人民共和国刑法》第二百二十八条、第三百四十二条、第四百一十条的解释

（二）将下列法律中的"征用"修改为"征收"

15.《中华人民共和国渔业法》第十四条

16.《中华人民共和国铁路法》第三十六条

17. 《中华人民共和国城市房地产管理法》第九条

18. 《中华人民共和国电力法》第十六条

19. 《中华人民共和国煤炭法》第二十条

20. 《中华人民共和国行政复议法》第三十条

21. 《中华人民共和国农业法》第七十一条

三、对下列法律中关于刑事责任的规定作出修改

（一）将下列法律中的"依照刑法第×条的规定"、"比照刑法第×条的规定"修改为"依照刑法有关规定"

22. 《中华人民共和国计量法》第二十九条

23. 《中华人民共和国矿产资源法》第三十九条、第四十条、第四十三条、第四十四条、第四十八条

24. 《中华人民共和国国境卫生检疫法》第二十二条

25. 《中华人民共和国全民所有制工业企业法》第六十二条、第六十三条

26. 《中华人民共和国野生动物保护法》第三十二条、第三十七条

27. 《中华人民共和国集会游行示威法》第二十九条

28. 《中华人民共和国军事设施保护法》第三十三条、第三十四条

29. 《中华人民共和国铁路法》第六十条、第六十四条、第六十五条

30. 《中华人民共和国进出境动植物检疫法》第四十二条、第四十三条

31. 《中华人民共和国全国人民代表大会和地方各级人民代表大会代表法》第三十九条

32. 《中华人民共和国矿山安全法》第四十六条、第四十七条

33. 《中华人民共和国国家安全法》第二十六条、第二十七条、第三十二条

34. 《中华人民共和国教师法》第三十六条

35. 《中华人民共和国红十字会法》第十五条

36. 《中华人民共和国劳动法》第九十二条

37. 《中华人民共和国母婴保健法》第三十六条

38. 《中华人民共和国民用航空法》第一百九十四条、第一百九十六条、第一百九十八条、第一百九十九条

39. 《中华人民共和国电力法》第七十一条、第七十二条、第七十四条

40. 《中华人民共和国行政处罚法》第六十一条

41. 《中华人民共和国枪支管理法》第四十条、第四十二条、第四十三条

42.《中华人民共和国煤炭法》第七十八条、第七十九条

（二）将下列法律中引用已纳入刑法并被废止的关于惩治犯罪的决定的规定修改为"依照刑法有关规定"

43.《中华人民共和国野生动物保护法》第三十一条

44.《中华人民共和国军事设施保护法》第三十五条

45.《中华人民共和国铁路法》第六十九条

46.《中华人民共和国烟草专卖法》第四十条、第四十二条

47.《中华人民共和国民用航空法》第一百九十一条

（三）删去下列法律中关于"投机倒把"、"投机倒把罪"的规定，并作出修改

48. 将《中华人民共和国计量法》第二十八条修改为："制造、销售、使用以欺骗消费者为目的的计量器具的，没收计量器具和违法所得，处以罚款；情节严重的，并对个人或者单位直接责任人员依照刑法有关规定追究刑事责任。"

49. 将《中华人民共和国野生动物保护法》第三十五条第二款修改为："违反本法规定，出售、收购国家重点保护野生动物或者其产品，情节严重，构成犯罪的，依照刑法有关规定追究刑事责任。"

50. 将《中华人民共和国铁路法》第七十条修改为："铁路职工利用职务之便走私的，或者与其他人员勾结走私的，依照刑法有关规定追究刑事责任。"

51. 将《中华人民共和国烟草专卖法》第三十八条第一款修改为："倒卖烟草专卖品，构成犯罪的，依法追究刑事责任；情节轻微，不构成犯罪的，由工商行政管理部门没收倒卖的烟草专卖品和违法所得，可以并处罚款。"

（四）对下列法律中关于追究刑事责任的具体规定作出修改

52. 将《中华人民共和国公民出境入境管理法》第十六条修改为："执行本法的国家工作人员，利用职权索取、收受贿赂，或者有其他违法失职行为，情节严重，构成犯罪的，依法追究刑事责任。"

53. 将《中华人民共和国铁路法》第六十一条修改为："故意损毁、移动铁路行车信号装置或者在铁路线路上放置足以使列车倾覆的障碍物的，依照刑法有关规定追究刑事责任。"

第六十二条修改为："盗窃铁路线路上行车设施的零件、部件或者铁路线路上的器材，危及行车安全的，依照刑法有关规定追究刑事责任。"

第六十三条修改为:"聚众拦截列车、冲击铁路行车调度机构不听制止的,对首要分子和骨干分子依照刑法有关规定追究刑事责任。"

第六十六条修改为:"倒卖旅客车票,构成犯罪的,依照刑法有关规定追究刑事责任。铁路职工倒卖旅客车票或者与其他人员勾结倒卖旅客车票的,依照刑法有关规定追究刑事责任。"

54. 将《中华人民共和国烟草专卖法》第三十九条修改为:"伪造、变造、买卖本法规定的烟草专卖生产企业许可证、烟草专卖经营许可证等许可证件和准运证的,依照刑法有关规定追究刑事责任。

"烟草专卖行政主管部门和烟草公司工作人员利用职务上的便利犯前款罪的,依法从重处罚。"

55. 将《中华人民共和国城市房地产管理法》第七十一条第二款修改为:"房产管理部门、土地管理部门工作人员利用职务上的便利,索取他人财物,或者非法收受他人财物为他人谋取利益,构成犯罪的,依法追究刑事责任;不构成犯罪的,给予行政处分。"

56. 将《中华人民共和国民用航空法》第一百九十二条修改为:"对飞行中的民用航空器上的人员使用暴力,危及飞行安全的,依照刑法有关规定追究刑事责任。"

第一百九十三条第一款修改为:"违反本法规定,隐匿携带炸药、雷管或者其他危险品乘坐民用航空器,或者以非危险品品名托运危险品的,依照刑法有关规定追究刑事责任。"

第三款修改为:"隐匿携带枪支子弹、管制刀具乘坐民用航空器的,依照刑法有关规定追究刑事责任。"

第一百九十五条修改为:"故意在使用中的民用航空器上放置危险品或者唆使他人放置危险品,足以毁坏该民用航空器,危及飞行安全的,依照刑法有关规定追究刑事责任。"

第一百九十七条修改为:"盗窃或者故意损毁、移动使用中的航行设施,危及飞行安全,足以使民用航空器发生坠落、毁坏危险的,依照刑法有关规定追究刑事责任。"

57. 将《中华人民共和国枪支管理法》第三十九条修改为:"违反本法规定,未经许可制造、买卖或者运输枪支的,依照刑法有关规定追究刑事责任。

"单位有前款行为的,对单位判处罚金,并对其直接负责的主管人员和其他直接责任人员依照刑法有关规定追究刑事责任。"

第四十一条修改为："违反本法规定,非法持有、私藏枪支的,非法运输、携带枪支入境、出境的,依照刑法有关规定追究刑事责任。"

58. 将《中华人民共和国兵役法》第六十二条第一款修改为："现役军人以逃避服兵役为目的,拒绝履行职责或者逃离部队的,按照中央军事委员会的规定给予处分;构成犯罪的,依法追究刑事责任。"

四、对下列法律和有关法律问题的决定中关于治安管理处罚的规定作出修改

(一)将下列法律和有关法律问题的决定中引用的"治安管理处罚条例"修改为"治安管理处罚法"

59.《中华人民共和国兵役法》第六十四条

60.《中华人民共和国矿产资源法》第四十一条、第四十八条

61.《中华人民共和国野生动物保护法》第三十九条

62.《中华人民共和国集会游行示威法》第二十八条、第三十二条

63.《中华人民共和国铁路法》第六十七条

64.《中华人民共和国水土保持法》第三十七条

65.《中华人民共和国烟草专卖法》第四十一条

66.《中华人民共和国工会法》第五十一条

67.《中华人民共和国产品质量法》第六十九条

68.《中华人民共和国消费者权益保护法》第五十二条

69.《中华人民共和国体育法》第五十一条至第五十三条

70.《中华人民共和国民用航空法》第二百条

71.《中华人民共和国电力法》第七十条

72.《中华人民共和国行政处罚法》第四十二条

73.《中华人民共和国煤炭法》第七十六条

74.《中华人民共和国老年人权益保障法》第四十六条、第四十八条

75.《中华人民共和国人民防空法》第五十条

76.《中华人民共和国防洪法》第六十一条、第六十二条、第六十四条

77.《中华人民共和国执业医师法》第四十条

78.《中华人民共和国安全生产法》第九十四条

79.《中华人民共和国水法》第七十二条

80.《全国人民代表大会常务委员会关于惩治走私、制作、贩卖、传播淫秽物品的犯罪分子的决定》第二条、第三条

81.《全国人民代表大会常务委员会关于严惩拐卖、绑架妇女、儿童的犯罪分子的决定》第四条

82.《全国人民代表大会常务委员会关于维护互联网安全的决定》第六条

（二）对下列法律和有关法律问题的决定中关于治安管理处罚的具体规定作出修改

83. 删去《中华人民共和国全民所有制工业企业法》第六十四条第一款；

第二款修改为："扰乱企业的秩序，致使生产、营业、工作不能正常进行，尚未造成严重损失的，由企业所在地公安机关依照《中华人民共和国治安管理处罚法》的规定处罚。"

84. 将《中华人民共和国野生动物保护法》第三十三条第二款修改为："违反本法规定，未取得持枪证持枪猎捕野生动物的，由公安机关依照治安管理处罚法第三十二条的规定处罚。"

85. 将《中华人民共和国军事设施保护法》第三十二条、第三十三条、第三十四条中的"比照治安管理处罚条例第十九条的规定处罚"修改为"适用《中华人民共和国治安管理处罚法》第二十三条的处罚规定"。

86. 将《中华人民共和国国旗法》第十九条修改为："在公共场合故意以焚烧、毁损、涂划、玷污、践踏等方式侮辱中华人民共和国国旗的，依法追究刑事责任；情节较轻的，由公安机关处以十五日以下拘留。"

87. 将《中华人民共和国国徽法》第十三条修改为："在公共场合故意以焚烧、毁损、涂划、玷污、践踏等方式侮辱中华人民共和国国徽的，依法追究刑事责任；情节较轻的，由公安机关处以十五日以下拘留。"

88. 将《中华人民共和国全国人民代表大会和地方各级人民代表大会代表法》第三十九条第三款中的"依照治安管理处罚条例第十九条的规定处罚"修改为"适用《中华人民共和国治安管理处罚法》第五十条的处罚规定"。

89. 将《中华人民共和国红十字会法》第十五条第二款中的"比照治安管理处罚条例第十九条的规定处罚"修改为"适用《中华人民共和国治安管理处罚法》第五十条的处罚规定"。

90. 将《中华人民共和国公路法》第八十三条修改为："阻碍公路建设或者公路抢修，致使公路建设或者抢修不能正常进行，尚未造成严重损失的，依照《中华人民共和国治安管理处罚法》的规定处罚。

"损毁公路或者擅自移动公路标志，可能影响交通安全，尚不够刑事处罚的，适用《中华人民共和国道路交通安全法》第九十九条的处罚规定。

"拒绝、阻碍公路监督检查人员依法执行职务未使用暴力、威胁方法的，依照《中华人民共和国治安管理处罚法》的规定处罚。"

91. 将《全国人民代表大会常务委员会关于严禁卖淫嫖娼的决定》第三条、第四条中的"依照治安管理处罚条例第三十条的规定处罚"修改为"依照《中华人民共和国治安管理处罚法》的规定处罚"。

五、对下列法律中引用其他法律名称或者条文不对应的规定作出修改

92. 将《中华人民共和国兵役法》第二十七条中的"中国人民解放军军官服役条例"修改为"《中华人民共和国现役军官法》和《中华人民共和国预备役军官法》"。

93. 将《中华人民共和国气象法》第三十五条第二款中的"《中华人民共和国城市规划法》"修改为"《中华人民共和国城乡规划法》"。

94. 将《中华人民共和国人民警察警衔条例》第二条修改为"人民警察实行警衔制度。"

95. 将《中华人民共和国仲裁法》第六十三条中的"民事诉讼法第二百一十七条第二款"修改为"民事诉讼法第二百一十三条第二款"；第七十条、第七十一条中的"民事诉讼法第二百六十条第一款"修改为"民事诉讼法第二百五十八条第一款"。

本决定自公布之日起施行。

六、1954 年 9 月以来全国人民代表大会及其常务委员会批准的我国同外国缔结的条约、协定和我国加入的国际公约（457 件）

1954 年以来，截至 2023 年 2 月 24 日，全国人民代表大会及其常务委员会通过关于批准国际条约、协定和公约的决定（决议）401 件，实际批准国际条约、协定和公约共计 414 件（其中，1979 年以来的 355 件）。

第一届全国人民代表大会常务委员会批准的同外国缔结的条约、协定和我国加入的国际公约（26 件）

1954 年（1 件）

1. 全国人民代表大会常务委员会关于批准中华人民共和国和阿尔巴尼亚人民共和国文化合作协定的决议

（1954 年 10 月 16 日第一届全国人民代表大会常务委员会第一次会议通过）

1955 年（1 件）

2. 全国人民代表大会常务委员会关于批准中华人民共和国政府和苏维埃社会主义共和国联盟政府关于农作物检疫和防治病虫害的协定的决议

（1955 年 11 月 10 日第一届全国人民代表大会常务委员会第二十六次会议通过）

1956 年（9 件）

3. 全国人民代表大会常务委员会关于批准中华人民共和国和德意志民主共和国友好合作条约的决议

（1956 年 1 月 23 日第一届全国人民代表大会常务委员会第三十一次会议通过）

4. 全国人民代表大会常务委员会关于批准中华人民共和国政府和埃及共和国政府文化合作协定的决议

（1956 年 6 月 14 日第一届全国人民代表大会常务委员会第四十二次会议通过）

5. 全国人民代表大会常务委员会关于批准中华人民共和国政府和叙利亚共和国政府文化合作协定的决议

（1956 年 10 月 20 日第一届全国人民代表大会常务委员会第四十九次会议通过）

6. 全国人民代表大会常务委员会关于批准中华人民共和国和苏维埃社会主义共和国联盟文化合作协定的决议

（1956 年 10 月 20 日第一届全国人民代表大会常务委员会第四十九次会议通过）

7. 全国人民代表大会常务委员会关于批准一九四九年八月十二日改善战地武装部队伤者病者境遇之日内瓦公约的决定

（1956 年 11 月 5 日第一届全国人民代表大会常务委员会第五十次会议通过）

8. 全国人民代表大会常务委员会关于批准一九四九年八月十二日改善海上武装部队伤者病者及遇船难者境遇之日内瓦公约的决定

（1956 年 11 月 5 日第一届全国人民代表大会常务委员会第五十次会议通过）

9. 全国人民代表大会常务委员会关于批准一九四九年八月十二日关于战俘待遇之日内瓦公约的决定

（1956 年 11 月 5 日第一届全国人民代表大会常务委员会第五十次会议通过）

10. 全国人民代表大会常务委员会关于批准一九四九年八月十二日关于战时保护平民之日内瓦公约的决定

（1956 年 11 月 5 日第一届全国人民代表大会常务委员会第五十次会议通过）

11. 全国人民代表大会常务委员会关于批准中华人民共和国和尼泊尔王国保持友好关系以及关于中国西藏地方和尼泊尔之间的通商和交通的协定的决议

（1956 年 11 月 16 日第一届全国人民代表大会常务委员会第五十一次会议通过）

1957 年（7 件）

12. 全国人民代表大会常务委员会关于批准中华人民共和国和捷克斯洛伐克共和国友好合作条约的决议

（1957 年 5 月 6 日第一届全国人民代表大会常务委员会第六十八次会议通过）

13. 全国人民代表大会常务委员会关于批准中华人民共和国政府和捷克斯洛伐克共和国政府文化合作协定的决议

（1957 年 5 月 6 日第一届全国人民代表大会常务委员会第六十八次会议通过）

14. 全国人民代表大会常务委员会关于批准中华人民共和国政府和捷克斯洛伐克共和国政府保健合作协定的决议

（1957 年 5 月 6 日第一届全国人民代表大会常务委员会第六十八次会议通过）

15. 全国人民代表大会常务委员会关于承认一九三零年国际船舶载重线公约的决定

（1957 年 10 月 23 日第一届全国人民代表大会常务委员会第八十二次会议通过）

16. 全国人民代表大会常务委员会关于批准中华人民共和国政府和南斯拉夫联邦人民共和国政府文化合作协定的决议

（1957 年 10 月 23 日第一届全国人民代表大会常务委员会第八十二次会议通过）

17. 全国人民代表大会常务委员会关于接受一九四八年伦敦海上人命安全国际会议制定的海上船舶避碰规则的决定

（1957 年 12 月 23 日第一届全国人民代表大会常务委员会第八十八次会议通过）

18. 全国人民代表大会常务委员会关于批准中华人民共和国和印度尼西亚共和国关于双重国籍问题的条约的决议

（1957 年 12 月 30 日第一届全国人民代表大会常务委员会第八十九次会议通过）

1958 年（7 件）

19. 全国人民代表大会常务委员会关于批准中华人民共和国政府和苏维埃社会主义共和国联盟政府关于国境及其相通河流和湖泊的商船通航协定的决议

（1958 年 3 月 7 日第一届全国人民代表大会常务委员会第九十四次会议通过）

20. 全国人民代表大会常务委员会关于批准中华人民共和国和也门穆塔瓦基利亚王国友好条约的决议

（1958 年 3 月 19 日第一届全国人民代表大会常务委员会第九十五次会议通过）

21. 全国人民代表大会常务委员会关于批准中华人民共和国和也门穆塔瓦基利亚王国商务条约的决议

（1958 年 3 月 19 日第一届全国人民代表大会常务委员会第九十五次会议通过）

22. 全国人民代表大会常务委员会关于批准中华人民共和国和也门穆塔瓦基利亚王国科学技术和文化合作协定的决议

（1958 年 3 月 19 日第一届全国人民代表大会常务委员会第九十五次会议通过）

23. 全国人民代表大会常务委员会关于批准中华人民共和国政府和蒙古人民共和国政府文化合作协定的决议

（1958 年 6 月 3 日第一届全国人民代表大会常务委员会第九十六次会议通过）

24. 全国人民代表大会常务委员会关于加入一九二九年在华沙签订的统一国际航空运输某些规则的公约的决定

（1958 年 6 月 5 日第一届全国人民代表大会常务委员会第九十七次会议通过）

25. 全国人民代表大会常务委员会关于批准中华人民共和国和苏维埃社会主义共和国联盟通商航海条约的决议

（1958 年 7 月 9 日第一届全国人民代表大会常务委员会第九十九次会议通过）

1959 年 （1 件）

26. 全国人民代表大会常务委员会关于批准中华人民共和国和德意志民主共和国领事条约的决议

（1959 年 4 月 14 日第一届全国人民代表大会常务委员会第一百零八次会议通过）

第二届全国人民代表大会常务委员会批准的同外国缔结的条约、协定和我国加入的国际公约（30 件）

1959 年 （4 件）

27. 全国人民代表大会常务委员会关于批准中华人民共和国政府和越南民主共和国政府文化合作协定的决议

（1959 年 5 月 3 日第二届全国人民代表大会常务委员会第一次会议通过）

28. 全国人民代表大会常务委员会关于批准中华人民共和国政府和朝鲜民主主义人民共和国政府文化合作协定的决议

（1959 年 5 月 3 日第二届全国人民代表大会常务委员会第一次会议通过）

29. 全国人民代表大会常务委员会关于批准中华人民共和国和匈牙利人民共和国友好合作条约的决议

（1959 年 6 月 20 日第二届全国人民代表大会常务委员会第四次会议通过）

30. 全国人民代表大会常务委员会关于批准中华人民共和国和苏维埃社会主义共和国联盟领事条约的决议

（1959 年 11 月 27 日第二届全国人民代表大会常务委员会第十一次会议通过）

1960 年（10 件）

31. 全国人民代表大会常务委员会关于批准中华人民共和国和德意志民主共和国通商航海条约的决议

（1960 年 1 月 21 日第二届全国人民代表大会常务委员会第十二次会议通过）

32. 全国人民代表大会常务委员会关于批准中华人民共和国和缅甸联邦之间的友好和互不侵犯条约、中华人民共和国政府和缅甸联邦政府关于两国边界问题的协定的决议

（1960 年 2 月 17 日第二届全国人民代表大会常务委员会第十七次会议通过）（含 2 件）

33. 全国人民代表大会常务委员会关于批准中华人民共和国政府和尼泊尔国王陛下政府关于两国边界问题的协定的决议

（1960 年 4 月 12 日第二届全国人民代表大会常务委员会第二十五次会议通过）

34. 全国人民代表大会常务委员会关于批准中华人民共和国和尼泊尔王国和平友好条约的决议

（1960 年 5 月 26 日第二届全国人民代表大会常务委员会第二十六次会议通过）

35. 全国人民代表大会常务委员会关于批准中华人民共和国和捷克斯洛伐克共和国领事条约的决议

（1960 年 8 月 15 日第二届全国人民代表大会常务委员会第二十七次会议通过）

36. 全国人民代表大会常务委员会关于批准中华人民共和国和蒙古人民共和国友好互助条约的决议

（1960 年 8 月 15 日第二届全国人民代表大会常务委员会第二十七次会议通过）

37. 全国人民代表大会常务委员会关于批准中华人民共和国和阿富汗王国友好和互不侵犯条约的决议

（1960 年 9 月 13 日第二届全国人民代表大会常务委员会第二十九次会议

通过）

38. 全国人民代表大会常务委员会关于批准中华人民共和国和几内亚共和国友好条约的决议

（1960 年 9 月 30 日第二届全国人民代表大会常务委员会第三十次会议通过）

39. 全国人民代表大会常务委员会关于批准中华人民共和国和缅甸联邦边界条约的决议

（1960 年 12 月 14 日第二届全国人民代表大会常务委员会第三十三次会议通过）

1961 年（7 件）

40. 全国人民代表大会常务委员会关于批准中华人民共和国和柬埔寨王国友好和互不侵犯条约的决议

（1961 年 1 月 30 日第二届全国人民代表大会常务委员会第三十五次会议通过）

41. 全国人民代表大会常务委员会关于批准中华人民共和国和印度尼西亚共和国友好条约的决议

（1961 年 4 月 3 日第二届全国人民代表大会常务委员会第三十七次会议通过）

42. 全国人民代表大会常务委员会关于批准中华人民共和国和阿尔巴尼亚人民共和国通商航海条约的决议

（1961 年 4 月 22 日第二届全国人民代表大会常务委员会第三十八次会议通过）

43. 全国人民代表大会常务委员会关于批准中华人民共和国和蒙古人民共和国通商条约的决议

（1961 年 7 月 9 日第二届全国人民代表大会常务委员会第四十次会议通过）

44. 全国人民代表大会常务委员会关于批准中华人民共和国和朝鲜民主主义人民共和国友好合作互助条约的决议

（1961 年 8 月 19 日第二届全国人民代表大会常务委员会第四十二次会议通过）

45. 全国人民代表大会常务委员会关于签订中华人民共和国和尼泊尔王国边界条约的决议

（1961 年 10 月 5 日第二届全国人民代表大会常务委员会第四十三次会议

通过）

46. 全国人民代表大会常务委员会关于批准中华人民共和国和加纳共和国友好条约的决议

（1961 年 10 月 5 日第二届全国人民代表大会常务委员会第四十三次会议通过）

1962 年（2 件）

47. 全国人民代表大会常务委员会关于批准中华人民共和国和朝鲜民主主义人民共和国通商航海条约的决议

（1962 年 11 月 15 日第二届全国人民代表大会常务委员会第六十八次会议通过）

48. 全国人民代表大会常务委员会关于批准中华人民共和国和越南民主共和国通商航海条约的决议

（1962 年 12 月 18 日第二届全国人民代表大会常务委员会第七十六次会议通过）

1963 年（4 件）

49. 全国人民代表大会常务委员会关于批准中华人民共和国政府和坦噶尼喀共和国政府文化合作协定的决议

（1963 年 2 月 25 日第二届全国人民代表大会常务委员会第八十五次会议通过）

50. 全国人民代表大会常务委员会关于签订中华人民共和国政府和巴基斯坦政府关于中国新疆和由巴基斯坦实际控制其防务的各个地区相接壤的边界的协定的决议

（1963 年 2 月 25 日第二届全国人民代表大会常务委员会第八十五次会议通过）

51. 全国人民代表大会常务委员会关于批准中华人民共和国和蒙古人民共和国边界条约的决议

（1963 年 3 月 4 日第二届全国人民代表大会常务委员会第八十六次会议通过）

52. 全国人民代表大会常务委员会关于签订中华人民共和国和阿富汗王国边界条约的决议

（1963 年 11 月 9 日第二届全国人民代表大会常务委员会第一百零六次会

议通过）

1964 年（3 件）

53. 全国人民代表大会常务委员会关于签订中华人民共和国和阿拉伯也门共和国友好条约的决议

（1964 年 6 月 9 日第二届全国人民代表大会常务委员会第一百一十九次会议通过）

54. 全国人民代表大会常务委员会关于批准中华人民共和国和刚果共和国（布拉柴维尔）友好条约的决议

（1964 年 11 月 5 日第二届全国人民代表大会常务委员会第一百二十九次会议通过）

55. 全国人民代表大会常务委员会关于批准中华人民共和国和马里共和国友好条约的决议

（1964 年 12 月 12 日第二届全国人民代表大会常务委员会第一百三十五次会议通过）

第三届全国人民代表大会常务委员会批准的同外国缔结的条约、协定和我国加入的国际公约（1 件）

1965 年（1 件）

56. 全国人民代表大会常务委员会关于批准中华人民共和国和坦桑尼亚联合共和国友好条约的决议

（1965 年 3 月 31 日第三届全国人民代表大会常务委员会第五次会议通过）

第五届全国人民代表大会常务委员会批准的同外国缔结的条约、协定和我国加入的国际公约（12 件）

1978 年（2 件）

57. 全国人民代表大会常务委员会关于批准《中华人民共和国和日本国和平友好条约》的决定

（1978 年 8 月 18 日第五届全国人民代表大会常务委员会第三次会议通过）

58. 全国人民代表大会常务委员会关于批准《中华人民共和国和罗马尼亚社会主义共和国关于经济技术合作的长期协定》的决定

（1978 年 8 月 18 日第五届全国人民代表大会常务委员会第三次会议通过）

1980 年 （1 件）

59. 第五届全国人民代表大会常务委员会关于批准联合国《消除对妇女一切形式歧视公约》的决定

（1980 年 9 月 29 日第五届全国人民代表大会常务委员会第十六次会议通过）

1981 年 （2 件）

60. 全国人民代表大会常务委员会关于加入《消除一切形式种族歧视国际公约》的决定

（1981 年 11 月 26 日第五届全国人民代表大会常务委员会第二十一次会议通过）

61. 全国人民代表大会常务委员会关于批准《中华人民共和国和美利坚合众国领事条约》的决定

（1981 年 11 月 26 日第五届全国人民代表大会常务委员会第二十一次会议通过）

1982 年 （4 件）

62. 全国人民代表大会常务委员会关于批准《禁止或限制使用某些可被认为具有过分伤害力或滥杀滥伤作用的常规武器公约》的决定

（1982 年 3 月 8 日第五届全国人民代表大会常务委员会第二十二次会议通过）

63. 全国人民代表大会常务委员会关于我国加入《关于难民地位的公约》和《关于难民地位的议定书》的决议

（1982 年 8 月 23 日第五届全国人民代表大会常务委员会第二十四次会议通过）（含 2 件）

64. 全国人民代表大会常务委员会关于批准《中华人民共和国和南斯拉夫社会主义联邦共和国领事条约》的决定

（1982 年 8 月 23 日第五届全国人民代表大会常务委员会第二十四次会议通过）

1983 年（3 件）

65. 全国人民代表大会常务委员会关于加入《禁止并惩治种族隔离罪行国际公约》的决定

（1983 年 3 月 5 日第五届全国人民代表大会常务委员会第二十六次会议通过）

66. 全国人民代表大会常务委员会关于批准《防止及惩治灭绝种族罪公约》的决定

（1983 年 3 月 5 日第五届全国人民代表大会常务委员会第二十六次会议通过）

67. 全国人民代表大会常务委员会关于加入《南极条约》的决定

（1983 年 5 月 9 日第五届全国人民代表大会常务委员会第二十七次会议通过）

第六届全国人民代表大会及其常务委员会批准的同外国缔结的条约、协定和我国加入的国际公约（27 件）

1983 年（3 件）

68. 全国人民代表大会常务委员会关于我国加入一九四九年日内瓦四公约两项附加议定书的决定

（1983 年 9 月 2 日第六届全国人民代表大会常务委员会第二次会议通过）（含 2 件）

69. 全国人民代表大会常务委员会关于我国加入一九六七年《关于各国探索和利用包括月球和其他天体在内外层空间活动的原则条约》的决定

（1983 年 12 月 8 日第六届全国人民代表大会常务委员会第三次会议通过）

1984 年（3 件）

70. 全国人民代表大会常务委员会关于批准《中华人民共和国政府和波兰人民共和国政府领事条约》的决定

（1984 年 9 月 20 日第六届全国人民代表大会常务委员会第七次会议通过）

71. 全国人民代表大会常务委员会关于我国加入《禁止细菌（生物）及毒素武器的发展、生产及储存以及销毁这类武器的公约》的决定

（1984 年 9 月 20 日第六届全国人民代表大会常务委员会第七次会议通过）

72. 全国人民代表大会常务委员会关于我国加入《保护工业产权巴黎公约》的决定

（1984 年 11 月 14 日第六届全国人民代表大会常务委员会第八次会议通过）

1985 年 （6 件）

73. 中华人民共和国第六届全国人民代表大会第三次会议关于批准《中华人民共和国政府和大不列颠及北爱尔兰联合王国政府关于香港问题的联合声明》的决定

（1985 年 4 月 10 日第六届全国人民代表大会第三次会议通过）

74. 全国人民代表大会常务委员会关于我国加入《经〈修正一九六一年麻醉品单一公约的议定书〉修正的一九六一年麻醉品单一公约》和《一九七一年精神药物公约》的决定

（1985 年 6 月 18 日第六届全国人民代表大会常务委员会第十一次会议通过）（含 2 件）

75. 全国人民代表大会常务委员会关于批准《国际电信公约》的决定

（1985 年 6 月 18 日第六届全国人民代表大会常务委员会第十一次会议通过）

76. 全国人民代表大会常务委员会关于我国加入《防止倾倒废物及其他物质污染海洋的公约》的决定

（1985 年 9 月 6 日第六届全国人民代表大会常务委员会第十二次会议通过）

77. 全国人民代表大会常务委员会关于批准《保护世界文化和自然遗产公约》的决定

（1985 年 11 月 22 日第六届全国人民代表大会常务委员会第十三次会议通过）

1986 年 （7 件）

78. 全国人民代表大会常务委员会关于批准《中华人民共和国和朝鲜民主主义人民共和国领事条约》的决定

（1986 年 3 月 19 日第六届全国人民代表大会常务委员会第十五次会议通过）

79. 全国人民代表大会常务委员会关于批准《中华人民共和国和匈牙利人民共和国领事条约》的决定

（1986 年 9 月 5 日第六届全国人民代表大会常务委员会第十七次会议通过）

80. 全国人民代表大会常务委员会关于批准《中华人民共和国和德意志民主共和国领事条约》的决定

（1986 年 9 月 5 日第六届全国人民代表大会常务委员会第十七次会议通过）

81. 全国人民代表大会常务委员会关于批准《中华人民共和国和意大利共和国领事条约》的决定

（1986 年 12 月 2 日第六届全国人民代表大会常务委员会第十八次会议通过）

82. 全国人民代表大会常务委员会关于批准《中华人民共和国和蒙古人民共和国领事条约》的决定

（1986 年 12 月 2 日第六届全国人民代表大会常务委员会第十八次会议通过）

83. 全国人民代表大会常务委员会关于批准《中华人民共和国和苏维埃社会主义共和国联盟领事条约》的决定

（1986 年 12 月 2 日第六届全国人民代表大会常务委员会第十八次会议通过）

84. 全国人民代表大会常务委员会关于我国加入《承认及执行外国仲裁裁决公约》的决定

（1986 年 12 月 2 日第六届全国人民代表大会常务委员会第十八次会议通过）

1987 年 （8 件）

85. 全国人民代表大会常务委员会关于批准《万国邮政联盟组织法第三附加议定书》的决定

（1987 年 1 月 22 日第六届全国人民代表大会常务委员会第十九次会议通过）

86. 全国人民代表大会常务委员会关于批准《中华人民共和国和墨西哥合众国领事条约》的决定

（1987 年 6 月 23 日第六届全国人民代表大会常务委员会第二十一次会议通过）

87. 全国人民代表大会常务委员会关于批准《中华人民共和国和保加利亚人民共和国领事条约》的决定

（1987 年 6 月 23 日第六届全国人民代表大会常务委员会第二十一次会议

通过）

88. 全国人民代表大会常务委员会关于我国加入《关于防止和惩处侵害应受国际保护人员包括外交代表的罪行的公约》的决定

（1987 年 6 月 23 日第六届全国人民代表大会常务委员会第二十一次会议通过）

89. 全国人民代表大会常务委员会关于批准《中华人民共和国政府和葡萄牙共和国政府关于澳门问题的联合声明》的决定

（1987 年 6 月 23 日第六届全国人民代表大会常务委员会第二十一次会议通过）

90. 全国人民代表大会常务委员会关于批准《中华人民共和国和法兰西共和国关于民事、商事司法协助的协定》的决定

（1987 年 9 月 5 日第六届全国人民代表大会常务委员会第二十二次会议通过）

91. 全国人民代表大会常务委员会关于批准《中华人民共和国和波兰人民共和国关于民事和刑事司法协助的协定》的决定

（1987 年 9 月 5 日第六届全国人民代表大会常务委员会第二十二次会议通过）

92. 全国人民代表大会常务委员会关于批准《第 159 号残疾人职业康复和就业公约》的决定

（1987 年 9 月 5 日第六届全国人民代表大会常务委员会第二十二次会议通过）

第七届全国人民代表大会常务委员会批准的同外国缔结的条约、协定和我国加入的国际公约（41 件）

1988 年（7 件）

93. 全国人民代表大会常务委员会关于批准《禁止酷刑和其他残忍、不人道或有辱人格的待遇或处罚公约》的决定

（1988 年 9 月 5 日第七届全国人民代表大会常务委员会第三次会议通过）

94. 全国人民代表大会常务委员会关于批准《南太平洋无核区条约》第二号和第三号议定书的决定

（1988 年 9 月 5 日第七届全国人民代表大会常务委员会第三次会议通过）

95. 全国人民代表大会常务委员会关于批准《中华人民共和国和比利时王国关于民事司法协助的协定》的决定

（1988 年 9 月 5 日第七届全国人民代表大会常务委员会第三次会议通过）

96. 全国人民代表大会常务委员会关于批准《中华人民共和国和捷克斯洛伐克社会主义共和国领事条约》的决定

（1988 年 11 月 8 日第七届全国人民代表大会常务委员会第四次会议通过）

97. 全国人民代表大会常务委员会关于我国加入《关于援救航天员，送回航天员及送回射入外空之物体之协定》的决定

（1988 年 11 月 8 日第七届全国人民代表大会常务委员会第四次会议通过）

98. 全国人民代表大会常务委员会关于我国加入《外空物体所造成损害之国际责任公约》的决定

（1988 年 11 月 8 日第七届全国人民代表大会常务委员会第四次会议通过）

99. 全国人民代表大会常务委员会关于我国加入《关于登记射入外层空间物体的公约》的决定

（1988 年 11 月 8 日第七届全国人民代表大会常务委员会第四次会议通过）

1989 年（3 件）

100. 全国人民代表大会常务委员会关于批准《中华人民共和国政府和蒙古人民共和国政府关于中蒙边界制度和处理边境问题的条约》的决定

（1989 年 9 月 4 日第七届全国人民代表大会常务委员会第九次会议通过）

101. 全国人民代表大会常务委员会关于批准《联合国禁止非法贩运麻醉药品和精神药物公约》的决定

（1989 年 9 月 4 日第七届全国人民代表大会常务委员会第九次会议通过）

102. 全国人民代表大会常务委员会关于批准《中华人民共和国和土耳其共和国领事条约》的决定

（1989 年 12 月 26 日第七届全国人民代表大会常务委员会第十一次会议通过）

1990 年（5 件）

103. 全国人民代表大会常务委员会关于批准《中华人民共和国和老挝人民民主共和国领事条约》的决定

（1990 年 6 月 28 日第七届全国人民代表大会常务委员会第十四次会议通过）

104. 全国人民代表大会常务委员会关于批准《中华人民共和国和伊拉克共和国领事条约》的决定

（1990 年 6 月 28 日第七届全国人民代表大会常务委员会第十四次会议通过）

105. 全国人民代表大会常务委员会关于批准《中华人民共和国和蒙古人民共和国关于民事和刑事司法协助的条约》的决定

（1990 年 6 月 28 日第七届全国人民代表大会常务委员会第十四次会议通过）

106. 全国人民代表大会常务委员会关于批准两个国际劳工公约（《男女工人同工同酬公约》、《三方协商促进实施国际劳工标准公约》）的决定

（1990 年 9 月 7 日第七届全国人民代表大会常务委员会第十五次会议通过）（含 2 件）

1991 年（11 件）

107. 全国人民代表大会常务委员会关于加入《关于向国外送达民事或商事司法文书和司法外文书公约》的决定

（1991 年 3 月 2 日第七届全国人民代表大会常务委员会第十八次会议通过）

108. 全国人民代表大会常务委员会关于批准《中华人民共和国和古巴共和国领事条约》的决定

（1991 年 6 月 29 日第七届全国人民代表大会常务委员会第二十次会议通过）

109. 全国人民代表大会常务委员会关于批准《中华人民共和国和阿根廷共和国领事条约》的决定

（1991 年 6 月 29 日第七届全国人民代表大会常务委员会第二十次会议通过）

110. 全国人民代表大会常务委员会关于批准《制止危及海上航行安全非法行为公约》及《制止危及大陆架固定平台安全非法行为议定书》的决定

（1991 年 6 月 29 日第七届全国人民代表大会常务委员会第二十次会议通过）（含 2 件）

111. 全国人民代表大会常务委员会关于批准《中华人民共和国和罗马尼亚领事条约》的决定

（1991 年 9 月 4 日第七届全国人民代表大会常务委员会第二十一次会议

通过）

112. 全国人民代表大会常务委员会关于批准《控制危险废物越境转移及其处置巴塞尔公约》的决定

（1991 年 9 月 4 日第七届全国人民代表大会常务委员会第二十一次会议通过）

113. 全国人民代表大会常务委员会关于批准《万国邮政联盟组织法第四附加议定书》的决定

（1991 年 10 月 30 日第七届全国人民代表大会常务委员会第二十二次会议通过）

114. 全国人民代表大会常务委员会关于加入《不扩散核武器条约》的决定

（1991 年 12 月 29 日第七届全国人民代表大会常务委员会第二十三次会议通过）

115. 全国人民代表大会常务委员会关于批准《儿童权利公约》的决定

（1991 年 12 月 29 日第七届全国人民代表大会常务委员会第二十三次会议通过）

116. 全国人民代表大会常务委员会关于批准《中华人民共和国和老挝人民民主共和国边界条约》的决定

（1991 年 12 月 29 日第七届全国人民代表大会常务委员会第二十三次会议通过）

1992 年 （15 件）

117. 全国人民代表大会常务委员会关于批准《中华人民共和国和苏维埃社会主义共和国联盟关于中苏国界东段的协定》的决定

（1992 年 2 月 25 日第七届全国人民代表大会常务委员会第二十四次会议通过）

118. 全国人民代表大会常务委员会关于批准《中华人民共和国和意大利共和国关于民事司法协助的条约》的决定

（1992 年 7 月 1 日第七届全国人民代表大会常务委员会第二十六次会议通过）

119. 全国人民代表大会常务委员会关于批准《中华人民共和国和罗马尼亚关于民事和刑事司法协助的条约》的决定

（1992 年 7 月 1 日第七届全国人民代表大会常务委员会第二十六次会议

通过）

120. 全国人民代表大会常务委员会关于批准《中华人民共和国和印度共和国领事条约》的决定

（1992 年 7 月 1 日第七届全国人民代表大会常务委员会第二十六次会议通过）

121. 全国人民代表大会常务委员会关于批准《关于解决国家和他国国民之间投资争端公约》的决定

（1992 年 7 月 1 日第七届全国人民代表大会常务委员会第二十六次会议通过）

122. 全国人民代表大会常务委员会关于我国加入《伯尔尼保护文学和艺术作品公约》的决定

（1992 年 7 月 1 日第七届全国人民代表大会常务委员会第二十六次会议通过）

123. 全国人民代表大会常务委员会关于我国加入《世界版权公约》的决定

（1992 年 7 月 1 日第七届全国人民代表大会常务委员会第二十六次会议通过）

124. 全国人民代表大会常务委员会关于我国加入《保护录音制品制作者防止未经许可复制其录音制品公约》的决定

（1992 年 11 月 7 日第七届全国人民代表大会常务委员会第二十八次会议通过）

125. 全国人民代表大会常务委员会关于批准《中华人民共和国和阿拉伯也门共和国领事条约》的决定

（1992 年 11 月 7 日第七届全国人民代表大会常务委员会第二十八次会议通过）

126. 全国人民代表大会常务委员会关于批准《联合国气候变化框架公约》的决定

（1992 年 11 月 7 日第七届全国人民代表大会常务委员会第二十八次会议通过）

127. 全国人民代表大会常务委员会关于批准《生物多样性公约》的决定

（1992 年 11 月 7 日第七届全国人民代表大会常务委员会第二十八次会议通过）

128. 全国人民代表大会常务委员会关于我国加入《反对劫持人质国际公约》的决定

（1992 年 12 月 28 日第七届全国人民代表大会常务委员会第二十九次会议通过）

129. 全国人民代表大会常务委员会关于批准《中华人民共和国和俄罗斯联邦关于民事和刑事司法协助的条约》的决定

（1992 年 12 月 28 日第七届全国人民代表大会常务委员会第二十九次会议通过）

130. 全国人民代表大会常务委员会关于批准《中华人民共和国和突尼斯共和国领事条约》的决定

（1992 年 12 月 28 日第七届全国人民代表大会常务委员会第二十九次会议通过）

131. 全国人民代表大会常务委员会关于批准《中华人民共和国和立陶宛共和国领事条约》的决定

（1992 年 12 月 28 日第七届全国人民代表大会常务委员会第二十九次会议通过）

第八届全国人民代表大会常务委员会批准的同外国缔结的条约、协定和我国加入的国际公约（62 件）

1993 年（13 件）

132. 全国人民代表大会常务委员会关于批准《中华人民共和国和摩尔多瓦共和国领事条约》的决定

（1993 年 7 月 2 日第八届全国人民代表大会常务委员会第二次会议通过）

133. 全国人民代表大会常务委员会关于批准《中华人民共和国和玻利维亚共和国领事条约》的决定

（1993 年 7 月 2 日第八届全国人民代表大会常务委员会第二次会议通过）

134. 全国人民代表大会常务委员会关于批准《中华人民共和国和白俄罗斯共和国关于民事和刑事司法协助的条约》的决定

（1993 年 7 月 2 日第八届全国人民代表大会常务委员会第二次会议通过）

135. 全国人民代表大会常务委员会关于批准《中华人民共和国和哈萨克斯坦共和国关于民事和刑事司法协助的条约》的决定

（1993 年 7 月 2 日第八届全国人民代表大会常务委员会第二次会议通过）

136. 全国人民代表大会常务委员会关于批准《中华人民共和国和乌克兰关于民事和刑事司法协助的条约》的决定

（1993 年 7 月 2 日第八届全国人民代表大会常务委员会第二次会议通过）

137. 全国人民代表大会常务委员会关于批准《中华人民共和国和古巴共和国关于民事和刑事司法协助的条约》的决定

（1993 年 9 月 2 日第八届全国人民代表大会常务委员会第三次会议通过）

138. 全国人民代表大会常务委员会关于批准《中华人民共和国和乌克兰领事条约》的决定

（1993 年 9 月 2 日第八届全国人民代表大会常务委员会第三次会议通过）

139. 全国人民代表大会常务委员会关于批准《中华人民共和国和西班牙王国关于民事、商事司法协助的条约》的决定

（1993 年 10 月 31 日第八届全国人民代表大会常务委员会第四次会议通过）

140. 全国人民代表大会常务委员会关于批准《中华人民共和国和哈萨克斯坦共和国领事条约》的决定

（1993 年 10 月 31 日第八届全国人民代表大会常务委员会第四次会议通过）

141. 全国人民代表大会常务委员会关于批准《中华人民共和国和巴基斯坦伊斯兰共和国领事条约》的决定

（1993 年 10 月 31 日第八届全国人民代表大会常务委员会第四次会议通过）

142. 全国人民代表大会常务委员会关于批准《中华人民共和国和白俄罗斯共和国领事条约》的决定

（1993 年 10 月 31 日第八届全国人民代表大会常务委员会第四次会议通过）

143. 全国人民代表大会常务委员会关于批准《中华人民共和国和土库曼斯坦领事条约》的决定

（1993 年 10 月 31 日第八届全国人民代表大会常务委员会第四次会议通过）

144. 全国人民代表大会常务委员会关于我国加入《1989 年国际救助公约》的决定

（1993 年 12 月 29 日第八届全国人民代表大会常务委员会第五次会议通过）

1994 年 （13 件）

145. 全国人民代表大会常务委员会关于我国加入《统一船舶碰撞某些法律规定的国际公约》的决定

（1994 年 3 月 5 日第八届全国人民代表大会常务委员会第六次会议通过）

146. 全国人民代表大会常务委员会关于我国加入《1974 年海上旅客及其行李运输雅典公约》和《1974 年海上旅客及其行李运输雅典公约的议定书》的决定

（1994 年 3 月 5 日第八届全国人民代表大会常务委员会第六次会议通过）（含 2 件）

147. 全国人民代表大会常务委员会关于批准《中华人民共和国和泰王国引渡条约》的决定

（1994 年 3 月 5 日第八届全国人民代表大会常务委员会第六次会议通过）

148. 全国人民代表大会常务委员会关于批准《中华人民共和国和吉尔吉斯共和国领事条约》的决定

（1994 年 3 月 5 日第八届全国人民代表大会常务委员会第六次会议通过）

149. 全国人民代表大会常务委员会关于批准《中华人民共和国政府和老挝人民民主共和国政府边界制度条约》的决定

（1994 年 7 月 5 日第八届全国人民代表大会常务委员会第八次会议通过）

150. 全国人民代表大会常务委员会关于批准《中华人民共和国和蒙古国友好合作关系条约》的决定

（1994 年 8 月 31 日第八届全国人民代表大会常务委员会第九次会议通过）

151. 全国人民代表大会常务委员会关于批准《中华人民共和国和保加利亚共和国关于民事司法协助的协定》的决定

（1994 年 8 月 31 日第八届全国人民代表大会常务委员会第九次会议通过）

152. 全国人民代表大会常务委员会关于批准《作业场所安全使用化学品公约》的决定

（1994 年 10 月 27 日第八届全国人民代表大会常务委员会第十次会议通过）

153. 全国人民代表大会常务委员会关于批准《中华人民共和国和哈萨克斯坦共和国关于中哈国界的协定》的决定

（1994 年 12 月 29 日第八届全国人民代表大会常务委员会第十一次会议通过）

154. 全国人民代表大会常务委员会关于批准《中华人民共和国和泰王国关于民商事司法协助和仲裁合作的协定》的决定

（1994 年 12 月 29 日第八届全国人民代表大会常务委员会第十一次会议通过）

155. 全国人民代表大会常务委员会关于批准《中华人民共和国和阿拉伯埃及共和国关于民事、商事和刑事司法协助的协定》的决定

（1994 年 12 月 29 日第八届全国人民代表大会常务委员会第十一次会议通过）

156. 全国人民代表大会常务委员会关于批准《中华人民共和国和俄罗斯联邦关于中俄国界西段的协定》的决定

（1994 年 12 月 29 日第八届全国人民代表大会常务委员会第十一次会议通过）

1995 年 （8 件）

157. 全国人民代表大会常务委员会关于批准《中华人民共和国和加拿大关于刑事司法协助的条约》的决定

（1995 年 2 月 28 日第八届全国人民代表大会常务委员会第十二次会议通过）

158. 全国人民代表大会常务委员会关于批准《中华人民共和国和秘鲁共和国领事条约》的决定

（1995 年 5 月 10 日第八届全国人民代表大会常务委员会第十三次会议通过）

159. 全国人民代表大会常务委员会关于批准《中华人民共和国和阿塞拜疆共和国领事条约》的决定

（1995 年 5 月 10 日第八届全国人民代表大会常务委员会第十三次会议通过）

160. 全国人民代表大会常务委员会关于批准《中华人民共和国和土耳其共和国关于民事、商事和刑事司法协助的协定》的决定

（1995 年 6 月 30 日第八届全国人民代表大会常务委员会第十四次会议通过）

161. 全国人民代表大会常务委员会关于批准《中华人民共和国和希腊共和国关于民事和刑事司法协助的协定》的决定

（1995 年 8 月 29 日第八届全国人民代表大会常务委员会第十五次会议通过）

162. 全国人民代表大会常务委员会关于批准《中华人民共和国和乌兹别克斯坦共和国领事条约》的决定

（1995 年 8 月 29 日第八届全国人民代表大会常务委员会第十五次会议

通过）

163. 全国人民代表大会常务委员会关于批准《中华人民共和国和塞浦路斯共和国关于民事、商事和刑事司法协助的条约》的决定

（1995 年 10 月 30 日第八届全国人民代表大会常务委员会第十六次会议通过）

164. 全国人民代表大会常务委员会关于批准《中华人民共和国和保加利亚共和国关于刑事司法协助的条约》的决定

（1995 年 10 月 30 日第八届全国人民代表大会常务委员会第十六次会议通过）

1996 年　（11 件）

165. 全国人民代表大会常务委员会关于批准《中华人民共和国和俄罗斯联邦引渡条约》的决定

（1996 年 3 月 1 日第八届全国人民代表大会常务委员会第十八次会议通过）

166. 全国人民代表大会常务委员会关于批准《中华人民共和国和白俄罗斯共和国引渡条约》的决定

（1996 年 3 月 1 日第八届全国人民代表大会常务委员会第十八次会议通过）

167. 全国人民代表大会常务委员会关于批准《中华人民共和国和匈牙利共和国关于民事和商事司法协助的条约》的决定

（1996 年 3 月 1 日第八届全国人民代表大会常务委员会第十八次会议通过）

168. 全国人民代表大会常务委员会关于批准《核安全公约》的决定

（1996 年 3 月 1 日第八届全国人民代表大会常务委员会第十八次会议通过）

169. 全国人民代表大会常务委员会关于批准《联合国海洋法公约》的决定

（1996 年 5 月 15 日第八届全国人民代表大会常务委员会第十九次会议通过）

170. 全国人民代表大会常务委员会关于批准《中华人民共和国和哈萨克斯坦共和国、吉尔吉斯共和国、俄罗斯联邦、塔吉克斯坦共和国关于在边境地区加强军事领域信任的协定》的决定

（1996 年 8 月 29 日第八届全国人民代表大会常务委员会第二十一次会议通过）

171. 全国人民代表大会常务委员会关于批准《中华人民共和国和格鲁吉亚共和国领事条约》的决定

（1996 年 10 月 29 日第八届全国人民代表大会常务委员会第二十二次会议

通过）

172. 全国人民代表大会常务委员会关于批准《中华人民共和国和亚美尼亚共和国领事条约》的决定

（1996 年 10 月 29 日第八届全国人民代表大会常务委员会第二十二次会议通过）

173. 全国人民代表大会常务委员会关于批准《联合国关于在发生严重干旱和/或荒漠化的国家特别是在非洲防治荒漠化的公约》的决定

（1996 年 12 月 30 日第八届全国人民代表大会常务委员会第二十三次会议通过）

174. 全国人民代表大会常务委员会关于批准《中华人民共和国和吉尔吉斯共和国关于中吉国界的协定》的决定

（1996 年 12 月 30 日第八届全国人民代表大会常务委员会第二十三次会议通过）

175. 全国人民代表大会常务委员会关于批准《关于禁止发展、生产、储存和使用化学武器及销毁此种武器的公约》的决定

（1996 年 12 月 30 日第八届全国人民代表大会常务委员会第二十三次会议通过）

1997 年 （16 件）

176. 全国人民代表大会常务委员会关于批准《中华人民共和国和保加利亚共和国引渡条约》的决定

（1997 年 2 月 23 日第八届全国人民代表大会常务委员会第二十四次会议通过）

177. 全国人民代表大会常务委员会关于批准《中华人民共和国和哈萨克斯坦共和国引渡条约》的决定

（1997 年 2 月 23 日第八届全国人民代表大会常务委员会第二十四次会议通过）

178. 全国人民代表大会常务委员会关于批准《中华人民共和国和罗马尼亚引渡条约》的决定

（1997 年 2 月 23 日第八届全国人民代表大会常务委员会第二十四次会议通过）

179. 全国人民代表大会常务委员会关于批准《中华人民共和国和摩洛哥王国关于民事和商事司法协助的协定》的决定

（1997 年 2 月 23 日第八届全国人民代表大会常务委员会第二十四次会议通过）

180. 全国人民代表大会常务委员会关于批准《中华人民共和国和吉尔吉斯共和国关于民事和刑事司法协助的条约》的决定

（1997 年 2 月 23 日第八届全国人民代表大会常务委员会第二十四次会议通过）

181. 全国人民代表大会常务委员会关于批准《就业政策公约》的决定

（1997 年 5 月 9 日第八届全国人民代表大会常务委员会第二十五次会议通过）

182. 全国人民代表大会常务委员会关于批准《国际电信联盟组织法》和《国际电信联盟公约》的决定

（1997 年 5 月 9 日第八届全国人民代表大会常务委员会第二十五次会议通过）（含 2 件）

183. 全国人民代表大会常务委员会关于批准《万国邮政联盟组织法第五附加议定书》的决定

（1997 年 5 月 9 日第八届全国人民代表大会常务委员会第二十五次会议通过）

184. 全国人民代表大会常务委员会关于我国加入《维也纳条约法公约》的决定

（1997 年 5 月 9 日第八届全国人民代表大会常务委员会第二十五次会议通过）

185. 全国人民代表大会常务委员会关于批准《中华人民共和国和克罗地亚共和国领事条约》的决定

（1997 年 5 月 9 日第八届全国人民代表大会常务委员会第二十五次会议通过）

186. 全国人民代表大会常务委员会关于批准《中华人民共和国政府和印度共和国政府关于在中印边境实际控制线地区军事领域建立信任措施的协定》的决定

（1997 年 5 月 9 日第八届全国人民代表大会常务委员会第二十五次会议通过）

187. 全国人民代表大会常务委员会关于我国加入《关于从国外调取民事或商事证据的公约》的决定

（1997 年 7 月 3 日第八届全国人民代表大会常务委员会第二十六次会议通过）

188. 全国人民代表大会常务委员会关于批准《非洲无核武器区条约》第一号议定书、第二号议定书的决定

（1997 年 7 月 3 日第八届全国人民代表大会常务委员会第二十六次会议通过）

189. 全国人民代表大会常务委员会关于批准《中华人民共和国和哈萨克斯坦共和国、吉尔吉斯共和国、俄罗斯联邦、塔吉克斯坦共和国关于在边境地区相互裁减军事力量的协定》的决定

（1997 年 8 月 29 日第八届全国人民代表大会常务委员会第二十七次会议通过）

190. 全国人民代表大会常务委员会关于批准《中华人民共和国和塔吉克斯坦共和国关于民事和刑事司法协助的条约》的决定

（1997 年 8 月 29 日第八届全国人民代表大会常务委员会第二十七次会议通过）

1998 年 （1 件）

191. 全国人民代表大会常务委员会关于批准《中华人民共和国和哈萨克斯坦共和国关于中哈国界的补充协定》的决定

（1998 年 2 月 28 日第八届全国人民代表大会常务委员会第三十次会议通过）

第九届全国人民代表大会常务委员会批准的同外国缔结的条约、协定和我国加入的国际公约 （60 件）

1998 年 （10 件）

192. 全国人民代表大会常务委员会关于批准《中华人民共和国和乌兹别克斯坦共和国关于民事和刑事司法协助的条约》的决定

（1998 年 4 月 29 日第九届全国人民代表大会常务委员会第二次会议通过）

193. 全国人民代表大会常务委员会关于批准《中华人民共和国和蒙古国引渡条约》的决定

（1998 年 6 月 26 日第九届全国人民代表大会常务委员会第三次会议通过）

194. 全国人民代表大会常务委员会关于加入《国际植物新品种保护公约（1978 年文本）》的决定

（1998 年 8 月 29 日第九届全国人民代表大会常务委员会第四次会议通过）

195. 全国人民代表大会常务委员会关于批准《〈禁止或限制使用某些可被认为具有过分伤害力或滥杀滥伤作用的常规武器公约〉所附的〈禁止或限制使用地雷、诱杀装置和其他装置的修正议定书〉》和《〈禁止或限制使用某些可被认为具有过分伤害力或滥杀滥伤作用的常规武器公约〉附加议定书》的决定

（1998 年 8 月 29 日第九届全国人民代表大会常务委员会第四次会议通过）（含 2 件）

196. 全国人民代表大会常务委员会关于批准《中华人民共和国和吉尔吉斯共和国引渡条约》的决定

（1998 年 11 月 4 日第九届全国人民代表大会常务委员会第五次会议通过）

197. 全国人民代表大会常务委员会关于批准 1998 年《中华人民共和国和哈萨克斯坦共和国关于中哈国界的补充协定》的决定

（1998 年 11 月 4 日第九届全国人民代表大会常务委员会第五次会议通过）

198. 全国人民代表大会常务委员会关于批准《制止在用于国际民用航空的机场发生的非法暴力行为以补充 1971 年 9 月 23 日订于蒙特利尔的制止危害民用航空安全的非法行为的公约的议定书》的决定

（1998 年 11 月 4 日第九届全国人民代表大会常务委员会第五次会议通过）

199. 全国人民代表大会常务委员会关于批准《中华人民共和国政府和加拿大政府领事协定》的决定

（1998 年 12 月 29 日第九届全国人民代表大会常务委员会第六次会议通过）

200. 全国人民代表大会常务委员会关于批准《准予就业最低年龄公约》的决定

（1998 年 12 月 29 日第九届全国人民代表大会常务委员会第六次会议通过）

1999 年（9 件）

201. 全国人民代表大会常务委员会关于批准《中华人民共和国政府、朝鲜民主主义人民共和国政府和俄罗斯联邦政府关于确定图们江三国国界水域分界线的协定》的决定

（1999 年 4 月 29 日第九届全国人民代表大会常务委员会第九次会议通过）

202. 全国人民代表大会常务委员会关于批准《中华人民共和国和新加坡共和国关于民事和商事司法协助的条约》的决定

（1999 年 4 月 29 日第九届全国人民代表大会常务委员会第九次会议通过）

203. 全国人民代表大会常务委员会关于批准《中华人民共和国和越南社会主义共和国关于民事和刑事司法协助的条约》的决定

（1999 年 6 月 28 日第九届全国人民代表大会常务委员会第十次会议通过）

204. 全国人民代表大会常务委员会关于批准《中华人民共和国和大韩民国关于刑事司法协助的条约》的决定

（1999 年 6 月 28 日第九届全国人民代表大会常务委员会第十次会议通过）

205. 全国人民代表大会常务委员会关于批准《中华人民共和国和乌克兰引渡条约》的决定

（1999 年 6 月 28 日第九届全国人民代表大会常务委员会第十次会议通过）

206. 全国人民代表大会常务委员会关于批准《〈巴塞尔公约〉缔约方会议第三次会议通过的决定第Ⅲ/1 号决定对〈巴塞尔公约〉的修正》的决定

（1999 年 10 月 31 日第九届全国人民代表大会常务委员会第十二次会议通过）

207. 全国人民代表大会常务委员会关于加入《国际承认航空器权利公约》的决定

（1999 年 10 月 31 日第九届全国人民代表大会常务委员会第十二次会议通过）

208. 全国人民代表大会常务委员会关于加入《关于发生武装冲突时保护文化财产的公约》和《议定书》的决定

（1999 年 10 月 31 日第九届全国人民代表大会常务委员会第十二次会议通过）

209. 全国人民代表大会常务委员会关于批准《中华人民共和国、俄罗斯联邦和哈萨克斯坦共和国关于确定三国国界交界点的协定》的决定

（1999 年 12 月 25 日第九届全国人民代表大会常务委员会第十三次会议通过）

2000 年（13 件）

210. 全国人民代表大会常务委员会关于批准《中华人民共和国和柬埔寨王国引渡条约》的决定

（2000 年 3 月 1 日第九届全国人民代表大会常务委员会第十四次会议通过）

211. 全国人民代表大会常务委员会关于批准《中华人民共和国和突尼斯共和国关于民事和商事司法协助的条约》的决定

（2000 年 3 月 1 日第九届全国人民代表大会常务委员会第十四次会议通过）

212. 全国人民代表大会常务委员会关于批准《中华人民共和国和塔吉克斯坦共和国关于中塔国界的协定》的决定

（2000 年 3 月 1 日第九届全国人民代表大会常务委员会第十四次会议通过）

213. 全国人民代表大会常务委员会关于批准《中华人民共和国和越南社会主义共和国陆地边界条约》的决定

（2000 年 4 月 29 日第九届全国人民代表大会常务委员会第十五次会议通过）

214. 全国人民代表大会常务委员会关于批准《中华人民共和国和越南社会主义共和国领事条约》的决定

（2000 年 4 月 29 日第九届全国人民代表大会常务委员会第十五次会议通过）

215. 全国人民代表大会常务委员会关于批准《中华人民共和国、吉尔吉斯共和国和哈萨克斯坦共和国关于三国国界交界点的协定》的决定

（2000 年 4 月 29 日第九届全国人民代表大会常务委员会第十五次会议通过）

216. 全国人民代表大会常务委员会关于批准《中华人民共和国和吉尔吉斯共和国关于中吉国界的补充协定》的决定

（2000 年 4 月 29 日第九届全国人民代表大会常务委员会第十五次会议通过）

217. 全国人民代表大会常务委员会关于批准《中华人民共和国和乌兹别克斯坦共和国引渡条约》的决定

（2000 年 7 月 8 日第九届全国人民代表大会常务委员会第十六次会议通过）

218. 全国人民代表大会常务委员会关于批准《中华人民共和国和哥伦比亚共和国关于刑事司法协助的条约》的决定

（2000 年 7 月 8 日第九届全国人民代表大会常务委员会第十六次会议通过）

219. 全国人民代表大会常务委员会关于批准《中华人民共和国和突尼斯共和国关于刑事司法协助的条约》的决定

（2000 年 7 月 8 日第九届全国人民代表大会常务委员会第十六次会议通过）

220. 全国人民代表大会常务委员会关于批准《中华人民共和国和澳大利亚领事协定》的决定

（2000 年 7 月 8 日第九届全国人民代表大会常务委员会第十六次会议通过）

221. 全国人民代表大会常务委员会关于批准《中华人民共和国和立陶宛共和国关于民事和刑事司法协助的条约》的决定

（2000 年 8 月 25 日第九届全国人民代表大会常务委员会第十七次会议通过）

222. 全国人民代表大会常务委员会关于批准《中华人民共和国政府和美利坚合众国政府关于刑事司法协助的协定》的决定

（2000 年 12 月 28 日第九届全国人民代表大会常务委员会第十九次会议通过）

2001 年 （13 件）

223. 全国人民代表大会常务委员会关于批准《经济、社会及文化权利国际公约》的决定

（2001 年 2 月 28 日第九届全国人民代表大会常务委员会第二十次会议通过）

224. 全国人民代表大会常务委员会关于批准《中华人民共和国和印度尼西亚共和国关于刑事司法协助的条约》的决定

（2001 年 2 月 28 日第九届全国人民代表大会常务委员会第二十次会议通过）

225. 全国人民代表大会常务委员会关于批准《中华人民共和国和老挝人民民主共和国关于民事和刑事司法协助的条约》的决定

（2001 年 4 月 28 日第九届全国人民代表大会常务委员会第二十一次会议通过）

226. 全国人民代表大会常务委员会关于批准《中华人民共和国和菲律宾共和国关于刑事司法协助的条约》的决定

（2001 年 4 月 28 日第九届全国人民代表大会常务委员会第二十一次会议通过）

227. 全国人民代表大会常务委员会关于批准《中华人民共和国、塔吉克斯坦共和国和吉尔吉斯共和国关于三国国界交界点的协定》的决定

（2001 年 4 月 28 日第九届全国人民代表大会常务委员会第二十一次会议通过）

228. 全国人民代表大会常务委员会关于批准《中华人民共和国和俄罗斯联邦睦邻友好合作条约》的决定

（2001 年 10 月 27 日第九届全国人民代表大会常务委员会第二十四次会议通过）

229. 全国人民代表大会常务委员会关于加入《制止恐怖主义爆炸的国际公约》的决定

（2001 年 10 月 27 日第九届全国人民代表大会常务委员会第二十四次会议通过）

230. 全国人民代表大会常务委员会关于批准《打击恐怖主义、分裂主义和极端主义上海公约》的决定

（2001 年 10 月 27 日第九届全国人民代表大会常务委员会第二十四次会议通过）

231. 全国人民代表大会常务委员会关于批准《劳动行政管理公约》的决定

（2001 年 10 月 27 日第九届全国人民代表大会常务委员会第二十四次会议通过）

232. 全国人民代表大会常务委员会关于批准《建筑业安全卫生公约》的决定

（2001 年 10 月 27 日第九届全国人民代表大会常务委员会第二十四次会议通过）

233. 全国人民代表大会常务委员会批准《中华人民共和国加入世界贸易组织议定书》

（2000 年 8 月 25 日第九届全国人民代表大会常务委员会第十七次会议通过《关于我国加入世界贸易组织的决定》，2001 年 11 月 9 日公布）

234. 全国人民代表大会常务委员会关于批准《中华人民共和国和阿根廷共和国关于民事和商事司法协助的条约》的决定

（2001 年 12 月 29 日第九届全国人民代表大会常务委员会第二十五次会议通过）

235. 全国人民代表大会常务委员会关于批准《中华人民共和国和大韩民国引渡条约》的决定

（2001 年 12 月 29 日第九届全国人民代表大会常务委员会第二十五次会议通过）

2002 年 （13 件）

236. 全国人民代表大会常务委员会关于批准《中华人民共和国和乌克兰关于移管被判刑人的条约》的决定

（2002 年 4 月 28 日第九届全国人民代表大会常务委员会第二十七次会议通过）

237. 全国人民代表大会常务委员会关于批准《禁止和立即行动消除最恶劣形式的童工劳动公约》的决定

（2002 年 6 月 29 日第九届全国人民代表大会常务委员会第二十八次会议通过）

238. 全国人民代表大会常务委员会关于批准《〈儿童权利公约〉关于买卖儿童、儿童卖淫和儿童色情制品问题的任择议定书》的决定

（2002 年 8 月 29 日第九届全国人民代表大会常务委员会第二十九次会议通过）

239. 全国人民代表大会常务委员会关于批准《中华人民共和国和老挝人民民主共和国引渡条约》的决定

（2002 年 8 月 29 日第九届全国人民代表大会常务委员会第二十九次会议通过）

240. 全国人民代表大会常务委员会关于批准《上海合作组织宪章》的决定

（2002 年 8 月 29 日第九届全国人民代表大会常务委员会第二十九次会议通过）

241. 全国人民代表大会常务委员会关于批准《中华人民共和国和突尼斯共和国引渡条约》决定

（2002 年 10 月 28 日第九届全国人民代表大会常务委员会第三十次会议通过）

242. 全国人民代表大会常务委员会关于批准《中华人民共和国和秘鲁共和国引渡条约》的决定

（2002 年 10 月 28 日第九届全国人民代表大会常务委员会第三十次会议通过）

243. 全国人民代表大会常务委员会关于批准《中华人民共和国和南非共和国引渡条约》的决定

（2002 年 12 月 28 日第九届全国人民代表大会常务委员会第三十一次会议通过）

244. 全国人民代表大会常务委员会关于批准《中华人民共和国和立陶宛共和国引渡条约》的决定

（2002 年 12 月 28 日第九届全国人民代表大会常务委员会第三十一次会议通过）

245. 全国人民代表大会常务委员会关于批准《中华人民共和国和爱沙尼亚共和国关于刑事司法协助的条约》的决定

（2002 年 12 月 28 日第九届全国人民代表大会常务委员会第三十一次会议通过）

246. 全国人民代表大会常务委员会关于批准《中华人民共和国和阿拉伯联合酋长国引渡条约》的决定

（2002 年 12 月 28 日第九届全国人民代表大会常务委员会第三十一次会议通过）

247. 全国人民代表大会常务委员会关于批准《中华人民共和国和塔吉克斯坦共和国关于中塔国界的补充协定》的决定

（2002 年 12 月 28 日第九届全国人民代表大会常务委员会第三十一次会议通过）

248. 全国人民代表大会常务委员会关于批准《上海合作组织成员国关于地区反恐怖机构的协定》的决定

（2002 年 12 月 28 日第九届全国人民代表大会常务委员会第三十一次会议通过）

2003 年 （2 件）

249. 全国人民代表大会常务委员会关于批准《中华人民共和国政府和尼日利亚联邦共和国政府领事协定》的决定

（2003 年 2 月 28 日第九届全国人民代表大会常务委员会第三十二次会议批准）

250. 全国人民代表大会常务委员会关于批准《中华人民共和国和俄罗斯联邦领事条约》的决定

（2003 年 2 月 28 日第九届全国人民代表大会常务委员会第三十二次会

议批准）

第十届全国人民代表大会常务委员会批准的同外国缔结的条约、协定和我国加入的国际公约（74 件）

2003 年（11 件）

251. 全国人民代表大会常务委员会关于批准《中华人民共和国和吉尔吉斯共和国睦邻友好合作条约》的决定

（2003 年 4 月 26 日第十届全国人民代表大会常务委员会第二次会议通过）

252. 全国人民代表大会常务委员会关于批准《中华人民共和国和哈萨克斯坦共和国睦邻友好合作条约》的决定

（2003 年 4 月 26 日第十届全国人民代表大会常务委员会第二次会议通过）

253. 全国人民代表大会常务委员会关于批准《中华人民共和国和哈萨克斯坦共和国关于打击恐怖主义、分裂主义和极端主义的合作协定》的决定

（2003 年 4 月 26 日第十届全国人民代表大会常务委员会第二次会议通过）

254. 全国人民代表大会常务委员会关于批准《〈禁止或限制使用某些可被认为具有过分伤害力或滥杀滥伤作用的常规武器公约〉第一条修正案》的决定

（2003 年 6 月 28 日第十届全国人民代表大会常务委员会第三次会议通过）

255. 全国人民代表大会常务委员会关于批准《万国邮政联盟组织法第六附加议定书》的决定

（2003 年 6 月 28 日第十届全国人民代表大会常务委员会第三次会议通过）

256. 全国人民代表大会常务委员会关于加入《东南亚友好合作条约》及其两个修改议定书的决定

（2003 年 6 月 28 日第十届全国人民代表大会常务委员会第三次会议通过）

257. 全国人民代表大会常务委员会关于批准《中华人民共和国和南非共和国关于刑事司法协助的条约》的决定

（2003 年 8 月 27 日第十届全国人民代表大会常务委员会第四次会议通过）

258. 全国人民代表大会常务委员会关于批准《中华人民共和国和吉尔吉斯共和国关于打击恐怖主义、分裂主义和极端主义的合作协定》的决定

（2003 年 8 月 27 日第十届全国人民代表大会常务委员会第四次会议通过）

259. 全国人民代表大会常务委员会关于加入《联合国打击跨国有组织犯罪公约》的决定

（2003 年 8 月 27 日第十届全国人民代表大会常务委员会第四次会议通过）

260. 全国人民代表大会常务委员会关于批准《中华人民共和国和俄罗斯联邦关于移管被判刑人的条约》的决定

（2003 年 12 月 27 日第十届全国人民代表大会常务委员会第六次会议通过）

261. 全国人民代表大会常务委员会关于批准《中华人民共和国和泰王国关于刑事司法协助的条约》的决定

（2003 年 12 月 27 日第十届全国人民代表大会常务委员会第六次会议通过）

2004 年 （15 件）

262. 全国人民代表大会常务委员会关于批准《中华人民共和国和大韩民国关于民事和商事司法协助的条约》的决定

（2004 年 2 月 29 日第十届全国人民代表大会常务委员会第七次会议通过）

263. 全国人民代表大会常务委员会关于批准《中华人民共和国和新西兰领事协定》的决定

（2004 年 6 月 25 日第十届全国人民代表大会常务委员会第十次会议批准）

264. 全国人民代表大会常务委员会关于批准《关于修改二〇〇一年六月十五日在上海（中华人民共和国）签署的〈打击恐怖主义、分裂主义和极端主义上海公约〉的议定书》、《关于修改二〇〇二年六月七日在圣彼得堡（俄罗斯联邦）签署的〈上海合作组织宪章〉的议定书》和《关于修改二〇〇二年六月七日在圣彼得堡（俄罗斯联邦）签署的〈上海合作组织成员国关于地区反恐怖机构的协定〉的议定书》的决定

（2004 年 6 月 25 日第十届全国人民代表大会常务委员会第十次会议批准）
（含 3 件）

265. 全国人民代表大会常务委员会关于批准《关于持久性有机污染物的斯德哥尔摩公约》的决定

（2004 年 6 月 25 日第十届全国人民代表大会常务委员会第十次会议批准）

266. 全国人民代表大会常务委员会关于批准《中华人民共和国和越南社会主义共和国关于两国在北部湾领海、专属经济区和大陆架的划界协定》的决定

（2004 年 6 月 25 日第十届全国人民代表大会常务委员会第十次会议通过）

267. 全国人民代表大会常务委员会关于加入《联合国人员和有关人员安全公约》的决定

（2004 年 8 月 28 日第十届全国人民代表大会常务委员会第十一次会议通过）

268. 全国人民代表大会常务委员会关于批准《中华人民共和国和乌兹别克斯坦共和国关于打击恐怖主义、分裂主义和极端主义的合作协定》的决定

（2004 年 8 月 28 日第十届全国人民代表大会常务委员会第十一次会议通过）

269. 全国人民代表大会常务委员会关于批准《保护非物质文化遗产公约》的决定

（2004 年 8 月 28 日第十届全国人民代表大会常务委员会第十一次会议通过）

270. 全国人民代表大会常务委员会关于批准《中华人民共和国和塔吉克斯坦共和国关于打击恐怖主义、分裂主义和极端主义的合作协定》的决定

（2004 年 10 月 27 日第十届全国人民代表大会常务委员会第十二次会议通过）

271. 全国人民代表大会常务委员会关于批准《中华人民共和国和莱索托王国引渡条约》的决定

（2004 年 10 月 27 日第十届全国人民代表大会常务委员会第十二次会议通过）

272. 全国人民代表大会常务委员会关于批准《关于在国际贸易中对某些危险化学品和农药采用事先知情同意程序的鹿特丹公约》的决定

（2004 年 12 月 29 日第十届全国人民代表大会常务委员会第十三次会议通过）

273. 全国人民代表大会常务委员会关于批准《上海合作组织成员国关于合作打击非法贩运麻醉药品、精神药物及其前体的协议》的决定

（2004 年 12 月 29 日第十届全国人民代表大会常务委员会第十三次会议通过）

274. 全国人民代表大会常务委员会关于批准《中华人民共和国和阿拉伯联合酋长国关于民事和商事司法协助的协定》的决定

（2004 年 12 月 29 日第十届全国人民代表大会常务委员会第十三次会议通过）

2005 年 （16 件）

275. 全国人民代表大会常务委员会关于批准《统一国际航空运输某些规则的公约》的决定（**1999 年蒙特利尔公约**）

（2005 年 2 月 28 日十届全国人民代表大会常务委员会第十四次会议通过）

276. 全国人民代表大会常务委员会关于批准《上海合作组织特权与豁免公约》的决定

（2005 年 2 月 28 日十届全国人民代表大会常务委员会第十四次会议通过）

277. 全国人民代表大会常务委员会关于加入《禁止为军事或任何其他敌对目的使用改变环境的技术的公约》的决定

（2005 年 4 月 27 日十届全国人民代表大会常务委员会第十五次会议批准通过）

278. 全国人民代表大会常务委员会关于批准《跨国收养方面保护儿童及合作公约》的决定

（2005 年 4 月 27 日十届全国人民代表大会常务委员会第十五次会议通过）

279. 全国人民代表大会常务委员会关于批准《中华人民共和国和俄罗斯联邦关于中俄国界东段的补充协定》的决定

（2005 年 4 月 27 日十届全国人民代表大会常务委员会第十五次会议通过）

280. 全国人民代表大会常务委员会关于批准《中华人民共和国和巴西联邦共和国关于刑事司法协助的条约》的决定

（2005 年 7 月 1 日十届全国人民代表大会常务委员会第十六次会议通过）

281. 全国人民代表大会常务委员会关于批准《中华人民共和国和拉脱维亚共和国关于刑事司法协助的条约》的决定

（2005 年 7 月 1 日十届全国人民代表大会常务委员会第十六次会议通过）

282. 全国人民代表大会常务委员会关于批准《中华人民共和国和菲律宾共和国引渡条约》的决定

（2005 年 7 月 1 日十届全国人民代表大会常务委员会第十六次会议通过）

283. 全国人民代表大会常务委员会关于批准世界卫生组织《烟草控制框架公约》的决定

（2005 年 8 月 28 日十届全国人民代表大会常务委员会第十七次会议通过）

284. 全国人民代表大会常务委员会关于批准《1958 年消除就业和职业歧视公约》的决定

（2005 年 8 月 28 日十届全国人民代表大会常务委员会第十七次会议通过）

285. 全国人民代表大会常务委员会关于批准《中华人民共和国和巴基斯坦伊斯兰共和国睦邻友好合作条约》的决定

（2005 年 8 月 28 日十届全国人民代表大会常务委员会第十七次会议通过）

286. 全国人民代表大会常务委员会关于批准《中华人民共和国和朝鲜民主主义人民共和国关于民事和刑事司法协助的条约》的决定

（2005 年 8 月 28 日十届全国人民代表大会常务委员会第十七次会议通过）

287. 全国人民代表大会常务委员会关于批准《联合国反腐败公约》的决定

（2005 年 10 月 27 日十届全国人民代表大会常务委员会第十八次会议通过）

288. 全国人民代表大会常务委员会关于批准《中华人民共和国和巴基斯坦伊斯兰共和国引渡条约》的决定

（2005 年 10 月 27 日十届全国人民代表大会常务委员会第十八次会议通过）

289. 全国人民代表大会常务委员会关于批准《中华人民共和国和秘鲁共和国关于刑事司法协助的条约》的决定

（2005 年 12 月 29 日十届全国人民代表大会常务委员会第十九次会议通过）

290. 全国人民代表大会常务委员会关于批准《中华人民共和国和乌兹别克斯坦共和国友好合作伙伴关系条约》的决定

（2005 年 12 月 29 日十届全国人民代表大会常务委员会第十九次会议通过）

2006 年 （21 件）

291. 全国人民代表大会常务委员会关于批准《制止向恐怖主义提供资助的国际公约》的决定

（2006 年 2 月 28 日十届全国人民代表大会常务委员会第二十次会议通过）

292. 全国人民代表大会常务委员会关于加入《乏燃料管理安全和放射性废物管理安全联合公约》的决定

（2006 年 4 月 29 日十届全国人民代表大会常务委员会第二十一次会议通过）

293. 全国人民代表大会常务委员会关于批准《中华人民共和国和巴西联邦共和国引渡条约》的决定

（2006 年 4 月 29 日十届全国人民代表大会常务委员会第二十一次会议通过）

294. 全国人民代表大会常务委员会关于批准《中华人民共和国和西班牙王国关于刑事司法协助的条约》的决定

（2006 年 4 月 29 日十届全国人民代表大会常务委员会第二十一次会议通过）

295. 全国人民代表大会常务委员会关于批准《中华人民共和国和西班牙王国引渡条约》的决定

（2006 年 4 月 29 日十届全国人民代表大会常务委员会第二十一次会议通过）

296. 全国人民代表大会常务委员会关于批准《中华人民共和国政府和法兰西共和国政府关于刑事司法协助的协定》的决定

（2006 年 4 月 29 日十届全国人民代表大会常务委员会第二十一次会议通过）

297. 全国人民代表大会常务委员会关于批准《亚太空间合作组织公约》的决定

（2006 年 6 月 29 日十届全国人民代表大会常务委员会第二十二次会议通过）

298. 全国人民代表大会常务委员会关于批准《〈防止倾倒废物及其他物质污染海洋的公约〉1996 年议定书》的决定

（2006 年 6 月 29 日十届全国人民代表大会常务委员会第二十二次会议通过）

299. 全国人民代表大会常务委员会关于批准《中华人民共和国和西班牙王国关于移管被判刑人的条约》的决定

（2006 年 6 月 29 日十届全国人民代表大会常务委员会第二十二次会议通过）

300. 全国人民代表大会常务委员会关于批准《中华人民共和国和墨西哥合众国关于刑事司法协助的条约》的决定

（2006 年 6 月 29 日十届全国人民代表大会常务委员会第二十二次会议通过）

301. 全国人民代表大会常务委员会关于批准《中华人民共和国政府和巴基斯坦伊斯兰共和国政府关于打击恐怖主义、分裂主义和极端主义的合作协定》的决定

（2006 年 8 月 27 日十届全国人民代表大会常务委员会第二十三次会议通过）

302. 全国人民代表大会常务委员会关于批准 1981 年《职业安全和卫生及工作环境公约》的决定

（2006 年 10 月 31 日十届全国人民代表大会常务委员会第二十四次会议通过）

303. 全国人民代表大会常务委员会关于批准《中华人民共和国和土库曼斯坦关于打击恐怖主义、分裂主义和极端主义的合作协定》的决定

（2006 年 10 月 31 日十届全国人民代表大会常务委员会第二十四次会议通过）

304. 全国人民代表大会常务委员会关于批准《中华人民共和国和澳大利亚关于刑事司法协助的条约》的决定

（2006 年 10 月 31 日十届全国人民代表大会常务委员会第二十四次会议通过）

305. 全国人民代表大会常务委员会关于批准《中华人民共和国和阿富汗伊斯兰共和国睦邻友好合作条约》的决定

（2006 年 10 月 31 日十届全国人民代表大会常务委员会第二十四次会议通过）

306. 全国人民代表大会常务委员会关于批准《中华人民共和国和阿塞拜疆共和国引渡条约》的决定

（2006 年 10 月 31 日十届全国人民代表大会常务委员会第二十四次会议通过）

307. 全国人民代表大会常务委员会关于批准《保护和促进文化表现形式多样性公约》的决定

（2006 年 12 月 29 日十届全国人民代表大会常务委员会第二十五次会议通过）

308. 全国人民代表大会常务委员会关于加入《世界知识产权组织版权条约》的决定

（2006 年 12 月 29 日十届全国人民代表大会常务委员会第二十五次会议通过）

309. 全国人民代表大会常务委员会关于加入《世界知识产权组织表演和录音制品条约》的决定

（2006 年 12 月 29 日十届全国人民代表大会常务委员会第二十五次会议通过）

310. 全国人民代表大会常务委员会关于批准《关于修改 2002 年 6 月 7 日在圣彼得堡（俄罗斯联邦）签署的〈上海合作组织宪章〉的议定书》的决定

（2006 年 12 月 29 日十届全国人民代表大会常务委员会第二十五次会议通过）

311. 全国人民代表大会常务委员会关于批准《中华人民共和国和葡萄牙共和国关于刑事司法协助的协定》的决定

（2006 年 12 月 29 日十届全国人民代表大会常务委员会第二十五次会议通过）

2007 年 （11 件）

312. 全国人民代表大会常务委员会关于批准《中华人民共和国、越南社会主义共和国和老挝人民民主共和国关于确定三国国界交界点的条约》的决定

（2007 年 2 月 28 日十届全国人民代表大会常务委员会第二十六次会议通过）

313. 全国人民代表大会常务委员会关于批准《中华人民共和国和纳米比亚共和国引渡条约》的决定

（2007 年 4 月 27 日十届全国人民代表大会常务委员会第二十七次会议通过）

314. 全国人民代表大会常务委员会关于批准《中华人民共和国和安哥拉共和国引渡条约》的决定

（2007 年 4 月 27 日十届全国人民代表大会常务委员会第二十七次会议通过）

315. 全国人民代表大会常务委员会关于批准《中华人民共和国和新西兰关于刑事司法协助的条约》的决定

（2007 年 6 月 29 日十届全国人民代表大会常务委员会第二十八次会议通过）

316. 全国人民代表大会常务委员会关于批准《中华人民共和国和塔吉克斯坦共和国睦邻友好合作条约》的决定

（2007 年 6 月 29 日十届全国人民代表大会常务委员会第二十八次会议通过）

317. 全国人民代表大会常务委员会关于批准《中华人民共和国和俄罗斯联邦关于举行联合军事演习期间其部队临时处于对方领土的地位的协定》的决定

（2007 年 6 月 29 日十届全国人民代表大会常务委员会第二十八次会议通过）

318. 全国人民代表大会常务委员会关于批准《联合实施国际热核聚变实验堆计划建立国际聚变能组织的协定》、《联合实施国际热核聚变实验堆计划国际聚变能组织特权和豁免协定》的决定

（2007 年 8 月 30 日十届全国人民代表大会常务委员会第二十九次会议通过）（含 2 件）

319. 全国人民代表大会常务委员会关于批准 2005 年 12 月 6 日由世界贸易组织总理事会通过的《修改〈与贸易有关的知识产权协定〉议定书》的决定

（2007 年 10 月 28 日十届全国人民代表大会常务委员会第三十次会议通过）

320. 全国人民代表大会常务委员会关于批准《儿童权利公约关于儿童卷入武装冲突问题的任择议定书》的决定

（2007 年 12 月 29 日十届全国人民代表大会常务委员会第三十一次会议通过）

321. 全国人民代表大会常务委员会关于批准《中华人民共和国和葡萄牙共和国关于移管被判刑人的条约》的决定

（2007 年 12 月 29 日十届全国人民代表大会常务委员会第三十一次会议通过）

第十一届全国人民代表大会常务委员会批准的同外国缔结的条约、协定和我国加入的国际公约（39 件）

2008 年（17 件）

322. 全国人民代表大会常务委员会关于批准《中华人民共和国和澳大利亚引渡条约》的决定

（2008 年 4 月 24 日第十一届全国人民代表大会常务委员会第二次会议通过）

323. 全国人民代表大会常务委员会关于批准《中华人民共和国和法兰西共和国引渡条约》的决定

（2008 年 4 月 24 日第十一届全国人民代表大会常务委员会第二次会议通过）

324. 全国人民代表大会常务委员会关于批准《中华人民共和国和科威特国关于民事和商事司法协助的协定》的决定

（2008 年 4 月 24 日第十一届全国人民代表大会常务委员会第二次会议通过）

325. 全国人民代表大会常务委员会关于批准《残疾人权利公约》的决定

（2008 年 6 月 26 日第十一届全国人民代表大会常务委员会第三次会议通过）

326. 全国人民代表大会常务委员会关于批准《上海合作组织成员国长期睦邻友好合作条约》的决定

（2008 年 6 月 26 日第十一届全国人民代表大会常务委员会第三次会议通过）

327. 全国人民代表大会常务委员会关于批准《中华人民共和国和阿尔及利亚民主人民共和国关于刑事司法协助的条约》的决定

（2008 年 6 月 26 日第十一届全国人民代表大会常务委员会第三次会议通过）

328. 全国人民代表大会常务委员会关于批准《中华人民共和国和阿尔及利亚民主人民共和国引渡条约》的决定

（2008 年 6 月 26 日第十一届全国人民代表大会常务委员会第三次会议通过）

329. 全国人民代表大会常务委员会关于批准《万国邮政联盟组织法第七附加议定书》的决定

（2008 年 8 月 29 日第十一届全国人民代表大会常务委员会第四次会议通过）

330. 全国人民代表大会常务委员会关于批准《中华人民共和国和纳米比亚共和国关于刑事司法协助的条约》的决定

（2008 年 8 月 29 日第十一届全国人民代表大会常务委员会第四次会议通过）

331. 全国人民代表大会常务委员会关于批准《中华人民共和国政府和巴基斯坦伊斯兰共和国政府关于刑事司法协助的协定》的决定

（2008 年 8 月 29 日第十一届全国人民代表大会常务委员会第四次会议通过）

332. 全国人民代表大会常务委员会关于批准《中华人民共和国和日本国关于刑事司法协助的条约》的决定

（2008 年 8 月 29 日第十一届全国人民代表大会常务委员会第四次会议通过）

333. 全国人民代表大会常务委员会关于批准《核材料实物保护公约》修订案的决定

（2008 年 10 月 28 日第十一届全国人民代表大会常务委员会第五次会议通过）

334. 全国人民代表大会常务委员会关于批准《移动设备国际利益公约》和《移动设备国际利益公约关于航空器设备特定问题的议定书》的决定

（2008 年 10 月 28 日第十一届全国人民代表大会常务委员会第五次会议通过）（含 2 件）

335. 全国人民代表大会常务委员会关于批准《中华人民共和国和葡萄牙共和国引渡条约》的决定

（2008 年 10 月 28 日第十一届全国人民代表大会常务委员会第五次会议通过）

336. 全国人民代表大会常务委员会关于批准《上海合作组织成员国关于举行联合军事演习的协定》的决定

（2008 年 12 月 27 日第十一届全国人民代表大会常务委员会第六次会议通过）

337. 全国人民代表大会常务委员会关于批准《中华人民共和国和阿拉伯联合酋长国关于刑事司法协助的条约》的决定

（2008 年 12 月 27 日第十一届全国人民代表大会常务委员会第六次会议通过）

2009 年 （9 件）

338. 全国人民代表大会常务委员会关于批准《中华人民共和国和秘鲁共和国关于民事和商事司法协助的条约》的决定

（2009 年 2 月 28 日第十一届全国人民代表大会常务委员会第七次会议通过）

339. 全国人民代表大会常务委员会关于批准《中华人民共和国和墨西哥合众国引渡条约》的决定

（2009 年 2 月 28 日第十一届全国人民代表大会常务委员会第七次会议通过）

340. 全国人民代表大会常务委员会关于批准《中华人民共和国和日本国领事协定》的决定

（2009 年 2 月 28 日第十一届全国人民代表大会常务委员会第七次会议通过）

341. 全国人民代表大会常务委员会关于批准《中华人民共和国和大韩民国关于移管被判刑人的条约》的决定

（2009 年 4 月 24 日第十一届全国人民代表大会常务委员会第八次会议通过）

342. 全国人民代表大会常务委员会关于批准《中华人民共和国和澳大利亚关于移管被判刑人的条约》的决定

（2009 年 4 月 24 日第十一届全国人民代表大会常务委员会第八次会议通过）

343. 全国人民代表大会常务委员会关于批准《中华人民共和国和委内瑞拉玻利瓦尔共和国关于刑事司法协助的条约》的决定

（2009 年 4 月 24 日第十一届全国人民代表大会常务委员会第八次会议通过）

344. 全国人民代表大会常务委员会关于批准《中华人民共和国和巴西联邦共和国关于民事和商事司法协助的条约》的决定

（2009 年 10 月 31 日第十一届全国人民代表大会常务委员会第十一次会议

通过）

345. 全国人民代表大会常务委员会关于加入《联合国打击跨国有组织犯罪公约关于预防、禁止和惩治贩运人口特别是妇女和儿童行为的补充议定书》的决定

（2009 年 12 月 26 日第十一届全国人民代表大会常务委员会第十二次会议通过）

346. 全国人民代表大会常务委员会关于批准《中华人民共和国和马耳他关于刑事司法协助的条约》的决定

（2009 年 12 月 26 日第十一届全国人民代表大会常务委员会第十二次会议通过）

2010 年（5 件）

347. 全国人民代表大会常务委员会关于批准《中华人民共和国和菲律宾共和国领事协定》的决定

（2010 年 2 月 26 日第十一届全国人民代表大会常务委员会第十三次会议通过）

348. 全国人民代表大会常务委员会关于批准《战争遗留爆炸物议定书》的决定

（2010 年 4 月 29 日第十一届全国人民代表大会常务委员会第十四次会议通过）

349. 全国人民代表大会常务委员会关于批准《中华人民共和国和印度尼西亚共和国引渡条约》的决定

（2010 年 4 月 29 日第十一届全国人民代表大会常务委员会第十四次会议通过）

350. 全国人民代表大会常务委员会关于批准《中华人民共和国和柬埔寨王国领事条约》的决定

（2010 年 6 月 25 日第十一届全国人民代表大会常务委员会第十五次会议通过）

351. 全国人民代表大会常务委员会关于批准《制止核恐怖主义行为国际公约》的决定

（2010 年 8 月 28 日第十一届全国人民代表大会常务委员会第十六次会议通过）

2011 年 （5 件）

352. 全国人民代表大会常务委员会关于批准《中华人民共和国和阿尔及利亚民主人民共和国关于民事和商事司法协助的条约》的决定

（2011 年 6 月 30 日第十一届全国人民代表大会常务委员会第二十一次会议通过）

353. 全国人民代表大会常务委员会关于批准《东南亚友好合作条约第三修改议定书》的决定

（2011 年 8 月 26 日第十一届全国人民代表大会常务委员会第二十二次会议通过）

354. 全国人民代表大会常务委员会关于批准《中华人民共和国和俄罗斯联邦关于打击恐怖主义、分裂主义和极端主义的合作协定》的决定

（2011 年 12 月 31 日第十一届全国人民代表大会常务委员会第二十四次会议通过）

355. 全国人民代表大会常务委员会关于批准《中华人民共和国和意大利共和国引渡条约》的决定

（2011 年 12 月 31 日十一届全国人民代表大会常务委员会第二十四次会议批准）

356. 中华人民共和国政府和意大利共和国政府关于刑事司法协助的条约

（2011 年 12 月 31 日第十一届全国人民代表大会常务委员会第二十四次会议通过）

2012 年 （3 件）

357. 全国人民代表大会常务委员会关于批准《万国邮政联盟组织法第八附加议定书》的决定

（2012 年 4 月 27 日第十一届全国人民代表大会常务委员会第二十六次会议通过）

358. 中华人民共和国、塔吉克斯坦共和国和阿富汗伊斯兰共和国关于确定三国国界交界点的协定

（2012 年 10 月 26 日十一届全国人民代表大会常务委员会第二十九次会议批准）

359. 中华人民共和国和泰王国关于移管被判刑人的条约

（2012 年 10 月 26 日十一届全国人民代表大会常务委员会第二十九次会议批准）

第十二届全国人民代表大会常务委员会批准的同外国缔结的条约、协定和我国加入的国际公约（42 件）

2013 年（4 件）

360. 全国人民代表大会常务委员会关于批准《上海合作组织成员国组织和举行联合反恐演习的程序协定》的决定

（2013 年 6 月 29 日十二届全国人民代表大会常务委员会第三次会议通过）

361. 全国人民代表大会常务委员会关于批准《关于在上海合作组织成员国境内组织和举行联合反恐行动的程序协定》的决定

（2013 年 6 月 29 日十二届全国人民代表大会常务委员会第三次会议通过）

362. 全国人民代表大会常务委员会关于批准《〈关于持久性有机污染物的斯德哥尔摩公约〉新增列九种持久性有机污染物修正案》和《〈关于持久性有机污染物的斯德哥尔摩公约〉新增列硫丹修正案》的决定

（2013 年 8 月 30 日十二届全国人民代表大会常务委员会第四次会议通过）

363. 全国人民代表大会常务委员会关于批准《中华人民共和国和吉尔吉斯共和国关于移管被判刑人的条约》的决定

（2013 年 12 月 28 日十二届全国人民代表大会常务委员会第六次会议通过）

2014 年（10 件）

364. 全国人民代表大会常务委员会关于批准《视听表演北京条约》的决定

（2014 年 4 月 24 日十二届全国人民代表大会常务委员会第八次会议通过）

365. 全国人民代表大会常务委员会关于批准《中华人民共和国和阿根廷共和国关于刑事司法协助的条约》的决定

（2014 年 4 月 24 日十二届全国人民代表大会常务委员会第八次会议通过）

366. 全国人民代表大会常务委员会关于批准《中华人民共和国和波斯尼亚和黑塞哥维那关于刑事司法协助的条约》的决定

（2014 年 6 月 27 日十二届全国人民代表大会常务委员会第九次会议通过）

367. 全国人民代表大会常务委员会关于批准《中华人民共和国和波斯尼亚和黑塞哥维那关于民事和商事司法协助的条约》的决定

（2014 年 6 月 27 日十二届全国人民代表大会常务委员会第九次会议通过）

368. 全国人民代表大会常务委员会关于批准《中华人民共和国和波斯尼亚和黑塞哥维那引渡条约》的决定

（2014 年 6 月 27 日十二届全国人民代表大会常务委员会第九次会议通过）

369. 全国人民代表大会常务委员会关于批准《中华人民共和国和蒙古国关于移管被判刑人的条约》的决定

（2014 年 6 月 27 日十二届全国人民代表大会常务委员会第九次会议通过）

370. 全国人民代表大会常务委员会关于批准《中华人民共和国和乌兹别克斯坦共和国友好合作条约》的决定

（2014 年 6 月 27 日十二届全国人民代表大会常务委员会第九次会议通过）

371. 全国人民代表大会常务委员会关于批准《上海合作组织反恐怖主义公约》的决定

（2014 年 12 月 28 日十二届全国人民代表大会常务委员会第十二次会议通过）

372. 全国人民代表大会常务委员会关于批准《中华人民共和国和阿富汗伊斯兰共和国引渡条约》的决定

（2014 年 12 月 28 日十二届全国人民代表大会常务委员会第十二次会议通过）

373. 全国人民代表大会常务委员会关于批准《中华人民共和国和伊朗伊斯兰共和国引渡条约》的决定

（2014 年 12 月 28 日十二届全国人民代表大会常务委员会第十二次会议通过）

2015 年 （14 件）

374. 全国人民代表大会常务委员会关于批准《中华人民共和国和乌克兰友好合作条约》的决定

（2015 年 2 月 27 日十二届全国人民代表大会常务委员会第十三次会议通过）

375. 全国人民代表大会常务委员会关于批准《中华人民共和国和土库曼斯坦友好合作条约》的决定

（2015 年 2 月 27 日十二届全国人民代表大会常务委员会第十三次会议通过）

376. 全国人民代表大会常务委员会关于批准《中华人民共和国和大韩民国领事协定》的决定

（2015 年 2 月 27 日十二届全国人民代表大会常务委员会第十三次会议通过）

377. 全国人民代表大会常务委员会关于批准《〈中亚无核武器区条约〉议定书》的决定

（2015 年 4 月 24 日十二届全国人民代表大会常务委员会第十四次会议通过）

378. 全国人民代表大会常务委员会关于批准《成立新开发银行的协议》的决定

（2015 年 7 月 1 日十二届全国人民代表大会常务委员会第十五次会议通过）

379. 全国人民代表大会常务委员会关于批准《中华人民共和国和哈萨克斯坦共和国关于移管被判刑人的条约》的决定

（2015 年 7 月 1 日十二届全国人民代表大会常务委员会第十五次会议通过）

380. 全国人民代表大会常务委员会关于批准《多边税收征管互助公约》的决定

（2015 年 7 月 1 日十二届全国人民代表大会常务委员会第十五次会议通过）

381. 全国人民代表大会常务委员会关于批准《2006 年海事劳工公约》的决定

（2015 年 8 月 29 日十二届全国人民代表大会常务委员会第十六次会议通过）

382. 全国人民代表大会常务委员会关于批准《中华人民共和国和大不列颠及北爱尔兰联合王国关于刑事司法协助的条约》的决定

（2015 年 8 月 29 日十二届全国人民代表大会常务委员会第十六次会议通过）

383. 全国人民代表大会常务委员会关于批准《中华人民共和国和比利时王国关于刑事司法协助的条约》的决定

（2015 年 8 月 29 日十二届全国人民代表大会常务委员会第十六次会议通过）

384. 全国人民代表大会常务委员会关于批准《设立东盟与中日韩宏观经济研究办公室协议》的决定

（2015 年 8 月 29 日十二届全国人民代表大会常务委员会第十六次会议通过）

385. 全国人民代表大会常务委员会关于批准《亚洲基础设施投资银行协定》的决定

（2015 年 11 月 4 日十二届全国人民代表大会常务委员会第十七次会议通过）

386. 全国人民代表大会常务委员会关于批准《中华人民共和国和伊朗伊斯兰共和国关于移管被判刑人的条约》的决定

（2015 年 12 月 27 日十二届全国人民代表大会常务委员会第十八次会议通过）

387. 全国人民代表大会常务委员会关于批准《中华人民共和国和白俄罗斯共和国友好合作条约》的决定

（2015 年 12 月 27 日十二届全国人民代表大会常务委员会第十八次会议通过）

2016 年 （7 件）

388. 全国人民代表大会常务委员会关于批准《关于汞的水俣公约》的决定

（2016 年 4 月 28 日十二届全国人民代表大会常务委员会第二十次会议通过）

389. 全国人民代表大会常务委员会关于批准《〈关于持久性有机污染物的斯德哥尔摩公约〉新增列六溴环十二烷》的决定

（2016 年 7 月 2 日十二届全国人民代表大会常务委员会第二十一次会议通过）

390. 全国人民代表大会常务委员会关于批准《巴黎协定》的决定

（2016 年 9 月 3 日十二届全国人民代表大会常务委员会第二十二次会议通过）

391. 全国人民代表大会常务委员会关于批准《中华人民共和国加入世界贸易组织关税减让表修正案》的决定

（2016 年 9 月 3 日十二届全国人民代表大会常务委员会第二十二次会议通过）

392. 全国人民代表大会常务委员会关于批准《中华人民共和国和塔吉克斯坦共和国引渡条约》的决定

（2016 年 11 月 7 日十二届全国人民代表大会常务委员会第二十四次会议

通过）

393. 全国人民代表大会常务委员会关于批准《中华人民共和国和斯里兰卡民主社会主义共和国关于刑事司法协助的条约》的决定

（2016 年 11 月 7 日十二届全国人民代表大会常务委员会第二十四次会议通过）

394. 全国人民代表大会常务委员会关于批准《中华人民共和国政府和马来西亚政府关于刑事司法协助的条约》的决定

（2016 年 12 月 25 日十二届全国人民代表大会常务委员会第二十五次会议通过）

2017 年　（7 件）

395. 全国人民代表大会常务委员会关于批准《上海合作组织成员国边防合作协定》的决定

（2017 年 4 月 27 日十二届全国人民代表大会常务委员会第二十七次会议通过）

396. 全国人民代表大会常务委员会关于批准《中华人民共和国和塔吉克斯坦共和国关于移管被判刑人的条约》的决定

（2017 年 4 月 27 日十二届全国人民代表大会常务委员会第二十七次会议通过）

397. 全国人民代表大会常务委员会关于批准《关于成立中亚区域经济合作学院的协定》的决定

（2017 年 6 月 27 日十二届全国人民代表大会常务委员会第二十八次会议通过）

398. 全国人民代表大会常务委员会关于批准《中华人民共和国和阿根廷共和国引渡条约》的决定

（2017 年 6 月 27 日十二届全国人民代表大会常务委员会第二十八次会议通过）

399. 全国人民代表大会常务委员会关于批准《中华人民共和国和埃塞俄比亚联邦民主共和国引渡条约》的决定

（2017 年 6 月 27 日十二届全国人民代表大会常务委员会第二十八次会议通过）

400. 全国人民代表大会常务委员会关于批准《中华人民共和国和亚美尼亚共和国关于刑事司法协助的条约》的决定

（2017 年 11 月 4 日十二届全国人民代表大会常务委员会第三十次会议通过）

401. 全国人民代表大会常务委员会关于批准《中华人民共和国和埃塞俄比亚联邦民主共和国关于民事和商事司法协助的条约》的决定

（2017 年 11 月 4 日十二届全国人民代表大会常务委员会第三十次会议通过）

第十三届全国人民代表大会常务委员会批准的同外国 缔结的条约、协定和我国加入的国际公约（35 件）

2018 年 （4 件）

402. 全国人民代表大会常务委员会关于批准《中华人民共和国和巴巴多斯引渡条约》的决定

（2018 年 8 月 31 日十三届全国人大常委会第五次会议通过）

403. 全国人民代表大会常务委员会关于批准《中华人民共和国和格林纳达关于刑事司法协助的条约》的决定

（2018 年 10 月 26 日十三届全国人大常委会第六次会议通过）

404. 全国人民代表大会常务委员会关于批准《中华人民共和国和格林纳达引渡条约》的决定

（2018 年 10 月 26 日十三届全国人大常委会第六次会议通过）

405. 全国人民代表大会常务委员会关于批准《上海合作组织反极端主义公约》的决定

（2018 年 12 月 29 日十三届全国人大常委会第七次会议通过）

2019 年 （4 件）

406. 全国人民代表大会常务委员会关于批准《中华人民共和国和巴巴多斯关于刑事司法协助的条约》的决定

（2019 年 4 月 23 日十三届全国人大常委会第十次会议通过）

407. 全国人民代表大会常务委员会关于批准《中华人民共和国和阿塞拜疆共和国关于移管被判刑人的条约》的决定

（2019 年 4 月 23 日十三届全国人大常委会第十次会议通过）

408. 全国人民代表大会常务委员会关于批准《中华人民共和国和斯里兰卡民主社会主义共和国引渡条约》的决定

（2019 年 8 月 26 日十三届全国人大常委会第十二次会议通过）

409. 全国人民代表大会常务委员会关于批准《中华人民共和国和越南社会主义共和国引渡条约》的决定

（2019 年 8 月 26 日十三届全国人大常委会第十二次会议通过）

2020 年 （6 件）

410. 全国人民代表大会常务委员会关于批准《中华人民共和国和巴基斯坦伊斯兰共和国关于移管被判刑人的条约》的决定

（2020 年 4 月 29 日十三届全国人大常委会第十七次会议通过）

411. 全国人民代表大会常务委员会关于批准《武器贸易条约》的决定

（2020 年 6 月 20 日十三届全国人大常委会第十九次会议通过）

412. 全国人民代表大会常务委员会关于批准《〈巴塞尔公约〉缔约方会议第十四次会议第 **14/12** 号决定对〈巴塞尔公约〉附件二、附件八和附件九的修正》的决定

（2020 年 10 月 17 日十三届全国人大常委会第二十二次会议通过）

413. 全国人民代表大会常务委员会关于批准《中华人民共和国和塞浦路斯共和国引渡条约》的决定

（2020 年 10 月 17 日十三届全国人大常委会第二十二次会议通过）

414. 全国人民代表大会常务委员会关于批准《中华人民共和国和比利时王国引渡条约》的决定

（2020 年 10 月 17 日十三届全国人大常委会第二十二次会议通过）

415. 全国人民代表大会常务委员会关于批准《中华人民共和国和土耳其共和国引渡条约》的决定

（2020 年 12 月 26 日十三届全国人大常委会第二十四次会议通过）

2021 年 （8 件）

416. 全国人民代表大会常务委员会关于批准《中华人民共和国和比利时王国关于移管被判刑人的条约》的决定

（2021 年 1 月 22 日十三届全国人大常委会第二十五次会议通过）

417. 全国人民代表大会常务委员会关于批准《中华人民共和国与摩洛哥王国引渡条约》的决定

（2021 年 1 月 22 日十三届全国人大常委会第二十五次会议通过）

418. 全国人民代表大会常务委员会关于批准《〈上海合作组织成员国关于举行联合军事演习的协定〉补充议定书》的决定

（2021 年 4 月 29 日十三届全国人大常委会第二十八次会议通过）

419. 全国人民代表大会常务委员会关于批准《中华人民共和国和伊朗伊斯兰共和国关于刑事司法协助的条约》的决定

（2021 年 4 月 29 日十三届全国人大常委会第二十八次会议通过）

420. 全国人民代表大会常务委员会关于批准《中华人民共和国和伊朗伊斯兰共和国关于民事和商事司法协助的条约》的决定

（2021 年 4 月 29 日十三届全国人大常委会第二十八次会议通过）

421. 全国人民代表大会常务委员会关于批准《成立平方公里阵列天文台公约》的决定

（2021 年 4 月 29 日十三届全国人大常委会第二十八次会议通过）

422. 全国人民代表大会常务委员会关于批准《中华人民共和国和智利共和国引渡条约》的决定

（2021 年 10 月 23 日十三届全国人大常委会第三十一次会议通过）

423. 全国人民代表大会常务委员会关于批准《关于为盲人、智力障碍者或者其他印刷品阅读障碍者获得已出版作品提供便利的马拉喀什条约》的决定

（2021 年 10 月 23 日十三届全国人大常委会第三十一次会议通过）

2022 年 （13 件）

424. 全国人民代表大会常务委员会关于批准《关于修改二〇〇二年六月七日在圣彼得堡（俄罗斯联邦）签署的〈上海合作组织成员国关于地区反恐怖机构的协定〉的议定书》的决定

（2022 年 4 月 20 日十三届全国人大常委会第三十四次会议通过）

425. 全国人民代表大会常务委员会关于批准《1930 年强迫劳动公约》的决定

（2022 年 4 月 20 日十三届全国人大常委会第三十四次会议通过）

426. 全国人民代表大会常务委员会关于批准《1975 年废除强迫劳动公约》的决定

（2022 年 4 月 20 日十三届全国人大常委会第三十四次会议通过）

427. 全国人民代表大会常务委员会关于批准《中华人民共和国和肯尼亚共和国关于刑事司法协助的条约》的决定

（2022 年 10 月 30 日十三届全国人大常委会第三十七次会议通过）

428. 全国人民代表大会常务委员会关于批准《中华人民共和国和刚果共和国关于刑事司法协助的条约》的决定

（2022 年 10 月 30 日十三届全国人大常委会第三十七次会议通过）

429. 全国人民代表大会常务委员会关于批准《中华人民共和国和摩洛哥王国关于刑事司法协助的条约》的决定

（2022 年 10 月 30 日十三届全国人大常委会第三十七次会议通过）

430. 全国人民代表大会常务委员会关于批准《中华人民共和国和厄瓜多尔共和国关于刑事司法协助的条约》的决定

（2022 年 10 月 30 日十三届全国人大常委会第三十七次会议通过）

431. 全国人民代表大会常务委员会关于批准《制止与国际民用航空有关的非法行为的公约》的决定

（2022 年 10 月 30 日十三届全国人大常委会第三十七次会议通过）

432. 全国人民代表大会常务委员会关于批准《中华人民共和国和刚果共和国引渡条约》的决定

（2022 年 12 月 30 日十三届全国人大常委会第三十八次会议通过）

433. 全国人民代表大会常务委员会关于批准《中华人民共和国和亚美尼亚共和国引渡条约》的决定

（2022 年 12 月 30 日十三届全国人大常委会第三十八次会议通过）

434. 全国人民代表大会常务委员会关于批准《中华人民共和国和肯尼亚共和国引渡条约》的决定

（2022 年 12 月 30 日十三届全国人大常委会第三十八次会议通过）

435. 全国人民代表大会常务委员会关于批准《中华人民共和国和乌拉圭东岸共和国引渡条约》的决定

（2022 年 12 月 30 日十三届全国人大常委会第三十八次会议通过）

436. 全国人民代表大会常务委员会关于批准《〈关于持久性有机污染物的斯德哥尔摩公约〉列入多氯萘等三种类持久性有机污染物修正案》和《〈关于持久性有机污染物的斯德哥尔摩公约〉列入短链氯化石蜡等三种类持久性有机污染物修正案》的决定

（2022 年 12 月 30 日十三届全国人大常委会第三十八次会议通过）

第十四届全国人民代表大会常务委员会批准的同外国缔结的条约、协定和我国加入的国际公约（10 件）

（截至 2023 年 12 月 29 日十四届全国人大常委会第七次会议闭幕）

2023 年（八件）

437. 全国人大常委会关于批准《万国邮政联盟组织法第九附加议定书》的决定

（2023 年 6 月 29 日十四届全国人大常委会第三次会议通过）

438. 全国人大常委会关于批准《关于制止非法劫持航空器的公约的补充议定书》的决定

（2023 年 6 月 29 日十四届全国人大常委会第三次会议通过）

439. 全国人大常委会关于批准《中华人民共和国和厄瓜多尔共和国引渡条约》的决定

（2023 年 9 月 1 日十四届全国人大常委会第五次会议通过）

440. 全国人大常委会关于批准《联合国打击跨国有组织犯罪公约关于打击非法制造和贩运枪支及其零部件和弹药的补充议定书》的决定

（2023 年 10 月 24 日十四届全国人大常委会第六次会议通过）

441. 全国人大常委会关于批准《中华人民共和国和哥伦比亚共和国关于移管被判刑人的条约》的决定

（2023 年 10 月 24 日十四届全国人大常委会第六次会议通过）

442. 全国人大常委会关于批准《亚洲相互协作与信任措施会议秘书处及其人员、成员国代表特权与豁免公约》的决定

（2023 年 10 月 24 日十四届全国人大常委会第六次会议通过）

443. 全国人大常委会关于批准《中华人民共和国和毛里求斯共和国引渡条约》的决定

（2023 年 10 月 24 日十四届全国人大常委会第六次会议通过）

444. 全国人大常委会关于加入《国际航标组织公约》的决定

（2023 年 10 月 24 日十四届全国人大常委会第六次会议通过）

445. 全国人民代表大会常务委员会关于批准《中华人民共和国和塞内加尔共和国关于刑事司法协助的条约》的决定

（2023 年 12 月 29 日十四届全国人大常委会第七次会议通过）

446. 全国人民代表大会常务委员会关于批准《中华人民共和国和博茨瓦纳共和国引渡条约》的决定

（2023 年 12 月 29 日十四届全国人大常委会第七次会议通过）